女性史

[法] 乔治·杜比 总主编

[法] 弗朗索瓦丝·提波 分卷主编

袁祎 王璐莎 译

20世纪卷

浙江大学出版社·杭州
ZHEJIANG UNIVERSITY PRESS

总序：书写女性的历史

乔治·杜比（Georges Duby）与米歇尔·佩罗（Michelle Perrot）

长期以来，女性都屈身于历史的阴影之中。人类学的发展以及对家庭、对以日常生活为中心的心态史、对私人及个体的重视，都有助于驱散这些阴影。妇女运动及其提出的问题做出的贡献更大。“我们来自何方？我们将往何处？”女性开始问自己这些问题。人们开始在大学内外寻找自己先祖的足迹，试图去理解男女关系中主导地位的产生根源及其随着时间与空间所发生的变化。

“女性史”是一个简便且富有吸引力的标题，但是我们必须要坚决否定女性本身是历史客体的想法。我们想了解的是女性的地位、女性的“境况”、女性的角色和力量。我们想探究女性的行为。我们想研究她们的话语和沉默。我们想观察她们许许多多的形象：女神、圣母、妓女、女巫。从根本上来说，我们这部历史是具有关联性的。因为我们将社会视作一个整体，那么女性的历史必然也是男性的历史。

这是一部长时段的历史：五卷书涵盖了从古至今的西方历史。我们这部历史只包括了西方地区，从地中海到大西洋。东方、拉丁美洲和非洲妇女的历史当然完全必要，我们希望有一天这些地方的人们会将它们写下来。

我们这部历史是“女性主义的”，因为它持有平等的观点。我们的意图是以开放的态度接受各种解释。我们想提出问题，但我们没有程式化的答案。我们的历史是多元的：一部采用了许多不同视角的女性史。

这也是团队合作的结果。乔治·杜比（Georges Duby）和米歇尔·佩罗（Michelle Perrot）负责整体协调工作。每卷都有一到两位分卷主编：鲍林·施密特·潘特尔（Pauline Schmitt Pantel）（古代）、克里斯蒂亚娜·克拉皮西—

聚贝尔（Christiane Klapisch-Zuber）（中世纪）、娜塔莉·泽蒙·戴维斯（Natalie Zemon Davis）和阿莱特·法尔热（Arlette Farge）（近代早期）、热纳维耶芙·弗雷斯（Geneviève Fraisse）和米歇尔·佩罗（Michelle Perrot）（19 世纪）以及弗朗索瓦丝·提波（Françoise Thébaud）（20 世纪），他们选择了自己各卷的合作者——总共约有 68 名学者，我们希望这个团队可以代表欧洲和美国在该领域工作的研究人员。

我们认为这一系列图书是对学界迄今为止取得成果的临时性总结，同时也是进一步研究的指南。我们也希望它能将历史的乐趣带给新的读者，并起到唤醒记忆的作用。

序：探索性别

弗朗索瓦丝·提波（Françoise Thébaud）

了解那些人生经历跨越了20世纪的女性，你将被她们的不幸和伟大所震撼。她们受到战争、革命和独裁统治的打击，也见证了两性关系的巨变。我们现在是否已经到达了女性史的“终点”，到达了多年来稳定的、不可避免的解放进程的顶点？并非如此。如果诞生自第一次世界大战和俄国革命旋涡之中的20世纪地缘政治现在已经告一段落了，东方集团[1]（Eastern bloc）瓦解后自由主义的胜利所带来的“历史的终结”的概念，也未能幸免于欧洲及其他地区一系列事件的冲击。“历史的终结”对女性而言到底意味着什么呢？是男性主导社会的末路和新社会黎明的到来？是一个性别分化几近消失的新时代？[1]还是一个男性和女性既可以保持自己的独特身份又享有平等权利和机会的世界？当代女性主义者仍在这些问题上争论不休。虽然他们的目标是确立妇女作为历史主体的地位，但构建女性身份的需要和彻底废除“女性”这一类别的需要之间的紧张关系不断浮现。分离主义似乎不再是可行的选择；女性与男性在有待确定的条件下，以某种形式共处好像变得越来越有吸引力。一个女人想要什么？妇女大众又想要什么？本书的读者们——作为历史进程中有着性别定位的行动者——将不会找到这些问题的答案（因为学者的职责不是给出这样的答案），而是会找到值得思考的内容。

读者可能会对本书没有按时间顺序来叙述妇女解放而感到惊讶。20世纪女性拥有和她们的母亲不一样的人生，这个事实显而易见，几乎无需赘言。我们

[1] 东方集团（Eastern bloc）：冷战期间西方阵营对中欧及东欧前社会主义国家的指称。——译者注

也没有否认女性取得的所有成就：投票权、生育风险的大幅降低、避孕措施、职场上的新机会。不过什么是所谓的“成就”呢？这是一种社会构建——一种亟待解构的象征。妇女运动取得了什么成就？谁反对、谁支持具体的改变？问题和后果（既包括象征意义上的，又包括现实意义上的）是什么？这些都是需要提出的问题。还要记住一点，没有任何成就是一劳永逸的：当今反堕胎运动的势力和艾滋病的蔓延提醒着我们这个重要的事实。女性的历史从妇女运动中产生，但这些激进的开端不应该让我们误认为这本质上是一个进步的故事。事实要复杂得多。

20 世纪作为女性进步时代的印象基于一系列的陈腔滥调，这与维多利亚时代形成了鲜明的对比。人们将大屠杀和世界大战抛诸脑后，只记得“咆哮的 20 年代”（Roaring Twenties）[1] 里的“飞来波女郎”（flapper）、被“药片”解放的女人，或 80 年代的“女超人”——她是女性主义和消费社会的产物，能够轻松地在事业、孩子和爱人之间应付自如。事实上，“飞来波女郎”和被解放女人的刻板印象更常被人们用来谴责性别壁垒的瓦解和双重标准，而不是用来为妇女运动的胜利欢呼喝彩。贝蒂·弗里丹（Betty Friedan）在《第二阶段》（*The Second Stage*，1981）中批评“女超人”的形象起码是模糊不清的：很少有女性能实现这样的理想，它将彼此矛盾的要求强加于女性身上，而这些要求所引发的紧张关系却被掩盖了起来。事实上，罗丝－玛利·拉格哈夫（Rose-Marie Lagrave）认为，“女超人”理想的社会功能就是掩盖日益加剧的性别不平等。

这些刻板印象就像人们对妇女运动成就的批判一样有趣，因为它们提出了如下问题：哪些事件对女性历史有着重要意义，以及它们如何迎合或打破了标准历史中的男性叙事。必须强调的一点是，如果没有表现史，女性的历史则无从说起。也就是说，我们要对男性想象和男性社会规范所塑造的形象和话语进行解码。20 世纪（这是个心理学和图像的世纪）已经表明，西方文化没有发展出什么表现女性的积极方式。尽管弗洛伊德将性和性别认同的问题复杂化了，但哲学和社会科学却直接对存在于整个社会的性别歧视进行了思考：女性被认为在为男人和家庭服务方面扮演着特殊的角色。在现代性的包装下，经过科学

[1] “咆哮的 20 年代”（Roaring Twenties）：形容美国和西欧等西方国家在 20 世纪 20 年代境况的一个术语，这一时期经济繁荣，文化生活多姿多彩，也出现了现代女性的形象。——译者注

的认证，以及电影、报纸、杂志和广告的宣传，家庭主妇和母亲的模范形象被成功民主化了。政府——不仅仅是独裁政府，将人口增长作为官方关注的问题。儿童抚育成为医学上的专业。心理学家发表了关于母子关系的规范性声明。所有这些因素都给女性带来了留在家庭中的新压力。“性”被视作一个合法的欢愉来源，而且女性的性欲受到了认可。不过，人们认为性只有通过婚姻来实现才是恰当的。而且女性担心自己无法达到全新的美丽理想形象的要求，这种形象通过无比纤细瘦削的电影明星、模特，还有选美皇后表现出来。与此同时，一种现代女性的新形象产生了：她是一位专业的家庭主妇，既是家中的女王，又是精明的消费者。广告在贩卖商品的同时也贩卖图像。新女性看上去可能比以往的女性更加光鲜亮丽，但她们本质上并没有太大的改变，因为广告同时也将女性自己变成了性对象和令人渴望的商品。杂志和影片中公然传播着露骨的色情图片，无处不在。不过，与此同时越来越多的女性开始畅所欲言，并掌控自己的视觉身份。她们通过强调“表现”的政治重要性，试图打破陈旧的刻板印象，并提出妇女实现自我的各种可能方式。在历史上，妇女的形象从未像近年来这样经历着迅速的改变。我们将尝试评估、追溯事件的日期并理解这种改变。

本卷不仅仅是对妇女解放的叙述，也不仅仅是一部表现史。与本系列前四卷的作者一样，我们对自己的任务抱有更大的野心，本书基于长达 20 年的妇女历史研究工作。这里并不适合探讨妇女历史的主体应该是什么这种宽泛的论题。[2] 让我简单概述我们研究课题的共同方法，这种方法超越了各位合作者之间的差异，我们希望它能带来一种对 20 世纪的全新解释。

历史长期以来都是男人的历史，男人被呈现为人类的代表。最近，许多著作表明（关于 20 世纪的著作就有成千上万种），女性也有历史。事实上，她们是人类历史完全的参与者。但是，把女性与男性分开研究——当作这一切都在真空中发生，会进入理论的死胡同，也可能是造成历史误读的一个根源。我们提出的是一种“性别化”的方法。男女关系是历史的一个重要方面。这些关系不是天然的事实，而是一种社会构建，它们也在不断被重新定义。这种重新定义既是社会动态变化的结果，也是其原因。因此，性别间的关系是一个有用的分析范畴，它可以与历史学家更熟悉的其他范畴，如阶级、种族、国家和世代之间的关系相提并论。正如所有分析过往的新方法，这种观点的改变会产生新的知识。它甚至可能会导致历史的重写，这样才能囊括以往的方法顾及不到的更广泛的人类经验。例如，用性别化方法分析纳粹种族主义所得出的结论是，希特勒对女性的政策并非生育主义（纳塔尔主义）或是狂热的母性崇拜，相反，他主张的是反生育主义、对男子气概的推崇，以及对“劣等人种”的大规模灭绝——女性是这一行动所针对的首选目标。只要在适宜的情况下，本卷的合作者们都试着将性别与阶级、性别与国籍、性别与年龄、性别与宗教联系起来：在通常被视作同质化的群体中，性别是一个差异化的因素。

因此，读者该问的不是女性的成就，而是“性别体系”的演变。我说的“性别体系”是指一整套性别化的社会角色，以及从文化上定义了男性与女性，进而塑造了他们性别身份的观念和表现体系。我们必须将女性处境的变化与男性处境的变化联系起来看待。举例而言，如果说在一个极端情况下，某些行业的女性化让男女之间的差距持续存在；那么在另一个极端情况下，现代避孕方法不仅让女性避免意外怀孕，而且让她们得以控制自己的生育周期。因此，新避孕用具的发展必须与同时发生的法律变化联系起来看待，这些变化结束了女性从属于男子的家庭地位。读者也该问问自己，是什么赋予了男人和女人各自行为的意义和价值。政府、个人和团体以各种方式宣传的性别象征，其作用和后果是什么？这种象征主义最常用于建立等级制度和表现权力关系，它通常会阻碍而非加速变革。虽然战争——尤其是第一次世界大战，经常被形容为解放了女性，但是武装冲突（它造成的心理和社会后果通常在休战后也会持续很长时间）实际上是极度保守的，因为它（即便在女性主义的框架中）所推崇的是通过二分法来考虑性别问题。再看看政治方面的问题：“普选”一词被错误地用于形容男性拥有投票权，而女性被排除在外的情形。更重要的是，政治仍然是男性的领地：即便女性选民占多数，选出来的女性官员也很少。女性往往会被划归到某些指定的政府部门，这样就维持了政治属于男性世界，社会关怀属于女性世界这种由来已久的分野。女性官员时常被男同事们视为入侵者，甚至将彼此都视为边缘人。然而，政府中的女性因为自身所取得的成就理应受到赞扬。例如，俄罗斯革命家亚历山德拉·科伦泰（Alexandra Kollontai）、西班牙无政府主义者费德里卡·蒙塞尼（Federica Montseny）和法国政治家西蒙娜·韦伊（Simone Veil）这三位卫生部部长都曾努力让堕胎在自己的国家合法化。

因此，女性的历史有一个潜台词：男性也是被性别化的个体。读者应该要意识到这里讲述的故事如何为整体的历史图景做出了改变与贡献。它显然会为社会史补充一些内容，但它也会带来对文化史传统分期的修正。更令人惊讶的是，它或许还能修正政治史——这仍然是回顾过往最具影响力的方式之一。例如，我们的方法对战时保护妇女的家长制政策提出了新的解读。它引发了人们对法西斯主义和纳粹主义本质的反思，这二者希望通过消除性别冲突来进行更有效的剥削。它揭示了维希政府和“天主教民族主义者”佛朗哥政权的特征。它让我们重新思考福利国家的起源和运作，福利国家接受了早期女性主义者的要求，公开承认了母亲的社会作用，并从家长制的角度重新对她们进行了解释。它也有助于我们了解魁北克的独特性，本书从女性主义－民族主义的角度解读了魁北克的历史。亚历山德拉·柯伦泰被批评为“乔治·桑主义”（George-Sandism）[1]，她不相信资产阶级家庭会自行消亡，她梦想着一种新的工人阶级道德。但由于她在一个深陷贫穷的农业国家宣扬自己的信念，而这个国家的“市民社会”（尤其是妇女）经常受到中央政府的干预，所以她的主张极有可能太超前于那个时代了。

女性主义和妇女运动的历史当然是西方政治史的重要组成部分。这个领域需要做的工作还有许多。20 世纪 20—60 年代一直被视为两大女性主义“浪潮”之间的休耕期，现在才开始被首次研究，但是理解这一时期对于理解整个 20 世纪是至关重要的。浸淫于 19 世纪理性主义和自由主义的女性主义运动是如何应对群众政治、共产主义、民族主义和弗洛伊德主义的挑战的呢？早期女性运动与产生于新左派、反殖民主义运动、20 世纪 60 年代性解放的妇女解放运动之间有什么联系？为了理解这一切，我们最好要警惕诸如“资产阶级女性主义”之类的贬义标签，并质疑平等女性主义和“差异女性主义”之间是否真的泾渭分明。[3] 性别问题可以引导政治思想的更新换代，因为它让大家认识到，平等要求人们接受并包容差异。女性史作为一种认知过程，可以通过审视自身和整体的历史让整体历史的内容变得更加丰富。性别化的类别从文化上构建了我们对性别差异的概念。通过分析性别化的类别，我们学会了以新的方式看待史料，并适当地修正我们的方法。虽然女性的历史有时被批评为“对论述的论述”，

---

[1] 乔治·桑主义（George-Sandism）：得名于法国小说家乔治·桑，她有过多段情史，并在公共场合着男装，抽烟。乔治·桑主义被用来批评女性违背道德的行为。——译者注

但这种方法不是一时的潮流或逃避困难工作的手段，它是必要的。

历史以及其他知识领域也受到了当代女性主义思想的影响：哲学、法律、社会学、政治学和文学批评也在本书的编写过程中发挥了作用。[4]我们不能再误认为片面的方法具有普适性。女性主义批评对意识形态的预设提出了质疑，这些预设可能就隐藏在最渊博的研究或最全面的统计中。劳动问题的研究和数据统计尤其如此。人们总是想当然地认为女人应该照顾孩子、做家务，就好像在外面工作是男人天生的权利，而女人这样做就实属异常。当代的政治经济学家就像他们 19 世纪的前辈那样，试图通过论证性别分工的基础是两性的天然差异来证明其合理性。[5]

但是 20 世纪的情况又如何呢？当然，这是人类历史上最血腥的世纪——全面的战争贯穿始终，战争的受害者（包括平民和军人）数以百万计。这还是一个种族大屠杀的世纪，女性在劫难中也没有受到特别的仁慈对待，而且出于阻止下一代诞生的目的，犹太和吉卜赛女子遭到了杀害。女性也不得不为自己的政治选择付出代价。政治镇压对所有受害者而言都是残酷的，但有时这种镇压专门针对女性。她们被剃光头发，身体也受到侵犯。极权主义政权经常诉诸令人恐惧的家庭连坐制来进行镇压。出于对所有极权主义政权受害者的纪念，我将在此提及两位非凡的女性，她们在被囚禁于拉文斯布吕克集中营时（Ravensbrück）成为朋友：一位是捷克记者米莱娜·杰森斯卡（Milena Jesenka），她是卡夫卡的朋友和翻译，也是对一切压迫的积极反抗者。另一位是德国共产主义者玛格丽特·布伯－纳曼（Margarete Buber-Neumann），她不仅将希特勒的集中营公之于世，还将她逝世于 1944 年的朋友的记忆留存了下来。[6]

也正是在这个世纪，步调远远滞后于男性的女性终于走进了现代世界。现代科技给男性和女性带来了更好的健康状况和更长的寿命。婴儿死亡率大幅下降。妇女获得了最好的教育。城市的发展和消费品的激增改变了我们的生活方式。需要历经艰辛苦痛的人变得更少了，即使我们承认消费社会的失败之处和不平等，这肯定也算是进步。对女性而言，这意味着家务和育儿的性质发生了变化。由于女性在这些活动上花费的时间减少了，她们就剩下更多时间来参与社会生活。但现代生活对于女性而言还具有别的意义。女性长期被困在家庭这个天然的共同体网络中，她们未能从法国大革命带来的个人权利扩张中获益。因此，现代性对她们意味着个性的实现、完整的公民身份，以及相对于父亲和丈夫而言的经济、法律和象征意义上的独立。正如许多专题研究所表明的那样，曾经强有力的束缚已经放松了。[7]

这场性别关系的革命是从何时开始的？我们又该如何解释它？这似乎是导致男性身份危机的原因，这种危机的迹象有许多，但却难以被人们所理解和把握。第二次世界大战的结束为西方带来了长期的民主和经济增长，不过它并不是这段历史中的关键时刻（尽管它的确给法国妇女带来了投票权）。20 世纪第二次世界大战的终结标志着妇女重返私人领域。由于下一代的孩子们被宣称为重建国家的关键，妇女们被告知回归家庭是她们的公民义务，正如几年前她们的义务是参加工作一样。事实上，在许多国家，出生于战争年代的那一批人在职业上是最不活跃的，但其生育积极性却最强。这一代女性对通常意义上的政治不感兴趣：20 世纪 50 年代家庭主妇的形象成了典范，贝蒂·弗里丹（Betty Friedan）——撇开精神分析不谈——在《女性的奥秘》（*Feminine Mystique*，1963）中谴责了媒体对这一形象的意识形态塑造。这是历史上关于女性的最畅销著作，与弗吉尼亚·伍尔夫（Virginia Woolf）的《一间自己的屋子》（*A Room of One's Own*，1929）和西蒙娜·德·波伏娃（Simone de Beauvoir）的《第二性》（*The Second Sex*，1949）一样都是女性主义的基础文本。就法国而言，维希政权在政治上与过往的共和国决裂，但却延续了前任政府的家庭政策：从 20 世纪 20 年代到 60 年代，法国女性被要求承担母亲的角色，而她们的丈夫则要工作谋生。很少有民主人士质疑这些政策中的极权主义潜质，就像很少有主张政教分离的人质疑宗教在政府干预国家事务方面的影响一样。

本书将更多的篇幅献给了节育的倡导者，比如美国的玛格丽特·桑格（Margaret Sanger）以及法国的玛德琳·佩莱蒂尔（Madeleine Pelletier）、珍妮·赫伯特和欧仁·赫伯特（Jeanne and Eugene Humbert）。[8] 我们也更多地谈到了计划生育和单身母亲的支持者，其中许多人活跃于 20 世纪 20 年代—20 世纪 30 年代国际范围内的性改革运动。我们试图去衡量宗教在女性生活中的地位：这是个重要的问题，但其涉及面很广。性别差异是天主教会的基石之一，它在这个问题上似乎比大多数宗教都要保守：教会抗拒任何形式的避孕措施，不允许神父结婚，拒绝任命女性为神职人员。这种顽固的态度导致了历代天主教激进分子的出现，这些改革者给教会和女性的处境带来了改变。尽管如此，法国的宗教活动还是出现了明显的衰退。[9]

直到 20 世纪 60 年代中期——也就是希望初现的“美好年代”（Belle Epoque）[1] 过去 50 多年后，大多数西方国家的性别关系才开始改变。我们很难说什么因素起到了最关键的作用。和平、繁荣发展和科学发现当然都有所助益，但我至少要提及避孕药的发明者格雷戈里·平克斯（Gregory Pinkus）。[10]1968 年的学生运动也很重要：学生运动仍是未来的学者可以从性别意识角度来进行探索的开放领域。当然还有妇女运动，它们强烈谴责了“父权制”及其一切象征。私人领域内发生了巨大的改变：男人不是“家庭的主人”，夫妻在婚姻中是平等的伴侣。这种观念首先影响了美国和英国的法律，后来也影响了大陆法系。现在法律允许各种类型的家庭和妇女角色。对避孕和堕胎的更开放态度让女性能够重新掌握自己的身体和性。女性现在可以决定自己什么时候要孩子，政府也不得不放弃极端强制性的家庭政策。当女性主义者坚持妇女有权决定何时要孩子以及是否要孩子时，他们所表达的愿望其实是将生育功能私人化。无论观点的好坏，生育在整个世纪以来都被视作一种公共责任。从更基本的层面而言，他们试图重新定义妇女与生育的关系。当代女性主义者们在这个富有争议的问题上很少追随他们的前辈。女性解放似乎更容易通过工作场合的自我满足感，以及个人对丈夫施压来分担育儿责任而实现，而不是通过寻求国家的承认和让育儿协助成为一项社会化功能来达成。

然而，衡量变化的最佳方法并不是将“公共”与“私人”对立起来，而是应该注意这两个领域之间的相互作用。不存在导致社会变化的单一原因或主要因素。相反，我们必须要研究因果之间的互动。随着越来越多的妇女进入劳动力市场，参与文化和政治活动，私法也得到了发展。家务负担的减轻促使女性更充分地参与公共领域。虽然社会立法和税法仍然反映出过去的婚姻不平等，阻碍了许多女性参加工作，但是福利国家的出现让妇女获得了更大的独立。它不仅为女性提供了保障，创造了新的就业机会，还减轻了照料家庭的负担。寻求教育和工作机会的女性人数创下了历史纪录。虽然教育制度更偏向男性，许

---

[1] “美好年代”（Belle Epoque）：指欧洲从 19 世纪末到第一次世界大战爆发的时期，此时的欧洲处于和平、发展的阶段。——译者注

多工作也留给了他们，但这些变化还是产生了相当大的影响。婚姻中的专制消失了，传统的家庭主妇也消失了。与女性的政治保守主义的名声相反，她们也越来越倾向于给左派投票。事实上，法国的当代年轻女性比男性更有可能给左翼候选人投票。家庭生活可能也在走向民主化，尽管这一点更加难以衡量。爱的文化也许已经进步了，男人和女人也开始以新的眼光看待彼此。20 世纪 60—70 年代的女性主义在所有这些变化中（尤其是女性获得的政治和象征性自主权，即说出“我们女性”的能力）起到了关键的作用。他们通过建立起“女性”这个基本政治范畴，并且将自身组织为一个有能力解构和重构其意义的群体实现了这一点。我在这里使用过去式的用意仅仅是指变化的发生非常迅速，而不是指这个过程已经完成了。我并不是说女性已经赢得了胜利，也不是说在所谓女性主义“盛行”的时代过去后，两性关系已经回归到更“正常”的状态。女性主义的明显衰落（一些评论家称之为“后女性主义时代”）既是一种损失，也是一种转变：历史仍在继续，以不可预测却有迹可循的方式不断地改变着事物。

此外，我在使用“妇女”（Women）的复数形式时，并不是在预判她们是否构成了一个统一的群体。女性主义透过不同女性群体之间的冲突，看到了每个女性主体的多样性：例如美国黑人与白人女性活动家之间的分歧；或者是更富有戏剧性的情况，如第三世界妇女在国际会议上对欧洲和美国帝国主义的指责。即使在西欧和美国，也不是每位女性都有平等的机会来按照自己的选择生活：社会背景、职业地位、国籍和种族都是重要的因素。如今单身母亲所面临的困难让人联想到过去未婚妇女所面临的困难。女性还会面临其他问题，我们将就其中一些问题展开更详细的讨论，但我们对于处于边缘地位的妇女可能关注得太少了。

我必须强调，这本书并不自命具有普遍性，它甚至没有完整地论述自己所圈定的范围。这是一部历史学家写就的关于女性的历史。其实，进一步将范围缩小了。它没有触及西方与世界其他地区关系的问题，而从这个特殊角度出发的研究很少。我们也没有考虑北方地区对南方地区的主导。后殖民时代所涉及的不仅是经济和 / 或文化上的帝国主义，而且还涉及移民的问题。我特别遗憾的是，书中没有收录关于大众消费的文章。如今丰富多样的消费品类让家庭发生了变化，但不平等在全球范围内仍然存在。性别和种族问题是另一个未被探索的领域。我们该如何解释女性殖民者与被殖民者之间的接触？[11] 当两个文明发生冲突时，双方的女性之间、男女之间该如何相处？意象和性幻想在这场对立中占据了怎样的地位？移民妇女（以及她们的女儿）在保持种族身份或促进融合方面发挥了什么作用？

正如这个系列的前几卷一样，我们将注意力放在西方，这似乎既合理又狂妄。我所说的西方主要指欧洲和北美，它们不仅是地理和文化上的统一体，而且在20 世纪还拥有经济和政治上的统一性：总的来说，我们研究的是富裕的国家，是拥有共同历史的发达社会。

我们的方法按照时间顺序和主题来展开。我们在对前半个世纪的研究中，主要关注国家之间的差异：欧洲尝试过将女性“国有化”，我指的是各个国家试图提出自己的女性模范，她既不同于共产主义的形象，也不同于美国的形象。然而，随后的趋势是“国际化”（如果不将其称之为“标准化”的话），该趋势通常受到美国的支持：这就是如今的情况。因此，我们可能没有在美国问题上投入足够的篇幅。我们通过比较研究得出了一系列的模型，而我们真正需要做的可能是分析这些模型之间的复杂关系，这就要求我们对大众文化、移民和国际关系进行探究。[12]

因此，我们希望读者可以开始对性别关系丰富多彩的地理和历史有所了解。有些国家是名副其实的“实验室”：尽管美国不时出现清教主义的复兴，但它仍是“现代女性”和“妇女解放”的诞生地。不过，社会民主主义的瑞典可能才是最佳典范。北欧和拉丁欧洲国家[1]之间存在着重要的历史和文化差异：法国以厚重的《拿破仑法典》为基础发展了起来，而地中海国家仍在与以忏悔为基础的遗留法律制度和独裁政权做斗争。考虑到出生率和结婚率的下降，职业女性数量的增加，以及婚姻和政治的民主化等在西方普遍发生的现象，南欧国家近来的进步似乎更加引人注目。这一进步催生了新的女性历史中心：在西班牙，人们骄傲地重新发掘了被遗忘的源头——共和国时期的大胆实验，颠覆了佛朗哥神话（Francoist Myths）。我们可能也应该将东欧国家囊括进来，请它们像加入其他领域一样加入我们中间来。

---

[1] 拉丁欧洲：指欧洲以罗曼语族作为官方语言或通用语言的地区，包括意大利、法国、葡萄牙、西班牙等。——译者注

为了避免可能产生的误解，我还需要提出另外一点。本书没有收录男性学者的稿件并不是刻意排斥的结果，而是反映了史学的现实。20世纪的女性史——因为它是我们的历史，也是我们的母亲和祖母的历史——是由女性书写的，女性在其中的参与度甚至比在更早期的女性史中的参与度更高。然而，作者的性别并不足以影响学术观点的改变。本书和本系列的统一性和独创性在于它审视过去和现在的方法。这种方法是否奏效则取决于读者——普通读者和专业历史学家的判断。

女性史并不自称为人们提供了可以看到历史全貌的最佳位置。[13]但是，当历史在当前事件的冲击下，重新审视自身作为一门学科的身份和理解现实的原则时，女性史可能是我们为过去的模式增添深度的一种方式。[14]如果连这样的野心都不具备，也就不能指望揭示社会进程真正的复杂性了。

目　录

第一部分　女性的国有化

第二部分　女性、创造与呈现

第一部分 女性的国有化

为祖国服务

20 世纪上半叶不仅爆发了两次世界大战，而且见证了长达数年的屠杀、全球经济大萧条，以及极权独裁统治。本卷的前八篇文章将从两性关系的角度重新审视这段历史。在此过程中，作者们也有机会重新思考平等与差异、反抗与认同、解放与压迫等概念。

由于美国的科技领先地位以及早期女性主义运动的影响，20 世纪 20 年代的美国出现了一种新的女性类型。这种“现代女性”形象塑造了我们对性别角色转变的看法，但它既是一种解放的形象，也是一种从众的形象。在东方，新兴的苏联制造了一支勤勤恳恳的劳动力大军，其中男性和女性工人几乎没有区别。然而，这些妇女其实是与家庭相关的新法律的第一批受害者，这些法律未经探讨就颁布了，并且任由当局随意修改。夹在美国和苏联之间的欧洲国家，在第一次世界大战的冲击和美国文化的入侵下，通过捍卫自己的民族特性做出了回应。面对民主化和“人口问题”（这不仅指人口减少的问题，还包括了男性与女性之间不断变化的关系）的双重挑战，大多数欧洲国家将私人与公共、家庭与政府、个人与国家等陈旧的分野搁置一旁。从社会民主主义瑞典到法西斯和纳粹主义的独裁统治，再到法兰西第三共和国和后来的维希政府，各个阵营的政府都试图将女性公民“国有化”。某些国家采取的手段更为专制，而在另一些国家中则没有那么严重。母性成了公共政策问题。各国迈出了建立福利国家的第一步。妇女被动员起来为战火中的祖国服务，又或是被征召加入致力于宣扬民族伟大的组织。

纳粹德国当然是个例外。尽管修正主义者持相反的观点，但纳粹德国对犹太人和吉卜赛人的种族灭绝政策让它不具有与其他极权主义政权的可比性。[1] 在纳粹统治下，对德国妇女的“国有化”破坏了传统的家庭价值观，让妇女——无论是母亲、党内活动家还是工人，都为德国人民服务。认为工作可以带来解放的马克思主义者和女性主义者长期以来认为，专制政权将母亲的功能性角色分配给了女性。这种观点经不起仔细的推敲。法西斯分子、纳粹分子和维希派人士为了适应经济现实，缓和了他们的生育主义意识形态。此外，就纳粹而言，生育主义常常与种族主义的反生育主义观点相冲突。无论如何，扩大人口规模绝对不是这些政权最显著的特征。

女性的“国有化”与丽塔·塔尔曼（Rita Thalmann）所说的“民族主义的诱惑”有什么关联？[2] 这段历史对纳粹统治下女性所承担的矛盾角色有何启示？这些都是重要的难题。关于这些问题的争论已经影响了女性主义的讨论，在探寻父权压迫的连续性的过程中，这些讨论倾向于将德国女性视为“受害者——往往只是受害者，而且有时还是唯一的受害者”。[3] 只要条件允许，某国的问题都会被交由来自该国的历史学家来解答。纳粹主义的案例构成了一个特殊的挑战。吉塞拉·博克（Gisela Bock）试图将纳粹的性别主义与种族主义联系起来。她的文章为丽塔·塔尔曼（法国）和克劳迪娅·库恩斯（Claudia Koonz，美国）的工作提供了有效的对照和确认。[4] 这些历史学家的著作让我们更好地了解了 20 世纪 20 年代发生于德国的各种运动——世俗和宗教运动、男性和女性运动，还有现代主义和传统主义运动，正是这些运动批判了魏玛共和国，并呼吁德国人民的复兴。这些著作让我们的视野超越了种族主义男性秩序的罪行，并让我们理解了第三帝国对许多希望复兴道德与家庭，并渴望女性“生存空间”（Lebensraum）的妇女的吸引力。[1]

但是，目前关于德国妇女及其代表群体对纳粹罪行要负多少责任的争论到

---

[1] 生存空间（Lebensraum）：德语，指一个国家为了获得发展所必需的领土资源，这个词语在纳粹德国被用作其扩张侵略政策的基础。——译者注

底有什么意义呢？她们作为母亲和妻子不仅支持纳粹主义，而且还通过慰藉刽子手为男性暴力铺平了道路，让该政权的形象变得人性化。基于这种论点，德国妇女是否应该承担主要的责任呢？纳粹国家能否被视为划分男性与女性的不同领域所带来的结果和最终形式呢？我认为答案是否定的。不过，男性和女性对纳粹的认同问题（对纳粹的反抗仍然值得深入研究，但这种态度似乎并不普遍），可能会引发关于这种性别划分的危险性，以及逐渐适应极权主义和种族主义所带来的风险等更深刻的问题。

这段历史也提出了战争在20世纪所处的地位问题，并且从更温和的角度提出了战时策略的性别化特征问题。不过我们很难得出关于第二次世界大战的普遍性结论，因为它对不同国家的影响各异。

战争在传统上是男性的事情，是阳刚之气的核心体现。但是，现代战争在前线和后方都需要开展动员工作，这让男女双方都成了参与者和受害者。然而，长远看来，战争更像是一股保守，甚至是复古的力量，而非变革的力量。甚至像许多妇女参与其中的西班牙内战和导致许多妇女被驱逐和丧命的法国抵抗运动，也没能确立起女性承担战斗责任或分享其荣誉的权利。当抵抗转为武装战斗时，当正规的军事单位组织起来时，妇女就被排除在了指挥系统之外。每次只要战争一结束，人们就会重提女性角色的独特性。这种规律即使对于民族解放战争而言也不例外。虽然某些情况让女性战士的个体行为发生了改变（例如前阿尔及利亚反抗军比她们姐妹生育的孩子更少）[5]，但是性别关系的整体改变是罕见的。至于在第三世界国家的武装斗争和西方的城市游击运动中，只有红军派（又称“巴德－梅茵霍芙派”，得名于其领导人安德列亚斯·巴德和乌尔丽克·梅茵霍芙）[1]一反恐怖组织的传统，让女性承担了下属之外的角色。[6]不管人们是否赞成这种变化，从这个角度来思考目前西方军队的女性化很有意思。顺便一提，德国到目前为止都在拒绝接受这种女性化。[7]

[1] 红军派（Red Army Faction）：红军派是20世纪70年代发端于联邦德国的左翼极端组织。由安德烈亚斯·巴德和乌尔丽克·梅茵霍芙等人领导，针对德国高层人士发动了多起暴力事件。——译者注

第一章　第一次世界大战和性别划分的胜利

弗朗索瓦丝·提波（Françoise Thébaud）

“这是世界女性史的第一个小时。这是女性的时代。”美国妇女工会联盟代表雷蒙德·罗宾斯夫人（Mrs. Raymond Robins）在1917年宣布道。[1] 大洋彼岸仿佛也在响应，法国散文家加斯顿·拉戈（Gaston Rageot）和女性主义历史学家莱昂·阿邦苏尔（Leon Abensour）分别为“一个新文明的曙光”和“国家命脉中女性的崛起”而欢呼。[2]

第一次世界大战在重新定义两性关系和解放妇女方面起到的作用，比过去几年甚至几个世纪的斗争所取得的成就都要大，这一观点在战争期间和战后都很普遍。无论人们赞扬还是斥责这种说法，是对其进行严格的审视还是夸夸其谈，它在当时的文学作品和政治演说中司空见惯。不过，活着的老兵和对他们牺牲同袍的纪念塑造了人们后来对战争的记忆。留存下来的只有英雄和战场的名字。在欧洲各地，缅怀死难者的纪念碑（仅在法国一处就有约3万座）将男女各归其位。女性只有在作为比喻时才被唤起：作为胜利的象征、作为哭泣的寡妇，偶尔也作为诅咒战争的母亲。[3] 同时，一股崭新又名声恶劣的风气开始兴起——假小子式的新女性（garçonne），她们有着男性的举止和外形：这种新式人物成为维克多·玛格里特（Victor Margueritte）1922年的畅销书《单身女郎》（*La Garçonne*）中的主人公，这部著作被视作“一个道德寓言”。尽管和平时期因循守旧的风气又卷土重来，这本书还是卖出了100多万册。作者因为这丑闻式的成功而失去了法国荣誉军团勋章。这本书被翻译成数十种语言，在欧洲大陆吸引了一批追随者。[4]

战火归于沉寂之后，人们为了理解那些刚刚过去的不寻常事件，写下了成百上千的著作。数不尽的苦难和数百万人的死亡：这就是欧洲闯入 20 世纪后所付出的代价。不过，所有这些战后作品中几乎都没有关于女性的讨论。当然，偶尔会出现关于后方生活的轶事，但人们的注意力却集中在其他方面。比如战争的起因、目标、代价，以及军事战略和战术。从卡耐基系列（the Carnegie series）[5] 到乔治－亨利·苏图（Georges-Henri Soutou）的权威著作《金子与血》（*L'Or et le Sang*）[6]，经济和政治视角在作品中占据着主导地位。当然，更近一些的社会史开辟了许多新的道路。而且由于其研究的性质，社会史对后方民众的感知更加敏锐，它不可能忽视女性的存在，特别是那些为战争做出过贡献的女性。[7] 但是，重新审视这一时期的真正压力来自 20 世纪 60 年代和 70 年代的女性主义运动。交战国的妇女做了些什么？她们经历过什么？战争对她们的影响和对男性的影响一样吗？如果说男人经受了战争长期的创伤，那么女人是不是就只会哀悼、忧愁和提供母爱般的呵护呢？考虑到这一时期家庭和社会秩序的瓦解，以及各种新工作的出现，这难道不是女性发展的大好时机吗？这些问题引发了一个新的历史研究领域：在女性解放的漫长历程中，战争处于什么地位？大卫·米切尔（David Mitchell）和亚瑟·马威克（Arthur Marwick）在对英国女性的研究中提出了一个热切的回答。[8]

的确，很难想象还有什么能与战争带来的现有秩序颠覆相提并论。我们要表明战争并不完全是男性的活动，就意味着要指认那些承担了新角色和职责的女性：作为一家之主、军需工人、电车售票员，甚至是军队附属人员。她们的经历赋予了她们新的灵活度和自信。资料表明，女性的活动曾被评论、评价、描绘和拍摄了下来。在英国，她们对战争的贡献得到了帝国战争博物馆妇女战争工作分委会（IWM）的官方认可。在法国和德国，女性只能得到“妇女的努力”（L'effort Feminin）等组织授予她们的非官方荣誉，这些荣誉通常对她们的战时角色进行草率的宣扬。20 世纪 70 年代，历史学家们采访了参与过战争的女性，她们当中几乎所有人都表达了一种解放感和缅怀过去的自豪感。她们在接受帝国战争博物馆和南安普敦博物馆研究人员的采访时，经常表达自己有“逃出牢笼”的感觉。[9] 法国的年迈妇女说她们的确在战争期间做了各种各样的事情，但是战后一切都不一样了。[10]

不过，詹姆斯·F. 麦克米兰（James F. MacMillan）在 1977 年的著作中指出了法国在性别角色方面顽固的保守主义态度。他认为战争只是强化了妇女作为家庭主妇和母亲的形象。[11]20 世纪 80 年代，年轻的历史学家也挑战了战争具有解放作用的观点。对资料的重新解读表明，这些变化短暂而流于表面。[12] 战争期间的新气象过后，一切又恢复了常态。“解放”的概念不过是一场虚幻。更重要的是，人们认为第一次世界大战阻碍了 20 世纪初在欧洲各地进行的解放运动。这场运动富有创造性，主张平等，它创造了经济和性方面独立的“新女性”典范。[13] 因此，我们得知战争巩固了在冲突前夕处于危机之中的男性身份，恢复了妇女作为多产母亲和高效主妇的地位。如果说战争解放了女性，那也是为了让她们成为效率更高的家庭主妇，成为更尽职尽责、令人尊敬的妻子。

许多历史学家仍然认为从解放的角度来看待女性史很有价值，也能带来成果。但问题在于它将女性及其历史与其他人类分开了，因此这种做法近年来受到了越来越多的批评。尤特·丹尼尔（Ute Daniel）是最早就这个问题进行论述的德国历史学家之一，他认为我们不能以现代的观念来衡量“解放”。相反，我们的目标应该是重现历史人物的看法和经验，他们的观点往往不同于政府和组织领导人的官方立场。[14] 与此同时，美国历史学家凭借“性别体系”的概念开辟了新的前景。对他们而言，问题不再是战争如何影响男人和女人，而是战争如何重新定义了男女关系的现实和象征。这种方法的支持者以 1984 年 1 月举行的“妇女与战争”大会的参会者为典型，他们非常重视官方论述和表现。[15] 他们认为历史学家必须研究这场战争引发的性剧变中的性别修辞和其他文化反应，以及这种文化表现形式阻碍变革的力量。这种方法的最终结果是从性别的角度重写战争史，让女性从边缘走向中心。我认为琼·斯科特（Joan Scott）将女性史推向政治史中心的做法，是在这个方向上更深入的尝试。[16] 性别成为战时政策的一种组织原则，它才是名副其实的战争武器：对性别的构建及解构成为在这场将政府、团体和个人都卷入的战争中的另一条战线。

男性与女性的动员

关于妇女在第一次世界大战中的著述已经很多了。下文将总结这一领域的工作，并结合当前的性别史进行讨论。此外，我不仅希望能找出不同国家女性经历的相似之处，也希望能发现一些差异。

1914 年：妇女与战争之年

1914 年 7 月是一个美丽的夏天，没人预料到灾难的来临。在法国，新闻界对 6 月 28 日奥地利弗朗茨·斐迪南大公（Franz Ferdinand）在萨拉热窝（Sarajevo）遇刺一事几乎只字不提。读者对遥远巴尔干半岛的兴趣还比不上对"美好时代"最后一桩重大政治丑闻的兴趣：亨利埃特·卡略（Henriette Caillaux）的审判［她涉嫌谋杀《费加罗报》（*Le Figaro*）出版商，后者曾试图利用她的婚外情细节敲诈她的政客丈夫约瑟夫·卡略（Joseph Caillaux）］。女性主义者在 7 月 5 日纪念孔多塞（Condorcet）的重大参政游行后开始休养生息。这次集会标志着争取政治平等的女性主义运动达到了高潮，该运动也取得了广泛的支持。规模超过 9000 人的法国妇女参政联盟（Union française pour le suffrage des femmes，UFSF）倾向于采取温和、循序渐进的方法。那年夏天，妇女参政联盟在全国范围内发布了一份支持《杜索索伊·布森法案》（Dussaussoy-Buisson Bill）的请愿书，该法案在 1916 年市政选举中赋予了法国妇女投票权。国内最大的工会组织，法国总工会（Confédération Générale du Travail，CGT）已将妇女劳工问题列入了秋季会议议程。它因为艾玛·库里乌事件（Emma Couriau）而采取行动，[1] 这件事让女性被排除在了印刷业之外。[17]

在英国，一场更为激进的女性主义运动抨击了维多利亚时代的"两个领域"（公共的男性领域和私人的女性领域）和双重性别标准的意识形态。在战前的动荡时期，"妇女问题"是首要政治问题，甚至超越了社会骚乱和爱尔兰问题。妇女社会政治联盟（Women's Social and Political Union，WSPU）于 1903 年在兰开夏郡成立，它借鉴了社会主义战略和宣传技巧，以妇女投票权为关注中心。然而，该组织最终在反复出现的暴力、镇压以及潘克斯特一家（the Pankhursts）专制管理的综合影响下被摧毁。1914 年夏天，克丽丝特贝尔·潘克斯特（Christabel Pankhursts）为了躲避牢狱之罪逃到了法国。不过费塞特夫人（Mrs. Fawcett）领导的全国妇女参政权协会联盟（National Union of Women's Suffrage Societies，NUWSS）受到了自由派和工党成员的强烈支持，该联盟在伦敦举行了盛大的游行，展示了其 480 个附属团体和 53000 名成员的庞大规模。

---

[1] 艾玛·库里乌事件（Emma Couriau）：1913 年，具有 17 年经验的女性印刷师艾玛·库里乌被图书联会里昂分会拒绝入会。——译者注

因此，1914 年本可以成为妇女之年，不过战争还是来临了。男人和女人都重新回到了自己的位置。

7 月 28 日至 8 月 4 日，欧洲爆发了战争。一开始，尽管大众对战争反应恍惚，但很快，在某些地方态度转变为听之任之，而在另一些地方则变成了热情（热情的态度在城市里比农村更普遍，在男性中比女性更普遍）。人们不抗拒打仗的想法，因为他们对战争有了心理准备。法国的学校鲜活地保留了 1870—1871 年普法战争期间割让给德国省份的记忆，并教导说法兰西共和国作为一个法治与和平的政府，不可能发动一场非正义的军事行动。德国人则为其经济上的成功而感到自豪，对其文明的优越性深信不疑，他们开始准备征服“野蛮的”俄罗斯和“柔弱的”法国。[18] 几乎每个身穿制服的人都幻想着一场短暂的、充满骑士精神的战争，士兵能在这场战争中表现出最高的道德价值，结下深厚的战友之谊。制服和仪式——如法国军队穿的红裤子以及伴随着德国军队演习的鼓声，维持着这幅过时的图景。[19] 各处的军队都在集体爱国主义表现中奔赴前线，社会差距消失了，妇女的欢呼比眼泪更受欢迎。

那是一个奇怪的夏天，性别隔离的现象愈发严重，但同时在经历了战前的动荡时期后，两性之间难能可贵的和谐得到了少许恢复。对男性的动员增强了家庭感情，复兴了男人作为祖国和亲人保护者的神话。士兵们早期的家书中充满了孝心、爱的宣言，有时还会表达对孩子的渴望。[20] 尽管大多数历史书指出，在所有交战国中各政党和社会阶层团结起来，组成了“国民阵线”或“神圣联盟”来拯救国家，但却鲜少提及“两性团结”。不过，当时的法国人都在呼吁一个真正女性的出现——她纯洁，清楚自己内在的天性和永恒的责任，她能带来源源不断的大爱和阶级团结。这位真正的女性就是 19 世纪资产阶级理想的化身。[21]

“服务”成了法国妇女的口号，她们在铁路食堂慰问士兵，在红十字会医院照顾伤员，为各种无家可归者提供食物：包括逃到撤退盟军后方的难民、混乱战区的失业者，以及因为士兵被动员参战而失去支柱的家庭。德国和英国的妇女也从事慈善工作。例如，在英国，工会会员玛丽·麦克阿瑟（Mary Macarthur）与玛丽王后（Queen Mary）共同创立了王后妇女工作基金（Queen's Work for Women Fund）。贫困妇女得到了一些诸如缝纫等典型的女性工作，借此换取一顿饭或一份微薄的工资。

女性主义者普遍热衷于提供服务。她们暂时放下了自己的诉求，试图通过积极履行妇女的职责来证明自己。玛格丽特·杜兰德（Marguerite Durand）在1914年8月的最后两周恢复了《投石报》（*La Fronde*）的出版。她的立场基本上与费塞特夫人8月14日在《共同事业》（*Common Cause*）中表达的立场相同："女士们，国家需要你们。无论我们的要求（投票权）能否得到认可，让我们证明自己配得上公民身份吧。"温和女性主义的主要刊物《法国女子》（*La Française*）的编辑简·米斯梅（Jane Misme）在第一期战时刊物中说道："只要我们国家的苦难还在持续，就没人有资格谈论权利。我们现在只有职责。"[22]潘克斯特一家被赦免后，变成了彻头彻尾的征兵官。他们的话语带有性别歧视和军事色彩："男人们，如果你想直视女人的双眼，就要尽你的职责，为崇高的事业而奋斗。"这与政府官方的征兵海报没有太大的区别，那些海报描绘了站在自家窗前、坚韧不屈的妇女，她们规劝自己的男人参军。海报上写着："英国的妇女说'去吧！'"[23]

政府指望着战争很快就会结束，他们希望妇女们能顺应战时的情况，并乐于看到女性主义者们为了国家事业而团结起来。不过，他们虽然欢迎女性志愿者参与慈善工作，但却拒绝了她们以其他方式提供服务的提议，包括一些女性的入伍申请。德国妇女协会（Bund Deutscher Frauenvereine，BDF）在1912年的大会上提议年轻女性进行一年的社会服务。1914年8月3日，协会成立了"全国妇女服务"（Nationaler Frauendienst，NFD），通过社会服务和供应工作来协助政府。[24]在英国，一些女性志愿者可以从事农活或作为城市辅警。艾尔西·英格利斯（Elsie Inglis）医生提交了一份关于建立一系列海外医院的计划（后来被称作苏格兰对外服务女子医院），当时陆军部告诉她"回家安静待着去"。[25]法国的性别歧视政策颇为典型：8月5日，动员士兵的妻子可以从政府领取津贴，这并非出于对家庭福利的考虑，而是为了鼓舞士气。8月7日，法国总理维维亚尼（Viviani）向法国妇女发出了呼吁。这其实是写给农村妇女的，政府认为那些被她们丈夫抛下的农田急需她们的照料。维维亚尼在这种情况下采用了充满阳刚之气的军事辞藻："法国的妇女和孩子们、国家的儿女们，站起来吧！代替那些身在战场的人去田地里劳作。准备好很快就能向他们展示耕好的田地、圆满的丰收，播种的土地吧！在这关键的时刻，一切劳作都至关重要。凡是对国家有益之事都是伟大的。起来吧！行动吧！工作吧！明天荣耀将属于每个人！”[26]但是，当玛格丽特·杜兰德提议让妇女担任辅军人员时，她被撤职了。早在 6 月 30 日，作家杰克·德·伯西女士（Mme Jack de Bussy）试图组织女性志愿者联盟（Ligue des Enrolees）时就经历了同样的遭遇。

除了美国之外，所有交战国政府都设立了英国人所谓的“分居津贴”，这笔钱将付给事实上以及法律上的妻子们，津贴额度根据孩子的数目而有所不同。从战争初期一直到战争结束，英国的津贴都相当慷慨，实际上，比单身女性的平均工资还要高一点。不过，法国和德国坚持将这笔支出视为一种福利，因此数额始终较低。此外，同时享受分居津贴与失业福利是非法的。因为从理论上来讲，失业福利应该留给贫困人群，这笔钱会一直发放到他们找到能支持生活的工作为止。即便如此，法国、德国和英国政府在采取这些福利措施方面行动迟缓。因此，下层阶级受到了战争的精神创伤和经济灾难的双重打击。多么澎湃的爱国热情都不足以让人们忘记形势的严峻，许多人被迫寻求救济或搜索招聘广告。纺织、服装和奢侈品等女性化程度很高的行业，出现了普遍而持续的失业现象。1914 年 8 月，法国工商业中女性雇员的数量降至战前水平的 40% 左右，到 1915 年 7 月仅恢复到了 80% 的程度。巴黎由于其产业性质和地理位置靠近前线，受到的打击尤其严重。除了能在救护伤员的机构中找到工作的护士，还有顶替她们丈夫的农妇和商店老板，女性劳动力在战争动员中的征召开展缓慢。直到人们开始认识到战争不会很快结束，全面动员才开始。人们也不得不放下对女工的怀疑态度。但真正扭转局面的是人们意识到靠现有的劳动力资源根本无法完成工作。

妇女动员

战争没有像预期的那样发展。秋天结束时还没有分出胜负，僵持不下的前线绵延 500 余英里，从佛兰德斯一直延伸到瑞士边境。随着迅速取胜幻想的破灭，交战国再也不能指望靠工业储备来渡过难关，他们不得不再次提高产量。作为一场从物资和人员方面旷日持久又耗资巨大的战争，第一次世界大战如果没有后方的支持和妇女的合作是不可能持续下去的。在四年半的战斗中，法国动员了 800 万人（这超过了 60% 的劳动力），德国动员了 1300 万人，英国动员了 570 万人。战争的前两年，人员的征召全靠自愿，直到 1916 年 5 月才开始正式征兵。致命的战斗吞噬了大量的人员和弹药，新的武器被迅速投入使用。政府设立了一些机构来监督国家军火库和私人工厂向现代武器工业的转变。随着武器工业产量上升到前所未有的水平，该产业吸收了更多的工人。[27] 现代战争动员了人们的思想和身体：这场战争在前线和后方两条战线上同时进行。战斗完全是男人的世界，而绝大多数妇女都在后方。这种普遍现象适用于所有交战国。但是，为了进一步研究动员妇女的政策和做法，我们必须对它们逐一地进行研究。

法国在 1914 年之前已经有 770 万名妇女（包括 350 万名农妇）在工作，尽管像商务部部长埃蒂安·克莱门特（Etienne Clementel）和信奉社会主义的武装部部长艾伯特·托马斯（Albert Thomas）等人尽了最大的努力，但对妇女的动员在很大程度上仍是临时特设性质的。劳动部于 1915 年建立了地区就业办公室，比起去那里报名工作，女性更有可能响应报纸上的广告，根据邻居的消息采取行动，或者直接敲工厂的门。通常士兵的职位会被其家庭成员所取代：男子的雇主可能会提供其妻子、女儿或姐妹一份工作来帮助家庭渡过难关。这样在战争结束后，就不会出现对工作岗位的争夺。前线的士兵也可以放心，因为有人在看护着后方妇女的德行。虽然这种做法在工业生产中很少见，但在商业、银行、交通部门和某些政府机构中却是普遍的现象。法国有银行女职员（financières）和铁路女职员（cheminottes）。女性在地铁里检票、做销售、收账单，甚至开电车。然而在军工厂里，女性总是雇用的最后选择。《达尔比耶法》[1] 已经召回了 50 万名受到动员的工人，而且还从殖民地和国外其他地方引进了更多的工人。

1915 年秋天，政府部门开始鼓励工业家尽可能多地雇用女性。墙上贴满了海报，招聘办公室在法国遍地开花。尽管妇女慈善组织在女性主义运动领袖的支持下，试图使招聘程序合理化，但女性出于找工作的需求，以及受到高工资的吸引，几乎都涌进了战时的工厂。女性开始从事更加多样的工作。到 1918 年，约有 40 万妇女受雇于军工企业，占总劳动力的四分之一（占巴黎地区总劳动力的三分之一）。这不仅象征着妇女对战争的贡献，而且也意味着女性涌入了传统上由男性主导的工业部门。

然而，动员妇女存在着局限性。劳动力市场并没有充斥着大量的女工。根据劳动部的统计，直到 1916 年，工商界的女性就业人数才恢复到战前的水平。

---

[1]　达尔比耶法（Dalbiez Law）：按照发布于 1915 年 8 月的《达尔比耶法》，士兵如果在后方能发挥比在前线更大的作用，那么他将被允许回归后方。——译者注

到 1917 年底，女性就业人数达到最高水平，这也仅比战前高出 20%。那时，妇女占劳动力总数的 40%，这一比例在战前为 32%。但至少在法国，没有哪个工业领域因劳动力短缺而瘫痪；而在德国，动员妇女显然不足以弥补男性工人的短缺。

至少尤特·丹尼尔持这一观点，他反对战争让女性劳动力急剧增加的传统观点。28 丹尼尔特别质疑了被普遍援引来支持这一观点的数据来源的有效性：医疗保险统计。德国妇女被动员到了战时工厂工作，这一点是可以肯定的。起初，尽管有着全国妇女服务（NFD）的帮助，女性的贡献依然微小而分散。但是在战争后期，招聘力度加大也变得更集中，因为在经济领域已经开始实行军事组织模式，领导人也意识到如果不让女性加入劳动大军便不可能取得胜利。1916 年 11 月的兴登堡计划（The Hindenburg Program）加强了军队对国内政策的管控，工业动员的任务被交给了格勒纳将军（General Groener）的战争办公室。军工自然是头等大事：1916 年 12 月 5 日设立的辅军服务（Hilfdienst）强制性征召年龄在 17 岁到 60 岁之间的所有男性，这保证了劳动力的供应。民政当局考虑过让女性加入这一行列，但最终拒绝了这个提议。德国妇女协会（BDF）的女性主义者们反对这种做法，他们还建议让妇女负责征召女性的工作，并且要制定新的社会政策来保护女性劳工。战争办公室为此成立了妇女部（Frauenreferat），专门负责招聘工作；以及妇女劳动中心（Frauenarbeitszentrale，FAZ），负责保障女性劳工的福利。到了 1918 年初，这些部门在德国妇女协会玛丽—伊丽莎白·吕德斯（Marie-Elisabeth Lüders）的领导下雇用了约 1000 名女性。

可以肯定的是，动员工作提升了女性在重金属、电气和化学行业工作的绝对数量和相对数量，这在那些大公司中尤其显著。一些德国历史学家称在雇员人数超过 10 名的公司中，雇用妇女的比例增加了 50% 以上。克虏伯公司（Krupp）[1] 是一个极端的例子，到战争结束时该公司的 11 万劳动力中有 3 万多名妇女。29 但是，这种增长的代价是牺牲传统上雇用妇女的工业部门。由于协约国的封锁断绝了德国的原材料来源和市场，德国放弃了这些部门。此外，比起扩大以家庭为基础的工人规模来保证战争机器的供应，工业就业的增长似乎没有那么重

[1] 克虏伯公司（Krupp）：德国工业界的著名家族企业，19—20 世纪是德国最大的以生产钢铁为主的重工业公司。——译者注

要，这一发现得到了各地估算结果的证实。黑森林的女裁缝们开始生产军火；胸衣制造者负责生产帐篷和餐具；以前从未工作过的妇女被派去制作帆布背包、防毒面具、袜子甚至全套制服。

政府还采取了什么激励措施来吸引妇女去响应当局那引发内疚感的呼吁，或德国妇女协会主席格特鲁德·鲍默尔（Gertrud Bäumer）的爱国演说呢？表面振振有词的话语并不能掩盖德国官僚机构的内部冲突。一些工会和雇主对让女性进入劳动力市场存有疑虑：作为聘用条件之一，潜在的女性雇员有时被迫签署没有注明日期的辞职信。无论如何，接受战时工厂的工作通常意味着要搬去一个新的地方，而许多女性被家庭责任束缚住了。到了 1915 年，所有物资都出现了短缺，德国妇女战时经历的核心之处就是应对这种物资短缺。她们需要在家里付出艰辛的劳动才能勉强度日，而工厂高工资的吸引力被家庭的必要劳作抵消了。更别说政府为许多家庭提供了刚刚够用的资金（以失业津贴和奖金的形式支付给参战家庭）来购买商店里仅存的一点点东西。因此，政府旨在安抚前线士兵的照顾军属家庭的社会政策，往往扰乱了劳动力市场，阻碍了招募女性工人的努力。

在英国，潘克斯特夫人在刚成立的军需部的支持下，于 1915 年 7 月 17 日组织了一场名为“服役的权利”（right to serve）的游行。“时局不容乐观”，一些游行者带着这样的标语。“女性必须为救亡贡献力量。”这次游行标志着妇女参政论者对国家事业的全情投入，以及阿斯奎斯政府对战争物资短缺所引发的政治危机的反应。这也是动员英国妇女的一个转折点。先是征兵，然后是 1916 年 12 月上台的劳合·乔治政府（Lloyd George）的行动，这两个事件加快了征召妇女的速度。政府、工会和雇主共同制定了政策来应对职业女性人数的激增。

20 世纪 20 年代——尤其是战争时期，标志着英国工会主义的一个高峰。工会成员不断增加，工会领袖们也发现政府已经愿意并准备好在社会和产业改革方面进行合作。[30] 在 1917 年的头几个月里，工会甚至得到了发放劳工证的授权，持证人可以免服兵役。作为回报，工会接受了“稀释”和“替代”原则。根据“稀释”原则，被征召入伍的熟练工人可以由半熟练或不熟练的工人取代。这两个原则都让女性获得了原先被视作“男性工作”的职位。在许多行业分支中，所谓的“稀释协议”都是经过协商后达成的，有时还要经历一番艰难的讨论，才能具体决定哪些工作可以暂时由女性承担。战争结束后，这些妇女将被解雇，男性工人和从战场返回的工人得到了恢复原职位或是更好职位的保证。

女性先是在商业机构和办公室里取代了男性。这些部门的工会力量薄弱，也是人们观念中的体面工作。后来，正如劳工供应贸易委员会的月度统计数据所记录的那样，女性也进入了其他的工业部门。虽然与法国相比，英国总体上对女性参加工作更为敌视，但是在 1914 年 7 月（这确实是失业率高峰时期）到 1918 年 11 月之间，工作的女性数量增长了约 50%，从 330 万名变成了 490 万名，这个数字不包括作为仆人、家政工，或受雇于小商店的女性。在所有劳动力中，女性的占比从 24% 提升到 38%。[31] 伴随着这一变化的是年轻女性雇员人数的急剧增加，从传统行业中的家政工作向工业领域就业的转变，以及已婚女性及母亲就业人数的增长。某些领域的增长尤为显著，基本上与法国的情况类似：军火工业雇用人数增长（1918 年雇用了 100 万名妇女，其中有许多人受雇于大型军火库如格雷特纳和伍尔维奇），交通行业、银行业和公务员也有小规模的增长。为国家服务的愿望似乎和高薪一样是吸引妇女的因素：9% 的军工劳动力由中上阶层的妇女组成。

英国在另一个方面也很突出：1917 年春天，它成为第一个建立陆军妇女辅助队（Women's Army Auxiliary Corps，WAAC）的国家。到了 1918 年 11 月，陆军妇女辅助队征召了约 40000 名女性，其中 8500 名被派往国外。妇女辅助队极其模糊的历史反映出来，对于同时代的人而言，无论是军人还是平民都很难将妇女想象为士兵。塞尔维亚有身穿男性制服的女兵，俄罗斯有著名的"女子死亡营队"（women's death battalion），但法国在军队和战争部中雇用女性的行动迟缓。直到 1916 年底，政府才终于允许女性承担军事相关的职位，但是要求她们与男性上下班的时间错开，而且还成立了一个特殊的督察队。明信片是法国的一个繁荣产业，举国上下也热衷于此。明信片对妇女从军的主题进行了淫秽的描绘，插图中的女步兵们（poilues）露着极低的领口，穿着内裤和靴子。那些发给战壕里士兵的报纸反映了他们在前线对消遣娱乐的渴望。

陆军妇女辅助队因为凯瑟琳·福斯（Katherine Furse）等领袖决心要协调大量志愿服务组织的工作而产生。福斯建立一个军事化组织的计划最终被选定，但与是维奥莱特·马卡姆（Violet Markham）所主张的不应该存在任何女性活动都不应当被作为军事化组织的观点，以及伦敦德里侯爵夫人（Marchioness of

Londonderry）的观点——她在 1915 年创建了女子军团（Women's Legion），产生了激烈冲突。陆军部犹豫了许久之后，决定成立由查默斯·沃森夫人（Mrs. Chalmers Watson）领导的官方妇女辅助队。它也有一整套的衔级、规章制度和制服，陆军部希望妇女辅助队的地位能有助于控制甚至是吸纳其他妇女团体。当第一批女兵被派往法国承担厨师、职员和机械师的工作时，男人们得以解放出来前往前线作战。与此同时，国内征兵工作的规模也在扩大，空军和海军也成立了妇女辅助队。然而，批评者们指责新的妇女分队玷污了浸染几代士兵鲜血的国王制服，而且说她们"扮成"男人，拙劣地模仿真正的军队，这样做背离了她们的性别。女兵们也常被怀疑有不道德或是同性恋的倾向。尽管在 1918 年调查委员会专门调查了这些指控，并给出了良好的报告，但不好的名声依然存在。就某种程度上而言，陆军妇女辅助队的存在扰乱了战争时期的性心理经济——男人去打仗，保卫妇女和儿童——而且混淆了男性和女性的身份认同。[32]当时有一种典型的恐惧，即女性会变得"男性化"。比起其他女工，陆军妇女辅助队让这种恐惧具体化了。

女性的"男性化"

埃斯特·牛顿（Esther Newton）和卡罗尔·史密斯－罗森伯格（Carroll Smith-Rosenberg）展现了 19 世纪的男性如何将关于"新女性"社会和政治角色的辩论转移到了性领域。他们在这里才可以表达自己的恐惧并恐吓伴侣。解放的女性先是被打上了"子宫异常者"的标签，后来，尤其是在德国精神病学家理查德·冯·克拉夫特－埃宾（Richard von Krafft-Ebing，1840—1902）的影响下，她们的标签变成了"阳刚的女同性恋者"，危险又不知廉耻的"女丈夫"（Wo-men）。[33]1912 年著名的德国医生 A. 冯·莫尔（A. von Moll）指责妇女解放让女性变得"男性化"，导致了生育率下降和性别颠倒。[34]第一次世界大战将女性推入了从前属于男性的角色，挑战了女性气质的观念。但这场战争更多时候延续了上述的思维方式，而非质疑它。

文学作品中偶尔会流露出对女性能力的惊讶和赞赏。然而更为常见的情况是，作品会用所谓女性身体和精神上的弱点作为表面的证据，公然表现出对女性的敌意：令人惊讶的是，许多文本都描写了让女性驾驶电车的危险。男性在动员女性问题的反应中恐惧的情绪表现得格外突出。1917 年 3 月，当时国会工商业委员会已经在计划复员了，会上颁布的证据显示内政部代表对女性的身心变化感到担忧："如今当我们看到女性执行最困难的任务时，我们必须要仔细观察才能确认眼前是一位女子而不是男人。"[35] 法国医生霍特博士（Dr. Huot）在一篇发表于《风雅信使》（*Mercure de France*）的雄文中使用了当时的新术语"男性化"（masculinization）：他承认自己对女性"敏感－感性"特质的认识是错误的，但他声称性别颠倒构成了"道德无序"的危险。[36]

各国评论员都执着地寻找女性化的隐喻来描述从事"男性化"工作的妇女：她们将炮弹像珍珠似的"串起来"，她们"优雅"、"沉静"又"灵巧"地"织出了"钢梁。这些评论员们似乎是在说服自己相信世界并没有改变，性别之间的界限仍然是固定的，而目前只是暂时性的情况。1917 年 6 月 16 日发行的杂志《我之所见》（*J'ai vu*）中就有一个很好的例子。一篇赞颂"胜利女工"的文章中有一张照片，照片中微笑的女工左臂抱着一颗巨大的炮弹，右手拿着步枪。图片下方的描述写着："为了响应祖国在危急时刻的号召，大战中的女性全力以赴。她们在工厂里穿着男式工作服，加工炮弹，制造火炮的钢管，生产炸药。然而，她们在笼罩着死亡的氛围中，从事着只适合男人的繁重劳作，这让她们柔弱的四肢感到非常吃力，但她们却还是努力保持了女性特质，丝毫没有放弃自己的优雅。"弹药女工（munitionnette）[1] 这个昵称本来就不可避免地带有女性气质。

人们经常谈到政府宣传中爱国主义的豪言壮语，但少有历史学家去评估这种宣传在民众中对男性和女性角色认知方面起到的模糊影响。法国军备部在其公共声明中强调要注重家庭团结，要求女性接受工厂的工作，这样才能拯救在前线冲锋陷阵的士兵。但是军备部官方杂志《战争工厂通讯》（*Le Bulletin des usines de guerre*）的内容则全是业务，讨论技术、机械和妇女的技术能力。英国政府呼吁妇女担任"临时替代者"："尽你的职责，顶替一个上前线的男人。"但是应陆军部要求拍摄的、在全国范围内流传用来说服雇主雇用女性的关于工作中的女性的照片，强调的则是新鲜的、不同寻常的感觉，描绘着自豪、面带微笑、手脚麻利又善于操作机器的女性。[37] 英吉利海峡两岸，倡导女性付出的

---

[1] 弹药女工（munitionnette）：指一战期间在弹药工厂工作的女性工人，由意指弹药的"munition"和指代女性的后缀"-ette-"组成。——译者注

说辞几乎都无法掩盖对她们能力的宣传。但是，总的来说，媒体和文学对女性传统的战时角色描写得更多——护士、援助工作者、前线士兵的通讯员，而不是妇女在工厂中的工作。在五家主要法国日报的漫画栏目中，女性形象除了作为法兰西共和国象征的玛丽安娜（Marianne），或者作为丈夫在前线作战，从而撑起了整个家庭的“妻子”之外，其他形象几乎是缺失的。

战争更多地恢复了女性作为提供救赎者或慰藉者的象征意义，而不是去证明女性的能力。然而，女性主义者强调女性工人的效率，并试图通过使用军事化词汇将男性和女性的贡献进行类比。1916 年，弗里德里希·瑙曼（Friedrich Naumann）和格特鲁德·鲍默尔（Gertrud Baumer）以麦粒和宝剑作为双重象征，发行了他们的杂志。周刊《帮助》（*Die Hilfe*）登载“战斗纪事”（Kriegschronik）；月刊《女人》（*Die Frau*）则登载“后方纪事”（Heimatchronik）。后者感情充沛地赞扬了“女性为祖国做出的贡献”。在 1915 年 3 月 6 日的《法国女子》（*La Française*）中，简·米斯梅写道，“后方的士兵”响应了“国家的召唤”并坚守着“第二前线”，以“打破禁锢女性数百年牢笼的又一根铁栏杆”。1917 年 4 月 15 日的杂志《女性生活》（*La Vie feminine*）封面上，描绘着一个身材娇小的女裁缝（midinette）——正是战前典型的职业女性形象，在工厂烟囱的背景下，面对着一个身材高大、充满力量的弹药女工。德国妇女协会的女性主义者们认为，女性可以通过发展特定的能力来融入社会；而法国女性主义者则希望利用她们战时的经历作为跳板，从而实现女性在职业领域的平等，或者至少为女性工人争取更多机会和更高水平的技能。她们要求获得职业培训的机会、开办新的学校、宣传现有的学校，并通过广泛调查女性能够获得的教育和职业机会，奠定了进一步发展的基础。

但是，女性动员不同于男性动员。每增加一个工作的妇女，就可以多派一个男人上前线。特蕾莎·诺斯（Teresa Noce）说，意大利都灵有政治意识的工人阶级家庭对在菲亚特汽车工厂工作的女工们并不友善：他们声称女性通过工作将男人送进了坟墓。[38] 工人阶级男性对女工的敌意由来已久，这源于男性对竞争的恐惧、对工会长久以来的忠心，以及对女性作为母亲和家庭主妇传统角色的执迷。现在，他们对死亡的恐惧又加剧了这种敌意。有时，在工厂工作的妇女被控诉为利欲熏心之人和掘墓者。法国的无政府主义者与和平主义者在法国总工会和工人国际法国支部（French Section of the Workers' International,

SFIO）中是少数群体。他们反对女性就业，这也许是出于失望的情绪，但他们的态度非常强硬。建筑工会的雷蒙德·佩里卡特（Raymond Pericat）和金属工人联盟的阿方斯·默尔海姆（Alphonse Merrheim）说女人连畜生都不如：母狼都知道护崽，但法国妇女在 1914 年非但没有阻止男人上前线，还为了 25 索尔（分居津贴的数额）出卖他们。男人在战争中身亡，而女人却在家里狂欢。

女性的时代？

妇女在战争中的经历是积极的吗？换一种更富有争议的说法，第一次世界大战时期对女性而言是快乐的吗？各种各样的资料，包括法国和英国妇女的口述历史和帝国战争博物馆收集的照片，从某种程度上都表明答案是肯定的。南安普敦博物馆收藏了一个摄影工作室的照片，各行各业的女性——尤其是从事交通行业的女性会穿着工作服去拍照：我们看到了以自己工作（或许还包括了她们的制服）为傲的女性。[39] 法国同时代的人们也注意到了军火工业的女工们“惊人”的工资和“疯狂”的开支：有的人爱用自己的收入购买靴子和丝袜，而另一些人则更喜欢买橘子和鸡。虽然那个时期所有的女性主义作品都突出了女子奉献的渴望、坚韧不拔的品质，以及推动女性解放的愿望，但一些英、美作家也提到了与其他女性在一起的快乐。1918 年，哈里奥特·斯坦顿·布拉奇（Harriot Stanton Blatch）将英国描述为“一个女性的世界”。默默无闻的老处女不复存在了，取而代之的是“有能力、双眼散发着光芒的快乐女人”。还有一些人回忆那些年是“美好的时光”“不错的日子”。[40] 女性文学——从战时的诗歌和小说到后来的回忆录和散文；从英国宣传工作者杰西·波普（Jessie Pope）到美国小说家薇拉·凯瑟（Willa Gather），常常为性别角色的倒转而感到欣喜：“全世界都颠倒过来了。”女性为终于能公开地表达自己的渴望而感到高兴。[41] 艾米·洛威尔（Amy Lowell）和格特鲁德·斯泰因（Gertrude Stein）这样的女同性恋者在战争期间创作了她们尺度最大的情色作品，如《鼓举的肚腹》（*Lifting Belly*）。1915 年，夏洛特·柏金斯·吉尔曼（Charlotte Perkins Gilman）出版了《她乡》（*Herland*），这是一部关于没有男人的世界的乌托邦小说。

这是女性的巅峰吗？诗人和小说家如 D. H. 劳伦斯（D. H. Lawrence），T.S. 艾略特（T. S. Eliot），威尔弗雷德·欧文（Wilfred Owen），西格夫里·萨松（Siegfried Sassoon），还有欧内斯特·海明威（Ernest Hemingway）通过将大战描述为两性斗争中毁灭性的转折点，表达了这样的观点。这场战争将青年男子献祭给父辈、妇女，以及——用桑德拉·吉尔伯特的话来说——“一场女性乱政的节日”。关于当代反英雄、瘫痪者、不育者或残疾者的文学着迷于男性“阉割”（emasculation）的主题，无论是真实的还是想象的。保罗·福塞尔（Paul Fussell）和埃里克·里德（Eric Leed）呼吁人们关注战争对参战人员造成创伤性心理影响的文学证据。[42]

毋庸置疑，第一次世界大战确实给军队带来了长期的创伤：大规模屠杀让战争和胜利的阳刚形象，甚至还包括西方文明本身的价值变得毫无意义。士兵深陷于泥泞和血泊的战壕中，他们能做的只有等待致命的袭击或炮火轰炸。一些士兵身上也出现了古老的女性精神错乱——歇斯底里症（即分离性障碍），现在英国的医生将其改名为“炮弹休克”。[43]部队成员觉得自己回到了在公共和私人空间中都孤立无援的原始状态。过去，当男人去抗击敌人的时候，他们的女人在家中虔诚地等待。然而，现在男人离开了，女人接过手来肩负起公共责任，维持着战争机器的运转。前线的士兵们害怕回家后发现自己身无分文还戴了一顶绿帽子。

我认为，法国的战时文学总体上没那么咄咄逼人，厌女情结也没那么严重。不过它们的确表达了士兵对后方的怨气，以及强调男性价值的需求。“我告诉你吧，现在有两个国家了。我们被分隔成两个国家。前线有太多郁郁寡欢的人，而后方则充满了快乐的人。”亨利·巴比塞（Henri Barbusse）的畅销小说《炮火》（*Feu*，1916）中的一位主人公这样说道。斯蒂芬·奥端－卢佐（Stephane Audoin-Rouzeau）对士兵报纸的研究也展现了部队对妇女和后方的矛盾情感。[44]一方面，女人象征着“战争的对立面”。她们是战士的助手，是孩子的母亲，是让人们能够想象出一个远离恐怖和混乱未来的天使。她是士兵经常对战友们说起的心上人，是他的梦中情人。士兵们通常认为平民无法理解军队经受的苦难，大众会相信那些充塞媒体的宣传，不过他的爱人和近亲们是其中的例外。然而她也是士兵们噩梦的主题，经常被怀疑有不忠的行为。男人们害怕自己假期回家时会认不出自己的妻子。因为他们再清楚不过了，后方的生活依然如故。双方的误解有时会带来痛苦的决裂。当作家罗兰·多格莱斯（Roland Dorgeles）在尸体中爬行时，他的情妇在跳舞时扭到了脚踝。

自由的体验

战争赋予了女性前所未有的自由和责任。她们能够从事以前无法触及的工作，通过工作为国家服务，许多人在使用新工具和新技术的过程中找到了乐趣。战争打破了古老的壁垒，许多顶尖的职业也为妇女敞开了大门。1914 年，法国全国只有数百名女医生和几十名女律师。但到了战时，玛丽亚·维罗妮（Maria Verone）和珍妮·沙文（Jeanne Chauvin）被允许在军事法庭进行辩护，而年轻女性也被商学院和工程学院录取，其中包括著名的巴黎中央理工学院，该校于 1918 年录取了首位女学生。作为男校教师的女性受到了热烈的欢迎和赞扬。教师职业的女性化程度越来越高，这让男性教师感到沮丧，他们担心自己会受到排斥。在许多农村地区，女老师替代了缺席的市长，成为社区的发言人。从牛津到索邦，姑娘们踏入了所有高等教育的堡垒。在咖啡馆、旅馆、商业机构、银行和政府机关工作的女性让妇女有了公共存在感。哪怕有少数人表现不佳，但还是有许多女性因为自己的诚实和谨慎受到了赞赏。

大多数职业女性认识到了自己的技能，并重视她们新获得的经济独立。战时工作的报酬丰厚，尤其是在军工厂里，在那里工作的妇女通常能挣到两倍于传统女性职业的工资。法国和英国的佣人们抓住这个千载难逢的机会，离开了他们专制的主人和微薄的工资。这与德国家政女工（Fräulein）的出走共同加深了在战争开始之前就出现的“佣人危机”。在一些地区，纺织行业的雇主迫于竞争压力不得不提高工资。为人诟病的“离职证明”就是为了防止女性出于寻求更高薪水而从一家军工厂跳槽到另一家的措施。女性不再为“一点小钱”而工作：一名伍尔维奇工厂熟练的军火工人每周能挣几英镑（焊工则能挣到 6 英镑），一名为军队工作的司机可以挣到 5 英镑，这是一份不错的中产阶级工资。

对惯于从事慈善工作的中上层女性来说，战争期间是一段狂热投身服务的时期，它有助于打破社会壁垒和僵硬的资产阶级生活方式。在法国，由于从前的女主人们现在都致力于慈善工作和宴会，她们在特定的日子里接待客人的古老习俗被抛在了一边。束身衣的消亡，以及更短的裙子和简化服装的出现（加布里埃尔·香奈儿发明的女士外套最为著名），解放了女性的身体，也推动了这一运动。年轻女性失去了伴侣的陪伴，她们对自己刚获得的自由感到既恐惧又目眩神迷。其中包括了年轻的克拉拉·戈德施密特（Clara Goldschmidt），她后来成了作家安德烈·马尔罗（Andre Malraux）的妻子。在当时，克拉拉面对仇外的偏见，勇敢地捍卫了自己的家庭。[45]

年龄更长的女孩和她们的母亲一样，加入了红十字会和其他慈善组织。她们作为护士和助手，很快就接触到了生活的现实：她们开始了解男人、性、工人阶级，甚至有色人种。虽然她们曾在战争初期因为“如出一辙的骄傲自大”而受到谴责，但这种态度随着长期的辛苦工作和每天遭遇的苦难而不复存在了。伤员人数之多令部队医院不堪重负，医院接收了数千名志愿者（法国有 7 万多名志愿者，而雇佣员工只有 3 万名）。有些人被分配到了临时辅助医院（auxiliary hospital），有些人负责驾驶救护车，甚至还有人被派到了前线（法国人比英国人更不愿意这样做）。在佛兰德斯、萨洛尼卡和塞尔维亚，志愿者们展现了罕见的奉献精神和勇气。许多人失去了生命，还有许多人带着勋章和传奇回来了。玛丽·居里（Marie Curie）和她的女儿组织了一个放射救护车中队，为战时外科医生提供 X 射线服务。英国媒体将两位苏格兰女性——梅里·奇泽姆（Mairi Chisholm，生于 1896 年）和诺克夫人（Mrs. Knocker，未来的特瑟克拉斯男爵夫人），称作“佩尔韦泽的女英雄”。她们作为比利时一个救护小分队的成员，在战壕附近的一个废弃村庄里建起了战地药房。在敌人炮火的持续轰炸下，她们一直坚守着自己的岗位，直到在 1918 年的一次毒气袭击中受了重伤。媒体还报道了孔斯坦萨的长官对 1917 年 11 月艾尔西·英格利斯在塞尔维亚逝世的评论：“连女子都是如此，难怪英国是一个伟大的国家。”[46]

护士是关爱的化身，她们既是仁慈的天使又是母亲。没有别的女性群体像护士那样因为战时服务而备受赞扬，她们成了同时代艺术家最爱的主题。一张红十字会的海报上写着“世界上最伟大的母亲”。画面上描绘着一位高大的护士怀抱着躺在担架上的弱小男子，这暗示了一种新的两性关系。虽然士兵们（其中很多人来自下层社会）享受着医院的平静，但他们觉得被那些冷漠的女人像孩子一样照顾既羞耻又无能。这些护士目睹了他们所有的弱点，最后还会把他们送回前线。当时的人们执迷于母性的刻板印象，他们似乎将护士想象为一个充满权力的形象，这种幻想也反复体现在她们所谓的旺盛性欲中。

虽然战后的话语普遍强调男人在前线的禁欲清苦生活，以及女性在后方的忠贞不贰。我们对于战争时期的亲密关系其实知之甚少，仅有的一些信息只能从回忆录、信件和间接证据中收集而来，比如战争期间非婚生子的增长和部队回家后离婚率的激增。人们对死亡的普遍执念不但会加剧爱的苦痛，还会使爱的整体概念显得愚蠢，它让许多关系不堪重负。漫长的婚约已成为过去了。正如米歇尔·佩罗所言，战争甚至可能促成了“现代夫妇的出现，他们的核心是自我实现，而不是继承财富”。[47] 强制分居和普遍的“交换伴侣”——军人作家让·诺顿·克鲁（Jean Norton Cru）称之为“家庭互换”（chassé-croisé des ménages）——点燃了新的欲望，这些欲望反映在色情明信片、杂志、戏剧作品中以及通奸和非传统关系的激增上。但这真的像激进的 21 岁诗人，雷蒙德·拉蒂格（Raymond Radiguet）的同名小说《体内的恶魔》（*Diable au corps*，“体内的恶魔”指难耐的性欲）所描绘的那样吗？拉蒂格的小说出版于 1923 年，故事讲述了一位青年在一个士兵的不忠妻子那儿受到的感情教育。这本书和《假小子》一样大获成功，但它同时也引发了怀疑和苦痛，其程度与人们对战时孤独女性形象的恐惧不相上下。新的、至关重要的改变，恰恰是女性有了独自生活的机会，她们能独自外出，独自承担家庭责任：在此之前，这一切似乎都不可能实现或很危险。一些女性甚至敢于写作，雕琢着爱国主义的隐喻来纪念某个庄严的场合，又或是在日记中记录战争年代的辛劳工作和苦痛。比起少数找到了出版机会的人，又有多少人的作品消失了？多少人的作品被封存在阁楼里等待着被发现和出版呢（就像意大利特伦特的“人民写作档案”项目，多年来开展的搜集工作那样）？[48]

意大利女性的战争经验具有一定的革命性。意大利于 1915 年加入盟军，扰乱了女性身份中的传统元素——私人生活、家庭，还有生育。这个国家浸淫于地中海的荣耀传统和天主教的道德理想，而且深受切萨雷·龙勃罗梭（Cesare Lombroso）及其追随者的影响：他们借用医学的理由排斥女性。保拉·迪·科里（Paola di Cori）通过照片解释了这些变化，照片首次展现了公共场合的女性。她们起初为有需要的人提供帮助，但后来也越来越多地出现在生产领域。这些女性散发着自信、能干和骄傲的刚健气质。不过意大利的记者还是通过操纵这些照片证据来暗示妇女仍然局限在自己的领域内，不能作为全人类的代表。英国的《战争新闻画报》（*Illustrated War News*）刊登了士兵忙着做家务或者扮成女人的讽刺图片，而意大利报纸只刊登男人从事“男性”职业的照片。此外，意大利记者的评论并不强调未来男女平等的可能性，而是突出性别角色转换的病态特点，有时会将职业女性与妓女等而视之。[49]

沉重的传统和模糊的现代性

这是一场被扼杀在摇篮中的革命吗？还是有条件的自由？其实，战争在主观和客观上产生的变化都是有限的，因为社会保留甚至强化了传统的性别角色，而且复杂的象征系统将经济、社会和文化上的优先地位赋予了前线的士兵。其他诸如社会群体、年龄、家庭状况、国籍和个人经历等因素当然也很重要。也许战争开始的前几个月是例外情况，女性作为苦难和奉献的群体团结起来是一个神话。“动员”和“战争工作”这两个词语涵盖了各种各样的个人经历，其多样性无法概而论之。享受到自由气息的主要是年轻女性。她们从父母的管束下被解放了出来，工作的女孩们下班后享受彼此的陪伴。年轻的中产阶级女性更是因为她们的社会和智力探险而发生了“蜕变”。当然，收集口述历史的工作相对近期才开展，也正是这些女性在讲述中发出了乐观的声音。相比之下，有家庭负担的劳动阶级妇女在战争期间的经历最为艰难，尤其在中欧，物资短缺的问题很快就显现了出来。

美国值得特别关注，因为它参战较晚（1917 年 4 月），人口也具有异质性。由于美国采用了新的生产方法，女性在战前就已经参加工作了。欧洲的战争中止了移民的进入，也增加了流出，这导致美国的劳动力短缺。所以早在征召 200 万名男性入伍之前，鼓励雇主雇用女性的现象就逐渐出现了。在第一次世界大战期间（与二战时期相比），美国的职业女性人数没有显著增加。但是，就业格局在种族、性别和地理上出现了变化。白人女性在重工业、办公室和交通行业中取代了白人男性。黑人女性曾经是农场劳工或佣人，现在她们在传统的女性行业领域取代了白人女性和黑人男性，这些工作报酬低微，还很辛苦。[50]南方的种族骚动暴露出了普遍存在的歧视，黑人妇女在联邦政府的帮助下组织了起来，抓住表现她们爱国主义的机会，并推进社会改革。但是战争结束得太快了，她们没能实现任何重大的社会变革。紧随其后的是社会不宽容的氛围和保守主义的兴起，这终结了许多威尔逊总统所代表的进步理想。[51]

为了响应要求妇女组织提供服务的呼吁，成立于 1916 年 4 月 21 日的妇女委员会是否不过是一个残酷的玩笑？它是否仅仅是将中产阶级女性集中起来，开展抵制浪费食物或反对售卖自由债券等无伤大雅活动的权宜之计呢？这是女性主义者艾达·克拉克（Ida Clarke）在 1925 年提出的疑问，尽管她在战争年代曾经热情高涨——这种热情在 1917—1918 年间普遍存在，因为当时战斗发生在遥远的地方，男人为了训练也留在后方很长时间。[52] 尽管妇女委员会的主席安娜·霍华德·肖（Anna Howard Shaw）颇具权威，但该组织缺乏力量和资金，因此被排除在了为部队提供援助的任务之外。这项任务被红十字会和基督教青年会所垄断。一些美国人在国外组织慈善服务。例如，安·摩根（Anne Morgan）和默里·戴克夫人（Mrs. Murray Dike）共同创建了美法重建委员会（American Committee for Devastated Regions）。苏瓦松的一个医疗援助组织至今仍以安·摩根的名字作为纪念。[53] 这些慈善家表现出"现代女性"的样子，她们留着短发，对卫生问题的态度激进。但是，总体上的美国妇女动员仍然有限而且进展缓慢。妇女参政运动资助了美国的妇女医院，那里的工作人员获得了许多荣誉奖章。但是，这些医院不得不在欧洲证明自己，不仅是因为要与欧洲古老大陆上深陷战局的国家团结一心，还因为这些医生们被美国军队拒之门外。

直到 1918 年，来自女性主义团体的压力才推动成立了负责促进女性在工业领域就业的联邦机构。她们以改革派的玛丽·凡·克莱克（Mary Van Kleeck）和工会派的玛丽·安德森（Mary Anderson）为首，不仅为妇女提供职业培训，还保护她们免受剥削。新机构为新的社会保障措施提供了支持，但却遇到了雇主方面的阻力。他们不愿意改善妇女的工作条件，或支付给女性员工与男性员工同等的薪酬。国家战时劳工委员会（The National War Labor Board，NWLB）中包括了来自工会、企业和政府的代表，它成立于 1918 年 4 月，主要工作是仲裁战略性行业中出现的冲突。战时劳工委员会迈出了革命性的一步，它承诺遵循同工同酬的原则，并将最低工资提高到足以让男性和女性拥有"健康和合理舒适"生活的水平。然而，它无法与法律和传统对着干，这两者对工作中的性别平等态度颇为不屑：停战后不久，劳工委员会针对克利夫兰和底特律城市铁路公司几个著名案例做出的裁决就是明证。而且委员会也不接受女性作为成员入会。[54]

最突出的一点是，欧洲和美国都决心将女性的角色局限为"替代品"。用英国人的话来说："只是这段时间这样而已。"女性的帮助在战争期间是必要的，但随后她们骨子里的"本性"会再次显现出来。女性只适合某些职业的看法重焕生机，随之而来的结果是某些职业变得完全属于男性，其中包括律师、铁路工程师和医学家。按照一位法国医生的说法，“将伤口留给医生，把伤员留给护士”。战争确实为法国和德国的护士职业增添了新的光彩。这时的护士会被授予学位证书，这也被认为是适合中产阶级年轻女性的职业。尽管汉娜·汉密尔顿（Hanna Hamilton）努力提高护士的地位并强调护理的核心作用，但医生仍然处于医疗体制等级的顶端，人们认为成为护士的首要条件是奉献和谨慎。[55]战争期间，慈善工作坊和机构始终是妇女活动的焦点，志愿者们为前线士兵准备针织品、绷带和救护包。

战争对法国和意大利农村造成了严重的影响。农妇不仅取代了男人的角色，甚至还承担了牲畜的工作，因为许多牲口受到了前线的征召。具体情况因地区和农场规模而异，还有许多问题有待了解。以前按性别划分责任的做法已经行不通了。妇女耕地、播种、挥舞镰刀、用硫酸铜处理葡萄藤。她们帮助邻居，与官员争吵，甚至藏匿逃兵（在皮埃蒙特就有几个这样的例子）。农妇们能更大程度地接触到现金交易，这让她们能够满足一些自己的小小渴望。不过乡下的劳作无论对年轻人还是长者来说都十分辛苦，她们不得不放下有一天能摆脱艰辛的农村劳动生活的幻想。教条化的农业思想将维护农村习俗和耕作土地的任务都交给了女性，而且整个社群都要求人们保持恰当的行为举止。比起其他地方，农村的年长女性更有可能会谴责年轻女性；兄弟则享有凌驾于他们姐妹之上的权威。如果一个男人被征召入伍，他的父母、姻亲或其他亲属通常会承担起管理农场的责任。从中获益最多的是年轻男性，而非女性。[56]

工厂不情愿地雇用了女工，她们在那里受到了男同事和雇主的怀疑。这种氛围无法鼓励女性去开发自己的潜能。在英国，妇女的劳动质量在战争期间一直受到质疑。男性之间的团结经常超越了阶级团结。德国早在1915年就开始准备复员，从国会到德国妇女协会的每个人都呼吁，社会要为了士兵和国家回归原来的状态。德国的职业培训机会甚至比法国或英国更少，那里的政府与大公司一起创立工人培训项目。为了将没有经验的工人利用起来，工厂重组了工作流程，引进了自动化机器。女性员工在工头的监督下被分配到特定的、有限的任务。工头有时会觉得自己在伺候女人。事实证明，这些变化是永久性的，因此导致了熟练工人与妇女之间另一个核心矛盾的产生。各地的实业家们都“发现”了女性的才能：勤奋、细心，以及有能力从事单调的工作。例如，一些妇女被安排到制造榴弹炮的流水线上工作，而另一些女性则被分配到制造小零件的岗位上，这些产品的尺寸必须非常精确。女员工在这些领域的工作效率最高。

并不是每个人都能得到高昂的战时工资，而在报酬较低的岗位工作的女性为其他行业较高的工资付出了代价。传统女性职业仍然收入微薄，尤其是那些在家做工的女性。因为人们很难在这种情况下执行最低工资法（英国制定于 1909 年；法国制定于 1915 年）——尽管珍妮·布维尔（Jeanne Bouvier）和西维亚·潘克斯特（Sylvia Pankhurst）等女性进行了积极倡导。[57] 德国男性和女性之间的报酬差距缩小了，但随着黑市物价的飙升，工资其实下降了。相比之下，英国的实际工资在战争的后半段有所上涨。法国虽然物价上涨，但实际收入与之保持稳定。许多工人按件计酬，这种做法是对“同工同酬”原则的讽刺。英国在 1915 年春天开始采用计件工资的做法，希望这样可以赢得工会对“稀释原则”的支持。实业家们通常每周支付的最低工资为 1 英镑，他们说女性做的工作与男性不一样，而且无论如何她们还有其他的收入来源。除了个别情况以及通过艰苦斗争取得的胜利之外，工资仍然与性别挂钩，而且女性的报酬远低于男性（平均要低一半）。一般来说，男性工会之所以接受同工同酬的原则，只是为了确保女性在战后会被立刻解雇，而且他们拒绝接受女性工会成员。不过，女工们确实成立了工会：到了战争结束的时候，将近四分之一的女工加入了全国女工联合会（National Federation of Women Workers）。她们学会了使用工业领域斗争的武器。然而她们的工会不得不履行“稀释者”必须要在士兵回归后离职的承诺：这是她们加入英国工会主义要付出的代价。

法国的女性作为劳动力一分子被接受的程度最高，男女之间的工资差异也最小。这是因为艾伯特·托马斯于 1917 年 1 月制定了工资计划。[58] 不过，吉恩－路易斯·罗伯特（Jean-Louis Robert）指出，即便在法国，妇女也没能与工人运动联系起来。尽管 1917 年春天情况稍有好转，当时女裁缝和弹药女工刚刚罢过工，她们建立起了女性勇于抗争的忠实的工会主义者形象。但是，第一次世界大战没能继续拓宽这个从 1914 年开始放开的口子。[59] 相反，它强化了传统的态度，比如对女性劳动力的敌意、对劳动妇女所谓“逆来顺受”态度的蔑视，以及对理想中工人阶级家庭的怀念。如果说年轻人一定程度的骚动还能被忍受，但工人阶级却难以应付越来越多样化的群体，从而将女性和移民群体边缘化了。工人们采取了防备的态度，而他们领袖的官方声明则完全避开了这个复杂的问题。男性工人由激烈的道德主义和强大的企业精神凝聚在一起，他们无法理解女性在车间的存在将有可能改善工作场合的关系，并带来有利于所有人的新社会立法。相反，劳工团体呼吁采取具体的保护措施，这些措施将会阻止女性从事许多由男性主导的工作。这样做的风险他们可能考虑到了，也可能没有考虑到。

德博拉·托姆（Deborah Thom）发现，战争往往会强化战前社会理论家的一种思想，他们普遍认为妇女是弱势性别，认为女性的主要角色是“人类的母亲”。当然，战争也导致了社会法律的中止，以及工作、生活条件的恶化（拥挤的郊区，交通资源紧张），并让就业于某些工业领域——尤其是军火领域的女性面临艰苦、危险的工作。许多见证者说女性到岗的时候年轻又健壮，结果却在每天长达 11 到 12 个小时的日班和夜班劳动中牺牲了自己的健康甚至是生命。[60] 首先在英国（1915 年），后来在法国和德国，成立了由官员、实业家、工会成员、医生和女性主义者组成的专门委员会。他们呼吁政府采取政策来帮助军工领域的女工：实行更灵活的工作时间，工厂食堂提供饮食，并建立内部药房和育儿设施。[61] 育儿设施即使在英国也很罕见，这被视作工人福利的典范。1917 年只有 108 家工厂提供育儿设施。小型工厂中几乎不提供社会服务和育儿服务。此外，工厂几乎完全忽略了工作中的健康危害，其中最严重的是 TNT 中毒。

在德国，增加生产仍然是第一要务。因此，尽管奥古斯塔·维多莉亚（Augusta Victoria）皇后本人关心国内妇女的福利，但社会政策的影响仍然有限。大公司雇用了所谓的“工厂护工”（Fabrikpflegerinnen），这些中产阶级女性（其中有些人是女性主义者）的工作是促进女性员工工作和生活中的福利。经由她们完善的方法后来被一类新的专业人士所采用：人事经理和社会工作者。这带来了一套有效的社会控制体系：妇女团结起来，帮助其他女性遵守中产阶级的行为标准。也许这就是为什么英国一项类似的措施——“女性福利监督员计划”（Lady Welfare Supervisors Program）尽管提供了各种福利，却从未真正普及起来。在法国，“工厂负责人”（surintendantes d’usine）的角色较晚才出现，他们的工作也遇到了相当大的阻力。不过，他们战后还在继续工作，并帮助推动了政府的生育主义政策。[62] 法国迫切地需要更多的婴儿和榴弹炮，因此政府试图调和女性从事工业工作和作为母亲的角色。1917 年 8 月颁布的《恩格朗法》（The Engerand Law）要求雇主为哺乳的母亲提供专用哺乳室。一年后，“人口复兴”成了法国政府的口号，提醒女性她们负有生育的责任。

家庭的核心

成为妓女还是母亲？对于女性而言，性选择向来都介于两个极端对立的选项之间。家庭被视为社会的基本组成单位，这种观点比以往任何时候都更强烈。性的危害在美国引起了前所未有的关注，但在欧洲，对性的双重标准却带上了爱国主义的色彩。女性主义者通常以“纯洁”而不是“性解放”的名义对这种双重标准进行猛烈的抨击。虽然女性的不道德行为被谴责为无异于背叛国家的罪行，但卖淫却因其对士兵的必要性（不光是补偿）而得到了官方的许可。不忠的妻子被贴上了不爱国的标签，尤其是那些与战俘发生关系的人（这在农村地区比在城市里更常见）。她们在德国媒体上受到嘲弄，并被处以罚款和监禁。在法国，法庭对通奸的妇女实行严厉的判决，对杀害了不忠妻子的士兵却宽大处理。英国妇女像小孩一样受到监督，她们还受到威胁说，如果发生了“不当行为”就拿不到分居津贴。在一些靠近军事基地的城镇，妇女甚至被禁止晚上去酒吧或外出。

约瑟芬·巴特勒（Josephine Butler）[1] 诞生地的军事权威甚至暗示要恢复臭名昭著的传染病法案，严厉控制卖淫。不过这个建议并无下文。在其他地方，战争结束了阿兰·柯宾（Alain Corbin）所描述的法国的情况，妓女们不得不回到有执照的妓院和军队妓院［意大利称之为“士兵的娼馆”（casini del soldato）］。提倡管制卖淫的立场得到了加强。[63] 健康卡被分发给了妓女。她们要频繁地进行身体检查，并被强制住院。秘密从业的妓女遭到迫害，其中一些人被怀疑从事间谍活动或细菌战。人们对性病的担忧甚至超过了肺结核，认为它会削弱军队的力量并摧毁整个民族。士兵们学习了预防措施和对疾病迹象的判断。然而，谁又知道有多少妇女会被休假回家的丈夫所传染呢？

作家科莱特（Colette）说前线士兵患上了“孤儿情结”——他们结婚不是为了找个情人，而是想找个母亲，她的说法是对的吗？历史学家们仍然觉得很难将一种性别对另一种性别期望的变化描述出来。也许，同时代的报纸、戏剧和信件中普遍存在的侮辱性语言反映了人们对女性的贬低。[64]

当然，家庭史最充分地揭示了这种冲突的辩证和矛盾特征：军事和工业动

[1] 约瑟芬·巴特勒（Josephine Butler）：英国维多利亚时期著名女性主义者、社会改革家。——译者注

员破坏了家庭生活，同时也释放出了能够恢复传统家庭结构的政治和社会力量。随着男人离家奔赴前线，国家开始扮演父亲的角色，他既是训导者，又是供养者。例如在法国，已婚妇女在法律上仍被认为处于附属地位。1915年7月3日的法律允许母亲可以在没有丈夫的授权下行使家长权利，并采取法律行动。因为法院裁定该情况紧急，而她参军的配偶无法承担起自己的责任。此外，大量男性的死亡和出生率的下降让人们开始注意过去没那么重要的政治运动：比如生育主义者、家族主义者和卫生主义者等运动。关注的改变带来了新的人口政策，该政策对这个问题采取了胡萝卜加大棒的方法。许多激励措施旨在推动扩大家庭规模，其中有一项新的医疗和社会政策专门为母亲和儿童的需求服务。其他国家也采取了非常相似的政策，只是在推行的时机和解释言辞上略有出入。[65] 在法国，马尔萨斯的观点盛行，社会立法也非常落后。战时明信片上描绘的各种以爱、孩子和家庭作为主题的图片反映了下一代在文化中的重要性，这也表明生育主义的意识形态的确渗透到了社会底层。战争期间的激烈争论最终导致了（1920年和1923年）法律的通过，法律规定为避孕用品做广告或寻求堕胎是非法行为。在英国，一场长达十年的保护母亲和儿童的运动终于取得了成果：妇幼福利中心的数量增加了一倍。1918年通过了《妇幼福利法案》，1919年成立了卫生部。然而，这场运动的话语却对女性劳工越来越充满敌意，其中很多内容是为了让职业母亲感到愧疚——比如1917年和1918年的全国婴儿周运动。战争所造成的男女人口比例失衡造成了一种执念：必须要采取措施来拯救男性。德国的出生率急剧下降，这加剧了战争和近期人口特征变化所带来的影响。政府为了应对各种矛盾的压力，提出了一项宏伟的公共卫生项目（尽管没有采取什么行动来将其付诸实践），并对避孕和堕胎行为采取了更严厉的处罚。这一政策以“人民的团体”（Volksgemeinschaft）为名义：有机体论者的意识形态认为“家庭”是“人民”这个更大有机体的基本组成单位。他们认为避孕是一种退化性疾病的症状，而生儿育女是一个关键性功能，不能由个人来决定。社会民主主义者和德国妇女协会的女性主义者反对政府干涉人们的私生活，但即便是他们也将生育描述为女性的自然职责和最终成就，当然这也是对祖国的服务。法国最极端的生育主义者甚至把生育形容为一种“血税”，它能够实现男女之间一种大致的公平。

然而，生育主义运动未能改变人们的行为。夫妻通过性交中断或堕胎来控制生育。堕胎在底层阶级中很普遍，而禁止避孕只会增加堕胎的普及程度。妇女作为受到最直接影响的一方往往没有心情和能力在战时生育。

血税

如果妇女没有直面死亡的威胁，那么谈论她们的苦难是否不合时宜呢？英国诗人西西莉·汉密尔顿（Cicely Hamilton）在她的诗歌《非战斗者》（*Non-Combatant*）中描述了作为“闲话”之人的困境，其他女性则谈到了生存的罪恶感和男人死后自己继续生活的耻辱。[66]

男人之死和女人之痛

即使我们不考虑内战和协约国武装干涉俄国内战所造成的伤亡，第一次世界大战也造成了巨大的军事损失：近 900 万人丧生，战争初期的兴奋感很快就被超乎想象的屠杀所取代。塞尔维亚这样的小国损失了四分之一的军队，而法国牺牲了 130 万名士兵，占到青壮年男性人口比例的 10%，占总人口比例超过 3%。德国失去了 180 万名男性，占其人口比例将近 3%。意大利和英国各牺牲了约 75 万名士兵，其中大多数是年轻人。

军事行动导致了大批士兵的死亡，但西部地区的前线迅速稳定了下来，平民因此得以幸存。除了几次轰炸之外，后方几乎感觉不到战争的存在。这些轰炸所造成的破坏比军工厂的意外爆炸（这时常发生）大不了多少。平民的伤亡人数是保密的：英国大约有 1500 人，巴黎大约有 600 人。这些平民主要于 1918 年德军突袭巴黎时丧生，之后德军又用恶名昭著的大贝尔塔榴弹炮对巴黎进行了炮轰。因为害怕德国军队的进攻，许多巴黎人像 1914 年那样离开了这座城市。

人们很难不联想到这些数字背后反复上演了无数次的挥泪告别、无尽的孤独、不得已的独身、身体上的困难，以及在焦急地等待中得到的丈夫、儿子或情人受伤、被俘或“殉职”的消息。身着黑衣、头戴长面纱的女性数量之多，让公共场合仿佛葬礼一般。通过从历史、文学甚至宗教中提炼出来的形象，妇女被劝诫要成为“勇气的播种者”，无畏地奉献出自己的儿子和丈夫，并坚忍地接受他们的死亡。然而，并不是所有女性都做出了恰当的反应。我们不仅能从她们的书写中了解到这一点，而且也能从警察的报告和沙文主义者对她们爱国情怀的质疑和抨击中一窥一二。随着战事拖延，人们的精神低迷不振。死亡成了一件屡见不鲜，同时又令人难以忍受的事情。据称，妇女往往难以在必要的时候行使家长的权威和管教她们的儿子。悲伤的母亲们不会受到批评，但寡妇们就不一样了（在法国和德国约有 60 万人，英国有超过 20 万人）：那些被怀疑没有哀悼自己已故丈夫的女性受到了诋毁。法国作家莫里斯·巴雷斯（Maurice Barres）提出，应该赋予恪尽职守的寡妇投票权来代替死者。这种“死者投票权”的益处在于让法国免受“不作为者的统治”。德国的女性主义者没能说服政府向母亲支付工资，但寡妇们得到了补贴来帮助抚养“烈士之子”。然而，这一举措虽然是国家提供给牺牲者的补偿，但政府严格控制了领受补贴者的私人生活。尽管法国（1919 年）和德国（1920 年）通过了旨在改善士兵遗孀困境的法律，但它们推行迟缓，正如卡琳·豪森（Karin Hausen）所指出的，这些妇女仍然是战争中被忽视的受害者。[67]

谁都有可能成为战争的受害者，这没有什么正义可言。战争中不平等的死亡风险跨越了社会界限：矿工、铁路工程师和拥有关键技能的工人妻子享有令人艳羡的特权，她们的丈夫远离遥远的前线，有时甚至可以待在她们身边。法国在战争中最脆弱的群体，既包括构成步兵主力的农民，又包括自愿在军官部队服役的大学生和专业人员。在英国，由查尔斯·达尔文的小儿子担任主席的优生学教育学会担心会失去国家“最佳”的生育群体（中上层阶级的年轻人），并试图说服公众相信战争造成的残疾不会遗传。[68] 还有那些不幸的年轻姑娘，她们的未婚夫回来时已经肢体残缺。还有许多姑娘因为青年男性的忽然短缺，变成了“老处女”。人们建议“处女寡妇”成为关爱兄弟姐妹孩子的姨妈，或为了妇幼事业而做慈善工作，以此填补母亲的角色。

这些私人领域的磨难影响了许多人的生活，它们不能被视作无关紧要的。还有其他苦难在前方虎视眈眈。人们对侵略和占领后的情况，对沙俄及其邻国经历的残酷饥荒都知之甚少。

妇女的磨难

在法国人的心里，纳粹占领时期的苦难往往掩盖了一战期间东北部被占领的记忆。不过，更早之前的德国入侵也造成了诸多暴行，包括奥尔希和热贝维莱村庄的毁灭、强暴、处决人质，以及大量的难民潮。总而言之，随着战争期间前线的移动，大约有 300 万人被迫背井离乡。这还不包括 50 万被遣返的法国人，德国人让他们离开占领区，这样就不用养活他们了。这些人主要是妇女、儿童和老人。“烈士之城”兰斯（Reims）由于靠近前线，近 2 万名居民住在香槟酒窖里。直到 1917 年复活节，当猛烈的炮轰重新开始时，他们才被迫撤离。德国人让总督管辖被占领的比利时，而占领军在法国则拥有绝对的权力。他们利用这些权力来实施官僚主义的恐怖统治、没收物资，并强迫男人和女人都为德国的事业劳作。

饥饿的城市居民在美国的援助下才得以幸存，他们因为疾病和死亡付出了沉重的代价。生活在被占领地区的 200 万居民中， 4 年里只有 19000 人结婚，93000 人出生，而死亡人数则达到了 190000 人。1915 年夏天，德国人在荷兰－比利时边境建起了一道电网，而且还摧毁了热情的爱国者们建立起来的逃亡和情报网络。一位在布鲁塞尔经营医院的英国护士伊迪丝·卡维尔（Edith Cavell）于 10 月 11 日被处决。其他参与抵抗的妇女被囚禁在锡格堡的要塞中，年轻女子路易丝·德·贝蒂尼（Louise de Bettignies）于 1918 年在那里去世，她由英国情报部门从里尔招募过来工作。1916 年德国开展的大规模驱逐行动（将整个城镇疏散到偏远的乡村）在法国和国外的强烈抗议中结束，不过这依然是具有代表性的德国战争罪行。特别是在法国的妇女组织眼中是如此，他们动员了协约国的姐妹团体，在巴黎和会上指出了这一点，并要求惩罚德军所有的野蛮行为，尤其是对妇女的不当行为。

杰伊·温特（Jay Winter）呼吁人们关注从人口统计的比较研究中得出的一项关于战争的相悖结论：英国人的预期寿命延长了。与其说这种改善是因为政府的卫生政策，不如说是由于生活水平的提高，其中工人阶级生活水平的提高尤为显著。如果没有这样的成功，战争不可能取得胜利。这一部分可以归结于英国政府的高效，另一部分则因为英国对海洋的控制。劳合·乔治政府的干预主义政策在 1918 年达到了高峰，开始实行强制配给制，这成功避免了物资严重短缺现象的出现。[69] 英国人对于长期抗战的准备甚至比法国人还充分，法国人在漫长的冬季深受煤炭短缺之苦。英吉利海峡两岸所面临的困难都差不多：人们排起长队，面包难以下咽，又没有肉、酒和烟草。家里的帮手都去军火工厂工作，人们也被呼吁要少吃一点，并改变自己的饮食习惯，不是为了健康，而是出于爱国。为了节省能源，人们也被要求改变日常生活的习惯。尽管每个人都为物资短缺的问题而困扰，工作的母亲们更是不堪重负（法国婴儿死亡率的上升表明了这一点）。但是战争有时显得非常遥远，人们几乎可以将其忘记。有些人回归了和平时期的娱乐和消遣。在巴黎，最初几个月的爱国主义的肃穆感被活跃的音乐厅评论和美国电影所取代，后者超越了法国电影的地位。

与此同时，中欧国家受到了封锁政策的严重影响，他们既没有管理好粮食供应，也没能保障部队和后方的经济需求。平民为此付出了沉重的代价：尤特·丹尼尔（Ute Daniel）估计，仅在德国就有70万人死于营养不良。在这种情况下，靠固定收入维持生存或子女众多的城市家庭最不堪一击。学龄儿童所面临的风险比他们年幼的弟妹更大。1913年至1918年间，15岁到30岁的女性死亡率增加了3倍。德国于1915年1月开始实施配给制度，并于次年扩大规模，甚至将橡子和栗子等物资都包括了进去。肉类的消费降至1800年以来的最低水平。最糟糕的情况发生在1917年，那一年是芜菁之冬（Kohlrüben winter，又名“饥饿之冬”），当时芜菁甘蓝取代马铃薯成为平民的主食。家庭主妇们不得不排起长队，回归自给自足的经济状态，这与完全现代化的战时经济形成了鲜明的对比。这时西欧由女性反抗者带领穷人进行破坏活动的传统得到了最后一次展示。根据警方记录，下层阶级的女性是最早批判战争以及发战争财的人，她们所采取的生存策略也最终破坏了政府配给物资的尝试：妇女贩卖配给票，从商店和田地里盗窃食物，还从黑市或农民那里非法购买物资。周日，这些“仓鼠们”跑到各个农场寻找食物，饥饿的年轻人也是如此。随着这个群体人数的增长，他们对法律管控和自己的暴力行为也越发不放在心上。妇女在1916年发起了食物暴动，她们把德国城市变成了内战的战场。与此同时，男性继续组织有纪律的示威活动，工人阶级领导人谴责女性抗议者们“放任本性”。她们的行为摧毁了公民和平（Burgfrieden），削弱了德意志帝国的权威和合法性，埋下了帝国崩溃的种子。[70]

战争快结束的时候，欧洲疲弱不堪的人们又遭受了另一轮折磨：西班牙流感大暴发，无人知道该如何阻止它的蔓延。在1918年春到1919年春的三轮流感中，全世界有数百万人因此丧生，尤其是年轻的男性和女性，这给停战协定增添了一抹阴郁的氛围。1918年10月下旬，巴黎平均每天有300人丧生，棺材和灵车都不够容纳去世的人。

西欧的参战者对非战斗人员心怀怨怼。但那些在战争期间不得不养家糊口的德国贫穷妇女对发战争财的商人的怨恨更为强烈。然而，我们必须更密切地关注个人经历才能理解战时经历的真实质感，因为宏大的历史由无数个人和家庭历史交织而成。维拉・布里顿（Vera Brittain，1893—1970）的遗嘱是一份不可多得的文献，它不仅揭露了战争的毁灭性，还展现了一名女子如何因为自己的经历而成为女性主义者、和平主义者。尽管她战时的信件和日记向我们展现了这位女性在理想化的爱国主义与她在医院工作时遭遇的可怕战争现实之间的挣扎，不过，她后来的自传无异于一份反战宣言，也是她向基督教和平主义归附的声明，这是基于她对女性爱好和平天性的信任。[71]

男人的战争，女人的和平？

1915 年春天，《超越战争》（*Au-dessus de la melee*）的作者罗曼・罗兰（Romain Rolland）呼吁欧洲的女性要成为“战火中和平的体现，是永恒的安提戈涅（Antigones），她拒绝向仇恨屈服，她在饱受折磨的时候无法分辨出与自己交战的兄长”。[72] 女性天生就是和平主义者吗？还是因为她们是母亲？是否存在女性特有的道德观？女性主义与和平主义是不可分割的吗？这些问题从 1914 年起就被不断讨论，其回答往往与女性主义的不同概念联系在一起。[73] 如果不考虑相关的联系，要解读这些答案并不容易。在当时，无论男性还是女性的民族主义情绪都比和平主义情绪更为强烈，这是一个无法回避的事实，所有阻止 1914 年战争的尝试都以失败告终。虽然没有足够的研究表明女性主义者在整个和平主义运动中所扮演的角色，但我们能够理解和平主义的女性主义者的失败。

1914 年的女性主义运动是一场国际性运动，它由为妇女争取投票权的共同事业、对母亲问题日益增长的兴趣，以及不同国家女性主义者之间的频繁接触而将人们联结起来。该运动一向都表达了其热爱和平的精神：其成员在 1899 年和 1907 年都组织过大规模的和平游行。而且她们也常常提出如果妇女有选举权，她们就会废除战争的观点。但是，人们却没有讨论过当实际冲突发生时，女性主义者应该采取什么立场。国际妇女理事会（International Council of Women，ICW）在美国女性的要求下于 1888 年成立。该组织在阿伯丁夫人（Lady

Aberdeen）的领导下在25个国家的分委会拥有1500万名成员。而更为激进的国际妇女参政联盟（International Woman Suffrage Alliance，IWSA）计划在1914年秋季举行大会，会议由美国的查普曼·卡特女士主持（Chapman Catt）。德国妇女协会因为其传统主义的立场在这个国际圈子中受到批评。这种倾向使得该协会纳入了福音派妇女组织，并于1910年让格特鲁德·鲍默尔接替玛丽·斯特里特（Marie Stritt）成为主席后，变得越发显著。与此同时，强调阶级团结最为重要的国际社会主义女性运动将矛头对准了“资产阶级女性”。国际社会主义女性运动由个性强势的克拉拉·蔡特金（Clara Zetkin）和德国人所主导（德国社会民主党拥有17.5万名女性成员，而工人国际法国支部——法国社会党的前身只有1500名女性）。[74]

正如战争摧毁了工人国际组织一样，它也摧毁了国际妇女团体。“只要战争还在持续，敌方的女人仍是敌人”，简·米斯梅在1914年11月19日的《法国女子》中写道。正如女性主义者在战时为了国家的统一而放弃了自己的要求，她们也放弃了国际联盟转而支持“民族女性主义”，鼓励妇女为国家服务。与此同时，他们还试图说服中立国加入战争中正确的那一方，反对任何没获得战争胜利就试图通过谈判寻求解决或实现和平的企图。爱国的女性主义者们希望激发勇气，推动她们心目中认为正义和文明的民族事业。他们对那些仍然坚持和平主义理想的昔日同胞表现出强烈的敌意。这些爱国者们谴责他们是盲目的，甚至是罪恶的失败主义者。民族主义的女性主义者在战争期间始终不肯妥协，即便国家团结已经开始瓦解，军队和后方都出现了急于结束战争的迹象。

和平主义的女性主义者的失败

女性主义者的确在各种和平倡议中发挥了作用，尤其在战争早期。在交战国中只有少数激进、孤立的人群试图结束冲突，中立国家如荷兰、北欧国家的大批女性也加入其中。而美国的进步主义者们认为随着文明的进步，战争应该不复存在。1915年1月，简·亚当斯（Jane Addams）在接待了两位来自欧洲的妇女参政论者后，组织了一场妇女和平集会，妇女和平党（Women’s Peace Party，WPP）自此在华盛顿诞生。妇女和平党成立不到一年就有25000名来自各行各业的成员。它试图组织一个美国和平主义团体联盟，同时与国内高涨的战争情绪做斗争。它还安排中立国对冲突进行调解。最重要的是，妇女和平党主张女性应该团结一致反对战争。

妇女和平党派代表出席由少数激进女性主义者在海牙举办的国际未来和平大会（the International Congress for the Future Peace），其中包括美国的简·亚当斯和荷兰的阿莱塔·雅各布斯医生（Aletta Jacobs）。当时国际妇女参政联盟（IWSA）也收到了一个荷兰妇女参政论组织的邀请，但法国和英国政府拒绝批准 IWSA 参加。从 1915 年 4 月 28 日至 1915 年 5 月，800 名荷兰女性、28 名安妮塔·奥格斯伯格（Anita Augspurg）团体中的德国女性、47 名的美国人、16 名瑞典人、12 名挪威人、2 名加拿大人、1 名意大利人、3 名比利时人和 3 名英国人对战争表示抗议，并讨论了维持长久和平的必要条件，这远早于伍德罗·威尔逊所发表的十四条和平原则。她们提出的措施包括强制性仲裁、尊重不同国籍、对儿童开展和平主义教育以及赋予妇女投票权。大会设立了国际永久和平妇女委员会（International Women’s Committee for the Permanent Peace），它于 1919 年改名为国际妇女和平与自由联盟（International Women’s League for Peace and Freedom）。该组织派代表到世界各地与其他女性主义团体会面，并推动中立政府告知交战国可能实现的和平条款。加布里埃尔·杜秦（Gabrielle Duchene）是该组织的法国分支“方达里街委员会”（Comité de la rue Fondary）的负责人。她很快被法国妇女全国委员会（Conseil National des Femmes Francaises，CNFF）开除，因为人们认为她是“为德皇威廉二世服务的女性主义者”。[75]

理查德·埃文斯（Richard Evans）提醒人们注意一点，在海牙参会的和平主义者们认为军国主义的胜利与对女性的压迫之间有着密不可分的联系。这让舆论急剧转向了赋予妇女投票权将促进文明发展的观点，并导致人们抨击战争是男性的冒险行为。但是，这些和平主义者们所谓“培养母性”的概念是否表明他们没能超越对女性的刻板印象？这种无能也许是他们失败的原因之一，正如芭芭拉·斯坦森（Barbara Steinson）对妇女和平党的评价一样？抑或和平主义女性主义者其实是人文主义的一种变体，它反映了“双性一体”的社会理想——社会中不但会实现性别平等，而且还会将女性的道德价值观融合进去？许多激进分子认为诸如尊重生命、改善生活条件的决心、拒绝暴力等价值观是解决冲突的手段，这些观念更多地源自女性的社会经验，而不是她们的生育功能。[76]

无论如何，导致和平主义者失败的因素有许多。1916 年 1 月在斯德哥尔摩召开了一场中立国会议，但结果却一无所获。而且在战争肆虐之时举办和平会议已经不可能了。和平主义的女性主义者对于其他和平主义团体持怀疑的态度，其中大多数团体都否认战争与男子气概有关。此外，和平主义者还受到了政府的干涉和镇压（尽管英国政府的手段相对宽松）。和平主义者被赶出了主要的女性主义组织。因此，欧洲的和平主义积极分子无法动员基层妇女，她们要么被动地认命，要么热情地支持国家的事业。“爱国”女性不光是给慈善机构捐助或参加爱国集会：其中有些人是名副其实的“后方部队”。她们很快就能指认出逃兵（在英国，女性会用白色的羽毛来标示逃兵）；购买或者说服他人购买战争债券；并搜索敌人存在的每一丝痕迹——即便是无伤大雅的名称，如“德国”牧羊犬、“维也纳”面包，还有“科隆”香水都成为攻击的对象。有些女性则做出了异乎寻常的举动：美国前总统塔夫脱的侄女海伦·塔夫脱（Helen Taft）爬到了消防梯的顶部，说只要有人承诺购买 5000 美元的自由债券，她就跳到下面的网子里去。

在美国，许多妇女早在 1915 年就参加了支持战争的“备战运动”。1916 年，海军联盟的女子部门拥有超过 10 万名成员。这一团体成立了训练营，比起军事训练，它提供更多的是后方的教程。妇女们坚信母亲必须保护自己的孩子：她们谴责多愁善感的和平主义，转而支持她们心目中更现实的观点，这种观点让她们与支持美国干预欧洲战局的男性组织站在了一起。随着与德国外交关系的解除，1917 年 4 月 6 日美国宣战（第一位女性国会议员，珍妮特·兰金投票反对这项决议）。这对和平主义造成了致命的打击，并导致了妇女和平党的瓦解。该党派中的大部分成员追随简·亚当斯的态度，采取了中间路线：一方面支持国民援助，同时也致力于在战后环境中倡导国际主义。其他大多数女性主义组织支持威尔逊总统，但他们的爱国主义情绪依然温和：很少有人成为沙文主义者或政治迫害者。正如威廉·欧奈尔（William O’Neill）指出的，美国女性主义团体在国际上发挥了缓和局势的作用。

女性社会主义者同样未能阻止或终止战争。她们中的绝大多数人追随自己的政党，接受了国家团结的政策。剩下的少数人要表达自己的观点非常困难，而且他们也无法将人们的不满情绪（在绝食抗议和动乱中一览无余）转化为对战时政策的有效挑战。克拉拉·蔡特金在试图动员社会民主党左翼之后，向女性社会主义者们发出了呼吁，要求她们于 1915 年 3 月 26 日至 28 日在瑞士的伯恩召开一次国际会议。来自 8 个欧洲国家的 70 名妇女参加了会议。大会通过了一项既非女性主义也非失败主义的决议。它谴责这场资本主义的战争，并呼吁无产阶级妇女——死伤者的母亲、妻子和女友通过替那些不能再自由表达的男人发声来拯救人类。但是，蔡特金在 1915 年 7 月 23 日至 10 月 12 日期间被监禁，而且还患有心脏病，因此不能再活跃地参加和平运动。路易丝·齐茨（Luise Zietz）是唯一能接替蔡特金位置的女性，她在忠于自己的党派和反对战争之间犹豫了一段时间。她于 1916 年被禁止在公共场合演讲（因为她曾经直白地谈论过物资短缺的问题），最后她被社会民主党开除了。于是，她加入了克拉拉·蔡特金和其他 2 万名妇女组成的德国独立社会民主党（Independent Social Democratic Party of Germany，USPD）。独立社会民主党自 1917 年 4 月以来，为反对社民党路线的妇女提供了另一种选择。事实证明，这种分裂对妇女运动造成了不利的影响，因为这让这场运动丧失了大部分的支持者以及仅剩的一点自治权。

法国社会主义女性主义者的人数很少。有两位女性在社会党与和平主义者的国际关系修复委员会（Comite pour la Reprise des Relations Internationales）中扮演了具有象征意义的角色：埃莱娜·布里翁（Helene Brion）是一名教师兼工会成员，但更重要的是一位女性主义者；以及女裁缝露易丝·索莫诺（Louise Saumoneau），她坚决反对任何形式的跨阶级联盟。布里翁一直试图说服工人阶级组织承认妇女的事业，她被指控为失败主义者并受到了军事法庭的审判。但她将对自己的审判变成了为女性主义请愿的机会，布里翁在 1918 年 3 月 29 日说道："我之所以是战争的敌人，皆因我是女性主义者。战争是野蛮力量的胜利。女性主义只有靠道德力量和智慧的勇气才能取得胜利。"这与海牙和平主义者的意识形态，而不是露易丝·索莫诺的宗派主义更为接近。理查德·埃文斯将索莫诺恰如其分地形容为"一位没有士兵的将军"。在战争开始时，她发现自己是社会主义妇女团体中的少数派，于是她和两名俄罗斯学生一起成立了和平与反沙文主义社会主义妇女行动委员会（Socialist Women's Action Committee for Peace and Against Chauvinism）。她还参加了伯恩会议，并于 1915 年出版了几期《社会主义女性》（*La Femme socialiste*）和几部粗糙冗长的著作，不遗余力地抨击了无产阶级妇女，说她们带有奴性、头脑糊涂，冷漠地模仿着资产阶级的恶习。事实上，法国劳动妇女在战争期间并不是被动者。她们在工人群体中占多数，包括在 1917 年夏季和秋季罢工的弹药工人。但是，即便在 1917 年 5 月至 6 月的关键时期，这些罢工的主要原因都是工资问题，而且是由物价上涨引起的。吉恩－路易斯·罗伯特揭穿了巴黎女裁缝引发和平主义起义的“神话”。其实那年有两波罢工浪潮：一波是 5 月份由女裁缝发起的罢工，主要是为了争取提高工资，她们的诉求也基本得到了满足；另一波是 6 月份由弹药女工发起的罢工，这次事件的情况更为复杂。罢工活动与前线士兵叛变的爆发同时发生。这些后来的罢工活动表达了一种模糊的愿望，即便不是出于和平的目的，起码也是希望部队能够回归。[77]

女性主义、民族主义和投票权

不可否认的是，女性主义和社会主义都未能履行其抵抗战争的承诺。然而，近年来对于社会主义行为的研究所关注的并非他们对第二国际的“背叛”，而是不同国家的工人阶级在社会和意识形态上的融合程度。[78] 我同样认为，历史学家最好不要用“被异化”或“不真实”等词汇来描述这一时期的女性主义者，或者说他们因此而选择了错误的斗争。理查德·埃文斯正确地指出了欧洲女性主义与民族主义意识形态之间的历史联系，以及在世纪之交的阶级和国家约束的力量。女性主义者的爱国主义也可以被视作一种渴望融合的表达——这种渴望与妇女运动的目标一致。而且如果人们愿意去解读当时的话语，这种渴望是显而易见的。以潘克斯特家族为例，他们言辞极端，而且突然从“激进的女性主义者”变成了狂热反对德国人和布尔什维克的“超级爱国者”，历史学家往往因此而对他们有严苛的评价。桑德拉·吉尔伯特（Sandra Gilbert）认为他们将报纸的名称从《妇女参政论者》(*The Suffragette*)改为《不列颠妮娅》(*Britannia*)和报纸的新题词都说明潘克斯特一家不是沙文主义者，而是认为战争可能让妇女在一个女性化国家中获得解放。[79] 爱国的女性主义者们在演讲中大量使用了性别化的修辞（如法国的“心灵与良知”，德国的“对女性灵魂和男性身体的动员”）。人们当然也可以如此理解：这些词藻表达了对女性可能赢得十年来投票权之战的希望。

1914 年以前，妇女争取投票权的运动既是一种促进平等的方式，也是拓展母亲角色的方式——通过让妇女参与针对各种社会弊端的斗争，能赋予母亲的身份社会层面的意义。在战争期间，争取投票权的问题最初与和平主义联系在一起，但爱国的女性主义者们认为自己已经充分展现了忠诚，最终再次回归对投票权的鼓动。1915 年 11 月，在安格利亚号医疗船沉没之后，一位英国妇女参政论者以“男、女英雄都应有投票权”的报纸头条标题进行呼吁。亚瑟·马威克（Arthur Marwick）认为妇女获得投票权如果只是对她们战时忠诚的奖赏，这将极大地削弱长期以来争取妇女参政权运动的重要性，他的观点是否正确呢？理查德·埃文斯强调结构性因素和战争相关政治因素的观点又正确吗（尤其在战后，对革命的恐惧影响了许多国家）？最终，我们应该如何评估由英国激进的妇女社会政治联盟、美国的全国妇女党（National Woman's Party，NWP），以及立场更温和的团体如美国全国妇女参政权协会（National American Woman Suffrage Association，NAWSA）、英国的全国妇女参政权协会联盟和法国妇女参政联盟所发动的胜利斗争的重要性呢？妇女参政的抗议在各国蔓延。芬兰出现过这种情况之后（1906），丹麦、冰岛和荷兰紧随其后，最终也影响到了交战国。[80]

对于参战较晚的美国，战争冲突对妇女参政论者的最终斗争不太重要。不过认为妇女投票权对于战争事业和支持国内民主是必要的论点确实起到了作用。反对妇女投票权的人大喊着勒索，以社会革命进行威胁，并警告说人们会因此丧失性别身份。与此同时，美国全国妇女参政权协会正在嘉莉·查普曼·卡特充满活力的领导下游说各州政府和联邦机构。成立不久的全国妇女党是从中分裂出来的一个小团体，它决心通过宪法修正案获得选举权，而且借鉴了责难执政党的英国式策略。1916 年，它在妇女已经享有投票权的 12 个州中与民主党竞选，但却未能有所作为。此后数月，全国妇女党在白宫外示威抗议，有些人甚至将自己绑在了围栏上或躺在人行道上。尽管这些活跃人士对一战没有特别的立场，但他们在反德情绪最为高昂的时候将威尔逊总统称为“德皇威尔逊”。全国妇女党被逐出美国全国妇女参政权协会后，成为战时镇压的第一批受害者以及妇女参政事业的殉道者。然而，胜利在 3 年后才姗姗来迟。1918 年 1 月 9 日，在历经数年的反抗后，威尔逊终于正式宣布了他对第十九修正案的支持，该修正案于次日在众议院通过。同年 6 月，参议院也通过了这项修正案，而且在接下来的 14 个月里，36 个州都批准了这项修正案。妇女参政运动的胜利恰逢禁酒令及其政治余波的时期，这一点自然没错。不过，将赋予女性投票权归结于美国白人清教徒式的防御反应，无异于白人盎格鲁－撒克逊新教徒（WASP）[1]中产阶级试图控制黑人、移民和城市人口的做法，这种说法是否准确？这样的论点意味着女性主义的立场在本质上变得保守了，而且忽视了妇女参政论者在移民群体中所获得的支持，比如纽约的犹太人。[81]

相比之下，在古老的帝国政权崩塌之后，中欧和俄国的自由主义改革派和社会主义者将妇女选举权问题作为防止无产阶级社会革命和稳定民主的一种方式。例如，通过一项在 1918 年 11 月 30 日由人民代表会议颁布的法令，德国妇女获得了政治权利。当时社会民主党和反对制宪会议选举的斯巴达克派之间的分歧日益扩大。在战争期间，德国妇女的确因为自己的工作而受到了感激——如纪念日（1915 年 6 月的女性星期日，Frauensonntag），以及 1917 年 9 月 17 日一封由格特鲁德·鲍默尔从兴登堡发来的贺电。德皇在 1917 年的复活节祝词中承诺会让他的臣民在政治中发挥更大的作用，但国会却反复宣称女人应该以家庭为重。

在英国，尽管阿斯奎斯首相态度的转变出人意料，但战争只是通过影响整体政治局势从而间接地影响了女性的选举权。全面推行选举改革的需求成为英国体制的一个主要问题，英国的住房和财产资格认证以及对妇女的排斥让它看上去非常不民主。然而关键的一点是，女性参政论者退回到了防御的位置：他们摒弃了战前的承诺，接受了 1918 年 2 月 6 日颁布的不平等法律，该法律赋予所有男性以及 30 岁以上的女性投票权。我们可以说这种妥协是部分胜利，也可以说是部分失败。在 1200 万名成年女性中，有大约 500 万名女性被这条法律排除在投票权之外。这样做是为了“补偿”国家在战争中失去的大量男性，甚至是消除人口中传统的男女比例失衡现象。法国的普选委员会也以 30 岁作为最低投票年龄，它在犹豫了许久之后终于在 1919 年 5 月向众议院提交了杜索索伊（Dussaussoy）投票改革法案。其他诸如家庭投票、由死者遗孀或母亲代理的“死者投票权”等提案都被认为与法国法律传统格格不入而遭到拒绝。但女性主义活跃人士的乐观情绪掩盖了许多问题：1914 年争取投票权的战斗精神已经消退了，由于战争的开始、俄国革命，以及女性主义领袖所面临的个人困境，这场

[1]　白人盎格鲁－撒克逊新教徒（WASP）：全称为 White Anglo-Saxon Protestants，指美国白人新教徒，通常处于社会的中上层阶级并有英国血统。——译者注

运动出现了分裂。

尽管众议院以绝大多数赞成票通过了赋予女性政治平等的《安德里厄修正案》（Andrieux amendment），但参议院甚至拒绝考虑该法案，最后于 1922 年 11 月将其终止。参议员用最传统的性别歧视观点来为他们的做法辩护：妇女不属于政治舞台，而且左派（特别是激进党）担心妇女的投票倾向将偏于保守。

鉴于当时存在许多亟待解决的事宜，对于男性政治家而言，妇女问题已经不再紧迫。人口不足的现象似乎掩盖了妇女权利的问题。我在此前曾提及 1920 年的反避孕法，该法案得到了绝大多数支持而通过，只有少数女性主义者对其进行谴责。这条法律的确与法国妇女息息相关，然而其目的并不是赋予她们公民身份，而是控制生育。与其他欧洲国家相比，法国在该领域的压迫性尤为强烈——这展现了法国对生育主义的痴迷，这无疑是妇女权利的倒退，同时也表明了政府希望恢复战前性别关系状态的决心。[82]

战争与性别关系

战争真的改变了男女之间的关系吗？它是否改变了他们在社会中的实际地位或象征地位？诚然，战争刚结束时某些地区出现了紧缩现象，而另一些地区则出现了动乱。不过，我们很难对此后的情况作出全面的评估。各国之间的差异很重要，本卷的其他文章将阐明这一点。

战后的紧缩

当 1918 年 11 月 11 日停战的钟声响起时，欧洲因为大战而轰然倒下，美国则因此获胜。战败的德意志帝国和奥匈帝国很快解体，而战胜的法国、英国和意大利为获取胜利经受了重创。受害平民的总数不详，但在中欧和东欧平民的死亡人数非常高。900 万士兵在战争中丧生，数百万幸存者不得不重新融入平民生活。对妇女而言，尽管她们曾得到过一个更光明未来的郑重承诺，至少有参与战后重建的机会，但现在她们却不得不放弃自己得来不易的收获。有些女性被贴上了“发战争财”的标签，还有些人则被指责为“无能”，不过为了退伍军人、国家和种族的利益，所有女性都被要求回归家庭，继续从事传统的女性职业。有的人拒绝了，但还是有人欣然接受了——她们这样做或是出于多年的辛劳和孤独，或是因为与爱人重聚而感到无比快乐。战争结束的时候，结婚人数出现了前所未有的增长：人们急着回归私人生活，回到以家庭和孩子为核心的生活。过去立场较为激进的女性主义者墨赛尔·凯比（Marcelle Capy）将这种情形视作“弥赛亚，伟大的希望”。[83]

人们认为妇女在战争时期提供了必要的服务，战争一旦结束她们就没有必要继续奉献了。因此，各地都在无情而又迅速地遣散女工，尤其是在军火工业领域，妇女总是最先遭到解雇的。法国的态度是所有参战国中最不慷慨但却是最务实的：尽管普遍观点认为家庭才是女性的归属，但许多人相信工作场所，甚至是工业领域都需要女性。另一方面，在德国和英国，复员政策的目的是尽快重建性别分工的劳动力市场，恢复父亲工作、母亲在家的传统家庭模式。在德国，那些工作与战争紧密相关的女性没有获得失业补偿。在英国，女性得到的津贴也越来越少，媒体宣传还谴责女性靠救济金生活，背叛了她们的男人。这两个国家都援引了针对妇女的保护性法律[1]，不给那些拒绝担任佣人或其他传统女性工作的妇女发放失业补偿。即使是男性通常不屑一顾的文书工作也只能留给残疾退伍军人。[84] 在性别斗争愈演愈烈的情况下，37 位女性在魏玛国民议会中当选议员。但在英国 1918 年 12 月的议会选举中，15 位女性候选人中仅有一位当选为下议院议员。这位唯一入选的女性是康斯坦斯·马尔基耶维奇伯爵夫人（Countess Constance Markievicz），她曾因为作为爱尔兰造反派参与 1916 年复活节的起义而入狱（女性身份让她免于死刑），她也是一名女性主义者。马尔基耶维奇的女性主义观点一直与爱尔兰的国家问题紧密相关。[85]

为了让复员士兵尽快适应工作和家庭生活，这种对待妇女的粗暴手段似乎在心理和经济上都起到了作用。它强化了 4 年间在默默无闻战斗中受到打击的男性身份认同，而且还彻底抹去了战争。在社会动荡、政治响应的时期，这样的做法满足了复员军人的深切需要，他们希望恢复到战前的世界。1918 年英国工会会员玛丽·麦克阿瑟错误地指出：男人看待女人的方式已经改变了。男人需要抓住一些永恒的东西，也渴望获得心目中的基本正义。出于这种需求，男人希望女人正如他们离开之前一样。前线的报纸揭示了作战士兵不但极度需要

[1] 保护性法律：这些法律旨在保护女性免受工作中可能遇到的困难或伤害，包括规定最低工资、工作时长等。但这实际上却让女性更难找到工作。——译者注

得到认可，而且害怕回家后被取代。他们对后方为战争做出的贡献所知甚少，他们希望自己回归的时候还是主人，当务之急是管教自己的女人。更可悲的是，当时和之后的男性文学都怀疑女性在企图密谋反抗男性权威，并表达了他们试图通过控制妇女和儿童来重获男性气概的迫切诉求。保罗·杰拉迪（Paul Geraldy）故事中的一位授勋少校说道："当我再次见到我的妻子时。我已经认不出她的眼睛了。"[86] 不过，我们很难推测在私人生活中究竟发生过什么，而且证据也常常彼此矛盾。一位女性在接受采访时说："我送去的是一只绵羊，他们还回来的是一头狮子。"[87] 有迹象表明家庭暴力事件在增长。事实上，如果我们对警察和法庭记录做一个系统性的研究，这一点很有可能得到证实。

对战败国而言，恢复原样是不可能的了，这让人们对要为失败负责的平民产生了怨怼情绪，引发了暴力的性幻想，并促使男人回归男性情谊——又名"男子情"（männerbund）运动：该运动认为对领袖的狂热崇拜和对女性的约束能够带领国家走向重生。这种精神首先在德国自由军团（Freikorps）中得到了体现，它威慑着新兴的魏玛共和国，最终也将影响纳粹组织和希特勒政权。[88] 在奥地利，战争和帝国的解体进一步加强了战前在维也纳知识界已经出现的身份危机。卡尔·克劳斯（Karl Kraus）的作品《人类的最后日子》（*Last Days of Mankind*，1918—1919）不仅是对战争的讽刺，还是对当代社会堕落的警告，这种衰退通过性别融合和性别错乱间接表现了出来。[89]

对女性的动员的解除同时也伴随着对女性解放和女性主义的猛烈批判：法国小说家科莱特·伊弗（Colette Yver）在《女性主义的花园》（*Les Jardins du feminisme*，1920）中不断重复她在早期小说《聪明女子》（*Les Cervelines*，1903）和《科学的公主》（*Princesses de science*，1907）中表达过的观点——妇女只要成为自主的个体，就会给自己和社会带来风险。在复员时期，家庭主妇成了色情化和消费主义化家庭中的"女王"（虽然欧洲在这一点上没有美国严重），她们和母亲的角色受到了盛赞。美国于 1912 年成为最早设立母亲节的国家，加拿大和英国紧随其后。法国出于生育主义的考量于 1918 年采纳了这个想法。政府会不时为女性举行公开纪念仪式，维希政府后来的做法会更加系统化。生育了 5 个或以上孩子的母亲被授予家庭勋章，这一奖项于 1920 年和生育奖金同时设立。生育积极的父亲同样有奖，"他们是现代世界的伟大冒险家"。支持生育的话语所倡导的是女性责任，而非女性权利。[90] 其他国家的保护性立法，如英国 1918 年的《妇幼福利法案》（Maternal and Child Welfare Act）和美国 1921 的《谢波特－唐纳母婴法》（Sheppard-Towner Act）无疑是在妇女权利方面取得的进展，但也未能解决职业女性的具体问题。

大战是女性的“放松期”吗？玛格丽特·希贡内（Margaret Higonnet）和帕特里斯·希贡内（Patrice Higonnet）借用分子生物学双螺旋结构的图像来描述两性之间的关系：女性生活的改变是暂时的，也是表面的（螺旋先转向一个方向，然后再转回来），而女性附属于男性的地位（无论在现实中，还是通过语言媒介的表达）都始终不变。[91]

战争与性别差异

这些初步结论在短期内是站得住脚的，但长期来说需要再次检验。战争的确在某些情况下阻碍了妇女处境的改善，在另一些情况下又加速了从“美好年代”开始的改变。妇女获得了新的机会，权力的平衡也有所改变。改变的程度因国家、年龄和社会阶层的不同而存在差异，但变化无疑是发生了。

首先，考虑劳动方面。这场战争确实没有怎么改善性别劳动分工的问题。雇主比以前更不愿意雇用女性，每当经济疲软时，女性员工就会受到批评。法国所有领域都缺乏男性工人，女性就业人数相应增加，在 1921 年的农业部门尤甚。但从那时起直到 1968 年（只有 1946 年例外），女性就业人数和女性劳动力比例逐年下降。因此，一战标志着这两项指标的上升趋势结束了，而在 19 世纪这种趋势是具有代表性的特征。[92] 但这种全面性衰退掩盖了法国及其欧洲邻国发生的许多变化。家政服务被视为卑微的工作，这个领域的就业率直线下降。然而英国在战间期的持续失业现象减缓了这个趋势，佣人的工作条件也得到了改善。纺织业“血汗工厂”和家庭作坊的倒闭，增加了在轻金属加工和电子工业领域工作的女工比例。这些行业普遍采用了泰勒科学管理原则。在法国和英国，新的大规模生产战略使更多妇女得以在工厂工作，尽管工会对此持反对意见。制造商们吸取了战争期间的经验，让妇女从事重复性、没有什么技术含量的工作。女性成了现代化的代言人：比起那些对变化速度感到震惊的年长男性同事，她们更善于接受 20 世纪的创新。这时而对她们有利，时而则不然。对该问题的研究需要进一步深入。[93]

第三个变化或许是最重要的一点：第三产业（商业、银行业、公共服务及服务业）的就业增长让该领域基本上成了女性的主要雇主。英国的弗吉尼亚·伍尔夫在《三个几内亚》（*Three Guineas*）中将1919年的《消除性别不平等法案》（Sex Disqualification Removal Act）称赞为"文明人之女"的新世界来临。法国妇女可以平等地接受中等教育和高等教育，这满足了女性主义者长期以来的要求：在一战时期，工学院和商学院的课程向女性开放。1919 年设立了女性学士学位，开始允许她们进入大学。到了 1924 年，中学课程中男孩和女孩的授课内容已经没有差异了。伴随着中产阶级对未婚女性和家庭财富减少的恐惧，第三产业的女性化让年轻的资产阶级妇女得以追求职业生涯。因此，她们是战争的主要受益者，其中许多人意识到自己的生活已经与母亲不一样了。她们的榜样是积极又独立的女性，如苏珊·朗格伦（Suzanne Lenglen）、玛丽·居里，还有法国的科莱特。立场更温和的人则赞扬专业社工和社会活动家的工作，其中既有普通人，也有天主教徒。伊冯·尼比勒（Yvonne Knibiehler）和西尔维·费耶－斯克莱普（Sylvie Fayet-Scribe）认为这个群体比保守派更具创新性和活力。[94]

战争对妇女权利的影响在各个国家存在很大的差异。法国禁止避孕，妇女没有投票权，且直到 1938 年才取消了对已婚女性民事权利的限制。法国似乎落后于英国和德国。魏玛共和国的宪法在原则上宣称男女平等，但却未能将这一原则转化为实际的法律。不同国家的人的行为出现了类似的趋势：夫妇生育的孩子更少了，地位也更平等了（虽然程度有限）。与此同时，妇女参政群体转型为了政治教育团体："美国全国妇女参政权协会"成了"美国女性选民联盟"（National League of Women Voters），而"全国妇女参政权协会联盟"成了"全国公民平等协会联盟"（National Union of Societies for Equal Citizenship）。然而，现实是妇女拥有了投票权却并没有将其转化为政治参与度或权力。最后，"分居津贴"和"寡妇抚恤金"等战时政策确立了以保护家庭为主要目标的福利国家：那些做出了贡献、满足资格的人才会得到国家的援助。妇女因此成为二等公民，她们只有为家里的男人服务才有资格获得公共援助。这一原则在后来起草福利国家法案时助长了性别歧视的观点。[95]

妇女在另一个方面的进步可能是最明显、最普遍的：女性在长年的独处和承担责任中获得了行为举止的新自由。女性终于摆脱了束身衣、紧身长裙、精致帽子和假发的束缚，可以自由活动了。将雅克－亨利·拉蒂格（Jacques-Henri Lartigue）拍摄的"咆哮的 20 年代"女性照片与"美好年代"（Belle Epoque）

的照片相比较，或者阅读克拉拉·马尔罗和其他人的回忆录就可以发现这一点。所有人都在谈论日常生活中的革命和身体与自我的全新关系。现在，女性可以参加体育运动，随着美国的新歌起舞，自己独自出门，探索自己的性取向，甚至在某些情况下还可以决定自己希望过什么样的生活。[96]这些变化的主要受益者是年轻一代。在公立学校普遍推行男女同校之前，男性和女性就已经在闲暇之时共处了。女人和男人一样也知道幸福短暂易逝。她们不再保持克制与矜持，而是及时享乐。尽管社会的包容性更强了，但每当涉及女同性恋相关的问题时，这条界线还是不可跨越。尽管自由不羁的"萨福主义者"（代指女同性恋）在20世纪初可以公开承认自己的取向，此时的女同性恋者却只得隐藏起来，并为她们对男权的蔑视遭受罪责。拉德克利夫·霍尔（Radclyffe Hall）的《寂寞之泉》（*The Well of Loneliness*）就是一个很好的例子，这本书在1928年因为淫秽而被封禁，但在后来却成为女同性恋小说的典范。[97]

不过，我们必须要超越"进步"的话语才能理解战争带来的变化，因为进步无论从哪个方面来说都是有限的。战争对男性和女性的心理有什么影响？对社会的性别认知有什么影响？战争迫使两性分离，给前线与后方之间的理解带来了阻碍，这种误解有时还掺杂着仇恨。人们在前线与后方两种现实的对比之下产生了强烈的文化感知：保罗·福塞尔将其形容为"'现代'vs'习惯'"。[98]男性与女性领域之间画上了一条牢不可破的界线。古老的男性神话重获新生：男人生来要战斗征服，女人注定要生儿育女。两性之间的互补对于恢复这个反常世界的和平和安全似乎是必要的。爱德华时代的平等主义精神和对性别身份的怀疑被抛诸脑后，性别二分法再次成为社会和政治思想的范式。吉娜·龙勃罗梭（Gina Lombroso）认为女性本质上以"他人为中心"——她们如果不奉献自己，不接受家庭和生育主义的意识形态便无法得到幸福。她的观点在意大利之外也大获成功，这就是性别二分法的表现。在工人阶级文化中（除了20世纪20年代共产主义的特例），女性对家庭的认同感比1914年之前更强，而男性则更加认同熟练劳动力的身份。例如，随着奥匈帝国帝制的倒台和解体，奥地利的社会民主党成了新政权的"父亲形象"。他们建立了新的医疗保险制度，即所谓的"维也纳制度"。莱因哈德·西德（Reinhard Sieder）认为该制度恢复了父权秩序。其他历史学家指出，这一现象的产生伴随着活跃女性主义者的边缘化。[99]基督教工团主义及其社会－天主教意识形态的兴起，强化了工人阶级的家庭观念。[100] 这个世纪的征服者——革命人士的激进主义中带有一定的军事色彩，这自然将“女性问题”的解决推迟到了来日。纪念战争死难者的做法既赞美了男性的阳刚之气，又强调了女性的非战斗角色。法国的退伍军人组织和残疾人协会多持和平主义的立场，在战败国则多带有军国主义色彩。这些组织成了男性社会生活的中心，并在两次世界大战的战间期产生了重大的影响。到 20 世纪 20 年代末，在法国，这些组织就有 300 多万名成员。尽管他们在政治上存在分歧，但共同的回忆和对政府施加道德影响的决心将他们团结在了一起。[101]

女性是否心甘情愿地接受了分配给她们的角色呢？这是一个关键又微妙的问题。战时经历永久地扎根于女性的意识中，但并不是所有女性都有同样的经历，也不是所有人都以同样的方式来解读她们的经历。按照国籍、年龄和社会阶层的不同，女性对独立、苦难和辛劳的重视程度也不同。尽管在战争期间阶级团结并没有比性别团结更显著，但阶级的观念在一个社会隔阂依然深刻的社会中还是至关重要的。德国在战争结束后的几年里仍然经受着战时的困苦，克里斯蒂安·埃弗特（Christiane Eifert）尖锐地批评了资产阶级女性主义组织为了获得社会的接受而草率牺牲工人阶级妇女的做法。[102] 虽然某些女性在战争期间发掘了新的个性和力量，但还有许多人希望重新获得家庭生活的和平与安宁。尤其是战后的氛围不利于那些做出其他选择的人，而且也不鼓励任何争取解放的努力。在两次世界大战的战间期，由于包容的道德氛围、“男性短缺”，以及一定程度上的财富流通，许多女性可以独立行事，但个人的独立从未能够以运动的形式聚合起来。任何朝着运动发展的趋势很快就被“承担母职才是女性生命的圆满”这种普遍共识所压制。即使是那个时期的女性主义者，似乎也处于停滞的状态，至少是大部分转向了“差异女性主义”。

理查德·埃文斯在 1977 年表达了他的观点。“1920 年标志着女性主义时代的结束”：（在某些国家）赢得选举权既是该运动衰落的症状，也是其原因。埃文斯的说法可能过于绝对了，他提出的时间划分需要根据对“两种女性主义间隔期”（1920—1960）的持续研究而进行修正。南希·科特（Nancy Cott）指出，美国在 1910 年到 1930 年并非女性主义的衰落期，而是 19 世纪女性主义（为所有妇女争取权利的运动）与现代女性主义（将多元性纳入考量，希望在平等与差异、个人自由与群体团结之间达到调解）之间的过渡期。[103] 我们需要更多的关于女性主义国际性方面（包括和平主义团体和希望改善妇女状况的团体）的研究。

战前的女性主义运动从多元性中汲取了力量，它以个人平等和性别特性的名义提出了自己的要求。战间期的女性主义似乎接受了男性和女性是自然构建的共识。这导致了运动的分歧，为性自由斗争与为职场平等斗争的少数激进派分道扬镳：其中包括了法国的新马尔萨斯主义者（如玛德琳·佩莱蒂尔和珍妮·赫伯特）还有他们的美国同道，以及与德国杂志《国内的女子》（*Die Frau im Staat*）相关的团体，他们支持“开放委员会”的立场[1]；还有美国的全国妇女党，他们为平等权利修正案而奋斗。104 绝大多数女性主义者坚持性别差异和两性互补的观点。他们从道德层面赞扬母亲。而且他们在要求为职业女性提供特别保护时，援引的理由并非女性的权利，而是母亲的需要。尤其在德国，1919 年的德国妇女协会的纲领规定了妇女对民族群体的责任。英国也是如此，少数“平等主义者”以退出 NUSEC 来表达对该联盟的慈母式“新女性主义”和痴迷于男性暴力的抗议。105 不过要记住一点，生育作为一种“社会功能”的主题可以增进妇女的信心，并推动她们开展政治行动，正如法国的情况一样。106

综上所述，我认为将 20 世纪 20 年代（所谓的解放时期）与 30 年代（所谓的反应期）进行对比是没有意义的。性别在战时社会中发挥了重要作用，战争对其后多年的性别关系产生了深远的保守主义影响。这不仅适用于第一次世界大战及一战后，还适用于大部分时间都处于战争、战后，以及战间期的整个 20 世纪。因此，战争的保守主义影响有助于解释为什么直到 20 世纪 60 年代才出现了真正的男女关系剧变。

[1]　开放委员会（Open Door Council）：开放委员会于 1926 年在英国成立，该组织致力于为女性争取经济上的平等。他们反对阻碍女性获得高薪工作的保护性立法。——译者注

第二章　美式风格：20 世纪 20 年代的现代女性

南希·科特（Nancy Cott）

20 世纪初，美国对世界领袖地位的竞争性挑战不仅来自它对第一次世界大战的干预，也源于后续几十年里美国在海外不断发展的技术、产品和视觉媒体。类似地，现代美国女性典范对旧的家长制生活方式和新的集体主义生活方式提出的挑战，主要由商品、风格、新闻和电影体现出来，与美国本身没有那么紧密的关联。现代妇女的化身多种多样，她们从过去政治、经济和性解放的斗争中涌现了出来。在 19、20 世纪之交的几十年里，美国出现了有史以来最富有成效的女性主义运动与劳工和社会主义运动。20 世纪初的女性在专业和白领工作中取得了前所未有的成就，"解放女性"的说法也因此广为人知。到了 20 年代，拥抱现代性的人们不得不开始考虑女性对现实，以及对自由和个性的象征的渴望。

文化多元的美国人在 20 世纪 20 年代受到了前所未有的一致性文化力量的影响，正是这股力量将美国的形象传播到了海外。美国人口内部一直存在巨大的差异，由于 1880 年至 1920 年间大量移民的涌入，这一点愈发突出了。而到了 20 世纪，人们不仅可以拥有一种独特的"美式生活"，还能够宣扬并传播这种生活方式。美式大众文化的实现有赖于大规模生产和营销的手段与新媒体（广播和电影）以及遍及全国的旧媒体（报纸与杂志）之间的共同作用。在 20 世纪 20 年代，40% 的美国家庭拥有收音机。到了 20 年代末，每周看电影的人数增加了一倍，达到了 1 亿～ 1.15 亿人。甚至有调查显示，电影明星已经取代政治、商业和艺术领域的领袖，成为年轻人最崇拜的偶像。新的交流方式塑造了共同的信息和共同的价值观。

大规模生产和消费

1920年，美国城市人口（根据美国人口普查，居住在2500人以上的人口中心）首次超过总人口的一半。由大规模生产、个人工资收入和现金购买构成的城市工业经济成了既定的规范模式。20 世纪 20 年代，城市和大都会地区的人口增长占到了美国人口增长的近四分之三，这在一定程度上有赖于汽车。汽车作为一种非常流行的交通工具刺激了郊区的发展。1910 年，美国每 265 人有一辆汽车；到了 1928 年，每 6 人就有一辆汽车。现代的生产、消费和娱乐习惯开始让南方和北方、乡村和城市变得同质化，消除了这些地方长期以来存在的差异。工厂和福特汽车、新的全国性“连锁店”、国内大品牌的创新、推销大规模生产产品的邮购目录——这一切都预示着大众生活的标准化和统一性程度将到达新的高度。[1]

共和党的总统们喜欢说经济增长是新时代的标志。毫无疑问，用制造业的生产力、人均收入、消费者支出与国民生产总值净额的比率来衡量，经济增长及其物质成果的分配非常不均。例如，在 20 世纪 20 年代和 30 年代，北卡罗来纳州达勒姆的黑人烟草女工要在院子里用锅来洗衣服，只能使用户外厕所，并在烧柴火或烧油的炉子上做饭。而当时光鲜的杂志上展示的是家庭主妇在“电子仆人”的帮助下摆脱了单调劳动。（人们所处的地区和购买力对此都有影响：大多数城市家庭拥有电力、室内管道和市政燃气服务，但农村地区的电力服务更加不平衡。）一些制造商认为工业发展有赖于大量购买，他们开始通过研究市场、发布广告和使用新的零售手段来刺激需求。罐装和包装食品、成衣等消费品的产量大幅上升。随着邮购促销的出现，农村和城市家庭为熨斗、炉灶、吸尘器、洗衣机和冰箱购买量的大规模持续增长做出了贡献。

“分期付款”的创新性付款方式是 20 世纪 20 年代美国经济增长的一个重要因素，同时也是强调消费的标志：它鼓励人们将消费习惯扩张到自己的可承受范围之外，把他们的注意力从储蓄转移到消费。1925 年的消费者们用分期付款的方式购买了超过三分之二的家具和煤气灶，以及至少四分之三的汽车、钢琴、洗衣机、缝纫机、冰箱、留声机、吸尘器和收音机。制造商和广告商迫不及待地将这种购买行为解读为提高了家庭的“生活水平”。[2]

家庭与家人

伴随着新时代的城市化和大规模生产的丰硕物质成果，现代美国妇女被出卖了。我们可以从家庭规模入手来描绘现代美式女性的肖像。美国家庭的平均规模较小，因为婚内生育水平下降了，而且房客和住在家里的仆人也越来越少。当然，孩子数量的减少是一个长期的趋势。到 20 世纪初的时候，出生率已经持续下降了 100 多年。在 19 世纪和 20 世纪之间，白人妇女平均生育的孩子数量减少了一半，从 7 个小孩下降到了 3.5 个。个人的充分动机再加上禁欲、性交中断法、堕胎、杀精剂灌注法，以及（20 世纪后期出现的）避孕套和安全期避孕法等措施，让人们可以“计划”家庭——不过除了禁欲，这些方法中没有一种是真正可靠的。

尽管避孕手段在 20 世纪初仍然有很大的争议，但控制婚内生育的观念已为人所接受。20 世纪 10 年代，玛格丽特·桑格（Margaret Sanger）推广了由女性控制的避孕方法，这是避孕的一大进步。然而，桑格和一些同道人士所成立的节育诊所只能在合法性的狭窄边缘内运行，他们只能在某些州营业，并且要在获得了医疗许可的情况下才被视为合法。节育诊所只能满足一小部分需求。直到 1936 年，美国最高法院才将避孕手段移出了联邦反淫秽法的范畴。美国医学会次年才批准医生提供节育用具。在 20 世纪 20—30 年代，使用子宫帽的人主要是受过教育、富裕的已婚妇女，她们的医生私下里会提供处方和使用指导。然而，有避孕需求的女性远远超出了这个阶层。在 20 世纪 20 年代初的 5 年时间里，桑格收到了 100 万封母亲的来信，咨询避孕的方法。避孕的意愿与传统的或新的避孕方法相结合，使得出生率在 20 世纪 20 年代和 30 年代迅速下降，这主要是因为外国出生的妇女（她们比早期移民女性晚婚，而且结婚率也更低）和农村妇女的生育率下降（可能是农业萧条的缘故）。[3]

性意识形态与性行为

在出生率下降的情况下，婚内性行为被赋予了生育之外的新价值——确实，新的价值和兴趣完全关注于“性”本身。19、20 世纪之交埋下的性意识形态及行为改变的种子，在 20 世纪初走向成熟，终于让在 20 年代成年的人们尝到了果实。后来，性学家阿尔弗雷德·金赛（Alfred Kinsey）的调查显示，20 世纪初期，女性的“爱抚”行为、婚前性行为、婚外性行为，以及在婚内实现性高潮的发生率呈上升趋势。以 1900 年为界，此前 10 年出生的人和此后 10 年出生的人之间差异最大。在受过大学教育的女性中，转变的幅度最为显著。金赛指出，生于 1900 年以前、受过高等教育的女性与那些教育程度较低的同龄人相比，发生婚前性行为的可能性更小。但出生较晚、受过良好教育的女性则更有可能发生婚前性行为。[4]

对于出生于 20 世纪 20 年代的年轻人而言，承认女性性欲不再是叛逆，而是一种随大流的行为。潮流界、学术界和社会科学作者们掀起了一股批判“维多利亚时代”性道德的浪潮，他们认为这是纯粹的压抑，而且很虚伪。电影、色情杂志和广告文案把性的“刺激”作为主题。例如，在 20 年代中期一个典型的中西部小镇上，电影观众一周之内的观影选择包括了《大胆的岁月》（*The Daring Years*）、《身着丝绸的罪人》（*Sinners in Silk*）、《予取予求的女子》（*Women Who Give*）以及《她的代价》（*The Price She Paid*）。而下一周又有：《交代他的身份》（*Name the Man*）、《红唇》（*Rouged Lips*）还有《罪恶女王》（*The Queen of Sin*）。电影《燃烧的青春》（*Flaming Youth*）承诺“本片由一位不敢署名的作者撰写，内容包括了爱抚、热吻、肆意享乐的女儿和渴望感官刺激的母亲”。不像 19 世纪道德家所警告的那样，性表达不但不会消耗人的能量，而且还成了活力和个性的源泉，女性的性欲也可以被开发和满足。围绕这一观点形成了一种新的文化机制。[5]

友伴婚姻

然而，性表达在一种新的婚姻模式中被“驯化”了。越来越多的社会科学家、社会工作者、记者和法学家鼓励小规模家庭，并提倡家庭生活是亲密情感、个人和性表达的专门场所的观念。尽管保守派对此表达了不满和感慨，心怀不同意图的社会科学家们都关注一种新的婚姻理想——“友伴婚姻”（companionate marriage）。这个名称取自科罗拉多州法官本·林赛（Ben Lindsay）一本书的标题，林赛与青少年共事的经历让他认为年轻人在决定婚姻大事之前，应该先成为彼此的朋友或者爱人。20、30 年代的专业婚姻咨询师认为，维多利亚时代的婚姻是等级制的，它以支配和服从为基础，感情基础贫乏。他们试图用一种亲密的性伙伴关系取而代之。这种关系认可女性性欲，而且认为婚姻的价值在于激发伴侣的个性，并且将双方结合在一起。这时的婚姻建议手册将性作为婚姻的核心。夫妻双方的性适应和性满意度成为衡量婚姻和谐的主要标准，也是建立更广泛的社会秩序的手段。[6]

就在通过工作赚钱让女性更有可能摆脱结婚的经济必要性时，对异性欲望的强调使婚姻具有了性的必要性，只有这样才能获得“正常”的满足。无论是专业著作还是通俗的文学作品都将没有找到男人的女子描绘为不理性、不健全、男人婆或者性冷淡的人。由于友伴模式的确将婚姻描绘为对等的关系，女性没什么理由去回避它。上一代女性主义者对于婚姻是一种支配机制的抗议被消解了。

一旦承认了女性的性冲动，人们就不可避免地要重新评估女性之间的关系。19 世纪的女性道德影响和光荣母性的意识形态通过掩盖妇女的情欲，让女性之间的亲密关系显得单纯无邪。但是，医生、性改革家和伦理学家们新的共同兴趣废除了维多利亚时代的性保守态度，而且给人类“同性恋”和“异性恋”的系谱贴上了“异常”与“正常”的标签。不仅是临床医师和社会科学家，20 世纪 20、30 年代所有涉及心理学的大众媒体也通过对女同性恋行为的定罪和重新承认，开始关注女性天生的情欲。

许多社会科学工作中都充斥着对女性独立生活、彼此依赖、相互满足的担忧。新闻证据表明，单身女性在艺术、娱乐、体育、职业领域，以及公民和选举权组织中取得了成就。人们对女性摆脱男性控制的文化焦虑得到了证实。既然人们现在承认性欲对男子和女子的天性同样重要，而且对它的重视超出了生殖，那么女性同性之间的关系似乎与异性求偶存在竞争，因此人们怀疑这会对现有的性和社会秩序造成威胁。这种关注点的转变十分强烈，人们开始反对独立女性的思想和做法。

我们可能无法衡量女同性恋者的性行为因为性规范的改变是受到了压抑还是得到了表现。金赛的研究没有发现任何同性恋行为的增加，相反，各种异性恋行为都出现了增长。尽管如此，我们可以合理假设当人们接受了女性性欲的合法性之后，妇女得以采取多种多样的行为方式。女同性恋者和异性恋者一样，她们利用现代妇女的性自信争取到了更大的空间。当然，在作家和艺术家的小群体中，20 世纪 20 年代的女同性恋者比以往任何时候都更加开诚布公而且受到了承认。还有一些在这个时代取得成就的杰出女性揭露了她们与男性和女性伴侣之间持续的性关系。医学和社会科学研究人员证实，即便有些女性认为与女子在一起是异常的选择，她们也依然对彼此的性和情感关系感到满意。[7]

我们不可能明确指出婚姻的普及应该在多大程度上归功于“友伴婚姻”的倡导者，但在战间期的那些年里，婚姻制度受到了前所未有的欢迎。在 1865 年至 1885 年出生的那一代中，差不多有 10% 的人从未结过婚；但在 1895 年至 1915 年间出生的男女中，这一比例降至 6% 左右。19 世纪晚期，男性初婚年龄中位数为 26 岁，女性为 24 岁左右，而到了 20 世纪 20、30 年代，男性初婚年龄中位数下降为 25 岁，女性下降为 22.5 岁。[8] 这种婚姻趋势在大学毕业生中尤为明显。19 世纪上过大学的女性比没有上过大学的同龄人更容易维持单身或晚婚。但是在 1890 至 1930 年间，美国大学生在 18 岁到 22 岁人口中的占比翻了两番，占到了这个年龄段的 20%，更多的女大学生在更年轻的时候就结婚了。上大学的经历越是变得不稀奇，女学生的婚姻模式就越接近中产阶级的标准。[9]

妇女的就业：拥有一切？

这一代结婚年龄更小、意愿更坚定的女性也进入了中等、高等教育，以及就业市场。在义务教育法的压力和白领就业培训的激励下，20 世纪 20、30 年代的高中入学率激增，进入学校的青少年占比高达 50% 到 60%——其中女孩的占比超过了她们在该年龄段的人数比例。即便是在学院和大学里，20 世纪 20 年代的学生中也有近一半是女性，而在 19 世纪晚期之前，女性几乎都被拒之门外了。在 1910 年到 1940 年间，女性劳动力的占比为四分之一，但女性工人的平均年龄老化（青少年都在上学），就业方向也越来越集中于文职、管理、销售和专业领域——主要包括家政、农业和制造业，关于这一点，社会评论员比在职的女性看得更加清楚。尽管有危言耸听的人抱怨说女性的工资收入会毁掉婚姻的前景，但事实却恰恰相反，因为订婚的双方都可以为家庭储蓄做出贡献。在职妻子占比的增长速度是单身女性占比增长速度的 6 倍。[10]

女性在劳动力大军中的存在成为无法回避的现实。伴随着这一现象，人们的结婚年龄下降，结婚也变得比前几代人更普遍。女性的就业和婚姻问题不可避免地碰到了一起。女大学生们经常将其称作自己的“现代”问题。1919 年末，《史密斯学院周刊》（*the Smith College Weekly*）的一篇社论宣称：“我们不相信女人就注定要在家庭和工作之间做出选择，而男人就可以两者兼得。出路一定存在，找到出路就是我们这代人的问题。”这个话题在许多文章和问询中引发了共鸣——它们的标题诸如“女人能兼顾家庭和工作吗？”“妻子、家庭和工作”“工作的大学学历妻子”“从婴儿车到办公室”“为什么已婚女性要工作？”“家庭和工作兼顾的女人”“婴儿和工作”“身兼两职的妻子”。[11]

已婚女性在白领工作领域的就业引人注目，因为其增长速度比女性在其他任何职业领域的增长都要快。然而，根据美国人口普查的数据，尽管 1930 年已婚女性工作的比例在过去 10 年里翻了一番，但在外工作、拿报酬的已婚女性仍然不足 12%。而且，在有工作的女性中，几乎有一半是已婚、离异、丧偶或分居的女性，因此她们在工作之外，可能还要承担家庭和育儿的责任。绝大多数女性承担着双重负担，她们是在家务或个人服务、农业、制造业中工作的平凡工人。在美国，最多只有 4% 的已婚女性可以称得上兼顾了“婚姻和事业”。[12]

社会科学家的干预

公众始终很关注女性在爱情和工作方面的平衡，这不仅是因为 19、20 世纪之交的女性主义者们坚持二者兼顾，还因为社会科学家们引导他们关注这个“问题”。20 世纪 20 年代，民间智慧和宗教被人们所摒弃，社会科学展现出了更多的权威性，他们可以开展更多关于女性角色的讨论。他们承诺会通过客观的观察和严谨的分析来解释人类行为的本质和源头，这具有强大的学术吸引力，在大众中也很受欢迎。并且在经过了半个世纪的发展之后，20 世纪 20 年代的社会学、经济学、政治学、心理学和人类学等独立学科已经在科研机构中成立了，而且得到了企业慈善事业的大规模支持。成千上万的社会科学家在美国数百所学院和大学中进行研究和教学。他们的研究在印刷品和视听媒体上得到了推广。他们的发现和阐释在人事管理实践中，在商业和工业的营销策略中，在政府调查和规程中，在新闻报道中，在（也许最有效的是在公众消费方面的）广告中都得到了响应。[13]

社会科学当然不是铁板一块，但在 20 世纪 20 年代该领域确实形成了一条统一战线，他们都认为其专业知识对建立一个现代、现实、有效和民主的社会秩序至关重要。尤其是心理学，它被视作一种工具，可以用来预测和控制“人的因素”——甚至可能实现过去十年中出现的“社会工程学”概念。这一时期最有影响力的男性心理学家，如约翰·布罗德斯·华生（John B. Watson）和弗洛伊德·奥尔波特（Floyd Allport）认为心理学最突出的前景就是能够让个人心理“适应”有益的社会规范。尽管自 20 世纪初以来，弗洛伊德的思想就一直受到“先进”思想家的鼓吹，而且人们也流于表面地频繁使用弗洛伊德派的术语。20 年代占据主导地位的不再是精神分析，而是心理卫生和行为主义心理学。然而，这一切都有一个共同点，它们都关注人类行为的非理性来源，认为人们外在行为背后都隐藏着深层次的性动机，并提出人们会在毫无觉察的情况下受到自己心理机制的驱动，例如，一位女记者的提问就体现出当时流行的典型心理化特点，她问：受过大学教育的女性追求职业发展是不是“对其他欲望的升华”？她还认为“个人失败的最大原因就是心理不适，冲突、压抑、焦虑、恐惧等其他情感障碍……这些当然都是造成人生扭曲的原因”。[14]

社会科学研究者们向人们传达了一种感觉：他们的学科既能解释现代女性的问题，又能引导人们去解决这些问题——尤其是协调女性对爱、工作和个性需求的问题。19 世纪 90 年代的女性社会科学家开展了打破旧习的实证研究，以此推翻了维多利亚时代对于两性心理功能差异的观念。到了 20 世纪 20 年代，下一代的心理学家却将这些差异重新概念化了。他们将性别差异定位于“气质”方面而不是更狭窄的认知领域。刘易斯·特曼（Lewis Terman）和他的同事们率先构建了可量化的“男性化”和“女性化”标准，他们声称这些标准是真实的，而且在正常或异常的情况下都可以得到科学验证。他们建立的“健康”模型会将人们的生理性别和相关心理因素相匹配，但他们所谓男性气质和女性气质划分的经验数据是在传统的假设上构建起来的。[15] 心理学家对女性气质的再创造超越了学科界限，成为对女性工作利弊的社会学评估。通常，有偿工作的领域是“男性化”的。男人为妻儿提供经济支持的能力是传统意义上“男子气概”的重要组成部分。就连看似最同情女性主义者的男性社会学家都警告说，在生意场上变得“粗鲁又冷酷”的女性会让“男人觉得反感”。[16]

这样的评论揭示了社会科学——尽管吹嘘自己实证主义的立场，但在很大程度上吸收了长期存在的偏见，即女性要做出“调整”来满足男性的需求和快感。当时的社会科学家往往认为，合适的价值观会从实证工作中产生，而没有意识到主流价值观从一开始就在很大程度上构建了科学的指导原则。他们坚持回避形而上学或哲学的主张，而抓住实验和实证主义的发现不放，这导致了他们不认可批判立场。社会科学容易将自己局限于现存的性别秩序之内，证实它，并且抑制其他的观点——只要研究建立在观察的基础之上就行，他们也声称现实的确如此。在不断扩张的社会科学领域中，从业女性的比例远远高于医学、自然科学或其他类似的专业领域，但试图用现代社会科学话语来表达的女性主义声音显然是微弱的。

新式家政

家庭在 20 世纪 20 年代成了社会科学的研究对象，对它的关注度不亚于对性和婚姻关系。对女性而言，专业家庭经济学家的使命就是提高家务劳动的地位和条件。他们在科学管理思想的影响下，开始对家务劳动时间进行了比较研究，结果表明，城市家庭主妇的劳动时长并不比农村少，家务劳动是一项全职工作。尽管享有现代化的优势，只有 10% 的城市家庭主妇每周花在家务上的时间少于 35 个小时，其中许多人的劳动时间超过 50 个小时，和农村妇女不相上下。1926 年英国作家维拉·布里顿在造访美国时评论道，美国人“成功废除了男人可以免做各种家务的特权”，但从美国女性的角度看来结论却远没有这么乐观，尤其是那些正在外面找工作，结果却发现丈夫仍然希望她们来操持所有家务的女性。[17]

家庭经济学家们一致认为，家庭领域的科技进步的一个主要结果是家庭维护水平的提高。“省力”的家用电器在提升清洁和整齐的标准（并鼓励家庭主妇遵守这些标准）方面比缩短家务劳动时间更有效。20 年代使用得最普遍的物品包括煤气炉、电灯和熨斗，它们提高了妇女做家务的舒适度和效率，但并没有让女性家务的工作量变得比全职工作更少。如果家庭主妇的确通过家用电器或经过包装的商品而节省了时间，她们就会把时间重新分配给抚养孩子、购物或管理家庭事务来改善她们的劳动环境和成果。人们对物质生活的期待已经超越了前几代人。家庭主妇们认真对待每个可以改善她们家庭健康和安全的机会，因为周遭的家庭经济学家和广告商都宣称女人如果可以照顾好家庭，那么就能让她爱的人享受舒适、完善和高效的环境。此外，制造商在 20 世纪 20 年代大力推销家用电器（洗衣机就是最好的例子），这让上一代城市家庭花钱购买的一些外部服务重新成为家庭内部的工作。[18]

新式育儿

育儿的责任类似于家政，它在这个时代得到了前所未有的多样化定义。父母可以从大量全新的专业知识中获得建议和资源。为了满足母亲们的意愿，以科学为导向的建议从公共卫生、社会工作机构、学校、妇女俱乐部、杂志、报纸、讲座，还有联邦政府蜂拥而来。美国儿童局（U.S. Children's Bureau）估计，1929 年出生的婴儿中有一半受到了政府发布的育儿建议的影响。正如一项研究总结道，现在出现了更多家庭之外的机构来帮助母亲“履行她对抚育儿童的责任”，但正是这些机构通过“对母亲施加更高的标准，增加了她们的工作量”。[19]

如果育儿是自愿的，并且是可以计划的——至少越来越多的中产阶级女性是这样认为的——那么生育的责任一方面变得更加繁重，同时又更容易被人们自觉接受。现在，科学提供了营养学、卫生、育儿实践的专业知识，以及衡量父母成功或失败的新方法。20 世纪早期的精神卫生领域使社会科学界形成了这样一种共识：在现代工业社会中，家庭的主要职责已不再是经济生产，而是为儿童的健康和正常发展建设适宜的环境。心理卫生学家让公众熟知了“正常”的概念，人们认为“正常”能够通过标准化测试来衡量。家长们对孩子的异常行为——“幼稚”或“神经质”的行为保持着警惕。[20]

消费社会中的广告

社会对“现代女性”的复杂期待为女性与她的敌人和朋友开展心理斗争提供了广阔的空间。广告的出现缓解了新标准引发的焦虑，它们从社会科学的储备中攫取了具有科学可信度的“弹药”。家用物品以及与儿童相关产品的制造商和零售商通过广告的方式来阐释现代女性特质。购买的行为将家庭主妇与“新式家政”、母亲与科学育儿联系在了一起。20 年代，现代广告业开始自成一派。

20 世纪的广告将科学视为现代形式的权威——作为行业进步和让消费者获益的标准。专门的广告机构开始在 20 世纪初出现，图像呈现也进入了这一领域。广告商将社会科学中“高效”和“改善”的规范转化为销售目的，他们在消费者面前摆出一副教育者的样子，在客户面前表现得仿佛是精通人类行为的操控者。以国内市场为目标的大公司发现可以通过在全国给“品牌”做广告，直接吸引消费者，从而取代当地零售商的优势。到了 20 世纪 20 年代，广告商理所当然地认为他们的技艺已经从提供信息发展为创造“需求”。（“Uneeda”饼干是最早在全国范围内打广告的品牌之一，它的名字就体现了“需求”的创造。）广告技巧越来越多地利用心理学对人们非理性行为动机的揭示，通过形象地运用象征和心理联想作用于消费者的情绪，从而达成销售目标。[21]

广告和市场营销人员习惯性地用“她”来指代消费者。20 年代无数的出版物引用了一项统计数据：女性购买了 80% 的消费品。家庭经济学家欢迎这种关联，并且声称消费是家庭主妇的关键任务。“她最重要的工作，”有人说道，“就是指导家庭关系和消费。”我们难以精确地衡量广告对人类感知和行为的种种后果，但很明显的一点是，大多数的广告都针对女性，她们据说比男性吸取了更多广告里的信息。20 世纪 30 年代，一项针对近 1.5 万名消费者对广告反应的研究表明，主妇（占受访者的三分之一以上）是所有职业人群中最不挑剔的消费者。在家庭主妇对广告的评价中，抱怨的内容只占 31%。相比之下，学生的评价中有 85% 是抱怨。女性的容忍度似乎随着有偿工作而下降了，尤其是那些工作地点离家最远的女性。45% 的家政工人做出了负面的回应，而 66% 的文职工作者的评价是负面的。[22]

广告商们急于用商品的形式将妇女的个性和现代性包装起来。新的图画和摄影技术让广告成为具有潜意识影响力的视觉媒介，这一点前所未见，它不仅有意识地向女性推销产品，而且还推销了女性的形象。相较任何其他形象，现代女性形象背后的经济力量都要强大数倍。广告商们成功地将现代的标志添加到女性的传统重要事项之上。理想的现代女性不再羞怯、娇弱、顺从，而是被描绘为充满活力、热爱交际的人。她享受玩乐，喜欢男人，而且对他们富有吸引力。当然，性感是桩大生意。1929 年的时候，化妆品行业在广告上的支出与食品行业相当，而后者的市场规模是前者的 17 倍。但现代女性不仅仅有吸引力，她们还清楚科学地照顾丈夫、孩子和家庭的最佳方法，而且有能力为他们的幸福负责。[23]

借由女性的选择、自由和理性等话语，妇女传统的家庭地位和作为异性提供的服务如今受到了保护，甚至被大肆宣传。广告反复塑造着这样一个主题：购买是女性通过选择和控制来发挥理智、表达价值观的场域。家庭经济学家也支持这一观点，不过他们有着不同的目的。现代商业销售采纳了女性主义的建议，即让女性掌控自己的生活，并将其转化为消费主义的“选择”观念。通用电气将“选举权和（电力）开关”联系在了一起。1930 年《芝加哥论坛报》（*Chicago Tribune*）刊登了一则家居用品广告，其中吹嘘道：“当今的女性能够得到自己想要的东西。选票、取代了宽大衬裙的轻薄绸缎、宝蓝色和琥珀色的玻璃器皿、职业权利，以及与浴室颜色相匹配的肥皂。”[24]

尽管有些愤怒的人疾呼道，女性被兜售了一种简化的、浮华的形象，这一形象不过是她们相对于男子的传统地位的现代版，但大众媒体和广告却占据了上风，成功设定了女性圆满的模式。女性主义的意图和话语并没有被忽视，而是被挪用了。广告将女性主义对女性领域和选择的强调压缩为个人消费主义，社会心理学的职业化收编了女性主义者关于性自由和婚姻权利的主张；女性主义者对性别分工的挑战则被掩藏了起来。好莱坞电影的胶片影像抵得过千言万语，它传达了亲密的私人关系与自由无异的信息，以及豪华昂贵的汽车就是美好生活的终点。[25] 这些改编在演绎的伪装下，消解了女性主义提出的挑战。

第一次世界大战前，国际妇女运动正处于高峰时期，当时的女性主义是不分国界的，而营销和媒体的力量也正是如此。20 世纪 20 年代，美国电影工业的产品充斥欧洲各大影院，美式现代女性解放的独特典型通过电影工业的媒介被带到了国外，让欧洲各国只得用各自的女性典型来与之抗衡。[26] 欧洲消费者所接受的理想化现代美国女性形象比美国人自己所接受的更为纯粹，因为他们见不到美式的大街，因此无法缓和银幕上或批量生产的照片上展现的形象带来的冲击。

现代化和都市化的文化吸取了女性主义的挑战，并通过现代美国女性的形象将他们重新呈现了出来。美国广告业独特的机智之处在于，他们将数十年来女性作为公民和工作者机会的改变、女性社会行为的自由，以及她们婚姻理想和实践的改变，全部归功于科技进步和经济发展，而不是女性通过有意识地斗争来改变性别等级制度的结果。当然，主流文化中的女性典型与某时某地女性实际的、多样的经历之间并非直接相关，而是具有动态和互动的关系：哪些元素构成了美国现代女性的典型形象，取决于听众和观众是谁，以及他们所处的位置和观看的方式。经济危机结束了 20 世纪 20 年代，它同时也揭示出，所谓的现代模式其实是根植于长期以来对女性顺从和附属地位的期待。如果说 20 世纪 20 年代的典型对于解放起到了推动的作用，这也是基于持续的消费需求所带来的经济增长。在大萧条时期，人们呼吁妇女回归家庭——特别是要求已婚女性退出职场，这体现了既定的现代女性角色身上自由和个性的光芒是多么的微弱。

第三章　法国和英国的战间期

安—玛丽·索恩（Anne-Marie Sohn）

关于两次世界大战之间那段时期的书籍，远远少于讲述维多利亚时代的英国和凯歌高唱的法兰西第三共和国的书籍。如果说历史总体上忽视了1920年至1940年这20年的时间，那么“女性历史”这一后来者更是严重忽视了这个时期。这段难以界定的时期，它夹在19世纪的“父权制”和20世纪60年代的“避孕药”和“性革命”之间，具有什么样的特点呢？从妇女加入新兴的工业劳动大军，到在相对安稳的福利国家支持下，享乐消费社会的来临，这期间究竟发生了什么？20世纪20年代出现了妇女解放的迹象：女性剪短了头发，享有了一些从前仅属于未婚男性的自由，而且在英国获得了选举权。不过她们的日常生活几乎没有发生改变。女人最理想的归属就是家庭，这个观念没有受到挑战，随之而来的劳动分工也是如此。在作为民主国家的英国和法国中，女性避开了极权主义政权的管制。然而，尽管这两个国家之间存在许多相似之处，发展水平也相当，但二者却并不相同，这些差异很大程度上决定了女性在两国的地位。一方面，新教和天主教对避孕采取的立场不同。另一方面，英国的农妇几乎绝迹了，而在法国，40%的女性劳动力都受雇于农业领域，她们因此而受到了农村环境的独特限制。所以，我将在下文中指出各民族的独特之处，而非相似点。

从母亲到“单身女郎”

短裙、短发和小说《单身女郎》（*La Garçonne*）描绘的新女性形象：这些通常被视为新式女性行为的象征，代表着妇女解放的来临。然而，外表虽然看似如此，传统规范仍然占据着主导地位。

“单身女郎”和“飞来波女郎”：咆哮的 20 年代的陈词滥调

在法国，19 世纪的共和党人茹费理（Jules Ferry）和卡米尔·希（Camille Sée）认为婚姻应该建立在知识共同体的基础上。他们希望教育能够帮助缩小导致婚姻不和谐的“精神鸿沟”（fosse des antes）。然而，他们不认为男人和女人可以在生活中扮演类似的角色：女人的职责是将自己奉献给家庭。小说家们精心刻画了“情人－妻子”的形象：他们通过将情欲归化到家庭领域，破坏了往常对男性通奸的双重标准和正当化借口。但与此同时，他们又将时刻满足丈夫感官需求的义务强加给了妻子。英国的萧伯纳（George Bernard Shaw）和乔治·威尔斯（George Wells）等作家在描绘性解放、社交解放的女性方面甚至更进一步，有些内容甚至基于他们自己的经历。他们这样做既是对性别平等，也是对当时迂腐道德观的冲击。这样的“新女性”为了寻找自己的身份和自主权不顾传统。同时，一些受到社会主义和无政府主义思想影响的边缘思想家捍卫着自由恋爱和试婚的做法，他们决心推翻维多利亚时代的道德，其中包括莱昂·布鲁姆。[1]

第一次世界大战后，“新女性”忽然在新闻中出现。英国的“飞来波女郎”正是自由女性的形象：她穿着短裙、热爱跳舞。维克多·玛格里特将当时法国的氛围生动地具象化为了一个虚构的原型——“单身女郎”，也就是他的小说《单身女郎》中的同名女主人公。[2]从战场回来的男人们重新发现了生活的乐趣，各地的人们也对承诺要全方位解放人类的俄国革命感到震惊。“单身女郎”正是在这样的环境下抓住了大众的想象：玛格里特笔下的女主角希望通过追求事业来获得经济独立，她享受性自由，甚至尝试了双性恋，最后才与一位“男伴”确立了稳定、平等的关系。[3]作者这样描述她：“她的思维和举止都像男人。”短发代表着男性特质，这反映了诸如才智、逻辑、理财能力和高度独立（“我只属于自己”）等“阳刚”的品质。总之，解放的妇女已不再是女性了。她成了另一种人，一个新物种，一个假小子。有 12% ~ 25% 的法国大众读过这本小说，它以 12 种语言售出了 100 万册。这部书大获成功，围绕它的丑闻也不遑多让，这让作者被撤销了法国荣誉军团勋章（Legion d’honneur）。1923 年，英国政府查封了一批寄往英国的书籍——政府从未公开过这一事实，也没有正式禁止此书，因为他们担心这样做反而会为作者提供免费宣传。激烈的争论不仅局限于公共领域（尤其是媒体），在家庭内部也存在。记者、政治家和传统小说家谴责“随心所欲生活的女子”是“荡妇”，并言辞激烈地批评了这本书。大多数女性主义者认为这部小说的“色情”内容令人震惊。左翼人士则在这个问题上出现了分歧：他们捍卫言论自由，但对该书的内容表示怀疑。共产党人认为妇女解放是革命后需要解决的问题，他们对“共和党资产阶级”的“伪要求”表示不屑。只有革命派女性主义者（尤其是隶属于工会联合会的学校教师）才赞同将“单身女郎”视作性别平等的典范。因此，《单身女郎》一书的有趣之处在于它使我们得以评估一系列官方发言人的观点，其中大多数人依然维护家庭主妇这个传统的女性形象。

家庭主妇，或女性的真正职业

在 19 世纪下半叶，“炉边的女祭司”和“家中天使”等对女性的刻板印象不但成了文学和艺术中的僵化模式，在科学文献中也是如此。赞扬妇女的“天性”和“神圣的母爱”实际上降低了女性的地位。男性指出女子身体虚弱，所以要保护她们，免得她们过度劳累。而且出于明显的生物学原因，成为母亲是女性的责任。精英阶层男性也为女性描绘了一幅道德画像来迎合这种“科学的”解释：他们认为女子性格特征中的敏感性比智慧更加突出。温顺和服从是她最突出的美德，而追求野心或理论思考很容易消耗她的精力或威胁到她的女性气质。公共领域属于男人，“家，温馨的家庭”才是女人的领地。前拉斐尔派画家所描绘的女子宛如装饰性的花朵，她们成了英国上流社会女性理想的效仿对象。

与此同时，一项关于育儿的新医学文献加大了女性留守家中的压力。从 19 世纪开始，医学权威就开始鼓励女性帮助医生一同抵抗婴儿死亡。巴氏灭菌法革命强调人们应该采取严格的措施来保护哺乳期的幼儿不受微生物的感染。母亲有责任尽其所能保护“种族”和国家。尤其是在法国，之前的出生率下降和随之而来人口减少的威胁增加了卫生改革的急迫性。卫生改革和生育主义运动联合了起来。在英国，出生率下降的威胁及其可能对繁荣发展和“维系大英帝国”的影响直到 1937 年才首次被下议院提及。20 世纪 30 年代的“重返厨房”运动也引发了类似的言论。尽管早在 19 世纪 90 年代，医生们就开始检视儿童护理问题，但直到第一次世界大战之后，医生对育儿方法的监督才变得普遍起来。

1918 年，英国建立起了妇幼中心，而法国的幼儿诊所数量在两次世界大战之间从 400 家增加到了 5000 家。护士们会遵照美国的做法，通过家访来检查母亲的工作。医生们将太多的新责任加诸母亲身上，这让她们难以去外面工作。因此，旨在保护儿童的措施先是隐晦地限制了妇女工作，后来则变成了对妇女劳动的明确限制。尤其在法国，许多已婚妇女都有职业。母亲被建议如果不想让自己背上“自然之罪”的恶名，就不要将孩子交给保姆看顾，因为她们可能会把疾病传染给娇弱的婴儿。母乳喂养意味着女性必须待在家中。报纸、小说和政治家将作为母亲描绘成最高尚的职业。1935 年法国成立了“职业家庭主妇联盟”（Syndicat Professionnel de la Femme au Foyer），其宗旨在于为家务劳动争取报酬。该联盟赞美母亲具有“确保家庭和睦、儿童健康、个人幸福，以及由此带来国家繁荣的社会职能”。[4] 值得注意的是，1939 年开始出版的杂志《主妇》（*Housewife*）表达过这样的观点：“男人如果拥有为家庭而感到自豪的妻子，那么他是幸福的……妻子热爱将事务打理得井井有条，好让他为自己和孩子们感到骄傲。”法国家庭主妇的形象正是在此时发生了改变，她们从精心管理家族农场或生意的“家庭经理”或工薪阶级家庭中“工作男子的财政部部长”[5]，变成了一心扑在孩子身上的母亲——她的关注只有孩子，有时甚至关注过头了，比如弗朗索瓦·莫里亚克（Francois Mauriac）的小说《生母》（*Genitrix*）中所描绘的情况。支持家庭主妇的宣传无所不在而且不容置疑，这让许多夫妇内化了这种新的理想。1900 年后，它在英国几乎没有受到挑战。然而，在法国人的心中则存在遗憾和疑问。

母亲、妻子和职工

19 世纪以来，对女性气质重要性的强调、教会的世俗教育，与一个越发医疗化的社会加之于女性身上的新责任融合了起来，这让强调母亲、妻子的角色并拒绝“职业化”的话语在战间期占据了上风。家庭主妇被困在家里，仅限于处理家务活。她们是单身女郎的对立面，而 30 来岁的单身女郎几乎都绝迹了。不过女性适应了这种男性加于其上的全新模式，从而为自己争取到了可观的自由度。

对妇女劳动的抗拒

尽管女性时常被描绘为没有职业，但很多人，尤其是法国女性仍然在工作。在 1906 年到 1946 年间，法国女性在劳动力总数中的占比达到了 36.6% ~ 37.9%，而英国女性占劳动力总数的 28.5%。虽然在这两个国家中，地位不高的年轻女性在婚前工作很普遍，但在英国，工作的已婚女性相对较少（占劳动力的 14% 至 16%）；而在法国，已婚女性工作很常见。1920 年，法国一半的女性职工已婚，到了 1936 年，这一比例上升到 55%。此外，有子女的寡妇占女职工的 13.5% 至 14.5%。在战间期的法国，三分之二的职业女性赚钱支撑家庭。上层和中上层阶级之外的法国妇女在很大程度上忽略了“家庭至上”的宣传（当时这种言论正处于鼎盛时期），她们在家庭和工作中都追求着自己的目标。

历史学家常常指出，第一次世界大战后英国和法国的妇女劳动人数都在下降，不过光看这个总数具有误导性。在法国工厂工作的女性人数从 1906 年的 100 万增长到 1921 年的 122 万，1926 年达到了 147 万。历史学家的描述（甚至是他们对统计数据的使用）与现实之间存在惊人的差异。法国的劳动力结构很特殊，因为女性劳动力在农业中的占比很高：1921 年 46% 的女性劳动力在农业部门工作，到了 1936 年还有 40%，而这一比例在英国只有 1% 或 2%。在两次世界大战的战间期，由于农业生产的专业化和农村人口大量外流造成的劳动力短缺，让女性在农业中的作用有所增加。根据一项 1929 年的调研：“因为劳动力的短缺，女性时常在农业中取代男性的角色。”[6] 在饲养牲畜的地区和传统上由妇女看管动物的地方，随着农民冒险通过增加产量来盈利，女性的作用也增强了。例如，在诺曼底，三分之二的家庭收入来自乳制品。葡萄园和蔬菜种植区也发生了类似的改变，女性向来都是灵活的工人，能够适应气候和季节变化。在勃艮第有人和米诺说，“女人什么活儿都得做一点”。[7] 比起在厨房干活，有些人更喜欢在田里或葡萄园劳作。正如一位来自奥德的女士怀念地回忆道：“我过去常在葡萄园里举办舞会。”[8] 从事农业的女性一般可以短期离开工作去应对家庭事务或紧急情况。年幼孩子的母亲可以暂时中止工作，或削减为兼职的工作量。他们还可以依靠邻居和祖父母来免费看顾孩子。尽管如此，家务和农活的综合负担依然相当可观。

在城市地区，三分之二的母亲不得不工作，因为她们的丈夫挣得太少，无法养家。[9]小生意在法国经济中广泛存在，而且尽管有大量移民的涌入，低出生率仍然导致了劳动力的短缺，妇女因此得到了现成的就业机会。这些因素自 19 世纪以来就发挥着作用，所以此时女性工作是常见的现象：社会意识形态可能坚持希望女性留在家里，但现实情况并非如此。安妮·富考特（Annie Fourcaut）收集的工厂主管报告显示，女性也因为更多个人的原因对工作产生了感情。两份薪水可以让家庭条件更宽裕，工作场所也是一个结识他人的愉快场合："工厂生活以及其中的八卦、事件和同伴情谊让她们感到愉快。"它也是自由的源泉："工作让她们在一定程度上独立于丈夫。"[10]在诺德，纺织厂的工作由母亲传给女儿，那里的女性都拒绝在婚后放弃工作："她们更爱自己的工作。"[11]

某些地区的主要行业（如采矿和钢铁）雇用的女性工人较少，妇女在这些地方经营着小酒馆、接待房客，或浣洗衣服。甚至就连承担这类工作的女性也不将其视作劳动。一位圣艾蒂安的裁缝在被问到她母亲婚后是否工作过时，回答说："没有，从来没有。她待在家里为有需要的人缝补衣服。她一刻也没有停下来。"[12]尽管情况如此，妇女在孩子出生后辞职的现象越来越少了。在巴黎，每两个职业女性中就有一个在孩子出生后休长假，但是永久性离职的女性只有10%——通常是那些家庭人口众多或工作不愉快的人。

相比之下，由于英国出现了持续的、时而是爆炸性的失业情况，女性得到的机会较为有限。情况在 1921 至 1931 年间变得非常糟糕，事实上，20 万名女性蓝领工人因为工业领域的岗位不足，而不得不接受佣人的工作。此外，郊区的迅速发展远超其他地区，但是这些地方偏远，从而让许多女性难以参加工作。最后一个因素就是普通女性对自己社会角色的看法。早在 1913 年，一项针对劳动阶级妇女的调查发现，她们越来越不愿意外出工作了。女性开始觉得干活是一种苦难。"职业母亲"一词也可以用于描述家庭妇女了。这种对待工作的负面态度在战间期变得更加根深蒂固。1939 年，玛格丽·斯普林·赖斯（Margery Spring Rice）对工薪阶层妇女开展了调研，她没有问过关于带薪工作的问题，与她谈话的女性中也很少有人提及这个问题。

比较劳动力构成、女性就业传统和主导意识形态这三个因素，我们可以发现法国和英国的妇女劳动模式存在着很大的差异。但妇女能够得到的工作和所需的技能或多或少有相似之处。在这两个国家中，纺织业雇用的女性人数最多——几乎占到了总数的三分之一。然而，随着服装制造的工厂化，战间期纺织业的就业率急剧下降，许多裁缝因此失业。随着战争对生活方式的摧毁，装饰、蕾丝制作和刺绣行业，以及其他“次要职业”（比如织补和制衣）都受到了影响。法国纺织工人的人数从 1906 年的 147.1 万人减少到 1931 年的 88.75 万人。靠自己工作的女性受到的影响更为严重（她们的人数在同一时期从 90.75 万降至 42.95 万）。另一方面，女性开始在过去人们认为的男性专属的行业里找工作，比如机械、化学和食品行业。在英国，从事金属行业的女性比例从 8.8% 上升到 16.4%。英国中部和东南部是新型机械工业的发源地，女性就业率随着更多就业机会的出现而稳步上升。女性在这些不断扩张的行业中填补了男性的空缺。在经济衰退期男性被解雇的时候，女性却能保住工作，这证明雇用女性具有某种经济逻辑。的确，流水线的发展和用机器替代蛮力推动了妇女就业，许多女性被分配到没有技术性的工作，工资也比男人低。她们的传统女性技能虽然没有在这些岗位中得到承认，但事实证明它有着至关重要的价值。

为了降低劳动力成本，许多女性被雇用为流水线上的半熟练工人。与此同时，服务业的增长也有利于妇女就业。英国从事白领工作的女性占比从 1911 年的 2% 上升到 1931 年的 10%。1902 年法国女性文职人员与工厂女工的比例为 1 ∶ 3；到了 1931 年这一比例变成了 1 ∶ 2。1906 至 1921 年间，白领女性的比例翻了一番。到了 1931 年，约有 100 万女性（占女性劳动力的 22.6%）在办公室工作。女性还在零售业、邮局以及社会工作和护理等新职业中找到了工作。已婚女性是新机会的主要受益者。新兴服务业工作要求的技能需要女性在公共课堂中接受更长时间的教育和特殊的扩展课程。但男性和女性员工受到的待遇不同：例如，女性很少得到晋升。

法国和英国能够享受私人财产收入的人越来越少，这意味着佣人数量的减少以及家庭服务性质的改变。不过这种变化在英格兰没那么明显，那里三分之一的女性从事家政服务。法国 15%~18% 的职业女性从事佣人工作，驻家女佣被薪水日结的清洁女工取代。这些人中有许多已婚女性，她们不用生活在雇主的屋檐下，因此她们在个人生活方面比驻家女佣享有更大的自由。

综上所述，如果说 19 世纪的法国和英国妇女主要作为帮手和从事辛苦活儿，那么此时她们可以找到薪水更高、更有地位的工作。法国的就业女性（尤其是已婚就业女性）人数增加了。工作给女性带来了一种个人满足感，让她们觉得自己很“现代”。工业界也开始注意到她们的技能提升。

在职母亲还是家庭主妇

家务的性质慢慢发生了改变，（泰勒化）“科学管理”家庭的美国梦基本上还是个神话。家庭主妇需要干什么活儿，应该花费多长时间，很大程度上都取决于家庭的住房质量还有自来水、煤气和电力的供应。英国和法国在这些方面的改善非常缓慢。英国当局拆除了上百万的贫民公寓，并建立起了条件良好却单调的郊区住宅区——这毫无疑问是一种进步，但仍然远远不能满足人们的需求。新的公屋（council houses）主要面向白领工作者。蓝领阶层的住房条件顶多只能算中等（大多数情况下，条件几乎完全不能接受）。伦敦有 50% 的家庭没有自来水，过度拥挤的情况也很严重：例如，贝思纳尔绿地（Bethnal Green）一个标准的房间里住着 5 个人。妇女健康咨询委员会（Women's Health Enquiry Committe）对 1250 名工薪阶层女性开展的调查发现，6.9% 的女性住在有冷热水供应，舒适、宽敞的公寓里，但这些地方往往远离市中心。61.4% 的女性住在破旧又拥挤的房屋里；31% 的人则住在“任何文明社会都不应该容忍”的地方。[13] 与此同时，法国的住房短缺再加上战后租金冻结，导致了严重的住房过度拥挤现象。正如英国一样，很少有法国工薪阶级家庭拥有超过两个房间的住所。不过值得注意的是，法国人在 20 世纪 30 年代之前都不愿意在住房上花费太多钱：“我们在房租上比较节俭。”[14] 直到 1954 年，42% 的法国家庭还没有自来水。但是自 19 世纪以来，农村住房已经取得了相当大的进步：许多农民用瓷砖或石头取代了泥土地，在屋子的楼上增加了卧室，而且粉刷了主要的房间。在法国东部，现代住宅取代了许多被战争摧毁的农舍，有些屋子里甚至装有中央供暖系统。不过布列塔尼和法国山区相较于法国国内其他地区仍然落后。在上卢瓦尔省、尚索尔地区上部、柯腊地区和布里扬松等地方，农民家庭还和牲畜住在一个屋子里，至少白天是这样的，在整个冬季也时常如此。道路无人养护，院落里也堆积了肮脏的淤泥。在洛林，粪肥都露天堆放。里蒙纽耶奥山村的道路都“被粪肥和污物堵住了”。[15] 泥土和牲畜的粪便无处不在，几乎不可能把屋子打扫干净。在妇女对家务的态度改变之前，必须先改变农村和农场的情况。

城市里过度拥挤和缺水的情况也同样令人沮丧。上文提及的英国研究报告表示“只有付出巨大的努力才能让破旧的住房变得体面”。[16] 人们对污秽环境的憎恶也暗示了难以克服的肮脏条件。一位住在克罗伊登单间公寓里的病弱水手的妻子写道：“房间里有太多床了，我没办法换洗床单，而且我只能在有限的空间里晾衣服。”[17]

半数以上的女性和她们的母亲一样做着类似的家务：几乎没有什么改变。的确，那些拥有自来水的幸运儿可以从每天要耗费 45 分钟取水的苦差事中解放出来了。此外，到了 1938 年，65% 的英国女性和人数差不多的法国女性在家里装上了电灯，这就省去了每周两个半小时用来清洁和准备油灯的时间。如果家里使用燃气或电力供暖，每周可以额外节省 9 个小时。然而只有不到 20% 的英国女性可以享受到这种奢侈的待遇。大多数人还得照看壁炉或火炉。两国妇女距离享受到家电带来的益处还有很长的路要走。城市化程度更高的英国在这方面领先于法国，因为英国的家庭更容易获得供电。

一战前源自美国的“家庭科学运动”（domestic science movement）将弗雷德里克·泰勒旨在提高人们健康水平的严格科学管理原则应用于家务劳动。[1] 工程师亨利·勒夏特列（Henry Le Chatelier）是泰勒著作的法语翻译者，他将美国的思想带到了欧洲大陆。不过家庭管理研究所（Institut d’Organisation Ménagère）的创始人保莱特·伯纳（Paulette Bernege）通过举办一系列自 1923 年于巴黎开始的家居展示真正推广了这些思想。英格兰的妇女电器学会（Electrical Association for Women）在推广使用家用电器方面也发挥了类似的作用，承诺家电能够每周减少最多 15 个小时的家务时间。可惜，这些新电器似乎超出了普通消费者的承受范围。1929 年一台洗衣机的价格是 700 法郎，相当于巴黎工人三分之二的月工资；一台冰箱的价格是 7000 法郎，而一个女佣的年薪是 4500 法郎。1938 年只有 4% 的英国家庭拥有洗衣机，2% 的家庭拥有冰箱。电熨斗这样的创新产品只在法国的北部和东部流行，这些地区以整洁著称。简单的洗衣盆直到战间期才开始被广泛使用。最终，英国开始拥抱现代化：到了 1948 年，86% 的英国家庭拥有了电熨斗，40% 的家庭拥有了吸尘器，75% 的家庭拥有了燃气炉或电炉。不过在 1939 年前，两国女性仍像 19 世纪一样进行洗涤、烹饪和清洁的家务，尽管价格下跌促进了人们对家电的使用，让家居环境的维

[1] 弗雷德里克·泰勒（Frederick Winslow Taylor，1856—1915）：《科学管理原理》一书的作者。——译者注

护变得更加容易。

烹饪是女性的主要工作，因此对厨房产生影响的改变具有矛盾性的效果。即使在法国农村，在家烤面包也变成了极为少见的行为。这样每周可以节省半天到一整天的时间。在英国，罐头食品和奶粉的普及简化了饭菜的准备过程，做饭也变得很简单。普通家庭很少享用正餐，而包括了面包和黄油、炖肉、布丁、少量沙拉、蔬菜，有时还有鱼的饭菜很快就能准备好。在法国，人们通常要吃两顿主餐，除非家中的男主人已经在公司食堂吃过一顿了，这种情况也变得越来越普遍。法国人还会享用丰盛的午餐和小吃，尤其在丰收的季节。中产阶级的标准菜单包括开胃菜、肉类、蔬菜、沙拉和甜点，这种习惯传播到了其他阶级，家庭主妇们必须学习新的菜谱才能跟上潮流。传统的农家烹饪方式并没有消失，但它比起现代菜肴需要花费更多的时间和精力。制作法国西南部食用的一种玉米粥（milhas）需要几个邻居的共同合作。随着法国生活水准的提高，人们的饮食也得到了改善，每顿饭的菜肴变得越来越多：母亲们不再将炖菜拌来拌去，而是开始烹饪更精致的饭菜，这也让她们在厨房里花费了更长的时间。

最后，成衣节省了女性（尤其是工薪阶层女性）为家人做衣服的时间。家庭主妇仍会补袜子，但英国工人的妻子们不愿意做太多针线活。许多法国女性继续着缝纫工作，这不但为家庭节省了买衣服的钱，而且让女性有事可做。针线活仍然是理想的女性气质的象征。19 世纪资产阶级的装饰技巧现在传播到了工人和农民阶级。

由于我们缺乏可靠的数据，所以很难估算女性花费在家务上的时间。妇女电器协会估计女性每周的工作时间为 49 小时，但这个数字只适用于拥有最新电器的家庭。法国于 1950 年做的一项估算表明，女性每周平均工作时间为 82 小时，这个数据看上去相当高。另一项 1947 年的估算表明，法国城市里的职业女性每周平均只比在家的主妇多工作 9 个小时，其中包括了做家务的时间：职业女性用于做家务的时间更少。许多继续在工厂工作的已婚女性声称“她们在家里没什么事儿可做”。[18] 换言之，职业女性减少了家务劳动的工作量。她们是诸如洗衣盆、罐头食品和电器等创新产品的主要受益者。但是，由于社会的健康运动和饮食的改善，法国的家庭主妇可能比她们的前辈在家务方面花费的时间更多。她们虽然很高兴可以摆脱一些更为繁重的工作（除了洗衣服之外），但却仍为拥有自己的时间而感到不安。她们现在会花更多时间来照顾孩子。

还要记住一点，妇女得到了她们年轻女儿和年迈母亲的帮助。英国的劳动阶级妇女在女儿生病或分娩时通常会去她们家里帮忙。她们为孙辈们准备课后小吃，而且会分担照顾孩子的重担。邻居也提供了宝贵的帮助，不过作为回报他们要求人们维护社区的道德标准。[19] 法国从事蓝领工作的丈夫也不介意在家务上搭把手。一位巴黎妇女讲述了丈夫失业后，自己回家后的经历：“我进门的时候发现一切都准备好了：屋子、饭菜——我只要上桌就行了。”[20] 巴黎潘哈德汽车厂的女工也说了一些配偶的好话：“我们相处得不错，而且他会分担家务。先回家的人负责做饭洗碗。”[21] 然而，英格兰的男子和法国农民显然不愿意承担这些责任。

母亲的胜利?

理想的状态不仅是女性留守家庭，而且是作为母亲留守家庭。养育孩子越来越被描绘成女性的特权。父亲在关于童年的讨论中占据了次要的地位。不过，现实要复杂得多。抚养和教养是有区别的，而抚养婴幼儿向来都是一项母亲的职能。母乳喂养带来了婴儿对母亲身体的依赖，父亲则不参与照料婴儿的身体需求。法国和英国的父亲几乎难以想象自己温柔地照顾孩子。[22] 育儿专家在战间期说服了大多数母亲放弃对婴儿健康有害的传统抚育方法。卫生员的运动非常成功，一些历史学家如伊冯·尼比勒和弗朗索瓦丝·提波将其描述为对母亲的教条。当然了，20 年内所有阶级都接受了现代标准。大多数母亲花在照顾孩子身体上的时间超过以往。孩子们更洁净了，至少外露的部位如脸和手更干净了，哪怕这只是为了免受老师的批评。法国老师会检查每个孩子的仪容，并且可以将任何他们觉得肮脏的学生送回家。不过婴儿不会每天洗澡，年纪更大的孩子也只是每周洗澡。孩子们的穿着更加多样化了，也更爱惜自己的衣物。他们如果弄脏或搞坏一件衣服就会受到严厉的惩罚。儿童营养状况也有所改善。尽管法国医生未能向所有女性普及母乳喂养的优势（战间期母乳喂养的频率其实是有所下降的），但医生们对于使用新鲜牛奶和干净奶瓶的建议受到了重视（在英国也是如此）。1925 年炼乳和奶粉开始在市场上销售，这使得父母能够迅速、简便地准备无污染的婴儿配方奶粉。婴儿断奶的时间推迟了，之后，他们会被喂食婴儿食品。在农村地区尤为常见的有害做法——比如过量喂食（可能导致致命的婴儿腹泻）逐渐消失了。有些医生建议的做法虽然很耗时间，母亲们还是接受了。随着出生率降低，女性愿意投入更多时间照顾数量较少的孩子。1918 年之后，法国家庭对乳母的雇用比例大幅度下降，战前这种做法在各个社会阶层都很普遍，即使医疗权威对此持反对的态度。这不仅是因为乳母供不应求而导致价格昂贵，也因为母亲希望每天都能见到自己的孩子（不过母亲在工作时间也会让邻居或亲戚帮忙照看孩子）。

英国的母亲则完全依赖亲戚的帮助来照顾年幼的孩子。她们独自承担起了早期教育的责任，而法国的托儿所能够容纳大约 40 万名城市地区的儿童，这为有工作的母亲提供了完备又不可或缺的日托服务。《费舍法案》（The Fischer Law, 1918）为英国在地方主持下创建类似的托儿所提供了支持，但是《生育法案》却将责任转移到了卫生部，卫生部对此毫无兴趣：1932 年英国只有 52 间托儿所，到了 1938 年这个数量仅增长到了 112 间。英国女性几乎没有机会获得日托机构、托儿所和幼儿园的服务，再加上缺乏家庭帮工，这意味着她们在自己第一个孩子出生时就不得不辞去家庭之外的工作。

英国母亲也承担了正规教育的全部责任。她们监督孩子在学校的学习进度，安排宗教指导。相比之下，法国的父亲扮演了更重要的角色。母亲在英国工人阶级家庭中的角色至关重要，正如伊丽莎白·罗伯茨（Elizabeth Roberts）和理查德·霍加特（Richard Hoggart）所记录的 30—40 年代的情况，以及理查德·杨（Richard Young）和彼得·威尔默特（Peter Wilmott）所记录的 50 年代情况一样。当罗伯茨询问女性她们的父母是否严厉时，大多数人都强调了母亲的重要性："是的，我母亲很严厉。她才是家里管事儿的人。她不仅操持家务，还会管理家庭。她是一家之主。"[23] 孩子们长大之后，母亲会将一家人维系在一起。她还帮女儿照顾孩子，为她们提供建议。贝思纳尔绿地典型的已婚女性每周会见到自己的母亲 4 次。女性更偏爱女儿而不是儿子，因为女儿可以陪伴她们免受孤独。法国的女儿们在某些方面和母亲更亲密（她们为家中提供了更多帮扶，也更愿意向母亲吐露私密的心事），但她们不太会像英国女孩那样一直维持与母亲的亲密关系。阿尔芒蒂耶尔是个例外，那里的女儿们非常重视这些关系。父亲像母亲一样关注孩子的学业和职业生涯。许多人都会制定策略来寻求社会地位的提升。他们还会留意孩子的朋友和活动，并对孩子予以赏罚。至于对孩子的爱，父母双方都不遑多让。人们会责怪那些过于强硬和专制的父亲。当然，那时的人认为母亲要为孩子的道德教育负主要责任，最重要的是对女儿的贞洁负责。因此，她自己的行为——尤其是性方面的行为，必须是无可指摘的。离婚后再婚的行为有时被用作拒绝妇女拥有对孩子的监护权的理由。

因此，即使英国和法国的社会环境类似，两国母亲的行为也存在明显的差异——工作、父母权威的分配和家庭观念上各有不同。然而，解读这些差异的含义是一件微妙的事情，尤其是当我们要评估个人与家庭的相对重要性或妻子在婚姻中的角色时。

婚姻与女性自由

在战间期，男性和女性普遍都会选择与自己喜欢的人结婚。很少有父母还会坚持包办婚姻，即使在重视继承问题的法国农村也是如此。孩子们当然会咨询父母的意见,因为他们一般不愿意违背父母的意愿结婚。男性不仅在寻找妻子，也开始寻找“灵魂伴侣”。因此遇见异性的地点，以及如何接近她们的问题变得至关重要。舞厅里的“现代”舞步在英国和法国都风行一时。农场的小伙子也不像 1900 年法国的部分地区那样，在山坡上向牧羊女求爱了。现在他更有可能骑着自行车进城，在当地的舞会上遇到他的女朋友，并试图用自己的舞技给她留下深刻的印象。新的求爱方式发展起来了，经验丰富的城镇青年与那些迷恋都市享乐的乡村姑娘们相处愉快，正如皮埃尔·布迪厄（Pierre Bourdieu）对贝亚恩的研究中所显示的那样。[24] 但是农场女孩们利用这种求偶竞争来探索她们的新自由，这种现象一部分是因为父权的弱化。年轻女性的解放使得许多农村地区的年轻男子失去了结婚的希望。与此同时，战争使英国的年轻女性能够更加容易地在没有监护人的情况下外出,许多职业女性享有前所未有的性自由。一项调查发现，在 1904 年以前出生的女性中有 7% 调过情，此外 19% 曾发生过婚前性行为。而出生于 1904 年至 1914 年之间的那代人，这两个比例分别为 22% 和 36%。尽管如此，男人还是坚持他们的传统婚姻观。在工人阶级家庭中，严格的劳动分工仍然存在：丈夫是养家糊口的人，妻子是“管家人”。男人的经济地位在语言上得到了体现；一位女性称她的丈夫为“主人”，还说“他是老板”。她的丈夫经常叫她“闭嘴”，而且毫不犹豫地打她。这种行为虽然让他受到了谴责，但他的妻子说他是“一个真男人”。[25] 法国男性和女性对于好伴侣的品质有着相似的看法：理想的伴侣应该是一个努力工作的人、好父母，以及忠诚的伴侣。他 / 她既不冷淡也不歇斯底里，外表有吸引力（外貌在两性中所扮演的角色都越发重要），而且不酗酒，也不会行为怪异。[26]旧的刻板印象开始逐渐消退：人们不再期望女性温柔而亲切，男性强硬而阳刚，不过“软弱”或“太好”的男人被认为是糟糕的结婚对象。此外，法国很少有人会宽恕丈夫对妻子的虐待行为。因此，法国人和英国人对家庭的态度存在明显的差异。

人们普遍认为工薪阶级女性掌握着一定的经济权力，这可以部分弥补她们在婚姻中的弱势地位。19 世纪的工人将工资交给妻子。一战后，这种习俗在英国保存了下来：每两个工人中就有一个人把他所有的收入都交给妻子，有时他们甚至连工资信封都不会打开。其他人则上交部分工资。妻子会给丈夫一笔零花钱作为回报，即使在他失业的时候也如此。妻子还负责与政府打交道。法国女性坚持丈夫起码要交出一笔足以支持家庭开销的钱，但有些男性会交出所有的工资。许多夫妻成立了一个“家庭基金”，夫妇二人都可以按照需求从里面取款。酗酒的丈夫可以轻易挥霍全家的预算，然后迫使妻子去工作来养家。丈夫管理家庭预算的情况并不少见，比如洛林一位工人的妻子抱怨说：“我总是缺钱，因为 L 先生管财务。”[27]没有管理家庭财务的职业女性觉得她们也享有共同财产的所有权。如果一位女性决定离开她的丈夫，她可能会按照自己对家庭财富贡献的比例把家具或其他财产带走。因此，对财务的控制是权力的一个来源，尽管这种权力时而会以友好的方式分享，但也可能引发纠纷。

丈夫虽然经常与妻子讨论诸如购买、出售或出租房产之类的重大决定，但许多上流阶级的女性仍然对经济问题一无所知。农村夫妇也会讨论重要的事情。在民间传说中，传统上由男主人决定要种植什么，谁应该在农场周围做什么，去哪儿出售收成和购买补给，如何投资，以及该如何和公证人沟通。但这种家长制的风格在战间期消失了，尤其因为出生率下降和农村人口的大量迁移，使得丈夫和妻子需要与对方独处，他们不得不在日常家务上相互配合。可以肯定的是，男人仍然会售卖谷物和牲畜，而他们的妻子则售卖花园和谷仓的产品（这通常会带来可观的收入），但夫妇二人会共同决定有关投资和与公证员谈判的问题。一些女性享受了真正的经济独立，因为她们能够留下自己在市场上挣到的钱，并按照她自己的意愿把钱花在自己和孩子身上。妻子的影响力也取决于她为婚姻带来的土地数量，这可能十分可观：如果一位贝亚恩的“女继承人”嫁给了一个家庭中的小儿子，她就会成为“一家之主”。第一次世界大战之后，索洛尼和利穆赞的女性拒绝为丈夫服务，除非她们能同坐一桌吃饭（妻子在家人吃饭时站在一旁曾是惯例），这是习俗改变的一个标志。

夫妻床笫之间的秘密更难揭开。女性通常被动又冷淡——这是她们受到的放弃肉体欢愉教育的结果，当女性回答调研或在处理家庭危机中暴露出私密的性问题时，这一点偶尔会浮现出来。女性需求获得满足的程度难以量化。我们也很难确定谁决定要几个孩子或采用哪种避孕手段。此外，英国和法国的人口政策也截然不同。法国在经历了一段出生率下降的时期后，试图消灭避孕的做法。而人口长期繁盛的英国在没有政府干预的情况下，用 20 年的时间完成了人口革命。英国的出生率直到 1896 年都高达 30‰，1921 年下降到 20‰，1933 年则降到了 15‰，与法国持平。在一代人的时间里，每位母亲平均生育的孩子数量从 5~6 个减少到 2~3 个。这一趋势的突然逆转伴随着支持节育的强烈呼声，这至少缓解了夫妇对自己生育决定的负罪感。

马尔萨斯联盟和英国性心理学研究协会由斯特拉·布朗（Stella Browne）和乔治·艾夫斯（George Ives）等女性主义者和社会主义者创立，并且得到了萧伯纳和伯特兰·罗素（Bertrand Russell）等知识分子的支持。这些机构在 1918 年之前，出于经济和政治方面的原因提倡控制生育。1921 年，玛丽·斯托普斯博士（Mary Stopes）在斯特拉·布朗等新马尔萨斯主义者的支持下，创立了“建设性节育与种族进步协会”（真是一个惊人的名称）。该协会采纳了美国护士玛格丽特·桑格提出的原则：在传统的框架下稳定人口、避免堕胎，并促进婚姻和谐。这些先驱者们领导了一场支持避孕的强大运动，他们通过讲座、玛丽·斯托普斯的《婚姻之爱》（*Married Love*，1918）等著作和诊所来推广避孕（第一个这样的诊所由玛丽·斯托普斯在霍洛威开放）。到了 1939 年，全英国有 100 多个提供节育信息的中心。“新女性主义者”支持这项运动，工党和妇女合作工会的女性也是如此。不少市政委员会希望接管这些诊所，1939 年三分之二的诊所得到了公共资金的援助。1930 年，工党控制的卫生部解除了禁止母幼福利中心提供避孕建议的禁令。同年，英国医学会和兰柏会议终于在母亲的健康有赖于节育的理由下，批准了这种做法。各项研究表明，节育刚取得法律和道德上的合法性就被普遍采用了。1900 年只有 18% 的工人阶级家庭使用避孕用具，而到了 1935—1939 年间，该比例增长到了 68%。这两个比例在非技术工种人群中为 5% 和 54%，在白领工作者中为 26% 和 73%。女性对其成功推行起到了很大的作用，这反映出了一种深刻而隐秘的需要。朵拉·罗素（Dora

Russel）在 1923 年的劳动妇女大会上惊讶地说道："我和其他参会者都被大家因为怀孕而爆发出来的怨言惊呆了……这些女性猛烈地攻击将怀孕视为女性崇高任务的教导。"[28]

黛安娜·吉廷斯（Diana Gittins）发现，在工人阶级内部最自由的妻子（这里的自由指她们仍活跃于工作场所或享有平等的婚姻关系）掌握的节育知识最为完善，她们也是最早采取这些措施的人。但是女性仍然依赖由丈夫掌控的方法：性交中断法和避孕套远比子宫托受欢迎。节育的斗争刚取得胜利，堕胎合法化的斗争就拉开了帷幕。1861 年的《侵害人身法》和 1929 年的《婴儿生命保护法案》正式禁止堕胎，除非母亲的健康受到了威胁。1936 年，在斯特拉·布朗等支持节育的活跃人士支持下，英国堕胎法改革协会成立了。1938 年，一项重要的法律措施出台了：法庭承认在"身体或精神受到伤害"的情况下，堕胎是合法的。英国女性在 20 年的时间里几乎赢得了生育自由。

与此同时，按照一项法国颁布于 1920 年 7 月 3 日的法律，所有支持节育的宣传都被禁止了。堕胎是一项需要陪审团审判的重罪，不过宽容的陪审团通常会释放多达 80% 的受审妇女。1923 年 3 月 23 日的法律将堕胎修改为只需要由法官审判的轻罪。立法者希望职业法官会比大众陪审团更为严厉。事实也的确如此，在 1925—1935 年间，无罪释放率下降到了 19%。不过实际起诉的人数很少：1920 至 1930 年间，有 978 起案件因为 1920 年的反宣传法而受到起诉，平均每年有 400 至 500 名女性因为禁止堕胎的法律而受到审判。教师亨丽埃特·阿尔奎尔（Henriette Alquier）为世俗教育的女性主义团体（Groupes Feministes de l'Enseignement Laique）撰写了一篇关于"自觉的母性"（conscious maternity）的报告。她于 1927 年受到审判，公众为她高声疾呼，最终让她无罪释放。受到逮捕的人数与每年超过 10 万的实际堕胎数量相比不过九牛一毛。此外，压迫的、道德主义的和人口增长主义的氛围并没有阻止出生率的下降，出生率在 20 世纪 30 年代创下新低，死亡率甚至可能在几年内超过了出生率。这些统计数据并不令人惊讶，因为使用得最广泛的节育措施，如性交中断法、避孕套等方法出于预防性病的需求都是合法的。荻野久作（Kyusaku Ogino）和赫尔曼·卡诺斯（Hermann Knaus）所提倡的"自然"避孕法（安全期避孕）也是法律允许的。只有子宫帽受到了禁止。人工流产只能秘密进行，手术的数量和效果似乎都有所提升，最常见的堕胎方法为宫腔内注射。"极恶之法"（lois scélérates，指一系列反对节育和堕胎的法律）的背后势力是国民集团（Bloc National）的保守主义。在一个名义上的世俗国家里，天主教会的影响可能会给政治家带来压力，激进派和社会主义者们即便一再反对这些存疑的法律，也不敢在人民阵线时期废除它们。即使政府官员反对节育的意见基本一致，也无法阻止人们支持男女双方共同承担避孕责任的态度的转变。不过，堕胎仍然是女人的事。寻求堕胎的妇女依靠其他女性带她们去找“天使制造者”（faiseuses d’anges，秘密进行堕胎手术的女子），而且往往瞒着她们的丈夫。安格斯·麦克拉伦（Angus MacLaren）认为这种非正式的网络反映了人们在日常生活中心照不宣的女性主义倾向。虽然这一结论可能超出了证据支持的范围，但女性明显抵抗了政治、医疗和社会的压力。在这一点上，官方话语与个人信念之间，法律与实践之间有着惊人的差距。尽管英国与法国的公共政策存在差异，但我们可以认为在战间期两国都有一种越来越强烈（虽然没有公开宣告）的信念，即女性有权掌控自己的身体。

离婚进一步扩大了妇女的自由，但英国和法国的时间表不同。在法国，1884 年的法律虽然不平等——因为通奸的丈夫只有让情人和妻子住在一起时，他才会被判入狱，但这项法律总的来说对妇女有益。新法规下有一半以上的案件是妻子提出的离婚诉讼。[29] 而且案件的数量稳步增长，从 19 世纪 80 年代的 8000 例到 1914 年的 15000 例，再到 1935 年的 25000 例。典型的离婚诉讼由居住在城市里的职业女性（蓝领或白领）提出，这些城市所在地区的宗教活动通常已经急剧减少了。提出离婚的女性了解节育知识：其中有半数人都没有孩子，总体上她们平均拥有 0.84 个孩子。在英国，离婚受到法律的限制，法律严格限定了分居理由而且走法律程序的价格昂贵。此外，英国只在伦敦有唯一一所离婚法庭。19、20 世纪之交，英国每年获准离婚的案例只有 200 起。不过，1923 年离婚法庭在伦敦郊外成立，丈夫通奸的行为可以作为离婚的理由。因此，即使在没有法律援助的情况下（这意味着只有富人可以提出离婚诉讼），1920—1930 年每年也会有 4000 多例离婚诉讼通过，1940 年通过了 7500 例。1937 年的《婚姻诉讼法》进一步拓宽了分居和废除婚姻的理由，但其影响到后来才开始发挥作用。公众仍然对离婚心怀反感：爱德华七世与一位离婚人士的婚姻就是最臭名昭著的例子。在法国，第二次世界大战前夕离婚还不是常见的事情，但它已经被解放的妇女所接受，她们认为离婚比无法忍受的婚姻更可取。

婚姻逐渐朝着一种更平等的伙伴关系发展。尽管拙劣的堕胎手术会带来高昂的代价，但却让大多数妇女从意外怀孕的恐惧中解脱出来。但也有一小部分人，即“下层阶级”或“第四世界”的女性，由于受教育程度低、家庭状况不稳定和微薄的收入，仍然受到生理上的束缚。其他女性还是遵守着《圣经》中“要生养众多”的训诫，但这些人的数量正在减少。最后，还有从未结过婚的女性：战后，由于大量年轻男性丧生，单身女性的数量增加了。在“单身女郎”盛行的时期，她们是一个有新闻价值的话题，但当新闻标题淡出后，她们再次从人们的视野中消失。对于这些女性而言，工作是必不可少的，除非她们能够靠私人财产生活——而通货膨胀让这一点越来越难以实现。许多中产阶级女性涌入相对体面的服务业新工作，但人们对她们的独居生活以及她们为了缓解孤独可能寻求的隐秘情事知之甚少。她们的历史被妻子和母亲的历史所掩盖，不过一些作者认为好战的公共氛围分散了她们的注意力，这可能也算是自我实现的另一种方式。

依赖的终结?

评论者们指出了法国民法典性别歧视的特点：已婚女性被作为未成年人对待，女性通常被定义为依附父亲或丈夫的存在。尽管法国在 1914 年之前曾试图厘清法律，但它的进度仍落后于英国。例如，法国妇女直到 1907 年才获得了控制自己收入的合法权利，而英国类似的措施早在 1870 年就予以通过了。在两次世界大战之间，英、法两国妇女的公民地位发生了相似的变化，这项早已进入人们日常生活的妇女解放的现实得到了法律的许可。

减少法律的歧视

1920 年，法国妇女可以在没有丈夫授权的情况下加入工会；1927 年之后，如果女性嫁给外国人，她们可以保留自己的国籍。相对于丈夫的原生家庭，寡妇继承遗产的权利得到了强化，这表明夫妻关系相对于男性家族来说变得越来越重要。最关键的是，1938 年 2 月 18 日的法律废除了已婚妇女在公民权利上的缺失，它废除了民法典中关于丈夫权利的第 215 条。已婚女性从此有权出庭作证、签署合同、创建银行账户、攻读学位、参加竞争性考试，以及在没有丈夫许可的情况下申请护照。然而，丈夫仍然是一家之主。他的住所决定了该家庭的合法住所。他还可以禁止妻子从事某种职业。但妻子可以对丈夫的决定向法院提出上诉。最后，只有父亲享有家长监管的权威，但是如果他有遗弃后代（1924 年）或不支付赡养费的行为，那么他的权利将被剥夺。这些法律上的变化影响的主要是中上层阶级，民法的细微改动对于普通人的影响不大。

英国也发生了类似的变化。已婚女性在 1882 年获得了对自己的收入和财产的控制权。1919 年 12 月 23 日的《消除性别不平等法案》（The Sex Disqualification Removal Act）允许女性进入从前属于男性的行业，尤其是法律行业。1922 年的《财产法》（The Law of Property Act）规定，如果丈夫没有立下遗嘱，那么妻子是继承人；如果孩子没有立下遗嘱，那么父母为共同继承人。1923 年的《婚姻诉讼法》（The Matrimonial Causes Act）恢复了夫妻双方在通奸和离婚情况下的平等待遇。1925 年的《监护法》（The Guardianship Act）规定，在夫妻分居的情况下，母亲是孩子的监护人。此前女性面临着孩子被带走的风险。最后，1925 年的《刑法法案》（The Criminal Justice Act）废除了一项法律上的虚构观点，它认为如果女性在丈夫在场的情况下犯了罪行，那么她的行为一定受到了胁迫。女性不能依法为自己行为负责的情况自此终结。不过，女性必须保持警惕，因为有人企图暗中将新的不平等条例引入法律。例如，1935 年申请失业津贴的已婚妇女必须满足特殊的条件，这些限制十分苛刻。已婚女性即使定期缴纳失业税，也可能拿不到津贴。

主动还是被动的公民

法国和英国女性最显著的区别在于投票权。1914 年以前的英国女性主义力量在艾米琳·潘克斯特（Emmeline Pankhurst）的妇女社会政治联盟所举行的大型示威中得到体现。英国女性主义在 1918 年 2 月 6 日通过的《人民代表法令》（The People Bill）中发挥了极大的作用，该法令赋予了英国妇女投票权。当然，改革并不全面，因为只有 30 岁以上的女性才有选举权。公民待遇的完全平等到 1928 年才实现，但我们必须指出，在 1918 年之前，有 1/3 的男性的投票权被否决了（穷人、家仆，还有其他人被禁止参加投票）。英国的普选是分阶段达成的。1918 年 11 月 6 日的《国会权利资格法案》（The Parliament Qualification of Powers Act）允许女性竞选下议院席位。1924 年，工党议员玛格丽特·邦德菲尔德（Margaret Bondfield）加入了麦克唐纳政府，成为英国历史上第一位女大臣。

第一次世界大战结束后，法国提出了各种法案，建议至少赋予某些妇女投票权，以奖励她们对国家胜利所做出的贡献。1919 年 5 月 8 日，众议院大方地响应了阿里斯蒂德·白里安（Aristide Briand）的呼吁，通过了一项给予妇女无限制投票权的法案。然而，这项法案在成为法律之前需要得到参议院的批准，参议院的辩论延续到了 1922 年 11 月 7 日，最终这项法案遭到了否决。许多政治家担心如果女性也有选票，那么天主教可以通过其妇女教民施加隐秘的政治影响，而在天主教信众中女性的人数远超男性。再加上参议员们根深蒂固的保守主义和潜在的厌女思想，局面一度僵化。众议院通过的法案在 1925 年、1932 年和 1935 年也同样遭到了参议院的否决。尽管女性主义者一致支持妇女选举权，而且得到了属于全国妇女投票权联盟的天主教女性的支持，以及路易丝·魏斯（Louise Weiss）所付出的惊人努力——她是新女性协会（La Femme Nouvelle，1934）的创始人，也是 1935 年蒙鲁日市政办公室的候选人。但女性主义者们还是没有形成足以构成有效政治力量的集团。大多数妇女对这次改革的兴趣不大，这让路易丝·魏斯也感到失望："当我和她们谈论投票时，农妇们大张着嘴，站在一旁。职业女性笑了起来，女店员耸耸肩，上流阶层的小姐们惊恐地离开。"[30]

女性即使享有投票权也很难参与公共生活。在英国，1918 年只有一名妇女通过选举担任公职，1923 年有 8 名，1929 年有 14 名。女性在自由党和保守党中起到的作用很小。工党中有一个妇女部门，女性可以在其中发挥更大的影响。不过该部门所发起的斗争比社会主义者或女性主义者的运动更加温和——它甚至因此被称为"已婚妇女部门"。工党女性为降低儿童死亡率而斗争，她们要求学校为孩子提供食堂和免费牛奶。她们维护的不是自己的权利，而是孩子的权利，提倡为孩子们开展义务教育到 16 岁。她们呼吁为贫困家庭发放福利金，然而其他党内人士对此持保留态度，他们认为福利金将成为压低工资的托词。活跃的女性党员人数仍然很少，她们也很难说服占多数的男性接受自己的观点。在法国，改组后的社会党中的女性也面临类似的情况。女性党员的占比维持在 3% 左右。1922 年 5 月恢复的社会主义妇女团体在整个 30 年代的成员人数不超过 1000 人（与 1914 年的成员人数大致相当），当时社会党的总人数升至了 12.5 万人。妇女团体是一个彻头彻尾的失败团体，因为其成员所争取的立场没有得到其他党内人士的丝毫支持。因此，人民阵线政府没能给予女性投票权也就不足为奇了。

总理莱昂·布鲁姆只是象征性地任命了3位女性作为国务次卿。女性共产党员（约占党员总人数的1/10）的命运也没有值得羡慕之处。共产党拥护女工事业——她们作为女性和无产阶级受到了剥削，但是共产党期待着即将来临的革命会消除性别不平等，它认为这是资本主义（而不是工人和雇主的男性沙文主义）造成的结果。不过，女性共产主义者与其他妇女联盟都支持妇女控制生育的权利，并呼吁废除“极恶之法”。但她们在1934年之后只能放弃这些立场，因为苏联关于家庭的新政策让各地的共产党人不得不颂扬母亲和家庭，并谴责节育和堕胎。因此，理论上最能接受男女平等思想的政党并没有给予女性鼓励和支持。缺乏这种支持的原因之一是只有极少数女性是共产党员。

尽管女性工会成员的比例高于女党员，她们也因为同样的问题而受到阻碍。在法国，持有工会卡的女性人数从1900年的39000人增加到了1920年的239000人，也就是说，工会中的男女比例为7 ： 1。在工会数量众多且势力强大的英国，1921年已有100多万妇女（占成员总数的六分之一）加入了工会。这个数字约占到了所有女性工作者的五分之一。不过，30年代女性工会成员的数量减少到了75万。在一个行业的男女工会的合并过程中，男性占据了主导地位。英国工会大会（Trades Union Congress）的董事席上有两个席位为女性保留，玛格丽特·邦德菲尔德甚至一度担任主席。结果，具体的女性诉求被工会整体运作的需求压倒了，妇女工会曾经引人注目的特立独行做法——比如未经工会同意的罢工——已经结束了。

法国女性很难宣扬自己的观点，也无法让工会领导人严肃对待她们的问题。左翼教师工会“国家教育协会”（Federation Unitaire de l’Enseignement）中女性成员只占三分之一，尽管自战前以来女教师与男教师的薪酬相当。妇女在工会各部门办事处的人数也不足。[31] 女性通常被分派到行政职位，如工会财务主管，而不是决策职位：只有7%~18%的工会秘书是女性。详细的研究表明，由于女性在工会会议上时常保持沉默，因此她们将自己排除在外了。她们的矜持反映了自己教养，女性的怯懦不但被认为是“适当的”，而且是“自然的”。女性一旦有机会通过参与青年与妇女的小型团体来获得演讲技能，就能克服这一障碍，从而增加她们被选作承担决策职责的机会。阻碍在这个阶段开始瓦解，一位名叫玛丽·吉洛（Marie Guillot）的女性甚至成为工会秘书长。还要注意一点，家庭责任使许多妇女无法参加会议。带头的女性活跃人士要么单身，要么嫁给了愿意分担家务的男性工会成员。女性前进的障碍根植于家庭和她们的成长历程中，这种情况使得她们难以区分私人与公共生活。

此外，女性主义在战间期处于守势。在英国，妇女参政运动在目标达成后就解散了。潘克斯特等妇女参政论者支持保守党，而其他人则支持自由党。曾经最进步的妇女参政论者试图扩大他们的批判范围，将社会生活的所有方面包括进来，不过他们是少数派。一些女性主义者将注意力转向了更具体的目标。例如，前共产党员、当时的工党党员斯特拉·布朗曾致力于推进节育和堕胎的合法化。俄国革命的成功曾在战后短暂地激发了法国女性主义团体和出版物的激增，但该运动很快失去了势头。《女性之声》（*La Voix des femmes*）被迫停止出版。在危急时刻，妇女教师们感到参加反法西斯斗争比继续为男女平等而斗争更重要，这时“国家教育协会”中的女性主义团体解散了。以法国妇女权利协会（Ligue Francaise pour le Droit des Femmes）为代表的温和派女性主义者，强调女性投票权和同工同酬的权利，他们支持一种渐进主义的政策。仍然有更多的保守女性支持生育主义和道德主义政客的观点，从而继续将女性局限在传统的角色中，得不到政府方面的任何让步。

因此，女性在公共生活中发挥的作用仍然微乎其微。尽管女性在许多领域的工资仍低于男性，但事实证明，与谈论政治问题的权利相比，工作权利的争议性更小。妇女在控制自己的身体和财产方面取得了进步，但家庭角色仍然是由性别决定的，尤其是在两国的资产阶级和英国的工人阶级群体之中。有的丈夫仍然表现得像一家之主，而女人则是温顺、关怀的妻子。但现实情况往往介于传统的刻板印象与惊世骇俗的创新之间。战间期的典型女性既不是奥菲利亚（Ophelia），[1] 也不是单身女郎；既不是传统的家庭主妇，也不是知识女青年。这一时期的女性已经开始摆脱自然的枷锁，争取已婚女性的权利，即使这样做需要牺牲自己——无论是作为母亲还是为了现代性而牺牲。因此，这是一个充满矛盾又复杂的过渡时期，当时的许多人对此的分析都很不到位。

[1] 奥菲利亚（Ophelia）：莎士比亚作品《哈姆雷特》中的角色，她是哈姆雷特的恋人，一位性格善良脆弱的女子。——译者注

第四章 墨索里尼如何统治意大利女性

维多利亚·德·葛拉齐亚（Victoria de Grazia）

为了解释墨索里尼独裁统治下意大利妇女的处境，我们需要强调两个问题。其一，在两次世界大战之间的意大利，法西斯主义具体在哪些方面压迫了女性？其二，该政权对待妇女的方式揭示了哪些更普遍的法西斯统治本质？简而言之，我的主要论点是墨索里尼的独裁统治构成了父权统治中一个独特阶段。法西斯父权制认为，男性和女性在本质上不同这一点是不言自明的。然后，它将这种差异政治化，使之对意大利男性有利，并将其打造为一个可以界定女性公民身份，管理女性的性行为、雇佣劳动和社会参与的体系。这个体系极其压抑、全面而且前所未有。最终，这一体系与社团主义的劳动监管、自给自足的经济政策和好战精神一样，成为该独裁政权的国家建设战略中不可或缺的一环。反女性主义观点像恶毒的反自由主义、种族主义和军国主义一样，是法西斯主义信仰中的一部分。

因此，我试图将法西斯主义的性别关系体系与“自由主义父权制”（即在19世纪西方社会盛行的性别不平等秩序）区分开来。它同样也应该与所谓的“社会主义父权制”区分开来，后者是强调二战后女性在资本主义福利国家中二等公民地位的术语，它主要来源于20世纪30年代的瑞典社会民主制度。[1]出于同样的原因，法西斯主义对待妇女的手段与纳粹独裁统治下的做法有足够的相似之处，我们因此有理由从共性的角度来分析这些做法。虽然研究女性在某个特定历史时刻、某个国家的处境是有用的，但我建议在此采用系统性的方法，这一方法的前提是，某些性别关系的改变（无论是好的改变，比如女性享有更多受教育的机会或伴侣关系，还是坏的改变，比如就业歧视、家族主义观点以及国家对性的监管）不应该仅仅归因于特定政权的政策和行为。实际的作用过程要复杂、广泛、持久得多。如果我们试图按照法西斯和独裁统治所宣扬的做法来分析，那么我们可能无法把握法西斯主义如何既支持又反对家庭，如何在将女性角色现代化的同时又让她们回归了“家庭和炉灶”，如何既促进又抑制了出生率。但如果我们把对墨索里尼统治下女性的研究置于国家建设策略不断改变的语境中（战间期的欧洲各国都面临治理国家的普遍危机），我们能更好地解释这个基于性别的剥削体系所存在的悖论，以及该体系在意大利女性中引发的矛盾反应。[2]

重铸性别关系

从许多方面看来，法西斯主义性政治都是意大利对于第一次世界大战期间的崩溃，以及战后资本积累的维多利亚模式的独特反应（这一说法由英国政治经济学家约翰·梅纳德·凯恩于 1919 年提出）。[3] 基于减少消费的政策、对公民权利的限制，以及强调资源稀缺的意识形态，第一次世界大战之前的欧洲自由主义通过要求公民遵循严格的社会规范和清教徒式的习惯而得到了发展。欧洲妇女的伟大解放运动（在战前的选举权运动中已经很醒目了）源于人口革命，伴随着自由主义思想在 19 世纪中期的传播，当数百万女性在战时经济中受到动员时，这场运动就成为不可逆转的潮流。此后，许多职业女性进入了白领阶层，大多数城市居民都采纳了与大众文化相关的、明显更自由的性习俗和社会习俗。各国政府在应对这些解放压力的同时，也要面对政策制定者在“人口问题”的大旗下所提出的复杂问题。[4] 这些问题包括了生育率下降、社会工作者所谓的“问题家庭”、男女之间的就业竞争和难以预测的消费行为。实际上，这些问题都涉及当代社会中妇女扮演的多重角色——母亲、妻子、公民、工人、消费者和政府社会服务的对象，有时这些角色互不相容。政策制定者若要解决这些问题则不可避免地要面对一个难题，瑞典社会学家和社会改革家阿尔瓦·默达尔（Alva Myrda）用一句话将其精辟地总结为：“一种作为社会问题的性别。”[5]

在两次大战战间期的几十年里，所有西方政府都面临着双重挑战：一方面是“民主化”，另一方面是“人口问题”。最初的回应是认可女性的选举权，然后通过发展关于女性的新公共叙事，立法规定了她们在劳动力市场中的地位，并重新制定了家庭政策。因此，性别关系的重构与查尔斯·迈耶（Charles Maier）所说的经济与政治体制的“重铸”同时进行，从而在经济不稳定和公共生活民主化的过程中保障了保守主义的利益。[6]这种性别重构偏向于专制还是民主，是抑制了女性劳动还是允许女性劳动的加入，是让女性进步还是完全反女性主义，其具体情况根据执政的阶级联盟的特点及其在社会福利和经济再分配问题上的普遍立场而有所不同。重构的最终结果决定了女性对于20世纪30年代出现的国家干预资本主义的最初体验的重要层面。

法西斯意大利政府通过传统的重商主义思想来解决妇女解放和人口政治的双重问题。这些传统自19世纪70年代以来再次流行，因为欧洲的精英们为了应对日益激烈的国际竞争和阶级冲突，希望保护国内市场免受外国商品的冲击并增强出口能力。正如新重商主义者的18世纪先驱总结的，社会需要“大量勤劳的穷人”，他们担忧如何实现最优人口规模，以供给廉价劳动力，满足军事要求，维持国内需求。[7]这些问题在19、20世纪之交更加复杂，原因包括生育率下降、少数民族的存在（据称他们的种族特征和民族主义斗争破坏了民族/国家身份认同），以及人民内部的生育差异——这可能导致所谓“最不适应人群”（least-fit）的繁荣增长，而精英则逐渐减少。第一次世界大战前夕，一种与人口问题有关的全新生物学政治出现了。政策制定者们沉浸在社会达尔文主义的思想中，它认为生命是一场为了生存而开展的殊死搏斗。他们提出要按照国家政策的需求来打造优生学和社会福利项目。这些需求主要包括两个方面：加强意大利在国际上已经日益衰落的力量，同时保障政府对国内人口的控制。种族多样性和妇女解放一旦被视作实现目标的阻碍，生物学政治中就会融入反女性主义和反犹太主义的思想。

意大利法西斯主义在人口问题上的立场可以说是完全的专制主义和反女性主义，我们可以通过将其与瑞典的人口政策对比来说明这一点，当时的观察者认为，二者代表了完全相反的立场。瑞典的人口政策制定于1937年，1932年社会民主党赢得了选举，并于1935年成立了瑞典人口问题皇家委员，1936年，社会民主党在议会两院都保住了多数席位，从而得以在次年为国家立法机关的“母婴议程”铺路。我们起码可以说瑞典的社会民主党和法西斯主义精英一样意识到了人口对于维持国家力量的重要性，因为瑞典在1933年只有620万居民。为了克服生育率下降所造成的“危机”，瑞典政府和意大利一样愿意抹去公共与私人权力、家庭与政府权威、个人与国家利益之间的差别。这些差别在 19 世纪曾指导了关于政治和性别关系的自由主义思想。

除此之外，二者几乎没有相似之处。瑞典社会民主主义者得到了包括农民、女性主义者以及劳工在内的自由派联盟的支持，他们将种群适合度的目标与广泛的社会经济改革计划联系在一起。瑞典人口政治正如它的主要“设计师”贡纳尔·默达尔（Gunnar Myrdal）和阿尔瓦·默达尔（Alva Myrdal）所描述的那样，其主要目标是拥有一个适宜、稳定的人口。这意味着要找到非强制性的方法“让人民不要放弃自我繁殖”。[8] 该政策假定了一种“温和的民族主义”立场，这与瑞典对国际经济的开放态度保持一致。政府通过改革的主要方式让瑞典人相信他们的私人利益在社会追求公共福利的时候也能得到保护。政府将消费的某些重要方面社会化了，以此来平衡抚养子女的负担，这些措施背后的公平再分配精神与提高工资和保护农场等做法相同。政府推行的主要措施是提供实物服务，从低成本的住房到免费的学校午餐。国家还强调，希望以更理性、高效、平等的家庭结构来取代父权制家庭，帮助女性平衡作为妻子、母亲、工人和公民的沉重负担，这些负担有时还互不相容。因此，社会政策仍然暗示了女性应该承担生育和养育子女的主要责任。政策的关键是让生孩子的选择不要那么草率，抚养孩子的过程也没那么繁重。因此，妇女被鼓励既要孩子，又要工作，堕胎被合法化了，同时，因为生育应该基于“想要”和“情愿”，节育和性教育受到了广泛的推广。[9]

相比之下，法西斯意大利通过新重商主义的话语来描述人口问题，其独裁统治从民族救赎的角度来为其生育主义的“战斗”进行辩护。这种观点对妇女产生了直接的影响。国家是唯一的裁决者。女性在生育决定方面没有发言权。事实上，妇女被假定为国家的对立方：无论控制家庭规模是不是她们的决定，女性都被视作要为此负责的人。旨在通过限制消费来减少进口和促进出口的经济政策除了加剧社会不平等之外，可能还加剧了生育方面的经济阻力，以及农村和城市地区之间的生育率差异。法西斯主义拒绝通过改革来减少这些不利因素，而是试图通过禁止堕胎、禁售避孕设备、禁止性教育来强制生育。与此同时，法西斯国家在家庭结构、劳动力市场、政治体系和整个社会层面都更偏向男性，而不是女性。法西斯政府通过操纵庞大的政治和社会控制机制来实现这一点，它得以将经济增长的负担转移到社会中最弱势的群体身上。

自由主义父权制的遗产

瑞典社会民主主义的进步立场与自由女性主义的强大传统、高度整合的农业部门，以及相对同质化的公民文化和性习俗有关，而法西斯主义父权制则源自意大利刚统一后自由主义的弱点，以及公众对一个姗姗来迟又非常不平衡的工业化社会的不安看法。意大利妇女运动兴起于19、20世纪之交，规模很小，而且内部存在分歧。妇女运动中的中产阶级和天主教成员远离公共场所，他们只是致力于为贫穷的妇女和儿童做善事。不过，“女性问题”仍然很突出。这一定程度上是因为意大利在1859年统一之后，自由主义的精英们将意大利人纳入民族社会的方式相当混乱。在世纪之交，阶级、区域和公民文化的裂痕比半个世纪之前更加严重了，这一情况因为意大利南部的发展滞后、明显不平等的税负、残缺的公共教育系统和1912年前不断遭到拖延的投票权改革而越发严峻。“妇女问题”由于与“社会问题”重叠而变得更加复杂。意大利社会主义的群众基础广泛而且立场激进，它吸引了一大批由职业女性和失意中产阶级改革者组成的追随者。此外，意大利天主教在1904年之前一直对自由主义制度怀有强烈的敌意。它的反现代主义文化和对个人主义哲学的抵触都对女性解放充满了敌意。不过，教会以家长式的保护来对待女性，并宣扬自己是家庭价值的主要守护者。

更具体地说，法西斯政府会提供自由主义政府赋予女性的特殊待遇。自由主义政府的放任态度超出寻常，后来墨索里尼的宣传者会对此加以批判，并宣称法西斯主义是一股改革的力量。奥地利帝国所控制的意大利地区1865年的《皮萨内利法》（Pisanelli Law），是家庭立法方面的倒退。它就像其他受到《拿破仑法典》启发的家庭法典一样，通过强化男性户主的权威，在家庭中保障了国家利益。妇女在未经丈夫同意的情况下被禁止参与大部分商业活动和法律活动，她们无法作为孩子的监护人，甚至被排除在了“家庭委员会”之外。在1942年之前，如果家中的父亲去世或丧失了行动能力，家庭委员会有权处理家庭共同遗产、继承权和嫁妆问题。其他的家庭法则体现了意大利自由主义毫无章法的政策。为了确保家庭财产完整，国家剥夺了通奸和乱伦后代的继承权，这导致通奸只有对女性而言才是犯罪，而且法律禁止任何形式的亲子关系诉讼。尽管每年都有成千上万的意大利人通过宗教仪式结婚，或在没有任何官方许可的情况下结婚，但自由主义的意大利只承认民事婚姻。这些婚姻所产生的后代在政府看来是不合法的。[10]

到了 1900 年，其他国家政府的家长制倾向也更加严重了，它们只在能够保障男性工资和种族优势的情况下通过保护女性和儿童的改革。当时，意大利女性在工业劳动力中的占比高达 30%。但在 1902 年的《卡尔卡诺法》（Carcano Law）通过之前，没有任何工厂法律涉及女性的工作问题。《卡尔卡诺法》规定，妇女和未成年人每天最多工作 12 小时，并禁止妇女在产后一个月内返回工作岗位。不出所料，实际执行中充满了例外情况，而且也很难监管。

由于长期受到忽视，新兴的意大利妇女运动——或者说广大女性群众，与自由主义意识形态和制度产生了一种矛盾的（如果不是对立的）关系。在激进的民主党人安娜·玛丽亚·莫佐尼（Anna Maria Mozzoni）平等主义观点的影响下，一些历史悠久的团体对于蓬勃发展的社会主义运动充满了同情，并且与工人阶层女性建立了联系。在他们看来，如果不进行彻底的政治经济民主化，妇女解放就不可能实现。其他团体则与天主教会有关，他们在 1908 年后变得更有凝聚力。他们捍卫家庭和其他保守的价值观，同时也支持妇女自我组织形成公共力量的权利。1900 年以后，越来越多的中产阶级女性参与到了所谓的“实用女性主义”中来。[11]1903 年成立的意大利全国妇女理事会（Consiglio Nazionale delle Donne Italiane）就是她们的代表性组织。意大利的资产阶级女性主义者不同于强调平等权利的英美女性主义者，他们不相信市场力量或投票权能够带来解放。他们持退缩态度，而且还伴有典型的意大利中产阶级家庭主义观念和爱国主义热情，这些人认为，在慈善事业中做出奉献是获得公民权利的先决条件。出于对大众政治的谨慎态度，意大利的资产阶级女性主义者们希望妇女在现代社会中独特的母性使命能够得到社会和国家的承认。许多人不可避免地受到了墨索里尼高调声明的影响，他声称这些目标都能在法西斯时代得以实现。

如果不进一步阐述意大利自由主义薄弱的民族公民文化，那么我们将无法解释为何这个小规模、碎片化、态度并不激进的女性主义运动会引发广泛的反对。在这个半工业、半农业的社会中，解放女性的行为非常显眼。除了米兰和都灵这样的现代工商业中心，意大利仍然有超过 50% 的人口以农业为生。自由主义精英们也助长了反女性主义的态度，尤其是他们剥夺了女性的投票权。此外，他们对女性提供的社会服务毫无感激之情。而这些女性相信“母亲的感性”

对于“调和与完善政治秩序”是不可或缺的，她们通过慈善事业来改善社会弊病，平息工人阶级的动荡。自由主义精英未能在该领域采取行动，他们错过了认可妇女志愿工作的机会，也没有将工人阶级的互助主义和天主教的慈善工作纳入中央政府的权威这种远见。相反，法西斯主义者没有放过这个机会。他们借由“国家重建”的名义，谴责了自由主义的“疏忽”，通过“纪律”约束地方团体，还动员了成千上万的中产阶级女性志愿者加入法西斯社团。

法西斯主义也利用了意大利男性令人厌恶的大男子主义。我们需要用一整套研究来分析 19、20 世纪之交意大利知识分子大男子主义姿态的社会心理起源，及其种种表现形式——从颓废主义作者加布里埃尔·邓南遮（Gabriele D’Annunzio）的情欲感性，到佛罗伦萨重要文学评论期刊《发声》（*La Voce*）中的反女性主义隐喻，再到未来主义诗人菲利波·马里内蒂（Filippo Marinetti）臭名昭著的“蔑视女性”宣言。意大利男性对自己被排除在狭隘的自由主义“老年政治”（gerontocracy）[1] 之外感到失望，并为意大利平庸的国际地位感到尴尬（当时的男性荣誉依赖于帝国主义剥削的成果），这两点显然加剧了性别歧视。另一个因素是对人口衰竭的恐惧，尽管意大利 30‰的生育率在欧洲仅次于西班牙和罗马尼亚。显然还有其他因素加深了人们对于性别失序和种族衰退的焦虑：移民造成的意大利男性人口流失（大战前夕每年都有 500000 人离开意大利）；在资本匮乏的经济环境中对于人数的重视；在这个发展不平衡的社会中性行为的惊人多样性；最后还有实证主义的科学假设和天主教教义在生育问题上的普遍影响力。[12]

一战前夕所谓的“新家长制政治”开始在意大利兴起。从 1910 年左右开始，道德狂热分子发起了反对家庭生活衰退的运动，他们与天主教联盟一同将出生率的下降归咎于城市化、妇女解放，以及激进的新马尔萨斯主义做法。尽管自由主义精英们不愿干预社会政策，但他们倾向于接受道德改革者的观点——有远见的自由主义社会理论学家维弗雷多·帕累托（Vilfredo Pareto）将其谴责为“美德主义”的神话。因此，自由主义精英为了对性规范立法而放弃了放任自流的态度和反教义的原则。[13] 现代主义文化随着马里内蒂于 1909 年发表的《未来主

[1]　老年政治（gerontocracy）：政治学术语，指一个国家或政治团体的领导层平均年龄大于大部分成年公民的年龄。——译者注

义宣言》（*Futurist Manifesto*）也集结了起来："我们要拆除博物馆和图书馆，与道德主义、女性主义以及一切机会主义和功利主义的怯懦做斗争。"[14]

不过，这种新家长制的态度没有构成一个统治女性的新计划。它也没有对人口问题提出任何明确的立场，这一点从 20 年代中期开始为反女性主义项目的概念化和实施提供了思想和政治框架。此处强调的重点是，法西斯主义政权受到了过去与"妇女问题"有关的观点和制度的影响。某些观点——如教会的立场可能会为法西斯政权提供支持，也可能会与之竞争。其他观点，如人口工程学和种族主义态度则在法西斯主义实现国家建设战略时遭到了肆意利用。最重要的是，该政权谴责了自由主义对于家庭、子女和母性的"不可知论"立场，从而标榜自己才是开拓性的力量。最后，墨索里尼利用了许多中产阶级妇女的爱国热情、自我牺牲的精神以及对于获得认可的渴望，其中包括不少前女性主义者。

法西斯主义性政治的发源地

我们说墨索里尼的独裁政权建立了统治女性的独特制度，并不是指他在 1922 年进军罗马的时候就已经有了现成的计划。意大利的法西斯主义运动类似变色龙，它的"色彩"会随着潜在的盟友和战后几年间不断变化的政治形势而改变。因此，新兴的法西斯主义运动在 1919 年接受了未来主义知识分子的立场，准备通过支持离婚和镇压资产阶级家庭来反抗传统道德。也正是在这一年，它发出了具有投机性的民粹主义呼声，赞成赋予女性投票权。但由于退伍军人运动的反对、法西斯工团主义者对于女性工作的厌恶，以及土地所有者僵化的农村天主教反女性主义态度（他们在 1920—1921 年间支持黑衫军袭击社会主义联盟与合作社），这些主张很快就遭到了放弃。1923 年之后，国家法西斯党内墨索里尼盟友的强硬专制主义，加强了法西斯主义的厌女态度。他们是掌控国家利益标准的人，所有特殊主义都必须服从于国家利益。他们对强大的、专家化的国家的愿景召集了犯罪人类学家、社会卫生学家、医生、儿童保护倡导者和其他改革者，这些人长期以来为自由主义的不作为感到失望，他们希望能为改善意大利血脉（stripe）的计划注入活力。1929 年意大利与梵蒂冈签订了宗教协定之后，教会机构、天主教传统及其人员都开始致力于强化法西斯的反女性主义。

由于法西斯教条的折中主义立场，墨索里尼的独裁统治得以在这个发展不均衡的社会中形成针对女性的压倒性政治力量。墨索里尼本人也说了一句俗话，他建议不要讨论“女人更好还是更坏，不如说她们不一样吧”。这种理论几乎可以证明任何立场的合理性，比如要么给予妇女投票权，要么不给她们投票权。[15]因此法西斯主义的女性观无所不包：从墨索里尼根植于民间的厌女思想（女人不是天使就是魔鬼，她们“生来就要打理屋子、孕育孩子、种下尖角”[1]），[16]到哲学家秦梯利（Gentile）认为女子本质上是补充性的新黑格尔主义观点（女人深陷琐碎的细节——“无尽的天性”和“原始的法则”——她们不具有超越性）。[17]粗鲁的实证主义论谴责女性在生理上的自卑。而一些实用主义者，如法西斯的技术官僚领袖朱塞佩·博塔伊（Giuseppe Bottai）则谨慎地倡导女性平等，他认为新一代法西斯精英需要有价值的女性伴侣和孩子的母亲。[18]由此形成了一个巨大的鸿沟，一边是狂热的天主教徒阿玛迪奥·巴尔扎里（Amadeo Balzari），他在1927年发起了一项全国性的运动来将羞耻的女性服装“道德化”。另一边是翁贝托·诺塔里（Umberto Notari），他曾是未来主义者，也是米兰著名的记者和编辑。他挑逗性的故事，如《第三类女性》（*La donna tipo tre*，既非“妓女”也非“母亲”）对“新女性”的形象进行了夸张的描绘和宣传。[19]同样，自称为“拉丁女性主义者”的特蕾莎·拉布里奥拉（Teresa Labriola）为了调和法西斯主义和女性主义，在意识形态上多次大转弯。她与那些在罗马沙龙里说着反对女性的俏皮话，又自命不凡的官员截然不同。不过，他们的共同点在于坚决使用国家权力来处理私人和伦理问题、政治和经济问题的信念。为了国家扩张的政治利益，他们忽略了他们自身对女性差异性的多样化观点以及这些观点在政治领域中的意义。

最终，法西斯主义为巩固其政权而采取的行动，决定了意大利社会在战间期对待女性的总体模式。在政治上，法西斯主义从一个反对派运动，到20世纪20年代中期发展为一党执政的政府；从一个在“市民社会”中根基尚浅的独裁政权，到30年代成为一个以群众为基础的国家。在经济上，法西斯独裁统治在20年代后期从自由放任主义过渡为保护主义政策。它在大萧条和1936年的埃塞俄比亚战争之后追求全面的专制。独裁政权与意大利保守势力（大企业和大

[1] 尖角（plant horns）：在民间故事中妻子如果不忠，丈夫的头上就会长出尖角。——译者注

地主、君主政体、军队和天主教会）结成社会联盟，是实现这种转变的前提，二者共生共存。该政权随后又让法西斯党服从于国家官僚机构。然后将法西斯党作为传送带来接触社会群体——工人、农民和小型企业家，这些人的利益在经济领域中要么被忽视，要么就受到了系统性的侵犯，这样他们也被纳入了这个广泛却肤浅的政治共识。[20]

独裁政权为了巩固保守主义联盟，不断对工资和消费施加压力。随着 30 年代的持续发展，意大利的两极化特征得到了强化。一个极端是效率低下的农业和广大的小生意阶层，他们的不稳定状态被支持农业意识形态的官方赞歌所掩盖；另一个极端则是高度集中的工业部门，他们在 1933 年后得到了国家援助和重整军备的刺激。到了 30 年代中期，超过约 10% 的国民收入和高达 1/3 的政府收入都花在了军队上。与此同时，国民收入中劳动力的占比持续下降。法西斯主义“低工资”经济的一个体现是 1938 年工人的实际收入比 1929 年低 3%，比 1921 年战后的工资峰值低 26%。直到 1938 年，普通家庭收入的一半以上都花在了食物上（相比之下，这一占比在美国只有 25%）。总而言之，从 20 年代初期到第二次世界大战爆发，意大利是唯一一个工资水平持续下降的工业化国家。从食物预算、耐用消费品购买和公共服务普及程度等可衡量的生活标准来看，意大利远远落后于其他工业化国家。

这些政策不可避免地对意大利女性产生了深远的影响，尤其是工人阶级和农民这些多数群体中的女性。为了实现人口政策，法西斯主义试图对女性身体，尤其是女性的生育功能施加更多控制。同时，它还试图保留古老的父权家庭观和父系权威。为了维持工资和消费方面的压力，独裁政权对家庭经济资源有意地加以利用，这种程度对于一个工业化发展良好的国家来说非同寻常。因此，它要求妇女成为谨慎的消费者、高效的管家和精明的客户，这样才能从有限的福利系统中挤出一点服务来，此外她们还要兼职并且悄悄打工来补贴家庭收入。在男性失业率高企的情况下，政府为了遏制雇用廉价的女性劳动力，同时维持意大利工业的低成本劳动力储备，制定了一套详尽的制度来维持和限制对女性劳动力的利用。最后，为了让女性响应对她们日益复杂的要求，并利用她们想要获得民族社会的认同并为之服务的受到压抑的渴望，当局小心翼翼地在现代化与解放之间做出尝试。30 年代中期已经发展出了响应女性（特别是资产阶级和年轻妇女）社会参与愿望的群众组织，但它并不提倡自由主义时代的解放者团体所提倡的妇女团结、个人主义价值观和自治意识。

生育政治

法西斯主义对生育自由的攻击可能是其性政治方面最为人们所熟知的部分。在1927年5月26日耶稣升天日的演讲中，墨索里尼将“保卫种族”的政策作为法西斯内政的核心目标。墨索里尼希望到20世纪中叶让当时的国家人口从4000万达到6000万。为了证明这一野心的合理性，墨索里尼提出了两条理由——第一个理由是重商主义，因为它强调国家需要大量的廉价劳动力。第二个理由对于开始帝国主义扩张的国家而言则更为典型。从20世纪20年代开始，意大利的人口增长就开始加速下降，随着政府人口调查手段的改进，下降趋势变得越来越明显。这挫败了意大利领导人扩张的野心。墨索里尼喜欢重复说：如果意大利没有成为帝国，那么它肯定会变成殖民地。我们也可以推断出第三条同样重要的理由，那就是重建或“正常化”因为战争而变得混乱的男女差异。

在追求“生育，多生”的过程中，独裁政权在改革与镇压的态度、在鼓励个人主动性与国家激励措施之间摇摆不定。全国母婴福利服务（ONMI）最能代表改革派的立场。1925年12月10日，该组织在天主教徒、民族主义者和自由主义者的热情支持下成立，它的主要关注对象是脱离了正常家庭结构的妇女和儿童。改革派的其他举措包括对大家庭中的父亲免税，国家提供产假和保险、生育和婚姻贷款，以及为工薪家庭拨款。镇压的措施包括将堕胎视为犯罪，禁止节育，审查性教育，以及对单身人士征收特别税。除此之外，我们还可以将为大家庭中的父亲提供晋升机会纳入其中，这一做法在高失业率的情况下对女性、“过度自我中心”的单身人士和没有子女的已婚男性造成了打击。

与纳粹德国不同，法西斯意大利坚决反对消极的优生措施。这并不是说优生学不属于其意识形态。不过法西斯主义的人口工程起源于一个截然不同的种族观念，它提倡一种不同的种族选择机制。意大利与德国不同，它不存在少数群体的问题，至少在1936年墨索里尼征服埃塞俄比亚，建立意大利的非洲殖民地之前是这样的（此后不久，意大利通过了第一部反对跨种族通婚的法律）。意大利的种族理论家也不担心下层阶级的大量生育。恰恰相反，他们赞美“生育能力的差异”，并对英、美和后来纳粹的生物筛选措施的科学性表示怀疑。

意大利著名人口统计学家科拉多·基尼（Corrado Gini）提出了法西斯主义的“青年革命”理论，该理论承诺要开发“活力的唯一储藏地”——农村，那里拥有“生育力旺盛的下层阶级。国家的复兴依赖于农村内部不断变化的结构和彼此融合。”[21] 天主教会对于“不要将畜牧业手段用在人类身上”的严厉警告也强化了这一立场。[22] 启发了法西斯意大利的观点，一部分是马尔萨斯主义自由放任的悲观精神（人口会超过资源），另一部分是达尔文主义的乐观精神（适者生存）。因此，政府通常会忽视（有时甚至会公开赞扬）其狂热人口学家发现的“大量家庭”与贫穷、拥挤、营养不良、文盲之间的明显相关性。

这种法西斯政策与纳粹优生学比起来对人体的侵犯更少，但这并不意味着它对女性（尤其是贫困女性）的影响更小。法西斯主义的人口政治发展出了双面的特性。它一方面高度规范化。专家们认为妇女对她们的母性使命“准备不足”，“生殖器官衰弱、不完美”，所以容易诞下“不正常”的后代。[23] 因此，国家推出的政策在于传播现代化的生育和婴儿保健模式。同时，意大利法西斯主义优生学证明了采取不干预政策的合理性，至少对于其最贫穷的公民而言如此。毕竟，如果以提高出生率为目标，那么改革不仅成本高昂，而且结果可能适得其反。生活水平的提高确实可能会推动职工家庭生第二个孩子，出于这一考量，独裁政权对工薪中产阶级以关怀相待。但给予农民家庭同等的优待只会让他们的期望过高，让他们也像城市家庭那样精打细算从而限制生育。

这种两面派政策带来的后果极其严重。意大利女性（尤其是城市工薪阶级妇女）想要更少的孩子。许多都灵女性向当时著名的儿科医生路易吉·麦康尼（Dr. Luigi Maccone）坦白道：“教授，一个孩子，我们只想要一个孩子。”[24] 她们为了达成这个目标尽其所能地采取节育措施，主要是通过堕胎。尽管意大利对堕胎有严厉的禁令，但到了 30 年代末，这已经成为最普遍的控制生育方法。[25] 堕胎都是秘密进行的，因此无论手术是由专业医疗人员还是邻里妇女来实施，女性都有极高的致残性感染、永久性身体损伤和死亡风险。此外，当时正处于在经历了几个世纪的反宗教改革审查后，与节育相关的信息重新开始传播的时候，这让法西斯主义禁止节育的反马尔萨斯运动极具强制性。特别是在农村地区，他们强调了宗教控制生育过程的宿命论。但即使是北部的工人阶级女孩也“带着怨恨地”回忆道，她们对生活的现实一无所知，“简直像野兽一样”。新的国家、职业和市场模式都抬高了生育和抚养孩子的社会标准，并污名化甚至是打压了传统的育儿方式。但是，政府却未能提供社会和经济资助，让女性能够在不做出重大个人牺牲的情况下响应新的标准。婴儿死亡率下降了20%，在1922年每1000名婴儿中夭折人数为128，1940年这一数字下降为102。但这种下降速度和20年前差不多，意大利的婴儿死亡率仍然比法国和德国高25%。[26] 总的来说，法西斯主义的育儿工作尤其具有劳动密集性。在30年代女性对母性和母职的描述中，“牺牲”和“勤俭”这两个词语就像主旋律一样出现自然也并非偶然。

家庭是国家的堡垒

独裁政权对个体家庭资源的不断索取也塑造了法西斯主义的家庭政策。理论家们抱怨意大利家庭的危机、家庭规模的缩减、父亲权威的丧失、家庭主妇的困境以及孩子们的叛逆。按照1921—1936年的人口普查，意大利的平均家庭人数虽然从4.7人减少到了4.3人，但规模仍然很大。一项特殊的人口普查估计，1928年意大利的930万家庭中至少有200万家庭里有7个或更多的孩子。将近一半的家庭仍然生活在人口10000以下的小城镇，而且38%的家庭主要依靠农业为生。据估计，由家庭企业（而不通过市场）产生的商品与服务占总额的比例为30%。[27] 无论如何，独裁政权似乎相信意大利家庭纽带的强大足以承受政策带来的压力，因为政策降低了工资，为工业投资和殖民事业挪用了人们少量的积蓄，而且在公共服务、住房和福利方面的支出也很有限。20世纪30年代，随着独裁政权发动经济自给自足的宣传，这种压力变得更大，也更广为人知了。

对家庭资源的计划性利用在两项政策中特别明显。其一是农村化，其二是压低工资。前者能够帮助政府减少对外国食品进口（尤其是小麦）的依赖，并能阻止农民涌入城镇。农民进入城镇会增加失业和福利支出，加剧社会动荡。墨索里尼在他的耶稣升天日演讲中第一次提到了全面的反城市运动，当时他谈到了城市化对于绝育的影响，以及重返农村生活环境的必要——这些都依赖于对农民家庭资源的利用。政府从1928年开始采取措施将失业人员遣返原居住地，并强化对国内移徙的控制，与此同时，政府还支持佃农合同和项目，通过在土地开垦的地区提供长期租赁来推动家园建设。其最终效应是将家庭推向低消费地区，这些地区不受社会立法的保护，往往也得不到市政和教区的救济。

因此，农村化是一种利用亲属团结互助网络的方法。它预设并强制家庭保持团结。饱受困扰的一家之主只得在家庭、田地和小型乡村工业生产中雇用没有报酬的女性和童工。意大利没有像纳粹德国那样试图恢复财产的信托制度（fidecommessi）[1]，或者通过长子继承制来保障家族财产不会外流。这样做必然会让法西斯主义与农业商业化的利益相冲突。相反，该政权倾向于复兴有数百年历史的租赁制度，即佃农制。男性一家之主被称作 vergaro 或 capoccia，他们是真正的族长。他们为了在农产品价格下跌的时候还有与地主议价的空间，对妻子和子女的劳动加以严格的控制。佃农家庭的规模很大，平均每个家庭都有 7.35 名成员。按照条件最优越的农场合同，族长妻子（massaia）的劳动估计仅为男性亲属的三分之二，但她们在总体上超过了族长本人的劳动。根据国家农业经济研究所的调查，在 30 年代早期的托斯卡纳农场，辛勤工作的朱塞佩，埃吉斯托和福斯蒂诺每年工作时长分别为 2926、2834 和 2487 个小时，而他们的妻子卢西亚、弗吉尼亚和玛丽亚的工作时长分别为 3290、3001 和 3655 个小时。[28]

独裁政权对“生计”或“家庭”工资的处理方式表明他们对工人阶级家庭也持有同样的剥削态度。意大利像其他地方一样，人们普遍认为，男人靠自己就要能养活妻子和其他家庭成员，这对于建立稳定的工人阶级家庭生活至关重要。在墨索里尼进军罗马之前，资产阶级改革家们也曾有过类似的主张。天主教仍然支持这个观点。教宗庇护十一世（Pius Ⅺ）在 1931 年发布的通谕《四十年》（*Quadrigesimo Anno*）中重申了教宗良十三世（Leo Ⅻ）在《新事》（*De Rerum novarum*，1891）中的论点，即社会公正要求“工人的工资要足以养活自己及其家人”。[29]1937 年 3 月，法西斯大议会希望借助这个观念来推进墨索里尼的人口政策时，人们能从人口普查数据中清晰地看到，只有进行彻底的经济改革才有可能实现这个目标：直到 1931 年，意大利 45% 的家庭（或 930 万家庭总数中的 428 万户）都要依赖 2 个或 2 个以上的工薪人员。

事实证明，那些用来补贴家庭收入的拨款，几乎没使大多数人的工资增加多少。最初的构想于 1934 年提出，目的是帮助兼职岗位上的工人家庭，企业为

---

[1] 信托制度（fidecommessi）：该制度在古代罗马法中盛行了几个世纪，它要求继承人按照遗嘱人的意愿分配财产。——译者注

了避免大规模裁员而将他们转为兼职。到 1937 年 7 月中旬，这笔拨款由国家、雇主和工人三方捐款资助。补贴按照家庭需要抚养的人数支付给户主，它涵盖了私人企业和国家层面（农业、商业和工业）的所有人员。在其他国家，这类措施遭到了工会的强烈反对，而且适用范围通常也仅限于纺织和采矿等不景气的行业。法西斯意大利能够在全国范围内推行这些政策反映了劳工组织的不幸处境。法西斯的家庭补贴制度，不但抑制了法西斯工会争取加薪的努力，还将有家庭的工人与没有家庭的工人两者的利益对立起来。在家庭中，政策向男性户主倾斜，有工作的妻子或在家的未婚子女无权领取补贴。最糟糕的是，发放补贴并没有解决主要的问题，即家庭的生存有赖于数个成员出去工作，其中通常包括母亲。即便生活在法西斯主义意识形态下，已婚女性的工作人数还是上升了，从 1931 年的 12% 增长到 1936 年的 20.7%。20 世纪 30 年代在意大利工作的已婚妇女比例（约 40%）高于除瑞典外的任何其他欧洲国家。当然，在瑞典的社会民主环境中，职业女性享有相对普及的保护和服务。[30]

从理论上来说，独裁政府越来越普及的社会保险和家庭福利平息了社会中的不安感，这种不安感是意大利变得更加城市化，经济转向大规模生产，以农村和城市手工业群体为基础的家庭纽带被削弱的结果。墨索里尼统治下的政治宣传称，当一位母亲弯腰照顾、疼爱她的子女时，全国都将与她一同弯下身子。到了 30 年代末期，困境中的家庭可以求助的政府和政党机构有许多：INFPS，IPAP，INA，CRI，INFAIL，OND 和 GIL 等，这还只是举几例而已，更不用说已经为人们所熟知的全国母婴福利服务（ONMI）了。然而，庞杂不堪的法西斯社会福利官僚机制往往会增加而不是减少不确定性。整个体系的成立都是出于政治上的权宜之计，它被嫁接到有千年历史的私人、半私人的天主教和市政慈善机构之上。为了获得福利，家庭必须要在有亲属关系的资助系统内钻营。结果就是近亲抱成一团，而且人们的求生策略也强化了政治宣传者所谴责的所谓“神圣利己主义”（sacro egoismo）和“小规模家庭”（famigliuola）。法西斯政权在使家庭成为公共机构的同时，也在无意间强化了意大利公民文化中普遍存在的私人和“家庭主义”行为。

这些政策也迫使意大利妇女在社会中扮演新的角色。法西斯主义在理论上要求女性回归家庭，她们作为生育者和养育者为私人领域的良好运转做出了贡献。但是，随着独裁政权越来越重视家庭，并为家庭的运行模式树立了新的榜样，女性不得不意识到自己的公共责任。其中一个重要的方面就是让孩子们参加法西斯主义的课后活动项目，以及在党和市政府阳光灿烂的海滨殖民地消暑。如果这些母亲很穷，她们就会成为“护理专员”（specialisti della assistenza）来获取国家的福利。此外，法西斯主义的福利国家强烈依赖于女性志愿者来将项目付诸实践。因此，上层阶级女性在制定新的家庭行为准则和协助下层阶级女性实施这些标准方面发挥了主导作用。她们通过家政课程、育儿课程、法西斯妇女团体资助的非正式聚会等方式，将经营家庭的方式传给了小资产阶级和劳动阶级妇女，甚至还包括农村妇女。这些方式中包含了资产阶级传统的体面观念和“理性的”家庭管理观念。女性如果不疯狂地做预算，减少孩子的数量，以及算计如何为了家庭去利用学校、政治组织和社会服务资源，这些都不可能实现。其结果就是人们越来越意识到家庭对国家服务的依赖。毫无疑问，这激发了人们对政权的感激之情。政府宣传称赞墨索里尼是众多法律的“首位”作者。但这种依赖性也让人们意识到家庭利益与爱国责任之间的冲突。一位反对当局人口运动的都灵妇女向路易吉·麦康尼医生说道：“教授，请您告诉我，妇女要生许多孩子，他们长大后却注定要上战场，这公平吗？人道吗？哦，不！我们爱自己的孩子，我们尽自己的微薄之力来抚养他们，这是为了我们，为了他们更美好的未来，而不是为了祖国。”[31]

工作场合的女性

瑞典的社会民主主义出于其人口政治的考量，试图协调女性的工作需要和作为母亲的负担。法西斯主义却与之不同，它提出了一套严格的劳动分工理论：男性负责生产和供养家庭。女性负责生育和照顾家庭。但是法西斯官员还是现实的，他们承认女性在工作。根据 1936 年的人口普查数据，女性劳动力占比为 27%，约 25% 的适龄女性都有工作。此外，性别分工有助于白领工作的女性化，1919 年的《萨奇法》（Sacchi Law）让女性能够担任大多数政府工作，但军队、司法和外交职位除外。最终，独裁政府制定了法律来阻碍女性与男性竞争工作，并且保护有工作的母亲。这一点也具有不可告人的目的，就是防止女性认为劳动是通往解放的踏脚石。工作对于构建强大的男性身份认同不可或缺，但是女性就业，正如墨索里尼所言，“虽然不会直接阻碍生育，但会分散女性对于生育的注意力，还会煽动独立意识，鼓励不符合生育要求的身体道德风尚”。[32]最后，国家干预再加上社会习惯的限制，意大利这个长期失业并依赖国家作为最终雇主的经济环境创造出了容忍女性就业的普遍氛围，而意大利女性的工作条件比任何工业国家的条件都恶劣。

到了30年代中期，出现了多种多样的歧视性措施。第一类措施通常为人所忽视，它是社团主义机构中劳动重组的固有特性。法西斯主义劳动法禁止罢工和集中谈判，这损害了工人（尤其是女性）的利益。它将男性工资压低到与妇女、未成年人差不多的水平，让工会无法捍卫工资水平或控制车间环境，只能协商非金钱层面的让步，比如限制女性就业。劳动法还偏向那些技术熟练、资深的工人和具有战略重要性部门的员工，后者中的大部分人都是男性。尽管雷吉纳·特鲁兹（Regina Terruzzi），埃斯特尔·隆巴多（Ester Lombardo），阿黛尔·佩蒂奇·庞特科沃（Adele Pertici Pontecorvo）和其他有地位的忠实法西斯分子提出了请求，但女性在公司等级制度中仍然没有代表。女性顾问人数最多的时候也只有6人，因为只有不到20名意大利女性满足在企业部官僚机构工作的法律或政治科学学位条件。

法西斯政党机构为女性提供了企业劳工组织的替代品。比如成立于1934年的农村妇女组织（massaie rurali），以及成立于1938年的党内工厂及家庭工作妇女部门（Sezione Operaie e Lavoratrici a Domicilio，简称SOLD），它们都能为女性提供一些法西斯联盟提供给男性的服务，比如提高工作技能的课程和获取社会福利的指导。然而，它们提供服务的时候也传达了一个明确的信息，即法西斯主义的“团结”对男人和女人来说具有不同的含义。男性工人是工团主义集团的一分子，他们可以参与集体谈判；而女性则是政党下属组织的受益者，她们接受政府的福利。男性是成员，他们受合同约束，由工厂受托人（fiduciari）代表；女性是客户，是社会工作的对象，她们的主要对接方是受过政党训练的社会工作者（visitatrici fasciste）。

独裁政权在保护主义立法方面的重要新举措构成了第二种形式的歧视。1938年工薪阶层女性能够休两个月的强制性产假，其间她们可以领取生育津贴，数额约为两个月的工资。她们还可以休7个月的无薪假，休假结束后能够再回归工作岗位，并且每天有两段母乳喂养时间，直到孩子满一岁。独裁政权还加强了禁止女性从事夜间工作的规定，以及禁止未成年人（15—20岁的女性和15

岁以下的男性）从事危险或有害健康的工作。12 岁以下的儿童不允许参加任何工作。

这些措施恰好配合了最臭名昭著的歧视性措施，即排除法规。自从 20 年代意大利主要的移民输出地美国的通路被切断后，男性的长期失业率恶化了。情况在大萧条期间变得更加严重。意大利政府没有像其他国家那样在该期间投资政府工作项目，或许出于担心重整军备将导致工业界招聘向女性倾斜，意大利政府在 1934 年对某些行业对女性就业的合同限制表示支持。1938 年 9 月 5 日颁布的法令规定，政府和私人企业雇用女性员工的上限为 10%，这是最为严苛的措施。它让女性雇员焦虑地举行抗议。该法令在 1940 年春天开始实施，但是当时情况发生了变化，出于配合战时动员的需要，大多数雇用女性的限制都被取消了。

综上所述，法西斯主义劳工政策体现了一套悖论。政府希望满足工业发展对廉价劳动力的需求（女人和男人都能满足这种需求）。然而，它又想要保住男性户主的工作市场。否则，失业男子的自尊心就岌岌可危，更不用说种族健康和人口增长的事业了。法西斯立法者声称要让女性退出劳动力市场。他们知道这是不现实的，于是开始保护那些工作符合种族利益的人。基于劳动力市场上长期存在的性别偏见，以及性别平等（这是因为意大利工人都要服从同一套公司秩序中的职级分类），独裁政府通过了保护性法律，传播了歧视的态度，并颁布了排除性法规。这些因素与劳动力市场的发展趋势相互作用，使意大利的劳动大军具备了特殊的性别特征。首当其冲的效果是高威望、高收入的国家官僚职位保留给了男性，这扭转了办公室工作女性化的趋势，至少在中央政府机构内如此。国家政策还向法西斯联盟保证，政府正在处理男性失业问题，尽管没有什么证据表明在其他条件相同的情况下，男性比女性更容易被雇用，具有政治敏感性且极其有害健康的合成纺织品行业除外。此外，国家政策支持的女性劳动形式是没有正式记录的间歇性兼职。用人的大量增加证明了这一点。意大利在战间期的用人数量从 1921 年的 445631 人上升到 1936 年的 660725 人，而在欧洲的其他工业化地区，用人的数量都在下降。在意大利，即使是小资产阶级家庭也需要帮佣。

女工们无法用性别平等的理由来捍卫自己的工作权利，她们调整了自己的愿望和要求。她们以“家庭需要”为由来论证自己为什么要做苦工，或者声称自己的工作只是一种权宜之计，又或者说她们担任的是职位低下的典型女性工作，不适合男性。曾经与工人阶级女性利益联合起来的职业女性们如今被单独纳入了全国妇女艺术家与学位持有者协会（the National Association of Women Artists and Degree-Holders，ANFAL），这是完全独立的法西斯主义机构，职业女性也强化了这样的观点。她们支持女性工作的权利——前提是不与家庭责任相冲突，她们还提倡培训女性从事社会工作、护理和教学，这些职业不但特别适合女性人才，而且很有可能推动国家的进步。当她们谈到职业歧视时，她们指责眼红的男性，而不是法西斯主义制度。[33]

政治组织

独裁政权在各类党组织中召集妇女，这乍一看可能与该政权试图将女性排除在公共领域之外的努力相矛盾。然而，法西斯主义不同于保守主义政权，它意识到在复杂的社会中如果没有男女民众的同意，社会政策和性别差异政策根本无从实施。实际上，独裁政权加剧了意大利内部本已尖锐的社会差异和性别分化，它全靠法西斯党来倡导各种妇女组织。到了 20 世纪 30 年代末，法西斯党已经具有了完备的妇女组织。其中包括针对城市妇女的党内女性联盟（fasci femminili），它的第一个核心团体成立于 1920 年；针对乡村女性的农村妇女组织（massaie rurali，1934）；针对工薪阶级女性的党内工厂及家庭工作妇女部门（SOLD，1938），还有针对学生的小意大利人（piccole italiane）、大学学生团体（GUF）中的女子部门，以及青年法西斯组织（giovane fasciste）。在第二次世界大战前夕，约有 318 万女性起码是其中一个政党组织中的成员。

尽管如此，法西斯党起初对妇女解放运动非常谨慎，导致它在很长一段时间内都没有批准成立党内女性组织。法西斯党公然反对其早期女性追随者寻求支持的需要，它还粗暴地掐灭了女性法西斯主义者对于解放的希望，其手段包括无视、打压女性的需求，在某些情况下甚至开除女性组织的创始领袖（大多数都是出身良好、受过教育的北方女性）。[34] 在 30 年代早期之前，天主教妇女团体的人数都比法西斯党内女性联盟要多。1931 年，法西斯党成立了奥尔维耶托学院（Academy of Orvieto），此前党内没有任何培养女性干部（即使是小规模培训）的计划。直到 1936 年以后，法西斯党才开始大规模地培训女性干部。

1937年末，党内终于为省联合会妇女部门的受托人订购了小型家用车菲亚特1100（Fiat 1100）。在此之前，女性组织者只能乘坐公共交通工具。但考虑到许多人来自上流社会，她们更有可能由家庭司机接送。

大规模的妇女动员开始于30年代早期。大萧条初期出现了对于扩增法西斯党内女性联盟成员的呼吁。上层阶级的志愿者要去“接触人民”，她们要去党内的救济厨房和福利办公室任职，为穷苦民众提供食物和帮助。在埃塞俄比亚战争期间，“意大利妇女们”又收到了另一项呼吁，要求她们让“每个家庭都成为抵抗的堡垒”，来抗击国际联盟对意大利的制裁。[35]1935年至1937年，法西斯妇女团体的成员人数急剧上升。第三项呼吁是让女性将“爱国之情”（amore di patria）转变为一种更有洞察力、更积极的“国家敏感性”（sensibilità nazionale）。这是为了让女性为全面战争做好准备，它瓦解了个人责任与公共服务之间，自我节制、家庭利益与社会牺牲之间的区别。

尽管如此，法西斯主义对女性的动员与纳粹相比还是微不足道的。意大利没有出现纳粹党的格特鲁德·舒尔茨－克林克（Gertrud Scholtz-Klink）那样的“女性元首”（lady Fuehrer uber alles），克林克通过纳粹党（NSDAP）内的妇女局发挥影响力，她至少属于纳粹高层，而且时常吹嘘自己与希特勒的交流。法西斯党的女性联盟由党内秘书处下属的委员会管理。意大利的男性组织仅凭其数量的增长和官僚权威在罗马的积累就能成功地为其成员发声，而女性组织在代表女性问题方面却无能为力。各组织内的领袖之所以具有发言权，是因为她们出身良好，是社会地位显赫的富有女性，或者她们配偶的社会地位较高。法西斯政权其实倾向于从妇女团体中收回最初委派给她们的任务——社会工作。极权主义国家的理论家认为，国家分发援助只是建立一个完善又全面的社会援助国家道路上的短暂措施。当时的设想是，这种做法将由精确的科学（而非情感）来指导，由男性（而非女性）来担任工作。最终，参加社会工作的女性领袖们（她们中的大多数人都曾是女性主义者）捍卫了她们承担这个重要社会功能的权利。女性才具有“穿透他人灵魂的秘密并理解他们真实情感”的敏感度。此外，女性具有“跳出家庭狭窄圈子”的社会责任。最后，只有她们才能指出“国家行动中难以避免的漏洞”。[36]

最终，将意大利妇女组织起来的独裁制度受到一个悖论的困扰。成为母亲是女性的责任。她们作为“炉灶守护人”（custodi del focolare）的主要使命是为了国家的利益而生育、养育以及管理家庭的运作。然而，她们无法在不了解社会期望的情况下履行这些职责。除非女性也能参与家庭以外的活动，否则她们无法将个人利益与集体利益结合起来。原则上来说，在墨索里尼的统治下，女性走出家庭后通向的既不是解放，也不是自主，而是对家庭和国家承担的新责任，服从新的主人。操控女性参与政治的意义无疑是一项复杂的任务。妇女领袖希望年轻的一代能够将“最高贵的传统”与“现代时期”结合起来。她们是“既有阳刚之气又有细腻女性气质的人”。[37] 政治组织无可避免地面临着为妇女解放主义的渴望推波助澜的风险。这起码会分散她们作为“先锋和士兵母亲”的主要职责。

总之，法西斯主义对妇女的统治是人口政策与国家权力紧密结合的时代产物。法西斯主义从一个保守的社会联盟的角度来面对这个问题，而且其背景是当时的经济战略将沉重的负担施加在了劳动力和家庭资源之上。通过劳动力市场和家庭内部的权威等级制度，法西斯政权将尽可能多的负担都转移到了女性身上。与此同时，墨索里尼的独裁统治对其前任的自由主义放任政策做出了某种回应。性政治领域与政治领域如出一辙，独裁政府利用紧急状态下的国家权力建立了一种新的“道德”秩序，以批判自由主义时代的越界的性别政治。它承认女性公民身份，却否认这具有任何解放性的意义。该政权通过不受管制的市场力量、迅速变化的生育和家庭模式、自由主义国家社会保障体系的缺乏，利用了许多女性（以及男性）的不安，将自己呈现为家庭利益的保护者，同时让这些利益与至高无上的国家认同协调起来。

因此，法西斯主义对女性的统治具有复杂的混合性特征，包括家长式的保护主义和无伤大雅的忽视，积极的激励和苛刻的束缚。法西斯意大利最具有极权主义特点的家庭政策由一位傲慢又聪明的年轻天主教社会科学家费迪南多·洛佛雷多（Ferdinando Loffred）提出，他呼吁政府应该采取更具有改革性、更加专制的做法。这一点并非偶然。他的著作《家庭政策》（*Politica della famiglia*, 1938）经常被人们引用，洛佛雷多在其中呼吁人们应该组成“新父权制”的家庭。这样的家庭以父亲为主导，母亲为核心，它忠于种族而不是任何政权。为了推广这种主张，意大利法西斯不得不放弃其“曼彻斯特式”的慈善施舍、生育奖金和人口津贴，这些做法迎合的都是个人主义逻辑。意大利还必须放弃破坏家庭团结的政治举措，比如法西斯党推广的“下班活动中心”（dopolavoro centers）、青年团体，以及为儿童举办的法西斯主显节（Fascist Epiphany）的集体庆祝活动。真正的改革意味着为家庭工资投入更多资金，按家庭负担的程度征税，以实物的形式为家庭提供服务，正如当代瑞典设想的措施。然而，这些改革不仅不能解决女性造成的"社会问题"，而且有加剧这一问题的风险。这样的政治——将女性作为家庭生活的中心，将家庭作为种族和国家生存的中心——存在被妇女颠覆的危险。妇女本身就容易受到个人主义哲学的影响，也容易将个人主义与家庭主义的意识形态结合起来。因此，国家在推动改革的同时，必须先行使全部的力量来建立"国家的精神专制"，从而遏制国外个人主义意识形态的传播和侵蚀，然后团结公众舆论，将女性赶出劳动力大军和公共舞台。改革只有和打压手段并行才会有成效。"女性，"洛佛雷多总结道，"必须对男人——父亲或丈夫绝对服从。她们处于服从地位，因此在精神、文化和经济上处于劣势。"[38]

法西斯主义父权制的矛盾性不可避免地带来了政见不合。1938 年 9 月 5 日的法案颁布后，白领工人向墨索里尼请愿，请法西斯主义不要无视"意大利女性"，她们曾热烈响应过为埃塞俄比亚战争牺牲的号召。[39] 女性法学家赞扬法西斯革命的十年，但她们对法西斯家庭法律的粉饰表明实际习俗已经远远超出了新法律所允许的范畴。[40] 女性小说家对 1925 年后意大利社会的厌女转变感到震惊，她们的小说中充斥着顺从的女主人公。她们以受虐式的狂热报复这个世界，同时对自己的命运表现出听天由命的态度。[41] 工人阶级女性继续进行"生育罢工"，公然反抗政府的生育命令。到了 30 年代末期，越来越多的女大学生像"沿海法西斯一代"的男青年一样，认为政权的老龄化阻碍了她们职业抱负的实现，开始拥护马克思主义和社会天主教意识形态。

与其说女性的共有情感将这些极其多样的情形联系了起来，倒不如说是因为她们响应的是同一套规则体系。在过去的 20 年里，独裁政权阐述了女性公民权的新概念，但却阻碍了她们取得成就。法西斯主义从一开始就决定将女性视为单独的一部分，利用她们作为"民族母亲"的生理命运来满足国家力量的需要。不过，法西斯主义国家通过加剧财富和特权的差异，也将女性划分为不同的功能与阶层。法律、社会服务和宣传方面都肯定了母亲至关重要的角色。但穷困、吝啬的福利制度以及动员参战，让身为母亲变成了一项异常艰巨的任务。法西斯主义说家庭是国家的支柱，但家庭的求生策略却加剧了意大利社会的反国家主义倾向。群众政治要求妇女参与政治生活。但是家庭需求、社会习俗和法西斯领袖对于让女性加入公共领域的矛盾心理，阻碍了大多数妇女融入法西斯群众政治的仪式化热情之中。

尽管如此，法西斯制度深刻地影响了女性——以及男性——对自己命运的设想，对不满情绪的表达，以及对抗议后果的预期。意大利女性在抵抗运动中异常活跃。1943 年夏末，该运动从那不勒斯以北地区兴起。法西斯大议会结束后，在国王维托里奥·埃马努埃莱二世（King Victor Emmanuel II）的支持下，墨索里尼在 7 月 25 日的宫廷政变中被推翻。随后，运动扩散到了中北部地区，当时，由懦弱的佩特罗·巴多格里奥元帅（Marshal Badoglio）领导的接管政府，在与盟军签署停战协议后于 9 月 9 日出逃，让德国占领了意大利。1945 年初，抵抗运动约有 25 万名活跃分子。7 万名女性参与了妇女防卫组织，35000 名女性作为部队参战。此外，还有成千上万的妇女藏匿、照顾抵抗战士，救助被解散的意大利士兵和外国士兵，帮助犹太人逃脱纳粹－法西斯警察的追捕，并保护意大利男性不被征召到德国进行强制性劳动。4600 名妇女受到了逮捕、拷打和审问。2750 人被赶到德国集中营，623 人被处决或死于战争。[42] 其中大多数人都是工人阶级和农民妇女，她们与共产主义抵抗组织的关系密切。她们团结紧密的社区和长期的家庭政治忠诚都强化了反抗的网络。但也有一些中产阶级的天主教妇女和至少 20 余名显赫的贵族参与其中，包括国王维托里奥·埃马努埃莱三世（King Victor Emmanuel Ill）的儿媳，生于比利时、有社会主义倾向的玛丽·荷塞（Maria José）。

毫无疑问，战争本身再加上 1943 年后残酷的德国占领是刺激女性加入抵抗运动的主要因素。它让人们明白女性无法胜任这项不可能的任务，即履行她们的爱国职责（以坚韧的精神将儿子和丈夫送去参加无能的法西斯战争），同时还要将面包端上餐桌。用泰玛·卡普兰（Temma Kaplan）的话来说，1943 年之后的“女性意识”（女性所接受的社会性别分工带来的一种集体责任感）成了“公共意识”的一部分。在人们将意大利从纳粹－法西斯手里解放出来的过程中，公共意识把男性和女性联系在了一起。[43] 要追寻女性主义对女性参与抵抗运动的影响则更加困难。抵抗运动是一场代表着自由、社会正义的政治和社会运动，它受到政党的领导。这些政党希望在战争结束后可以占据有影响力的地位来重建意大利。抵抗运动并不鼓吹对男权至上主义的批判。它也没有尝试去面对自我认同和性别重建的复杂问题——这对于挑战 20 年来法西斯统治下国家发展所带来的潜在影响必不可少。当庆祝抵抗运动胜利的时刻来临时，妇女的贡献基本上都销声匿迹了。新成立的意大利共和国虽然承认劳动力市场上的性别平等，并赋予妇女投票权，但却保留了刑法典和家庭法，以及法西斯时代遗留下来的无数社会习俗和文化行为。

第五章　纳粹性别政策和妇女史

吉塞拉·博克（Gisela Bock）

国家社会主义运动于 1933 年 1 月开始掌权，1932 年 11 月纳粹党取得了 33% 的选票（比该党在 1932 年 7 月的选举中少了 4 百分点），德国总统任命希特勒为总理。“希特勒运动”（按照选票上的说法）宣称要把德国从 1919 年《凡尔赛条约》的耻辱条款中拯救出来，扭转德国在 20 世纪 20 年代末和 30 年代初的严重经济危机。要实现这些目标，就必须废除魏玛共和国主义，建立一个真正的“人民的团体”（Volksgemeinschaft）。这是一个双重过程，它要求消除阶级冲突，并且恢复国家的统一、自信和力量。竞选运动从头到尾都以传统民族主义、阶级合作，以及种族主义的措辞来谈论这两个目标。德国受到了“种族退化”的威胁，这主要由犹太人引起（他们被谴责为资本主义者、马克思主义者和布尔什维克主义者），还有吉卜赛人、斯拉夫人、黑人和其他不受欢迎的“下等种族”少数群体。他们从力量、健康和优越性等方面威胁到了“人民的身体”（Volkskörper）。

性别问题在这一意象中发挥了重要作用。国家社会主义运动和政权的自我认知显然是男性化的。它的宣传将犹太人描绘成强奸犯和嫖客。在更普遍的情况中，它是将经济和政治上的反犹太主义与“性反犹太主义”结合在一起。[1] 妇女解放运动被谴责为犹太人影响下的产物。（虽然这并非事实，但犹太妇女在德国女性运动中的确发挥了重要的作用，她们倡导女性就业并寻求社会对“女性领域”的承认，尤其是母亲在身体、精神和社会上的空间。）在种族划分中被认为“有价值”一方的女性被视为“人民的母亲”，而另一方的女性则被视为“堕落”和“劣等”的人。“合适”的女性应该以母亲的身份为国家复兴做出贡献，多生孩子。因为在经历了出生率的长期下降后，人口的增长是理想的结果。“不合适”的女性被认为不宜生育孩子。希特勒在《我的奋斗》（*Mein Kampf*）中抨击犹太女性，并主张对数百万劣等人群绝育，6 年后，一位希特勒“血与土”意识形态[1]的拥护者在 1930 年将女性分为四种类型：应该鼓励生育的女性、所生孩子不令人反感的女性、不应该生育的女性，以及应该通过绝育手段禁止生育的女性。1933 年以前并不只有纳粹党提出了这种优生学或种族优生学划分。例如一位有影响力的社会民主党人认为，三分之一的德国人口是“劣等人”，他们不配生孩子。一些女性（包括激进的女性主义者）也主张开展优生改革措施，包括强制性绝育。[2]但是，只有纳粹党将这些想法和态度转变为复杂、统一和系统化的种族政策实践，在短短几年的时间里造成了闻所未闻的对“劣等人”的屠杀。

尽管在魏玛共和国晚期和纳粹政权初期，许多人（包括纳粹党的选民）都不太承认种族主义，但它是纳粹党政策的核心（尤其是反犹太种族主义）。因此种族主义也是纳粹性别政策的核心。由于大多数对纳粹德国妇女的研究都没有考虑到种族主义，而大多数对纳粹种族主义的研究也不涉及妇女，因此我们有必要强调纳粹种族主义不是性别中立的，纳粹性别政策也不是种族中立的。众所周知，并不是所有女性都拥有同样的历史，但在纳粹政权下，女性历史的差异像生死之别那样显著。当然，纳粹主义除了种族主义之外还具有很多其他的特征。尽管如此，种族主义仍然是它的核心，被推动渗透到社会的各个层面。该政权在许多其他方面是相当灵活和具有适应性的。在时机合适的时候，它会毫不犹豫地修改许多基本性原则，包括针对“有价值”妇女的政策。然而，它从未修订过任何种族主义原则，包括其中的性别维度和针对“劣等”妇女的政策。

从反生育主义到种族灭绝：纳粹种族主义的性别维度

纳粹种族主义的受害者中大约有一半是女性。1933 年 4 月 7 日和 25 日的法律让纳粹将他们的政治对手和犹太男、女驱逐出了公务员系统和大学（其中

[1] 血与土（blood and soil）：一种近代德国的种族意识形态。强调民族的血统和农业生产的重要性，重视农村生活美德和传统价值观，是纳粹德国意识形态的重要组成部分。——译者注

包括许多女性教师。如果非犹太男性与犹太女性结婚，那么他们也有可能被驱逐）。在大学里，犹太学生中的女性占比远远高于非犹太学生。犹太女性和男性一样，都成为早期反犹太措施的受害者，这些措施希望将犹太人隔离和排斥在政治、职业、经济和文化生活之外。同样，当种族政策从政治、经济和文化歧视转变为对身体和生活的攻击时，犹太男、女都是受害者。在 1938 年 11 月的屠杀（“水晶之夜”）中丧生的 90 名犹太人中几乎有一半是女性。[3] 犹太男、女都是国家生育控制政策（或者说“反生育主义”）的受害者，该政策要求“种族低劣”的人群为了“种族复兴”而强制绝育。

1933 年 6 月，内政部部长就种族和人口政策做了一次纲领性的演讲。他设想了一个由“外来种族”——尤其是犹太人——带来的“文化和种族衰落”的情形。国家会受到“种族融合”的威胁，受到一百多万患有“遗传性身体疾病、精神疾病”之人，以及“智力障碍者和劣等人”的威胁，他们的“后代也不受欢迎”——尤其在他们的“生育水平高于平均值”的地方。他估计 20% 的德国人（也就是 1200 万人）是不宜作为父母的。相反，“健康德国人”的出生率应该要增长 30%（大约每年增长 30 万人）。“为了增加遗传上健康的后代的数量，我们首先有责任防止遗传上不健康的后代的诞生。”[4] 两周后，该计划的反生育主义部分成为第一部关于人口政策的纳粹法律。它规定必须强制执行优生绝育，在必要情况下警察可以协助执行。政府强调“生理的劣等遗传物质”将被“根除”，特别是在“大量的劣等人群”中，这些人“毫不约束地生育”。绝育政策“将会对种族群体进行逐步清洗”，从 40 万例紧急情况开始，最终要覆盖 150 万人。在未来 10 年里，实际绝育的 40 万人口中（以及该法律管辖范畴之外的未知人群）有一半是女性，这些人再加上男性，一共占据了育龄人口的 1%。约有 250 个特别绝育法庭为此成立，其中汇集了法学家、精神病学家、遗传学家、人类学家和医生。在法律和国家的控制下，新兴的纳粹化的医疗机构要在人群中寻找绝育人选。为了让德国人相信反生育主义的必要性和益处，一场声势浩大的宣传运动铺开了，不过它也只取得了有限的成功。历史上从来没有一个国家将理论、宣传和政治制度实践联合起来，实施如此规模浩大的反生育政策——这是“大屠杀的先兆”。[5] 人们曾错误地将纳粹主义对妇女的政策描述为“母性崇拜”，女性主义史学家此前很少考虑种族反生育主义的维度及作为其受害者的女性。

大多数绝育手术基于精神或智力缺陷的理由而执行：这些缺陷包括真实的

或被指认为的低能、精神分裂症、癫痫和躁郁症。绝育的法律不光适用于犹太人、吉卜赛人、黑人和其他“外来”种族——他们当然被包括在内（尽管希特勒一度认为外来种族没资格获得通过绝育来实现“种族提升”的益处）。正如纳粹领导人经常指出的那样，绝育政策是纳粹种族政策的一个组成部分。因为纳粹除了排斥外来种族和民族之外，还通过歧视自己人民中的“劣等人”来寻求德国人民的“再生”。这种再生对于创造“优等种族”不可或缺，它现在还不存在，必须被创造出来。在法律规范内外，针对吉卜赛人和德国黑人的绝育有着特别的规定。德国犹太人被认为特别容易患上精神分裂症，东欧犹太人则被认为低能。一位柏林的犹太女性的情况很有指导意义。1941 年，她以患有精神分裂症为理由而被实施绝育，她的“抑郁症”和自杀倾向就是精神分裂的明证。她处于这样的精神状态也许并不令人感到惊讶：饱受苦难的犹太人正是在那一年被迫佩戴黄星的。犹太人的自杀数量急剧上升，并且他们开始被驱赶到死亡集中营里去。因此，在 1942 年 3 月犹太人被排除在了常规法定绝育程序之外。但在希姆莱（Himmler）的指示下，某些集中营里开展了大规模绝育的新方法试验，特别是针对犹太和吉卜赛女性（对她们的子宫进行注射）。他们希望，纳粹一旦如愿取得胜利，这种子宫注射法就能被用于欧洲任何在优生学或种族上不受欢迎的妇女群体身上。[6]

绝育法对男、女都适用，尽管一些专家最初希望女性能够免予施行，因为女性绝育涉及大型手术和随之而来的风险，这可能会引发人们的普遍抵制。事实证明，绝育政策确实是性别中立的。尽管绝育手术的受害者中只有一半是女性，但在几千名因此丧命的人中，她们的占比约为 90%——通常因为她们坚持反抗到了最后一刻——这些死亡有时被拿来与男人在战争中为国家牺牲相比较。绝育政策还被正式宣布为“生活、婚姻和家庭领域的国家至上主义”，以及一个从“非政治”变为“政治”的领域。[7] 显然，该领域连同受孕、怀孕和抚养孩子的所有事宜都与女性息息相关。许多女性（尤其是年轻女子）试图在绝育手术之前怀孕，这种抵抗方式非常重要，它甚至得名为“抗议式怀孕”（Trotzschwangerschaften）。1935 年堕胎被加入绝育法，这些抵抗都遭到了阻挠。此时，出于优生学的原因，堕胎可以在女性怀孕 6 个月内执行，而且堕胎与强制绝育结合了起来。

在“不受欢迎的人”中，从数量和实施策略上来说最重要的群体是“低能之人”。他们几乎占了绝育总人数的2/3，而这些人中将近2/3是女性。造成这种不平衡的原因有两点：第一，妇女被专门挑出来绝育是因为即使没有活跃异性性行为的女性也容易因为遭受强暴而被动怀孕；第二，可以用于评判女子“劣等性”的理由更多，包括她们不规律的异性性行为、工作表现、家务秩序和对孩子的照料，而对男性的评判则主要基于他们在工作中的表现。例如，一名女性被判处绝育，因为“她只会机械式地获取信息。她能够准备各种食物，比如布丁、面包汤、米汤，但只能按照家里常用的方式来烹调”。一名在柏林犹太医院做清洁女工的东欧犹太女孩也因为她的工作具有“机械性质”，而以“低能”的理由被判处绝育。8

纳粹有关绝育和种族主义的宣传通常是专门针对妇女的，因为他们认为女性的抗拒心理更强。秘密警察的报告证实了这一点。具有性别针对性的宣传证明纳粹对于女性形象的看法与先前的女性运动的看法截然相反。女性被告知，“国家的目标”是“再生”而不是生育。妇女的“母性精神”成了种族主义争议的对象，而且它连同基督教慈善和马克思主义一起被谴责为“感情用事的人道主义”。危险“正是来自女子的母性”，以及来自“女性关心所有需要帮助之人的本能”，因为母性“就像利己主义一样，是与种族主义对立的”。有一种观念认为，“女性，因为她们的生理和心理特征”，会对“所有生物产生一种特殊偏爱”，据说“几乎没有比这更加违背自然的罪过了”。

女孩们的教科书里描写德国母亲荣耀的部分只有3页，而描写可能必须将“自己深爱的孩子”绝育的篇幅则有12页，还有禁止与犹太人、吉卜赛人以及其他“劣等”血统之人结婚的细节。1935年，结婚禁令强化了反生育政策，将它作为进一步防止不良后代诞生的方式。9月（1935年）的纽伦堡法案禁止德国犹太人、吉卜赛人、黑人与其他德国人结婚和性交。犹太男女一旦违禁就会受到严厉惩罚的威胁。9 另一项颁布于10月的法律禁止绝育者和未绝育者结婚。

纳粹绝育政策，又被称为“对不值得的生命的预防”，是朝着“消灭不值得的生命”（安乐死，又称“T4行动”）迈出的一步。[1]T4行动于1939年开始，最终约有20万名病人、老人和残疾人（他们大多是精神疾病患者），无论男女，

[1]　T4行动（Action T4）：T4为“Tiergartenstraße 4”（蒂尔加滕街4号）的缩写，纳粹曾在这间柏林公寓中迫害“不健全人士”，用于代指安乐死行动。——译者注

都在被判定为“无药可治”后遭到杀害。那些被囚禁的犹太人都在没有经过任何筛选的情况下被杀害了，因此安乐死行动也是对犹太人进行系统性毁灭的第一阶段。“T4 行动”首次使用了毒气杀人的方式，但这种屠杀政策的根源是纳粹主义的反生育主义。第一，它源自一种观念，即认为绝育不是私人和自由的选择，而是为了人民利益的“人道”选择，它可以取代杀戮。绝育作为“无需屠杀的消灭方法”成为“自然”的政治替代手段——它能够“自然地”（即在没有医药和慈善行为的干预下）防止“不适宜”的人存在。[10]第二，绝育政策的实施让医学和精神病学专家习惯于处理这类身体干预，以及由此导致的死亡（其中大多数都是女性）。第三，蓄意屠杀（1939—1940）的第一批受害者是 5000 名 3 岁及以下的残疾儿童，负责堕胎和绝育的官方机构未能查明他们父母的身份。最后，许多在 1939 年之后积极参与“安乐死行动”的人早前都曾提倡或参与过绝育政策，并且后来在犹太人大屠杀中发挥了重要的作用。

在 1941 年末，“T4 行动”的毒气室和其中的男性人员从德国转移到了东部占领地区的死亡集中营，他们在那里用系统性和工业化规模的方法屠杀了数百万犹太人和吉卜赛人。这种转移在技术、心理和战略方面都具有重大的意义，但也有重要的性别维度没有受到充分的探讨。纳粹使用毒气之前就已经杀害了数十万犹太人，基本上采用了大规模枪击的手段。这些行刑的党卫军似乎经历了相当大的“心理困难”，尤其是在他们射杀妇女和儿童的时候。就连希姆莱和艾希曼在观看妇女和儿童的处决时也觉得恶心。1941 年末，纳粹引进了毒气技术，这不仅加速了大规模屠杀，也因为这是一种“合适的”方法。它是替代流血的一种“人道”形式，能够将党卫军从关于性别的顾虑中解脱出来。[11]因此，第一批移动毒气车（在苏联和塞尔维亚）主要用于杀害妇女和儿童，而情报源通常将后来的受害者描述为“男人、女人和儿童”。当犹太人在波兰建立的犹太聚居区遭到驱逐和杀害时，女性受害人的占比高得失衡[12]。1941 年底，当奥斯威辛集中营的毒气室开始运作时，受害者主要是犹太女性（尤其是那些有孩子的女性），她们一抵达集中营就遭到了死亡的判决——“每个犹太孩子都有一个死亡的母亲”——而犹太男性则更有可能被发派进行强制性劳动。在被驱逐到死亡集中营并遭到杀害的德国犹太人中，将近 2/3 的受害者是女性。而被送往奥斯威辛毒气室的吉卜赛人中，女性占比为 56%。[13]女性在其他数以百万计死者中的占比我们则不得而知了。近来一项针对死亡集中营里纳粹医生的研究发现，这些人从医者变成了杀手，他们能做到这一点，很大程度上都归咎于男性纽带、酗酒以及他们对于“纳粹男性理想”的信念。[14]

带头的杀戮专家对种族灭绝的性别维度绝不是毫无知觉的，希姆莱在 1943 年的一次演讲中解释道：“我们面临这样一个问题：妇女和儿童该怎么办？我也决定在此找到一个明确的解决办法。事实上，我不认为自己有理由消灭这些男人——比如直接或间接地杀死他们——同时又允许他们的复仇者长大成人。“因此，犹太妇女是因为其女性身份被杀害的——也就是作为生育者和下一代的母亲。但希姆莱更进一步，将女性受害者作为自己对种族灭绝定义的核心：“当我要在某个村庄对抗游击队和犹太政委的时候……我的原则也是下令处死那些游击队和政委的女人和小孩……相信我，执行这个命令并不像思考其中的逻辑那么简单……但我们必须要时刻意识到，我们正在进行一场原始的自然种族斗争。”[15] 在此，纳粹主义种族斗争（Rassenkampf）最极端的形式被定义为由男性发起的、专门针对妇女和儿童的致命斗争。一些历史学家承认了这种以女性为核心的种族斗争定义的重要性，他们认为这是纳粹对犹太人进行种族灭绝的特点之一。[16]

纳粹种族政策的女性积极分子是施暴者中的少数群体，在普通女性中也占少数，不过这个群体态度非常强硬和高效。其中未婚且没有孩子的人更加活跃，她们来自各个社会阶级（除了顶层阶级）。而且她们参与种族主义政策主要是出于工作或职业的原因，这一点和许多男人一样。虽然绝育政策完全由男性主导，但一些女性社会工作者和医生会协助挑选候选人。6 个“安乐死”中心的护士协助男医生挑选候选人和执行安乐死。一些女性学者与她们的男性上司一起从事吉卜赛人研究工作，为挑选和消灭吉卜赛人奠定了基础。出于这种目的，她们利用了自己的女性身份，更轻易地接触到了吉卜赛人和吉卜赛文化。负责监管女性的集中营女守卫通常来自较低的社会阶层，她们自愿从事这项工作，因为它能提供一些向更高阶层流动的机会。她们是所有女性纳粹活跃分子中最接近杀戮行动中心，并要为其运作负责的人。认为她们“没有影响到纳粹国家的运作”的观点是错误的。[17] 此外，许多女性与男性一起在复杂的种族灭绝官僚机构中工作，他们在国家和党务办公室里详细地记录对犹太人的定义、隔离、查抄和驱逐的过程。纳粹种族主义不仅作为国家政策被制度化了，而且也被专业化了。

一些历史学家认为，德国女性应该为纳粹的恶行背负罪责，因为她们默认自己不过是母亲和妻子。长期以来，这种观点都很普遍，其中包括了一种错误的假设，即“从目前发现的情况看来，受到迫害和监禁的人大多数是男性”。[18] 但是，妇女的母亲和妻子形象既不是纳粹女性观点的核心，也并非纳粹主义所特有。纳粹主义从一开始就通过许多方式打破了这样的形象，主要是在其种族政策的各个方面。纳粹主义的核心是种族政策，这构成了它的新颖性和特异性。参与其中并需要为之负责的女性很少是母亲，而且她们也没有做母亲和妻子的行为。相反，她们遵守男性主导的专业和工作策略，这些策略推动了种族主义政策的执行。

女性的就业

纳粹主义政权并不排斥妇女就业。尽管这一点自 20 世纪 30 年代以来经常得到证实，但仍然有传言称，在纳粹统治期间，女性受到了强制性的大规模解雇，这样做是为了让她们成为母亲。[19] 事实上，正式注册的雇佣女性数量从 1933 年的 1150 万（这占总雇佣人口的 36%，占所有 15 至 60 岁女性人口的 48%）增长到了 1939 年的 1280 万（仅局限于 1937 年的德国领土之内，如果算上大部分的附属领域，那么这个数字是 1460 万），占到总雇佣人口的 37%，占所有 15 至 60 岁女性人口的 50%。到了 1944 年，实现就业的德国女性人数为 1490 万（包括奥地利），占德国人民劳动力的 53%，其中包括了一半以上年龄在 15 岁到 60 岁之间的德国妇女。德国之所以能从低就业率转变为充分就业，再进入劳动力短缺的阶段，主要是由于军事工业的扩张。工业领域的女性工人数量在 1933 年（120 万）至 1936 年（155 万）间增长了 28.5%，后续两年内又增长了 19.2%。不仅单身的就业女性人数增加了，已婚妇女和母亲的人数也增加了。从魏玛时期到 1939 年，已婚妇女在劳动力中的人数及其在就业女性中的占比急剧提升，从事工业领域的已婚女性在就业女性中的占比几乎翻了一番（1925 年为 21.4%，1933 年为 28.2%，1939 年为 41.3%。所有职业领域中已婚女性的占比：1925 年为 31%，1933 年为 37%，1939 年为 46%）。1939 年，24% 以上的职业女性都有孩子，其中有孩子的已婚女性占到所有已婚职业女性的 51%。通常情况下，一定还会有相当数量的人在官方登记之外的岗位上受雇营生。

在第二次世界大战期间，大约有 250 万外国女性和更多的外国男子一同被带到德国的工、农业场所工作。他们大多来自东欧，被迫进行劳作。这些工人的“种族价值”越低——苏联人最低，其次是波兰人——女性在该群体中所占的比例就越高，尤其是在重型军火行业。1944 年有将近 200 万名外国妇女在德国工作，51% 的苏联工人都是女性（这一占比在军火行业中更高），波兰工人中女性占 34%。苏联和波兰女工加起来占到了所有外国女工总数的 85%。当时，在工业领域工作的所有女性中有 23% 的人来自国外。其余外国妇女从事农业和家政工作。

自 19 世纪后期以来的妇女就业的增长（尤其在工业方面）没有在纳粹时期中断，而且男女之间的工资差异没有显著的改变，不过在一些重要的领域，女性工资提升到了与男性相当的水平。相当一部分女性在“非现代”领域就业（1939 年，35% 的女性从事农业，10% 的女性从事家政服务），但是整体数据表明，与其他国家相比，德国女性的就业水平很高。即便是 1933 年至 1935 年间试图将女性排除在大学和其他许多职业之外的政策也很快被扭转了。实际上，这一政策对女性学术地位的影响远不及经济危机和劳动力市场带来的影响。该政策造成的真正、持久的影响是将犹太女性和男性永久地排除在了各种职业之外。[20] 我们似乎需要对这些事实进行解释，尤其考虑到人们通常认为纳粹的理想女性是母亲和以家庭为中心的形象。这也与纳粹在 1930 年至 1934 年高失业率时期对“双收入者”的频繁抨击相矛盾，双收入者指在正职之外还非法开展兼职的男性，以及受到家庭成员（通常是男性）“支持”的女性。

一种解释是经济现代化的进程过于强大，政府无法阻止或逆转它，因此纳粹顺应潮流调整了政策，希望在更好的未来不用再雇用女性。这种解释（合理地）暗示了，母性崇拜绝非纳粹的总体政策或性别政策的主要目标。另一种解释是，德国女性通过就业来实现“解放”的过程在 1933 年后持续进行。这种推断意味着就业是女性的主要目标。但许多资料显示，在战前（尤其是在战争期间），大多数妇女参加工作并不是为了寻求解放或自我满足，而完全是出于经济需求。事实上，一些女工在战争期间对“小姐、太太们”提出了强烈的抗议，这些人有足够的经济实力，不用在军火及其他战争工业工作，也可以不管政府自 1939 年以来对女性加入战斗工作的宣传和 1943 年对女性劳动力的征召。[21] 事实上，下层阶级的女性只要有能力负担生活就会放弃工作，尤其是在 1939 年之后。在

30 年代末期和整个战争期间，没有哪个找工作的女性会被拒绝。第三种解释认为纳粹将意识形态上对母性的崇拜进行了调整，转变为对女性劳动力的需求。转变的起始点可能在政权建立之初（1933 年），或者是充分就业之时（1936 年），又或者是战争的开端时。然而，这一推断需要我们对纳粹女性观进行全面重构，这方面很少得到深入的探讨。

在 1932 年的选举中，纳粹开始关心妇女选票。因此，他们强烈反驳了反对派声称纳粹政权将解雇女性的说法，纳粹在宣传策略中向大家承诺了一切，甚至包括了对立方的利益团体。他们的承诺之一是维持妇女就业水平（特别是单身或无依无靠的女性），并且让母亲们在不想工作，却出于经济需求不得不工作的情况下能够离职，政府将为她们的丈夫提供就业机会。纳粹党获得的女性支持正是在 1932 年大幅上升的（但我们能获得的数据只包括了一小部分和不具有代表性的部分女性选民）。这几乎消除了从前在投票倾向上明显的性别差异——投票给极端左派或右派的女性比男性要少，而且女性的投票模式也与男性更加接近了（天主教地区除外）。这种投票行为的具体动机尚不清楚（不像纳粹掌权后促使 56386 名女性加入该党的动机那样为人们所熟知）。这些动机可能与男性一样，也可能不一样，它们可能与性别无关，也可能受到了纳粹“母性崇拜”观点的推动，反对纳粹的政党特别强调和谴责了这一点；它们还有可能是纳粹承诺保障女性持续就业的结果。[22]1933 年开始的经济发展很大程度上兑现了这些承诺——除了母亲之外，尤其是工人阶级母亲，她们仍然出于经济需求而不得不工作。

纳粹在妇女就业方面的声明前后很不一致。但是反对“双收入者”的运动得到了纳粹、反纳粹和男性、女性的一致支持。该运动在所有受到经济危机打击的国家中开展，尤其是美国。美国和德国一样，反对“双收入者”的运动随着失业率的下降而消退。在两个国家中，就连受到谴责的母亲群体的就业率也在持续上升。当时在德国和美国都流行着一种观点，即在工作机会有限的情况下，个人有“工作权利”的说法只不过是无管束的资本主义市场力量的另一种表现形式，也正是这种力量造成了经济危机。这激发了人们对依赖于其他家庭成员之人的反对。工作分配不应该依据抽象的个人“权利”，而是应该尊重家庭纽带的需要。[23]

正如我们所见，纳粹主义远非把成为母亲认定为所有女性的唯一任务。在就业方面，纳粹也没有将母亲的身份视作就业的限制，至少其程度没有比 1933 年以前或大多数其他西方国家更严重。有一项研究系统地探究了战争前和战争期间纳粹对女性的看法，并将其与美国女性的公众形象进行了比较，结果表明纳粹没有统一的女性形象，而是杂糅了许多不同的特征。它绝不是维多利亚时代对“真正女性”狂热的过时观点，也不局限于女性的“生理角色”。虽然纳粹理论家们对于女性留守家庭的前景抱有欢迎的态度，但他们从一开始就认识到这是个不可能实现的梦想。理想的纳粹女性服务国家的义务高于一切，无论是在工作中还是在家庭中，也无论是在和平时代还是战争时期。更传统的“母性精神”隐喻原指从事家庭之外的其他“女性”工作，如今扩展到了指代任何类型的艰苦劳动，甚至包括在工厂和农场中工作，只要这都是为了“人民”。相比之下，20 世纪 30 年代美国妇女的公众形象就更局限于“职业：家庭主妇”的刻板印象。当美国的宣传机构从 1941 年开始试图说服女性从事与战争有关的工作时，它不得不打破比德国更为根深蒂固的传统妇女形象。在德国，“女性属于家庭”的口号已经不仅仅局限于私人空间和家庭，而是扩展到指代整个德国的“家”，无论是处于和平时期还是战争时期。[24]

纳粹对妇女的政策中有相当一部分是为了让她们既为市场和战争工作，也为家庭工作。尽管在美国和其他地方，日托服务仍遭到了许多人的抗拒，但在战前和战时的德国，日托受到了提倡并大量建立，以帮助妇女分担她们的双重工作量。但是，直到 1942 年——也就是纳粹主义政权开始 10 年之后，政府才大大改进了 1927 年对在家庭以外工作的孕妇和年轻母亲的保护法律，这样做同样是为了鼓励她们兼顾就业和母亲的身份。1942 年的法律首次规定了国家提供托儿场所的义务。分娩前后的产假仍为 12 周，生育津贴与全额工资相当。而且妇女在怀孕期间和产后 4 个月内不得被解雇。但是只有就业的母亲可以享受到生育津贴。德意志劳工阵线的领袖罗伯特·莱伊（Robert Ley）在 1942 年提出，未就业的母亲也应该享受生育津贴，尤其是那些辛勤劳作的工人阶级母亲。希特勒拒绝了这个提议，理由是国家预算要留给明年的“困难任务”，即战争的开销和非军事屠杀。[25]

产妇保护法将所有犹太女性和“劣等种族”的外国女工（如在德国工作的苏联和波兰妇女）排除在外。特别是没有数据显示其中有多少人是孕妇或母亲。在战争早期，怀孕的波兰妇女会被送回东部，似乎许多人都会故意利用这种方式来摆脱强制性劳动。但是从 1941 年开始，波兰和苏联妇女即使怀孕了也必须留下来。在希姆莱的种族专家、劳工办公室、雇主和医学界复杂的相互作用下，这些女性经常被鼓励或强迫堕胎，而且她们的孩子也从她们身边被带走了。苏联妇女被专门挑选出来从事可能导致流产的工作。因此工作成了反生育主义的工具。征服东部领土的计划（特别是东方总计划）中包括了大量精心设计、自愿和非自愿的方法来降低当地儿童的出生率，这些方法针对的几乎完全是母亲和潜在的母亲。虽然在纳粹执政初期，大规模反生育主义措施的目标只是少数人，但在纳粹胜利后，其目标将是大多数人。[26]

家庭政策、社会改革和纳粹国家福利

最初，特别是在 30 年代早期的选举中，纳粹主义就强调要恢复和稳定家庭，并且承诺实现充分就业（至少对要养家糊口的男性而言）和普遍福利。这些承诺是在经济危机、普遍贫困、家庭生活破裂，以及由于流行病和贫困导致堕胎率极高的背景下产生的。它们通过国家和种族复兴的话语表达了出来，包括呼吁提高“遗传上健康的德国人”的出生率。宣传和随后的政治实践结合了社会福利政策、家庭政策、生育主义政策和性别政策。各项政策执行的强度、效率、投入和结果各有不同。

纳粹对于恢复家庭的呼吁既针对女性也针对男性。宣传部部长约瑟夫·戈培尔（Joseph Goebbels）在 1933—1934 年间的“人口政策运动”尝试推广绝育政策和“出生率必须提高”的观念，同时提出“母亲将在公共生活和家庭中拥有她应得的地位，就像古代日耳曼时期那样”。内政部部长（在他 1933 年的演讲中）抨击了自由堕胎的行为，并强调“对待未出生生命的态度不仅取决于德国妇女和母亲的意识形态，也取决于丈夫的意识形态，必须说服丈夫承担建立家庭的责任”。事实上，一项激烈的反堕胎法当时已经在计划中了，它将超越旧的《刑法》第 218 条，而且它认为堕胎是对国家和种族的冒犯。但反堕胎法被其他更重要的计划取代了。经过各部门的广泛辩论，当局决定废除这项法律。取而代之的是 1935 年的法律，它引入了基于医学和优生理由的堕胎（决定权在于医生）。纳粹时期大约有 3 万例出于优生理由的堕胎，其中许多案例都是强制性的，而且所有这些人都在堕胎的同时被进行了强制绝育。违法堕胎的数量一直是当局关注的焦点，据估计这一数字与魏玛末期相比仅略有下降。1933—1942 年因违法堕胎被定罪的人数与 1923—1932 年相比下降了 1/6（共 39902 人，其中 70% 是妇女）。总体看来，纳粹时期与此前和此后的时期相比，非强制性堕胎的相关政策似乎在实践中没有发生显著的改变。那些执行堕胎手术的医生（而不是女性本人）直到 1943 年才被判处死刑，因为他们“不断伤害德国人民的生命”。显然，这种处罚只适用于给德国女性做堕胎手术的东欧医生。[27]

政府旨在恢复家庭的强力手段之一是对街头妓女开展猛烈的打击（希特勒称她们是“犹太化”的象征和“情感生活的金钱化”）。刑警援引了 1933 年 2 月 28 日关于“保护人民和国家”的法律（新独裁统治的法律基础），以此为由逮捕了成千上万的妓女。但是从 1939 年开始，卖淫受到了鼓励：当然不是自由经营，而是在军队妓院和某些关押特权男囚犯的集中营里（大多数女性都来自其他集中营），以及在外国男性工人的劳改营里安排与其国籍相同的女性。[28]

除了强力手段之外，当局还采取了积极的方式来促进家庭稳定。他们通过了新的国家福利措施来帮助那些想要孩子的人，政府相信经济支持有助于让人们做出要孩子的决定——当时其他国家也普遍这么认为。德国政府为了这一目标制定了三项重要的社会改革。1933 年推出了婚姻贷款，这主要提供给家庭中的丈夫，这些人的妻子曾经有过工作，但却在婚后放弃了工作（不过从 1936 年开始，在充分就业的情况下已婚女性也能保住工作，而且她们经常被要求这样做）。婚姻贷款的利率低微，而且夫妇每生下一个孩子就能得到 1/4 的豁免——生 4 个孩子就能够完全豁免偿还。这项贷款的主要目标之一是降低男性的结婚年龄，从而减少男性对于娼妓的需求。第二项改革是户主可以因为他的配偶和子女而获得收入及遗产税退税。这些退税措施在 1934 年推出，而且在 1939 年数额有所增长，政府同时提高了对无子女之人的征税。第三项是从 1936 年开始，国家会从家中的第五个孩子诞生起向家庭支付每月的育儿津贴。两年后，父母从第三个孩子开始就能得到这笔津贴。这些措施并非德国独有，在 20 世纪 30 年代，意大利、瑞典、法国和西班牙都推行了婚姻贷款；20 世纪 30—40 年代，大多数欧洲国家都通过了类似的税收改革和国家育儿津贴。[29]

尽管如此，德国政府的措施在几个方面具有独特性。重点并不在于政府没有完全负担家庭的生育与育儿支出（这些事情“不应该成为有利可图的生意”），虽然在大多数其他国家，育儿津贴从第一个或第二个孩子出生就开始发放了。

在纳粹德国，生孩子是一个公共问题，但其中涉及的支出仍然是个人问题（这与国家为了防止生育所付出的巨额费用形成了对比）。一个更突出的特点是所有家庭补贴都不会支付给妻子和母亲，而是支付给丈夫和父亲。用一位纳粹部长的话来说，“父亲的概念来自永恒的自然法则”，以及“父亲的概念是明确的，而且必须作为财政措施的核心”。补贴的目的不是提高母亲相对于父亲的地位，而是如财政部所强调的那样，是提高父亲相对于单身汉的地位。父亲的身份被认为是“自然的”，而且人们会因此得到社会的奖励（特别是通过税收改革获得实质性的利益）。未婚母亲只有在其子女的父亲为当局所了解和接受的情况下才能获得育儿津贴。最重要和最独特的一点是，这些措施中没有一项是普适的：那些被认为在优生学或种族上“不合适”的父母或儿童被排除在外。[30] 事实上，育儿津贴直到理想后代的类别被确定下来且有关立法通过后才得以实施：如 1933 年的绝育法、1935 年的纽伦堡法案和禁止重婚法。婚姻贷款机构成为鉴定绝育候选人的主要机构。[31] 从纳粹种族主义的大背景来看，国家推行的家庭福利措施不仅是资助家庭的政策，而且严格意义上是其人口政策的一部分：“不受欢迎的人”没有福利，“遗传上健康的德国家庭”享有福利。

纳粹国家注重对父亲的资助，纳粹党也为母亲们提供了一些福利。二者都将“劣等”的男性和女性排除在外。政党附属机构德意志劳工阵线（German Labor Front）和个别雇主专门为有工作的母亲提供了一些支持。纳粹福利局 Nationalsozialistische Volkswohlfahrt，NSV）包括了“亲子部门”。该组织的负责人埃里希·希尔根费尔特（Erich Hilgenfeldt）认为一位好母亲照顾孩子是出于爱，而没有任何“报酬的动机”，“一旦她希望通过自己的服务获得报酬，那么她就不是一个好母亲了”。NSV 为子女众多的“珍贵”母亲、孕妇，或丧偶、离异和未婚的母亲提供贫困救济。NSV 还帮助她们找工作、成立幼儿园，为她们提供离家的假期并承担了生育和饮食费用。该组织的资金来源不是税收，而是会员费（这种方式是可行的，因为它拥有超过 1500 万名成员，许多德国人更愿意加入以福利为导向的 NSV 而不是纳粹党）以及其他募集和筹款活动。[32] NSV 对母亲的援助侧重于那些“有价值的”穷人，而希姆莱在 1936 年创建的另一个组织则专门帮助那些为种族精英男性（主要是党卫军）生儿育女的女性，从而防止妇女诉诸堕胎。“生命之泉”（Lebensborn）[1] 既不是一个强迫生育的机构，也不是党卫军的妓院。它成立了设备齐全的妇产医院（德国 7 所，后来在挪威成立了 6 所，比利时 1 所，法国 1 所）。从 1936 年开始，德国只有不到 2000 名妇女在这样的机构中分娩（再加上二战期间被占领的挪威的 6000 名妇女），其中 2/3 的人是未婚妈妈。在被送进产房之前，她们本人和父亲的种族和优生资格都要经过检查。从 1939 年开始，德国的产房被用来收容来自东部征服领土的“有价值的”孩子，这些孩子的父母遭到了杀害或被绑架。[33]

绝大多数的母亲得到的是荣誉和宣传，而不是高昂的福利。大家庭联盟（League of Large Families）最初成立于 1918—1919 年革命期间，为贫困的大家庭争取福利待遇。1935 年该联盟被并入纳粹党的种族政策办公室，它开始宣传纳粹的种族政策，但却没有资金提供给贫困的家庭。它被视作一个精英组织，代表了“雅利安人种、遗传上健康的人群和有序的家庭”。种族政策办公室的领导宣称：“我们已经不再赞颂那些光是人数众多的大家庭，而是会严格区分属于人民及其自身财富的大家庭和反社会的大家庭——他们是国家命脉的负担。”[34]1937 年，200 名联盟成员（大部分为男性）获得了“荣誉簿”，他们得以享受特殊的家庭福利。1939 年该组织设立了一项没有实际福利的荣誉（母亲十字勋章），该荣誉专门颁给生育了 4 个或以上孩子的母亲。这项荣誉的准入条件比那些给予物质利益的荣誉要宽松一些，因此到 1944 年为止，得到十字勋章的母亲有 500 万名。

生育主义的宣传和旨在实现生育主义目标的福利措施效果有限。1933 年，德国的出生率在国际上来说都是最低的，到 1936 年，出生率增长了约 1/3（每千人中的新生儿数量从 14.7 增长为 19，净生育率从 0.7 涨到 0.9）。出生率恢复到了 20 世纪 20 年代末的水平之后就陷入了停滞，第二次世界大战期间生育率再次下降。出生率增长的主要原因是许多夫妇在大萧条时期因为经济原因不能要孩子，当就业情况改善后他们便开始生育。大约只有 1/4 的已婚人士申请了婚姻贷款，这些人通常都是想要孩子的夫妇，而妻子在结婚之后都辞职了。他们显然不用担心强制性体检会暴露自己的身体缺陷，从而被绝育，而不是得

[1] 生命之泉（Lebensborn）：生命之泉是纳粹党卫军的下属机构，其目标是进行生育试验，提高“雅利安人”子女的出生率。该组织安排未婚女性进行生育，生下的孩子由“种族健康”的父母领养。——译者注

到贷款。一般来说，婚姻贷款的受助人只在第一个孩子身上享受到了债务减免的福利，他们更愿意用现金偿还剩余的贷款。育儿津贴也没有带来进一步的生育增长。在所有已婚妇女中，生育了 4 个或以上孩子（这一数字被纳粹人口学家称为“有价值”妇女的“义务”）的女性比例从 1933 年的 25% 下降到 1939 年的 21%。在 1933 年结婚的夫妇中，31% 的人到了 1938 年还没有孩子。[35] 其他在 1933 年后结婚并有了小孩的夫妇，他们的孩子数量限制在了 3 个之内，因此在纳粹掌权之前，德国维持了和其他工业化国家一样的人口发展趋势特征。

两个特殊群体的行为说明了纳粹生育主义的局限性和特殊性。纳粹党的公职人员，即“有价值的”德国人，他们才是生育主义政策的真正目标，也是纳粹主义的支持者，他们表明自己相信生育主义的目标是为了他人，而不是自己。但是让纳粹人口学家感到遗憾的是，1933 年至 1937 年结婚的官员中有 18% 在 1939 年仍无子女，42% 的人有一个孩子，29% 的人有两个孩子。党卫军队伍的成员全部都是男性，到 1942 年未婚的人占比 61%，而已婚之人的平均后代人数为 1.1。医生群体中的情况也是如此，他们是纳粹党员和党卫军成员中人数最多的专业群体。精英阶层对纳粹主义的服从和他们的子女数量明显呈现出一种相反的关系。反过来，数据显示，有另一组人群的子女数量要高于平均水平：这些人的婚姻贷款和育儿津贴都遭到了拒绝，原因是他们的行为“不守规范”，被归类为“反社会的大家庭”。纳粹主义人口学家时常指出，孩子数量超过平均水平的家庭中有多达一半属于不受欢迎的家庭。[36]

当平均出生率在第二次世界大战期间下降时，出现了两个明显的小规模婴儿潮。同时代的人注意到了这一现象，并对其进行了解释。1939 年的就业女性（尤其是工人阶级的女性）被禁止辞职，因为战时经济急需她们——除非她们怀孕了。孕妇和年轻母亲也可以免除参加 1943 年实行的劳役。许多德国妇女宁愿生孩子，也不愿意为了战争而工作（1939 年至 1941 年间，就业妇女的人数减少了 50 万，但到 1944 年又增加了 80 万）。显然，这些女性的个人策略——通过生育来反抗战时工作，与官方为东欧“劣等”女性设计的政治策略——通过战时工作来避免生育恰好相反。

纳粹关于复兴家庭以及让“母亲在公共生活和家庭中有一席之地”的宣传欺骗了当时许多德国人，包括相当一部分在 1932 年为纳粹党投票的女性，她们可能相信（就像其他国家的众多女性一样）生育主义是提高母亲和女性普遍地位的一种方式。它还欺骗了那些没有把其他同样明确的纳粹宣传目标（比如种族政策）当真的男性和女性。在宣传中和实际政策中，反生育主义优先于生育主义。国家的福利措施侧重于对父亲的支持，而对于母亲的帮助则留给了党内的贫困救济和精英人士的推广。所有“支持家庭”和“支持后代”的措施都将种族上和优生学上的“劣等人”排除在外。总而言之，纳粹人口宣传和政策的核心并不是生育主义和对母亲的崇拜，而是反生育主义和对父亲及男子气概的崇拜。

尽管纳粹的家庭政策没有促进出生率的增长，但至少在战前它让公众越来越相信纳粹政权有能力克服经济危机。大多数人认为以后代为中心的国家福利只是一种社会改革，可以用来补贴他们的低收入，帮助他们拥有自己渴望的孩子。尽管反生育主义的绝育政策不受欢迎，但很少有人关注这一政策的受害者，以及那些被排除在“遗传上健康的和日耳曼的”家庭之外、不能获得福利的人。像这样的国家家庭援助形式并不是纳粹主义特有的，也不是纳粹种族主义的一部分，而是现代欧洲福利国家大趋势的一部分。然而，纳粹政权却将其与自己的种族主义政策联系在了一起，拒绝为那些被认为是“劣等”种族的人提供福利。在这个意义上，纳粹主义的“种族复兴”政策不是一项家庭福利和提高母亲地位的政策，而是一项旨在破坏传统家庭价值观的政策。

纳粹人口政策在其他方面也有违传统的家庭生活。例如，1938 年的一项新法律允许夫妻在一方患有“遗传性疾病”、绝育或不孕不育的情况下要求离婚，这对于妻子（特别是老年的妻子）会造成严重的后果，因此妇女提出了抗议。当时的人们认为，纳粹将德国人按性别和年龄划分组群的尝试是对家庭的进一步攻击。一个流行的笑话就影射了过度组织化家庭的情况：“我的父亲是冲锋队成员，我的哥哥是党卫军，我的弟弟在希特勒青年团，母亲在纳粹妇女联盟，而我是德国少女联盟的成员。”“那你们什么时候见面呢？”“哦，我们每年都在纽伦堡的全国党代会上见面。”[37]

政治、权力和纳粹妇女组织

早期纳粹党内女性成员的比例低于其他任何政党。即使在 1934 年，其占比也只有 5.5%。1935 年，纳粹党认为大约 40% 的男性党员和 70% 的女性党员都“不活跃”。更多的妇女加入并参与了纳粹妇女联盟（Nationalsozialistische Frauenschaft, NSF）。该组织成立于 1931 年，它由一些主张民族复兴或纳粹主义，且颇有自主权的地方妇女团体合并而成。1935 年它被提升到了党内附属机构的地位，成员人数从 1932 年末的 11 万人增加到 1935 年的近 200 万人。从 1934 年开始，该组织由“德意志妇女领袖”格特鲁德·舒尔茨－克林克领导。它的目标是招收女性纳粹精英，因此在 1936 年之后很少有候选人被获准加入。这些精英的目的是组织德国妇女，教育她们应该承担的国家和政治任务。大批德国妇女（20 岁以上的女性约有 2400 万，1938 年德奥合并后约有 3000 万）被要求加入德国妇女组织（Deutsches Frauenwerk，DFW）。这一组织同样由舒尔茨－克林克领导，但它不是官方的党内附属机构。最初，它并非由个体成员加入而形成的，而是由各种团体合并而成，例如魏玛时期遗留下来的妇女组织。这些组织都经过了“协调”（gleichgeschaltet，这种程序中暗含了将犹太妇女排除在外的过程），当然，犹太妇女联盟是个例外，这一组织在 1938 年解散了。当时的德国妇女组织大约有 400 万名企业成员，尽管该组织发动了积极的招募措施，个人成员的数量还不到 200 万，其中有近一半人在被吞并的奥地利和捷克斯洛伐克。[38]

加入男性主导的纳粹党的 NSF 成员很少（1935 年占比约 10%），DFW 成员就更少了，不过两个组织中大约 1/3 的领导都加入了纳粹党。1938 年，担任领导角色的女性人数将近有 32 万。研究纳粹女性组织的历史学家们认为，这些数字表明女性对于纳粹主义的认同相当温和，尤其是与男性的认同程度和克林克所谓“统一领导所有德国女性”的宣言相比更是如此。有学者强调这些组织缺乏政治权力，组织内外大多数女性的态度都是被动而不情愿的，而且她们也没有参与纳粹的暴行。[39] 然而，从女性史和性别史的角度来看，这些数字值得注意。

正如运动中的男性一样，早期的纳粹女性领袖比后期的纳粹女性精英们的观点更激进。首先，这些女性中有许多人反对该运动中完全由男性组成的纽带，并要求妇女在新国家中扮演重要的角色，包括让她们获得就业、专业技能和参与政治的机会。她们同时攻击了“旧”的妇女运动，说那些运动只聚焦于少数年长的中产和上流阶级女性的权利。她们认真对待“纳粹主义”的思想，要求各个阶层女性（包括母亲）所做出的社会贡献都能得到认可。其中有些人认为育儿津贴也应该付给母亲，她们对于男性运动只是口头支持“母性崇拜”感到遗憾，并且批判了正在成形的家庭福利计划，因为这些计划仅针对父亲。[40]1934年之后，这样的声音就消失了。克林克的组织——特别是其中两个主要的部门，国民经济部（Volkswirtschaft/Hauswirtschaft）和帝国母亲服务部（Reichsmiitterdienst，RMD），专注于教育女性家务和身为母亲的工作。从1937年开始，虽然该组织的态度有些迟疑，它也处理女性在学术领域的晋升问题，并且引导女大学生从事“社会主义”任务，即协助工人阶级妇女工作和照顾家庭。

在运动的早期阶段，纳粹妇女团体及其领袖经常直言不讳地反对男性主导，但无论在早期还是后期，她们都将民族和种族复兴放在首位，她们通常以反犹太人的论战来表达这一点。舒尔茨－克林克个人认为，“女性问题”应该放在抵抗种族“堕落”的斗争和为“我们的人民”牺牲之后，而且女性应该与男性合作来开展这种斗争和牺牲。在她看来，过去的妇女运动强调的“女性是人民中的一个特殊群体”是错误的观点，而且她认为性别合作应该优先于“女性问题”。虽然政治是男人的事，但女性也应该学会“政治思考”，这意味着她们“不应该问纳粹主义能为她们做什么，而应该问自己能为纳粹主义做什么”。她们首先应该是德国人，其次才是女性。在这种观点之下，性别差异无论在普遍意义上还是在纳粹运动中都不是一种目的、身份或利益方面的差异，而是朝着同一目标的任务分工。舒尔茨－克林克引用了当时男性运动的口号，她坚持认为女性应该与男性一样，“身体和灵魂都达到全面的平衡”。纳粹妇女领袖坚持认为日耳曼和非日耳曼、纳粹与非纳粹主义的科学、学术和历史存在差异，但她们却断言“在科学方法上不存在性别差异”，在学术上也没有“女性特有的求知欲望”以及“女性特有的方式”。最重要的是，婚姻和母性——各个阶级妇女的共同特征，必须适应全新的种族和绝育法，这将母亲和未为人母的女性与“人民”的命运联系了起来。[41]

NSF/DFW尤其希望组织和教育全职主妇和母亲，因为她们一直很不情愿加入纳粹主义的事业，特别是她们通常认同教会。[42]该组织通过RMD的产妇课程得以接触到成员之外的更多人。女性在健康问题、家务工作（主要是烹饪德国菜肴，以满足德国自给自足的需要）、缝纫、婴儿护理、儿童教育和德国民俗方面都能获得指导。这些老师都是全职、兼职或志愿工作者（带薪员工由

3500 名女性组成，部分收入由政府补贴，但主要经费来源是筹款）。战争期间，DFW 组织妇女在邻里之间开展援助。从 RMD 成立的 1934 到 1944 年，500 万名妇女参与了产妇课程。每个班级约有 20 名妇女参与长达 10 天，总时长 24 小时的指导。在以前，即使有这种指导也只有城市女性能接触到，但 RMD 也会为农村妇女派遣教师。参与课程的已婚、未婚女性的比例几乎相同。1937 年，在有收入的课程参与者中，蓝领工作者占比 37%，白领工作者为 45%。在已婚的参与者中，34% 的人嫁给了蓝领工人，17% 嫁给了白领工作者。民俗是人们上得最少的课程，超过半数的参与者都选择了家庭和婴儿健康课程。看来这些课程也是这一时期婴儿死亡率显著下降的部分原因。[43]

与此同时，健康课程被用来推广“种族和人口政策”，这属于纳粹种族主义大背景的一部分。从早期的绝育到后来屠杀的种族政策，这些任务大多被交给了“健康”权威和医疗行业，也就是医生、精神病学家和遗传学家。舒尔茨－克林克将“种族和人口政策”确立为组织内成员“精神构成”的核心。她有时为妇女普遍对绝育政策缺乏认同而感到遗憾，并提出要采取特别的措施来推动天主教工人阶级女性接受绝育（天主教妇女对于绝育的抵抗态度最为激烈，因此也反对 RMD。最终，天主教母亲组织于 1935 年被列为非法组织）。“遗传卫生”从一开始就被纳入了母亲的教育项目中。1935 年，克林克成为内政部“人口与种族政策专家委员会”的成员，这是该领域的主要咨询委员会。1936 年，她在 DFW 中成立了“种族政策”部门。从 1935 年开始，纳粹党种族政策办公室的负责人等专家（通常是男性）会在柏林政治大学向 NSF 的领袖传授这方面的知识。“无药可救”的犹太妇女和患有精神或情绪障碍的女性都不能成为 NSF/DFW 的成员。[44]

在精英组织 NSF 中，组织良好的中央和地方教师培训课程最为有效。到 1938 年为止，近 38 万名受过专门培训的女性在 DFW 成员（甚至可能在普通公众中）充当了纳粹意识形态的重要宣传者。但是，在参加过地方育儿教育课程的数百万女性中，大多数人似乎都没有把“种族和遗传防护”太当真。即使在 NSF 的高级教师培训中，人们对于种族、遗传和优生学的兴趣也有限。被特别的“种族政治”课程所吸引的 NSF 领袖不到 1/10，其他人更喜欢家庭主妇、护理、社会福利、慈善和邻里援助等普通的课程。地方课程的参与者的情况也是如此。尽管 NSF/DFW 的宣传和教材中充斥着“种族和人口政策”，但它们很少公开提及绝育和反犹太主义。在这一点上，它们与国家规定的女生教科书有所不同（当然，我们不知道课堂上具体说了什么）。NSF/DFW 的出版物中没有纳粹男性出版物中盛行的色情反犹太主义。[45] 这并不意味着 NSF 和 DFW 的领袖信奉纳粹种族政策的程度不如她们的男性同僚。相反，她们似乎已经适应了女性成员更务实、更人性化的需求。大多数强硬的女性种族优生主义者更喜欢活跃于 NSF/DFW 之外，与男性一起开展宣传活动。

NSF/DFW 在纳粹政权中没有什么权力，甚至在妇女问题方面也是如此。其领袖时而声称他们以女性为基础、由女性来领导，已经单独组织了 1200 万女性——有时会说“所有德国女性”。但这并非事实。大多数纳粹组织的女性成员发现自己仍处于男性领导之下，这常常让 NSF/DFW 的领袖感到沮丧。DFW 被禁止组织 10—20 岁的女孩。这样就只剩下 10 岁以下的女孩和 21—30 岁的“青年”女性群体。因此，DFW 的领袖们不得不面对代际问题，她们曾因为同样的问题尖锐地批判了魏玛时期的妇女运动。德国少女联盟（Bund Deutscher Madel）是男女融合的希特勒青年团下的一部分，但在青年团内部，两性是隔离的，而且由男性领导。从 1936 年开始，其成员资格具有强制性。在舒尔茨－克林克声称领导的 1200 万女性中，大多数只是名义上由她领导，而实际上则加入了由男性领导的男女融合组织。农村的家庭主妇都属于国家粮食集团。400 万女工都是罗伯特·莱伊领导的劳动阵线成员，该组织（而不是 NSF/DFW）时不时会发起提高女性工资和产妇保护的运动。女教师、学生、医生、劳工都属于各自的融合组织。甚至地区的 NSF 活跃分子也不太依赖中央的女性领导，而更依赖当地的男性政党领袖。[46]NSF/ DFW 甚至无法为母亲提供急需的支持。除了建立大量的幼儿园外，它只能提供“精神塑造”。该组织的领袖也没有试图干涉 1935—1936 年以父亲为中心的育儿津贴立法（不过他们对于 1942 年保护就业母亲的法律感到自豪）。母亲们既没有从国家，也没有从妇女组织获得物质支持，而是从男性主导的纳粹党福利组织中得到了。这样的福利组织为贫困的母亲提供援助，为就业母亲提供幼儿园等福利。在纳粹政权下，早先的妇女运动所声称的由女性主导的“女性领域”——成为母亲和发展慈善事业——也落入了男性领导之下。

在第二次世界大战期间，NSF 没有参与屠杀和种族灭绝。它当时发挥的主要作用之一就是帮助妇女在空袭和撤退的困难条件下生存，而且它的帮助往往非常有效。但它的另一个目标是向德国妇女灌输不要与数百万东欧男、女工人混在一起的思想（以及避免与他们发生性行为），有时它会谴责那些违反了严格禁令的女性。这种努力其实是徒劳的，纳粹当局直到战争结束都在谴责女性在这方面普遍缺乏“种族意识”，并试图通过大量的刑事定罪来提高这种意识。[47]即便如此，NSF 所灌输的思想很有可能让大多数德国妇女没有积极地抵制纳粹主义及其种族政策。他们对于母性、隐私和家庭价值观的重视很少会将那些被政权剥夺了价值的男、女包括进来。妇女抵抗在很大程度上仍是一个未被探索的领域。她们在男性主导的抵抗组织中似乎发挥了重要的作用，但这一点却时常受到低估。女性抵抗的个案表明，她们的反抗往往不同于男性，而且缺乏规划和组织。例如，妇女的抵抗包括通过隐藏和保护被迫害者来支持他们。确切地说，这些行为在有效实施的时候，没有引起秘密警察和其他纳粹当局的注意，她们留下的书面资料比男性主导的抵抗组织少。[48]但是，妇女抵抗似乎并不比德国男性更普遍，除非进一步的研究能提供其他的证明。

第六章　从共和国到佛朗哥时期的西班牙女性

丹尼尔·伯西·吉内瓦（Danièle Busy Genevois）

共和党和社会党联合阵线在 1931 年 4 月 12 日的选举中取得了压倒性的胜利，国王阿方索十三世认为君主制已经终结，他别无选择，只得逃离国外。4 月 14 日，共和国在一片欢声笑语中宣告成立——该事件对西班牙女性的生活产生了深远的影响。对她们而言，波旁王朝的君主制意味着压迫。1876 年的宪法恢复了王权与神权的联盟，并且让天主教重回官方宗教的地位。以《拿破仑法典》为基础的西班牙法律体系极其严苛。因此，西班牙女性需要服从于教会和法律的双重权威。她们没有政治权利，而且尽管女性的教育水平有所进步，1930 年仍有 44.4% 的妇女是文盲（低于 1900 年的 60%）。政变在国王的暗中鼓动下发生了，米格尔·普里莫·德里维拉将军（General Miguel Primo de Rivera）于 1923 年建立起了独裁统治，并于 1924 年颁布了一项法令，赋予作为一家之主的女性在地方选举中投票的权利（这一措施受到了墨索里尼统治下的意大利的启发）。德里维拉将军还允许一些妇女参加协商会议。但是，当 1930 年普里莫·德里维拉的独裁政权垮台后，一切又恢复原状。

西班牙共和国在赋予女性权利方面，位于欧洲议会民主制的前沿。西班牙女性早在 1931 年就获得了投票的所有重要权利——即便西班牙在第一次世界大战期间始终维持中立。反观法国，众议院为了纪念女性在战争期间做出的贡献，通过了赋予女性投票权的法案，但该法案却遭到了参议院的多次拒绝。然而，西班牙在取得了这些进展之后，佛朗哥将军等人于 1936 年发动政变，反对当权的共和政府。他们希望让女性回到“唯一适合她们的地方——托儿所”（这正是 1938 年劳动宪章的说法）。

西班牙女性常被描述得极具吸引力，从 19 世纪欧洲的蛇蝎美人卡门（Carmen）到西班牙作家克拉林（Clarin）小说《庭长夫人》（*la Regenta*）中的主角——一位在爱情与宗教之间挣扎的女子，但这种描绘却有一定的误导性。现实中的西班牙女性则是为各种意识形态服务的“神话”主角，从被称为“热情之花”的共产主义煽动者多洛雷斯·伊巴露丽（Dolores Ibarruri）到无政府主义的卫生部部长费德里卡·蒙塞尼。让我们将这些表象放在一边，试着去追溯真正的西班牙女性生活。从解放到“国有化”，她们经历了一条起初激动人心，后来却充满恐惧的道路。

共和国的进程

随着共和国的到来，权力流向了由作家、医生、教师和法学家所构成的知识分子精英阶层和社会党。社会党先是在普里莫·德里维拉的独裁统治下，然后在 1930 年 12 月之后的君主制下经受了多年的镇压，但社会党的支持率不断上升。1930 年 8 月 18 日的《圣塞瓦斯蒂安公约》（Pact of San Sebastián）提出了一项基本的结构改革计划，废除了“旧政权”和教会的社会特权。

女性的要求

长期以来，西班牙的民主思想家都在提倡一系列有利于妇女的改革。现有的性形式和婚姻形式受到了普遍谴责。许多作者抱怨说，女性在文化和法律上都受到了低人一等的对待。极高的出生率带来了欧洲最高的婴儿死亡率。男性通奸受到容忍。非婚生育的比例很高。卖淫很普遍，性病也是常见疾病。反君主制的法学家们呼吁推行法律改革，志同道合的医生也呼吁人们进行婚前健康检查，并为有孩子的妇女提供医疗援助。许多改革者都支持离婚，但也有相当一部分进步人士担心，依照西班牙习俗的现状，离婚可能会让男性像东方的君主那样抛弃自己的妻子。社会党的首要任务包括规范劳动、离婚合法化和废除卖淫。虽然无政府主义在西班牙是一股重要的政治力量，但无政府主义者从根本上反对国家的概念，他们在奠定共和国基础的运动中发挥的作用很小。不过，他们确实为自由恋爱和避孕而战，并被卷入了无数的工团主义斗争。

女性本身是否积极地参与了旨在提高她们地位的运动呢？许多女性是工会

成员，但女性领袖的数量很少。玛格丽塔·内尔肯（Margarita Nelken）在1919年对女性的工作条件做出了苛刻的评价：妇女在工作的时候生孩子，在家里干活和奴隶没什么差别，而这项法律也被人们普遍忽视了（1920年后国际劳工组织的决定也一样被忽视了）。[1]与共和派知识分子关系最密切的女性是公务员，主要是教师，还包括少数记者（1918年的一项法律允许女性从事某些职业）。

西班牙妇女团体最早出现于20世纪初。他们早在1915年就与妇女和平与自由联盟建立起了联系，1918年全国妇女协会（ANME）成立。其他战后女性主义组织也成立了起来，并开始发行报纸。妇女团体主要关心的是投票权、废除卖淫、新的教育机会和法律改革等问题。另一方面，工人运动的代表则对投票权表示怀疑，他们认为投票权是资产阶级的要求；而女性主义者和一些男性评论家似乎对离婚的合理性也持怀疑的态度。

提议的改革

新政府一掌权就开始改革国家结构：他们鼓励区域自治，实行政教分离，开始农业改革，并全面开启部队改革。影响妇女和家庭的措施必须要在这一背景下解读。回顾过去，改革有三个突出的特点格外令人惊讶：首批措施的紧急推行、妇女投票权的合法化，以及家庭法的变化。政府在两年之内修改了西班牙法律，希望能就此改变西班牙人民的态度。

1931年5月8日至26日颁布的一系列法令可以视作新统治者修复君主制不公正之处的决心，临时政府在这些法令中“审视了妇女和农民的处境”。[2]女性被授予了竞选公职的权利——这个决定无伤大雅，因为很少有女性具备必要的资格。工作的女性获得了生育保险，这是一项社会党考虑已久的措施。4月和5月是为新共和国庆祝的时候：人们戴着弗里吉亚式的帽子，游行的时候搭配上新政权的颜色；音乐厅里开展着表演，而且选出了共和国小姐。政府早期的慷慨措施反映了当时的乐观精神。

女性举办了热情的演讲和集会来支持投票权，她们声称这是迫切的需求。然而，直到10月1日，宪法第34条才通过，她们在此期间经历了艰难的辩论。西班牙妇女如果获得了投票权，她们将构成一半以上的选民。当这一点变得越来越清晰的时候，政府的慷慨变成了焦虑。大多数激进分子认为，“妇女受到了神父的控制”，许多社会主义者也持同样观点。不少共和派人士抱有厌女的态度：有人曾说过，“女人天生就歇斯底里”。还有人说女性只有在更年期之后才能理性地投票，因为月经周期会干扰她们的思维。最后的结果由两名女议员的历史性对峙来决定：激进社会主义派律师维多利亚·肯特（Victoria Kent）和激进派律师克拉拉·坎帕莫尔（Clara Campoamor），后者是首位进入马德里法律界的女性。肯特因为替事涉 1930 年 12 月叛乱的共和派辩护而享有声望。坎帕莫尔是西班牙在国际联盟的代表，两人的主张都极具说服力且令人动容。肯特认为“理想化”的措施应该暂缓，而坎帕莫尔则强烈要求平等。坎帕莫尔赢得了胜利，她说服社会主义者投票支持这项举措，这让女性主义者们感到欢喜雀跃。（社会主义者玛格丽塔·内尔肯后来才入选立法机关。她对妇女选举权持反对的态度。）

新议会为了让西班牙欧洲化和现代化，推行了一项旨在“救赎”女性的家庭改革政策（甚至西班牙的左翼话语也常常带有宗教色彩）。民事婚姻得到了承认，在激烈的辩论后离婚也合法化了（1931 年 12 月宪法的第 41 条；1932 年 3 月 2 日颁布的法律）。西班牙法学家倾向于寻求国外的模式。然而，他们抗拒苏联在某些方面所提倡的先例，而且也忽视了国内无政府主义者提出的解决方案（其中一些人，比如年轻的希尔德加特就在积极地为自由主义事业和节育计划奔走）。[3] 这些法学家们将目光投向了魏玛宪法，并且宣称婚姻是家庭的基础，男女应该地位平等。他们还大量借鉴了法国的离婚法。不过，新的西班牙法律在某些方面具有独创性。非婚生子与婚内子女享有同等的权利。双方同意的离婚是合法的。法律提到了“父母的”权威而不是“父亲的”权威。这在一个父权统治的国家里的确是大胆的改变。

改变的回响

客观看来，西班牙的立法者们似乎陷入了矛盾的境地。社会主义者希梅内斯·德·阿苏瓦（Jiménez de Asúa）因发表节育演讲而被普里莫·德里维拉将军流放，阿苏瓦认为堕胎“在西班牙不是问题”。共和国的总统阿尔卡拉 - 萨莫拉（Alcalá Zamora）是一位虔诚的天主教徒，他没有做出任何反对离婚的举措。由于缺乏对西班牙女性立场的分析，导致许多问题都变得模棱两可：社会主义者弗朗西斯科·拉戈·卡瓦列罗（Francisco Largo Caballero）发现许多女性都抗拒生育保险政策，因为她们不想付保费，还有一些未婚女性认为这种保险毫无用处。而且更糟糕的是，她们认为这是对自己“荣耀”的侮辱。卡瓦列罗对此深感意外与失望。他非常了解其他欧洲国家工人的要求，所以他难以承认西班牙的与众不同。卡瓦列罗对此的反应体现了其对此欠缺理解：“现在的情况是西班牙女性仍处于奴隶地位。”[4]不过法律还是在逐渐推进下实行了。

关于离婚的统计数据显示，它的影响远小于人们的想象。新法律的影响主要体现在支持左翼的大城市和地区，但即使在马德里，每 1000 对夫妻中也只有 8 对以离婚告终。[5]然而，新法律对右翼的刺激远远超出了其实际影响：长枪党（Falange）的创始人、独裁将军普里莫·德里维拉的儿子何塞·安东尼奥·普里莫·德里维拉（Jose Antonio Primo de Rivera）谴责人们让“感官”占据上风。他认为婚姻的伟大在于它“只有幸福或悲惨两种结局”：“一个无法在登陆后烧毁船只的人也无法创建帝国。”[6]

改革家庭的措施所带来的真正影响可能作用在民族意识上面。我们可以从当时的报纸和自传中了解到这一点。人们满怀激情地倡导或反对新法律。一位君主主义者打算付给教会一笔钱，让主教废除他女儿的婚姻，这样她就不用离婚了。一位治安法官在婚礼进行到一半时溜走，这样他就不必为一对离过婚的人举行婚礼。民事婚姻公告祝贺“摆脱了教会枷锁的同志们”。社会上还出现了“世俗洗礼”，这些受洗的孩子被命名为“自由”、“生命”、“萌芽”和“花期”。种种这样的现象——痛苦的矛盾、合理又丰富的创新，可能是表明西班牙人正感觉自己生活在一个前所未有时代的最好证据。

日益紧张的局势

改革虽然持续了两年的时间，但共和国的寿命却很短。尽管拥护阿方索十三世的君主主义者，卡洛斯主义者，愿意容忍共和国的保守派人士，法西斯主义者等右翼人士之间也存在内部分歧，但从新政权宣布成立的那一刻起，右翼派系就开始密谋推翻它。最近公开的梵蒂冈档案证明，西班牙教会发布了数不尽的主教牧函来谴责改革，而梵蒂冈官方虽然宣扬审慎的态度，却在暗地里推动阴谋的进行。[7]第一次重大政变发生于 1932 年 8 月 10 日，这次政变集结了所有反对政权的人：军队、教会、君主主义者、保守派和大地主，他们选择前国民警卫队首领桑胡尔霍将军（Sanjurjo）作为领袖。

右翼的女性

尽管右翼起义以失败告终，其煽动者都受到了流放或监禁的惩罚，但这一事件开始让人们关注右翼心目中女性应该扮演的角色。1932 年 1 月和 5 月新出版的刊物呼吁女性帮助被监禁的右派人士及其家人。她们为右派人士祈祷和赠送礼物，礼物从西班牙各地被不断地送过来，但她们的使命不仅如此。这种新的文化出版物成为公开政治机构的替代品，后者受到了政府的禁止。这些刊物中似乎包含了秘密信息，它们的传播引起了人们的怀疑。

实际上，妇女被征召参与全面的政治运动，主要是反对国家、公立学校和选举领域的世俗化。目前我们尚不清楚对右翼妇女的动员是服从男性领导还是她们自主行动的结果。以投票权为例：在政治上利用妇女投票权的想法就来自于领导层。君主主义者先是宣称妇女选举权和普选一样令人反感（“就像一个所有人都必须要跳舞的粗俗舞会”[8]），后来又接受了何塞·马利亚·吉尔·罗伯斯（J. M. Gil Robles）的观点。吉尔－罗伯斯是西班牙右翼自治组织联合会（CEDA）未来的领袖，他和纳粹也关系暧昧。他认为妇女的选票是“来自国家的意外礼物”，当务之急是将其“组织”起来。“公教进行会”（Catholic Action）等临时解散的团体为了这个目的又再次活跃了起来。这些团体在独裁统治下获得了必要的组织能力。当普里莫·德里维拉将军让支持者们都失去了耐心，他的法西斯主义爱国联盟也失败了之后，他乐于见到妇女们于 1929 年为他组织示威游行，而且诸如《西班牙女性》（*Mujeres Españolas*）等报纸也专门鼓励女性。但是到 1932 年，女性表达崇敬的方式已经不再是向年长的将军送上支持请愿书或献上花束了。问题在于如何能尽快让女性参加恢复活跃或新成立的组织。大约 38000 名妇女加入了公教进行会；仅在马德里就有 5000 名女性加入了由杂志《志向》（*Aspiraciones*）所成立的同名组织；12000 名妇女参加了在加利西亚举办的集会，4000 名妇女参加了在萨拉曼卡的另一次集会。这些细节已经毋庸赘述了，关键在于：短短几个月的时间里，大量女性都参与了反对政府的运动。其中有些女性四处奔走：君主主义者玛丽亚·罗莎·乌拉卡·佩斯德（María Rosa Urraca Pastor）在 4 个月内举行了 50 场集会。还有人向公教进行会工作坊的雇员和在家工作者开展宣传，而且编写了右翼同情者的秘密名单。在马德里，妇女向 230886 名选民发放了登记卡。一位社团专栏作家承诺会去争取自己美发师的支持。妇女们被鼓励组织“慈善茶会”来帮助这项事业。

如果说运动早期的主动权来自领导层，那么女性很快就开始自己出击了。她们佩戴着象征君主制的十字架和百合花首饰，并拒绝支付因为这样做而须缴纳的 500 比塞塔罚款。她们为此入狱，而且成了这项事业的殉道者。来访者们成群结队地去狱中看望这些女性，而且呼吁要对她们减刑。实际上她们被判处的刑罚很轻。巴伦西亚的主教甚至将一个银制乌木雕刻的十字架送给了一位被囚禁在城里的年轻贵族女士。宗教的确是又一个女性特别活跃的领域。许多人对宪法和后来建立世俗国家的立法表示抗议，这些法律阻止神职人员传教，而且解散了耶稣会。抗议的形式多种多样：妇女挥舞着十字架游行，并让孩子们带着沉重的十字架去上学。她们将神职人员带回家，签署请愿书，协助筹款来成立私立学校，并且抵制共和派的商店老板。女性媒体在此也起到了作用：《志向》杂志（最近被发现）处于激烈的反共产主义、反犹太主义宗教战争的核心。在 1932 年和 1933 年，身着丧服的女性在圣心节举行了大型集会。

事实是否像许多人所认为的那样，右翼女性要为 1933 年 11 月选举投票的风向转变负责？这一假设没有得到关于选举结果研究的支持。[9] 右翼虽然确实组织良好，但我们也必须考虑其他因素。温和共和派对于政府反神职人员的措施感到不满；社会主义者从政府离开；无政府主义者的不作为——他们革命的努力已经遭到了严厉的镇压；最后，选举法也偏袒多数派（多数党赢得了 80% 的席位）。以上所有因素都起到了作用。

此外，右翼女性付出的努力几乎没有得到回报。1933 年唯一被选为议员的女性是教师弗朗西斯卡·波希加斯（Francisca Bohigas），她从 20 年代开始就是共和党精英的希望。

共和派女性的变化

无论是保守派还是民主派的女性，在这次政治运动中都首当其冲。反对派说道：“女子要当心，避免因为右翼的失败而感到良心不安。”社会主义者在全国各地发表演讲：现在男性和女性都拥有了投票权，他们在看到国家面对重大的变革却毫无准备的时候感到恐慌。社会主义媒体反映了政客们的担忧。1931 年 10 月 2 日，《社会主义者》（*El Socialista*）宣布：“我们在取得胜利的时候就失败了。现实如此……让我们坦率地承认吧，我们缺乏政治意识，即便我们按照党的宗旨来行事。”他们的宣传活动也近乎威胁：“母亲们，希望你们的儿子长大成人后，不要觉得都是因为母亲没能解放他们，自己才没有自由。”

因此，从 1933 年走向西班牙内战的过程特别值得分析。左翼运动中愈加严重的激进倾向引发了 1934 年的阿斯图里亚斯起义。女性主义者和温和的共和派女性拒绝在选举中表明立场。她们认为获得选举权已经是一种胜利了。这些女性回避了日常政治，而去追求长期的目标：健康、教育、国际和平。她们是最早谴责纳粹和集中营的人。[10] 在选举中的多数派发生转变之后，全国妇女协会（ANME）被更保守的女性主义者接管，其中有些人试图在 1934 年初创建一个新的独立妇女政治行动组织。ANME 的章程明确反对这样的派系斗争。[11]

1933 年，某些革命倾向也浮现出来。西班牙左派对希特勒的上台感到大为震惊。与此同时，共产国际重新组织了曾经十分虚弱的西班牙共产党，何塞·迪亚兹（Jose Diaz）担任党魁，性格坚毅的多洛雷斯·伊巴露丽（Dolores Ibarruri）辅佐他。西班牙的共产主义妇女参加了 1933 年 8 月在巴黎举行的反法西斯大会，并于 9 月在西班牙组织了第一次反法西斯示威。

1934 年夏、秋发生的事件具有重大的意义。社会主义者和无政府主义者的罢工在农村地区引起了骚乱。安达卢西亚和巴斯克的妇女开展示威，让人想起了曾经的“面包暴动”，因为在经济大萧条的艰难岁月里，生存都是一个问题。最后，在经历了一系列的政府危机之后，共和国的总统于 10 月初犯了一个致命的错误，他组建的内阁中有 3 名“右翼自治组织联合会”（即 CEDA）成员。左派呼吁举行大规模罢工来对这一决定表达抗议，该决定被拿来与辛登堡任命希特勒为总理相提并论。虽然罢工行动在国内的许多地区都很快失败了，但在加泰罗尼亚持续了好几天，在阿斯图里亚斯持续了 3 个多星期。在阿斯图里亚斯，各种各样的革命运动——有的地区由社会主义者领导、有的由无政府主义者领导——开始形成了委员会，他们专门负责行政事务并组织抵抗军队。然而，阿斯图里亚的“公社”最终在海、陆、空三军的攻击下被摧毁。

阿斯图里亚的妇女——职业女性与矿工的妻子和女儿并肩作战，她们参加了武装斗争和革命委员会。少数拿起武器的女性很快就被神化了：年轻的共产主义者艾达·拉富恩特（Aida Lafuente）就是其中之一，她去世时还手握机枪。在西班牙的其他地方，革命遭遇了各种各样的情况。共和党人在这个问题上存在分歧。所有左翼团体都谴责了这次镇压和官方对事件的描述，这是政府首次试图污染公众舆论。流亡法国的玛格丽塔·内尔肯组织了集会。维多利亚·肯特、克拉拉·坎帕莫尔和多洛雷斯·伊巴露丽成立了“儿童工作支援计划”（Pro Infancia Obrera）来救助阿斯图里亚斯的孩子们。但有些女性主义者的态度很特殊：一篇女性主义文章呼吁要重新采用死刑来对付革命者。还有些人则对“穿裙子的狂热分子”参与战斗和矿工的妻子没能“管住自己的男人”表示遗憾。[12]

政府对革命的镇压推动了各党派的联合。所有党派（包括政见不同的无政府主义者）都签署了一项“人民阵线”协议。1936 年 2 月选举后上台的共和派政府得到了所有左翼政党的支持。竞选宣传还将阿斯图里亚斯的女性苦难作为象征。“热情之花”多洛雷斯·伊巴露丽来自巴斯克地区，她本人也嫁给了矿工，她从马克思主义的角度发表讲话，将一条牢不可破的革命起义链条联系了起来：从巴黎公社到 1917 年 10 月的布尔什维克革命和 1934 年 10 月的阿斯图里亚斯革命。

许多女性都参加了 1936 年 5 月 1 日声势浩大的集体游行。新的马克思主义评论报《女性》（*Mujeres*）出版了，这份小报由伊巴露丽编辑，由各国女性撰写而成。这份报纸呈现了苏联天堂般的光辉景象，并得到了在苏联避难的玛格丽塔·内尔肯的赞扬。几周后，一群无政府主义的女医生开始出版《自由女性》（*Mujeres libres*）来思考女性在无政府主义运动中的位置。她们说有太多男子都放弃了自己的革命理想而回归家庭。对右翼人士而言，5 月 1 日的事件令人震惊。5 月 4 日，何塞·安东尼奥·普里莫·德里维拉在这个背景下发表了《致士兵的信》（*Letter to Soldiers*）。他在监狱中呼吁军队起义。他问道：女性喊出诸如“要孩子！不要丈夫！”的口号时，难道一点都不觉得“羞耻”和“丢脸”吗？[13]

西班牙内战

事实证明，呼吁军队起义是没有必要的。早在 2 月 17 日，弗朗西斯科·佛朗哥将军（Francisco Franco）就提议从临时总理手中夺取权力，这一谋划从那时起就持续进行。尽管政府谨慎行事，1936 年 7 月叛乱还是爆发了。除了纳瓦拉地区，人民显然都反对叛军。如果没有希特勒和墨索里尼的帮助，以及不干涉委员会（Non-Intervention Committee）模棱两可的态度，该事件的影响程度最多也不会超过严肃的军事宣言。

当然，内战让家庭分裂并造成了史上首次对平民的轰炸。照片显示，当炸弹落在马德里和格尔尼卡时，身穿黑衣的妇女带着孩子奔跑或横死街头。抗议活动从世界各地涌来，目击者也蜂拥赶往现场。这既是一场反法西斯战争，又是一场革命（无政府主义、托洛茨基主义和文化革命合而为一），每个人都在这场战争中经受苦难。但女性的命运又如何呢？

战争以一种矛盾的方式推动了妇女事业。共和派迫切地需要推动文化和立法改革。1936 年，为女性提供职业培训和扫盲课程的项目获得了批准。次年通过了法律允许未婚女性同居，民兵的遗孀也包括在内；女性获准在军工行业工作。1938 年，妇女取得了参与飞行员培训课程的权利。此外，卫生部长、无政府主义者费德里卡·蒙塞尼修正了和平时期的疏忽，他于 1936 年 10 月使堕胎合法化。目前有一项专门针对医院记录的研究，它应该能为我们带来一些启发。[14]

显然，内战让许多女性的观念发生了深刻改变。佛朗哥通过重塑历史曾一度将这些证据掩藏，如今历史社会学家又将它们展示了出来。[15] 谁能不为女性参与斗争和抵抗的事迹所感动呢？历史学家们正在试图确定妇女所扮演的角色。人们的观点各不相同：一些作者赞扬女性的作用，而另一些人则认为女性不过充当了军队里的厨子或妓女。我们很快就会了解更多关于命丧战场的工人阶级妇女的信息，而不光是她们的名字。这些信息将不局限于少数人的英雄事迹——包括指挥军队的女性，比如马克思主义统一工人党（POUM）的米卡·埃切比埃（Mika Etchebere）和西班牙共产党（PCE）的莉娜·奥德纳（Lina Odena）。有的妇女身处西班牙内战前线，也有妇女在后方组织抵抗。内战一开始就被佛朗哥军队征服的地区（如纳瓦拉），那里的抵抗成果直到今天才为我们所了解。[16]

事实上，各党派和工会对于在前线和后方利用妇女的想法存在分歧。要考虑的因素有两点：时机，当然还有政治。在 1936 年夏天的混乱中，民兵连迅速成立，并欢迎所有志愿者加入，无论男女。然而，秋天的时候，一支正规军组织起来了，斯大林主义者在后续政府中日益增长的影响力导致了其他派系的瓦解：先是托洛茨基主义者，然后是无政府主义者。最后所有女战士都被送到了后方。此后，某些组织的作用变得至关重要：在马德里遭遇围困的三年期间，女子联盟（Union de Muchachas）帮助保卫了这座城市，而且致力于妇女解放。

在加泰罗尼亚，无政府主义团体“自由女性”在后方开展组织工作，并打击卖淫。最后，由“热情之花”领导的反法西斯妇女协会（AMA）组织了工厂中的共产主义和非共产主义女性，并寻求国际援助：“男人去战斗，女人去工作。”各地妇女都清楚地认识到公共与私人领域密不可分。只要革命运动依然存在，女性就会克服政治上的对立，并共同努力。曾在第二共和国时期担任国会议员的女性，现在都加入了反法西斯妇女协会，而且她们哪怕不是共产主义者，也会赞扬多洛雷斯·伊巴露丽的尊严和勇气。

佛朗哥主义的来临

就女性的历史而言，佛朗哥主义的起源可以追溯到 1936 年 7 月 18 日的政变之前。对女性来说，1934 年最重要的事件莫过于发生于 10 月的革命及其所引发的恐惧与仇恨。同年 12 月，妇女长枪党成立了。此外，天主教会的教长们呼吁复兴道德秩序。教会重掌了对各种出版物和公众活动的权威：它发起了反对某些体育项目的活动，反对海滩上的“裸体”，反对某些女性的“轻浮”作风。这一切并非始于 1939 年，而是 1934 年。

“圣战”的斗争

妇女长枪党的成立与恢复教会权威之间有一个共同点：都是为了让右翼妇女重回附属地位。在共和国初期，妇女掌握着不少主动权。现在她们又被要求向政治和宗教低头。妇女被呼吁通过协助宣传和开展组织工作，帮助长枪党“建立一个伟大的西班牙帝国”。妇女长枪队宪章的第五点规定：“行动不再是你的职责，推动男人行动吧。”内战加剧了这一趋势。历史学家现在才开始思考妇女长枪党的矛盾之处：长枪党老领袖何塞·安东尼奥·普里莫·德里维拉和奥尼西莫·雷东多（O. Redondo）的去世让他们的妹妹皮拉尔·普里莫·德里维拉（Pilar Primo de Rivera）和梅赛德斯·桑兹·巴赫利尔（Mercedes Sanz Bachiller）转向了一个新的运动，该运动随后逐渐被其领袖（佛朗哥和教会）重塑。对长枪党而言，政教分离，反对“大型财团”，以及关于社会和帝国的法西斯主义观念都至关重要。但佛朗哥在内战激烈的时候就开始用一套不同的重要事项来取代它。二战期间，随着墨索里尼去世以及盟军获胜的趋势渐显，佛朗哥主义中明显的法西斯倾向消失了。1937 年，长枪党密谋反对佛朗哥的行动遭到粉碎。那时已经可以安全地将何塞·安东尼奥的骨灰转移到埃斯科里亚尔修道院，并继续向大众灌输“国家－天主教”思想而不是法西斯主义思想了。[17]

内战让佛朗哥得以征召女性加入“社会援助组织”（Auxilio Social，最初名为“冬季援助组织”，名称基于德国的 Winterhilfe）。1937 年，佛朗哥开始将“上帝赋予”女性的“芬芳与优雅”融入妇女长枪队中。该组织的成员们为部队准备食物，制作军装，在前线和后方照顾伤员。她们还在西班牙各地的广播进行宣传工作，开展“民族教育”。根据该组织的数据，58 万名成员中有 58 人在战争中丧生，这表明她们所执行的一些任务具有危险性。新的长枪党通过针对妇女与儿童的刊物来赞美信奉天主教的女王伊莎贝拉一世和亚维拉的圣女特蕾莎（Saint Theresa of Avila），她们的历史成为大量研究的焦点。

立法整改

除了为上帝服务之外，战争时期的佛朗哥主义没有任何女性英雄的容身之处。而且总的来说，女性除了成为母亲之外也没有其他空间了。1939 年 5 月，在 1 万名妇女长枪党成员的面前，皮拉尔·普里莫·德里维拉在“胜利庆祝”中指出：“祖国赋予妇女的唯一使命就是留守家庭。”[18] 红衣主教戈马从 1934 年夏天开始就在妇女刊物的社论中重复同样的话。1937 年他写给全世界主教的信便是教会支持叛乱立场的证明。1939 年，佛朗哥和红衣主教意识到了彼此的共同利益，并在书信往来中保证了相互支持。

1936 年 9 月一项废除男女同校的法令颁布了，“道德得以恢复”。1938 年 3 月，政府“将已婚女性从工厂和工作中解放了出来”。伴随这种“解放”而来的是生育津贴和禁止妇女参加工作的命令。《民事婚姻法》在 1938 年被废除，离婚法也随之被废止。1941 年至 1946 年间，许多有关堕胎、通奸和纳妾的法律都被通过了。作为情妇的妇女会受到长期监禁和重罚。但是杀害不忠的妻子和她情人的男子只会受到驱逐，如果丈夫只是伤害了他们而没有杀人，那么他会被自动无罪释放。然而，卖淫还是合法的。

教会重新控制了学校。改组后的长枪党及其教师工会为这件事推波助澜。教学任务由性别来区分，而且只能教授“符合天主教教义和道德”的科目。[19] 成人的年龄增长到了 25 岁，女性在结婚或进入修道院之前必须留在父亲的家里。

无法发声的女性

对支持共和国的女性的仇恨是一个强大的动机。这能否帮助我们理解 1939 年之后，即使是最活跃的右翼女性——包括国会议员、工程师、教师——也将母亲奉为“女性唯一值得从事的职业”？不可否认的是，佛朗哥胜利在望之时（尤其是在 1938 年 1 月之后），支持佛朗哥的媒体开始谴责左翼女性是“泼妇、荡妇、怪物和吸血鬼”，这不过是其中一些代表性的蔑称。他们声称这些女性要为这场灾难负责，因为她们摧毁了基督教家庭，而且玷污了其他西班牙女性的贞洁。政变本身有时都被遗忘了。妇女长枪党帮助塑造了理想的女性形象。它参与了对“红色”妇女及其子女的再教育活动，并且成立了与男子义务兵役相对应的妇女“社会服务”。任何未“服役”的妇女都可能被剥夺护照。

佛朗哥统治时期对女性的镇压在许多方面都与对男性的镇压相似：流放、处决、监禁、对其后代进行再教育、谴责、加入就业黑名单和焚书，这些措施影响了所有的共和党人。但是女性还要遭受强奸、被迫饮用蓖麻油、剃头和教堂监狱的折磨。许多人因此丧命。确切的死亡人数我们不得而知，但根据墨索里尼的大使齐亚诺伯爵（Count Ciano）的数据，1939 年在马德里每个月都有 6000 名犯人被处决。妇女经受折磨都是出于一个罪过，那就是作为“战败”的共和党人的妻子、遗孀或母亲。

在十年的时间里，西班牙妇女集中经历的事件相当于其他欧洲国家几代人的经历。西班牙通过了比其他议会民主制度更加进步的立法，妇女因此受益。许多女性参加了革命或目睹了其结果。她们都饱受战争的苦难和佛朗哥国家－天主教政权的影响，有的人被流放了。

不可否认的是，事态的快速发展让我们难以评估女性所扮演的实际角色，也难以评估早期共和党为了改变西班牙社会所做的努力所带来的影响。历史学家们通过整理分散的资料，开始以女性视角重建关于无政府主义、社会主义、佛朗哥主义及其反对派的更为全面的观点。近年来离婚、生育、教育、媒体和战争等议题都得到了全新的研究。有待开展的工作仍有许多：比如我们对于农村地区、劳动、组织，以及西班牙女性与其他欧洲国家女性之间的联系所知甚少。

众所周知的行政无能，对文献的藏匿和销毁，以及佛朗哥时代对历史的扭曲，都加剧了研究的困难。但是，无论揭露真相要面临怎样的阻碍——在政治或其他方面，西班牙妇女在这一时期所取得的骄人成就是无法被抹杀的。

除了“政治成年”（通常在西班牙语中指代投票权）之外，西班牙妇女不仅获得了公民身份，还意识到了自己的价值，意识到自己是独立的个体。这些益处都惠及了远离文化和政治精英圈子的妇女。而且其中的经验教训在 1936 年之后仍被人们所铭记：在战争期间，共和党的报纸、信件和观察人士经常宣称，妇女是在为自己的权利而战，包括控制自己身体的权利。

虽然我们不能抹杀左派和右派之间实际存在的政治差异，但值得指出的是，共和国建立了两派女性之间一个重要的共同之处，对她们出版物的研究表明了这一点：女性开始在公共场合表达自己的观点。右翼女性刊物在 1935 至 1937 年间消失，后来又在严格的控制下恢复出版，这一现象并非偶然。

佛朗哥将军的长期统治绝不是“大一统”式的。女性的生活也不尽相同。大量女性在经历了多年的沉寂、隐匿，因为过去的“错误”而受到“否定”，以及整整一代人的顺从之后，[20] 意识到了自己受到的社会、政治压迫：她们开始以各种形式来反对佛朗哥。50 年代末的罢工和 1960—1964 年的经济危机迫使许多妇女移民或重新工作。1960 年之后的外国游客开始让女性了解到世界上其他地方的人们是如何生活和思考的。新女性主义觉醒的第一步就是社会意识的危机。其中有许多影响因素：学生社团、社区团体、共产党的秘密行动，以及允许讨论社会问题的教堂等等。女性主义者还在 1975 年和 1976 年的政治集会上发言，这完全突破了政党所设的界限。[21]

1975 年至 1978 年间新宪法颁布时，历史学家、政治家和女性主义者重新唤起了被遗忘 40 余年的记忆。虽然争取民主和妇女权利的斗争尚未取得胜利，但西班牙近年来已取得了长足的进步。

第七章　维希政权之下的法国女性

海伦·埃克（Hélène Eck）

过去 20 年对维希政权的历史研究表明，该政权与纳粹德国合作的政策出现于早期并得到了持续贯彻。此外，该政权的某些方面又完全属于法国的意识形态传统——尽管这样的传统通常出现在一个世俗的、共和制形式的、拥护民主且左翼发挥了重要作用的国家之中。显然，维希政权并非极权主义政权。但它确实是一个专制、压迫的政权，它先是通过法律来定义法国人，然后将“不受欢迎之人”排除在法国人之外来实现这一点。众所周知，法国政府对“最终解决方案”[1]的执行负有责任。然而，组成政权的多种意识形态和政治派别、政治派别为了权力斗争的彼此抗衡、政权内部的自我进化（它在 4 年的时间里从“反自由主义”发展到了“极权主义的边缘”）等因素让我们不能为了保留过去的某些印象而将维希政权简单地归类为一个保守的政权。维希政权的另一个特质是它改善国家功能性组织的决心和创新能力，这一点在中央集权经济管理中表现得最为明显。政权的这些特点并不总是能够与严格的保守主义观念相容。[1]

维希政权作为一个“多元独裁”的政体试图超越自身的矛盾，它开始了重组社会的举措，而法国社会的复杂程度无法通过三言两语就描述清楚。如果说法国本质上是一个由农民和小商人组成的国家，那么它也具有一定规模的大型企业和工人阶级人口。法国人民珍视自由，但在 1940 年 5 至 6 月德国入侵和法国军队战败之后，他们陷入了混乱的状态。人们对占领一方的敌意很快就取代

---

[1]　最终解决方案（Final Solution）：纳粹德国针对欧洲犹太人系统化实施种族灭绝的计划，即“犹太人问题的最终解决方案”。——译者注

了停战协定带来的缓和局势。我们需要全新的论点以及进一步的研究才能呈现维希政权对法国社会的真正影响，衡量它的“有效力量”和改变社会现实的能力，以及它继承自共和国时期的政治态度。这样的研究将深入物质现实并探讨法国人是如何度过了这些年的，以及他们对维希政府时而支持又时而反对的态度。[2] 许多关于这一时期的研究确实考虑到了女性的角色和地位，但它们却不足以说明我们在这方面的知识很完备。[3] 这样说似乎与事实相矛盾，因为关于占领时期的研究数量众多。但我们反思一下就会发现这并不奇怪，因为如果研究的焦点是维希政权的政治复杂性及政府的运作（其最高层当然全部由男性组成），那么性别历史所能揭示的社会特征就不太具有相关性了。不过，米兰达·波拉德（Miranda Pollard）的研究表明，通过分析维希政府对女性的论述如何成为该政权内在意识形态的一部分，同样也能开展政治史研究。[4]

维希政权宣称的国民革命目标向女性传递了关于母性、家人和家庭的象征性理想。与此同时，政府在其实际日常运作中需要面对的现实却与之截然不同：资源短缺、社会服务，以及提供给德国的人力。国民革命绝非全方位的失败。革命推行的措施并没有自动将妇女排除在公共领域之外，而且当政策影响到了女性的期望或价值观的时候，她们都站了出来。当然，采取行动的不是普遍意义上的“妇女”，而是特定的女性群体。

维希政府试图为“工作、家庭、国家”的口号赋予具体内涵，这突显了该政权时常因为环境而不得不采取短期治理措施的矛盾。但是，环境和物资匮乏两个原因还不足以解释维希政权的理想与占领现实之间的差异。法国本来的社会结构就排斥新政府强制施行其意志的做法。许多家庭拒绝遵守政府的命令，尽管这未必完全出于政治原因或与积极抵抗有任何关联。当然，女性在这方面发挥了重要的作用：她们无论是独身、与家人在一起，还是与丈夫或其他人合作，都制定出了生存的策略。推动女性行动的价值观和态度往往与政府的训诫相去甚远。这当然不是什么新鲜事，不过当家庭价值观受到考验，人们即便完成日常事务也要面临巨大的阻碍时，公民行为与政府意愿之间的分歧就变得格外明显了。不合作、阳奉阴违和反抗：妇女的行为构成了这些年来法国社会和政治历史的重要组成部分。

占领的历史属于“大历史”的一部分，按照个人观点的不同可以对其进行分期。例如，家族史的分期不同于政治史、军事史或外交史。占领下的生活条件如何强化了人们对家庭生活和关系的重视？这一特征在战间期就显现了出来。尽管我们知道妇女劳动力的占比在20年代至60年代普遍下降，但我们对于占领时期的法国如何汇入这股整体趋势知之甚少。而且，二战的苦难终于让法国女性成为公民——她们起码在战争结束后获得了投票权。但我们也可以从另一个角度来说占领时期加速了女性的政治化：这些年所发生的事件难道没有让人们认识到政治的重要性及其对日常生活的影响吗？维希统治时期的合作和占领无法与1914—1918年相比，那段时间在前线与后方、战斗人员与平民、祖国与敌人之间存在着明显的界限。但在1940—1944年间，“战争”无处不在又无迹可寻，在这种特殊的情况下，可能出现各种模棱两可的结果。

家庭第一

法兰西国（État français——维希政权的正式国名，与法兰西共和国区别开来）在经历了1940年5、6月的突然战败后诞生了。专制又保守的新政权除了处理停战协议带来的直接问题和与占领方的关系之外，还决定全面响应法国所面临的军事、政治和道德危机。维希政权在时局混乱的1940年夏天提出了简单的解决方案：政府说法国人为1918年以来蔓延全国的“享乐精神”付出了战败的代价，它导致了致命的道德堕落。挽救集体罪恶的唯一方法就是让每个法国公民都为重建国家做出贡献，而重建的原则和目标都囊括在了维希政权“工作、家庭、国家”的口号之中。国民革命在贝当元帅（Philippe Pétain）的领导下进行，他以“国父”的形象出现在全国人民面前：他是一位真正的父亲，能够明辨是非地责备孩子的错误行为，同时又心怀仁爱希望减轻他们的苦难。不负责任的人会受到剥夺选举权的惩罚。一种全新的政治契约取代了过去的共和制，它从根本上说是一种家庭关系：人们必须以绝对的忠诚和服从来报答“父亲”的保护。

维希的有机体论（organicism）谴责个人主义及其有关自我主张和追求自由的推论。它推崇自然群体和社会制度来保障个人在社会中的地位，同时也推行纪律规范。它反对抽象的知性主义（intellectualism），认为这是一种无关民族传统的胡思乱想。它倡导服务和努力、责任和团结的精神，并呼吁落实符合普遍利益的项目。国民革命完成后，法国将肃清所有外国和反民族的因素。届时，法国将成为一个等级分明、团结一致的大家庭。

维希政权按照个人所属的群体来界定他在社会中的地位。它的意识形态让法国公民无法自由行使自己的权利和天赋，社会因而陷入停滞，个人命运也只得代代相袭。

性别的差异与互补

维希政权在界定妇女的社会角色时，指出了性别差异和两性在家庭中的互补性。性别差异的原则中隐含了女性的义务：她们按照妇女的“天性和职责”就注定要成为母亲。女孩们应该遵守的行为准则和她们应该获得的技能也以性别差异为基础。它还决定了哪些类型的活动和场所适合女性。不过，如果说维希政权是因为厌女才希望将妇女局限在家中，不让她们参加任何社会活动的话就有些夸张了。

政权更广大的目标是巩固家庭，它将家庭视作社会运转的有机组成单位。家庭利益高于其中个体的利益。为了保障家庭的正常运作，人们必须要对家务、角色分工，以及心态进行严格的划分：父亲是一家之主，他应该工作并行使权威；母亲则应该创造一个充满爱的家庭。因为丈夫和妻子的角色不同又互补，所以只要每个人都处于他或她的角色范围内，并表现出符合自己性别的美德，他们就能共同创造一个稳定的家庭环境。维希政权通过强调责任和差异的概念，在二者的相互作用下确立了理想的家庭，而且通过这种理想来赞美母亲，宣扬成为母亲是女性唯一的命运。任何让妇女逃脱这种命运的事物——无论是物质还是精神上的逃脱，都被视作不自然、不道德，而且有损于国家利益的。世上不存在坏母亲，只有拒绝成为母亲的坏女人。不要孩子的决定不被视作女性自由选择的结果，而被认为是灾难性社会变化所造成的假象，这种假象让女性忘记了自己“存在的理由”，诱导她们走向以下有害极端情况中的一种，有时甚至两者兼有：其一为通过追求与男性平等而否认女性气质（这带来的结果为野心、骄傲与知性主义），其二为沉迷于诱惑而导致女性气质的堕落（这将导致轻浮、卖弄风情和不忠）。

妇女通过自主接受她们作为母亲的命运，将重新发现女性气质的美德。这是协调个人幸福与社会利益的唯一方式，它与维希政权民族革命和社会复兴的目标一致。作为母亲的女性与农民、手工业者一同成为维希政府的社会模范：三者都被认为继承了克己、耐心的传统，他们因为认真工作而受到尊重。作为回报，家庭和社会都应该尊重和认可母亲：人们从 1962 年开始正式庆祝母亲节，它在维希统治下成为公共节日。

法律的连续性和变化

“出于恢复家庭健康和稳定的考量”（1942 年 7 月 23 号法令），维希政权强化家庭制度的力度甚至超越了法兰西第三共和国在衰微之时的作为。重点在于确定维希政权的政策在哪些方面是对其前任执政者的沿袭，哪些方面直接源自该政权通过道德秩序来规范个人行为的渴望。[5] 法兰西共和国为了应对战间期的人口下降，采取了巩固家庭的措施。最初的生育主义措施完全是压迫性的，但随着人口和社会政策的同步发展——虽然并不及时也不全面，政府针对家庭领域的手段逐渐丰富。维希政权沿袭了 1939 年 7 月在达拉第政府支持下推行的《家庭法典》，并拓展了它的应用范围。解放后，一些体现了社团主义思想的法律如 1942 年 12 月 29 日的《古诺法案》（它确立了家庭组织与政府之间的联系）仍然得以保留某些条款。因此，一种新的国家干预形式出现了：家庭成为公共利益的社会表现。

已婚女性在 1938 年获得了更多的权利，她们主动采取行动的能力也更强了。维希政权将自己视作倡导家庭利益高于个人的先锋。它的目标就是确保家庭的团结和稳定，这就要求妇女必须能够在丈夫缺席或丧失能力的时候接替他们。因此，维希政权没有理由限制女性以家族名义行事的能力，尤其是在许多男性仍在德国做战俘或当工人的情况下。然而，这种朝着婚内平等的发展并不彻底，它所带来的局限性在 1945 年后很长一段时间里仍然持续发挥影响。按照 1938 年的法律，丈夫还是承担了做出重大家庭决策的责任。丈夫享有作为“一家之主”的特权（1942 年 9 月 22 日颁布的法律）。1945 年，当光复后的共和国试图推行创新之举时，法学家认为丈夫不让妻子工作的权利是“一项社会秩序法规”，它基于“普遍的家族利益”[6]，因此这条法规直到 1965 年都持续有效。此外，丈夫作为“一家之主”的法律地位维持到了 1970 年。维希政权的专制和保守特质在限制已婚夫妇自由和将“母职”塑造为国家义务的法律中显露无遗。

1920 年至 1975 年间，堕胎在法国是违法行为，但维希政权改变了这个“罪行”的性质，它将堕胎者定性为“危险的人”。他们犯下了“危害法兰西民族的行为”，应该受到行政拘留和国家法庭的判决。1942 年 2 月 15 日颁布的法律原则上宽恕了寻求堕胎的女性，但却起诉了协助她们堕胎的人。1942 年至 1944 年间每年平均有近 4000 人因为这条法律而被判有罪。更令人震惊的是，一名堕胎的女性在 1943 年被送上了断头台。维希政府为了杀鸡儆猴，在这件事上无视了让妇女免受极刑的不成文法。

1941 年 4 月 2 日颁布的法律逆转了 30 年代简化离婚手续的趋势，让离婚成为一个漫长又艰难的过程。赡养家庭成了“道德义务”，按照 1942 年 7 月 23 日的法律，“抛弃家庭”是一种罪行。但这并不意味着维希政权平等地分配了夫妻需要承担的家庭责任。女性仍然承担着大部分负担，尤其在婚姻忠诚方面。由于夫妇分离的情况非常普遍，政府采取了一些限制女性的措施：1942 年 12 月 23 日的法律“旨在保护家庭的尊严”，这项法律专门针对战俘妻子通奸的问题。这不再仅仅是一种个人行为，而是“违反社会秩序的罪行，它应该出于公共利益的理由而受到起诉”[7]。法官们小心翼翼地保护战俘的权利，按照法律规定他们只有“恶劣的非婚同居”才会受到起诉，但法官们对该项规定的解释非常宽泛。

这项法律提出了一个普遍又难以回答的问题：法国人民是否赞成政府的家庭至上措施？这些措施是为了家庭而且是以家庭的名义颁布的，存在将私人道德与社会秩序混为一谈的倾向。法国社会对于它在家庭幸福、性别角色和工作女性等问题上的立场并不清晰，它的价值观既不统一，也难以确定。不过可以肯定的是，30 年代形成了新的共识：人们认为情侣应该为爱而结婚，他们也觉得孩子和家庭生活很重要。他们还渴望获得“家庭隐私”——那就是不受工作和群体限制的家庭生活。[8] 不同的基督教团体开始在 30 年代思考夫妇和婚姻的本质，对这些问题的反思在战争期间持续并在其后蓬勃发展。1937 年首次出版的《嘉人》（*Marie-Claire*）和 1938 年出版的《知己》（*Confidences*）等大众女性杂志的读者也会自我反思，如何才能成就一段成功的婚姻。这些杂志倡导“构建幸福”的理想，它将爱情与礼仪、浪漫与日常现实调和了起来。[9] 这种理想没有得到普遍的认同，实际体验过的人就更少了。在许多农村地区，婚姻的主要目的仍然是维护或促进家庭农场的发展。新的理想未必与保守、专制的国民革命意识形态一致。维希政府主张责任、服从和等级制度，而新思想则试图在爱与相互尊重的氛围中调和幸福与责任、道德与自由的关系。推崇它的人以家庭事务应该由夫妇自己决定作为理由来反对政府对家庭事务的过度干预。

女性应该工作吗？弗朗索瓦丝·提波表明，女性作为母亲、妻子和家庭主妇的观念被普遍接受了，甚至在左翼也是如此。30 年代的疾病预防、社会卫生政策，以及对“科学”育儿的强调，增加了母亲的负担，并指出了母亲留在家里陪孩子的好处。[10] 大萧条和失业威胁让许多工薪阶层的女性认为，她们待在家里比从事技能要求较低的女性工作更好，那些工作艰苦、累人而且很多时候都不稳定。1936 年，贝蒂·阿尔布雷希特（Berthie Albrecht）在老佛爷百货公司（Galeries Lafayette）担任库房主管。她在一份报告中指出，她手下的女员工“并不羡慕富有女性的衣服或奢侈品。她们只羡慕待在家里的美好前景”。基督教农场青年组织（Jeunesse Agricole Catholique）的成员呼吁农村妇女也应该享有“待在家里的权利”，并让她们免于承担最繁重的农活。[11] 重新强调家庭价值和人们对政府援助的期望可以解释为什么许多妇女赞同并参与了维希家庭政策的推行。

妇女的公民行动

维希国民革命的支持者们所推崇的贤淑女性同时也是现代女性：她们聪明、高效、乐于不必参加工作，但她们会为了家庭着想而密切关注周围的动向。女性仅仅做一个优秀的家庭主妇和母亲不足以保证家庭幸福。

基督教在女性教育中的作用

学者们早就认识到，女性参与各种形式的社会和慈善工作是她们家庭角色的自然延伸，尤其是参与和教堂相关的团体或组织工作。“完全由女性经营且专为女性服务的教育机构”在战间期得到了发展。这些团体强调“他们教育工人阶级的角色和独有的女性使命”。[12] 他们的目标是教育妇女和女孩，培养能够不靠男性自主工作的新青年运动领导人。

第一次世界大战后，中产和上流阶级家庭意识到即使女孩的理想归宿是结婚，她们也必须要做好在一段时间内独自生活、自己养活自己的准备。30 年代，处于“花季”的年轻女孩已经不再羞怯天真了，她们通过集体活动、跳舞、看电影，以及在白领职业中与男性并肩工作认识了世界。在 30 年代后期，人们可以看到身穿短裤的年轻女子骑自行车或背着背包旅行，探索大自然和美景。尽管神父们仍然认为“体育教育不适合女性”，但体育教师和女童子军领袖已不再认同这种过时、拘谨的想法。体育运动因为有利于健康和品德发展而受到了提倡。当时大多数人都同意理想的女性应该有健康的身材（苗条但健壮），面容坦率、自然，散发着正气与勇气。女性媒体和时尚行业宣传了这种新形象，摒弃了过去“矫揉造作、过分雕琢的美”，而崇尚自然和简单的风格。[13] 现代理想强调了女性个体的重要性，教导女孩主动承担比过去更重大的责任。新女性的诞生当然不纯粹是教授这些课程的基督教团体的功劳。还多亏了天主教激进分子（包括于 1928 年创立天主教职工青年会的珍妮·欧贝赫）在青年事务部（Secrétariat Général à la Jeunesse）中发挥的重要作用，他们在国民革命期间埋下了现代思想的种子。

维希政府以年轻女性名义推行的措施旨在阐明“女性在政治中的角色”。比如，1940 年 10 月全国妇女干部学院（Ecole Nationale des Cadres Feminins）在埃屈利（Ecully）成立了。学院的目标是培养“有责任感的领导”。大多数被录取的年轻女性都是“从青年团体和社会工作者中选拔出来的”。她们接受的理论和实践训练都是为了让她们能立刻在职业培训中心服务，类似机构最早成立于 1940 年 9 月，专门为 14 岁至 21 岁的失业女工服务。成立这些培训中心的目的是作为现有公立和私立培训学校的补充。1944 年，345 个职业培训中心服务了约 20000 名年轻女性。[14]

女性在为这些年轻客户服务时展现了自己的能力与效率。不过，职业培训的教育方法带有反智主义和反个人主义色彩，而且当时正是严格审视共和国女性教育传统的时候，人们对职业培训的概念也心存怀疑。战间期的系列改革基本统一了男孩和女孩的中学教育，这一改变招致了某些家长、老师和团体，如“自由学校家长协会”（Association des Parents de I’Ecole Libre）的强烈批评。批评人士通过援引女子的“个性”、女性的使命，以及所谓独特的女性“文化”来谴责教育中的平等主义，他们认为这样做没有充分考虑到性别差异。他们呼吁要研究如何“以不同的方式”来教授女孩不同的学科。[15]

不过，维希政权从未对男女教育平等的原则提出根本性的挑战，尽管它规定了“家政”是各年级女性的必修课程（1942 年 3 月 18 日的法律）。这项法律没有被广泛执行，一部分因为物资短缺，也可能因为女教师对政府命令的默默抵抗。难道是维希政府无法废除这项已有的权利并抹去平等教育的传统吗？还是 1941 年强制推行的中学教育改革已经通过收紧学生选拔程序有效限制了进入中学的女孩人数？（1938 年，法国共有 55000 名女生在高等中学和初中就读，约 50000 名女生在高等小学就读。）

社会服务的模糊地带

政府因为战时短缺和其他困难而呼吁人们相互团结、支持。政府及其附属机构为了应对当前的迫切需要，发展了一个庞大的社会服务网络来帮助突然失去丈夫的家庭和妇女。在此期间，国家对卫生和社会服务的集中干预强度剧增。这些领域的工作人员变得更加专业，他们的活动由负责家庭和保健服务的新政府部门监督。一些私人团体为政府提供了协助，其中包括家庭大众运动（Mouvement Populaire des Families，MPF）。MPF 最初属于基督教工人联盟（Ligue Ouvriere Chretienne），它在 1941 年成为独立的组织。这些私人团体偶尔会与国家机构和国民救济组织（Secours National）发生冲突，它是负责协调私立救济活动的主要机构。

"观察、判断、行动"的口号总结了 MPF 的主要精神，这非常符合战时氛围。该运动呼吁战俘的妻子们"处理好自己的问题"，并参与公共救济工作。她们本着"处理自己问题"的精神，成立了战俘妻子联合会（Federation des Associations de Femmes de Prisonniers）来直接影响与她们息息相关的问题，绕开了冗杂的官方机构。[16]

这场战争标志着一个时代的结束：社会服务行业再也不会像过去那样对政治漠不关心、自主运作或完全由女性主导。战争年代突出了这种社会服务模式的缺陷。首先，社会工作者在政治上不一定完全清白：有些人参与政治宣传，说服法国工人去德国工作。1943 年巴黎电台（Radio Paris）广播了从德国回来的社会工作者安然无恙的报道。在政治谱系的另一端，占领区的战斗抵抗运动得到了工厂主管学院（Ecole des Surintendantes d'Usine）女学生的帮助。

数名 MPF 运动的活跃分子在回顾了自己的工作之后提出疑问：尽管社会对援助的需求迫切而真实，但他们可能选择了不同的目标。一些成员在 1945 年"痛苦地意识到"自己没有为抵抗运动做出贡献。一些社会工作者在解放时期发现自己的处境也同样微妙。[17]

在维希政府的统治下，女性的公共角色处于彻底解放和绝对服从于专制主义父权的中间地带。政府没有谴责妇女参与公共生活，甚至在某种程度上批准了这一点。女性可以参与市政管理。1941 年 10 月的劳动宪章规定，工业领域所有雇用 100 名以上工人的公司都必须设立工厂委员会。女性也包括在内，虽然实际参会的人数很少。例如，1942 年 3 名女性在贝利埃（一家卡车制造商）的工厂委员会任职。最后，维希政府的全国委员会考虑通过修订宪法来赋予女性投票权。[18] 无论如何，政府对妇女作用的认可有助于争取她们对国民革命的支持。与极权主义政权不同的是，维希政权从未强制女性服役，也没有对她们进行直接的国家管控。它没有成立正式的青年组织或妇女组织。不过在 1943 年之后，当局的做法与法西斯“警察国家”越来越类似。许多官员和基督教组织成员对那些谈及如何帮助德国获得胜利，而不是强调家庭重要性的言论表达了抵触的情绪。

家庭和公民服务对于每天都要面对物资短缺和艰难生活的千百万女性而言意味着什么呢？政府对于和平有序的乡村社会的幻想（这全靠贤惠的母亲不知疲倦的付出来维持）迅速被占领的现实颠覆时，政府还能指望什么支持呢？

战争与家庭价值观

德国在 1940 年逮捕了 160 万法国战俘。其中半数以上是已婚男性，1/4 的人已身为人父。约 100 万人在战俘营中被关押了 5 年。那些战败后不久就能迎接丈夫、未婚夫和儿子回家的幸运女性发现喘息的时间很短暂。在 1942 至 1944 年间，有 60 万 ~70 万法国工人因为强制劳动服务（Service du Travail Obligatoire，STO）而前往德国。这次家人分离的经历不同于第一次世界大战。战壕里的士兵还可以短暂地休假探亲，但身为囚犯则意味着彻底分离。尽管工人理论上有权休假，但德国人很快就取消了这一特权。工人与家庭之间的唯一联系方式是信件和获批的包裹。女性的处境类似于 1914 至 1918 年间，她们成为名义上的一家之主，并发现自己“独自经营得也不错”，不过她们对自己迫于环境而必须这样做感到不满。萨拉·菲什曼（Sarah Fishman）发现丈夫的缺席并不足以让人们质疑传统的性别角色划分。女性认为她们只是暂时代替了丈夫的工作。一位战俘的妻子回忆说：“抵抗的首要任务是维持家庭，保持希望，为他回家做好准备。”[19]

这个时期的另一标志是：人们在这个崇尚青年的时代，担心父亲的缺席可能会对孩子的心理和道德产生有害的后果。青少年可能会不听母亲的话，而年纪较小的孩子可能会因为缺少“正常”的家庭生活而受到伤害。官员建议母亲向孩子们解释，父亲不在的时候，母亲会承担起他的责任。

因此，女性在丈夫离开的时候充当了“监护人”的角色。男性的期望还不止于此。许多人像在第一次世界大战期间一样担心自己被抛弃或戴绿帽子。有几个因素造成了这样的恐惧：许多战俘还年轻，结婚时间也很短暂。监狱里充斥着离婚申请大幅增长的谣言。而且，法国被外国军队占领了，这不同于1914—1918年的情况。政府通过1942年12月的法律来应对这些担忧，来“保护家庭的尊严”。它依赖于邻居、同事和家庭成员的共同监视。战俘妻子联合会的成员们回忆说，她们曾饱受朋友和邻居的猜疑，人们认为孤身女子一定很软弱。有些女性认为强化监控让人难以忍受而且有悖常理。洛尔是带着两个小女儿的年轻妈妈，她和公婆住在一起。她在日记中记录了自己希望有朝一日能和丈夫共同承担起独立家庭的责任：“问题是我需要你。家庭是由爸爸、妈妈和孩子组成的，而不是祖父母带着3个孩子，而我是其中的大孩子。”她也承认自己曾感到嫉妒：一些战俘与外国工人甚至与德国妇女发生了接触，尽管德国最高指挥部一再对这种做法提出了警告和惩罚。[20]战争结束后，有的男子发现自己很难重回正常的家庭生活。囚禁的经历让一些婚姻走向终结。1945—1947年间男性离婚诉讼数量高于正常水平，这显然与战俘的回归有关。不过由于战争和维希政府异常严格的离婚立法，一定数量的离婚案件需要延期执行。[21]

占领时期还破坏了正常的人际纽带，让某些社会约束变得松弛了，并且让人们表达出了从前受到压抑的情绪。举例而言，夫妻之间互相指责的情况很常见。战败的道德冲击、日常生活的艰辛、通过非法交易获利的诱惑，还有年轻人离开家庭的需求（加入强制劳动服务或逃避服役）——这些因素都削弱了人们对父母权威和既定价值观的尊重。法国解放后，政治领袖、社会评论家和心理学家开始担心所谓J3青少年的未来。J3是供应机构对被归类为脆弱、意志消沉、容易犯罪的青少年的代号。布里吉特·弗里昂（Brigitte Friang）是一名在严格的天主教教育下长大的女性，当时她还是一名学生。她回忆说：“那个时代很疯狂，我能轻易让父母相信任何事情。”她惊讶地回忆道，当她告诉父母自己因为宵禁要彻夜不归或没有任何特殊原因要外出时，他们没有提出反对：“这场战争是他们的集体失败……战败使他们所珍视的许多原则面临挑战。他们无法再将自己作为一个绝对的标准。”[22]

与此同时，某些婚姻和家庭则因为逆境和日复一日的生存需求而得到了巩固。一些农家和商人夫妇在政府强制输送的物资方面缺斤少两，而将转移的产品放到黑市上售卖，偶尔还能赚取暴利。有的家庭联合起来帮助家人免于前往德国服役。最后，我还必须指出，许多人冒着风险保护了被当局通缉的家人，他们表现出了勇气和胆量。家庭的力量再次得到了彰显：早在 1943 年，合法出生率就出现了惊人的增长（从 1939 年的 14.7‰上升到 1943 年的 15.8‰），这是战后婴儿潮的先兆。我们难以推测其中的原因。这是否说明政府的家庭政策成功了？还是反映了人们在外部世界充满威胁的时候，倾向于退回到私人生活中去？

工作与生计

女性像第一次世界大战时那样被要求去工作，这样她们的家庭才能生存下去，不过政府这次没有要求她们为战争做贡献。此外，维希政府无力掌控自己的命运，只能服从占领国的要求，女性也承担了政府这样管理经济的后果。

维希政权和女性劳工

政府于 1940 年 10 月开始严格限制政府机构对女性的雇用或续聘。这是因为工业生产中断而导致失业的情况加剧，而且许多士兵回国了，但他们的工作已经在“假战”时期（Phony War）被妇女所取代。[1] 不过，新的限制并不适用于私营企业。尽管如此，这项法律还是很不受欢迎。政府只得解释说这是一项旨在公平分配现有工作的临时措施。劳工部秘书处的职员芮内・古丹（Rene Guerdan）在广播中坚称：“不像某些听信了只言片语的旁观者所认为的那样，政府从未想过以已婚女性留守家庭为原则。”不过对女性而言，这些限制是原则问题、环境问题，还是两者兼有的差别其实不大。战俘的长期囚禁、STO 在 1942—1943 年间对男性工人的大量抽调，还有夫妻团聚后许多家庭的低收入情

---

[1] 假战（Phony War）：指 1939 年 9 月至 1940 年 4 月期间，英法两国因纳粹德国入侵波兰而宣战，但双方仅发生了轻微的军事冲突。——译者注

况，使得女性参加劳动成为经济和社会的现实：女性必须工作，一方面是因为国家需要如此（男性劳动力稀缺），另一方面是因为家庭必须维持日常开支。1940 年的法律在 1942 年 9 月被废止了，甚至在这之前政府就开始雇用女性担任教师、邮政职员和铁路职工。

维希政权同意了德国的要求，让所有 15 岁至 45 岁的女性（共 900 万人）都可以接受强制性劳动的征召，这种做法进一步背离了国民革命的原则。尽管政府确实同意为德国提供男性工人，但在女性工人问题上从未真正做出让步。“关于劳动力使用和分配”的法律（颁布于 1942 年 9 月 4 日、1943 年 8 月 26 日和 1944 年 2 月 1 日）首先适用于 20 岁至 35 岁的单身男性，然后才轮到 18 岁至 45 岁的未婚和已婚女性，但是母亲却不包括在其中。它还进一步规定将被征作劳工的女性只能被分配到法国工作。

维希政府似乎想要对占领国提出的要求加以限制，但不预先将妇女排除在外。早在 1941 年，德国的宣传机构就呼吁女性和男性都要自愿去德国工作，事实上一些女性也去了。1943 年初，负责招募外国劳工的德国官员弗里茨·绍克尔（Fritz Sauckel）与维希政府达成了一项协议，规定除了派遣 15 万名有金属行业工作经验的工人之外，法国还将向德国派遣 10 万名男、女工人。1943 年 4 月，基督教团体担心单身女性会被送往德国，于是集体向贝当元帅请愿。博格纳教士（Rev. Boegner）为了让元帅答应女性可以免于参加 STO，专程前往维希。[23]1944 年 1 月，德国人对包括妇女在内的工人提出了新的要求，但绍克尔在一份给希特勒的谈判情况汇报中指出：“元帅不同意让女性工人在德国工作，只答应让她们在法国工作。”[24] 反对的声音甚嚣尘上：1944 年 2 月，红衣主教和大主教总会发表了抗议；圣艾蒂安的 MPF 通知当地长官说 1944 年 2 月 1 日的法律引发了普遍的担忧。抵抗运动组织发放宣传册称：“不会有任何法国女子为德国服务！”上述法律中的限制性条款并未阻止德国在当地施加强大的压力，有些女性直接被驱逐出境。1944 年 6 月，在德国工作的法国妇女数量为 44835。她们约占外国女工总数的 2%，苏联和波兰妇女占了总数的 85%。[25] 尽管前去德国的法国妇女并不多，但是有多少人按照德国的要求在法国工厂里为德国工作呢？

战时的女性就业

根据当时的数据，女性就业的比例在 1936 至 1946 年间增长了 3.4%，如果对原始数据进行调整则增长率为 1%~1.5%。[26] 除了 25~34 岁的群体之外，所有年龄阶段的人口都受到了女性就业率增长的影响：15~24 岁的人群受到的影响尤为显著。因此，战间期妇女就业比例下降的情况暂时中止了。这一点在工业领域特别明显，1921 年从事非农业工作的女性中有 53% 受雇于工业领域，但这一比例在 1936 年只有 44%。尽管女性的就业模式从“纺织行业转向了文职行业”，这样的改变仍然发生了。[27] 但是 10 年的总体数据掩盖了其间的波动情况：1936—1938 年的失业和不稳定、“假战”时期就业人数的增加，以及 1940—1944 年间数据的不确定性（目前关于这一时期的综合性研究没有单独讨论妇女劳动的问题）。[28] 因此，如果武断地说女性取代或填补了男性工人的工作，而不确切说明具体时期、在哪个工业部门、女性雇员的占比和她们从事的职业，那么这样的说法并不妥当。话虽如此，我们的确要注意影响女性就业的整体环境。法国的工业生产在总体上受到了遏制：根据阿尔弗雷德·索维（Alfred Sauvy）的估算，“大多数工业部门倒退了 1 个多世纪”。[29] 女性在这个艰难的时期能否保住她们现有的工作呢？答案取决于地区，雇主的类型和他们的态度。

1941 年以后，法国为了德国的消费而进行的生产逐渐扩展到了“全国范围内的众多企业”。[30]1943 年之后，这种生产活动更加系统化地组织了起来。当时，阿尔伯特·施佩尔（Albert Speer）与让·比切洛尼（Jean Bichelonne）负责的工业部门谈判，达成了一项协议，按照协议规定，为帝国工作的公司在招募劳动力和分配原材料方面享有优先权。占领国还对现有的人力资源进行了评估。例如，他们在维埃纳地区所需的劳动力中女性占比为 15%。德国人在意对战争最有用的经济部门，比如采矿业。他们不太关心中间产物或消费品的生产。例如，合成纺织品无法弥补羊毛和棉花纺织业的损失，已经开始衰退的纺织行业就业持续减少，特别是在北部省。相比之下，圣艾蒂安的大量技术工人前往德国，金属公司因此而受到严重的打击，现在女性变得很抢手。在巴黎地区，从事冶金和电气建筑行业的女性的就业机会像战前一样趋于稳定，至少对于大多数熟练工人而言如此。在马赛，食品行业和商业部门的衰退让女性的失业率激增，并在 1943 年达到顶点，其他行业（如化工和冶金）则保持稳定。

在这种情况下，商人的态度至关重要。尽管原材料短缺，一些雇主仍然留下了女性工人。巴黎的大型时装公司这样做了，法国西部的小型纺织公司也是如此。在圣艾蒂安，家族经营的卡西诺公司像往常一样应对逆境：公司随着销售额的下降而削减员工，但他们在公司的帮助下可以免于彻底失业和饥饿。[31]公共部门的新岗位招聘让找不到工厂工作的女性备受鼓舞，这些岗位的工资低，而且许多男性都离职了。大约有 25000 个邮政职位由临时员工顶替，其中大多数是女性，甚至有一些非常年轻的女孩。从 1941 年 12 月到 1943 年 12 月，法国国家铁路雇用了 2 万名女性。[32]但到了 1946 年至 1947 年间，委员会被要求削减公共机构的规模和预算时，这些工作岗位又是怎样一副光景呢？

基于前述理由，我们并不能断言 1940 至 1944 年间从事办公室工作的女性多于在工厂工作的女性，尽管这一时期女性在非工业、非农业领域的就业集中增长，让这个推论看似合理。据估计，二战刚结束后，在非农业领域工作的女性中从事文职和公共部门职位的比例从 1936 年的 13.8% 增长到了 21% 以上。[33]尽管维希政府试图让妇女留守家庭，但妇女就业增长的结果并不令人感到惊讶：她们在艰难的岁月里必须想方设法在日常生存之战中获胜。

日常的负担

在物价持续上涨而工资不变的情况下，女性在丈夫离家（或者在家）的情况下该如何维持生存呢？如果官方物资价格上涨，那么黑市价格就会飙升到荒唐的地步，这样就抵消了大部分政府批准的加薪，这种情况在 1941 年最为显著。巴黎人的平均月薪为 2500 法郎，而技术不太熟练的工人月薪在 1200 至 1800 法郎之间，有时甚至更低。其他地区的收入差距甚至更大。1944 年 2 月国家广播网络的一个电台节目指出，诺曼底的纺织女工按件计酬，她们经常不得不使用有缺陷的原材料，每个月只能挣不到 1000 法郎。同年 1 公斤黄油在黑市上的售价为 400 到 600 法郎（如果还有得卖的话）。1943 年 8 月，一位战俘的妻子每周能拿到 140 法郎的政府津贴，这个数额只略高于一件衬衫的价格。

政府并非对国内的困境无动于衷，各项政府拨款都增加了。1941 年设立了针对单收入家庭的特别拨款，1943 年拨款的受益人范围扩大到了未婚妈妈。1943 年 12 月政府还增设了特别补贴和家庭补助金。但这样的福利不能取代双份收入，对于工薪家庭而言，食品支出至少占家庭总收入的 2/3，因此第二份收入必不可少。由于物资短缺日益严重，设立于 1940 年的食物配给制到了 1941 年几乎包括了所有食物种类，配给的分量逐渐减少：肉类从 1940 年的每周 360 克减少到 1943 年 4 月的每周 120 克；乳脂从 1941 年 8 月的 650 克减少到 1944 年 8 月的 150 克。维希政权的意识形态提倡社会正义，这样才能终止阶级斗争。刊物《团结：国民革命工人通讯》（*Unité: Bulletin des Ouvriers de la Revolution Nationale*，下文简称《团结》）因此得以在 1943 年一针见血地批评道："在简单的刻板印象中，幸福的女人被孩子们包围，生活因他们而充满快乐。"但现实却是"女性艰辛劳作的愁苦情景"。《团结》提出了为"职业女性伸张正义"的要求。

国民革命到这个时候几乎被遗忘了。让女性将保护家人和管理家庭放在首位的，不是政府所要求的牺牲，而是日常现实。战争迫使每个女性学习家政课程，这正是官方希望学校教授女孩的内容。报纸、海报和广播节目都在提醒女性要节约，爱惜物品，即使是最不起眼的东西也要保存和回收利用。所谓的女性美德，如忠于职责和具备常识，受到了前所未有的重视。妇女们排着无穷无尽的长队，首先要在市政厅排队领取配给券，没有配给券就无法购买食物和衣服。然后，她们在商店里排队，因为无法预测供应的情况，她们永远也不知道还能买到什么。有些货物的到达时间延迟了，而政府随时有可能放出存货，因此妇女们必须时刻做好准备。家庭安排了自己的私人供应网络，他们依靠物物交换、"灰色市场"交易和乡下的亲戚朋友，乡村比城市更容易获得食物。

除此之外，还有其他方式来补给家庭饮食：如家庭成员赠予的礼包、企业或组织安排的食品销售或分发、儿童午餐计划和乡村出行，或者在后院种植食品。[34] 儿童健康是人们共同关心的问题和最重要的事项。社会工作者发现学生患有疥疮和脓疱，这是营养不良的迹象。年轻的母亲们很看重医生提供的建议，比如如何将饮食不足的影响降到最低、如何应对家里没有供暖等问题。

物资短缺、节衣缩食和时刻保持警觉是大多数女性日常生活的一部分，直到 1949 年配给制度结束为止。解放后，许多人没有如愿立刻恢复从前的生活。40 年代的经历在未来多年里都影响着女性的态度。50 年代和 60 年代早期，当住房拥挤（由于婴儿潮）和家用电器仍然稀缺时，女性在占领时期学到的技能仍然很有用。

日常生活的艰辛带来了许多社会和政治后果。影响了人们对政府的态度和人们对利己行为和利群行为的判断，这些判断可能具有政治意义。在这一时期，促使女性战略性退回家庭，并采取“谨慎期待”和“自我保护”态度的原因有很多。[35] 当其他地区发生军事冲突时，法国人可能决定采取观望等待的态度，但他们无法避免本国政府行为所带来的日常生活政治化，以及出现在法国领土上的占领军（在 1942 年 11 月，占领范围扩张到了整个法国本土）。他们可以避免在轴心国和同盟国之间做选择，但却不能忽视双方都坚持让他们选择的要求。女性并没有被排除在这场战争之外。她们的忠诚和男人的忠诚一样值得赢取。因此，当对立双方寻求全体人民对其意识形态和战略的支持时，女性和男性都成了宣传的目标。法国境内的第二次世界大战是一场没有士兵和前线的战争，因此妇女从一开始就参与其中。

爱国主义

虚构人物库内贡德（Cunegonde）因为伦敦的自由法国电台而为人们所熟知，她被描绘为一个对法国的混乱政局一无所知的女人。库内贡德就像漫画中的人物贝卡辛（Becassine）一样，她对周遭发生的事情感到困惑，但她是一个善良的女人，决心为了祖国的最大利益而采取行动。电台广播以平易近人的语言解释了她应该如何在日常生活中变得“聪明”，并不断提醒她“德国人是我们的敌人”。伦敦电台中不断传递出“如果德国获胜了，那么法国人不会得到一丁点儿好处的”信息：占领是集体奴役，它会将所有人都变成德国的人质。这样看来，维希的“反法国”（anti-France）并不像某些法国人认为的那样是他们的庇护和支持，而是希特勒的帮凶。

“每个法国人都可以采取行动”

“不要指望维希政府来保护你。”伦敦的“自由法国”最初鼓励法国人进行精神抵抗，不要被战败打倒，不要向维希政府屈服，也不要一味追求个人利益。女性直接参与了这项策略。1942 年春天之后，她们的参与更加深入了。当时抵抗运动的成员从法国来到英国，在他们的要求下，位于伦敦的“自由法国”开始更加重视法国公民的日常事务，尤其是健康和饮食问题。“自由法国”的电台广播了法国妇女愤怒的匿名来信，她们称自己“不屈不挠、无所畏惧”，而且在物资短缺的情况下不断“维持”。[36]这些宣言发挥了至关重要的作用，因为绝大多数公众认为对占领势力的仇恨与对维希政权的排斥之间没有直接联系。直到 1942 年底，“两个政体之间的联系”才变得清晰起来。但即便在维希政府通过其警察和民兵部队（milice）明确表明自己为希特勒政权服务之后，“全国范围内仍然没有真正展现出抵抗和斗争精神”[37]。女性在这方面的态度与男性没有差别。第三共和国时期只有男子才享有公民权利，这并没有使他们具有特别的洞察力，也没有让他们比妇女更坚定地捍卫自由和国家。然而，认为全体法国人民都态度消极，甚至是懦弱的观点具有误导性。他们的顺从、对日常事务的执着、疲惫和恐惧可能与对受迫害的犹太人和抵抗者的同情乃至实际行动共存，但这些情绪未能在集体动员中凝聚起来。

女性也面临着从帮助身处困境之人到完全投身于抵抗事业之间的不同选择。她们完全靠自己做决定，没有任何组织化的妇女团体或意识形态来指导。有的人这样做是出于对德国人的敌意，有的人是为了帮助亲戚或邻居，还有的人是为了支持同事。护士可能会签署证明文件让人们免于工作。市政职员可能会发放虚假的配给券或身份证明。在邮局工作的女性做出的贡献堪称楷模，直到今天她们都被视为“邮政抵抗网络的关键人物”。我们很难量化这些匿名、分散和隐秘的抵抗，无论男女都开展了这种行动。但这种“无声的基础建设”对于抵御谣言和对抗孤独至关重要，组织化的抵抗很大程度上依赖于这些“个人行为的累积”。[38]从 1942 年夏天开始，犹太人先是遭到迫害，然后被大规模追捕，他们也受益于这些无声的抵抗。

当然，我们也应该指出这是反感情绪的延迟表达，法国曾在 1940 年袖手旁观，任由维希政府颁布种族歧视的法律，并将 1/4 的犹太社区交给德国人。无论迟到与否，人们还是产生了反感情绪，法国的男人、女人不再服从政府。政府的做法被视作独裁、不人道的：一个赞扬家族的政权却将犹太儿童交给了德国人。弗朗索瓦·贝达里达（François Bédarida）指出：“个人和集体等渠道自发或是有组织地保证了纳粹领导人下令实施的‘最终解决方案’基本无法在法国实现。”[39]正是在救助犹太儿童的过程中，玛德琳·鲍杜安（Madeleine Barot）和新教救助组织（CIMADE）的其他领袖决定加入地下抵抗组织。人们还可以利用维希政府的社会机构作为掩护：在罗阿讷，农民社团（Corporation Paysanne）的两名女性官员定期将犹太儿童安置在农村家庭。[40]

妇女举办的抗议游行也出现了，许多游行由共产党激进分子领导，其中达尼埃尔·卡萨诺瓦（Danielle Casanova）的表现尤其突出，她在1939年之前一直担任法国女青年联盟秘书长（Union des Jeunes Filles de France）。这些行动与共产党的总体战略一致，目的在于动员广大民众对政府的不满情绪。负责北部地区妇女行动的共产党官员伊冯娜·杜蒙（Yvonne Dumont）回忆道："考虑到她们的人数和忧虑程度，（女性）最终代表了一种行动的潜力，起码也代表了对抵抗运动的支持……我们必须开始让她们参与抗议和行动。"[41]

女性成立了"人民委员会"来号召家庭主妇们去市政厅和行政长官官邸前示威，要求发放储藏的食品、获得煤炭券或土豆配给。专门面向妇女的地方和区域性地下报纸刊登了这些示威的公告，并解释了这样做的原因。1942年春天，抗议活动激增，"自由法国"电台在新闻中报道了这些行动。在巴黎，演讲者们在法国游击队（Francs-Tireurs Partisans，FTP）的武装保护下，向布吉街和达盖尔街市场的大批抗议者发表讲话。他们除了高呼常见的"打倒饥饿贩子！人民需要面包！"之外，还在呼喊"打倒德国佬！"在马赛，人们喊道"打倒法兰西民兵！"抗议领袖们希望纯粹用物质要求来阐明当局与占领势力之间的勾结。

我们难以评估这些委员会的实际影响力或它们在塑造女性公众意见方面的作用。对共产党妇女而言，参加抵抗运动是她们战前事业的常规、合理延续。这一点对于刚参加反法西斯运动的女性如玛德琳·鲍杜安也是如此。她曾是阿姆斯特丹－普利耶运动指导委员会的成员（Amsterdam-Pleyel Movement），1941年她协助组织了国民阵线，后来加入了共产党。全国社会主义妇女委员会秘书长苏珊·比松（Suzanne Buisson）于1943年夏天被驱逐出境，随后便再无踪影。她的牺牲同样是她战前事业和活动的直接延续。不过，许多在这时加入抗争的其他妇女从前没有政治行动的经验。

抵抗：两性之间的友谊和平等?

许多积极抵抗的人要么抗拒维希政权，要么抗拒停战协定，或者两者都拒绝接受。抵抗网络通过招揽朋友和熟人而扩大。[42]抵抗运动本质上是隐秘、沉默、界限分明的。抵抗成员继续普通的日常生活，做着常规的工作，过着看似平静的家庭生活。许多时候，抵抗运动诞生于家里的灶台边，并延续了下去。它的形式多样。早期的任务和工作在明面上没有性别的划分。有些任务需要使用私人住宅，这显然需要男女双方的参与：提供住所、担任向导、收集情报、运输供应品——这些任务并不专属于妇女。这些任务也很危险，占领时期的特点之一是集体责任制：无论每个人的实际责任如何，嫌疑人全家都会受到惩罚，而且犯人受到的惩罚也与他蔑视法律的程度成正比。例如，在 1943 年 11 月，两个孩子的母亲珍妮·卡恩（Jeanne Kahn）被关在里昂的蒙卢卡监狱，后来被驱逐出境。她遭受惩罚的唯一原因就是她的丈夫作为抵抗运动成员被捕了。[43]

在一般的战争中，女人会因为冒着生命危险而成为女英雄，这理论上是男人应该做的事情。在非法和地下的抵抗运动中，男人、女人都必须学会控制死亡恐惧之外的其他情感：面对不安全状态时的焦虑感，对肉体折磨和精神压力的恐惧，以及对暴露亲友的过分忧虑。不论级别或职能，每个当事人都需要谨慎、勇气和镇定，因为敌方往往不知道自己在对付谁，所以他们常用审讯的方式来查明真相。

然而，男、女承担风险和报复后果的平等似乎没有带来责任或功绩的平等。抵抗运动的集体记忆颂扬了几位主要的女性人物，她们作为镇压行动的受害者昭示着女性也为自由付出了代价：其中包括贝蒂·阿尔布雷希特，她与亨利·弗雷尼（Henri Frenay）共同领导了战斗运动，曾两次遭到逮捕。她第二次被监禁于弗雷讷后再无音讯。还有达尼埃尔·卡萨诺瓦，她于 1942 年被捕，后来在奥斯威辛集中营逝世。西蒙妮·米歇尔－莱维（Simone Michel-Levy）死后获得了法国解放勋章（只有 6 名女性获得了这一荣誉），因为她通过邮电服务组织了一个抵抗网络，她受到了拷打，被赶到拉文斯布吕克集中营，最终以破坏罪被绞死。但是每出现这样一位女性，又有多少人被历史和历史书所遗忘呢？尽管他们自己远离政治，但整整一代的抵抗者，无论男女，都目睹自己的事业在战后被政治运动所吞噬（尤其是戴高乐主义和共产主义运动）。“阴影下的军队沉默无声。”[44] 而那些认为自己为国家服务而不是为政治目的服务的人则最为沉默。

与男性相比，女性与权力、政治的关系更为疏离，她们因此无法利用自己取得的经验。另外，她们真的希望利用这些经历吗？解放到来时，许多参加过法国游击运动的人都没有费心思去申请抵抗志愿者的证明。[45] 抵抗工作似乎就是日常生活的一部分，她们甚至忘记了自己冒过的风险：许多人和丈夫一起扮作地下组织成员的“女房东”，这些女性仅将自己的贡献视作“常规工作”。女性的作用可能因为她们在团体组织中的人数少于男性而受到忽视，而且少有女性能指挥地下组织。做到这一点的人包括弗朗索瓦网络的玛丽－路易·迪萨德（Marie-Louise Dissart），该网络接受英国陆军部的指挥；玛丽－马德琳·梅里克－富卡德（Marie-Madeleine Meric-Fourcade），她为英国情报机构指挥联盟情报网络，其中包括了约3000名特工；还有克劳德·杰拉德（Claude Gerard），她负责组织多尔多涅的秘密战斗军队，并最终接管了法国西南部七个区所有游击战斗部队的指挥权。

历史学家最初主要关注抵抗运动的组织和武装军事行动，如破坏和游击进攻。女性在大多数抵抗组织中都没有占据显著的地位，而且很少有人参加武装战斗。她们的贡献体现在其他方面，比如担任秘书、联络官和情报人员（联盟的特工网络中有1/4是女性）。她们安排了逃生路线。1941年秋季，一直在法国北部运作的英国加罗网络被破坏了。50余人遭到逮捕，他们被驱逐出境或处决，其中许多人是年龄在30到50岁之间的女性。所谓的“妇女抵抗”或专属妇女的抵抗组织是否存在呢？毫无疑问，抵抗运动利用了女性特质作为掩护，因为敌人认为女性无辜、脆弱又无知。不到20岁的珍妮·卢梭（Jeanie Rousseau）在一家与德国有关的经济机构中担任翻译。她也是联盟网络中代号Amniatrix的特工。“我工作的时候不用冒着巨大的风险。我在德国人中间周旋，扎着麻花辫，看上去就像个单纯、善良的小姑娘。”[46]露西·奥布拉克（Lucie Aubrac）不仅贿赂了一名德国军官，而且还说服他相信自己是个出身良好的年轻女子，被情人诱惑后抛弃（她当时已经怀孕了）。这个“诱惑者”其实是她的丈夫雷蒙·奥布拉克（Raymond Aubrac），雷蒙被盖世太保关押在里昂。她凭借计谋见了他一面，并计划帮助他出逃。

参与抵抗运动的女子经常提起她们在秘密活动中使用的女性诡计或装备：一个女子可能会停下来装作调整她的吊袜带或补妆，以便观察建筑物周围的区域。真实的或伪装的怀孕可以解释她们宽松的衣着，从而方便地隐藏文件或其他物品。传单可以藏在婴儿车里。传统的购物袋是这个物资匮乏时代的必备配饰，它可以用来运送各种各样的物品。奥尔加·班西弗（Olga Banciv）是难民抵抗战士组织曼努修团体（Manouchian Group）中唯一的女性成员，她就用这样的购物袋来隐藏武器。这一切是否表明抵抗军仅仅将女性特质作为伪装，而女性不过是辅助力量（当然她们的脆弱发挥了作用，但终究只是辅助而已）？许多妇女说自己在抵抗运动中的经历是平等、友爱的，大家在面对风险时团结一致，每个参与者都忘记了男性至上的教条思想。对于布里吉特·弗里昂而言，平等主义的氛围源自“这场非常规的战争让我们如获新生……在一段时间里，我们建立了一个所有人享有完整尊严、人人平等的新社会。工人和富人自然是平等的，但更惊人的是女人和男人也是平等的”。[47]

由于女性态度的变化，男性对女性的看法很可能也改变了。例如，曾经在乌利亚的干部学院被学校教官开除或忽视的“小秘书”，在开展地下活动时却成为得力的同志。但在涉及军事行动的时候，两性的平等待遇就会受到局限。宝拉·施华兹（Paula Schwartz）对参与游击战和破坏活动的共产党女士兵的研究表明了这一点（比如巴黎的玛德琳·里佛和马赛的玛德琳·鲍杜安）。参加这类活动的女性很少，其中大多数人年轻未婚。妇女参与了行动的规划和执行、武器的运输和收集，但很少有人经常使用这些武器。女性参与交火是罕见的现象，这与其他国家（如南斯拉夫）女性参与武装抵抗形成了鲜明的对比。此外，随着抵抗活动的“常规化”，女性在战斗团体中的作用逐渐受到限制。解放时期，妇女被排除在了法国内务部队（Forces françaises de l’intérieur，FFI）的战斗单位之外，这种做法遭到了一些人的抗议。一名叫珍妮·波赫克（Jeanne Bohec）的女子提出要为武装部队服务，却遭到了拒绝。她是一名爆破专家，也是破坏活动的指导员，这些活动与伦敦的“自由法国”中央情报与行动办公室有关。[48]行动的秘密和非法的性质推动人们跨越性别角色的界限，不过一旦战斗的重担转移到与敌人公开交战的、由“真正的”士兵组成的正规军身上时，这种情况便不再被容忍了。

5 年折磨之后

1943 年 12 月 16 日，莫里斯·舒曼（Maurice Schumann）通过“自由法国”电台向他的同胞们说道：“如果说女性在这场战争中像上次大战一样，为自由事业贡献了数以百计的女英雄，那么现在她们也首次组成了成千上万的战斗部队。”“自由法国”不仅称赞女性的作用，而且承诺要通过“保证伊芙琳和她的丈夫、亚莱特和她的未婚夫在政治、经济和社会上的平等”来表达对女性的尊重。当然，“自由法国”的论述中存在着含糊不清的地方，他们将正义与美德、平等与差异混为一谈。他们认为妇女通过某些特定的女性美德为法国的复兴做出了贡献，这些美德与她们的女性本质和母性功能密切相关：例如，她们“认识到了真正的问题”，“能够理解爱的不同形态”。尽管如此，“自由法国”还是作出了明确的承诺，并带来了真正的希望，这一点通过任命露西·奥布拉克作为阿尔及尔协商会议的代表得到了证实。“救国将带来法国妇女的解放。”[49]1942 年 6 月戴高乐将军宣布将赋予法国妇女选举权，实现方案在 1944 年 3 月 23 日的阿尔及尔协商会议上获准通过。这是“自由法国”决心要终止第三共和国的拖延和犹疑态度，让国家重获新生的表现。但正是这一决定掩盖了女性在战间期争取投票权的进展，也掩盖了妇女为争取自己的利益而开展的斗争。女性主义和左派之间时不时变得复杂的关系从人们的记忆中被抹去了。

女性用鲜血付出的代价还是不足以换来平等。尽管在抵抗时期成熟起来的新一代政治家开始当权，但是人们对女性权利和能力的认可还是受到了某些价值观和形象的阻碍，5 年的苦痛折磨也无法将它们摧毁。1945 年 6 月，议员玛丽安·芙格（Marianne Verger）认为自己有必要走上演讲台向她的男同事们解释，对希望进入法国国家行政学院（École Nationale d'Administration）的女性提出“特殊要求”是“完全过时和不公平的做法”。立法者这样做并不是因为女性不如男性，而是因为她们不同于男性。芙格接受了这种性别差异，但她呼吁人们通过她提出的修正案，理由是“我们要求的不是自己的权利，而是我们履行义务的权利”。[50]纵观 1930—1970 年这整个时间段，占领时期带来的显著、直接的结果似乎很有限：经历了战争的女性没有实现重大的法律改革，没有赢得对她们权利的认可，也没有获得平等的待遇。重获解放的公民们要么属于主要的天主教组织，要么属于共产主义协会，但他们仍然对妇女参与传统形式的政治辩论持谨慎态度。[51]

1942 年，小说家韦科尔（让·布鲁勒）（Vercors，Jean Bruller）出版了他的经典地下抵抗作品《沉静如海》（*Le Silence de la mer*），这本书唤起了人们在与敌人朝夕相处时所需要的尊严与谨慎态度。解放暴露了占领时公共生活与私人生活界限的混淆程度。任何出于个人原因企图从德方获利的人，现在都必须向法院或净化委员会（commissions d'épuration）解释他的行为，即便他们并没有明显的政治或意识形态动机。占领将日常生活政治化，许多女性出于各种原因需要对簿公堂。1944 至 1945 年间，在奥尔良法院因为诽谤、为德国人工作和通敌的罪名而受到指控的人中，女性占比略低于 40%。[52] 解放时期，有些女性因为曾与德国士兵发生性关系而在公共场合受到身体上的羞辱（如剃光头，暴露裸体）。在占领军集中的地区，许多妇女因与敌人亲善而受到审判，这些情况极大地增加了女性涉案的比例。[53]

1945 年春天，集中营的幸存者们从“另一个世界，一个地狱般的可怕世界回来了”。[54] 我们无法在剩余的简短篇幅里研究男人、女人的殉难是否存在差异。如果说人性包括了男性和女性，难道非人性也存在这种区别吗？纳粹的拘禁制度对女人和男人同样专横、严厉。他们经历的情形一样悲惨：强迫劳动、殴打、酷刑和各种羞辱。老年人、体弱多病者和精神病患者被系统性地消灭，女性没有获得特殊的怜悯。[55] 纳粹的意识形态在原则和目标上区分了“劣等人”和其他人。“劣等”群体中受到剥削、虐待至死的不是个人，而且是整个家庭——包括男人、女人和孩子。纳粹为了将这些种族从地球上抹去而把他们集中了起来。纳粹希望彻底执行种族灭绝，这样“劣等种族”将不再拥有后代，而且不再是人类的一员。

1939 年 5 月至 1945 年 4 月之间，拉文斯布吕克的女性集中营接收了 110000 至 123000 名拘留者，其中至少有 90000 人死亡。“但是有人会说所有的死亡都差不多。我们只需要描述少数典型案例，比如 10 个，然后再在脑海里乘以 1 万就够了。但这是不对的……我们知道每种痛苦都很独特，那是 10 万名女性个体的痛苦命运。”[56] 奇迹般生还的人正是因为清楚这一点，所以很难再次适应正常世界的生活。归来的人们执着于有关集中营的记忆，尤其是对死者的记忆：“我们还活着，这太糟糕了。”杰玛·蒂丽昂（Germaine Tillion）在 1947 年写道。一些女性感受到自己的性格发生了深刻的变化，米歇琳·莫雷尔（Micheline Maurel）自问：“当然，我是回来了。但是那个回来的人究竟是谁呢？”[57] 其他人在归来后得知亲人去世或自己被抛弃的消息后悲痛欲绝，他们说自己“情感死亡”。除了回归者个人命运的改变，他们还发现了令人震惊、困惑又恐惧的事实，“正常的世界”没有、无法，也不想去理解如下问题：“所有人——尤其是我们这些人——如何能像以前一样生活？也许这就是我们与他们的不同之处。这可能也是我们价值观念的完全改变。”[58]

时间并没有驱散这些记忆。1988 年，杰玛·蒂丽昂出版了第三本关于拉文斯布吕克集中营的书，她再次提出究竟是什么原因导致"文明护佑下的"普通人，"能够日复一日地看着数百万人在他们眼前遭受残忍的折磨和屠杀"。她写这本书的时候没有表达对任何国家的恨意："1939 年到 1945 年间，我和大家一样忍不住去制造分歧，将某些国家与其他国家区别开来：'他们'做了这样的事，'我们'不会做这样的事。如今，我不再相信这句话，我反而认为世界上没有任何国家能免于这样的集体道德灾难。"[59]

第八章 苏联模式

弗朗索瓦丝·纳维尔（Françoise Navailh）

列宁宣称:“苏联政府刚成立的几个月里为妇女做出的贡献,没有哪个国家、哪条民主立法能企及其一半的成就。”[1]1917 至 1944 年间的苏联是一个庞大的社会实验室，苏联妇女的案例很有代表性。我们必须在探讨女性处境时牢记这一点，才能避免犯下常见的错误，以及低估某些重要现象。

苏联在欧洲和亚洲的疆域辽阔，其疆界内包括 100 多个不同的民族和各种各样的文化和宗教。我将在本文中主要考虑苏联广大领土的一部分，即俄罗斯。莫斯科作为权力中心试图将俄罗斯模式推广到苏联的其他地区。中央提出了统一的理想，并最终被周边的共和国所接受（至少表面上如此）。

苏联之前的俄罗斯帝国是一个独裁国家。尽管农奴制直到 1861 年才被废除，首次选举直到 1906 年才开展，但反对派很快就变得激进起来，“妇女问题”也被纳入了普遍性的革命计划。大量女性从一开始就参加了革命运动，她们占革命政党积极分子人数的 15% 至 20%。[2] 在 1905 至 1908 年间，城市地区的独立女性主义运动尤其活跃。这场运动主要聚焦于争取选举权，但结果却徒劳无功。第一次世界大战前夕的俄罗斯社会由少量教养良好的西化精英、处于萌芽状态的资产阶级和占人口总数 80% 的落后农民群体组成。不同社会阶层的人通常不会互相往来，而且对其他群体也缺乏了解。后来，这种无知成为一种主要的障碍。

第一次世界大战于 1914 年 8 月 1 日爆发。1914 至 1917 年间，超过 1000 万男性受到了战争动员，其中大部分是农民。农村的情况本来就很糟糕，现在进一步恶化了。许多妇女不得不从事农业劳作，女性人数最终占到了农村劳动力的 72%。[3] 她们还取代了男性在工业领域的工作：女性在劳动力中的占比从

1914 年的 33% 上升到 1917 年的 50%。[4] 从 1915 年开始，女性受雇于新的工业部门并大量加入政府官僚机构。然而，在物价飞涨的时期，她们的工资却低于男性。1916 年之后，政府无法再持续为城市和军队提供粮食。这场不得人心的战争似乎没有希望，看不到结束的迹象。俄国在此后一年多的时间里深受“面包暴动”和绝食抗议的影响，女性在这些活动中发挥了主要作用。紧张的氛围升级了。俄国政权开始崩塌。发起革命的荣誉属于妇女。

1917 年 3 月 8 日（儒略历 2 月 23 日），职业女性带着她们的孩子到彼得格勒大街上示威游行。由于社会党人未能就示威主题达成一致，妇女们便临时聚集起来呼吁和平和面包。第二天随着大量男性示威者涌入，他们的队伍壮大了起来，动乱的规模也迅速扩大。3 月 2 日（儒略历，下同），沙皇退位。临时政府成立后，女性于 7 月 20 日获得了选举权和执政权（英国女性直到 1918 年才获得这些权利，美国要到 1920 年）。女性主义者在实现了自己的目标之后，作为一股自主力量就消失了。自由主义女性失去了对事件的掌控。10 月 25 日至 26 日夜晚，布尔什维克党人占领了冬宫，冬宫守卫是一支由知识分子、资产阶级、贵族和工人阶级妇女组成的队伍。现在革命爆发为一场内战，其结果在很长一段时间内悬而未决。

矛盾的 10 年

尽管布尔什维克党人受到了白军、盟军和民族主义者的围攻，他们还是从莫斯科和彼得格勒（后来的列宁格勒，现为圣彼得堡）大举进攻，几乎重新夺回了所有旧俄罗斯帝国的领土。他们立刻通过了一系列与妇女相关的新法律。1917 年 12 月 19 日的一项法令规定，在夫妇双方同意的情况下，离婚申请应由法院或登记处（ZAGS）自动批准。该法令废除了必须追究一方责任的原则，离婚令也不再需要公布。苏俄是世界上第一个采用这种自由离婚政策的国家。1917 年 12 月 20 日的法令废除了宗教婚姻，规范并简化了民事婚姻程序。后代子女无论是否婚生都享有同样的法律权利。1918 年 12 月 16 日的《家庭法》扩展了这两项措施，这是当时欧洲最自由的家庭法。登记处成了处理家庭事务的主要机构。男人不能再强迫妻子采用他的姓氏、住址或国籍。夫妻双方甚至在子女方面也享有绝对的平等。产假和工作场所的安全得到了保障。《家庭法》

采用了狭义的家庭定义：一个人的家庭包括他的直系祖先、后代及其兄弟姐妹。他的配偶与亲属的地位等同，但不享有特权。事实证明，新定义的家庭不如旧家庭稳固。人与人之间的联系变得松散：1918 年 4 月，遗产继承成为非法行为（1923 年才部分恢复合法）。无限制堕胎于 1920 年 11 月 20 日合法化。

1926 年 11 月 19 日的法典认可了这些早期的改变，并且进一步废除了合法登记的婚姻和事实婚姻（习惯法婚姻）之间的所有差异。从此以后，只要夫妇任何一方提出书面申请就可以离婚："明信片离婚"现在是合法的了。爱情变得更加自由了，但由于新的赡养费和子女抚养费的要求，夫妻间的相互义务则更加沉重。[5] 新的关于家庭的法典旨在将男人、女人和孩子从另一个时代的强制性规定中解放出来。它要将过去完全抹去。人们在 1918 年 3 月被敦促改姓；1924 年则是改名：政府建议人们采用的新名字包括"马列"（Marlen，马克思列宁主义的缩写）、恩格尔森（Engelsine）和奥克托布莱（Octobrine）。虽然该法典旨在实现解放，但它也可以被用作打击社会保守势力的压迫手段，特别是农民和穆斯林。事实上，由少数城市知识分子组成的俄国共产党在通往美好未来的道路上，会故意忽视那些人的意见。立法者虽然偶尔会改变立场，但他们的行动始终遵循两个原则：摧毁沙皇主义和建设社会主义。

马克思主义者，女人和家庭

马克思主义关于妇女和家庭的基本观点可以在《共产党宣言》（*Communist Manifesto*，1848）中找到。弗里德里希·恩格斯（Friedrich Engels）后来在《家庭、私有制和国家的起源》（*Origin of the Family*，*Private Property*，*and the State*，1884）中对这一观点进行了深入阐述。对马克思主义者而言，家庭（还有作为家庭成员的妇女）由经济结构和国家性质决定。资产阶级家庭的基础是利润，它们只有（再）生产的作用。资本主义剥削无产阶级，摧毁无产阶级家庭。资产阶级通过通奸占有已婚妇女，通过卖淫占有劳动妇女。这样看来，资本主义、资产阶级等同于不道德。如果压制了资本主义的经济结构，那么资产阶级家庭也会消失，卖淫将不复存在。届时妇女将享有完全的公民权利。公社将承担家务劳动，国家将负责养育子女和教育，妇女从而得以工作并经济独立。那么家庭在这种情况下会变成什么样子呢？既然一夫一妻制是由于经济原因而存在的，那么如果导致它出现的原因消失了，它也会消失吗？答案是否定的，而且理由充分：一夫一妻制不仅不会消失，而且它从脱离经济因素那一刻起就能以其最完整的意义存在。[6]从今以后，婚姻将只建立在自然喜好的基础上，不受物质约束。按照这种逻辑，人们只要觉得有必要，婚姻就应该结束。但是马克思主义创始人认为离婚应该是例外而不是标准情况，他们隐晦地谈论了这个问题。

《妇女与社会主义》（*Woman and Socialism*，1879）是奥古斯特·倍倍尔（August Bebel）主要的马克思主义著作，书中根据《资本论》分析了劳动妇女的经济和性处境，并重申了马克思的观点。倍倍尔承认，男性可能也要对两性不平等承担部分责任，这不光是资产阶级制度的问题。不过，他坚称女性异化的普遍问题不能仅仅通过赋予女性权利得到解决。他认为将女性从男性主导中解放出来的唯一方式就是解除经济上的依赖。因此，妇女应该与无产阶级并肩作战来实现革命。他唯一论及婚姻的观点是人们应该认真对待它：夫妻不能忽视彼此的义务，他们必须努力维系婚姻。

马克思、恩格斯和倍倍尔虽然能够精准地论述资本主义制度的内部运作，但他们在描绘未来时却没那么明晰了。他们认为这场革命必然会创造出新的两性关系——首先是新的经济关系，其后会随之产生新的社会和人际关系。问题的关键在于二者的因果关系。我们了解到旧的家庭会在革命之后消亡，家庭结构将得到重生。马克思主义者和革命者认为，纯粹的女性主义运动是朝着资产阶级的转向，它有碍团结、拖累了革命。因此，左派内部并没有就女性问题展开真正的辩论。一桩轶闻能帮助我们指出马克思主义者在这个问题上的盲点。1915 年，布尔什维克主义者伊涅萨·阿曼德（Ines Armand）在一本宣传册中阐述了她对婚姻的看法，她希望调和道德、性和共产主义之间的关系。列宁批评她的作品犯了“左倾错误”，并说服她放弃了自己的立场。[7]亚历山德拉·科伦泰将这种女性创造精神与男性态度之间的冲突称作“龙与鸽”的斗争。我将在下文详述科伦泰的职业生涯。

科伦泰：一位不情愿的女性主义者

亚历山德拉·科伦泰（1872—1952）是苏联建立后十年间关于妇女和家庭辩论中的关键人物。她是那个时期所有矛盾的缩影。她的传记是那一代人的典型。出身贵族的她享受着奢华而梦幻的童年。19 岁时，她为了逃离家庭和社会环境而结婚。26 岁时，她离开丈夫去苏黎世上学。苏黎世是当时俄罗斯知识分子的圣地，她开始在那里涉足政治，立场变得越来越激进，最终成为一名专业的革命者。科伦泰拥有了不起的经历：1917 年，她作为第一位入选中央委员会的女性，投票支持了十月革命。此后，她成为首位在政府任职的女性，担任人民卫生委员，并积极参与起草了 1918 年的《家庭法》。1920—1921 年间她作为积极的工人反对派成员，试图约束苏联共产党的权力。1922 年，科伦泰成了世界上第一位女性大使。直到 1945 年她才结束在国外的外交生涯回到莫斯科，然而她的名字却与 20 年代的争议密不可分。她用无数的文章、书籍和宣传册点燃了人们的热情，这些作品遭到了广泛的批评、歪曲，甚至是讽刺。她还写了许多理论著作：《妇女问题的社会基础》（*The Social Bases of the Woman Question*，1909）、《家庭与共产主义国家》（*The Family and the Communist State*，1918）、《新道德与工人阶级》（*The New Morality and the Working Class*，1918）以及 6 部小说，这些小说均于 1923 年出版。如今，虽然她的著作从某些方面看来是过时的，但其中大部分内容仍然非常新颖。

科伦泰提出了一种马克思主义与女性主义的结合，她从未公开承认女性主义，事实上还在与之斗争。她认为马克思主义结合一些傅立叶乌托邦主义将促进女性主义目标的实现。科伦泰像马克思和恩格斯一样认为资产阶级家庭已经分崩离析了，革命将带来家庭生活的重生。她还广泛借鉴了倍倍尔的作品，尤其是他认为压迫能让妇女团结起来的观点。但科伦泰试图超越这些一般性的论点。她意识到革命只是起点，要改变婚姻的本质就必须改变人们的态度和行为。这就是科伦泰的独到之处。她强调了男性意志的具象化倾向，并注意到了女性的异化。比起孤独，女性宁愿接受任何形式的婚姻，因此她们只能在爱情上孤注一掷。[8] 科伦泰说爱可以是一种嬉戏：如果温柔的两性情谊建立在相互尊重的基础上，那么嫉妒和占有欲就可以被消除了。[9] “新女性”是她反复提到的话题之一，她们充满精力和自信，告诉男人自己想要什么，在物质和感情上都拒绝依赖别人。她们反抗社会经济的阻碍、虚伪的道德和“多情的束缚”。她们自主又积极，可以自由地探索“连续式的单配偶关系”。[10] 科伦泰在 1923 年发表的一篇文章《为带翼的爱神厄洛斯创造空间》（Make Room for Winged Eros）中分析了爱情的许多面向：友谊、激情、母爱、精神吸引力、习惯等等。“无翼的爱神厄洛斯”——指纯粹的肉体吸引，它可以为“带翼的爱神”创造空间，此时肉体上的满足将与集体责任感相结合，这是社会主义过渡时期的基本特点。

最后，一旦社会主义社会建立起来，“变形了的爱神”就会出现——建立在健康、自由、自然的性吸引基础上的婚姻。[11]“厨房必须与家庭分开”，夫妻双方才能获得发展：换言之，社会必须建立食堂、日托中心和药房来减轻某些传统的女性责任。[12]最后，母性被赋予了新的意义：这“不再是一件私事，而是一种社会责任”。[13]妇女为了社会必须要有孩子。科伦泰认为堕胎是人们要暂时忍受的罪恶，等到劳动妇女的意识提升后，她们会发现自己不需要这样做。她谴责拒绝生育是小资产阶级的自私。但她不提倡养育子女的集体化：应该由父母决定要在幼儿园还是在家里抚养孩子。

不过，普遍的爱（还有性）作为一种精神价值应该高于母性：“工人国家需要一种新型的两性关系。母亲对孩子狭隘而专一的爱，必须延伸到所有伟大无产阶级家庭的孩子。我们期望自由婚姻的诞生，它将取代以奴役女性为基础的牢不可破的婚姻。权利与义务平等的劳动者双方对彼此的爱与尊重将让自由婚姻制度更加牢固。劳动人民的伟大家庭将取代个人主义、利己主义者的家庭。无论男女，每个人在这个大家庭里首先都是手足和同志。”[14]科伦泰呼吁女性捍卫、宣传并内化她们自己作为人的价值。

科伦泰的观点以经典马克思主义为框架，因此，对她来说，经济是首要因素，不过她也坚持关注人际关系性质的层面：男人和女人都应该关注彼此的需求，取悦对方。她认为伦理和政治同样重要。她早在威廉·赖希（Wilhelm Reich）之前就将性与阶级斗争联系了起来：“为什么我们对这项工人阶级的基本任务漠不关心？我们虚伪地将性问题归属到不需要集体奋斗的‘家庭事务’范畴中，这种现象又该如何解释呢？我们装作性关系和支配性关系的道德并不是一个影响社会斗争的因素似的。”[15]

在20年代的苏联，很少有人赞同科伦泰的观点。她的同志们认为她的想法轻率而不合时宜。她预设了一些有待实现的社会和经济基础建设。1923年，布尔什维克党人P. 维诺格拉特卡娅（P. Vinogradskaya）在一篇文章中对她的观点进行了激烈的批评。维诺格拉特卡娅曾在1920年与科伦泰一起任职于中央委员会秘书处的妇女部门（Zhenotdel）。维诺格拉特卡娅攻击科伦泰分不清任务的轻重缓急，她忽视了阶级斗争，并不负责任地鼓励性无序的状态，而私人生活的混乱会煽动反革命。当时的任务应该是保护妻子和孩子，在不攻击男人的情况下捍卫妇女事业。马克思和恩格斯已经透彻地论述了这个问题，沉溺于“乔治·桑主义”毫无意义。

列宁则把所有事物都与经济联系起来，并倾向于一夫一妻制的婚姻，他主张平等、真诚、献身事业，就像他自己与娜杰日达·克鲁普斯卡娅（Nadezhda Krupskaya）稳定的结合。当伊涅萨·阿曼德读到自由恋爱的诗句时，列宁说她将资产阶级的不道德误认为诗歌。他借鉴了尼古拉·车尔尼雪夫斯基（Nikolay Chernyshevsky）的严肃小说《怎么办》（*What Is to Be Done*，1863）中的观点，他说这“让他印象深刻”。[16] 列宁对这本书的评价很高，他甚至将自己 1902 年的理论著作以本书的名字命名。他与克拉拉·蔡特金在 1920 年进行了对谈，谈话内容直到 1925 年列宁去世后才出版，这些内容反映出他反对人们在爱情和性方面缺乏自律的态度。列宁认为缺乏自律是颓废的标志，会对年轻人的健康和革命造成威胁。他抨击了认为“在共产主义社会里满足性欲就像喝水一样简单、轻松”的反马克思主义观点。列宁没有针对谁。他不是在攻击科伦泰，因为这番言论发表于 1923 年的论战之前，但后来反对科伦泰的人利用列宁的愤怒来攻击她：“人口渴了当然要喝水！但是一个正常的人、在正常的情况下，会趴在大街上从一个肮脏的水坑里喝水吗？或者会从已经被几十个人喝过的杯子里喝水吗？”纯洁成为绝对的价值，其基本观点认为拥有一个以上的性伴侣就是不道德。列宁的信条是：不要做和尚，不要做唐璜，也不要采取德国庸俗主义的折中方式。[17] 他谴责了家务劳动对人奴役，认为家务琐事把女人牢牢绑在厨房和育儿室里，让她们感到僵化、窒息、麻木和羞辱。她们的精力被无效、困难又劳累的工作榨干了。[18] 但是他对新式家庭却只字未提。

正统马克思主义者认为孩子不是夫妻关系的一部分。孩子要么由指定的女性来照顾，要么由公社所有女性照顾。在一开始，选择并不清晰。父亲在新的子女养育体系中没有承担任何角色。公社集体支持、囊括、渗透并超越了男女完全平等的夫妻关系。女性和她的丈夫一样也是工人。传统女性气质被贬低为旧式资产阶级社会关系的产物。所谓平等其实是性别认同。勤劳的新人类由一对异性“双胞胎”组成，他们作为劳动者一模一样。马克思主义心理神经学家亚伦·扎尔金德（Aaron Zalkind）在 1924 年写道：“现代无产阶级女性在经济和政治上（这也意味着在生理上）能够也必须变得越来越像现代无产阶级男性。”[19] 性关系对于这样难以区分的“双胞胎”而言无关紧要。我们可以用两种方式来解释这种说法。如果性仅仅是生理需求，那么伴侣的数量就不重要了：这就是科伦泰的短篇小说《三代情事》（*Three Generations of Love*）中年轻人热尼娅（Zhenya）的态度。另一种解释则走向了列宁派的禁欲主义。无论采取哪种解释，爱情都必须受到约束，它是一种破坏性的力量。然而，这些都只是理论推断。私人领域在 20 年代没有受到影响，各种性行为规范共存。

新生的俄罗斯

共产党为了推行法律，实现经济平等，让一个存在巨大差异的国家走向统一，并加速妇女融入社会的进程，于 1919 年成立了中央妇女部（Zhenotdel）。中央妇女部是中央委员会秘书处的妇女部门，它在各个层级都有相应的机构。该部门存在期间，先后由 5 位女性领导，其中包括伊涅萨·阿曼德（1919—1920 年在任）和亚历山德拉·科伦泰（1920—1922 年在任）。中央妇女部的工作包括提供建议和帮助；解决劳工和家庭冲突；提出法案或向中央委员会法令提出修正案；参与诸如消除文盲和禁止卖淫的活动；协调各个机构的工作；监督有利于女性参加工作和进入苏维埃委员会的女性人员配额要求；解决供应、住房和卫生问题；巡视学校和孤儿院。除了中央妇女部之外，还有一套女性代表制度：由同事选举出来的女性工人和农民会参加为期一年的培训和思想教育课程，此后她们会在苏维埃委员会或法院工作两个月，然后再返回原本的工作岗位。这套体系训练妇女成为“苏联公民”。20 年代有超过 1000 万人参与了这种培训。费奥多·格拉德科夫（Fedor Gladkov）的小说《水泥》（*Cement*，1925）的女主人公达莎（Dasha）就是解放女性的完美例子。达莎是一名激进的女性代表，她完全摆脱了过往的束缚，牺牲了自己的婚姻、家庭，甚至是小女儿——她的小女儿在孤儿院中去世了。毫无疑问，中央妇女部和女性代表制度都对妇女的意识产生了影响。但它们的政治影响力却微不足道，它们通常不过是高层向民众表达愿景的媒介而已。1923 年，它受到了“女性主义异端”的指责。

新生的苏联蹒跚前行。现实与乌托邦的梦想相去甚远，政府只得修改计划或打击顽固的反抗者，这又会引发进一步的反应和修改，这种情况持续到了 30 年代中期。苏俄内战在政权成立伊始就爆发了，妇女在军事、政治和医疗等领域都发挥了积极作用。战争带来了巨大的社会和经济变革，也为之付出了沉重的代价：500 万人死亡、可怕的贫困，而且自此出现了长期的男性人口短缺。传统的分销渠道已经枯竭。商业和以物易物受到禁止。政府希望直接分配物资。

商品券被用来支付工人的工资，但这些券不能兑换金钱。工业产出量下降到战前水平的 15%，农业产出量下降到战前的 60%。配给政策收紧了。城市中面包的配给降低到了每天 25 克。肉、鞋、衣服、煤和木材都严重短缺。农民反抗政府无休止的物资征收要求；流行性斑疹伤寒和霍乱暴发了；1920—1921 年的可怕饥荒导致 200 多万人丧生。最终的结果是一场政治、经济和人性的灾难。人们在饥寒交迫的折磨下拼命求生。随着社会的全面崩溃，成群结队的弃儿（besprizorniki）在乡村游荡，[1] 他们占领废弃建筑、乞讨、偷窃食物、杀人、卖淫。1921 年有近 700 万儿童生活在这种处境之下。每一次政权更迭，这种现象都会重现。直到 50 年代初，还是能时常见到衣衫褴褛的孩子们。1918 年政府废除了收养政策，又在 1923 年将其恢复，希望借此机会让这类儿童融入社会。

1921 年 2 月，喀琅施塔德的水手们发动起义，挑战新政权的合法性。列宁说服 1921 年 3 月的党代会采纳新的经济政策来应对这一重大危机。为了尽快恢复经济并挽救政权，小商人和小工艺者被允许重新开业。政府在 1922 年和 1924 年采取了激烈的措施来恢复货币流通。但是基础经济部门仍然是国有化的：重工业、运输、对外贸易、某些国内贸易、教育、出版和医药行业。尽管物资运输具有不确定性因素，而且粮食种类很少，向城市供应的粮食还是迅速增加了。消费品——甚至是必需用品，仍然稀缺、昂贵且质量平庸。通货膨胀率很高：1923 年商品零售价格上涨了 60%。政府重新制定了工资，报酬随着人们技能和工作职责的不同而变化，这打破了政府在 1917 年承诺的平等主义。一些不愿妥协的共产主义者认为新经济政策无异于叛国。不过，它让苏俄得以喘息和重组。

因此，经济由两个不平等的部分组成：小型、私营的商业企业和其他一切国有化的部门。这种二分法准确地反映了政府的两个企图：一方面希望满足社会的需求和欲望，另一方面则希望按照既定的方案来塑造社会。唯意志主义派的立法和艺术维持着乌托邦的理想。艺术家们热情地支持革命并加入了革命的队伍。有些人写下了宣传口号，还有些人，包括诗人弗拉基米尔·马雅科夫斯基（Vladimir Mayakovsky），开始从事记者工作。电影将这场革命描绘成史诗般的冒险。作家们试图捕捉这种新生活，建筑师们则开始设想未来光彩夺目的城市，城市中将建立起以傅立叶主义的共产村庄和工人俱乐部为基础的家庭

---

[1] 弃儿（besprizorniki）：指 20 年代早期苏俄无人照管的孤儿和弃儿。——译者注

公社。

新经济政策的平淡现实是对这种宏伟梦想的嘲讽。例如，每人只能分到 9 平方米的官方住房。在某些地方，每人甚至每户都只有 6 平方米。由于住房遭到大规模破坏和内战动乱，许多人都住在宿舍或挤在狭小、设备简陋的公寓里。公寓在集中政策下被征用，整个家庭和未婚人士都被分配到单间居住，房间配备了公用浴室和厨房。近距离接触让人们容易为了鸡毛蒜皮的事情争吵，破坏日常生活。队伍排长龙成了司空见惯的景象。除了在电影银幕上或精英小圈子里，精致的餐饮和优雅的时尚已成为过去。

共产党的控制和影响力因地区而异。尽管他们在某些领域取得了惊人的成功，但距离社会主义目标还很遥远。在 1914 年，女性劳动力的占比为 40%，但到了 1928 年，由于女性缺乏专业技能，再加上以前参军的男性返乡，妇女劳动力占比只有 24%。[20] 女性加入劳动力大军的速度缓慢，她们对政治也不感兴趣。在 1926 年的选举中，42.9% 的城市妇女参加了投票，而只有 28% 的农村妇女享受了这一特权。不过，到了 1934 年，两者的选举参与率分别上升到了 89.7% 和 80.3%。[21] 农村的党代表大多是来自城市的教师或护士，而不是农民。农村女性与政府的联系十分疏离。1926 年的苏维埃委员会成员中，城市女性占比为 18.2%，而农村女性只有 9.9%。[22]

自由与混乱

苏联社会尚未稳定。战争和饥荒导致大量人口迁移。人们为了寻找食物和更好的生活，时而涌向城市，时而逃离城市前往农村。这些“游民”为了生存而成为法外之徒。由于政府在面临无数相互冲突的待办事宜时，选择了将最大的精力投入经济重建，因此诸如日托、宿舍、餐厅、洗衣房和药店等社会服务都被削减了。意识形态起着主导作用：由于资产阶级的礼仪受到蔑视，许多人开始模仿平民的举止。潘特雷蒙·罗曼诺夫（Panteleimon Romanov）的小说《没有樱花盛开》（*Without Cherry Blossoms*，1926）讲述了一位年轻女子在肮脏的房间里与爱人初经性事时所受到的永久性伤害。卖淫和性病再次涌现。新妓女的数量众多：那些在革命中失去了一切的妇女；还有被政府列为“再教育”对象，不得不离开家园的农村妇女。这些人是“反社会分子”还是受害者呢？政府似乎拿不定主意。

从某种意义上而言，妇女没有经过斗争就得到了她们所希望的权利。但最困难的问题仍然存在：她们必须学会利用自己刚获得的权利来建立一种新的生活方式。考虑到社会历史背景和 1918 年及 1926 年法典的空白，新的自由带来了意料之外的后果。

这个时代的两个特征是婚姻不稳定和人们普遍不愿要孩子。堕胎数量上升，出生率急剧下降，新生婴儿时常遭到遗弃。孤儿院因为刚刚收容的孩子们变得不堪重负，成了名副其实的停尸所。杀婴和杀妻的行为增多。妇女的处境明显恶化，尤其是在城市里。男人抛弃了家庭，他们的妻子无依无靠。夫妻中只要一方申请就可以离婚，这种情况导致人们滥用权利。政府认可事实（习惯法）婚姻来保护妇女免受诱惑和抛弃（同时也保护因一时风流而诞下的孩子）；男人被要求供养他们抛下的女子，从而担起政府无法承受的负担。但是，女性必须要证明情事确实发生了，而法律没有明确哪些材料可以构成证据。法院可以任意作为。冗长且往往毫无结果的亲子诉讼破坏了两性关系，成为当时小说中反复出现的主题。管理赡养费的法律条文同样含糊不清，法院只好根据具体情况来确定数额。赡养费通常是男子月薪的 1/3 或 1/4，这有时会带来难以克服的困难。一个男人的工资是 40 卢布，如果还被扣掉了 10 卢布，那么他该怎么生存？他已经要照顾四个“合法”的孩子了，又如何去抚养一个非婚生子女呢？很少有男人能挣到足够的钱来支付赡养费，因此许多人拒绝付钱。法院的裁决在半数以上的案件中都没有得到执行。

实际的问题同样存在。住房分配由国家垄断，等待分配的人员众多。因此，有些离婚的夫妇被迫继续生活在一起。艾布拉姆·鲁姆（Abram Room）的电影《床与沙发》（*Bed and Sofa*，1927）是对新经济政策下情况的出色描绘。它为经典的三角关系主题提供了一个新的视角，电影演绎了丈夫、妻子和情夫被迫住在一个房间里的情形。两个男人都态度冷漠并联手对抗女子——她是其中一人的妻子，另一人的情妇。

许多想要孩子的妇女由于住房紧张、工资低、物资短缺以及男性缺席的情况而被迫堕胎。1927 年一项对莫斯科的调查显示，希望堕胎的女性中有 71% 是出于“生活条件”的理由，22% 的人提到了“不稳定的感情生活”。只有 6% 的人在原则上抗拒成为母亲。[23]

虽然城市里的知识分子和准知识分子们仍然过着波希米亚式的生活，但还有一部分人抵制任何传统习俗的改变。1928 年 77.8% 的人口仍然是农民，而蓝领和白领工人的比例仅为 17.6%。[24]1926 年的法典引发了巨大的争议，这体现了农民的持续影响力。尽管出版了无数文章、宣传册和会议记录，农民却很难得到准确的消息，他们容易被未经证实的谣言所影响。许多人认为新法规会强迫他们与别人共妻。法律中最具争议的规定是将事实婚姻与合法婚姻视作完全等同。1922 年的《土地法典》强化了农村的公共组织（mir），并保留了家庭财产（dvor）的完整性。如果一对共享家庭财产的夫妻离婚，支付赡养费将导致财产的分割，那么农场可能无法维系。农民经历了多年无休止的战争后（1914—1921）对新鲜事物感到恐惧，他们态度退缩并坚持传统的价值观。

当时所有的文章、宣传册、调查报告、演讲、小说和电影中都出现了一个模糊的女性形象：她时而是工人阶级先锋队的一员，样貌庄严，身着工作服、红围巾；时而是落后的农民，白色头巾蒙住了她的双眼；她时而又是青年共产主义者（Komsoml），是男性化的女子，她的解放程度令人震惊；她还是冒失、轻浮的打字员。女人同时代表着过去和未来。大众脑海中的信念与疑惑彼此争斗。20 年代后期的小说中充斥着不安、困惑和郁郁寡欢的女主人公。统治者和被统治者都关心城市的道德沦丧和农村的保守主义。女性追求稳定，男性不愿意承担责任，而党则希望确保计划的正常运行。到了 1926 年，无论人们支持与否，家族肯定要维系下去。出于经济发展的理由，某些轻工业领域被牺牲了。家庭和孩子再次成为妇女的责任。人们认为“女性问题”已经被一劳永逸地解决了，中央妇女部于 1929 年被废除。

“东方的女性，揭开面纱吧！”

中亚的中央妇女部直到 50 年代中期才消失。当然，政府在这部分苏联地区建立权威并非易事。该地区直到 1936 年才真正平静下来。农村长期被“匪军”（巴斯玛奇运动，Basmachi）控制，所以并不稳定。因此，“解放妇女”的政策也起到了打破当地经济和社会结构的作用。

革命之前女性的处境绝非一致。喀山的鞑靼人在社会主义之前就开始了改革：早在 1900 年，每 12 名鞑靼女性中就有 1 名接受过教育，而 55 名俄罗斯女性中只有 1 名受过教育。1917 年 5 月 1 日在莫斯科召开的第一届泛俄罗斯穆斯林代表大会上，1000 名代表中有 200 名是妇女，她们宣称信仰伊斯兰教的男女享有平等的权利，为全世界树立了榜样。[25] 尽管取得了这些进展，女性的总体处境仍然消极。1918 年 1 月 19 日，穆斯林事务中央委员会成立了，一些旧习俗被废止了。教育成为义务制，女性可以从事任何职业。最引人注目和具有象征意义的措施是帕兰吉（paranja）和面纱在 1926 年之后被系统性废除。[1] 破坏这些根本性社会禁忌存在风险，传统习俗仍然根深蒂固。50 年代，即使在统治精英中，仍然可以看到戴面纱的女子。女性进步的进程显著放缓，这一点可以在文盲数量中得到体现。1927 年，95% 以上的中亚妇女是文盲，而全国妇女平均文盲率约为 60%。1959 年，上学的俄罗斯男孩和女孩比例为 1000 ：921；而在穆斯林中这一比例为 1000 ：613。[26] 社会中还有反对妇女参加工作的声音。大多数女性从事农业工作，少数女性在工业领域和办公室工作。即使在如今的 5 个中亚共和国中，参加工作的女性也只占 25.6%，而在斯拉夫共和国这一比例为 43.6%。[27] 穆斯林妇女的政治参与程度也低于平均水平。

苏联的中亚地区当然也有一些真正的妇女解放成果。1933 年到 1979 年，受过中等教育的妇女人数增加了 33 倍。妇女摆脱禁锢后收获了教育和技能。然而，穆斯林社会仍然严格奉行内婚制。[2] 民族的观念往往隐含在传统和宗教中，妇女对于民族认同的建构起着根本性的作用。反对或阻碍妇女进步也意味着抗拒俄罗斯化的进程。苏联政府将欧洲模式强加于中亚共和国的尝试遭遇了许多挫折，因此所取得的成就也流于表面。

保守的革命

新经济政策未能带来持久的经济复苏。经济状况仍然脆弱和不平衡。失业人数从 1924 年的 70 万上升到 1927 年的 200 万。政府为了给工业一剂强心针而关闭了私营部门，并在 1928 年推出了第一个五年计划。该计划预期带来持续的工业增长，因此它需要良好的收成和稳定的对外贸易。1928 年 3 月的粮食征收危机影响了城市的食品供应。政府重新推行配给制，面包、糖、牛奶、肥皂和布料再次短缺。当局开始与农民角力，这是 1921 年没有发生的局面。事实证明，

[1] 帕兰吉（paranja）：中亚女性穿着的一种传统长袍，它遮盖了头部和身体。——译者注

[2] 内婚制（endogamous）：指男女仅能在某个特定的社会阶层或社会、种族、信仰团体内通婚。——译者注

这场较量是一个关键的转折点。苏联共产党匆忙决定实行农业集体化以保障国内消费和出口的稳定粮食供应。面对农民消极或公开的抵抗，政府加大了逮捕和没收土地的力度。一些农妇对诉诸暴力的抵抗丝毫不感到愧疚：她们阻止没收行为，侮辱和骚扰政府代表。这样的抗议通常毫无组织，影响力也有限，不过中亚是个例外，那里的局势再次濒临内战爆发的边缘。[28]

“正常化”的过程一直持续到 1935 年。1932 至 1933 年的可怕饥荒夺去了 600 万人的生命。[29] 生活再次崩溃。工资维持不变或下降。通货膨胀一直持续到 1945 年，其间只得到了短暂的缓解。[30] 日用品从市场上消失了。分销机制混乱不堪，许多人都生活在贫困之中。1932 到 1976 年间农民拥有了特殊身份，他们与集体农场被捆绑在一起。工人阶级的处境也恶化了。工厂于 1932 年引入了按件计薪的模式。工人从 1938 年起被要求携带就业记录。工厂收紧了纪律管理，工人的流动性受到限制。这种体制的特点是权力集中、等级森严，通过晋升和（或）淘汰来快速实现人员流动。

工业化与道德：家庭的回归

1929 年的危机迫使苏联走向自给自足。苏联直到 1960 年才重新加入国际经济体系。A 部门（重工业）的优先级高于 B 部门（轻工业）。“现在”又一次成了“未来”的牺牲品。全国都被动员起来修建如大坝、巨型工厂和运河等宏伟工程以及莫斯科地铁这样的顶尖项目。当工人阶级在营房里忍受着营养不良的痛苦时，五年计划笼罩上了一层新的神秘面纱。[31] 诗人奥西普·曼德尔施塔姆（Osip Mandelstam）哀叹道：“这可能令人感到羞愧，但好好记着吧：劳工之间的通奸确实存在，这是流淌在我们血液中的天性。”[32]

人们把精力浪费在爱情和性上就是背叛革命。波希米亚主义和性解放受到了谴责，而 1924 年亚伦·扎尔金德在“十二诫”中宣称的“革命的升华”如今被奉为教条。[33] 社会才能决定什么关系是正常的：1934 年，同性恋和卖淫都被定为犯罪行为。

20 年代的波希米亚风气消失了，教育、社会和艺术实验都走向终止。报纸和电影屏幕上充斥着对钢铁机器、闪亮的拖拉机和勇敢的斯达汉诺夫工人

（Stakhanovite）的赞歌。[1]1934 年之后，知识分子开始追随苏联政党领导人的脚步：其中包括作家瓦伦丁·卡塔耶夫（Valentin Katayev）和莉迪亚·赛弗丽娜（Lydia Seifullina），以及电影导演谢尔盖·爱森斯坦（Sergei Eisenstein）。这些人都接受了“社会主义现实主义”的创作模式，但他们用现实主义方式描绘的光荣成就没有任何现实性可言。不过，受到五年计划青睐的工厂开始到处招兵买马了。

女性在工业劳动力中的占比从 1928 年的 28.8% 上升到 1940 年的 43%。[34] 女性在采矿、冶金和化学工业等新兴行业找到了工作。不过，有传言说某些行业对女性而言太危险或太不健康了。法律保护孕妇，但快速工业化和战争的压力让管理者们不顾法律，削减产假。妇女像男子一样被迫劳动——这又是一个不存在性别歧视的领域。大多数妇女从事的是没有什么技术含量的工作。

建设社会主义需要稳定的社会和强大又团结的家庭单元。因为战争和迫害损失的人口必须得到补充。经济和意识形态方面都迫切地需要赋予家庭新的活力。此时对家庭的批评被视为“资产阶级”或“左派”。昂首阔步的中性人退出了舞台，丰乳肥臀的母亲形象出现了。《真理报》（*Pravda*）表彰了挤奶女工先锋，她敏捷的手指能让牛奶汩汩流出，这象征着生育能力。1935 年 8 月，《消息报》（*Izvestia*）写道：“我们的女性作为世界上最自由国家的正式公民，得到了大自然赋予的成为母亲的赠礼。让她们好好珍惜这份宝贵的礼物，将苏联的英雄带到世界上来吧！”1936 年 4 月，斯大林在《劳动报》（*Trud*）上撰文指出：“堕胎毁灭生命，这在我们国家是不可接受的行为。苏维埃的女子享有与男子同样的权利，但平等并不能免除大自然赋予她伟大而崇高的责任：她是母亲，她诞下生命。”

1935 年，媒体开始攻击堕胎和离婚。1928 年的堕胎数量是出生数量的 1.5 倍；到了 1934 年，莫斯科每出生一个孩子就会发生 3 次堕胎。[35]1935 年 5 月，城市离婚率达到了 44.3%。[36] 结果就是从 1936 年 6 月开始，堕胎（出于医疗原因除外）被定为非法，然而我们可以从许多寄给报社的信件中看出妇女明显反对此举。作为补偿，政府设立了家庭分配制度，赡养费的金额也提高了。此外，离婚手续变得更加复杂：夫妻双方都必须出庭，离婚记录被保留在身份证件中，

[1] 斯达汉诺夫工人（Stakhanovite）：苏联在第二个五年计划期间开展的劳动竞赛运动叫作斯达汉诺夫运动，斯达汉诺夫工人指工作努力、效率极高的工人。——译者注

判决结果公示，离婚费用也增加了。不过事实婚姻仍然受到承认。

这些改革在母亲、永久性婚姻和强大的核心家庭之间建立了持久的联系。1935 年甚至连父亲的权威也得到了恢复。最初的结果令人惊讶。离婚率在一年内下降了 61.3%。到了 1936 年 10 月，莫斯科的堕胎率下降到了 1935 年 10 月的十五分之一。出生率略有增长。但出生率下降的趋势不可阻挡：1925 年的出生率为 44.7‰；1930 年为 39.2‰；1940 年为 31‰。[37] 由于导致堕胎的客观因素没有改变，妇女仍然会选择堕胎。不过她们会秘密施行，同时承担随之而来的全部风险。

斯大林通过严厉手段来控制社会，保持国家机器的忠诚。在莫斯科的公审上，人们将矛头指向了“反革命分子”。1937 年 1 月至 1938 年 12 月，有 700 万人被捕。[38] 在被逮捕的共产党人中有 12% 到 18% 是女性。[39] 他们受到的指控总是一样的：蓄意破坏、托派、从事间谍活动。1934 年 8 月，“叛徒的亲属”可以被定罪——这项法律主要针对被告的妻子和姐妹。女性如果没有公开谴责丈夫或兄弟是“人民公敌”，那么她们可能会被判处 2~5 年的监禁。她可能仅仅因为对亲属的活动不知情而被流放 5 年。[40] 被监禁妇女的孩子则被送往孤儿院。

尽管如此，还是有一些人从政权中获利。在第二次世界大战前夕，出现了一个名副其实的小资产阶级。这个群体高度同质化，他们依附于新秩序的仪式、标志和规范。该群体相信了那个时代的文学模式，他们躲在花边窗帘和天竺葵后面，远远地进行观察。革命被资产阶级化了：帽子和领带再次变得常见。斯大林主义者对此的反应尽管带来了负面影响，但人们的普遍共识认为它提供了真正社会进步的机会。母亲的形象成为慈爱的俄罗斯母亲，这一形象与强健的农妇结合在了一起。苏联的价值观有了明显的乡村化趋势。工业化加速了农村人口的外流：在 1928 年到 1940 年间，城市人口翻了一番。[41] 尽管农民不再享有一家之主和家庭农场主（khozyain）的地位，农村的喜好和偏见却深刻地影响了都市的态度。在集体农场工作的女性可能挣得比男性多，并拥有一定程度的经济独立。失去了地位的男子失去了自尊，也失去了别人的尊重。赫弗兹和扎尔赫依的电影《政府成员》（*Member of the Government*，1939）就很好地描绘了女性的新地位，无论这种描绘是真实的还是理想化的。这部电影讲述了一个不识字、身受虐待农妇的职业轨迹，她在党的支持下成为一个集体农场的经理，最终成为最高苏维埃的代表。她的丈夫为她的成功感到羞耻，因此离开了她，不过后来又回归了。电影传达的信息很明确：女性通过履行公民义务可以获得一切——教育、家庭和权力。照做的人们将获得幸福的回报。电影还暗示了党可以介入男女之间的竞争，并利用这种竞争。我们可以在电影中清晰地看到 1926 年激进的自由主义立场退潮了：女主人公已婚，而且她在丈夫离开后也没有外遇。

无论如何，苏联的立法仍然远远领先于其他国家。苏联为女性提供了男女同校的教育机会、民事婚姻、18 岁的法定成年年龄、选举和担任公职的权利、追求政治生涯的权利，以及众多职业机会。苏维埃妇女在原则上获得了经济解放，同工同酬。不过，按件计薪让妇女处于不利的地位，因为她们的产出不如男子。此外，在外工作的女性仍然被要求承担家务：家务和工作一肩担对妇女而言是常态。一部 1937 年的小说女主人公总结了人们对女性的期望："'妻子也应该是一个快乐的母亲，她创造了宁静的家庭氛围，但却没有为了大家的幸福而放弃工作。她应该知道如何将这一切结合起来，同时还要监督丈夫的工作表现。'斯大林说'没错！'"[42] 由于政府没能兑现诺言，女性要实现这个目标变得更加困难。1936 年，修建日托场所和幼儿园的计划仍然是一个恳切的愿望。1951 年这类设施的数量比 1934 年还要少，而且在农村地区几乎不存在。[43] 人们的生活条件艰苦，但是对美好明天的希望支撑着她们做出牺牲。

前进与倒退

1940 年从事农业工作的人有 1600 万。1941 年 6 月 22 日战争爆发时，其中的 1300 万人受到了战争动员或被征召到军工厂工作。女性很快就构成了 70% 以上的农业劳动力。[44] 她们像在 1914 年那样，在必要的时候挺身而出。到了 1945 年，女性在所有蓝领和白领工作中也占了 56%，这是苏联历史上的最高水平。女性从事各种各样的工作，从体力劳动者到管理人员。战争加速了妇女地位的提升，提高了她们的技能，而且结束了中亚和高加索地区某些古老的习俗。

战争的结束让人们感到幻灭，因为复员的退伍军人回到了原来的工作岗位。1950 年，女性在工作人口中只占到 47%。这种衰退在某些职业中尤为明显，比如集体农场和国有企业的主管。女性在这些职业中的比例从 1940 年的 2.6% 上升到 1943 年的 14.2%，1961 年下滑到 2%，1975 年到 1.5%。[45] 一些妇女发现回归基层很困难。返乡士兵所引发和遭遇的问题成为战后文学中反复出现的主题。

某些女性还要面对孤单的重负，因为战争夺去了数百万人的生命，这加剧了男女数量的失衡：1959 年，苏联的女子比男子多出 2000 万。将近 30% 的家庭由单身女子当家。[46] 工作对她们而言是必需的，而不是选择。这种情况让男女、母子之间的关系变得扭曲。因为男性的“稀缺”，男孩被溺爱，男人受到尊敬。

与此同时，法律也遭到了修改。1943 年，斯大林感到胜利在望，于是开始为战后岁月做准备。《国际歌》不再是国歌，男女同校的学校被取消。1944 年 7 月 8 日，一项法令在没有经过任何讨论的情况下颁布了，它废除了事实婚姻、增加了家庭津贴，并设立了“英雄母亲”（养育 10 个孩子以上）和“母亲荣誉勋章”（养育 7 到 9 个孩子）。未婚个人和无子女的夫妇被征税。未婚妈妈不能再发起亲子诉讼或领取补贴。非婚生子女的地位重返 1917 年以前的状况。私生子的父亲可以免于承担任何责任。最后，离婚变得几乎不可能实现：人们要想离婚，需要经过一个冗长的法庭流程，提供充分的理由，找到证人并支付高昂的法院费用。从此以后，男人和女人被绑在一起生活，通奸不会再给男人带来负面的后果。

冷战和对被破坏国家的缓慢重建进一步加剧了困难和紧张局势。苏联受到了孤立。1947 年 2 月，苏联人民被禁止与外国人结婚。

1953 年 3 月的斯大林之死结束了新一轮的暴力。随着冷战的“解冻”，政府开始重新聆听人民的心声。1955 年 11 月 23 日，堕胎再次合法化，而且不受限制。在媒体的长期宣传下，离婚手续于 1965 年简化，费用也降低了。根据 1968 年的《家庭法》，人们（在没有孩子的情况下）只需要向登记处申请，双方同意就可以离婚。在其他情况下，离婚仍然需要法院介入，但手续很少。由于政府试图结合早期法典中的优点，斯大林时代的法令在这一时期被抹去了。1968 年的法典否定了 1926 年的过度自由主义和 1936 年的保守政策。

未竟之功

在经历了如此多的动荡之后，人们该如何评价长达 70 余年的苏联时期呢？首先，人们直到最近都没有发现苏联有过侮辱妇女的形象；色情作品的激增是近期的发展趋势。妇女在鼓励下参与经济和社会生活，她们对于两性完全平等深信不疑，女性普遍认为工作是自然的。她们自觉是社会的有用之人，并为自己能做出贡献而感到自豪。

但生活条件表明，这些只是表面的进步。购物排长龙，物资稀缺和劣质的消费品，没有配备家用电器的简陋家庭，还有拥挤的住房，都让日常生活变得艰难，人们的情绪濒临崩溃，身体也遭受着健康恶化和过劳的损伤。这些困难再加上无知和偏见，让性关系变得不尽如人意。在没有计划生育或避孕措施的情况下，堕胎成了家常便饭。普遍情况是一位 30 岁的女子可能有过 5~7 次堕胎经历。

占据多数的少数群体

因此，苏联生活的私人领域令人失望。公共领域能够有所挽回吗？如果解放意味着教育和工作，那么苏联妇女的确获得了解放。1989 年，在 18 至 55 岁之间的女性中，约有 92% 的人在上学或工作。1897 年，86.3% 的苏联女性是文盲（当时苏联男性的文盲率为 60.9%）。20 世纪 20 年代发起的"扫盲运动"（likbez）在 30 年代系统化了，如下表所示该运动取得了惊人的成果。[47]

"扫盲运动"的成果（文盲占人口比例）

性别	1926 年	1939 年	1959 年
文盲男性	28.5%	4.9%	0.7%
文盲女性	57.3%	16.6%	2.2%

女学生的比例从 1926 年的 31% 上升到 1937 年的 43% 和 1989 年的 55.5%。[48] 同年，女性构成了 50.6% 的劳动力，相比之下，1940 年女性只占到了 38.9%。[49] 不过，某些职业的女性过于集中：1989 年医生中的女性为 66%，教师中为 74%，销售人员中为 78%。[50] 女性往往从事工资很低的职业或工作，她们如果有抚养子女的需要就可以很容易将这些工作暂时搁置。雇主更愿意聘用女性而不是使用机器（尤其对于重体力活的工种），这是战争以及不重视人力资源的管理方式带来的结果。1976 年，女性在两个技术含量最低的工种中占比 70% 至 80%，在两个技术含量最高的工种中占比 5% 至 10%。[51] 她们只占管理岗位的 6%。[52] 女性执行命令，但几乎不做管理，更不做决策。因此，她们无法掌控自己的命运。本应协助女性工作的社会服务，实际上并不充足。一部分是历史背景的原因（20 年代的混乱、30 年代的艰苦、战争，以及战后重建），

另一部分是政府的有意之举，政府为了处理其他事宜而放弃了这种社会服务。1980 年苏联的幼儿园收费，而且只能容纳 45% 的儿童，而法国的幼儿园免费，且能服务 75% 的儿童。[53] 甚至到 1988 年也只有 60% 的苏联儿童能上幼儿园。[54]

男性不需要分担家务。虽然政府承诺了妇女解放，也作出了尝试，但解放却逐渐受到限制。女性要去工厂工作，同时也要下厨房，她们的政治影响力也没有增长。

女性党员比例的确上升了，但增长速度很慢：从 1920 年的 7.4% 上升到了 1946 年的 18.7%，再到 1985 年的 27%（当时女性总人口占比为 53.1%）。[55] 妇女没有在权力结构中得到公平的代表。她们主要在低层级的地方苏维埃委员会中（1926 年占比 14%，1934 年为 29.5%，1987 年为 49%），但在上层几乎完全不存在。[56]1924 年至 1939 年，中央委员会中只有 4 位女性。随着中央委员会人数的增加（从 1917 年的 9 人到 1923 年的 57 人，再到 1925 年的 106 人），女性委员的占比下降了：1917 年为 9.7%，1976 年为 3.3%。[57] 同样，最高苏维埃的妇女占比在 1984 年为 33%，在 1989 年 3 月的选举后下降为 18.4%，该机构也没有发挥实际的作用。[58] 实权属于政治局和秘书处。

1956 年，女性首次进入政治局，任期为 3 年。1988 年，又有一位女性进入了政治局。秘书处仍然是一个男性专属的“俱乐部”。说到女性在政府中的角色，自从 1918 年亚历山德拉・科伦泰成为首位女部长后，苏联直到 1954 年才出现了另一位女性部长。从那时起，妇女开始担任文化、卫生和教育部部长——传统上与妇女相关的领域。

受到质疑和争议的模式

1923 年的时候局势已定。虽然在基层取得了一些进展，但上层却陷入僵化。群众在号召下参加斗争，但过去那些有能力、有战斗力、有教养的精英却被一群毫无个性的应声虫所取代。亚历山德拉・科伦泰这样的强势人物被撤职或遭到清算。

科伦泰的担心终归是有道理的。如果不重新定义性别角色，经济解放不过是个陷阱，女性只能遵循男性规范，同时还无法减轻她们身为女子的负担。在任何发展中的工业社会里都可能存在类似危险。欧洲一个世纪的发展在苏联被压缩为 20 年：20 年代的性革命打破了旧的家庭单位，而 30 年代为了让落后的农村社会快速工业化，斯大林主义的措施又重塑了家庭。理想主义口号与日常现实之间存在巨大的差异。

这样的发展态势并不完全是"一党制"造成的。苏联与其他国家一样，女性的角色模糊不清。无论是出于保障自己和孩子生存的本能，还是由于异化，女性对苏联规则的接受和内化程度都强于男性——这让男性感到不满。女性清醒、耐劳、认真、讲纪律，她们是政权的支柱：她们洗衣服、排队购买食物、做饭、照顾孩子，在工厂、办公室和集体农场工作，她们做一切必须做的事情。但这是为了什么呢？性别平等不过增加了她们的负担。"咆哮的 20 年代"和保守的 30、40 年代留下了矛盾的理想：人们期望女性在家庭之外精力充沛、勤奋耐劳，而在家庭中温柔、平和、"有女子的样子"。女性希望拥有强大的伴侣：唯唯诺诺的苏联人对她们而言没什么用，这些人政治无能，只能通过酗酒来逃避。妇女抚养孩子长大——无论这是因为她们希望如此，还是男性将这份工作甩给了她们，这产生了某种重复出现的模式：正如 L. 彼得鲁舍夫斯卡娅（L. Petruchevskaya）的戏剧所展示的那样，男人和女人过着不同的生活。

1917 年以来的苏俄和苏联法律要么领先于社会，要么就试图阻碍社会的发展，法律从未考虑过社会想要什么。苏联的法律是政策的工具。它没有反映人们变化的态度与行为，而只是国家手中的工具。新经济政策下的道德风气变得松弛，那是由于政府认为提倡这种轻松的氛围是符合时代的，而不是社会要求如此。结果就是苏联人民完全迷失了方向。无产阶级作为被选中的阶级，代表着一切价值和美德，他们没有任何缺点。无产阶级的意识形态选择完全没有考虑到两性关系问题超越了阶级。

1917 年的革命发生在一个以农业经济为主的不发达国家，从落后走向工业化需要迅速的变革。因此，苏联模式可以为第三世界国家提供经验与教训，如果不进行彻底的社会重建就不可能实现妇女解放。这种经验与其他国家的相关性则要打一个问号，法国的例子就是证明。

法国共产主义媒体在早期经常引用亚历山德拉·科伦泰的话。然而到了 1924 年，第五次共产国际代表大会规定，各地的共产主义政党必须遵循布尔什维克路线。此后，"从共产主义的角度而言，再也不存在女性问题了"。至少报纸《工人》（*L'Ouvriere*，1924 年 9 月 25 日）如是说。苏联的保守态度与法国共产党希望吸引中间派选民的愿望一致。尽管共产党人仍在为诸如妇女投票权、同工同酬、废除 1920 年禁止堕胎的法律等传统目标而奋斗，他们还是在 1935 年加入了支持家庭和提高出生率的队伍。法国共产党直到 1950 年才出现了一位，也是唯一一位进入政治局的女性。1955 年，法国共产党发动了针对“节育”的攻击，并称其为“马尔萨斯主义”。作为政治局委员和法国共产党领导人妻子的珍妮特·韦尔梅施（Jeannette Vermeersch）问道：“职业女性什么时候也开始羡慕资产阶级的恶习了？从来没有！”[59]1956 年 5 月，法国共产党允许堕胎，但反对避孕。这是在效仿恢复堕胎的莫斯科吗？当然，这种争论也是对去斯大林化问题避而不谈的一种方式，“他们为月经周期而争论，却没有思考过赫鲁晓夫的报告”。[60] 但是基层共产党员却没有跟随领导的观点，他们最终投票支持了 1967 年的《诺伊维尔特法》（Neuwirth Law）[1] 和 1974 年及 1979 年的《韦伊法》（Veil Laws）[2]，他们这样做是为了避免与基层人民失去联系。

自 1920 年以来，法国共产党为法国妇女提供了一条令人满意的政治出路，鼓励她们工作，并为此表彰她们。但法国共产党是激进的斯大林主义者，他们所坚持的僵化模式不适应法国现实。法国共产党曾经是社会变革的先锋，后来却变得保守，而且错过了历史时机。

创造未来

在苏联解体之前的几年里，两性关系在严重的政治、经济危机中变得紧张。在 1979 年和 1980 年，一群来自列宁格勒的女性知识分子出版了两本激烈反对男性的宣传册。由于她们没有更多法律权利可以争取了，这种初期的“女性主义”运动将男人谴责为一切女性痛苦的根源，并呼吁以一种基于相互尊重和爱的新方式来处理男女关系。宣传册的作者主张恢复稳定的婚姻和可靠的伴侣。有些人认为这场运动带有宗教色彩。政府担心这类言论可能会延伸到政治领域，因此逮捕了该运动的领袖。有人被判处长期监禁，还有些人则被驱逐出了苏联。

苏联妇女将要面临怎样的未来？在勃列日涅夫治下的经济停滞时期，苏联社会开始崩溃，当时腐败猖獗，社会氛围和经济萎靡不振。戈尔巴乔夫于 1985

---

[1] 《诺伊维尔特法》（Neuwirth Law）：该法律颁布于 1967 年 12 月，解除了法国对节育手段的禁令。——译者注

[2] 《韦伊法》（Veil Laws）：西蒙娜·韦伊在担任法国卫生部部长时期倡导女性权利，最终将堕胎合法化，该法律又被称为韦伊法。——译者注

年上台。人们对他的改组（perestroika）和开放（glasnost）政策寄予厚望。但是，民族主义的兴起也伴随着经济灾难——1989 年政府重新开始对糖、肥皂、肉和其他商品实行配给制。而社会服务的恶化——尤其在医疗方面，将国家带到了内战和经济崩溃的边缘。女性似乎被遗忘了。[61]

现在苏联崩塌了，局势动荡不安。如果秩序倡导者占上风，那么女性只得维持现状。如果国家的经济和社会结构发生了大规模改变，妇女问题将被无限期推迟，或像 1917 年那样成为全面重建社会计划中的附属品。

俄罗斯又回到了原点。女性问题困扰着 19 世纪的革命者，但它如今却比以往更加迫在眉睫。

第二部分 女性、创造与呈现

文化领域

本书将涉及象征和文化的文章单独作为一部分是有意为之，因为这正是社会想象力得以发展的领域。我们研究的前提是处理社会的象征性现实（这就是为何我们有时看似在不断重复），这更是有意的选择。我们也没有其他方法来提出一些关键性的问题。现代哲学家该如何探讨性别差异这个从希腊时期起就困扰着西方文化的问题呢？女性的文化形象或偶像对于消费社会有什么影响？女性在文化领域占据了什么地位？

当然，这里汇集的文章都受到了女性主义的影响，但它们也谈到了争议和改变。首先是弗朗索瓦丝·柯林（Françoise Collin）的作品，她将带领我们探索20世纪漫长的哲学之旅，从格奥尔格·齐美尔（Georg Simmel）到西蒙娜·德·波伏娃，其间还提及了弗洛伊德和马克思后继者的思想。在独特的女性主义思想出现之前，哲学仍然专属于男性，性别差异根本不是其关注的核心问题。随着20世纪的发展，哲学家们再也不敢坚持“性别主义”的形而上学，这种本质上的二元论将男性的优越视作理所当然。他们通过各种方式来重新评价女性，搁置了以阶级为基础的马克思主义方法所关注的权力问题。女性主义者作为前人思想的创新性继承人，用政治和范式性的术语来阐释性别差异问题。然而，没有一个声音能主导这场讨论。

女性主义特别指出象征性暴力与经济暴力具有同等重要性。它谴责了长期以来对妇女及其工作的排斥，以及男性用“普遍性”的名义对文化生产的控制。当然，这种情况已经有所改变，以法国为例：女性如今比过去享有更大的创造性表达的自由。不过，文学的“女性化”还没有出现，女性作者还没有获得真正的认可。她们的作品常常被认为是昙花一现，因为人们相信她们写的不过是女性所特有的东西。在此背景下，平等女性主义与差异女性主义之间的区别（二者之间的差异已经有许多作者提及了）通过一场对女性写作本质的论争呈现了出来。不过，我们不应该用“女性写作”这样泛泛而谈的提法来掩盖越来越多元化的女性作品，以及她们对于构建积极女性身份认同所做出的贡献。

“大众文化”的兴起是另一个与20世纪消费社会发展相关的现象，它推动了公共和私人领域界限的重新划分，对女性产生了直接的影响。大众文化早就不像过去那样被谴责为受压迫群体同质化和异化的结果。我们的态度变得更加复杂：大众文化在某种程度上为女性提供了解放的手段，它不仅促进了行为的改变，而且起到了塑造男、女形象的作用。在恰当的历史背景下研究女性杂志和好莱坞电影（拥有大量女性观众）可以带给我们启发，研究广告也是如此。

安·希贡内（Anne Higonnet）以肖像学家的眼光向我们介绍了大众文化的图像，分析了它们的生产环境、功能和视觉策略。这些图像的目的是从视觉上定义现代女性，并创造一种女性消费者的身份。但希贡内的文章主要聚焦于女性在艺术领域的地位：她们作为艺术家的地位和她们作品的价值。她展现了女性如何奋力摆脱陈旧的刻板印象，并指出图像呈现中所蕴含的政治利害关系。她还对当代女性主义艺术的诞生进行了思考，挑战了艺术史的传统范畴，并提出了新的女性形象。

毕竟，直到20世纪，大量妇女才终于有机会接受教育，她们因此而掌握了理论、文学和艺术表达的方式。我们还没有看到运用这些文化工具的最终结果。但现在谈论未来还为时过早。女性的文化和理论作品将如何传递给后代？真正融合文化的出现又将如何影响人们看待世界的方式和象征性表现的方式呢？

第九章　哲学差异

弗朗索瓦丝·柯林（Françoise Collin）

女性和性别差异问题是如何在20世纪的哲学体系中获得一席之地的呢？随着时间的推进，其地位又发生了怎样的改变？直白来说就是，认为女性不如男性的形而上学性观点在19、20世纪之交仍然很有影响力。这种观点逐渐被女性辨惑学所取代，对两性都产生了影响。我将在此专注于众多探讨性别差异作品中的少数几部，对性别差异的探讨在这些作品中出现有时是出于偶然，有时只是作者关心的次要问题。其中没有一部作品以女性问题为核心。在有限的篇幅内，我们当然不可能估计每一部作品的总体结构，甚至无法论述我们的主题与这些作品之间的总体联系。因此，我将集中讨论一些重要的方法。20世纪70年代和80年代的女性主义作家将以全新的方式来面对这些方法。对于女性主义者而言，性别差异是一个范式性问题，构成了女性主义思想特点并将其统一起来的，并非对性别差异问题的回答中的任何的一致性，而是这个问题的范式性特质以及与之结合的政治方法。

性别差异与生产问题的关系在古希腊哲学的诞生过程中起着根本性的作用，并一直在哲学思想中占据着重要的地位。然而，这个话题在20世纪早期的重要性似乎有所下降。19世纪末，知识结构的改变可以提供部分解释。正如精确科学是于17世纪诞生自哲学的，人文学科——历史学、社会学和民族学（精神分析是一个特例）——也于19世纪末成为独立的学科。每门学科都承担了一方面的现实责任，它们用经验分析代替了哲学思考。基于对现象的新兴趣，即便是从哲学内部发展而来的现象学也希望抓住它所研究现象的“本质”。也可能是因为女性地位提高，越来越多女性在不同的学术领域任职，这使得人们更难认同“性别形而上学”，因为这种观点必然是社会性别歧视的反映。同时，理论真空也出现了。政治哲学只关注马克思主义的阶级问题和具有争议性的种族问题，它完全回避了性的问题。

我将要讨论的所有作品几乎都是男人的创作，这或许令人惊讶。与其他学科相比，哲学作为一个纯属男性的堡垒的时间更长，因为哲学声称它与真理有一种近乎神圣的关系。女性主义出现之前的少数 20 世纪女哲学家没有触及性的问题。珍妮·赫施（Jeanne Hersch）、苏珊·拉杰尔（Suzanne Langer）、吉赛尔·布雷莱（Gisele Brelet）、珍妮·德尔霍姆（Jeanne Delhomme）、西蒙娜·韦伊（Simone Weil）、埃迪特·施泰因（Edith Stein），甚至汉娜·阿伦特（Hannah Arendt）都是如此。阿伦特的政治思想主要与犹太人的差异有关，但她的思想对于我们的问题也具有启发性。我在此的任务并非阐明这些女性哲学家的贡献。

性别形而上学

性别形而上学（有时被称作“本质主义”）是一种学说，它认为女人与男人之间存在着本质、自然的差异。它接着描述了每种性别的具体特性。更准确地说，它描述了女子的具体特性，而男子的特性则被认为是普遍的。这种学说以各种各样的形式存在于整个哲学史中。它在 20 世纪初仍然存在，此后在人们的视野中逐渐消退，起码人们已经不再用类似的语言来表述它了。

德国社会学家和哲学家格奥尔格·齐美尔为了回应当时重要的德国女性主义运动，提出了他对性别差异的看法。这场运动存在争议，齐美尔与玛丽安·韦伯（Marianne Weber）等人讨论了其中产生的问题。他敏锐地意识到了两性之间的不对等和层级关系，他有时会从权力的角度来分析这一点。他指出：“男性认为自己是普遍的人类，他们不仅在相对意义上觉得自己优于女性，而且将自己视作确立了支配男、女个体行为法则的普遍人类的代表。经过了一系列的协调之后，该观点之所以能够成立有赖于男性所占据的权力地位。”[1] 这种权力的不对等显然不公平，但齐美尔认为不公平源于定义男性与女性的方式，而不受他们所处历史环境的影响。他认为两性关系具有“悲剧”色彩。从某种意义而言，他是法国精神分析学家雅克·拉康（Jacques Lacan）的先导。拉康后来因为说过“两性之间不存在关系”而受到诟病。

齐美尔认为女人与女性气质完全融为一体。她与她性别的关系是内在而本质的：这不依赖她与男性之间的关系。相比之下，男性气质是外向的，男人只能通过外在来定义自己，他们通过物化自己和与女性的关系来确认自己的性别身份。女人就是女人，而男人只有处于和女人的性别关系中才是男人。因此，女子的个性与女性气质是融合的，而男子的个性与男性气质则是剥离的。所以“爱情”不过是一种误解，女子在爱情中追求个体，而男子则追求女性气质——性别，从而来证明他的男性气概。性关系本身就存在问题。买春是男人试图解决问题的方式，他们利用某些女性作为实现自身利益的工具。齐美尔分析了走出这种不幸情况的可能方式，他只找到了一个可行的解决方案：正如当时一些女性主义者要求的那样，让女性获得性自由。尽管如此，他意识到这种性自由并不一定与对女性气质的要求相符。即使是“被解放的”女性，也仍然受到男性气质需求的定义。

齐美尔的论点一方面是传统的，另一方面对妇女地位提出了批判。对他而言，两性之间不是存在差异，而是存在两个截然不同的性领域，两种与世界和性别联系的方式，两性之间除了彼此异化，几乎没有其他可以和谐共处的方法。

齐美尔接着问，如果至少可能存在两种不同的文化。要是占主导地位的文化完全是男性化的，那么女性能否通过解放自己来发展另一种文化，还是她们必须要在现存的“异文化”中寻找自己的一席之地呢？

齐美尔毫不怀疑女性有参与现实世界的能力。他认为女性的存在（通常以强调文化中主观元素的方式）甚至会带来有益的影响。但他否认特定的女性文化可以与现有的男性文化共存或将其取而代之。女性的确有其独特的存在方式，但她们的特殊性恰恰在于内在，在于她们与自身的关系，而不是外在或通过对象来实现自我，这是男性特有的存在方式。因此，虽然世界上可能有两种不同的、性别化的存在方式，但人们在世界上留下印记的方式只有一种。尽管齐美尔没有提到与他时代相近的弗洛伊德，但他们的立场相似。他们都认为性的二重性从属于一个独特的、男性专有的符号化过程。换言之，男性的独特之处具有普适性，而女性的独特之处仅仅是特别而已。世上有两种性别，但只有一种文化——属于其中一种性别的文化，另一种性别只能共享。

西班牙哲学家何塞·奥特嘉·伊·加塞特（Jose Ortega y Gasset）将齐美尔

的文章《男性与女性》（Masculine and Feminine）翻译成了西班牙语，并发表在他担任编辑的《西方杂志》（*Revista de Occidente*）上。他在序言中写道："我不相信还有其他关于男性和女性心理差异的分析能像哲学家齐美尔这篇文章那样尖锐和深入……它为男性与女性之间永恒的冲突提供了很多启示。"不过，奥特嘉对齐美尔思想中具有启发性的张力解读似乎过于简单化和还原论了。这位西班牙哲学家在该话题的启发下发表了许多文章，从这些文章中可以看出，与齐美尔相比，他的普遍性别主义立场更为严重。

奥特嘉认为女人"本质上不如"男人："我们男人见到女人的时候，立刻就能感觉到她们在人类的范畴中所占据的重要地位比我们更低级一些。没有其他生物能像她们一样同时具有是人类但又不完全是人类的两种属性。"因此，在他看来，女人与男人之间并不存在太多的差异，只是女人劣于男人，她们对于平等的渴望不仅徒劳，而且不切实际。女性只有接受自己的处境，才能完成她的使命，这种使命同样是通过男性来定义的："女人的命运就是受到男人的注视。"2

奥特嘉在定义了女性的地位之后，继续指出她的特性在本质上是模糊不清的：她是一个暧昧的存在，永远处于困惑和怀疑中；她妩媚性感，偏好私人生活领域，并具有爱的能力——"也就是说，她们能够融入他人之中。"而且美丽。女人凭借这些品质成为"男人的补充"，某些类型的女人最好，特别是"克里奥尔人"（creole）。[1] 奥特嘉曾满怀感情地描述过她们。

然而，矛盾的是，最终性别差异并非以生物学为基础。他指出"生物学告诉我们胚胎在性别上是未分化的，它可能以一种模糊或矛盾的方式进化"，这就能解释阳刚女性和阴柔男性的存在。性别差异更多是一种文化产物，它深深根植于每个人的心中，任何可能颠覆它的企图（正如女性主义者所提出的）都具有危险性。女性必须依据这些事实来行使她们的自由，而不是去反抗。此外，现状并不仅仅是男性意志的产物：女性也协力创造并延续了它，她们从中获得了自己的身份。如果性别差异被同质化的平等所取代，世界（和男性）将面临巨大的损失。

---

[1] 克里奥尔人（creole）：通常指殖民时期西非和其他殖民地出生的西班牙、法国、北美土著因种族融合而诞下的后裔。——译者注

尽管奥特嘉的想法受到了齐美尔的启发，但它显然代表着倒退。奥特嘉经常用“增、减”而不是“他者”来定义差异。女性总是通过与男性的相对关系而受到定义，男人是参照标准，而女人是男人的补充。塑造两性关系的权力结构从未被提及，男女所受到的不公正待遇也没有被提及。

其实奥特嘉在提升女性地位方面做了大量的工作，而不光是写在日记里。他对于女性的立场混合了赞美与诋毁，他将女性视为“男人的具体理想、诱惑者和幻象”。他承认女性做出了许多贡献，但其方式总是延续或修饰了男性的生活和工作。[3]

我所说的本质主义可以在许多作品中找到，尽管这些作品的表述不像奥特嘉·伊·加塞特那样直白。比如马克斯·舍勒（Max Scheler）在《论谦虚》（On Modesty）中明确又老生常谈地总结了他对性别差异的看法：“女人是生活的天才”，他写道，而“男人是精神的天才。”[4]

在《同情的本质与形式》（Nature and Forms of Sympathy）中，他提出了类似的两性差异，但意义略有不同。考虑到男、女各自在文明中的角色，或者更准确地说是男性化和女性化的角色。舍勒指出，由于女性独特的经历，她们能够回忆和保护人类生活的重要方面，这些方面将在未来的技术主导中消亡，即便目前还不至于如此。女性确实具有舍勒所提倡的“同情”，它产生了人与人、人与世界之间的联系，其形式包括爱、性和生育等，它们都不受管理生产系统的方式和目标的严苛纪律规范控制。这些形式的同情不需要任何目的或解释：它们存在并发展着。

其中就有舍勒所谓的“宇宙－生命融合”，人们必须将其从资本主义制度追逐利润的毁灭性本质（它缺乏一切情感联结）中拯救出来。舍勒在此预测了后来被赫伯特·马尔库塞（Herbert Marcuse）采用的主题。此外，舍勒认为，恰恰是因为妇女和儿童深受资本主义所害，所以最抗拒它的规范。女性拥有的情感力量远远超过了母性本能，并延伸到如今我们称作生态学的领域：“动物保护……还有植物……森林和景观的保护……还有对各民族和种族生理和心理能力的保护……这些措施都应该优先于仅仅是增加财富和财产的措施。”

因此我们可以看到舍勒从心理到文化领域重塑了性别差异的问题。在这个过程中，由女子维系的女性气质成了世界上不可或缺的部分，它能够抵抗现代性的工具化过程。

弗拉基米尔・扬科列维奇（Vladimir Jankelevitch）在对这个问题的简要思考中提到了舍勒，但这样的引用并无必要，因为他不过是将陈词滥调重复了一遍。他比较道："男性与女性气质相比，就像精神的天才与真正生命的天才，一切生命体的守护天使。"前者主动行动，参与冒险；它为了建设的目的去破坏。后者则保存、维持和保护。扬科列维奇故作惊讶道："为何女性的全部作用就是保护和维持，而无法去建设……是的，毫无疑问，世代交替的法则将两性互补的功能分开了。"[5]

《论道德性》（*Traite des vertus*）在关于忠诚的章节后，花了 20 页的篇幅来描述这种互补性。女性——"缺乏力量的形式"，需要男性——"缺乏形式的力量"，反之亦然。女性独特的品质确实值得称赞：她们的延续性精神；她们尊重法律，比起正当性（legitimacy），她们始终更关注合法性（legality）；以及她们的忠诚感。如果说女性不能创造美，那她们至少体现了美。但这样的称赞是含糊不清的，读者能够明确地感觉到作者在与男性品质共情："我们需要不安全感，潜伏的危险，一颗跳动的心脏；需要春天的美酒，散发着战争和冒险的味道；还有春天的鼓声，在人们的胸中澎湃。"

扬科列维奇在分析男、女的不同之处，甚至是导致双方针锋相对的差异时，他对本该主导两性关系的互补性提出了疑问。最后，他称这是一种"误解"：两性的极端情况之所以出现是因为他们之间并非辩证或互补的关系，而是一种"矛盾的张力和模棱两可的关系"。我们是否应该像解读齐美尔一样，将其理解为对女性或女性气质他者性的怯懦承认？这种他者性不仅超出了男性的掌握，而且超出了他们的理解能力？也许吧。不过他者性的定义仍然很狭隘，并且被完全囊括在了最传统的二元论中——一种性别还是比另一种更加优越。

女性与女性气质：精神分析学

弗洛伊德在 19、20 世纪之交创立的精神分析学是自人类进行思考以来就存在的"性形而上学"的另一种版本，还是对它的颠覆？两种解读都存在，而且都能在弗洛伊德及其后继者留下的丰富文献中得到印证。

精神分析学从未将自己定位为一种新的哲学思考形式，而是作为一种新兴科学——以从未被探索过的事实为基础，研究无意识的科学。弗洛伊德的科学观念受到了当时实证主义的影响（后来拉康从中脱离出来），但是精神分析学提出要去研究的特殊事实正如所有事实一样，都是构建出来的。事实本身隐含在可能受到修改或重构的理论之中。因此，弗洛伊德自己也承认在精神分析中并不是完全没有猜想的成分。这一“新现实”领域的发现产生了大量文献，包括对弗洛伊德著作的解读和精神分析实践中诞生的报告。这些海量文献中充满了争议。在此，我将只关注与当前主题相关的部分，而且我必须提醒读者们，精神分析学并不声称自己能够阐明所有的人类经验——仅就我们讨论的问题而言——阐明所有性与性别相关的问题。

无意识的俄狄浦斯情结是精神分析理论的基石。该理论探讨了父亲、母亲、女儿和儿子的地位，并研究了男孩学习接受他的性别现实和女孩学会放弃她的性别现实的漫长过程。父亲的法则禁止孩子占有母亲，而母亲是第一个欲望对象。因此，对男性而言他们必须寻找另一个女人作为欲望对象，对女性而言则是寻找另一种性别。因此人们只要突破了阉割焦虑，该法则就能带来成熟和象征的能力。

每个性别的地位都与其形态有关。女孩和男孩的不同之处在于，她们因为缺少阳具而感到“嫉妒”，阴蒂并不是满意的替代物。因此，与男性相比，女性被定义为负面的性别。成为女人就必须要接受自己不是男人的事实，这是一个艰难的过程。

这种秩序通常被双性恋的存在所修改。但是为了获得拥有阳具的好处（更准确地说是获得升华），女孩必须付出高昂的代价。因为她们总是不得不在娱乐与工作之间做出选择，而男孩则可以协调这两者。因此，弗洛伊德指出，“如果一个女孩的老师每次都在她做得好的时候拥抱她，那么她将连最微小的工作也无法完成”。

当然，弗洛伊德绝非不了解文化在决定女性地位方面的作用，但这种认识从来没有让他对俄狄浦斯情结产生疑问，他认为这个结构是超越文化的。他还带着怀旧之情指出，发展可能会导致“世上最愉悦事物——我们理想化的女性气质的消失”。他因此批判了约翰·斯图尔特·密尔（John Stuart Mill）的女性主义——密尔呼吁两性平等。

弗洛伊德的研究十分复杂而且持续发展。尽管他的首要原则是阳具一元论，但是他在概略大纲中始终强调二态性或不对称性：所有力比多都是男性化的。不过潜意识揭示的现象似乎与社会产生的现象惊人地相似。传统家庭甚至可以定义一种生殖、异性恋的规范。因此，许多评论家（包括考夫曼、施奈德和马里尼）指出，伴随着对母亲形象的召唤而产生的死亡焦虑，导致了弗洛伊德（及其追随者，包括拉康）的作品中对女性气质有着深刻的矛盾。

精神分析学的创始人当然也有其个人经历。他在自我分析中检验了自己提出的基本概念。更何况他还身处当时性别歧视的环境中，这一点在他与未婚妻的通信中暴露无遗。因此，我们可以问：这些环境因素对于新兴的无意识“科学”有什么影响？欲望的科学真的没有被论述它的（男性）欲望所破坏吗？即便如此，精神分析理论与实践的进一步发展也依赖于人们从偶尔的曲解中筛选出弗洛伊德学说的核心要素。弗洛伊德在世和去世之后都有男人和女人在这一方面做出了贡献。到如今，许多女性（包括女性主义者）作为分析对象、分析师或理论家转向了精神分析，这一事实证明她们认为精神分析中也囊括了某种属于她们的真相。许多女性用来反对弗洛伊德及其后继者的案例，其实是以精神分析的框架和假设为基础的。

弗洛伊德在世前的最后时光，他又回到了长久未曾提起过的女性气质问题上来，在这个自我批判的时刻，他毫不犹豫地承认那个“黑暗大陆”中的某种本质仍然让他难以捉摸。他向玛丽·波拿巴（Marie Bonaparte）提了一个著名的问题：“女人想要什么？”他没有得到回答。保罗－罗兰·阿穌（Paul-Laurent Hassoun）认为精神分析可以解释女性欲望，但不能解释女性的意志，因为这完全是另一回事。[6] 精神分析在解释女性气质方面并非毫无用处，但却不够充分。

女性气质无法符合既定的结构是因为它特别复杂，还是因为这些结构是由男性话语来构思和论述的呢（尽管它初期与女性患者有密切的关系）？用拉康的话来说，“人们如果要充分理解两性之间的相互地位，那么应该从男性开始”。

弗洛伊德在他的职业生涯中不断探究和利用男性与女性气质的概念，但最后甚至拒绝给这些术语下定义：“创造了男性和女性气质的是一种脱离了解剖学定义的未知特征……你无法赋予男性和女性概念任何新的内容。”[7] 这是他迟到的怀疑态度，还是对先前立场的退让，抑或是解读他毕生著作的关键？弗洛伊德在开辟了一个全新领域之后将其留给了他的后继者们去探索——其中既有正统派，也有异见者。

一群被称为“英国学派”的弗洛伊德追随者在重要的方面修正了他的著作，却没有对俄狄浦斯情结模式提出疑问。[8]他们做出的修正主要与女性地位有关，这些批评家认为女性并非一种次级形态，而是一种独特的生活方式：他们认为女性力比多在性发育之前就出现了，她们的力比多源自阴道快感。因此，批评家们认为阳具羡妒并非对于拥有男性器官的渴望，它不是因匮乏而生的怨恨，而是对于阳具或通过一个孩子而与阳具相结合的“他者情欲”。卡伦·霍妮（Karen Horney）特别强调性别形成的社会文化特征，她认为“阳具羡妒”不过反映了女性希望享有男性在社会中具有的优势和责任，女性在这些方面被系统性地排除在外了，这让她们别无选择，只能在感伤的情绪中寻求安慰。

因此，英国学派推崇基本的性别二元论，通过这种方法女性的丰富维度可以得到与男性同等的对待。正如批评家的观点，身为女性并不是“有缺憾的男子”，而是男子之外的他者。梅兰妮·克莱因（Melanie Klein）的著作中这一点尤为突出，影响女孩身份认同形成的基本因素被归于她与母亲的关系。

许多女性都探索过这个精神分析学的方向，弗洛伊德本人在世时以及他的几位后继者都曾与之论争。这个方向破坏了弗洛伊德学说中的一个关键点：父亲角色的根本重要性，父亲不只是拥有阴茎的人，而且还是阳具的象征（此后拉康延伸了阴茎/阳具的区别，我们稍后将会提及）。但是在批评者眼中，父亲变成了仅仅是欲望对象，类似于母亲。两个性别角色具有了对等的价值。然而，这种“再平衡”与阴蒂高潮和阴道高潮的争论有关，它始终受困于弗洛伊德的形态隐喻。但它的确激发了一种思考性别差异的方式，因为它的二元论立场避免了两性的等级关系。

法国精神分析学家雅克·拉康提出要回归弗洛伊德的文本，而他则是这些文本的正确诠释者。不过，比起弗洛伊德，他更加试图将精神分析的概念从解剖学的所指对象上剥离出来。比如对拉康而言，重要的所指对象并非阴茎或男性器官，而是阳具。它是两性共有的能指（signifier），男、女都以自己的方式经受着阉割焦虑。因此，拉康维持了能指的一元论和性别的二态性，同时削弱了男性的特权——男性在弗洛伊德的体系中相对于女性所享有的特权。

后来，拉康在这种偏移上更进一步。他在名为“重访”（Encore）的研讨会上，通过女性问题——更准确地说是女性快感（jouissanc）的问题修正了自己的概念体系，他将其称作阳具高潮的“补充性快感（高潮、享乐、狂喜）”。这种快感在阳具秩序中虽然并不新鲜，但却超越了它的边界：“它没有完全被涵盖在阳具功能之中，并不意味着它就不存在。它并非不存在。它完完全全地存在，但它还附带了别的东西。”9

女性特质在此被描绘为阳具的“附加物”，而不是“被剥夺”了阳具。但拉康的整体逻辑并不能完全为此提供解释。拉康曾说过：“女人不存在”，这句话饱受诟病，许多女性认为这是对她们存在的否认。但他真正的意思是不存在女性的一般定义，我们无法解释女性的本质为何。女性不可被定义：拉康通过用斜线划掉 la femme（女人）中的定冠词 la 的方式来表达这一观点。[1] 女性主义者如路思・伊瑞葛来（Luce Irigaray）也使用了“la/une femme”这样类似的表达方式。

精神分析学以这样的方式来看待女性意味着什么？显然，弗洛伊德感到无法通过分析理论来理解女性，他需要更深入的研究。拉康认为无法通过知识来理解女性。女性的“补充性”是否只能在高潮的领域中寻觅呢？它是否在无声的晕眩或肉欲的狂欢中被消耗殆尽了？抑或是它产生了一种与世界联系的不同方式，一种不同的语言形式，一种不容易被“概而论之”的奇特知识形式？——拉康最初将它与神秘主义联系在一起，但后来将其延伸到了整个认知领域。有些男人也拥有女性的“补充性”，无论它究竟是什么：拉康在此同样打破了“男性气质”与“女性气质”分类的禁锢，而将它们与男人和女人的现实联系起来。

因此，我们对于性别差异的看法发生了关键的转变。虽然变化在这个阶段仍然是模糊的，但它预示着男性即将对女性进行重新评估：精神分析学家选择了“非整体”“不完全”的观点；而哲学家们则选择了“差异”的观点。某种意义上而言，思想本身就被“女性化”了（on assiste à un certain “devenir femme” de la pensée），但它却没有对女性进步产生影响（le devenir des femmes）。

---

[1] 在拉康“女性不存在”的观点中，他并非质疑“女性”，而是质疑女性的共性。因此他画掉了femme前面的定冠词。法语中的定冠词隐含了共性的存在，他认为女性群体正是缺乏这一点。——译者注

这种转变体现在20世纪下半叶的各个学科中：哲学、社会和政治学理论、逻辑学和女性主义。许多领域都涌现出了对于整体化、封闭系统、逻各斯中心主义和主导性的批判，而支持“非整体化”、开放系统、无穷性、去中心性和无限性的思想。拉康提出的“整体－非整体”关系在这方面与海德格尔的形而上学批判之间存在某些联系。这种比较并非偶然：从拉康职业生涯中期开始，他的思考方式就从黑格尔的辩证法转向了海德格尔的差异性思考。

然而，无论这样的比较多么重要，它也只是表明了观点的雷同。虽然在不同思维模式之间进行毫无根据的类比没有意义，但我们应该注意在特定研究中对类似范畴的使用。整体的秩序——无论是阳具秩序还是形而上学秩序——不可避免，但它“不代表一切”。“现代性”被视作主体的支配，因此而失去了一定的可信度，我们有理由将其视作“男子气概”可信度的丧失。一些女性主义思想家（尤其是美国的女性主义思想家）冲破了这个缺口，他们从法国思想家如雅克·德里达（Jacques Derrida）、路思·伊瑞葛来和爱莲·西苏（Helene Cixous）那里获得了灵感。

政治革命与力比多革命

马克思主义对性别差异的贡献在于其从历史和政治的角度提出了这个问题（当然对马克思主义者而言，政治根植于经济）。马克思主义者说妇女的地位是由剥削推动的统治造成的结果，这一点能够而且必须被克服。从这个角度来看，性别之战与阶级斗争密切相关。它的确是斗争的基本形式。在恩格斯看来，历史上出现的第一轮阶级斗争与婚姻中男、女对立的发展是一致的，而第一次出现阶级压迫也与性压迫的发展一致。[10] 因此，政治斗争的目标就是推翻资本主义和家庭，它们被视作资产阶级权力的两大堡垒（所有权力都属于资产阶级）。

然而，将阶级与性别混为一谈也存在问题。人们可以讨论资本支配劳动力的历史形成，但设想男性支配女性的历史形成则存在问题，因为我们必须追溯到久远的时代和地方。因此，约翰·巴霍芬（Johann Bachofen）关于原始母系国家的假设对马克思主义理论家有帮助。尽管他们讲述巴霍芬的理论只是为了反驳它，但它至少起到了追溯父权制的开始和未来终结的作用。马克思主义者认为父权制的终结并非回归母权，而是家庭单元的解体，更普遍来说是任何抵制集体主义理想的私人组织的解体。

因此，共产主义不仅应该取代资本主义，还应该取代父权制，带来一个没有阶级或性别差异的社会，从而实现完全平等。用倍倍尔的话来说：“女人和男人都有权利以自认为合适的方式来发展和发挥他们的能力。女性和男性一样都是人，她们具有决定自己人生的同等自由。作为女性出生的偶然结果改变不了什么。”[11] 多亏了解放，女性得以将自己的能力用于生产。她们为此必须从家务劳动中解放出来。但倍倍尔并不认为这些家务应该由男人承担。他寄希望于技术进步和集体化：他将所有希望都寄托给了“共产主义厨房”。如果家庭的毁灭让妇女能够在社会和职业生活中投入更多精力，那么也将带来一个必然结果——妇女的性解放，这迄今为止都是男人的特权。自由恋爱、自由交换伴侣、自由掌控自己的身体是亚历山德拉·科伦泰坚持的价值观，她几乎违抗了那个时代的现实，当时避孕比现在困难得多。[12] 这些要求汇集了生活的各个方面，它们对于女性解放至关重要：家庭、工作、力比多。后来，马克思主义思想（尤其是共产主义实践）放弃了废除家庭和实现性解放的目标，转而专注于重塑生产关系。

解放从属于生产秩序（无论资本主义与否）的地位，成了马克思的后继思想家以及弗洛伊德继承者的批判焦点：先是威廉·赖希，后来是赫伯特·马尔库塞、吉尔·德勒兹（Gilles Deleuze）、菲利克斯·伽塔利（Felix Guattari）和弗朗索瓦·利奥塔（Francois Lyotard）。这些作者拒绝接受革命从属于任何形式的压制，无论是社会生产力主义还是俄狄浦斯情结。

解除压制将把力比多的生命力引向工作或繁殖，这是实现真正革命的唯一途径。要消除经济的主导地位就要消除性禁忌，这样才能发挥力比多纯粹、积极的作用。解除这种禁忌对女性而言更加关键，因为由于女性的母亲身份，她们的性欲受到了更大的压制。根据赖希的说法，母亲身份与她们的女性身份是对立的。无论提法为何，对于这些思想家而言，力比多化不但是自由的必要条件更是自由本身：按照马尔库塞的说法，爱欲将带来一种新的文明。

他们借鉴精神分析之处在于将欲望置于首要地位，欲望推动人类和社会的发展。但他们拒绝将力比多简单地视作俄狄浦斯情结，而将其视作社会需要。我们知道精神分析实践已经削弱了弗洛伊德的发现所具有的解放性意义，精神分析实践的目标转变为协助人们适应一个结构性的、难以捉摸的现实，而非历史的现实。理论和实践中存在着坚持力比多的多形态性还是将其简化为一种运作模式的矛盾。1972 年和 1974 年出版的两部法国著作中可以看到这样的批判：德勒兹和伽塔利的《反俄狄浦斯》（*Anti-Oedipus*）和利奥塔的《力比多经济》（*Libidinal Economy*）。这两本书都体现了 19 世纪 70 年代的精神，那十年间见证了现代女性主义运动的诞生。[13]

对于这三位作家而言，欲望身份意义上的“主体”并不存在，而是存在着“欲望机器”或“力比多表层”——一种具有颠覆性、解构性的欢愉，它不断破坏被赋予的或既定的事物，它扰乱等级制度、毁灭价值观，同时潜伏在最让人意想不到的地方，甚至存在于奴役和痛苦之中。这是最纯粹的欲望形式，具有终极颠覆性的力量，它不能被简化为任何代码。它不可控制，而且“政治经济学首先是一种力比多经济学”。因此，革命源于力比多，它超越了武装力量所自知的战略和目标。这些目标和力量向来都只是对欲望的合理化，一种编码方式，甚至可能是一种既定模式造成的压迫——正是革命旨在推翻的模式。

但是，这种力比多媒介不能被简化为“性自由”，尽管“社会体”（socius）会将它完全归结为生殖，甚至是异性恋。它将在“多相变态”（polymorphously perverse）的过程中涌向四面八方，传播到各处、各个表面，永远处于失控状态。因此，无论它具有反动性还是革命性，它在根本上无法被还原为任何社会秩序，因为它总是出现在最意想不到的地方，而且不见容于一切规范。

这种难以言明的愉悦既非男性也非女性，既非男性化也非女性化：它跨越了“性别差异”这个神圣不可侵犯的界限。用利奥塔的话来说：“弗洛伊德问，‘女人想要什么？’她们希望人类既不是男性也不是女性，她们希望自己再也不用‘想要什么’；她们希望男人与女人虽然存在差异，但他们身体各个组织结合在一起的疯狂过程是相同的。”[14] 这里暗示了力比多的去性欲化本质上是女性化的，或者说它以某种方式回应了女性对于超越一切二元论的需求。德勒兹甚至更进一步说：“妇女解放者们说得对，‘我们没有被阉割，你们可以下地狱了’。而且不要以为男人回答，‘瞧，这就是她们被阉割的证明’，用这种可悲的小把戏就能脱身。或者安慰她们说，‘男人也是一样的’，同时又庆幸她们戴着不同的面具，一种无法隐藏的面具。不是这样的。你必须承认妇女解放者们以模糊的方式，或多或少地代表了某些解放的本质要求：无意识的力量、欲望对社会领域的攻击，以及停止为压迫性结构提供支持。”[15]

那么从这个角度来看，女性气质与支持它的妇女运动的贡献并非发展自（相对于阳具化的男性本质而言的）女性本质，而是对阳具化媒介本身及其传播法则的颠覆，这种传播定律与父亲和母亲、男人和女人有关。用吉尔·德勒兹的话来说，“无意识是一个孤儿”。正如书名《反俄狄浦斯》暗示的那样，这本书论述的核心就是批评精神分析学将力比多局限在了俄狄浦斯模式中，仿佛它可以被简化为一个“妈妈和爸爸”的故事。

德勒兹和伽塔利通过不将两性区别对待而化解了关于女性及其本质存在的问题，但却没有处理女性在社会和政治生活中真实的从属地位。当然，对他们而言，女性的这种地位仅仅是“俄狄浦斯化”的不幸残余，因此二者将一同结束。另一个没有处理的问题是两种力比多之间对立或错配的情况，即使力比多不能与某一个性别等同起来，但它们仍然是多元的，因此力比多之间可能不相容。力比多之间的和谐关系是他们预设的前提：“力比多能量”被视作无名、中性的，它是一种多价的和多形态的通量，却不存在内部的矛盾。因此，权力关系的问题被避开了：“欲望”二字将一切欲望以积极的形式融合起来，排除了冲突和悲剧。

其他两位思想家表达了对反俄狄浦斯情结分析的怀疑，并发展出了截然不同的，甚至是对立的批判，这两种批判都将权力的概念带回了性经济中。在《诱惑》（*De la seduction*）一书中，让·鲍德里亚（Jean Baudrillard）严厉地批评了以力比多的话语来解释女性气质的出现及其在社会转型中作用的尝试。在他看来，情色的普遍化绝不会与一个生产和消费的社会不相容；事实上，它将愉悦变成了一种可供男女消费的商品。现在，伴随着拥有洗衣机或电视机的权利，每个人都可以将获得愉悦视作一种权利。不区分性别地将男人、女人与消费天堂联系起来，只会强化男性对社会的定义。为什么这么说呢？因为在鲍德里亚看来，女性总是通过诱惑来抗拒根本上属于男性的性别认同。

女性气质是导致性别两极摇摆的不确定原则：“它不是与男性气质对立的极端，而是将独特性的对立废除了，因此正如历史上性在男性的菲勒斯主义（phallocracy）中所体现的，未来它可能在女性的菲勒斯主义中得到体现。”此外，“诱惑总是比性更加特别、崇高，是我们最珍视的事物”。[16]因此，对鲍德里亚而言，性的一切都是阳具化和物化的，而情色普遍化仅仅是将女性纳入了性别和性的阳具经济学中。他认为女性气质“并不完全是一种性别，而是一种与所有性别和权力交叉的形式，是一种神秘而猛烈的无性别形式（insexualite）”，而男性气质一直试图征服它。

鲍德里亚意识到“性自由”可能只是一种将女性纳入男性至上主义的方式，这让他用怀疑的眼光看待女性的需求。由于存在将性解放与自由混为一谈的风险，他看到了女性传统地位的价值，它从表面上看缺乏权力，其实却隐藏了他所称的女性通过诱惑而具有的非凡力量。

鲍德里亚通过将男性的社会权力弱化为对女性“原始力量”的报复（尤其是因为女性赋予生命的能力，正如布鲁诺·贝特兰在《象征性创伤》中展示的那样），他的新见解最终走向了一个相对传统的男性立场：既然女性实际上拥有强大的力量，男性只能通过社会力量来应对，那么她们为什么要用自己的力量来换取阳具化的社会权力呢？女性这样做不仅会失去自己的身份，还会输掉这场战斗。鲍德里亚似乎没有注意到，如果存在阳具化的社会权力，那么即便女性具有极高的原始优越性，她们在诱惑时也会受到这种权力的支配。

鲍德里亚认为色情的普遍化（或者力比多政治）是菲勒斯中心主义文化和普遍消费过程的延伸而非反抗，他的观点可能是对的。但是他的批判更多地针对某些 20 世纪 70 年代的理论家而不是女性主义，这些理论家或多或少都继承了威廉·赖希的思想。尽管他看似在批判阳具化文明，但他却没有提出任何改变的建议。通过赋予女性存在的角色——用黑格尔的话来说即“共同体的永恒反讽”，他认为女性起到了长期性的颠覆作用，她们的“革命”与之相比其实是一种倒退。

赋予女性“反讽”的地位，实际上允许了阳具化系统继续运转而不需要改变，因为只要维持传统的位置它就会被女性所颠覆。因此，在完美的世界里，一切都朝着最好的方向发展。任何潜在的变化都被视作损失而非收益。鲍德里亚的立场中不具有积极的政治观点，它完全朝向过往：这更像是把手里的牌打好，而不是改变事物的现状。女性对现存系统的任何正面攻击都被视作“阳具转化”的标志。

鲍德里亚在后来的一次采访中澄清了自己的立场，并撇清了与米歇尔·福柯（Michel Foucault）的关系。鲍德里亚与认为权力无处不在的福柯不同，他说道："权力并不存在……男性气质并不存在，这是一个荒谬的模仿故事。"真正的力量在于诱惑，它能够"玩弄性别差异"。[17]

因此，赋予男性的权力其实是一种假象，只要你不认真看待它，这种假象就会消失。皇帝没穿衣服：人们只要这样说，这样去嘲笑它就行了。而诱惑却没有在这种现实面前撞得头破血流，而是绕开了现实。它建立了全新的规则，模糊了两性之间的边界。传统上由女性掌控的诱惑领域，是比任何所谓的政治革命更能够破坏权力的反对势力。

福柯的立场在《性史》（*Histoire de la sexualite*）一书中尤为突出，他的观点不但更"现实"而且更具有分析性和描述性。他认为不存在纯粹状态的"性"：性总是深陷在历史结构（部署，dispositifs）中，会受到它各种方式的构建。另外，性一直通过家庭的形式与各种"联盟模式"联系在了一起。福柯的任务是揭示这些模式所呈现的历史和文化形式，包括那些"将性构建为令人渴望之事"的形式。福柯批判弗洛伊德－马克思主义理论家的力比多革命道："这种模式的讽刺之处在于，它试图说服人们相信我们的解放岌岌可危。"[18] 性总是处于话语中，它是一种理论和实践话语的表述。话语之间可以相互替代：从这个意义来看，女性主义并不是废除所有话语，而是用一种话语替代另一种话语，用全新的话语来替代迄今为止的主导性话语。这种主导性话语不是自然产生的结果，而是历史和政治的后果之一，其具体情态需要分析。

福柯用结构主义的方法替代了马克思主义的因果解释，他揭示了权力的多重层次，而马克思主义只看到了一种剥削机制——经济。因此，他为探究历代社会如何在实践中采取多种排除手段的研究注入了活力。他主要关注疯子和囚犯。在男女关系问题方面，他对还原论持怀疑的态度，并警告人们不要相信实现所谓理想情况的可能性，不要以为这种理想情况可以揭露真相。他认为性或性别间的关系不具有"本质"，只存在情态。没有权力就没有社会，只存在权力的更迭。尽管福柯的哲学分析精妙，但那绝非"解放的哲学"。它在对"自我伦理"的思考中达到高潮自然也不奇怪。不过，福柯通过引入"生命权力"（bio-power）的概念，得以展现一种支配的过程，它无法被简化为马克思提出的经济支配过程，这对女性在性与生殖过程中身体被检视的方式尤其具有启发性。女性主义批评家很快就抓住了这一点。[19]

对菲勒斯中心主义的批判

20世纪中期，对现代性的批判（最终产生了后现代主义）取代了始于笛卡儿，后来由启蒙运动哲学家、实证主义者和卡尔·马克思发展起来的理性主义和科学乐观主义。人们开始怀疑一种观点：自然可以被全能的主体所支配，这个主体能够为了人类的更大利益而物化自然。认为计算理性无所不能的信念受到了冲击。价值观被重新评估：声称能够带来统一、启蒙和秩序，实现全面主导的理性受到了另一种形式的理性的挑战，而不是非理性的挑战。这种理性与隐晦的、非统一的事物，以及变化相结合。这样的转变开启了一个全新的知识领域，一种与世界联系的新方式，这让人联想到“女性气质”与“男性气质”之间的对立，或男性气质中的女性化痕迹——后来某些女性主义思想家也采取了这种立场。

海德格尔揭示了技术史和形而上学史都依赖于掌控力，因此它们总是协同发展。这样的发展过程可以追溯到古典时期的希腊，远早于现代时期。对于海德格尔和德里达而言（德里达至少在这方面是海德格尔的继承者），不存在形而上学与技术“之后”或“超越”它们的事物，它们不能被废除，只能被解构。[20]

德里达通过性话语表达了这种紧张关系。海德格尔对西方思想“逻各斯中心主义”的批判到了德里达这里变成了对“菲逻各斯中心主义”（phallogocentrism）的批判，这是逻各斯中心主义和菲勒斯中心主义的结合。菲逻各斯中心主义的“知”与“行”无法避免，因为它的中心由“他者”所塑造，因此不断地改变。这个“他者”并非“它的他者”，而且这个“他者”能够撒播（disseminate）所指。

当德里达直接提出男性和女性的问题时，当他与引用他作品的女性主义者辩论时，他拒绝将其框定在对立的，甚至仅仅是二元论的话语中。如果女性作为社会群体的斗争让她们以对立的方式来定义性别，那么她们必须采取策略性的做法；其目标应该是自我扬弃。它的二元论逻辑正是自相矛盾地从菲勒斯主义逻辑中衍生而来。性别差异的属差（differentiae）不可以被实体化。性别差异并不属于可见或可定义的秩序，而是“可读的”。换言之，它可以被解读。当然，两性之间存在裂缝（coupure），但“这种裂缝不会造成割裂，或者换言之，它能够修复自己造成的割裂”（正如德里达在与爱莲·西苏的讨论中所说的那样）。出于同样的原因，他说道：“中性物”（neuter）不是一种或另一种性别，它不能通过“非此即彼”（either/or）来解读。德里达在一篇题为“性别差异，本体论差异”（Geschlecht: différence sexuelle，différence ontologique）的论文中采取了这种观点，他通过援引两篇简短的文本来阐释海德格尔“此在”（Dasein）的概念，一篇摘录自海德格尔的《存在与时间》（*Sein und Zeit*），另一篇摘录自这位德国哲学家的马尔堡讲座。[21]

海德格尔没有使用“人”（Mensch）这个词语，而是用了“此在”：“我们将自身的存有（seiend）称为‘存在于此’，它除了具有其他特点之外，还拥有质疑的能力。”德里达将这种用词上的偏好解释为对“中性”的渴望。就什么而言的中性呢？他说的中性与所有人类学特征有关，并且高于任何性特征：“这种中性也表明‘此在’不同于两性中的任何一个性别。”

不过“中性化”并不是对“性别化”的否定，而是对常见二元论提法的怀疑：“虽然‘此在’不属于任何性别，但这并不意味着它是被剥夺了性的存在。相反，人们可以将它视作拥有一种预分化或是预二分的性别，这并不一定意味着单一性、同质性和无差异性。”按照这种解释，“此在”的中性化并不等同于“人”的中性化。后者是对性的“普遍性”问题的否认和掩饰。前者是对预二分性化的思考，它基于一个主要的区别：“有一种中性化可以重构菲勒斯中心主义的特权。还有一种中性化仅仅是中和了性别对立而不是性别差异，它解放了性别领域，释放出一种与众不同的性。”[22] 因此，“此在”可以免受下面这种批评：人——意思是“人类”，看似是无性别的，但实际上总是指男人，男性人类，所谓的普遍性不过是掩盖菲勒斯中心主义的遮羞布罢了。只要“此在”不是形而上学意义上的主体，这样说就没错，因为它自身的结构中就包括了散发与传播。从这个观点看来，所有语言（或书写）确实与性化共存，但它既不是男性的也不是女性的。

对预二分性化的肯定是差异的最典范性的表达（这与任何“双性向”理论无关，它们仍然受到二元论的局限），德里达喜欢称之为延异（differance）——差异与延迟的结合，它表现了一个时间维度，这个维度无法被简化为任何特定属差的证明。因此，对“菲逻各斯中心主义”的批判没有带来对延异的认可，也没有带来对女性气质作为对立面的肯定。如果女性气质确实存在，那么它是对菲逻各斯中心主义的解构而不是破坏，它具有撒播（dissemination）和不可确定性，这种性质无法被还原为二元论逻辑。然而，这个提法中仍有一个模糊和有待解决的问题：二者之间的差异是如何形成的？当然，问题在于对本体论差异的肯定与社会角色的普遍二元化的现实经验相抵触。什么意外或事件可以证明或阐明这个从“中性化”到性化，从永恒的延异到二元性，或更糟糕的等级制度的过程呢？

德里达没有从政治角度处理这个问题，也就是他没有处理本体论差异和二元化之间的关系，以及两个二元术语之间一个被另一个支配的关系。但我们可以将解构与撒播视作女性的“此在”逃离掌控领域的一个维度。

他异性（Alterity）与对话

我所说的“他异性哲学”指的是继胡塞尔现象学之后，20 世纪下半叶任何认为主体总是以某种关系与世界联系起来的观点（“一切意识都是关于某个事物的意识”）。进一步说，主体总是与其他主体相关联（“主体间性”，intersubjectivity）。因此，这个术语适用于让－保罗·萨特（Jean-Paul Sartre）、莫里斯·梅洛－庞蒂（Maurice Merleau-Ponty）的作品，伊曼纽尔·列维纳斯（Emmanuel Levinas）与马丁·布伯（Martin Buber）的对话，以及近来的弗朗西斯·雅克（Francis Jacques），他的思想受到了英国语言哲学的影响。

“他异性”或“他者”的哲学有助于我们思考性别差异的问题，这是合乎逻辑的看法。但他异性对主体的忽略通常体现在两个方面：在描述和分析主体与他者的关系时忽视了性别差异；以及认为思考的主体具有超越性，因此它是“无性别的”——当主体接受了某种观点并开始描述其他客体时，这种观点便出现了矛盾。这两种情况在哲学中十分常见，但它们出现在以“他者”作为思考核心的思想家身上还是令人惊讶的。

萨特批评海德格尔（他在当时被视作第一个“存在主义者”）和其他存在主义哲学家没有考虑到性：“他的‘此在’似乎不具有性别。”但萨特感兴趣的是男人和女人所共有的性本身，而不是男人与女人之间的差异。如果乍一看“欲望和它的对立面——性恐惧都是‘因他者而存在的’基本结构”，而且如果我们拒绝接受“性生活问题不过是人类处境多余之物”的观点，我们最终还是有可能接受“性别差异属于‘事实性’的领域，因此也具有偶然性”的现实。

对于真实的人类而言，男性和女性都是偶然的属性（相对于基本属性而言）。性别分化的问题与存在（Existenz）无关，因为男人和女人都“存在”，“谁也不比谁多，谁也不比谁少”。即使在性关系中，主体也超越了它的性别化地位。

因此在处理性关系的问题上，萨特（还有梅洛－庞蒂）完全抛开了性别差异。萨特通过弱化性欲望的器官组成来为这种“中性化”处理辩护：“欲望是与他者关系的基本模式。从这个意义上说，它具有本体论的性质。它先于并超越了纯粹的器官的性显化。”[23] 欲望的存在通过自己的行动将意识转化为实体，或者换句话说，“意识为自己选择了欲望”。

如果性别差异并非器官性的，甚至它在欲望作用的过程中无法起到决定性的作用，那么它具有社会和历史性的基础吗？萨特在构建理论的过程中并没有提出这个问题，当他在分析压迫和排除的现象时，研究的案例涉及阶级和种族，而没有性（尽管西蒙娜·德·波伏娃在她的性研究中明显借鉴了萨特的方法）。

当萨特在70年代被追问到这个问题时，他声称自己认为性具有根本的意义，这让他在该问题上的回避更加令人惊讶。也许是受当时的女性主义运动影响，他甚至说道，“主要矛盾是两性之间的斗争而次要矛盾是阶级斗争”，然后他明确指出前者并非由后者派生出来的，而是具有一些自己的特性。萨特像波伏娃一样不相信任何“女性本质”的存在，他在一个问题上的态度比波伏娃更加保守，那就是女性被压迫的历史是否赋予了她们暂时的独特性。萨特虽然坚称他认为波伏娃和自己是“平等的”，但他稍有一些任性地承认自己有点“大男子主义”，这是在他的各种形象、事例和作品的措辞中不自觉表现出来的男性沙文主义。[24]

莫里斯·梅洛－庞蒂和萨特是一代人，但他还未遇到女性主义便离世了，在梅洛－庞蒂许多关于他者、身体、性与认知的重要著作中都将性别差异中和了。他的观点在具身哲学的范畴之内，不像萨特的哲学那样受到唯意志理性主义的深刻影响，他没有为这样的立场做任何预先的解释。他也没有在政治著作中处理性别差异问题，而是与马克思主义开展了持续的论争。他为精神病学家吉恩·贝斯纳（Jean Hesnard）书中所作的序言里也没有提及这个主题。尽管如此，他从前的学生还记得他在索邦大学开设的一门“女性心理学”课程，其灵感主要来自海伦·多伊奇（Helena Deutsch）的作品。

就像萨特的大部分著作一样，梅洛即使在谈论爱与性的时候也故意用一般性的阳性语法词汇来处理自我和他者的问题（梅洛谈到爱人时用“l’aimant”，谈到被爱之人时用“l’aime”，这些都是阳性名词），就好像身处希腊城邦的同性世界中一样。也许梅洛认为哲学世界也是同性的。

吉尔·德勒兹在“描述女性，被性化的他者的哲学”（Description de la femme. Pour une philosophie d’autrui sexue）一文中也这样认为。当他谈到萨特关于性与爱的章节时，德勒兹指出：“做爱的人被性化了，他是爱人，而不是被爱之人……仿佛通常意义上的爱与男同之爱没有本质上的区别。”此外，“萨特的世界比另一个世界更令人沮丧：这个世界客观地由无性别的人组成，人们除了做爱对对方没有别的想法，这真是一个可怕的地方”。

摆脱“中性化”的尝试和对性别差异问题保持沉默的基础通常是从男性刻板印象衍生而来的本质主义。最后德勒兹在他所希望构建的“被性化的他者的哲学”和“女性的描述”中，坦然采纳了这一立场，他说，为了描述女性，“人们必须坚持本真的形象：化着妆的女人折磨着温柔、厌女、心思隐秘的青年”。这个女人不属于任何世界，她没有内部与外部的分别。她是物质与非物质、庄重与轻浮的混合体，是无用的意识、奢华的物品等等。因此，她完全不同于“男性他者”。与女性建立友谊是“不可能的”，因为“友谊是男性他者提供给我们的一种外部实现的可能性”。对于女人而言，试图去“表达一个外部世界”是乌托邦式的，甚至是痛苦的。

他异性不仅是伊曼纽尔·列维纳斯研究中的一个重要主题，而且是关键核心。列维纳斯用伦理学代替了本体论，也就是通过他者对“我”的拷问将“自我”（ego）显现出来。而他者永远是他者，是“完全的他者”，无法通过理解来为“我”所用。他的模样打开了一个不对称的空间——从他到我。现在，他是完全不同的人，他完全超出了我的掌控，这不是因为他具有自己的特点，也不是因为个体或文化性差异，而是由于他存在的本质，这一点不能被任何“共有特性”所概括。他抵抗我希望掌控他的企图，这展现了无限性。因此，列维纳斯明确地将自己与“主体间性”哲学家（舍勒和布伯）区分开来，他们基于人们的互惠关系，认为通过强加某种身份可以驯服他者中的“他性”。

列维纳斯的他异性伦理哲学的核心是对“女性”的反思，“女性”有时可以作为他异性的典型代表，有时又是他异性的异类：作为他者的女性既是他者，又不完全是他者。

列维纳斯描述的女性具有一切传统特性：“年轻、柔弱、纯洁，她们代表感官生活、温暖的招待、妩媚的面容，还有动物性。”但是，女性在其他情况下可以成为“对话者、合作者和智慧超凡的大师，她们进入了男性文明，而且常常在其中统治着男性”。[25]

因此，他者是“完全不同的”且“不可知的”定义与对女性他者的特性描述之间存在矛盾。也许女人不是“完全的他者”，不是那个“他者”（the Other）？列维纳斯从父与子的角度来分析血缘关系和“生殖力”的时候也展现了同样立场。他在著作中将血缘关系描述为他异性，母亲的角色似乎是次要的，这些段落非常引人注目。[26]

当列维纳斯的立场受到质疑时，他否认自己简化了女性的概念。但他的作品与其他哲学家相比，更加明显地揭露了哲学思考主体的性别化立场，虽然他自称超越了一切经验主义。

性别差异确实以一种不明显却深刻的方式渗透了列维纳斯的所有思想。他使用“阳刚之气”一词来指代主体通过抵抗“完全他者”对自己的影响，从而确认自我身份的愿望。他同样也使用女性化的隐喻——通常是诸如“脆弱”“被动”，甚至是“内在的呻吟”和“人质”等词汇，它们被用来描述自我为了响应他者的需求，被迫从它所谓“自己”和“特质”的藏身之处中出来时的伦理处境。“阳刚之气”和“女性气质”都是列维纳斯用来阐明哲学思想的类别。因此阳刚之气是他批判的对象，而女性气质则被视作改变的诱发剂，这种改变能带来他者形象的显现。

因此我们可以说伦理和伦理哲学是“成为女性的过程”（devenir femme），而且列维纳斯的哲学是关于女性的哲学。这样看来，列维纳斯可以与那些颠覆了与性别划分相关的价值观，却没有对男女的实际地位提出疑问的哲学家们归为一类。

弗朗西斯·雅克可能认为，当列维纳斯的哲学通过分析与女性的爱情关系而具象化时，它也带来了物化女性的后果，这一点并非偶然。雅克认为，“肯定他者惊人的异质性、完全的独立性，是非常勇敢的哲学尝试。但令人惊讶的是，这一论题与自我至上的观点密切相关”。[27]

有一种方式能让他者在这种自我骄傲的立场中拥有一席之地：他影响我的方式最终取决于我（和我的责任）而不是他。雅克提到了沟通理论，在他看来，所有人际关系都建立在对话的基础上，每条信息都可以归属于进行“即时沟通”的交谈双方之一。在这种关系的构建中，“我”与“你”之间存在着相互关系。这个模式是摆脱传统男女关系观念的唯一途径，在传统的观念中，女性总是被视作男性主体的“他者”。女性在这种情况下，“最终也不过是受到男性压迫的对象”。如果他者——特别是女性他者受到了认真的对待，而不是被“驯服、层级化和附属化”，那么我们必须要承认，他者并不是我能够通过身份认同或同化来认识和理解的“另一个我”，也不是我必须尊重其特有的孤独、骄傲和超越性的“我之外物”。关键在于我们要进入与他者的关系中，也就是当我在询问他的时候也同意接受他的询问，换言之让他人成为关系中的共同主体。

雅克在讨论女性主义运动时承认了抗议的合理性，女性希望通过这种方式让自己得到理解，重新发现“她们的性和她们欲望及语言的幻想”，但他认为结果只存在两种可能性：女人可以构建一个自给自足的、封闭性的女性身份，或者她们可以坚持“两性之间的关系将以对话的方式建立起来”，他相信这将导致男性和女性的解放。[28] 这种对话不仅尊重差异，而且更重要的是它能通过不断强调内在的区别来利用这些差异，而不是关注那些先于关系或关系之外的差异。

尽管让－弗朗索瓦·利奥塔没有专门讨论性别差异的问题，但在他的著作《歧见》（*Le Differend*）中有一些关于对话和他异性的启发性观点。任何对话、任何形式的他异性都是处理分歧或不同习语的一种方式：它总是两个习语的对抗。每个参与者都要在讨论中向对方提出问题并回答对方的问题。它的模式是非互换性的。没有分歧就没有差异。对话作为异质性的空间并非要通过某种假定的共同语言来解决异质性的问题，从而将“他者”简化为认同。

在这种模式下两性之间的分歧不再是他们关系的障碍，而是关系的基础。不过表述的立场并不具有同构性。交流中的“进展”意味着要为新的习语留出空间，它们在从前要么无人知晓，要么就是作为主流习语的变体或回声而为人所知。某种“女性的习语”是否也是交流的新模式之一呢？[29]

对话的哲学有各种各样的表现形式，从最初米哈伊尔·巴赫金（Mikhail Bakhtin）的构建，再到汉娜·阿伦特、尤尔根·哈贝马斯（Jiirgen Habermas）和最近的弗朗西斯·雅克以及弗朗索瓦·利奥塔。这些思考都让人们能够从表演性的表述和行为的角度，而不是物质的角度，来提出性别差异的问题。以“复数形式”来发言、行动就是在一个固定的框架内记录偏差。它是对（两性之间）差异的承认，但又没有将具体的属差固化。用汉娜·阿伦特的话来说，“一个人的言行举止中隐隐揭示了‘是谁’的问题，而非‘是什么’的问题”。更重要的是，“谁”具有改变“什么”的能力。“既定属性”（在这种下是既定的性别属性）不可避免，却又无法辨识。

女性主义思想

前面对 20 世纪哲学的简要概述表明，尽管某些传统的思维习惯仍然存在，但哲学家们确实提出了思考性别差异和女性的新方法。随着时间的推移，我们看到基于自然或理性的各种“性别形而上学”逐渐衰落。性别歧视在近来的哲学著作中并非不存在，它们一般间接地出现于某些修辞手法和事例中，通常是作者表达疏漏造成的错误而非有意为之，即研究者承认自己没有研究或考虑到主体的性别立场。

正如我们所见，研究中甚至出现了价值观的反转，它批判了传统上与阳刚之气（如掌控力、阳具）相关的事物，提出了与女性气质（如脆弱、不可定义）相关事物的益处。然而，这种价值观的倒置并没有对男性和女性的实际地位产生影响。

源自 20 世纪 70 年代的女性主义思想借鉴了许多前述讨论过的流派：马克思主义、精神分析学、形而上学批判、结构主义、后现代主义等等。尽管女性主义的思想多种多样，但它在以政治方法处理哲学问题方面已经统一化了。女性主义者的观点基于以下现实：男女关系是一种由男性主导女性的权力结构形式。他们通过这个共同的起点，就以下几个问题产生了分歧，即应该如何和出于什么目的来废除这样的权力结构，以及性别差异一旦从其社会和历史决定因素中解放出来会发生什么样的改变。

西蒙娜·德·波伏娃的《第二性》是一部女性主义哲学的基础性著作。虽然这本书出版于 1949 年，但在 70 年代新女性主义运动重新解读这本经典作品之前，它还只是发挥着潜在的影响力。这本书以其汇集的大量材料和提出的各种问题而闻名。不过它没有预料到完整的思想体系会从女性主义运动中产生，而女性主义运动也汲取了其他的灵感来源。波伏娃的作品影响了平等女性主义，而不是差异女性主义学派。

“女人不是天生的，而是后天形成的。”这句名言指出女性在社会中必须扮演的角色是由“父权”通过一个复杂的教育、立法、社会和经济约束体系强加给她们的，而不是她们生理上的需要。因此女性总是男性主体的“他者”。不过，波伏娃作品中的一个重要部分是研究女性生理带来的结果，从初潮到孕产再到更年期。她对这类事情的细致描写强化了女性身体是残缺的传统观念。

因此，人类（本题中的女人）只有通过克服肉体而不是接受它才能成为主体。用当时存在主义的话语来说，“为己”（意识）从“在己”（物质资料）中解放了出来；超越性成功地挣脱了固有性。自由通过其所逃离的情境而宣示了它的存在。因此“发现自我”（becoming oneself）是一项任务，而不是某种内在本质的实现。

虽然波伏娃强调女性身体的偶然性所带来的沉重负担，但她依然认为女性能够克服它们，并成为完整的人。起初，这是每个女人都必须为自己完成的个人行为。但当波伏娃遭遇 20 世纪 70 年代的女性主义运动时，她对解放的集体化性质有了更清晰的认识。然后，她发现需要找到与其他革命斗争相关的共同奋斗目标，并将其放在首位。她甚至提出女性可以为世界做出一些独特的贡献，不是因为她们的天性，而是因为她们的历史地位。[30]

西蒙娜·德·波伏娃的直系后继者——那些明确声称受到她影响的人——容易将她的立场激进化，他们不仅挑战了“性”（sex）或“性别”（gender，该术语由美国女性主义者引入）的“社会化构建”，而且挑战了性的现实存在。他们认为女性构成了一个“阶级”，类似于工人阶级。一旦两性之间的主导关系消失，该阶级就注定会消失。只要脱离了这种关系，性别认同就变得无关紧要。身体构造不是命运，它甚至不是行使自由的先决条件。

平等主义的女性主义者对“自然天性”抱有深刻的不信任感，这是可以理解的，因为自然总是被用来作为排斥女性的借口。这种对自然的不信任感甚至引发了法语中的一场文字游戏[1]：Nature-elle-ment（“自然而然”/“自然在撒谎”）。[31] 但是，这种不信任感开始让一些人否认任何形式的自然真实性，他们似乎有一个合理的理由，即我们不可能区分出自然和文化的影响。因此，历史和自然因素都被摒弃了，取而代之的是与二者不相关的纯粹主体，它通过一种非具身的自我决心所带来的绝对中立性而确立了自己的地位。

按照马克思主义的重新解读，女性主义的平等主义分支是启蒙运动的继承者。它将差异与支配关系等同了起来，因为它认为人们是抽象、平等的个体。但是在 70 年代，另一个分支与平等主义同时发展了起来，它在一定程度上源于精神分析学。

对这第二个群体来说，女性的弱势地位源于对她们自然本性的否定。因此坚持自己的独特的真实的（而非相对的）现实，并在文化和娱乐领域开辟自己的空间对于女性而言至关重要。此外，还应该解构男性以真实女性“本质”之名强加给女性的定义。这种本质通常与女性身体形态有关，并让女性与世界发生了独特的联系。他们认为无法抹去两性之间的区别，男女的对抗必须让位于“性别差异伦理”。此外，认为女性优于男性的观点时常（明示或暗示地）激发了对这种二元论的肯定，这种优越性通常以和谐共处而不是一方主导的方式表现出来。

如果男性可以被定义为阳具化、统一化、综合化和工具化，那么女性则可以被定义为开放性、非统一性、无穷性、不确定性和无限性。这些隐喻明显与每种性别的形态有关。尽管如此，差异女性主义的主要理论家们仍然挑战了定义“女性”的想法。安托瓦内特·福克（Antoinette Fouque）对于拉康断言“女人不存在”用“des femmes”（女性群体）来回应，而路思·伊瑞葛来则用“la/une femme”（女性个体）来回应。

如果对拉康而言“并非全部”（la pas toute）是超越和高于“全部”（le tout）的事物，对这些女性主义者而言，这两者是对立的。女性主义思想发展的论争背景导致了男人与女人、男性气质与女性气质的二元化，进而使英国学派

[1] Natureellement 在法语中有“理所当然”（of course/naturally）的意思，写作 Nature-elle-ment 拆分开来又有“自然在撒谎”（nature-it-lies）的意思。——译者注

精神分析学家的观点变得激进。然而，当这个范畴被定义得如此狭隘时，人们很难说女性是完全不可定义的，就像当人们一开始就将性别二元化划分时，我们很难用非二元化的逻辑来看待女性。

对于一些理论家而言，女性气质与形态和身体现实之间具有密切的联系；而另一些人则认为女性气质是一种可以某种程度上脱离现实的范畴。第二种看待女性的方式（在某些情况下是看待母亲的方式）主要被对语言和文本分析感兴趣的女性主义者所用，例如爱莲·西苏，她的思维方式与德里达有一些共同点。一位男子在社会中是男性，但他可以在自己的文本中使用女性化的口吻。或许所有文本和写作形式都是女性化的。女性在这个意义上不再是男性的对立面，相反，它表明这些范畴具有不确定性。

我所描述的立场都是极端的，而且经过了必要的简化。女性主义思想（包括上述作者的作品）远比这篇概论要丰富得多。女性主义思想在持续进化，它的立场不是固定不变的，也不会发生迅速的转变。

我们难以接受性别差异纯粹是压迫的产物，当压迫不复存在时它注定会消失的观点。我们同样也难以相信存在某种不受任何阳具性影响的、真正的女性领域。这样的论断是规划性而非现象学的。它们反映的是一项规划，甚至是一种渴望，而不是解释实际存在的事物。

性别差异是不可避免的现实，我们不能简单地用“社会构建”搪塞过去。然而，如果通过二元对立的方式来定义差异，男性为“一”，其对立面女性为“非一”，我们又会无奈地回归性别形而上学。此外，如果人们只关注男性与女性的不确定性范畴，就会忽视他们所处的社会政治现实。因此，性别差异的问题有可能陷入恶性循环，总是回到原点。

任何关于男人或女人是什么的命题都应该被视作一种语言行为：一种表演性的、对话性的行为，它影响说话者以及话语涉及对象的立场。每一句话语都包含且重新激活了男人和女人想说的话，无论处于激烈冲突还是和谐的情况下。性别差异是一种行为——一种同时具有政治、伦理和象征性意义的行为。

女性主义的首要目标是创造一个真正男女共享的空间。女性主义为此不可避免地使用了平等理论。但是这里的平等必须理解为权利平等，而不是身份平等，因为论及身份平等，无论如何都有利于现有的男性身份。这种平等也必须将个人与集体的差异考虑进去，而不用去预先定义这些差异是什么。民主的空间具有异质性和创造性。20 世纪因此而重写了 18 世纪对平等的定义，该定义基于公民作为抽象个体的概念。性别问题正如文化、种族甚至宗教问题，带来了对民主和公民身份的重新定义。

无论性别差异最终会消失还是改变形态，这既不由过去决定，也不由上天写下的命运决定。“女人想要什么？”可能是一个从来没有人问过的问题。但我们无法在任何表象中找到它的答案。个人或集体的每个行为、每句话语都会重新提出这个问题。它的答案与智识无关。女性想要成为语言及行为的创造者而不仅仅是接受者，她们从而成了共同定义性别差异的行动者。[32]

已经有女性成为知识领域语言和行为的创造者。尽管严格来看这个问题并不属于本章的目的，但我在文末必须提到那些让本文，甚至是“女性史”这样的项目获得了合法性的工作。20 世纪女性主义是这段漫长历史中最近的历程，它格外突出不仅是因为其社会、政治成就，还有它在知识领域所取得的成就、人们经常提到的一系列研究，甚至是“女性主义研究”（女性研究或性别研究）的机构化。

长期以来排斥和贬低女性的现象也影响了知识领域：科学的主体和客体都受到了影响。认识论主体由于没有考虑到性别化立场，它错误地将片面的立场作为了“中立”和“普遍”的立场。主体在探索客体时可能会将单一性别的现实误认为是普遍情况。此外，这两种认知失真彼此不可分割。将其影响最小化的方法是考虑性别差异对认识论过程本身的影响。虽然女性主义者一致认为应该批评将男性视作普遍情况从而带来遗漏和错伪的现象，但他们对于应该如何纠正这个问题存在分歧。限于文章篇幅，本文将简略地讨论这个问题。

相信两性“本质主义”二元论的人——也就是认为女性（甚至是她们的思维方式）极具特异性的人，他们相信女性必须发展出一种不同于主流科学的女性科学，不仅内容不同，方式、过程和传播模式也不同。这些理论家呼吁“认识论的突破”。随着女性创造出与男性平行的世界，一种新的科学体系将会发展起来。他们说，全新的女性科学不仅会出现在人文科学领域，甚至会出现在精确科学的领域（尽管这一点没有得到任何证据的支持）。

女性主义理论家未必都同意这种观点，他们最重要的尝试是通过研究社会学、历史、人类学和文学中被系统性“遗忘”或被其他研究者忽视的问题来填补主流学科中的空白。从这个意义上来说，“女性主义研究”是以女性为对象的研究，因此可以将其定义为对女性的研究。

不过，有些女性指出，这样将“女性”对象从某个专门学科中的其他研究对象中孤立出来，有让女性显得更加特殊的危险。因此，更明智的做法是关注两性之间的关系，这将改变我们看待女性以及男性的方式。这就是为什么有些学者倾向于“性别研究”而不是“女性研究”的说法。

还有一些学者进一步拓宽了该领域的定义，他们认为女性主义方法不仅适用于两性关系，而且适用于整个知识领域。女性主义方法的独特之处在于，它引入性别差异作为衡量指标或解释框架，但不对可能结果的重要性进行预判。[33]他们宣称这样将带来惊人的结果，其影响的深远程度不亚于二元论本质主义者的说法。本质主义者称这些新知识是将女性主体引入作为知识的载体和发现者的结果，但他们认为新知识源于采用新的解释框架或“钥匙”（虽然这样的“钥匙”通常由女性所构建或使用）。

无论女性主义的前提是什么（即使在没有受到明确定义的情况下），其研究已经产生了重要的结果，并发展出了大量的文献可以为刚进入该领域的人提供参考。它仍然是一门比较独立的学科，对其他知识领域只产生了零星的影响。导致这种不幸状况的原因有几点。女性主义的策略，乃至如今女性主义研究的策略，一直是自主发展的结果，它在与“外界”交流方面只做出了微弱的努力。与此同时，我们也不应低估“主流科学”不愿承认外来思想创新贡献的因素。其他因素让这两个原因的影响复杂化。不过如今在欧洲有一种趋势，即不将女性主义或性别研究视作一个独立专业，而是作为其他学科中的次级领域。性别维度已经是必须考虑的问题了，但其重要性和相关性因研究对象而异。

我们无法在此总结过去 20 年来女性主义学者在许多不同研究领域所做出的贡献。但本书至少会让读者们认识到女性主义对历史领域的贡献。

第十章　法国文化的创造者

马塞勒·马里尼（Marcelle Marini）

20 世纪西方社会的女性在文化生产中享有空前的参与度。社会不再抗拒女性的贡献，这是因为三个因素的作用。首先，女性主义者从 19 世纪开始争取的教育机会平等显然成功了。其次，1950 年以来的技术进步、公众兴趣的拓展和闲暇时间的增加让更多人欣赏艺术。最后，新的文化生产机构通过雇用大量人员，使女性获得了更强的独立性和社会知名度。许多女性在学术和艺术领域找到了工作，而且自 20 世纪中叶以来，就业妇女的数量就一直在加速增长。

到了 20 世纪 60 年代末，随着这一时期经济增长和妇女的公众角色的不断拓展，一场全新而有力的女性主义运动发展了起来。第一批最早参加抗议的女性是社会的特权阶级：学生、艺术家和知识分子，这似乎有些奇怪。她们难道没有实现自己母亲那一辈所梦想的接触共同文化的平等机会吗？她们难道不是已经在从事那些过去女子无法企及的工作了吗？她们在目标唾手可得的时候反抗，难道不是一种愚蠢的举动吗？从此以后，不会有任何艺术或思想领域会对女性关闭，至少这是我们所知的情况。我们只需要展示自己的才能就行。但我们却逐渐发现一个痛苦的现实：这种备受推崇的平等是一个陷阱。无论女性多么有能力或才华，她们仍然因为自己的性别而受到低估。

女性终于获得了平等接受教育的机会，但社会和文化生活的平等则是另一码事。平等接受教育的观念建立在男女天生能力相等的原则之上。在 20 世纪，旨在局限女性的教育限制被逐渐废除。女学生的成功证明了这个基本原则的有效性。但是平等的教育并不能保证平等的工作机会、平等的权力分配或对艺术才华的平等认可。从 20 世纪 50 年代开始，越来越多的女性遭遇了女子不如男子的说法，她们当时认为这种偏见会随着教育的平等而逐渐消亡。特权阶级的女性的确是最早反抗的人，但矛盾的并不是她们，而是她们所面临的情况。歧视是不是仅仅被转移了呢？

有人可能会反对说许多女性选错了研究领域。例如，太多人主修文学，而很少有人主修科学。如果指的仅仅是普遍意义上的社会融合问题，那么这种观点可能有一定的道理，但它却不能解释为何当 75% 的文学学生是女性时，却只有 25% 的作家是女性，或者为何只有少数女性在文化圈中担任高层职位，女性在音乐、戏剧、电影和绘画等领域的情况又是如何，她们在这些领域中获得创造性职位的限制是否更为严重，我们有理由相信，通过分析女性在艺术领域的地位，可以发现一些表里不一的情况。在文化领域，平等主义的修辞掩盖了歧视的做法。一个奇怪的规律出现了：无论女性占多数还是少数，她们在经济上和象征上都受到了轻视；而男性在两方面都被高估了。因此，我们必须拒绝任何对“女性化 = 低估”这个著名公式的纯定量解释；女性受到低估的真正原因是性别歧视，而这一点没有受到任何质疑让它变得更加令人疑惑。

文学和艺术有时被视作妇女的领域，但我们仔细观察就会发现这种看法相当具有误导性。雷吉斯·德布雷（Regis Debray）在《法国的知识力量》（*Le Pouvoir intellectuel en France*）一书中写道：“从广义上讲文化是一个与女性密切相关的阴性名词，但它最崇高的层次却纯属男性。”他继续划分了“以男性为主导的高级知识分子”和“主要由女性构成的低级知识分子”。[1] 因此，文化被视作一个重要的社会战场，其中最重要的战利品是在想象领域掌控社会对什么是合法的或可能合法的认知。德布雷对“性别金字塔”进行了女性主义分析，但他接受了性别不平等的合法性，从而扭曲了女性主义的论点。而女性主义者则对男性独揽生产和控制文化的权利提出了批评。尽管随着社会经济和文化的变化，男性只得容忍越来越多的女性出现在文化领域，但他们仍将其视为自己的领地。女性可以作为文化的消费者或生产中的助手，但却不能作为创造者（除非在特殊的情况下和狭隘的限定范围之内），而且女性还不能改变任何共同的价值观——它们天然或依据历史传承就应该由男性来承担。将妇女集中在文化机构的低级阶层，只不过是长期排斥女性及其作品的当代表现。

19 世纪的共同文化和女性亚文化之间的鸿沟扩大、加深。这种鸿沟是“两个领域”社会理论的反映，它还限制了 20 世纪对这一主题的思考。因此，女性艺术家被划分为独立的类别，并拥有一套自己的标准。很少有人在集体记忆中被留下来，而那些少数被选中成为性别代表（或叛徒）的人则被置于她们所属的位置——作为宏伟文化图卷的背景。

男人和女人都将二元结构内化了。“男性－普遍性”显然是优越的一方，而“女性－独特性”则处于劣势，这种情形如何与女性在文化生产体系中参与度不断提升的现实相协调呢？只要成功的希望仍属于少数“杰出女性”，文化的性别划分基本上就不会受到任何影响。但既然文化已经成为一代人的共同财产，那些少数被选中之人真的可以被视作例外吗？女性能梦想成为杰出个体而不去考虑其他女子作为群体受到的限制吗？或者不去考虑少数人获得的奖赏背后所有人需要为之付出的代价吗？ 70 年代的危机表明答案是否定的。从那时起，和男性同行一样精通美学理论和实践的女性都希望表明自己是共同文化发展的充分、积极参与者，同时不愿放弃她们的性别。

我们关注的时期从 1970 年持续到 1990 年。书写这些近期事件的历史是有风险的，一部分因为我们身在其中，但更重要的是这一历史篇章尚未结束。妇女在文化创造中的作用仍是一个论争中的问题，其结果还不能确定。不过，目前取得的成果足以验证两个初步结论。1970 至 1990 年是西方女性文化史上的一个重大变革时期。这种变革为新的文化实践——真正的混合文化铺平了道路。因此，认为那 20 年是取得了决定性进展的时期是不无道理的。

1970—1990 年：决定性的时期

这个时期的妇女运动首次创立了真正的文化维度，女性在文化领域中的要求也产生了真正的社会影响。这些都始于一场创造性的爆发，它与争取平等和自由的斗争密切相关。文化与每个人息息相关。它就在大街上。个人和集体的自我认同在广泛传播的宣传册、报纸、图画、涂鸦、歌曲和影像中彼此强化。每位女性依次成为艺术家和观众。社会差异和边界瓦解了。许多作品的作者署名不署姓，署笔名或某个团体的名字。女性用创新的形式来为自己塑造积极的身份，而社会运动也激发了新作品的大量涌现。[2]

举个特别突出的例子。萨拉查独裁统治下的葡萄牙，“三位玛丽亚”（three Marias）于 1972 年出版了《新葡萄牙通信录》（*New Portuguese Letters*）。[3] 书中包括了用三种声音讲述的诗歌、散文和故事，它们敢于指出主流文化默默压抑的东西。当局以淫秽和败坏道德的罪名起诉了这家出版商。但女性主义者们动员了起来，并在一些国家出版了这本书。萨拉查在“康乃馨革命”中被罢黜后，出版商被判无罪，并受到了公众的热烈欢迎。葡萄牙妇女组织了女性主义团体。这部作品的文本具有巨大的创新性力量，甚至超越了它所诞生的社会和政治环境。

艺术作品反映了广大社会群体的诉求绝非罕见现象。这些现象反映了人们态度或观点的重要改变。然而，从前这种现象只在男性中受到讨论，他们被视作普遍性的代表。因此，70 年代女性文化所提出的社会要求令人惊讶，更别说她们没有遵循前述两个先入为主的观念。她们不符合艺术历史学家用来解释艺术从一种具有象征合法性的形式过渡到另一种形式的（男性）代际更替模式。还有一点，女性以前被归为一个独立的类别并非出于自己的意愿。她们被迫处于这种地位，她们只能选择顺从或反叛。要理解最激进的女性需求，并意识到这些需求不是退步的、荒谬的或自毁性的，人们必须明白它们来自女性解放运动中最激进的一派：那些自愿选择与其他女性生活在一起而远离他人，这样的选择在某些情况下意味着拥抱女同性恋和分离主义。对于她们来说，个人生活、政治活动和审美实践是不可分割的。当女性“意识提升”的时候，她们会把对自己被贬斥为少数群体（一个同质化男性文化中的零散群体），转变为主动选择作为少数生存的群体（一个准备建立自己独立的价值与学说，并在公共领域为之辩护的群体）。《新葡萄牙通信录》是这种变化的象征：原版的《葡萄牙通信录》（*Portuguese Letters*，由 17 世纪作家加布里埃尔・吉列拉格斯创作）讲述了一位虚构的孤独修女对男子的激情哀歌，这个男子引诱然后抛弃了她。而新的通信录则是女性之间的书信。

妇女解放运动恰好在两个历史事件交会的时候得到发展：1968 年的抗议活动构成了它的直接社会政治语境；还有就是女性社会和文化角色的演变，这一进程在 20 世纪的发展速度要缓慢许多。女性似乎同时发现了自己的异化和力量。

年轻人的反叛显然对妇女解放运动的出现起到了作用，但后者并不仅仅是对年轻人斗争的迟到回声。其实妇女解放在某种程度上是对许多抗议团体（其中包括大量年轻女性）未能以真正民主的方式运作的报复。这些团体以男性主导的典型模式运作，女性发现自己身在其中不仅受到了欺骗，而且受到了打压，她们因此而退出了。

自由主义的口号如“掌控想象的力量”“让每个人发声”“让每个人创造”抬高了女性的期待，她们真的以为自己可以轻易地参与建设一个“不同的社会”，不仅其中的经济和社会结构会改变，而且生活的其他方面如家庭、性、想象、艺术和语言都会改变。对此信以为真的女性所感到的失望很快就被人们所遗忘了。她们的发言因为自己的性别而变得不可信。她们不仅被论敌所忽视，甚至在各种形式的反压迫斗争中被自己的男性同志所忽视：女性没有被邀请到相互的对话中，她们的话被置之不理。

女性光是能够在由两性共同组成的群体中发言就已经是一种成就了。同样一句话出自男人还是女人之口会具有不同的分量。如果女性批评一幅海报、一部电影或一段文字是对女性的侮辱，那些提议要禁止任何有种族主义嫌疑作品的男人就会抗议说女性试图限制言论自由。[4] 如果我们胆敢发表非正统的，甚至是新颖的分析，那么最初收到的反应是不安，然后就是拒绝，没有任何辩论的余地。女性有时会得到冷淡的反应，有时则是嘲讽和嘘声。女性也许会听到女性一生都能听到的反对话语：“你这样想只是因为你是女人。”西蒙·德·波伏娃早已对这种反对的说法提出了批评。[5] 女性试图像波伏娃那样回应：“我这样想是因为这是事实”，从而“消除（我们的）主观性”。但我们应该如何说服别人相信我们所信奉的真相呢？这个系统中受到怀疑的不是女性个体而是女性身份，就因为她具有“主观性”，而男性个体可以作为基础坚实的客观裁判，仅仅因为他是一个男人。波伏娃指出：“我们不可能回答‘你这样想只是因为你是男人’。因为大家都清楚身为男人并不具有特殊性。男人拥有作为男性的正当权利；错的是女人。”女性因为这种原因而被剥夺资格的集体经验，让她们能够评估周遭的不公正和暴力，她们对此做出了反传统的回应。这将原本被社会阶层、职业、政治立场、审美情趣、生活方式，甚至是对女性气质和性别角色的观念所割裂的女性聚集在了一起。妇女运动通过公开宣示性别主体性，让男性也想起了自己的性别主体性，从而提醒男性他们的言论和作品并不具有绝对权威性，而只是相对的。

但这两种主体性并不对等，而且那些年来最痛苦的发现莫过于我们自己的弱点。尽管我们发表了宣言，但这只是流于表面的保证，我们无法回应自己心中无时无刻不在的被内化的疑虑：我们有什么资格批判我们的主人？我们如何证明自己要求的正当性？我们的宣言得到了哪位“女天才”的准许吗？我们能提出一位对文明做出了重要贡献的女子吗？我们勉强说出了几个名字，当她们被立刻驳回时，我们不知道该如何为之辩护。受过“最好教育”的少数幸运女性和那些只能自学成才的女性处境相同。奇怪的是，所有女性都准备不足，我们没有历史或传统。我们没有母辈，或任何女性先祖。我们是高贵父亲和不存在（或不可言明）母亲的私生女。我们是“文化元年的女性”[6]，我们被迫将自己视为窃取了他人文字、图像和思想的“小偷”，正如我们在别的语境下是从男人那里窃取了工作、职位和权力的“小偷”。[7]

没有其他社会运动比妇女解放运动更能证明象征暴力是和经济暴力一样的基本问题。象征暴力是社会暴力的一个组成部分，而不仅仅是它的反映或事后证明。女性不再像20世纪初那样为了在某些职业中工作或加入某些政党、工会或专业团体而斗争。女性在这些领域赢得了足够的胜利，她们已经开始质疑这些事情的重要性了。现在的重点是要赢得发言、代表、提议和决定的权力——创新的权力。而这种权力需要自由：不必说出正确的“暗号”才能获得准入资格的自由、批评既定模式的自由；更进一步说，是作为个人可以承担错误、偏见、愚蠢、愚昧和失败风险的自由，而不会立即因为性别而遭到摒弃，也不会作为所有女性的代表而受到抨击。男人可以享受这样的自由。因此，平等的问题再次出现，但其形式更加激进：妇女运动通过意志的力量宣称，女子与男子一样天生具有文化气质。男人并不比女人更能主宰真、善、美。两性都拥有创造符号的能力，这种能力是人类的普遍特征。人类通过文化生产的方式创造了自我。[8]70年代的妇女解放运动被称为“新女性主义”，因为它将女性主义斗争的焦点转移到了一个新的问题上：在那些已经被视作开明对待女性的社会中，如何让两性共享社会象征性权力？因此，批评转而指向了（从人类学意义上）将文化变为男性专属的隐形契约，女性即便允许进入也只是（不合适的）装饰。

这场关于女性身份的集体革命仍是当代女性主义背后的推动力，尤其有许多创举试图恢复女性为我们共同的图像和象征资本做出的贡献，这些贡献时常被边缘化或者受到了排斥。但艺术家们在某种程度上一直都意识到自己违反了文化禁忌：她们的日记、笔记、自传和信件中都揭示了创作的欲望、对才华的内在信念（无论多么脆弱）在与受到误解和蔑视的焦虑感斗争时的深深痛苦。妇女解放运动所做的就是在更广泛的范围内，将个人命运与社会政治分析和行动主义联系起来。另一方面，参与运动的艺术家和评论家赋予了它一个新的维度：他们通过个人和集体的陈述、回忆录和访谈揭示了女性主义与创作之间的重要联系。该运动通过创造一个进步女性群体（其中许多人不属于任何有组织的女性主义团体），塑造了文学、艺术新方向和新思想的受众。它创造了女性可以获得认可的新领域，这种不同的评判立场将妇女的创作合法化，并且以物质和社会支持之外的方式维持她们的创造力。女性艺术家的地位发生了改变：无论人们支持与否，她们受到的评判标准已经不再是当代文化规范了。[9]

女性需要一定数量的自由领域，她们可以在其中免受社会象征的暴力而进行工作，同时还能接触到大众——能够赋予艺术家们所需认可的混合性别公众。这样的自由领域不仅被创造了出来，而且还出现了能够将艺术过程中生产、接受和传播等各个方面连接起来的真正网络。因此，女性证明了她们作为一个整体有能力对其文化产品的社会化承担全部责任。从前不为人知的人才在许多领域被发掘了出来，尤其是那些将艺术创作者和爱好者连接起来的中介角色：她们从事出版、图书销售、戏剧和电影制作、艺术展览、艺术节和音乐会组织、评论、批评、培训和研究等工作。这些网络在两个相关的层面运作：它们建立了完全由妇女管理的自主结构，并影响了现有机构（在系列出版物、专刊、电视和广播、艺术回顾、系列讲座和课程改革中增添了内容）。此外，妇女运动还具有国际意义。有影响力的人物与女性主义者之间的官方和非官方接触帮助处于边缘地位的女性主义文化在一些国家取得了更大的声望。

大胆的女性都采取了主动的态度。她们的策略各不相同，但观众始终是她们重要的驱动力。首先是受到启蒙的女性观众，她们不再满足于时尚、流行甚至商业化艺术家提供的标准形象。还有一群男性观众，他们虽然人数不多但在不断增长，这些观众渴望摆脱单一性别文化的束缚。1978 年在法国索城举办的国际女性电影节，以及随后在克雷特伊举办的电影节，无疑是新女性主义精神在艺术上最成功的成就之一，它以开放的态度对待创新，并且具有美学追求。[10]

她们采取的手段虽然相当弱势，但却通过潜移默化的方式破坏了现有艺术的价值。只有女性开始发挥其内在力量之后，这种情况才会发生。女性的内在力量是前辈们顽强斗争的结果（特别是在教育领域），这些斗争深刻地改变了她们与所谓的共同文化的关系。因为女性受到了更好的训练，她们变得更具批判性，更大胆，也更容易利用既定规范。

“女人是美丽的”口号是对新女性主义的全面总结。嘲讽者们抨击这个口号过于极端和简单化，但考虑到女性最后不可避免地要遭受的羞辱，我们先强调这种愉快挑战的必要性，这难道不是一个好主意吗？接受异性的标准和评判所带来的异化消失了，取而代之的是一种积极的自恋。一个人有自尊才会有信心，有信心才能自由冒险和创造，这就需要得到与自己相似之人的帮助。对女性和女性气质的重新评估与妇女地位的恢复密切相关，这涉及一个理想群体的存在，它是个体在寻找自己身份时取之不尽用之不竭的源泉。朱迪・芝加哥（Judy Chicago）的装置作品《晚宴派对》（*The Dinner Party*，1979）就体现了对这种共有女性气质精神的渴望：作品由一张桌子构成，这让人们想起了“最后的晚餐”，桌上展示了 39 个场景，其中囊括了来自不同文化的 999 位历史上著名女性的名字。[11]

宣扬女性的艺术作品是对“女人是美丽的”主题的另一种表现形式，它代表了女性历史上一个独特的时刻。该历史阶段的另一个里程碑是 20 世纪 70 年代爆发的关于“女性写作”的辩论。从那时起，人们开始对性别身份与创造力之间的关系有了更加复杂的理解，但陈旧的争论仍会时不时地重复出现。虽然下文将讨论这个问题，但我现在还是想在恰当的社会、政治和文化语境中将它提出来，我希望这样可以突出辩论中真正利害攸关的问题。另一点可能与此相关的是，波伏娃的《第二性》虽然很重要，但对许多艺术家和评论家来说，女性主义的基本作品仍然是弗吉尼亚・伍尔夫的《一间自己的屋子》（1929）和《三个几内亚》（1938）。伍尔夫在这些作品以及对小说的思考中，清晰地阐述了为何文化中不能拥有关于世界的双重视觉符号。

20 余年来的女性主义研究开花结果。由于弗洛伦斯・蒙雷诺（Florence Montreynaud）的《妇女的二十世纪》（*Le XXe Steele des femmes*）等近期出版的百科全书，我们对开展广泛研究没有了迫切的需求。[12] 研究已进入了更深层次。我们可以更好地把握艺术领域、文化、个人职业和历史情况等存在差异的重要方面。我们对女性文化身份的看法不再像过去那样单一。由于艺术史既是事实的历史，也是价值观的历史，女性主义批评对可读性和评价的标准提出了疑问（包括它自己的标准）。不同的理论和方法在争夺话语权。

鉴于文学作品的丰富性，我将在下文聚焦于法国文学。我选择文学，一方面因为它传统上是对女性开放（或最不封闭）的领域，另一方面因为它是实验性别差异形象的主要场所。我选择法国，一方面因为那里的文化特别集中，另一方面因为广受讨论的“女性写作”（écriture féminine）概念诞生在那里，这肯定不是偶然。

文学领域的女性

自 19 世纪中叶以来，法国时不时会出现对女作家数量增长的惊讶之谈，人们或为之感到遗憾，或为之感到雀跃。保罗·莱奥特（Paul Leautaud）在 19、20世纪之交曾怒斥道:“所有女人都开始写作了……现在连个管家都找不到了。”那是女性主义的“黄金时代”，著名的文学女性如安娜·德·诺埃尔斯（Anna de Noailles）、拉希尔德（Rachilde）和塞维琳（Severine）通过创立费米娜文学奖（Prix Femina，1904）来抗议 1903 年龚古尔文学奖（著名文学奖）的全男性评审团。她们直面讽刺，决心将文学创作的所有领域纳入评审范围。女性如今称她们在这些文学斗争中取得了“胜利”，至少保守的文学杂志《费加罗报文学副刊》(*Figaro litteraire*)这样认为，该杂志在 1989 年发表了一篇文章题为《80 位掌控文学界的女性》（The 80 Women Who Rule the World of Letters）。[13] 文章写道:“女性不仅成为成功的小说家、传记作家、历史学家和学者，而且成为编辑，她们在文学界大展抱负。”社论作者让－马利·鲁阿特（Jean-Marie Rouart）与“郁闷”的莱奥特不同，他向女性表达了崇高的敬意：“她们有力地证明了就像文学天赋不分种族和国籍一样，文学天赋同样也不分性别。”更重要的是，“体制接受了这个事实，虽然认可像往常一样姗姗来迟”，女性也“获得了应有的地位”。这种乐观的文学观点被广泛接受，甚至被许多女性接受。

然而，如果我们此时翻开出版商的目录或文学杂志，看一看主要文学奖项的提名名单，细读 20 世纪文学史，浏览塑造未来新星的先锋杂志，关注对成名作家或潜力作家的研究，我们找不到“大量”女性。真实的情况究竟如何呢?

为了找到答案，单从女性作家的处境来看还不够。因为这会把性别作为判断的基本标准，并会根据个人才能或历史创新性来评价女作家——这最多只能算是一种不断变动的标准。一种不同的解读方式从对文学界变化的历史研究中浮现了出来，这种方式给予了性别因素应有的关注。例如，在过去一个世纪里作者总数的激增显而易见，因为读者数量的扩张已经构成了一个真正市场的规模。女性作家数量的增加必须与男女作家总数的激增对照来看。因此，《费加罗报》武断地挑出“80位掌控文学界的女性”毫无意义，因为它没有提到同时“掌控文学界”的男性的数量。可靠的统计数据可以帮助我们更清楚地了解文学领域中的两性关系。但事实是，虽然关于读者的信息非常丰富，但关于作者、出版商和评论家的信息却很少。

米歇尔·维西里尔－雷西（Michele Vessilier-Ressi）通过整合粗略估计和不完整的数据，[14]还有独立开展研究的皮耶特·狄昂（Pierette Dionne）和尚塔尔·特里（Chantal Thery）的计算，他们得出如下结论[15]：在法国出版的书籍中，大约70%至75%由男性书写，只有25%至30%由女性书写。我在巴黎第七大学（University of Paris VII）的研究团队回顾了1950年至1955年出版的所有“一般文学”类书籍（不对文学价值进行区分），得出了75%男性作者与25%女性作者的性别分布，或者说3比1的比例。[16]尽管妇女解放运动兴起了（魁北克的研究证实了这一点），但这个比例在40年间一直保持稳定。因此所谓的文学“女性化”（如果这种说法的本意是出版界已经朝女性倾斜或至少走向平衡的话），最终被证明不过是一个神话。认为文学领域在被男性抛弃后由女性所占领的观点也是如此。[17]数据表明，文学界仍然高度男性化。

如果我们看看哪些作家的作品获得了认可，性别之间的差距就更大了：名人录（Who's Who）中只有8%的作家是女性。这一数字在1950至1955年间大致相同，大部分当时著名的女作家已经为人们所遗忘。人们不禁要问，当今被视作“掌控文学之人”的命运将会如何？比如《费加罗报文学副刊》的乐观观点与著名历史学家勒内·雷蒙（Rene Remond）主编的《我们的年代》（*Notre siècle*）这样重量级作品中的悲观情形形成了鲜明对比：在艺术、文学和哲学方面只有8名女性被收录，而男性则有180名。[18]而且，西蒙娜·韦伊和西蒙娜·德·波伏娃仅因她们的政治活动而被提到；吉普（Gyp，西比勒·德·米拉波的笔名）因为她的儿子被提及；米歇尔·奥克莱尔（Marcelle Auclair）则因为《嘉人》杂志被提及。科莱特和玛格丽特·尤瑟纳尔（Marguerite Yourcenar）的名字根本没有出现，尽管尤瑟纳尔是第一位入选法兰西学院（Académie française）的女性。3位因作品而入选的女性是娜塔莉·萨罗特（Nathalie Sarraute），因为她与“新小说”（Nouveau Roman）的关系；玛格丽特·杜拉斯（Marguerite Duras），因为她的早期“传统”小说；弗朗索瓦丝·萨冈（Françoise Sagan），她是“轻浮”的典范。这当然是一个极端的例子，但作品的声誉没有因此而受损——这体现了当时对于污蔑女性以及无视她们成就的容忍度。这些发现与文化平等的普遍观念相矛盾。它们引发了我们对未来的疑问，并使我们反思文学作为社会和象征体系的真正作用。

维西里尔·雷西描绘了最有可能成功的作者画像：他是一位背景良好、受过最好教育的男性，他的出版商在巴黎，他的朋友和伙伴拥有权势。不过维西里尔·雷西认为男性作者为了维持生计也必须从事写作之外的工作，因此他们像身负家庭责任的女性作者一样要面对许多问题。她因此而草草地总结说二者的情况差不多。她忘记了大多数女性作家除了家务之外还有另一份工作，但更重要的是，她忽视了社会和象征的因素：比如女性更难向她的同事和家庭成员证明她选择写作作为主要职业的原因。至少初为作家的女性很难从微妙却重要的具有凝聚力和影响力的网络中获益。狄昂和特里对出版机构（包括出版社、评论界、评奖委员会、政府文化机构等）进行了统计概述，结果表明这是一个“男性统治”的体系：男性在各个领域决定着出版谁的作品、谁能受到赞扬。正如我们前面所见，男性也控制着包括文化形式在内的传播机制。

尽管如此，这些社会学发现仍然需要修正性历史观点的补充。不平等现象依然存在的事实未必能够反驳文学界的女性比过去多的观点。的确，文学写作在 19、20 世纪之交是唯一对受过教育的贫穷、未婚女性开放的职业。科莱特继乔治·桑之后成为女作家的典范，她让公众和机构权威相信自己的才能从而获得了经济和个人独立。她是第二位担任龚古尔文学奖评审的女性——第一位是朱迪·戈蒂耶（Judith Gautier），她是著名诗人泰奥菲尔·戈蒂耶（Theophile Gautier）的女儿。科莱特甚至一度担任评审主席。文学也是资产阶级女性最为人们所接受的艺术实践，只要她在作品中保留一定“业余”的味道。无论是科莱特还是“资产阶级业余爱好者”都与投身文学的天才形象大相径庭，这些文学天才要么靠私人收入生活，要么通过卑微的工作来维持生计。换言之，当时安分守己的女性可能获得文学界的“替补位”。但她们被排除在了代表权威的机构之外：大学和其他顶级的院校、学院，甚至包括发展人文科学、文学和批评理论等新学科的大学预科。[19] 而且除了极少数例外，出版和新闻行业的高级职位没有对女性开放。

如今女性几乎可以在任何职业或机构中工作。狄昂和特里的文章在这个方面与《费加罗报》观点一致。此外，大量女性在人文科学、戏剧和电影导演等领域工作。因此，她们取得了难以忽视的进展，尽管不平等的现象仍然很普遍。那么，为什么1945年至今的女性作家的比例维持不变呢？也许是因为女性现在可以更自由地选择各种创造性表达方式。而且有抱负的女性艺术家和知识分子不必只与男性打交道。因此男性霸权模式的影响虽然持续存在，但认为女作家的地位和形象在20世纪中有所提高的观点并不荒谬。

这是否意味着我们即将见证“混合”文学的诞生，而不必经历弗吉尼亚·伍尔夫在《一间自己的屋子》中预言的冲突与“困难”？现实仍然有阴暗的一面：虽然近30%的作家都是女性，但她们在杰出文学人物中只占到了8%（身后的评判可能进一步降低这个比例），对这种情况的常见解释是少有女作家能够写出经受得了时间考验或具有普遍性的作品。基于不同的理由，评论家们预见的结果也不同：认为女性缺乏才能的人觉得这种情况无法得到根本解决；而认为女性只是不及男性经验丰富，而且还受到了她们环境异化的人提出女性将来可能与男性分庭抗礼。这种观点将我们带出了定量的领域，进入了更微妙的价值观领域。

普遍性和特殊性

评论家安·索维（Anne Sauvy）发表了一篇关于“文学与女性”的文章，她在文中以冷静而直率的方式阐述了自己的论点。[20] 索维提供了在1900—1950年成名的女性作家名单：芮妮·费雯（Renee Vivien）、玛格丽特·奥杜克斯（Marguerite Audoux）、吉普、拉希尔德、安娜·德·诺埃尔斯、珍妮·加尔齐（Jeanne Galzy）、玛丽亚·诺埃尔（Marie Noel）等。但她认为这样做毫无意义。这些作家为人们所遗忘并不可惜，除了科莱特和诺埃尔斯，这两位的作品被收录在了最新的教材文选中。根据索维的说法，大部分女性文学作品属于出版史的范畴，而不是文学史。索维也大胆地评价20世纪下半叶的女作家道：“她们不会有太大的变化。”因为没有哪个女性的作品能像男性作品那样“给人留下深刻的印象”。哪位女子将继承乔治·桑与科莱特的衣钵？我能想到许多人：萨罗特、杜拉斯、莫妮克·维蒂格（Monique Wittig）、爱莲·西苏、尤塞纳尔、克里斯汀·罗切福特（Christiane Rochefort）、苏西尼（Susini）、波伏娃、海弗拉德（Hyvrard）、赖朵丝（Leduc）、爱尔莎・特奥莱（Elsa Triolet）、卡迪纳尔（Cardinal）、查瓦夫（Chawaf）、萨冈、格鲁尔特姐妹。谁知道 20 世纪最后十年间会出现什么样的作家呢？与我们的世界如此紧密相连的文学作品注定要消失，就像它们从未存在过一样，这令人感到不可思议。造成这种消亡的原因是什么？

“天才、神圣的精神就像随心所欲的风。我们不能创造他……天才不是学校培养出来的。”相反，没有什么能阻挡真正天才的显现。如果每个世纪只有一两位法国女性能受到神的启发，那我们也束手无策。由于学术写作的客观基调，索维将这些完全没有根据的观察当作事实表达了出来。

我们研究文学传播的实际运作方式就会发现男性已经建立了作者的三个等级体系：天才、有才华的作家和失败者。具体某个作家属于哪一类存在争议和修正的余地，评价取决于人们不断改变的文学期待。另一方面，对于女性作者而言只存在两个等级：天才（少数幸运儿）和默默无闻的其他人。女性被排除在了有才华的广大作者群体之外。她们在文学艺术中没有一席之地，这个领域与下述因素有关：学徒、工作、环境和际遇——简而言之就是“学校”。因此，文学艺术本身包含了决定一个社会代表性文学类型的所有历史条件。众所周知，历史上伟大的女性作家如乔治・桑和科莱特都受到了忽视和怠慢。最后，对少数人作品的虚伪承认让更多女性的作品被归入了昙花一现的类型，人们认为这些作品很快就不具有可读性了。

社会历史学的观点与之不同，这种观点认为女性文学的弱点在于这是她们异化的产物（或反映）。总有一天，当女性完全获得解放时，她们将在创造方面与男性平等。不过这种平等只能从身份的角度，以中立和普遍性的名义来理解。这就是波伏娃的观点，她一生都对此坚信不疑。直到 70 年代，她还说：“我相信解放的女性将与男性一样具有创造力。但她们不会发现新的价值。因为她们如果能这样做就无异于承认‘女性天性’的存在，而我始终否认这一点。”[21] 还有：“女性的思想世界未必不同于男性，女性只有对男性思想世界感到认同，才能解放自己。”[22] 虽然波伏娃在《第二性》的结尾设想了两性之间基于互惠的双重他异性，但她激进的立场从未动摇：实现中性化和普遍性不可避免地意味着对“男性模式”的认同，这是人类的绝对参考标准。因此对波伏娃而言，废除女性气质的诉求，正是压迫带来的结果。

波伏娃基于这个理论来评判所有女性文学成果。没有哪个女性作家能逃过

“特殊性”（相对“普遍性”而言）的评判，这意味着女性作品是“无关紧要的”，而男性作家无论多么平庸，都能代表人类的完整情况。波伏娃承认了“女性文学”的概念，并将其视为被压迫者的文学，但对她而言这并不是一种在与主流文学冲突中被压迫的文学。这是一种低劣的文学，妇女一旦获得解放，它就注定要消失。

（正如她的自传所揭示的）波伏娃会读女性作者的作品，但她的目的并不是获得新发现。她读女性作品的时候并不期望能改变自己与语言论述的关系或对世界的看法。她发现女性文学中有一套有限的、时常重复的主题，它们的风格和结构或多或少都成功复制了男性的创新，以及女性自己的失败尝试。矛盾的是，各种各样的写作技巧和风格总是指向“女人”本身，以及她在写作过程“无法揭示全部现实，只能展示她自己的个性”的缺陷。波伏娃在这种情况下低估弗吉尼亚·伍尔夫也就不足为奇了。萨特看到了萨罗特《向性》（*Tropismes*）的重要性，随后为她的《一个陌生人的画像》（*Portrait d'un inconnu*）写了一篇长序，而波伏娃则言辞激烈地驳斥了萨罗特，这只表明了波伏娃的不理解。她完全忽视了那个时代的许多女性作家：巴赫曼（Bachmann）、茨维塔耶娃（Tsvetaeva）、安娜·阿赫玛托娃（Anna Akhmatova）、艾尔莎·莫兰黛（Elsa Morante）、杜拉斯、多丽丝·莱辛（Doris Lessing）和玛拉依妮（Maraini）等等。

波伏娃采取了一种与她的规范性写作概念相关的规范性阅读方式：正确的阅读和写作方式只有一种，人们能从文学中学到这种方式。文学的不朽经典对任何时代、任何地方的人都是一样的。她从未质疑过那套超越了历史变迁和文化多样性的经典，那里聚集了人类所有杰出成就。这些杰作超越了它们诞生的环境，进入了纯粹的自由领域。因此，通过社会历史的角度来审视文学作品在文化内部和文化之间的传播与接受问题，从而采用相对化的标准来评价和挑选文学作品成了禁忌。这种禁忌深刻地烙印在每一个人心中，我们从童年开始就受到了正统批评影响下的学校权威性话语的引导。我们阅读和写作的学习阶段——进入象征世界的时候——受制于掌控真理和价值观的权威声音，它似乎无影无踪又无处不在。波伏娃认出了那个声音，为我们找到了它。没有其他理论家如此激进地分析了男性将世界占为己有的做法，同时又对女性读者和作者做出了激烈的评判。她从自己的经历出发，揭示了20世纪法国女性融入文化所要面临的严酷条件：关键在于“同化”。

法国的教育平等是在公立学校系统内实现的，该系统旨在向所有公民提供同样的教育，同时挑选出注定要成为精英的少数人。所有学生用同样的语言，用充斥着同样批评话语的教科书来学习同样的作品，最终通过统一的国家考试取得文凭。然而，法国的文化就像该国的公民一样完全是男性化的。女性主义者抨击作为制度基本组成部分的性别隔离。19 世纪初，他们希望用“自由、平等和男女同校”的新理念取代“自由、平等和友爱”的共和理念。男女同校是主要目标。

同校的理念要求男、女学生接受同样的训练。女孩们在 20 年代取得了参加业士会考的权利。她们的课程和男生一样，考试也一样，评审老师由男、女教师组成。女性获得了业士学位之后还可以进入大学，并参加针对毕业生的公务员选拔考试，这种考试竞争激烈。争取平等的斗争漫长而艰难，但统一的教育制度是妇女解放和社会进步的关键因素。因为她们接受了与男性相同的教育，所以她们能够走出贫民窟，进入从前专属男性的文化和知识的广阔领域。弗吉尼亚·伍尔夫关于共享文化和结束创作领域男女分隔的梦想似乎终于实现了。不过文化仍然处于男性世界的笼罩之下。

问题在于，当 20 年代男、女课程统一的时候，女孩的新课程完全以男孩的课程为模板，二者并没有进行合并。比如女孩现在可以学习从前不允许学习的古典语言与文学课程，但男孩仍然不能学习现代世界文学（非法国文学），因为这是一项创新的女性课程。[23] 由于课程排除了地区文化和法语区国家的文学，文学教学变得更加贫乏。因此，学生在新的教育体制之下学习的“普适文学”不但体现了男性霸权，还体现了法国霸权。著名女性作者的作品不再被人们研究，她们只是在文学史课程中被提及而已。

女性作者的文章没有被人们所阅读或讨论，也没有被指定为论文主题。这些作品从来没有在专门的文学主题课程中出现过，也没有被作为文学理论课程中的范例，即使出现也是偶然。甚至它们在课本上罕见的选段也常为人们所忽视，因为大家都知道它们“在考试中毫无用处”。因此，比起玛格丽特·德·那瓦尔（Marguerite de Navarre）和路易丝·拉贝（Louise Labe），人们更喜欢研究马洛。那么拉斐特夫人（Mme de La Fayette）的情况又如何呢？她的小说在 17 世纪仍然属于次要流派，她的“小杰作”中显示出了拉罗什富科（La Rochefoucauld）的影响——甚至被人们认为可能由他代笔。17 世纪被称为“女才子”（Les Precieuses）的女作家们只在莫里哀的讽刺戏剧中为人所知。乔治·桑和科莱特为了某些特定课程的需要而被保留了下来。只有塞维涅夫人（Mme de Sevigne）的作品在常规课堂中被讨论，虽然她很有名，但她只写了一部书简集，因此还是处于文学的边缘地带。上述情况大致概括了20世纪50年代的文学课程。女性作品不再被“社会化”，它们与受过教育的女性读者隔绝。这些文本要么被简单地忽视，要么被降级到纯粹“私人”阅读的领域，就像我们在波伏娃的例子中看到的那样。

从神话时代开始，读者就通过文学文本塑造自己的身份认同。阅读教会我们以象征的方式来理解自己的生活——我们的感情和激情、快乐、焦虑、渴望。我们学会解读世界、社会、生与死。我们发掘了其他“自我”的深度，所有超出了我们日常认知范围的事物。因此，文学是主体化和社会化相结合的首要领域。现实、想象和语言的相互作用让我们能够开启社会的和个人的身份认同模式，特别是性别身份和性差异的模式。我们可以从一种身份迅速转换为另一种身份，可以强烈地渴望或抗拒某种身份。不仅在叙述层面上如此，对观点、隐喻和遣词造句（也就是语言表达本身）也是如此。多亏了文学，我们才学会如何更自由地使用语言，并尝试将自我作为“讲述的主体”。

因此，两性的社会化和主体化都在单一性别文学的指导下发生，也就是被单一逻辑和教条主义批判话语中性化（“洁净化”）过的文学，这一点至关重要。尽管男性文本中存在矛盾和疑问，这种文学还是将自己的刻板印象强加于它所指的对象。尽管这个问题对男孩和女孩的作用方式不同，但它对双方都很重要：男、女都被剥夺了从女性文本的想象和语言迷宫中获得身份认同的体验，也被剥夺了女性象征的遗产。他们对性别差异的理解都通过对一个总是遭到质疑的作为主体的男性群体的呈现及其相对于一个“永恒女性”形象的转变来实现，而这种女性形象的变体都基于男性历史和男性的表现方式。两性进入社会象征领域的不平等导致了非常不同的异化模式：男性缺乏由另一个性别的想象和声音所提供的其他选择——调和的力量，但男性的丰富传统又让他们无法看清自己身份的单一性。女性清楚认同另一个性别的想象和声音能够获得什么，但她们与著名女性作者之间的相互关系都被切断了，也无法认同她们的想象与声音，女性发现自己的身份认同变成了压迫。

教育制度加剧了性别不平等。它将年轻男性视作文化创造力的唯一合法继承人和未来的掌控者。而女性则被剥夺了所有合法表达自我的方式：在这个表达合法性只能由男人传给男人的体系中，女性的角色只是参与再生产。她们注定要成为读者、教师和出版中介，而不是作家、研究者或编辑。即使女性通过与男性竞争来寻求“同化”，用玛格丽特·杜拉斯的话来说，她们也注定要以“剽窃”男性的方式。她们习惯用主流话语来谈论一切，甚至包括她们自己。这种情况发生在一些女性教师和研究助理身上：为了获得认可，她们必须在既定的理论框架内充当主要作者的“维斯塔贞女”。她们的论述一旦出现了偏离正统路线的迹象，就有遭受自己不是男人的提醒的风险。

因此，女性处于所谓的“精神分裂状态”。她们受到了双重束缚：既是学生（或教师、作家、知识分子）又是女性。这种双重束缚凸显了她们进入社会文化领域时所面临的象征的暴力。当女性本身支持既定文化的合法性时，暴力的程度最为强烈。从历史上来看，这样做曾是（现在也是）为了取得进步要付出的代价，但我们必须明确的一点是，在有限的领域中获得平等，并不意味着“平等”已经实现了。波伏娃提出的可怕定律总结了我们在 50 年代痛苦的自我形象：“只要女性必须为成为人类的一分子而奋斗，她们就永远不会成为创造者。”[24] 但是波伏娃对女性的看法是错误的，就像萨特对工人的看法是错误的一样。受到压迫的个体（无论是女性还是无产阶级）都是人类不可分割的一部分，因此他们将不可避免地成为创造者，即使他/她的创造力不符合主流文化的规范。虽然压迫者希望我们这样认为，但好在人性和艺术都不属于压迫者。女作家的存在就证明了女性的确是进行创造的人类成员，尽管她们的道路上有许多障碍。

研究科莱特和萨罗特以来的女作家如何将她们受到的教育和作品结合起来会非常有趣，就像在《克罗蒂娜》（*Claudine*）和《童年》（*Enfance*）书中展现的那样。这种研究将揭示女性写作学徒生涯的多样性，以及我们为了构建自由领域所采取的无数规避限制的方式。莫妮克·维蒂格的《红没药》（*L'Opoponax*）就是最近的例子，这本小说讲述了一代人而不是某个人的故事：追寻身份认同和欲望真相深刻地依赖于自由，依赖于摆脱了性别决定论的生命时光和身体体验，这样才能跨越文化横亘在成为人类与成为女人之间的鸿沟。[25]

然后人们可以分析女性，而不是内容，如何通过在写作中表达自己而真正地进入了文学领域（按照维蒂格的说法）。女性作者的策略多种多样，杜拉斯在这个问题上颇具争议性：她认为“我不可能与男性在同一个空间写作”，但同时她也拒绝承认自己参与了“女性文学”。她的目标是通过引入超越性别二分法的新小说形式和写作模式来改变共同的文化。在《怀疑的时代》（*L'Ère du soupçon*）结尾，娜塔莉·萨罗特成了不同于主流文学界的新小说派先驱，尽管文学界欢迎她的加入，但还是将她边缘化了。她认为文学界窃取了她的想法，而且没有承认她所采用的激进方法。她也参与了“一般文学”的书写，但没有被“同化”。她试图仅凭写作的力量来展示，通过深入挖掘自己的经历和观察他人（无论男、女）获得的发现，适用于所有人。她为了在两性之间不确定的领域中探索身体和语言的关系，拒绝了传统的性别编码。她的实验对于那些不愿尝试新阅读方式的人而言必然难以理解。然而，女性作为文学创新者的概念过于新奇，安德烈·拉加德和洛伦·麦卡德在标准教科书中讲述新小说派的历史时，将该流派中的男性视作最先创作出主要小说作品和理论文本的人。[26]

女性艺术家真的能在创作同伴中获得一席之地吗？萨罗特曾在其他新小说家和评论家面前谈过她感受到的深刻孤独。而杜拉斯拒绝出席这个研讨会。再举一个更早的例子，想想莱昂诺尔·菲妮（Leonor Fini）的信，信中说她不愿意将自己视作一个超现实主义者。[27]哪位女艺术家没有经历过类似的孤独呢？这与折磨男性创造者的孤独感没有任何共同之处，因为男性可以期望后代知道应该如何阅读“他扔到漂流瓶里的信息”。而女性则没有这样的希望。她们的情况其实不应该用孤独来描述，而是彻底的孤立无援，这是她们作品消失的前奏。除了少数有力量在阻碍之下继续坚持的人，有多少人必须放弃或退出？有多少作品因为艺术家的迷失而没有完成？杜拉斯问道：又有多少希望没有实现呢？显然，法国女作家占比较小是许多复杂因素导致的结果，光靠社会平等并不能解决这个问题。

女性写作与文学批评

如今，借用吉纳维芙·弗赖斯（Genevieve Fraisse）的说法，我们可以比过去更有“理论上的宁静态度”来重新审视1975—1976年在法国女性主义者中间爆发的激烈辩论。弗赖斯在《理性的缪斯》（*La Muse de la raison*）结尾指出，平等的观念属于政治范畴，而对性别差异的讨论属于精神分析和文学范畴，二者都谈论爱与人类的激情。她建议人们找到能摆脱这个困境的方式：“要么断言未来性别差异将减少，支持两性之间更大的相似性；要么坚持女性不同于男性，虽然现在女性资源受到了审查，但终将在乌托邦中得到释放。”[28] 这就是辩论的内容。

两个派别都在重要文献《法国女性主义批评》（*French Feminist Criticism*）的序言中得到了介绍。[29] 一派是激进的女性主义者，他们为马克思主义唯物主义观念而自豪，并采纳了波伏娃的立场。另一派是女性气质的拥护者，他们决心攻击象征体系——社会秩序背后挪用、排斥母性和女性气质的系统。这两大女性主义阵营之间的对抗正好与一场学科论争相吻合：社会学家、历史学家中多唯物主义者；而精神分析学家、语言学家、艺术家和文学评论家中多象征主义者。整场争议类似于马克思主义者与结构主义者在 20 世纪 60 年代的论争，但由于两个阵营的女性主义者都对通过加入女性观点来改变盛行的理论很感兴趣，因此这次的对话可能会提供一个走出困境的方法。但结局却是双方都在自说自话，这是因为辩论的焦点很快就转移到了政治领域："精神分析与政治群体"（Psychanalyse et politique）将女性争取平等的斗争描述为被男权社会完全异化的症状，而且背叛了女性主义价值观——该群体将其作为倡导女性革命的基础。它甚至禁止"外人"称自己也属于妇女解放运动。爱莲·西苏为这一立场辩护，而朱莉亚·克莉斯蒂娃（Julia Kristeva）则认为我们不再需要女性主义，因为女性已经实现了平等。[30] 更有政治意识的女性主义者立即作出反应，他们谴责那些让女性离开实在的斗争，使她们陷入传统父权模式的女性理论很危险。他们认为任何对于性别差异本质的研究只要没有明确涉及平等和不平等的问题都很可疑。这种分裂甚至体现在出版界："精神分析与政治"群体在 Éditions des Femmes 出版；而"女性主义"群体在 Tierce 出版。在争取平等的语境下提出性别差异问题的女性被边缘化了。

让我们先暂时回到这场辩论之前，回到 1968 年的自由主义阶段和先前的妇女运动。让我们回顾当时"激发意识"的团体，女性在这些团体中寻求更自由表达自己的方式，并且重读当时代表性的女性主义期刊《燃烧的小报》（*Le Torchon Brûle*）。人们立刻能感受到一股"书写自己作为女人"的难以抗拒的欲望。这就是促使许多新人进入文学领域的力量。安妮·勒克莱尔（Annie Leclerc）的《女人的话》（*Parole de femme*）在法国引发了这场运动，但其他国家也有类似的运动。我们简单列举一些名字就足以表明这是一场通过共同的方式将众多作品联系起来的文学运动：布罗瑟德（Brossard）、勒克莱尔、西苏、卡迪纳尔、加格农（Gagnon）、格鲁尔特、桑托斯（Santos）、海弗拉德、勒戎（Lejeune）、查瓦夫、休斯顿（Huston）、塞巴（Sebbar）、孔戴（Condé）以及其他许许多多的作者。这些女性都渴望发掘自己的身体、想象力、潜意识和经历，她们认为这些都在文化筛选中被剥夺了。她们认为需要创造一种属于自己的新语言来表达自我。而且她们认为自己的身体、想象力、潜意识和经历都是未曾探索过的领域，就像共同社会和文化中的“野生保护区”。

波伏娃在期刊《弓》（*L'Arc*）的特刊上发表了西苏的宣言《美杜莎的笑声》（Le Rire de la Méduse，1975）。西苏、加格农和勒克莱尔共同创作了《发现写作》（*La Venue à L'écriture*），卡迪纳尔和勒克莱尔合作了《表达的话语》（*Les Mots pour le dire*）。女性阅读彼此的作品，她们互相引用，并通过重印伍尔夫的作品和出版《访谈录》（*Les Parleuses*，高提耶与杜拉斯的访谈）来追溯先辈们。《女巫》（*Sorcières*）这样的新期刊应运而生，而像《Grif 手册》[1]（*Les Cahiers du Grif*）这样的其他期刊则专门发表与创造力和语言有关的专题。[31] 女性通过改变话语为自己创造了一个“主体化和社会化的空间”，她们成了真正的作家。然而，西苏的著名观点揭示了“女性写作”（écriture féminine）公式中的模糊之处：“女性必须自己书写，女性必须书写女人并将女人带入写作，但她们与写作相异化的程度如同与自己身体的异化一样强烈。”[32]《文学半月刊》（*Quinzaine littéraire*）将这个观点作为“文学有性别吗？”的辩论焦点。

1977 年莫妮克·普拉扎（Monique Plaza）在激进的女性主义评论作品《女性主义问题》（*Questions féministes*）中对路思·伊瑞葛来发起了猛烈的攻击，伊瑞葛来的《他者女人的窥镜》（*Speculum de I'autre femme*，1974）和《这不是一种性别》（*Ce sexe qui n'en est pas un*，1977）都是关于性别差异的深刻理论著作。普拉扎批评伊瑞葛来又回到了女性的独特性；批评她所谓从身体的角度来看待女性的还原主义方法，还有她回归的本质主义立场——这一立场无法将性与社会联系起来。[33] 这些批评是中肯的，正如伊瑞葛来此后的工作所证明的那样。不过，伊瑞葛来在解构精神分析和哲学论述方面仍然比其他作者走得

---

[1]　《Grif 手册》：Grif 指 Groupe de recherche et d'information féministes，女性主义研究与信息小组。——译者注

更远，包括列维－斯特劳斯（Levi-Strauss）和拉康的结构主义理论。拉康以象征性秩序超越所有社会的名义，批判女性是社会交换的客体，是“主观性的末路”（拉康）。伊瑞葛来与德里达、克莉斯蒂娃和西苏一起开启了后结构主义的道路。[34] 就我个人而言，我承认伊瑞葛来对我的影响，正如我承认波伏娃的影响一样。不过后结构主义还有哪些“未曾考虑”的问题呢？

部分答案存在于“女性写作”的概念中，它在后结构主义文本中具有特殊的含义。后结构主义的基本观点认为“写作”（writing）与“话语”（discourse）之间存在根本的差异。话语是理性和组织化的，它完全属于秩序、历史、意义，以及凌驾于世界之上的力量（逻各斯－菲勒斯中心主义）；而写作则是由本能、情感、无意识层面善变又自然的呈现，以及超脱了所有意义的声音所组成。写作的形式五花八门、千变万化，它脱离了一切时间范畴。当代文学像精神分析学一样在“写作”与“话语”之间不断切换。但是为什么要像命中注定似的把一方定义为父性－男性的，另一方定义为母性－女性的呢？人们通过将母性与童年早期的幻想结合起来，将女性与母性结合起来，剥夺了妇女干预象征领域的能力，而且用“女性化”一词涵盖了人类所有陈旧的、肉体的、被动的、无意义的事物。为什么不换种说法，强调“本能的书写”与制度化文学话语之间的互动呢？这样我们就能将性别差异的问题转移到讲述的主体身上。性别变量仍然很重要，但它受到了历史、社会、文化和个人等其他变量的影响。

矛盾的是，政治女性主义者和差异女性主义者都有一个共同的预设：那就是彻底远离过去的女性。波伏娃及其追随者以及克莉斯蒂娃，她们“像女性那样写作”；而伊瑞葛来和西苏则“像男性那样写作”。这场探索以一项新的绝对要务告终：“像女性个体那样写作”，而争论转向了对“女性写作”的定义和编码。这带来了教条主义的结果，这种教条主义阻碍女性进入和改造文学话语。她们只能“直接书写现场”，最终模仿了一种借来的女性概念。但作为逃脱手段的写作要么停滞不前，要么一事无成。

这场辩论看似毫无结果的原因是，它发生在一个无知的年代。我们在历史上的地位和参照系都被剥夺了。最近的一些改变可能引领我们走出困境。1981 年，贝娅特里斯·斯拉玛（Beatrice Slama）和贝娅特里斯·迪迪埃（Beatrice Didier）不仅展现了“女性写作”概念背后的利害关系，还展示了它如何有可能阻碍进步。她们认为用单一的公式来定义女性的所有作品是不可能的。[35] 文学评论家们习惯于长时间研究单一文本，他们喜欢说“女性和写作实践”而不是“女性写作”。克里斯汀·普兰特（Christine Plante）发现了争议中的陷阱：每当女性试图通过文学来表达自己时，同样的困境会在各种各样的社会文化语境中出现。[36] 这个问题通过迫使女性以这样或那样的方式来做出回应（通常采用她们前辈的策略），塑造了女性作家的历史。因此，我们必须要在历史背景之下来看待“女性写作”运动。它没有超现实主义那么教条化，而且幸运的是，它所产生的实际作品比围绕它的理论要丰富得多。

如今问题的关键在于：我们能否建立一种让身份认同超越性别边界的文化，一种包括了差异化与无差异化之间相互作用的文化，一种分享的文化，一种真正让两性都有归属感的文化呢？

第十一章　女性在大众文化中的矛盾形象

路易莎·帕瑟里尼（Luisa Passerini）

随着西方历史逐步确立女性的概念，大众文化评论家们开始不断强调，他们观察到，大众文化与女性这一概念之间存在联系。这个观点由埃德加·莫林（Edgar Morin）于1962年首次提出，不断发展。直至1984年，在一场以大众文化为议题的讨论中，与会者采取不同以往的立场，拒绝用放任的态度看待过去20年的大众文化。[1]尽管疑虑尚存，但女性与大众文化的联系不应当被摒弃，因为其中仍存有有价值的洞见。

根据莫林的观点，在物质生活富足的情况下，社会的女性化进程以特定价值的反转为特征。女人进入先前受限于男人的职业领域，转向公共生活，并开始在私人领域掌握更多的主动权［例如，以电影《逃亡》（*To Have and Have Not*）为标志，片中劳伦·白考尔（Lauren Bacall）通过向亨弗莱·鲍嘉（Humphrey Bogart）借火，开始一段爱情］，男人则变得更为多愁善感、温和、纤弱。大众文化在这种转变中起到重要作用，立刻就肯定了所谓的典型女性价值观，比如个人、和谐、爱、幸福，并放大性感女性的形象——从“封面女郎”到丽塔·海华丝（Rita Hayworth）扮演的吉尔达，后者象征着传统意义上互相矛盾的两类女性（荡妇与处女）的综合体。

介于男女两性之间的流行文化（Popular Culture）

实际上，适时挪用女性形象的大众文化，揭示了西方文化中女性形象的矛盾性。在回应女性解放的呼声中，这种矛盾不减反增。女性面孔在广告、杂志封面、海报上的盛行使人回想起女性形象既作为主体，又作为潜在客体。人们有混淆两个独立因素的风险。一方面，历史使女人陷入两面派的境地，特别是在过去一个半世纪，各种社会、政治解放运动不断涌现。另一方面，大众文化对既有价值标准的使用（比如，坚强与进取是男人的特征，亲善与温和是女人的特征）使男性和女性都受困于固定角色，当这两种角色在全社会得到广泛传播时，又对它们进行“民主化”。此外，色情文化经由大众文化在日常生活中大肆散播，隐晦地使女性成为主角，西方已经将这类女性角色等同于性本身。

因此，莫林所分析的女性化类型不论在理论层面，还是在历史层面，都具有明显的局限性。此外，历史层面上发生了诸多改变：例如，1962 年至今，广告[2]与电影[3]对男性形象的刻画增多。在各种微妙之处和细微区别之中，莫林展示了女性的历史概念与有血有肉的女人之间的根本区别；20 年后，女性与大众文化的特殊关系得到重新定义。近来，评论家还指出，在 19、20 世纪之交时，政治、心理和审美话语中出现了性别歧视倾向。女性气质被用来描述大众文化甚至是所谓的大众（只需提及勒庞在 1895 年把歇斯底里的乌合之众与女性相提并论），而高雅文化（high culture）仍旧是男人的特权领域[4]。因为“低级”文化形式在与“高级”文化形式的比较总中总是受到贬低，所以尽管女性通过各种行为树立起来的新形象逐步得到了肯定，但女性仍然遭到贬低。

随着两类现象的迅速发展——一是女性在公共领域的参与程度变高，二是大众文化的扩张——所谓女性化的新形式有所发展。例如，二战之后，美国大众文化似乎执着于男性权威的丧失。有的连载漫画描绘了一个比妻子矮小、柔弱的丈夫，手里拿着擀面杖。有的电视节目里出现了某个家庭主夫，当他想要变得机智而有男子气概时，都显得很滑稽。[5]这种趋势是“母亲”崇拜的延续。菲利普·怀利（Philip Wylie）在小说《毒蛇世代》（*Generation of Vipers*，1942）中抨击这种狂热崇拜，而爱利克·埃里克森（Erik Erikson）在《童年与社会》（*Childhood and Society*，1950）中对此进行深入分析。这种现象本身并不那么有趣——人们的确很容易发现它的反向趋势——它只是某种尝试的示例而已。这种尝试试图将家庭结构与父权结构的权力式微这一巨大历史转变，怪罪到女人头上。虽然不能将大众文化看作主导邪恶阴谋的罪魁祸首，但人们必须承认，大家都在忍受或至少是在掩饰现实问题。上述作家曾提到一个例子，在 20 世纪 60 年代，零售店员曾被要求外表性感，这可以解释为试图让就业市场中的大部分女性以性感为装扮自己的标准。

除了将大众文化等同于女性特质的讨论之外，评论家们还指责大众媒体搞性别歧视，以各种方式偏袒男性气质和男性[6]。这方面有无数的解析，我们会在论文中阐释部分观点。只要与上述等式联系紧密，对性别歧视的指控在一定程度上就是正确的，往后就需要通过批判传统观点来加以改变。大众文化可能确实希望强调男性／工作／社会与女性／自由时间／自然两者之间的清晰界限，就像时常在广告中所看到的[7]，而人们也确实不能止步于此。历史学家和人类学家的大量著作表明，在不同时代的不同社会，女人并没有被局限在私人领域（也即被认为“与历史无关”的生活领域[8]）反而在公共与私人的边界生存，比如，女人就像是家庭与社会机构之间的调解人。

归根结底，这些研究阐明了女性、女性气质两者与大众文化之间的模糊关系，着实令人信服。这类研究让我们认识到，大众文化的发展与女性解放之间的真实联系，以及大众文化与女性气质的旧有刻板印象之间存在的联系。比如，大众媒体会使用受到女性主义者启发的论点，例如 20 世纪 60 年代后期宣传“脱掉文胸”的广告，或是 20 世纪 80 年代宣传休假是“选择自由”的广告[9]。但是媒体常常把女性形象与自然、生命联系起来，或者将其打造成“外来者”和他者的化身——这类形象十分适合旅游与“时尚”（the look）广告。

但是，大众文化产品必须时常接受与公众互动方面的评估。最为实用的分析往往能阐明紧密联系社会背景的大众文化产品所产生的影响，无论分析的内容是空闲时间的扩展和商业化——美国女性从 19 世纪末到 20 世纪 20 年代成为这方面的先锋；还是电影史——它让观众能够通过呈现的角色来选择男性或女性的身份认同。[10] 从方法论上看，这些研究方法的结果也很有趣。大众文化不再受到对某一性别特别纵容的指控；但人们注意到，大众文化在跟上女性的新行为和新思维方式的同时，通过多种手段重述着女性的附属地位。与此同时，因为媒体能提供一系列身份，让受众们假想自己身处其中，所以也被认为发挥了积极功能。通过这种方式，性别并非机械地被决定，而是由现实中人们的文化态度定义的，所以，女人可以选择，比如在电影中，认同男性或女性的身份。重要的是，社会人通过这种方法可以重获某种形式的自决权，尽管仍旧会屈从于条件反射和外部压力。因此，不要误判，也不要站在先验的立场盲目指责大众文化，这至关重要。

公众回应的产生在何种程度上主要基于性，或是基于与阶级、种族、代际等因素相关的观念，这个问题很有价值。这类评估必须考虑到具体情况。在特定时代或特定地方，性别身份认同的盛行受到无意识的思想潜流的影响。此外，我们不得不考虑到，我们所指涉的大众文化有着杂乱无章的一面。比如，据称，在过去30年中，妇女运动向男性的女性性幻想提出挑战，这促成了所谓“女性色情”（pornography for women）小说的产生和广泛传播。[11] 人们发现，专门针对女性的卫生巾广告展示了“被解放的”女性形象，却掩盖了对传统及其禁忌的回归，这种内涵微妙地突出了负罪感，与其表面的信息形成鲜明对比。[12]

狄奥多·阿多诺（Theodor Adorno）把大众文化比作《白雪公主》里的王后，大众文化不断地从有自恋倾向的魔镜那里得到相同的保证，大众文化在质疑这种保证的同时又将其作为一种背景。历史研究破除了这种幻象，揭示出文化会时不时会纵容看待两性问题的主流态度，它也展现了文化如何受到相关的新观念的影响。归根到底，大众文化的轨迹取决于女人和男人的选择，他们正在重新定义每一个个体所体现出来的兼具男性、女性特质的混合体。

大众消费的文化模式

特别是自19世纪末期以来，大规模生产和分销的进程（其根源可以追溯到工业革命）向潜在的广阔市场推出一系列产品，使女人们参与其中。在两次世界大战期间，这一进程愈加显著且推进得越来越快，至少就欧洲和北美而言是如此，即便各国之间在程度和时机上有着明显的差异，乃至同一国家的不同地区和阶级也存在差异。

“女人”转变为“大众”意味着什么？虽然女人们避免了像男人们那样成为工厂和办公室严格管制下的专职劳动力，但与此同时，发生在女人们身上的是私人家庭领域的标准化。20世纪初以来，各种模式不断发展，比如，美国特别主张在传统女性照顾家庭与自己的身体方面作出改变和调整。

新家庭主妇能在时间和产出上合理安排家务，与其对应的是男人们在家庭以外的生产过程，两者有着相同的劳动同质化与劳动分工。[13] 家庭的运行必须被吸纳、整合到社会的组织架构中。20世纪20年代初，随着家用电器和新型器材的出现，我们见证了试图对家务劳动实行“泰勒制”（Taylorize）的尝试。

不仅在美国如此，在其他地方也是如此，以法国为例，家庭艺术展（Salon des arts ménagers）创办于 1923 年，到 1926 年已经颇具规模。[14] 诚然，这种“现代化”必须时常对照现实，但重要的是，它们常常会对文化模式和意识形态产生影响，即便是在它们无法即刻实践之时。

家庭主妇必须是家庭的消费者和管理者。她负责控制消费支出，这是一项需要仔细筹划、分期采买、长期打算的活动。美国的大型百货公司无疑在想象力和现实层面都举足轻重，尤其是在 1890 年到 1940 年的百货业黄金时代。它们为美国女性勾勒了一个新的公共空间，一个不局限于消费的消遣和社交的空间，一个她们在其中被赋予购买者或部门主管这类权威角色的空间。在这个领域里，管理的文化、城市资产阶级（消费者与主管）的文化、工人阶级（女售货员）的文化、女性的文化，在不停向前的历史进程中遭到改变却未被摧毁，它们组合在一起形成了新的大众文化。[15] 这种文化即便到目前为止也只适用于中产阶级和上层阶级，但仍被冠以“大众”之名，因为，由于市场压力的存在，它带有向全社会传播的内在倾向。

按照化妆品公司和个人护理品公司对理想女性的重新定义，新时代的美国女性需要保持精心养护的外表（第一款可吸收液体的高洁丝卫生产品于 1921 年在美国市场诞生）。[16] 大众的个性在坚持机会均等和民主化的过程中展现出来。只要投入足够的精力，所有女人都可以变美。女性外表的趋同（由于向女性提出的转变建议既注重外表，也注重内在，所以“女性化”观念也趋同了：广告都会宣称，学会使用化妆品也是“发现自我”）延伸到黑人女性身上，她们的个人成功依赖于拉直头发和美白肌肤。然而，由于同类公司精明地对准不同的细分市场，各个社会阶层与年龄层之间的差异显著。

这些过程的推进强烈依赖大众传播，经由杂志、广告，尤其是经由电影，“美的文化”更加深入人心。充满巨大感召力的女性形象源于 20 世纪 20 年代和 30 年代的好莱坞，具体体现在被视为呼吁女性独立之先驱的女演员身上。[17] 有趣的是，我们注意到，一些最成功的女性角色从两种截然不同现象的交会中产生（典型的大规模生产）：一边是好莱坞技术和片场系统（studio system）的推广方式，另一边是性别歧视观念，众多女性还在后者之中被寄予获得认同的渴望。

在两次大战之间，电影明星体系（movie-star system）是将美国模式传播到欧洲的主要媒介。在某一时期，凡是革新的与现代的事物都与美国画上了等号，在此期间，电影在时尚、化妆品和礼仪等方面提供了实践课程。[18]“新女性”形象的推广与消费世界联系紧密，或多或少起到了解放作用（至少在二战之前如此），因为这种推广强调女性的行为应该更自由，社会流动性也应该更大。[19]但埃德加·莫林认为，电影明星的影响助长了自恋想法，抑或是自我肯定。[20]

由于一战所造成的巨大经济变化和消费变化，欧洲已经独自处于家务劳动的转变和女性形象的转变之中。例如，在当时还处于中等发达阶段的法国，外出工作是大势所趋，即便对资产阶级女性而言亦是如此。[21]简化家务劳动的相应需求，使得电力使用和全国范围的燃气配送顺势兴起。这促进了生活方式的演变，在 1927 年至 1932 年之间，尽管发生了经济危机，人们仍旧抛弃了传统的生活模式。往后的十年，一种新的生活方式兴起（尤其是在巴黎），包括异常注重家庭卫生，不同往日的饮食习惯（从漫长、复杂的食物配备到芝士和“蔬菜沙拉”），以及用人的减少。1939 年，家庭的技术进步局限于小家电。但是，家庭的形象和妻子的形象都发生了改变，妻子们在晚间出现时，必定魅力四射地微笑着，身着华服，妆容精致。简言之，某些基本文化面貌已经发生了改变，至少在女性角色的观念范畴内是如此。化妆品产业在 20 世纪 30 年代的法国兴起并蓬勃发展绝非偶然。

女性出版物既反映，也促进了这些转变。1937 年，发行量达到 80 万册的新杂志《嘉人》（*Marie Claire*）让美容护理成为第三等级（Third Estate）法国女性的领地。[22]这本低价杂志成了“贫穷女性的《时尚》（*Vogue*）”，再次使曾经只有富有女性唾手可得的东西“民主化”。活力、快乐、洁净，甚至是优雅地卖弄风情——还有些许独立性——这些理想准则不仅追随了美国标杆人物贝蒂·戴维斯（Bette Davis）和凯瑟琳·赫本（Katharine Hepburn）的步伐，也为讲究魅力与女性自由的法国传统提供了新的维度。有趣的是，尽管美国典范占据主导地位，但大众文化时常提及“另一个”模糊的、难以企及的典范。在两次大战战间期，出现在美国广告上的典范是梦幻般的法国女人，甚至许多美国产品也被描述为是法国原型的衍生品，尤其是标榜源于巴黎的产品。

20 世纪 30 年代末，针对女性群体的大众传媒典型形式已经在法国立足。1938 年，女性建议专栏（“爱心来信”）变得普遍，大受欢迎的《知己》（*Confidences*）也在同年创立。这本周刊采用了新的形式，由于意识到女性的孤独，还将许多页面用于刊登匿名自白；这种自传故事的公开展示揭示了女人在巨大转变中所经受的遭遇。1939年，《知己》的发行量远超100万册。[23]这种发展势头由于二战减缓，但在20世纪40年代后半段及其往后的10年开始恢复并加速发展。

仔细调查意大利在两次大战期间所发生之事颇具乐趣。不论是其经济发展水平（由落后状态与超前工业化的奇怪结合所导致），还是因为其威权政体和微弱的民主传统，这个国家都不同于法国和美国。在意大利，改变女性所扮演的角色这种观念与既有秩序相矛盾，却在既有秩序中发挥作用，但并非没有冲突。法西斯政权的计划在两种政策之间来回切换：一方面是利用和同质化（uniforming）[1]庞大组织之中的女性（乃至从字面意义上采取措施，让她们的着装统一），另一方面是宣传“模范妻子、模范母亲”[24]的构想——她们能够肩负起一切人口统计学政策和帝国主义政策。女人必须变得现代，但同时又必须生下众多子女，从封闭经济体的有限资源中获取全家人所需要的食物和衣服：染料木和荨麻纤维代替了棉花，人造羊毛代替了羊毛，褐煤代替了煤。这种观念除了与法西斯主义相矛盾之外，还与天主教传统的强大影响力存在冲突，因为罗马教会不满法西斯组织（尽管基督教会领导层支持这个政权）吸纳年轻人和女人的做法，还尖刻批评参加体育运动的女人，将运动比作诱惑女人远离家庭的娱乐活动、浪荡举止、轻浮行为。[25]

事实上，这些冲突对法西斯主义是有用的，尤其是对介于资本主义现代化的进程和威权政体的要求之间的紧张关系而言。意大利女性自然无法像美国、法国女人那样成为资源的消费者和管理者（抛开阶级差异和三个国家的内部地区差异不谈）。压制性的现代化是现实，其代价主要由女性承担，无论是在工人阶级（受限的薪水和严厉的工厂纪律），还是中产阶级（要求新时代家庭主妇进行额外工作）。20世纪30年代后半段时期的局部改变包括更多的社会福利补助和休息时间，甚至对工人阶级也是如此（然而却是在独裁的制度框架内），这使公共生活与私人生活的关系产生深刻改变。

在法西斯主义的笼罩下，公共权力入侵私人领域。这对女人们而言意味着家庭关系的瓦解，或至少是私人领域与公共领域的需求产生了冲突（新时代的意大利女性不一定会得到父亲、兄弟或者是母亲的准许去参加政治游行和体育赛事，若她是个虔诚的天主教徒）。这也意味着用个人的生殖能力为国家服务。

---

[1] uniforming即统一着装之意。——译者注

因此，即便是以一种扭曲的方式，且不顾女性的反对，母亲身份仍被视为一种公共职能，且到达了空前的程度。[26] 在私人领域遭到干涉的同时，公共领域也不再是自由交换观点的讨论广场，而成为一个由政府和公司主导的领域。与此同时，在政治宣传与商业广告的双重压力下，两个领域之间的界限发生了变化，这势必影响个人的选择。这种现象虽然有其特定形式，却类似于在民主制度中所实行的现代化，也预示着第二次世界大战后的意大利乃至整个西方世界，在公共关系对私人关系的影响层面上所发生的巨大转变。

女性个体在这种标准化的进程中的经历成为一部小说的主题：宝拉・马斯诺（Paola Masino）的《主妇的生与死》（*Nascita e morte della massaia*）描绘了意大利当时的一个特殊案例。这部小说成书于 1938 年至 1939 年，但其校样因为被法西斯审查员评判为“既充满失败主义色彩，又愤世嫉俗”而遭到退稿。这个故事讲述一名女性在童年和青春期与她的母亲陷入冲突。“邋遢又无精打采的”女儿沉浸在求知欲之中：“任何事都有其缘由，我必须一探究竟。”这名女孩因为遭到母亲的束缚和诋毁，所以长年将自己关在大箱子里。最终，她让步并允诺“试着过一种正常的生活”，以此讨好自己的母亲，不再继续寻找“她的真理”。母亲为孩子即将到来的新生活感到欣喜：“我会为你做一条漂亮的连衣裙，我会带你去理发店，他们会给你洗头，染发。”这位主妇结了婚，成为母亲所要求的样子，她着魔般地忙于家庭事务，以及她的政治、社交职责，甚至获得“优秀公民证书”，被赞誉为“国家榜样”。叙述者运用一种不时带点荒诞的怪异笔调，着重对社会现实进行反讽。这位主妇的局促和反叛，包括对她所遭遇之事的夸张写法，都显而易见。她对卫生的痴迷就足以说明一切（她以前“蓬头垢面”，也不注重个人卫生）。她“在如镜子般闪亮的地板上轻缓滑动……美丽的白色半身裙在她的周身吹起，就像船帆一般”，通过广告般的场景，读者落入了这样一个画面：她的指尖贴着地板移动，试图找出是否遗漏了一丝灰尘，在仔细检验的过程中，她“无法抑制地屈膝俯身，舔了两三次地板。她的舌头沿着平坦光滑的大理石来回滑动，刺鼻的味道难以避免地从地板的接缝处散发出来；那是冰冷的发酵过程，是死亡的矿物质在蒸发，是细菌星球在涌现，是防腐剂宇宙的标志。她正在结冰的舌尖，粘在地板上，她一动不动，脸贴着地面，嗅着，呼吸着石头的气息”[27]。

公共领域与私人领域的关系发生了众多变化，我们也许可以将大众文化本身的表现也包括进这些变化之中。20 世纪 30 年代，意大利的公共电台激增，听众从 1926 年的 27000 名增加到 1937 年的 800000 名。与此同时，面向大众的出版物也广泛传播，且并未局限于发行量高达数十万的法西斯组织名下的期刊。1930 年至 1938 年间，5 本最重要的女性杂志面世，并在大战后也未消失踪迹（*Rakam*、*Annabella*、*Eva*、*Gioia*、*Grazia*）；其中一些存续至今。这些杂志同时展示了法西斯宣传在对待女性形象上的保守和进步元素。相较于 20 世纪 20 年代，此时的广告版面急剧扩充，还出现了自我提升产品的宣传。这些女性杂志没有进行阶级分类的尝试；面向社会底层的出版物使用简单通俗的词汇，毕竟两次世界大战战间期的大部分意大利女人都是半文盲。[28]1921 年，30.4% 的女性是文盲，相较之下，男性的文盲比例为 24.4%。[29] 所有杂志都设有爱情、家务、家庭、宗教、烹饪、占星、梦想等专栏。其中一些杂志还囊括了奇尼奇塔（Cinecittà）（意大利的好莱坞）的不检点之事，比如《电影插画》（*Cinema Illustrazione*）。除了描写明星，有些杂志——比如 *Eva*——专门写皇室成员，以及墨索里尼及其家庭成员。这类叙述往往以英雄般的母亲为主角，她们坚定地鼓动自己的儿子保家卫国，也不会因为他们在战争中遇难而哭泣。还有一些是关于女装裁缝、售货员、女运动员等参加法西斯竞选活动的故事，甚至是相当活跃的女英雄的故事，比如有关新意大利殖民主义的小说。总之，与传统意义上沉默的牺牲相比，女性被刻画为更为活跃的角色，尽管是以模棱两可的方式。

与法国的情况如出一辙，第二次世界大战也打断了意大利的发展进程，直至战后才得以恢复。这些发展进程的延续在文化模式与消费的交会处显得尤为明显。正是在 20 世纪 50 年代，大众消费的意大利模式完全形成，电视机、电器和汽车这些产品的使用者越来越多。妇女在化妆品、卫生用品、服装和家居品等新消费领域扮演了主要角色。社会学家弗朗西斯科·阿尔贝罗尼（Francesco Alberoni）在其著名的消费研究中，谈到了意大利南部年轻女性对合成纤维所制成的睡袍的喜爱胜于传统的婚服，并阐释道：

> 她在电影中所见的新睡袍对年轻女性有何意义？接受它们，或者甚至只是了解它们，就意味着反叛。一个稳定社会中的婚服是固定且不变的……纯白的色彩与一整套私密衣物的朴素风格，它是一种与婚姻生活相关的简朴义务与公共价值的表达。

> 购买这种新睡袍，偏爱它胜于他者，是一种反叛；这是在夺取婚服的传统价值，改变由来已久的嫁妆形式……从女性消费的立场出发，这是一种相较男性而言的价值平等的表达。
>
> 不只是男性，女人们想要成为新社会中新规则之下的公民。[30]

认为消费品在现代国际社会具有破坏本地价值和传统价值的颠覆性力量，这种观点值得商榷。30 年之后的今天，有人可能会通过研究这种解放的局限性来缓和上述分析中的亢奋语调。尽管如此，总体的论证仍旧不变，这说明，为了准确评价文化转变，考虑其历史和地理背景意义重大。

灾难 / 融合

在大众文化学者之中，“灾难派和融合派”泾渭分明，却心照不宣。翁贝托·埃科（Umberto Eco）在 1964 年时用这种称谓来称呼两者，他解释说，他的定义没有暗示窘境，反而使两个互补性术语合为一体，使其适用于评论家自身，尤其适用于评论大众文化。[31] 即便是灾难派，他们视大众文化为文化价值的灾难，也预见了超人社群的来临。但是，这种情况其实已经隐含在我们研究的对象之中。在埃科看来，大众文化一直都在用超人之梦诱惑消费者（他们只想要一种审慎的平庸者）。也多亏了这种情形，超人有朝一日可能诞生于我们每一个人之中。

这种分析的最有价值之处在于它承认了文化产品的模糊性，有时能给予革新的巨大希望，但最终却效仿现有秩序给出回应。这种两面三刀所基于的历史环境是下层社会民众有机会参与到公共生活之中。他们成为主角，却没有权力决定消遣的方式、思考的方法、想象的内容，一切都由大众媒体代为建议。更为严峻的是，这一结论适用于女性历史。

为了阐明这一点，我择取一个特定的领域作为例子，即女性出版，因为这是文献记录最为丰富的领域之一，尤其是在我们目前探讨的这些国家，也因为它对女性来说有着漫长的历史，且意义不凡。诚然，我们必须谨记，自 17 世纪始，女性被允许进入文学（小说）和表演（剧院）的文化公共领域，但不能进入政治的公共领域。相较其他方面，比如电影，女性出版因此有着更长时间的历史和理论重要性。但在讨论女性大众出版之前，先将它置于一个更广阔的背景中进行简单定位，并强调这种现象关系到欧洲与北美文明，是有助益的。放眼全世界，在我们探讨的这个时期内，女性的文盲比例惊人：1970 年在 40% 左右，相比之下男性的比例为 28%；非洲的这一比例高达 83%（相比之下男性的比例为 63%）；亚洲的这一比例为 57%（男性的为 37%）；阿拉伯国家的这一比例为 85%（男性的为 60%）。对全世界三分之一以上的女性来说，出版物无关紧要。看电视的女性不到女性总人数的四分之一。全世界大部分女性都听广播，但相较于出版物读者群体而言，这部分听众的文献记录稀少。

当我们关注“女性大众”（female mass）与“大众”（mass）的概念时，指出这些观点有其潜在价值是有助益的；此外，两者不仅指涉数量方面——这是当前的惯常用法——也涉及性质方面。大众文化产品不是脑力劳动者的个人作品，而是针对社会大众的潮流，也就是一种没有明显阶级与地理区域差异的集合体。相较于源于特定群体的古典文化，新的文化形式似乎通过一种相对不依赖于起源地的方式崛起于大众传媒。[32]

女性杂志起源于 17 世纪［1693 年，《淑女信使》（*The Ladies' Mercury*）在英格兰出版］，但是大众文化的特征在 19 世纪末才产生。1886 年，这些特征清晰地表现出来，劳拉·吉恩·利比（Laura Jean Libbey）建议美国的一本杂志描写“纯洁、聪明的年轻人的爱情故事……大众的故事”。[33] 女性出版物在战时发展壮大，但在第二次世界大战后才自成一体，成为一个庞大的产业，坐拥数千万读者。[34] 正是这种传播，很快引起了“灾难派”的警觉，他们对 20 世纪 30 年代的“大众化”评论家——从奥特嘉·伊·加塞特到麦克斯·霍克海默（Max Horkheimer）——所注意到的传播内容深感忧虑，这些内容陈旧却涉猎广泛。[35]

加布里埃拉·帕尔卡（Gabriella Parca）于 1959 年出版了《意大利女子的剖白》（*Le italiane si confessano*）[36]，这部选集收录了过去三年间两部肥皂剧类型的周更漫画收到的写给“建议专栏”的编辑的 8000 封书信。与此同时，梵蒂冈出版的日报《罗马观察家》（*L'Osservatore Romano*）对此表达了巨大的担忧，如此之多的女人似乎宁愿写信给女性杂志，也不愿去忏悔。这本书展露了意大利女性的疑惑、恐惧、沉溺、不满，同时还有她们对改变的抗拒。这些书信并非准确反映社会风俗的镜子——如果确有其事的话——却揭露了想象力的特定领域：漫画世界。这些信件的用语与漫画的表达方式相似，主要以女性化的形式表达一种民族特性，即对性的痴迷，相较对与他人身体交流的无视，这种特性更多的是基于对自己身体的无视。这一切说明了新与旧的混合，意大利女性挣扎其中，既艰难又活力无限。这本书的第三版出版于 1966 年，其序由皮埃尔·保罗·帕索里尼（Pier Paolo Pasolini）执笔，帕索里尼非常清楚，每封信都包含着“一个故事或一部电影”的构想雏形，换言之，为世界提供了女性自白的语言。但他也任由自己被“灾难派”的厌女观念牵着鼻子走，误将杂志编辑做出的改变看作大众文化所引起的语言平等化的证据，并将其简单理解为“现代性的表层沉积物”，沉积物之下是“立即能够为人发现的低级文明”，“女性化的保守主义倾向”在其中居于支配地位。

看待女性杂志（尤其是对发行量巨大的杂志）的态度，反映了主张改革的男女学者们的不安，他们通常用分析法探讨这个研究对象，但近几十年，他们的态度有所转变。20 世纪 60 年代初期，对大众文化形式的看法从鄙视转变为感兴趣。但尖锐的态度依然存在。就连极其关注女性出版积极面的伊芙琳·苏勒罗（Evelyne Sullerot）也谈及一种“相同的空虚和平庸”[37]，同时意识到脑力劳动者的责任、势利，以及他们对这种媒介所影响范围的恐惧。苏勒罗承认女性公众是最保守的群体，但也注意到女性经常阅读，在工人阶级中，比起男性，习惯阅读的女性更多。大众出版所遵守的（只有些微越轨的）既有秩序的道德立场，似乎是为女性提供一些安全感的唯一处所。

10 年之后，“灾难派”的安娜·玛丽·达迪格纳（Anne-Marie Dardigna）抨击苏勒罗的过度“融合”方式，并对女性出版物的故弄玄虚提出尖刻的批评。[38] 在这些出版物中，理想女性被动、空闲、堕落，一心想控制男人，男人仅被视为丈夫而已。根据达迪格纳的观点，这类出版物有着明确的阶级差异。杂志向一般社会地位的女性提供强硬、规范的意识形态；向富裕的女性提供与女性反抗相关的感同身受的频繁互动，这种精明的姿态获得了读者的欢心。女性出版物时常暗示女性的解放正在大步前进，甚至几近完成。这样分析看来，女性出版物的深刻影响对于既有秩序有着不可估量的价值，因为它有助于维系一种语言与现实相脱节的视角。一种关于女性“悲剧”的构想及其可能形成的激进反抗根本是天方夜谭。

“灾难派”的论调是 1968 年的言论和 20 世纪 70 年代女性主义的回响，它们没有遭到彻底的冷落。它们的主要弱点在于历史视角的缺失，但这些评论的某些方面仍会出现在后续的女性研究中。在 20 世纪 70 年代中期的意大利，有种历史研究方法结合了对父权秩序的批判。其他学者像苏勒罗一样开始着眼经济利益的问题。女性出版是意大利大众文化最繁荣、稳固的分支，在许多杂志中，广告占去了总内容的 50% 还多（从 1953 年到 1963 年，用于刊登广告的页数增加了一倍，有些杂志甚至增加了两倍）。比起男女皆为受众的出版物，女性出版物的广告成本是前者的 1.5 倍。[39] 事实上，女性出版物的读者群体也有男有女，2000 万读者中有 30% 是男性。整个巨大的细分市场由寡头控制：4 个编辑团队坐拥超过四分之三的杂志。[40] 这些出版物的成功使人们越发意识到女性在文化生产中的角色，也愈加重视这一渠道，因为更多女性得以参与到信息交流中，并公开互相给予支持。[41]

最有趣的是意大利战前大众文化产品中最受欢迎的形式之一：照片小说（或肥皂剧漫画），这是一个意义重大的现象，也是顽固的意识形态延续的一个示例。这一类型是一种杂糅的创新，是电影、摄影技术与漫画技术相结合，并嫁接在连载小说形式上的产物。它在罗曼语族（包括南美）的女性出版物中广泛传播，于 1946 年在意大利第一次以绘画形式［《大酒店》（*Grand Hôtel*）］出现，而后于 1947 年又出现了照片形式［《波莱罗电影》（*Bolero film*）与《梦》（*Sogno*）］。在其历史初期，照片小说是被公开传阅的（就像人们刚开始看电视时那样）。在更偏僻的社区，有人会在星期天大声朗读人物的台词，但那些没有阅读能力或阅读能力低下的人（比如老年女性）就通过看图片追踪故事情节。[42] 之后，个人阅读成为主流，女性公众越来越多，尽管没有彻底占领公众领域。从 1946 年到 20 世纪 70 年代，意大利至少产出 10000 部照片小说，它们在年轻人中特别受欢迎。其中还包括了伟大小说的缩略版，比如《约婚夫妇》（*The Betrothed*）和《德伯家的苔丝》（*Tess of the d'Urbervilles*）。考虑到这种媒介及其用途——帮助读者逃离现实——的特点，里面几乎没什么广告。最受喜爱的主题包括名人私底下的苦恼、为母与童年的感伤沉浮、普通人的灿烂命运。[43]

在对这类出版物进行“灾难的”诋毁之后，评论家开始意识到它们契合于“一种强烈需求”，并履行了“精神经济的职能”，就像一出戏剧的幕间。[44] 又或者，不仅可以将它们视作短暂逃避现实的工具，还可以将其作为提高情感敏锐度的方式。[45] 这种转变发生在历史和政治视角有所改变的背景下，当时一些重要的女性杂志［比如《大酒店》、《时尚》（*Cosmopolitan*）、*Amica*、*Annabella*］

在废除离婚公投时表示支持离婚，这场公投在 1974 年以 59% 的反对票被挫败。一些时事评论员将这种选择归结为市场原因，因此，人们再次承认了市场和消费者两者与解放之间存在联系且问题重重。

有趣的是，过去十年中，人们一直试图调和“灾难派”的评论与“融合派”的历史视角的矛盾，尤其是在美国面向女性受众的奇幻文学大规模涌现的研究中。这项研究回溯了爱情小说的规模化生产与 18、19 世纪感伤小说之间的联系的历史脉络，后者的代表作包括从理查森（Samuel Richardson）的《帕梅拉》（*Pamela*）到奥斯汀（Jane Austen）、勃朗特姐妹（Bronte sisters）的各种作品。[46] 有些研究阐释了许多女性偏爱文学的心理机制。塔尼亚·莫德莱斯基（Tania Modleski）提出一种逆反机制：例如，想要被夺走的欲望只是显性内容（overt content），掩饰了对强奸的忧虑与对权力和复仇的渴望，这才是潜性内容（latent content）。她提出的解释使用了女性主义的经验。就此看来，在阅读逃避文学时，女性付诸实践的“消失行为”意味着她们希望在现实中他人能够以全新方式看待自己。贾妮丝·拉德维（Janice Radway）强调，评论家不应贬低读者是被动和无能的。她认识到很多观点的两面性，这些观点认为，暂时拒绝“自我否定”的社会角色也是一种补偿，这种补偿为个人争取了空间，为在现实生活中不用扮演这种角色争取了空间。但她强调，归根到底，文本是由实践自己的需求、欲望、解释策略之人选择、购买、构建和使用的。由此建立的女性读者、女性作者社群却必须经受资本主义结构的调解，这种调解利用了群体内的隔阂，以及她们寻求改变的欲望和想要接纳的欲望之间的隔阂。[47]

这些对女性出版的解析虽然各不相同，却持续发展，这种趋势的范围会延伸到大众文化的其他类别。莫德莱斯基将其方法应用于肥皂剧并总结道：大家庭的幻想与女性主义话语并不矛盾，女性主义话语可能确实会接纳这种幻想，并将幻想重述为对反传统群体的渴求，但其表面仍在重申传统价值。对大众文化的看法若不带偏见，则可能会带来令人愉悦的惊喜，正如米莉·布南诺（Milly Buonanno）在 20 世纪 80 年代初期对意大利电视节目的分析。她的研究表明，与男性的待遇相比，意大利的资讯节目或文化节目贬低、扭曲了女性人物；这些发现与对美国电视节目的同类研究结论相似。但在虚构类节目中，研究者诧异地发现，男性的或女性的情感关系并没有被描述为一种支配关系，这类节目也表现了一系列女性身份特质。虚构类节目更喜欢女性生活中的差异面，对成为女人的各种合理方式提出建议，为陈旧偏见与旧有角色的转变留出空间。[48]

这场研究源于一次讨论。从未有如此大量的可能性向女性敞开怀抱，使她们成为完全意义上的主体，或是作为个人，或是以搭档的身份。不论是对北半球完全实现解放和自我探索的愿望而言，还是对地球上大多数女性挣脱枷锁过程的肇始与发展来说，这个过程看起来都漫长且复杂。这种自我肯定的过程通过大众化现象与同质化现象而发生了，并源源不断地发生，这并非必然，却很吊诡。历史的讽刺——历史充满了这种讽刺——在于这类现象也会以相反的顺序发生。

第十二章　女性、图像与表现

安妮·希贡内（Anne Higonnet）

20世纪初期，女性似乎终于准备好抓住眼前新的文化机会。女性获准进入高级艺术机构，并受到了大众传媒的迎合，她们看起来能够自由地以自己的方式想象自己。在随后的几十年里，许多女性确实掌控了她们自己的视觉身份，并使其突破原先的所有局限。更多的女性被动地参与到各种文化形式之中，却立即遭到它们的美化和破坏。她们越是充分地展示自己，或被男性展示，她们的形象就变得越成问题。在20世纪的最后几十年，女性开始面临她们被观看的方式与她们观看自己的方式之间所存在的矛盾和困境。

第一次世界大战之前几年，女性有信心改变现状。女性用图像让公众认识到她们的身体和需求。1914年"妇女节"海报上的女性人物不像过去的寓言人物，而是投身政治事业（图1）。这名赤脚的妇女高举望不到头的红旗，红旗映衬着她站立的轮廓，这是一份极富争议的图像宣言，在柏林遭到了封禁。

女性开始重新探索、展示她们的身体。像伊莎多拉·邓肯（Isadora Duncan）和露丝·圣·丹尼斯（Ruth St. Denis）这样的舞蹈家摒弃了芭蕾舞的局限和程式化，偏向无拘无束的抒情风格。一张由爱德华·施泰兴（Edward Steichen）拍摄的邓肯学生的照片（图2），体现了邓肯的舞台艺术哲学。在雅典卫城，邓肯的这位学生与岩石、风、火等元素融为一体。

保拉·莫德索恩－贝克尔（Paula Modersohn-Becker）敢于创作裸体自画像。许多先锋派男性艺术家使用拘谨的创新手法去掩饰女性对象遭到的惯常待遇，并为这种手法辩护。与他们的方式不同，莫德索恩－贝克尔采用先锋派立场之中的激进主义，反抗性别禁忌。在诸如《戴琥珀项链的自画像》（*Self-Portrait with Amber Necklace*）（图 3）这类形象中，她把自己的肉欲描绘成实实在在的自然现象，使自己厚重的形体与叶片、花朵出现在同一画面中。

而后，一战爆发，在此期间，对战争与民族主义的强烈关注使原先的女性形象重新流行，但同时也诞生了一批描绘步入劳动力市场的新奇女性形象。诸如《致每一位女工战士》（*For Every Fighter a Woman Worker*）（图 4）这些海报，不仅将女性的战时付出与男性的相提并论，还赋予女性的工作一种高尚的集体印象，尽管也有人用女性形象来象征男性为之奋斗的目标。一个农家女孩象征“可爱的法兰西大地”，人们为此而募集资金（图 5）。在战争的另一方那里，宏伟的古典女性头部代表着奥地利民族和国家（图 6）。为使唤起当时女性的潜力，一些海报借鉴过去的女性英雄：“圣女贞德拯救了法兰西。不列颠妇女，拯救你们的国家。购买战争储蓄券。”（图 7）

许多女性艺术家受到国际事件的激发，在 20 世纪初将她们的才华施展于政治目的上。特别是在德国和俄罗斯，女性实践所谓的“次要艺术”（minor arts）的方式改变了艺术等级制度。例如，凯绥·柯勒惠支（Käthe Kollwitz）创作了苦难、贫穷、死亡的形象，以及更为通俗、强有力的超出人们想象的版画作品（图 8）。1917 年俄国革命之后，众多俄罗斯艺术家，不论男女，都公然抛弃了绘画与雕塑的知识分子式傲慢，转向能够立即显出正式性、政治性和实用性的艺术形式。他们设计了衣服、织物、日用品、海报、杂志和剧院装置（图 9）。因此，尽管在过去，艺术贬低女性，忽视女性的能量，此时却突然变成其时代亟待解决的公共问题的媒介。

西方设计师同俄罗斯构成主义者（Russian Constructivists）一样，也希望通过改变人们所处的环境来改变人们的生活。虽然其目标是现代化，而非革命，但为传统所接受的女性的技能也得以拓展到新的范畴。女性在服饰设计、家具设计、纺织品设计、平面设计及室内设计等各个领域不断聚集，在受到传统认可的领域中努力实现富有创造力的辉煌职业生涯。她们中的一些人几乎被遗忘了几十年，而成为艺术史分类和性别歧视的受害者。艾琳·格雷（Eileen Gray）的家具设计和住宅设计无法被收录到现代主义建筑实录，而夏洛特·佩里昂（Charlotte Perriand）和勒·柯布西耶（Le Corbusier）共同设计的椅子时常被归功于柯布西耶。但设计师——从索尼娅·德劳内（Sonia Delaunay）到可可·香奈儿——让女性在机械时代（Machine Age）大展身手（图 10）。活力、流动性、效率成为女性追求的价值。虽然设计师似乎在探讨女性身份之中表面或象征性的一面，却通过种种细微的方式简化了衣着和家务，从而让女性的日常生活改头换面。

西方设计师促成了消费经济的扩张。广告利用图像展示商品的效用，这些效用不一定总是由产品本身带来的，但肯定与新女性的理想形象有关。在一则高洁丝卫生巾广告中（图 11），文本的医学、统计学权威性——“被 85% 的美国顶尖医院使用”——支撑起两位快乐的女士在任何情况下都能打高尔夫球的形象，这是对广告所承诺之事——“完美自由每一天”——的视觉表达。

广告促进休闲娱乐的消费。它们宣扬女性在化妆、心理方面的特质，并将其捆绑在消费者身上。按照广告的宣传，女性之所以能完成家务活，吸引男性，抚养孩子，赢得社会认可，完全有赖于商品。一则韦克斯巴丝绸（Wexbar silks）的广告甚至赋予产品创造性的力量：“丝绸带来的改变如同生命的呼吸。”广告将女性特质等同于实物，因此鼓励女性将自己定义为实物。身着韦克斯巴丝绸的女性之美宛如无生命的雕塑之美。

阶级、种族、性别因素互相影响。高雅文化与大众文化致力于确立一般意义上的女性价值，并对女性加以区分。例如，曼·雷（Man Ray）使用类似韦克斯巴丝绸广告的视觉手法，将女性比作能带来审美享受之物，还将白人女性置于支配非白人女性的位置（图 12）。这位白人女性的妆容和发型十分程式化，像极了一张面具，就如同她手中的非洲雕塑——但又不尽然；她才是拿着雕塑的人，这种雕塑是“原始”的艺术形式，意在与欧洲文化的成熟（sophistication）形成对比。形式主义（formalism）粉饰了白人中产阶级的霸权，以及男性的欲望和商品拜物教（commodity fetishism）。

很难想象上述艺术形式的替代性表现手法。没有人能够彻底脱离所有性别传统，因为工业复制品使现代女性形象如此普及，也因为高雅艺术在文化上享有极高的名望，还因为女性特质的视觉定义中包含了美与欢乐的定义。但是，一部分女性使各种生存境况的假定互相对立，从而与自己的生存境况拉开了批评的距离。汉娜·霍克（Hannah Höch）切割各种视觉刻板印象的实体，将它们重新组合成蒙太奇摄影作品（photomontages），风格粗暴而诙谐。她在系列作品《源自民族博物馆》（*From an Ethnographic Museum*）中，拆解了西方民族中心主义（ethnographic）和艺术实物的完整性，将完全不同比例、来源和状态的各种元素组合在一起，冲击了我们的观念（图 13）。霍克视达达主义反艺术运动为自己的目标；与她一样，雷梅迪奥斯·瓦罗（Remedios Varo）、多萝西娅·坦宁（Dorothea Tanning）、弗里达·卡罗（Frida Kahlo）这些女性在超现实主义运动中找到了属于自己的位置。超现实主义容许女性丢弃事物既定的或看似既定的样子,并描绘与之不同的旨在表达各自经验与幻想的现实。梅雷特·奥本海姆（Méret Oppenheim）在《皮毛早餐》（*Breakfast in Fur*）中，用皮毛制成的杯子、茶托和茶匙扰乱人们对这些用具的预设（图 14）。与其他出自女性之手的超现实主义作品一样，这个作品也在重新思考是什么让诱人或熟悉的东西变得令人反感和模糊不清。

与男艺术家之间的关系持续影响着女艺术家的自我意识和艺术创作，但她们的职业形态一直在发展。女性身为艺术家和人，有时仍需要得到成功男性的尊重，但她们也越过男性的势力范围，朝着自己的目的地前进。蒂娜·莫多蒂（Tina Modotti）就是一个范例。她以电影演员的身份在艺术界崭露头角，随后成为摄影师爱德华·韦斯顿（Edward Weston）的模特和伴侣。韦斯顿的影像视莫多蒂为抽象的肉欲形态（图 15）。当韦斯顿将莫多蒂训练成一个摄影师时，莫多蒂就把镜头对准了他，使他成为自己的模特（图 16）；她拍摄的韦斯顿与摄影器材挨在一起，他的凝视与镜头朝向同一个方向。她继续创作自己的作品，也经常将女性描绘成活跃的主体，而非被动的对象；她的一幅摄影作品刻画了一位母亲和她的孩子，聚焦于母亲紧抓住、支撑着体态健壮的孩子的有力手臂，以及直接表明其生育能力的隆起的下腹部（图 17）。画家乔治亚·欧姬芙（Georgia O'Keeffe）、李·克拉斯纳（Lee Krasner）、海伦·弗兰肯塔勒（Helen Frankenthaler）同样超越了她们与著名男艺术家们的关系，完全建立起独立的职业生涯。

当女性成为制作图像并为这些图像摆造型的人时，她们把自己的态度注入传统主题中。例如，弗里达·卡罗和多萝西·兰格（Dorothea Lange）在描绘苦难时，没有将女人表现为悲惨的受害者，而是表现为隐忍者，她们一直忍受着强加在她们灵魂和肉体上的痛苦与忧虑，伤痕累累（图 18，19）。虽然高雅艺术偏爱探索女性的想象，但纪实摄影（documentary photography）——无论是受政府还是新式摄影杂志的委托——鼓励男女艺术家正视、传播女性在物质生活上不为人知的一面。贫穷、年龄、病弱、种族和民族多样性逐渐为人们所认识，并得到视觉表达。

一战的摄影主题在第二次世界大战重演。出于宣传目的，女性的传统原型死灰复燃。诺曼·洛克威尔（Norman Rockwell）在一幅美国政府的海报中表达“免于匮乏的自由”这种理念，画面中围绕着餐桌的一家人在感恩节聚餐，身材圆润、亲切和蔼的祖母端上主菜（图 20）。画面中既有象征着当时人们为之奋战的家庭价值和国家价值的女性形象，也有新近成为产业劳动力的女性形象。一幅海报表现一位带着两个孩子的丧偶女性，她呐喊道：“我献出了一个男人！”（图 21），另一幅海报则鼓励女性“为自由而战”，还包含了她们使用工具、修理飞机的画面（图 22）。

战争与战后重建的经济、文化压力从不同方面重塑了女性特质。苏联提倡极端的女性模范，这种模范由公民义务、生产效率、集体责任感和公众曝光度构建而成。卡拉什尼科夫和科尔乔诺夫（Kalashnikov and Korchunov）的《力量与勇气的赞歌》（*Celebration of Strength and Courage*）用蒙太奇摄影手法刻画了女性参加国家主导性事件的画面，展现了参加户外集体仪式和游行活动的活跃女性形象。

与之相反的是美国的女性模范：家庭主妇、好母亲、个人主义者、消费主义者。广告巧妙地推广这类女性形象。例如，一则通用电气的广告设置了母亲和女儿在家中的场景，认为她们的幸福源于公司所出售的产品：“她对不用火的电动干衣机充满信心。”（图 23）画面中的女士正在洗衣服，而她不见踪影的丈夫在赚钱，为家庭提供生活用品，正如手写体文字部分中男人所收到的诉求。

电影在 20 世纪成为视觉文化的一员。大受欢迎的电影在大众文化的性别定义中发挥了强大的作用。经典电影将女性表现为男性凝视下赏心悦目的对象。像玛丽莲·梦露（Marilyn Monroe）这类女演员已经成为性感偶像，一种人们将幻想投射其中的静态形象，这正是她们的魅力所在（图 24）。她们出演一些无足轻重的人物，男人们利用这些角色，把寻找男性身份认同和满足感的剧本拍成电影。像《乱世佳人》（*Gone with the Wind*）（图 25）这类电影迫使我们将性理解为浪漫的异性恋奇遇，这种奇遇按照令人紧张的叙事的线性逻辑组织而成。好莱坞的“美满结局”（happy endings）将女性囿于父权秩序：她们的归属或是男性英雄，或是崇高的自我牺牲，而要是背离女性的行为准则，她们就会遭受相应的惩罚。

20 世纪 20 年代到 20 世纪 60 年代，尤其在 30 年代到 40 年代期间，好莱坞制作出一种面向女性观众的电影类型，即所谓的“女性电影”。这类影片都围绕女主角展开，解决女性相关的问题和情绪，比如《亚当的肋骨》（*Adam's Rib*，1949）这类喜剧片，《黑暗的胜利》（*Dark Victory*，1939）这类医疗剧，《蝴蝶梦》（*Rebecca*，1940）这类哥特风格的故事，《一个陌生女人的来信》（*Letter from an Unknown Woman*，1948，图 26）这类爱情片，以及《慈母心》（*Stella Dallas*，1925 and 1937）这类聚焦母亲形象的剧情剧。可是，尽管这些影片让女性成为主角，为妇女的关注点发声，但它们不停地将女性塑造成或被动或可怜的形象，还设法让女性观众回想起感同身受的遭遇。

与其他类型的电影相比，女性电影会提出更多与女性观众相关的问题。她们对自己所观看的内容是否产生了共鸣？是因为无论真实与否，影片情节讲述了女性观众的经历，抑或是因为女性观众内化社会分配给她的角色？人们很难区分上述两种可能性。女人对女性电影形象的迷恋游移不定，或顺服于具有惩戒性的意识形态框架，或因短暂的权势、满足感和差异而感到愉悦。女性电影中所存续的自我否定与自我肯定的紧张关系揭示了各种矛盾，而女性不得不容忍，甚至欣然接纳它们。

电视上的日间“肥皂剧”承袭了女性电影的部分策略和功能。1976 年，美国估计有两千万人观看日间电视节目，其中有五分之四是女性，而 18 岁至 50 岁的女性观众最喜爱的节目就是肥皂剧[1]。像《地球照转》（*As the World Turns*）、《我们的日子》（*Days of Our Lives*）、《指路明灯》（*The Guiding Light*）这类电视剧，其别名都取自对它们进行大规模投资的日用品公司，它们会利用四分之一的节目时间来推广商品，比如肥皂[2]。肥皂剧都是有关爱情、情绪剧变、家庭苦难等长篇剧情故事，不仅会处理众多女性生活其中的家庭和邻里状况，还通过将这些状况夸张为闹剧，提供想象性的发泄口。这些电视剧的单集时长较短，在工作日分集播出，融入了家庭主妇们的日常生活，成为女性人生的真实写照——循环往复，却因个人危机遭到中断。

电影和电视剧之所以吸引女性观众，不仅是因为其形式，其中也有海报和杂志的功劳，后者尤甚。创办于 1917 年的 *Photoplay* 创立了“粉丝”杂志的模板，为女性制造了亲密接触“明星”的幻想，所谓“明星”通常是演艺界名人，也有魅力十足的政治名人，如英国王室的公主。附有八卦绯闻的抓拍风格照片让读者得以窥见名流巨贾的私人生活。因此，粉丝杂志能让读者宛如置身于那种不同寻常的生活之中。

以女性观众为目标受众的杂志或电视节目一直将读者视为个体，呼吁她们作为个体参与到与明星的互动中。“我”或“我们”时常写信给“你”，暗示大家可以互帮互助。电影杂志中《帮助 Liz[1] 好起来》这篇文章邀请读者进行互动。在一个看似随意的画面中，女演员伊丽莎白·泰勒（Elizabeth Taylor）凝视着读者，通过眼神交流展开互动。这篇文章描述了一番她对公众敌意的烦恼和沮丧后，鼓励读者写信给“Liz”，甚至提供了文字模版：“亲爱的 Liz——要好起来——保持好状态。”杂志承诺在读者与明星之间进行调解：“我们负责传递讯息。”

女性杂志鼓励女性自力更生。自 19 世纪 30 年代以来，这类杂志日益受大众欢迎，已经拥有大量的女性读者。在战后的英格兰，六分之五的女性会定期阅读女性杂志[3]；在如今的美国，仅《好管家》（*Good Housekeeping*）杂志就声称拥有 2400 万读者[4]。虽然有的杂志关注时尚，有的杂志关注家庭管理或休闲娱乐，但它们共享了传统女性特质这一范畴。这些杂志用图像和文字维系着化妆品、异性恋和核心家庭等价值观。然而，在既有界限的安全范围内，女性杂志还鼓吹成功和改变。它们劝说读者提升形象，表达个性，更加高效、节俭、精心地管理家庭，并战胜逆境。女性杂志的读者受到激励，要去掌控自己的处境——而不是质疑处境。

事实上，所有杂志和电视节目都在用广告替换编辑评论或策划内容。广告在大众媒体中的比例逐年上升。1939 年，美国的《女性家庭杂志》将 55.6% 的版面用于编辑内容，44.4% 的版面用于广告。到 1989 年，广告版面的比例上升到 58.2%。表面上，广告给予媒体经济支持。但实际上，广告是大众媒体的内在组成部分，提供的不只是特定产品的信息，还包括对性别角色的不懈诠释。

带有女性特质的图像推销几乎任何商品。到 20 世纪 80 年代，化妆品公司将高达 80% 的预算投入广告中[5]，一位作者曾推算，到 1985 年，美国的该项预算大约为 9 亿美元[6]。但是，女性之美与商品之间的强有力联系，并没有局限于女性受众或是美容产品，尽管这种局限看上去再合理不过了。这类联系遍及各种广告意象。例如，施格兰（Seagram's）的广告呈现了一个男人自信地朝读者

[1]　Liz 是 Elizabeth 的昵称，此处表示对伊丽莎白·泰勒的亲切称呼。——译者注

举起威士忌（图 27）。

一个女人紧贴在他身边。她被处理成半透明，以便让我们透过她看到另一件奢侈品——游艇。标题告诉我们，喝着威士忌的男人是“凡事都做到位之人”。

成为这类图像中的女模特，就是成为消费品中受到最大程度美化的物品。模特既是被吹捧的对象，也是被商业利用的对象，她们既执行当时的审美标准，也促进这种标准的广泛传播。专业模特平和、自恋，不会过于情绪化或过于理性，而是秉持着时尚准则。新的潮流纷至沓来，都宣称自己最具现代性。当“婴儿潮一代”进入青春期，带有童真气质的理想典范开始流行，且至今仍未失势。其最完美的化身就是人如其名的崔姬（Twiggy）[1]（图 28）。1967 年，17 岁的崔姬因为纤细瘦弱的外形一夜成名，她的男友成功将她包装出道。对大多数成年女性来说，拥有崔姬那样的身材，只能依靠节食。但减肥已经成为现代女性的目标。苗条的体型被美化为所有女性成功的序曲，持续困扰着整个西方的女性。据说，温莎公爵夫人曾讲过：“女人永远不会嫌自己太富有或太苗条。”

西方文化几乎没有发展出正面表现女性的方式。比如崔姬，因为外表柔弱才具有审美感染力和性吸引力，可以通过魅力施加影响力的这部分女性必须否认她们自己的主动性、力量或充裕。她们或是潜在的性对象，或如母亲般温和，或是惹人怜悯——还有其他可行的选项吗？边缘人不容易引起抵触。如何描述有色人种的女性，以及贫穷、年老或残疾女性，才能不让她们落入负面的刻板印象？或者更艰难的是，不让她们去迎合观众的偏见？

为了引起大家的同情，而非厌恶和害怕，沃纳·比肖夫（Werner Bischof）让一位赤贫的印度女性扮演乞讨的母亲（图 29）。这个摄影作品的拍摄角度从下往上，使她的身形显得高大，但仍旧可以通过一个欧洲人的感伤视角进行解读，即这种表现手法弱化了身为他者所带来的影响。

刻板印象一直存在。女艺术家时常在熟悉的女性领域内展开工作，几乎或根本得不到鼓励去探究其他主题或观念。例如，女建筑师在学习过程中常被指派到家庭项目组，也更可能接到这类委托，而摄影记者经常被分配到有关人像摄影、住宅、家庭、情绪等“人情味”（human interest）的报道任务。例如，英国摄影记者格雷丝·罗伯逊（Grace Robertson）被分到分娩孩子的主题，当

[1] Twiggy 意为“枝条细嫩的”。——译者注

图 1 《支持女性投票权》（*Come Out for Women's Right to Vote*） 1914 年 3 月 8 日至 14 日德国“红色周”期间，柏林艺术与历史档案馆

图 2　爱德华·施泰兴（美国人，1879—1973）　《风与火》（*Wind and Fire*）　摄影，特蕾莎（艾莎道拉·邓肯的学生），雅典卫城，1921 年，纽约，现代艺术博物馆

图 3　保拉·莫德索恩－贝克尔（德国人，1876—1907）《戴琥珀项链的自画像》（*Self-Portrait with Amber Necklace*），1906 年，油画，不来梅，拉尔斯·罗里施（Lars Lohrisch）

图4　欧内斯特·哈姆林·贝克，《致每一位女工战士》（*For Every Fighter a Woman Worker*）　美国第一次世界大战招募海报，1918年　埃克斯特罗姆图书馆，路易斯维尔大学，肯塔基州

图 5 《我们将收回可爱的法兰西大地》（*So That the Sweet Land of France May Be Fully Restored to Us*），法国为第一次世界大战筹措资金的海报，1918 年，埃克斯特罗姆图书馆，路易斯维尔大学，肯塔基州

图 6　《设计 8：战争借款》（*Design 8. War Loan*），奥地利第一次世界大战海报，埃克斯特罗姆图书馆，路易斯维尔大学，肯塔基州

图 7　《圣女贞德拯救了法兰西。不列颠妇女，拯救你们的国家》（*Joan of Arc Saved France. Women of British, Save Your Country.*），英国第一次世界大战海报，发行战争储蓄券，埃克斯特罗姆图书馆，路易斯维尔大学，肯塔基州

图 8　凯绥·柯勒惠支（德国人，1867—1945），《幸存者们》（*The Survivors*），1923 年，平版印刷品，国际工人协会的海报，华盛顿，国家美术馆

图 9　柳波夫 · 波波娃（俄罗斯人，1889—1924），梅耶荷德《绿帽王》（*The Magnanimous Cuckhold*），布景设计，纸本水粉画，1922 年，莫斯科，特列季亚科夫画廊

图 10　索尼娅·德劳内（生于俄罗斯，法国艺术家，1885—1979），配合雪铁龙 5CV 的服装设计，1925 年，巴黎，国家图书馆

图11 《完美自由每一天》（*Perfect Freedom Every Day*），《女性家庭杂志》（*Ladies'Home Journal*）中的卫生巾广告，1930年9月

图 12　曼·雷（美国人，1890—1977），《黑与白》（*Black and White*），1926 年，摄影，巴黎，国立现代艺术博物馆，蓬皮杜中心

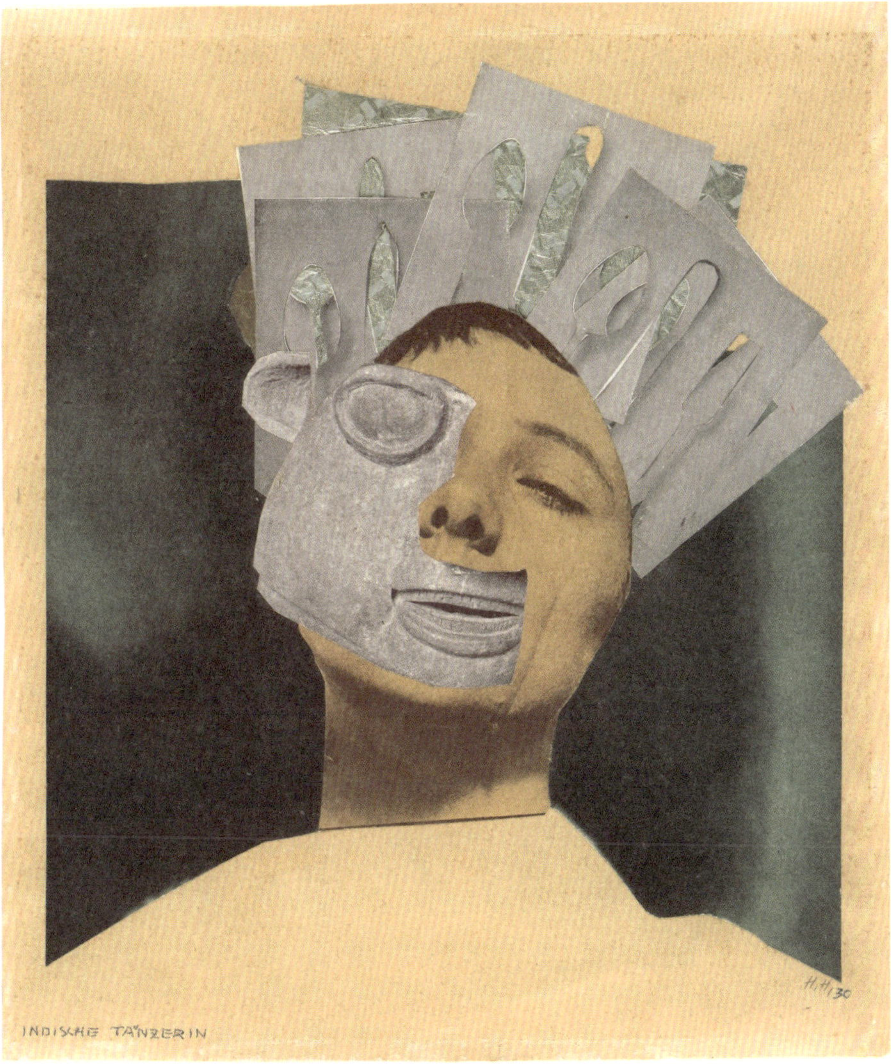

图 13　汉娜·霍克（德国人，1899—1978），《印第安舞者：来自民族博物馆》（*"Indian Dancer" from an Ethnographic Museum*），1930 年，蒙太奇摄影，纽约，现代艺术博物馆

图 14　梅雷特·奥本海姆（美国人，1913—1985），《皮毛早餐》，1936 年，皮毛覆盖的杯子、茶托和茶匙，纽约，现代艺术博物馆

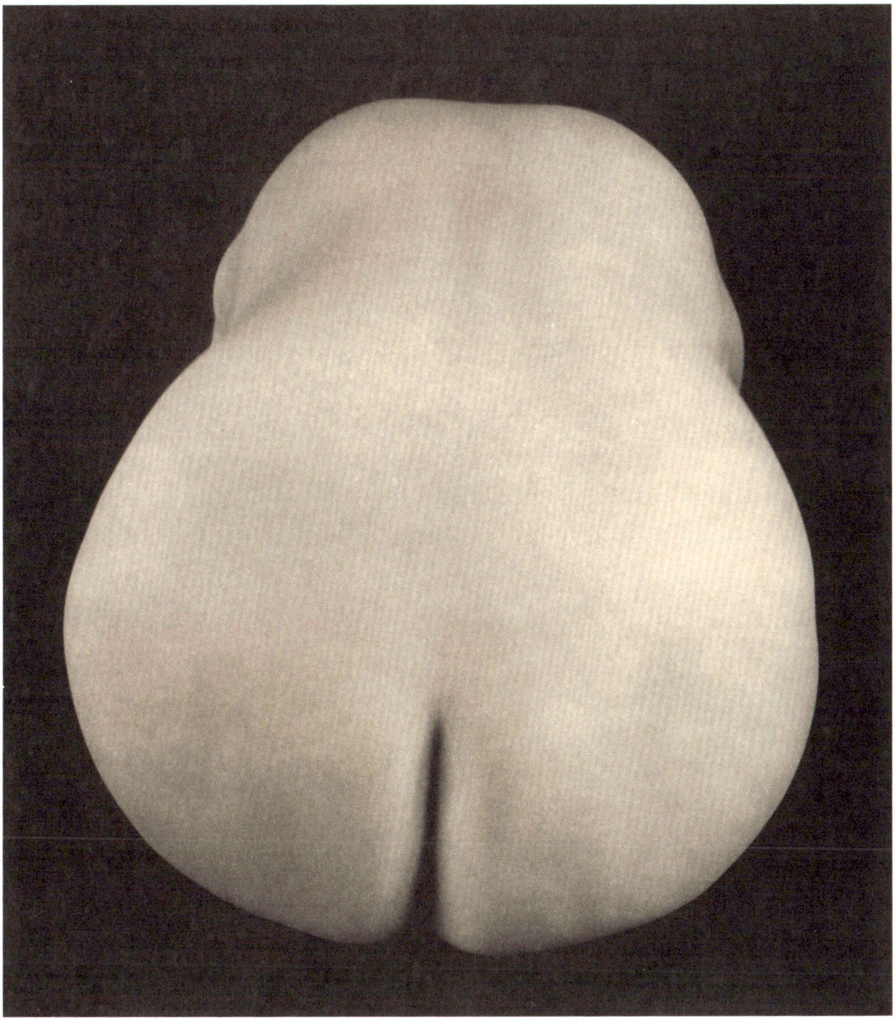

图 15　爱德华·韦斯顿（美国人，1886—1958），《裸体》（*Nude*），1926 年，摄影，蒂娜·莫多蒂，图森，创意摄影中心

图 16　蒂娜 · 莫多蒂（意大利人，1886—1956），《手持格拉菲的爱德华 · 韦斯顿》（*Edward Weston with Graflex*），约 1924 年至 1926 年间，摄影，的里雅斯特，蒂娜 · 莫多蒂委员会（Comitato Tina Modotti）

图 17　蒂娜·莫多蒂　《母与子》(*Mother and Child*)，日期不详，摄影，的里雅斯特，蒂娜·莫多蒂委员会

图 18　弗里达·卡罗（墨西哥人，1910—1954），《破裂的柱子》（*La columna rota*），1944 年，纤维板油画，墨西哥城，国家美术协会

图 19　多萝西·兰格（美国人，1895—1965），《得克萨斯潘汉德尔高地平原的女人》（*Woman of the High Plains, Texas Panhandle*），1938 年，摄影，为美国公共事业振兴署（U.S. Works Progress Administration）拍摄，华盛顿，国会图书馆

图 20　诺曼·洛克威尔（美国人，1894—1978），《免于匮乏的自由》（*Freedom from Want*），1943 年，“二战”期间受美国政府委托所作的《四大自由》（*The Four Freedoms*）系列油画之一，斯托克布里奇（马萨诸塞州），诺曼·洛克威尔博物馆

图21 《我献出了一个男人！》(*I Gave a Man*！)，美国，鼓励购买战争债券的“二战”海报，埃克斯特罗姆图书馆，路易斯维尔大学，肯塔基州

图 22 《同盟国的妇女——为自由而战》（*Women of the Allies — Fight for Freedom*），英国，“二战”招募海报，埃克斯特罗姆图书馆，路易斯维尔大学，肯塔基州

图 23 《她对通用电气充满信心》（*She's Confident with GE*），《生活》（*Life*）杂志中的电动干衣机广告，1960 年 11 月 14 日

图 24　菲利普·哈尔斯曼（Philippe Halsman，美国人，1960—1979），《玛丽莲·梦露》（*Marilyn Monroe*），1962 年，摄影，《生活》杂志封面照，1962 年 4 月

图 25　《乱世佳人》，电影宣传剧照，费雯·丽（Vivien Leigh）饰演斯佳丽·奥哈拉，克拉克·盖博（Clark Gable）饰演瑞德·巴特勒，米高梅公司，1939 年，纽约，现代艺术博物馆

图 26 《一个陌生女人的来信》 电影宣传剧照，马克斯 · 奥菲尔斯（Max Ophüls）执导，琼 · 芳登（Joan Fontaine）饰演丽莎，路易斯 · 乔丹（Louis Jourdan）饰演斯蒂芬，1948 年 纽约，现代艺术博物馆

图 27 《施格兰 V.O.，为正确行事之人打造》（*Seagram's V.O. For People Who Do Everything Just Right*），威士忌广告，刊于《新闻周刊》（*Newsweek*），1972 年 9 月 25 日

图 28　《崔姬》（*Twiggy*），《生活》第 62 期（1967 年 4 月 14 日）

图 29　沃纳·比肖夫（德国人，1916—1954），《印度的饥荒：比哈尔邦的女人》（*Famine in India: Woman in Bihar Province*），1951 年，摄影，玛格南图片社（Magnum Photos）

图 30　格雷丝·罗伯逊（英国人，1930—），《母亲的休假日》，1954，刊于《图片邮报》的一篇专题摄影报道

图 31　戴安·阿勃丝（美国人，1923—1917），《无题 5》（*Untitled 5*），1970 年—1971 年，摄影，巴黎，国立现代艺术博物馆，蓬皮杜中心

图 32　费斯·林戈尔德（美国人，1930— ），《谁在害怕杰米玛阿姨？》（*Who's Afraid of Aunt Jemima?*），印染彩绘拼布被，纽约，弗雷德里克·N. 柯林斯收藏，摄影：伯妮斯·斯泰因鲍姆美术馆

图 33　安娜·蒙迪埃塔，《无题》（*Untitled*），《火山系列 2》（*Serie Volcán 2*），1979，彩色摄影，纽约，卡洛·拉马尼亚美术馆

图 34　朱迪・芝加哥（美国人，1939— ），《晚宴》，1974 年—1979 年，刻有 999 个女性名字 [1] 的陶瓷地板上，放置着一张每边 46 英尺长的等边三角形餐桌，上面摆放着 39 个不同造型的陶瓷餐盘和刺绣餐巾，旧金山，现代艺术博物馆

[1]　其实只有 998 位女性的名字，其中一个是误以为是女性的男性名字。——译者注

图 35　南希·格罗斯曼（英国人，1940— ），《男性人物雕像》（*Male Figure Sculpture*），1917 年，拉链以及皮革包裹的木材，耶路撒冷，以色列博物馆

图 36　苏珊·莱西（美国人，1945— ），《和蒙娜一起旅行》，折叠明信片，文本：阿琳·雷文，摄影：D.E. 斯图尔德（D.E.Steward），西尔维·汉考克（Sylvie Hencocque）

图 37　芭芭拉·克鲁格（美国人，1945— ），《我买故我在》（*I Shop Therefore I Am*），摄影，纽约，玛丽·布恩美术馆

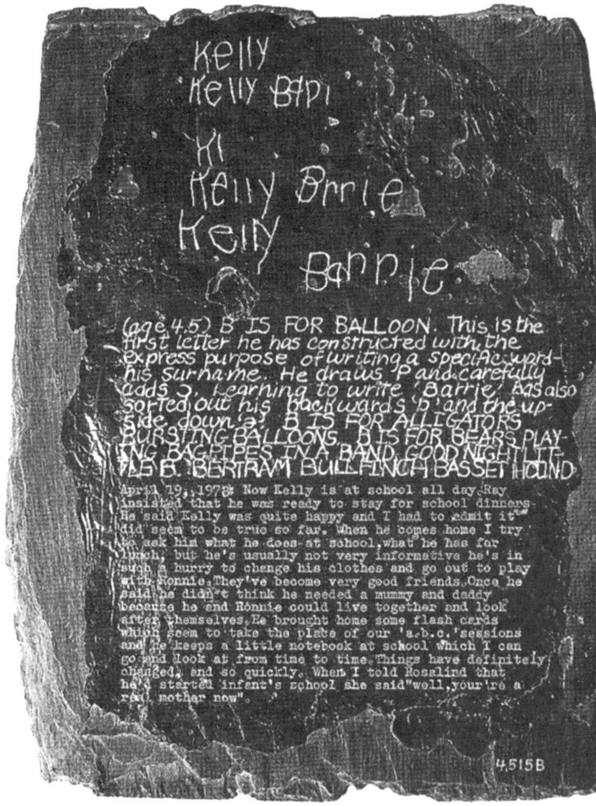

图38　玛丽·凯利（美国人，1941— ），《产后记录》之《安抚物、日记和图示，文件四》，6个部分中的135个小物件之一；综合媒材，1973—1979，纽约，玛丽·凯利

图 39 《世界上最快的女人》（*Fastest Woman in the World*），弗洛伦斯·格里菲斯-乔伊娜在《体育画报》的封面照，1988 年 7 月 25 日

图 40　雷莎·佩吉,《格林厄姆公地的女人们》, 1983 年 1 月, 摄影, 伦敦, 雷莎·佩吉 / 格式摄影社

她表现女性临盆和生出婴儿的过程时，她的雇主《图片邮报》（*Picture Post*）删除了其中一张图片——画面中的女性脸部痛苦、扭曲，并声称女性读者会因此感到惊恐。

然而，女性能够重新定义她们的对象，即便只是对此作出细微的改变。在罗伯逊的另一个系列作品《母亲的休假日》（*Mother's Day Off*）中（图 30），她成功发行了一套以特殊敬意表现年长女性的图片。她选择展现她们的幽默、友谊和热情。她在其中一幅作品中将女性设置为观看的主体。三个女人在聊天，她们中的其中一人与我们交换眼神；一个小女孩透过明净的玻璃窗观察着她们；这种视觉语言由三个女人和一个小女孩构成，我们将视线往后移，穿过不透明的玻璃，就能看到"spirits"（心情）这个单词。这种将不同透明度的玻璃和不同的凝视置于同一画面的表现手法，既耐人寻味，又使我们远离了被作为单纯的观看对象的女性形象。

戴安·阿勃丝（Diane Arbus）是一名影响力巨大的摄影师，纵观其整个职业生涯,她对社会边缘群体倾注了和主流群体同等的关注度。在认识到异装癖者、侏儒、老年女性以及唐氏综合征患者（图 31）的生活处境的同时，阿勃丝还赋予她们尊严。近距离的正面视角，以及让拍摄对象置身熟悉的环境，使她们拥有了难得的自信，成为画面的主角。我们可能像偷窥者一般观看着她们，但我们从中感受到，他们是和我们一样的人。

自我表现（self-representation）一直都局限于少数特权阶层，没能呈现其他任何东西。如今，女性不仅开始设计自己的图像，还质疑曾经由她们充当主角的图像。有色人种的女性面临多方面的问题，因为她们既要解决自己如何被刻画的问题，还要解决白人利用图像贬低、忽视、压制其他种族的问题。但是近几年，不论在英国，还是在美国，有条不紊、坚毅果敢的有色人种女艺术家越来越多。虽然有色人种女性中一直不乏艺术家，但现在，她们的作品已经进驻各个美术机构，并且直面种族问题。美国有色人种女艺术家费斯·林戈尔德（Faith Ringgold）在《杰米玛阿姨》（*Aunt Jemima*）（图 32）中表达了对种族偏见的看法,这幅作品诙谐地引用了人气食品"杰米玛阿姨"的种族歧视商标（迫于压力，最近已更改了原有商标）。与此同时，她再次用被子这种媒介进行创作，长期以来，被子是女性奴隶艺术创造力的倾泻载体之一。她的系列作品《彩绘故事被》（*Painted Story Quilts*）展现了一直以来图像如何塑造人们的种族观念和价值观。

林戈尔德的作品向人们揭示，政治对艺术表现的介入程度向来很高。

也许，身体是女性自我表达中最难解决的问题。女艺术家既想要赞美身体之美，又担心将个体描绘成性对象，从而进退两难。自 20 世纪 70 年代以来，她们一直在探寻新的表达方式，以丰富这个主题的文化内涵。方法之一是避免直接描绘身体，并将身体所蕴含的能量与自然元素联系起来。安娜・蒙迪埃塔（Ana Mendieta）用火、泥土、水创作女性身体的印记或标记，抓拍下她精心制作的转瞬即逝的装置（图 33）。

如果说像蒙迪埃塔这样的古巴艺术家在文化定义之外定位女性，那么其他艺术家，如美国的朱迪・芝加哥（Judy Chicago），就让遭到忽视的女性对文明的贡献重回大众视野。她在 1974 年到 1979 年间创作的巨型作品《晚宴》（*The Dinner Party*），赞美女性在政治、艺术、宗教上的成就（图 34）。《晚宴》提出的问题在女性主义者之间引发激烈讨论。女性应该接纳男性的个人英雄崇拜吗？用阴道意象表现弗吉尼亚・伍尔夫等人是在侮辱她们还是一种勇敢的颠覆行为？在多人参与这个项目的情况下，为什么由芝加哥为项目署名？

另一种策略是将情色意象用于表现男性，这类意象在传统中都被用在女性图像上。但结果证明，情色是不对等的；男性裸体无法承载与女性裸体同等的艺术史意义或性意义；角色反转提醒人们性别的差异，却无法消除这种差异。英国雕塑家南希・格罗斯曼（Nancy Grossman）用皮革、拉链、搭扣捆扎了一尊男性塑像（图 35）。它既令人厌恶，又让人着迷，这使人们意识到我们的性观念如何与力量的标志联系在一起，不论是施加的力量还是被迫屈从于的力量。

所有表现女性身体的革新尝试，不得不与根深蒂固的视觉习惯以及情色会沦为色情制品的认知抗衡。也许，在图像问题上，利用女性的色情图像从事回报丰厚的非法交易，才是最令女性恼火的，但有关这个问题的赔偿途径或反击方法，也是最难以达成共识的。在 20 世纪 80 年代早期，整个色情制品行业每年估计创造了 70 亿美元以上的销售额，远超 20 世纪 60 年后期的每年 5 亿美元的销售额[7]。视觉素材似乎是大部分利润的来源。在美国，太平洋贝尔电信公司（Pacific Bell Telephone Company）估算，在 1984 年 10 月至 1985 年 10 月期间，“拨打色情电话”（Dial-a-Porn）服务给公司带来 1200 万美元的营收[8]，但一本有露骨性爱图片的头部杂志在 1984 年在 1 个月中就能卖出 10617482 册[9]，而 20 个制作公司每年能制作大约 100 部标准时长的色情故事片，它们每年的票房总收入大约有 5 亿美元。《深喉》（*Deep Throat*）是在 1972 年拍摄，由琳达・洛夫莱斯（Linda Lovelace）主演的“经典”色情片，被称为“史上最赚钱的电影”。[10]在 1968 年至 1970 年间进行的约翰逊委员会的研究发现，观看“成人电影”的人，90% 以上是男性。[11]

即便是坚定的女性主义者，也无法在审查制度上达成一致意见。是否能够在具体表现层面抨击色情制品？或者说，审查是不是父权文化的内在组成部分，唯有根本性的社会批判才能奏效？女性主义者对此意见不一。有关色情制品的争论核心在于，真实经验与表现之间的关系处理起来十分复杂。几乎没有人认为图像使女性遭受暴力或物化，但也几乎没有人会否认，这些图像确实源于我们的文化加之于女人和男人的不平等身份，且参与其中，并使这种不平等得以延续。

自 20 世纪 70 年代以来，女性主义艺术家、评论家、历史学家已经转向身份的社会建构问题。受到马克思主义、社会历史、语言哲学、精神分析学的影响，他们对艺术史所珍视的一切假设和分类提出疑问。他们认为，诸如作者、原创性、杰作这些观念并不是创造力的基础，而是文化历程的成果，女性特质和男性特质在这一历程中得到稳固。

如何不使用传统概念框架对视觉文化史进行再思考，以及，什么类型的视觉作品可能脱离这些框架，这两个问题留待解决。然而，大部分评论家和历史学家至少确定了两种他们希望避免的定位：一个极端是本质主义立场，这种立场寻求建立一种对所有女性都适用的鉴赏力或审美观假设，不论其阶级和种族；另一个极端是解构主义策略，这种策略因为过于偏向相对主义而将政治机构排除在外。对女性主义的评论家、历史学家和艺术家来说，理论和实践应当容许人们去了解历史、理解当下，在应对变化的过程中必须协调一致。

自 19 世纪以来，艺术为女性提供了一个寻求和维护社会名望、文化领导力、经济独立、公民政治权力的相对受到认可的途径。在艺术史终身教授、注册建筑师、办过展览的艺术家之中，女性仍是少数。1981 年至 1987 年间，在纽约的现代艺术博物馆中举办过展览的艺术家之中，只有 12% 是女性。但是，职业女性的数量不断增长，她们说话越来越有分量，她们的存在也越来越受瞩目。1975 年，美国的建筑职位中，女性仅占 4.3%，1985 年则上升到 11.3%。[12]

女性参与到艺术中，构建了她们的非正式社交环境。美国的所有博物馆都严重依赖志愿者，这一需求几乎完全通过女性得到满足，因为她们的存在，博物馆更像一个俱乐部。对于十分富有或热衷社交的女性，艺术是时髦的慈善活动，是她们慷慨解囊的对象，还能借此举办盛大的派对，并实现自我提升。1981 年，威廉敏娜·霍拉迪（Wilhelmina Holladay）创立了国家女性艺术博物馆。这是一个有争议的机构，有人认为它区别对待女性艺术，也有人宣称它复制了父权制对创造力的定义，但它吸纳了超过 83000 名来自全国各地的会员，并得到他们的经济资助。随着各地广泛展览、发布、讲授女性创作的艺术作品，女性所认同的作品中开始出现了她们自己的作品。

在近来极其多样、活跃的女性主义艺术实践中，出现了几种趋势。一种是玩世不恭地挪用权威意象，批评其含义或创造新的含义。另一种是寻找新的或被遗忘的媒材、表现形式、展览空间，以及不受艺术机构认可或控制的受众。苏珊·莱西（Suzanne Lacy）的《和蒙娜一起旅行》（*Travel with Mona*）兼具上述两个特征（图 36）。莱西一边游览世界各地的艺术朝圣地，一边对列奥纳多·达·芬奇的经典之作《蒙娜丽莎》进行再创作。她收集自己巡游行为的照片，阿琳·雷文（Arlene Raven）则撰写文本，这个作品以观光系列折叠式明信片的形式呈现，既被永久留存，又能重现当时的场景，且一份明信片只售几美元。

正当莱西对高雅艺术进行再创作，制作出广受欢迎的明信片时，众多女性主义艺术家跨过艺术的边界，着手应对主流问题和市场。比如，芭芭拉·克鲁格（Barbara Kruger）将既有意象与言语询唤（verbal interpellation）结合起来（图 37），人们因此无法对她的作品进行艺术分类；除此之外，她在评论性和理论性出版项目上与他人进行合作，还不时出于政治原因（例如女性生育权），创作一些小作品；然而她的作品在各大博物馆展出，完全交由艺术商打理。

在视觉艺术与语言艺术分离了几百年，而抽象的高雅艺术发展了几十年之后，女性主义艺术家已经成为综合媒材（mixed media）和复合意义最活跃的支持群体之一。像莱西这类行为艺术家，一直用各种方式与观众进行交流，经常招募公众参与到她的艺术项目中。而像克鲁格这类创作独立实物的艺术家，运用大型的载体、公众熟知的图像及特有的标语来引发人们的精细研读，而不是超脱的沉思。

而像玛丽·凯利（Mary Kelly）这类艺术家，利用作品表现了语言和图像如何产生了建构我们身份的含义。凯利在她 1976 年的作品《产后记录》（*Post-*

Partum Document）中，以母亲的视角探讨母性这一古老主题，当她的孩子成熟运用语言时，她必须断开与他的生理联系（图 38）。小块石板这样的圣物上刻着很多记号或单词，记录着这段惆怅的分离。在《产后记录》中，感官的愉悦与理智的严谨之间的相互作用，使女性能够因为小拳头的印痕和“我爱你，妈妈”这句话感受到强烈的情感吸引力，也能够更好地了解使这种吸引力变得如此强烈的女性身份中的特质。

女性要创造自身的新图像，就必须了解和培养看待她们自身、她们的身体及她们的社会地位的新态度。女性的图像和女性创作的图像在历史上从未如此剧烈、迅捷地产生变化。体验和表现互相激励，共同发展。近几年，一些最具冲击力的女性图像打动了人们，因为它们的内容既与人们的态度有关，也与对这些态度进行视觉具象化的表现手法有关。弗洛伦斯·格里菲斯·乔伊娜（Florence Griffith Joyner）出现在《体育画报》（*Sports Illustrated*）的封面上，她在 1988 年打破了女子世界纪录，在激动人心的胜利中举起双臂（图 39）。摄影师雷莎·佩吉（Raissa Page）提升了格林厄姆公地（Greenham Common）女性的社会影响力，她们在导弹发射地上举行抗议活动，用双手拉成一个圈（图 40）。

第三部分

世纪大变革

延续与断裂

1940 年 12 月 18 日，西蒙娜·波伏娃在给让－保罗·萨特的一封信中，言辞激烈地批评一位哲学家朋友不负责任："他拒绝运用不想要孩子的男人应该运用的体位——而让他的女朋友承担所有风险……所以，要是出了什么问题，都是他女朋友的过错。"[1] 埃德加·莫林提出了一个问题，性解放（准确来说是各种性解放运动）——在艾滋病出现之前，似乎迎来一个不用生育，也不理会社会准则的性时代——是"摩登时代唯一的好消息"吗？[2]

在第三部分，我们有意不再赘述母亲、家庭或私人生活的历史。[3] 我们也希望绕开被称为"日常生活的历史"这一陈旧话题，尽管该方面的发展有目共睹，家务活干起来更轻松了，空闲时间也变多了，不论男女，在行动上都获得了更大的自由度。与此同时，女性曾经聚集的场所不复存在，而性禁忌一直存在于某些公共场所和交通方式之中。因此，我们用历史的视角按主题进行叙述，并在这种叙述中对两类观点提出疑问：一种是普遍认同的看法，即获得教育和工作机会使女性得到了更大程度的解放；另一种更具争议，即女性察觉到自身越来越受到母亲角色要求的束缚。本部分中的三篇文章，论调各不相同，但都在探寻延续和断裂问题，详尽概述 20 世纪的重要关注点——生育与福利，教育与工作。

第一篇文章揭示20世纪早期的女性主义鲜为人知的一面。如今带有“母性”特征的女性主义，在一战之前曾蓬勃发展，当时的女性主义呼吁经济和政治权利的平等，也呼吁社会认同母亲的价值，这种价值与男性的众多追求同等重要，甚至比其重要。早期的女性主义者也是福利国家的倡导者，但欧洲的福利国家很快就转向塑造母亲的家庭贤内助形象，从而强调了父亲的价值，但在美国，母亲的身份被视为纯粹的个人问题。

第二篇文章关注经济、科技、人口方面的变化，过去的30年，这些变化逐渐瓦解了传统家庭结构，并鼓励发展一种人口和劳动力再生产的新模式。新模式的特点包括女性使用节育手段，向母亲们提供更多的医疗和社会援助，为女性分娩提供更科学的医疗手段和公费比例更高的医疗制度。女性因此在支配生理命运和掌控婚姻关系上，享有了越来越大的自由度。随着公民权利的演进（下一部分会展开讨论），女性作为个体已经得到了充分的认可，这促进了男女的社会平等，尽管各个国家的程度不一。

第三篇文章的论调显然更为悲观。虽然经济结构和形势发生了变化，作者仍旧指向工作和教育中的持续性不平等。随着女性人数在既有的规则、职业或行业中不断增长，男性主导的社会提出了使知识和劳动上的性别分工得以持续的新方式，将其伪装成经济或象征意义上的要务。最近的新花样是发明了所谓的临时工作或兼职工作。只有社会背景显赫、接受优秀教育的少数女性才能摆脱这些规则，从而获得真正的工作权利。

由于这篇长文在探讨教育和工作对劳动力市场多样性的双重影响，所以不可能再将女性和工会作为重要主题，也不会讨论相关法律。人们认为，由于支持在工作方面保护女性的法律，由于持有职场性别差异的观念，工会本身反映并促进了劳动的性别分工。在法国，工会中的女性努力让工人阶级组织注意到女性的诉求，如法国民主工会（CFDT，Confédération française démocratique du travail）的珍妮特·劳特（Jeannette Laot）和法国总工会（CGT，Confederation Generale du Travail）的玛德琳·科林（Madeleine Colin）。[4]部分女性坚持革命信念，她们认为，如果女性大量进入劳动市场，每个女性的工作条件都会得到改善，社会也会变得更美好。20世纪70年代的乌托邦之梦向现实低了头，不过它也曾在政治、物质和象征意义上取得成果。职场平等尽管在一定程度上受到了法律认可，但远未在现实中实现，它现在仍然是两性关系中的一个基本问题。

F. T.

第十三章　新兴福利国家的贫困状况与母亲权利

吉塞拉·博克（Gisela Bock）

现代福利国家虽然形成于不同的时期，拥有各自的历史，但在二战后变得越来越相似。促使它们成形的改革形式多样，但改革的核心以针对弱势阶层的国家保障为前提：因为工伤、疾病、年老、失业而无法通过工作报酬养活自己的人们。在现代福利国家，这个群体不再是济贫（poor relief）的对象，也不会因此遭受歧视性的资产调查，或丧失公民身份。他们被认为拥有支持国家职责的社会权利，这种社会权利源于他们身为公民的政治权利，也源于之前身为工薪劳动者和纳税人对社会的贡献。（20 世纪 40 年代，"福利国家"这个专有名词首次出现在英国，此时的"福利"已经从施舍、慈善或济贫中剥离出来。）一战之前，只有男人是公民；战前及战后，因为劳动力市场的女性数量不足，也因为她们的工资低于男性，女性遭到社会保险计划的歧视。大部分国民福利改革"聚焦于男性劳动者，而非女性和儿童——先前济贫的主要受益者"。[1] 这种偏见体现在有关福利国家兴起的广泛学术研究中；学术研究还特别关注主要与男性和男性贫困有关的改革。女性和女性贫困充其量是一个附属品。关于要求、阻碍、影响或引起福利国家改革的社会、政治势力和压力团体（pressure groups）的研究（贸易联盟，宗教或世俗团体，改革派、左派、自由派或保守派政党），同样忽视了早期的（"第一波"）女性运动，尽管这些运动在涉及母亲和生育的福利改革方面至关重要。

19 世纪晚期以来，女性在政治社会权利、公民身份、福利等方面的奋斗互相关联，女性运动对底层女性的需求和利益，以及女性贫困等问题的关注，比以往更加敏锐。众多女性之所以争取参政权和完整公民权，不只是在形式上寻求与男性平等（甚至在一些国家，并非所有成年男性都有投票权），也想要左右社会政策，使其更多地支持女性。女性运动的中产阶级成员开始到处调查女性贫困问题。与此同时，贫困女性用前所未有的方式——特别是信件和自传——开始为自己发声，讲述她们的遭遇。一位历史学家将这些文稿阐释为一场中产阶级女性与底层女性之间名副其实的对话。[2]它们表明女性贫困与生育的多种联系，也说明人们逐渐意识到这些问题，并对其形成一定的概念。例如，中产阶级女性要求有权支配自己所赚取的收入，这一诉求包含着女性无法兼顾工作和生育的观念，至少在刚开始做母亲时无法做到。但是，社会底层的大部分女性不得不身兼家务和工作——并非因为她们希望如此，而是出于经济需求（19世纪晚期到20世纪早期，除了荷兰和西班牙，欧洲的女性劳动力比例始终远远高于美国和加拿大）。女性特有的生活风险加剧了她们的贫困，包括做母亲的风险，尤其是有很多孩子的母亲，或无法得到丈夫的收入，抑或失去丈夫的临时收入或固定收入的女人。[3]因此，女性主义激进派在关注生育问题时，将未婚母亲、失业或在职的工人阶级妻子、工厂女工、寡妇、弃妇作为目标对象。此外，女性主义者在讨论母职问题时，忽视了女性的实际贫困状况和职业或婚姻状况，仍旧认为他们的目标群体是普通女性境况中的极端案例：她们已是母亲，或将要成为母亲，并且出于自身和孩子的生存需求而依赖于［有或没有足够家用薪水（family wage）的］男性。女性主义对母亲福利的关注被称为“女性主义的母性主义”或“母性的女性主义”，它所基于的假设认为，母亲身份不仅是一个“特定的问题”或单独的问题，也是女性生存环境的集合。这种视角质疑了女性的贫困情况和男性的家用薪水，也将要求取得权利的人群范围从贫困的母亲扩大到所有母亲。

在这种背景下，女性运动所争取的福利国家和公民身份，不仅要认可男性劳动者的权利和需求，也要认可母亲的权利和需求，无论她们是否有收入。女性运动发起并影响了重要的福利立法，尽管它从未完全实现其中所寄予的厚望和诉求。这些运动在没有投票权的情况下偶尔获得成功，如意大利1910年的生育基金，是意大利首批福利措施中的一项；也有女性在获得参政权之后取得成功，比如美国1921年的《谢波特－唐纳母婴法》（Sheppard-Towner Maternity and Infancy Act），不仅是第一部国民福利法，也是刚刚获得选举权的女性所达成的第一个目标和政治胜利。其他国家的女性所争取的政治平等，包括受雇女性在分娩前后有带薪产假；除此之外，还有惠及所有母亲的国家资助，这是将男性的财富转移给女性的再分配。在不同的社会、政治压力团体的重压之下，上述要求后来转变为“儿童补贴”提案，这是将无孩者的财富转移给有孩者的再分配。这类补贴政策在民主国家实施之时——20 世纪 30 年代法国开始实施，二战后不久英国、挪威、瑞典开始实施——来自女性的压力使这笔补贴最终直接支付给了母亲；战间期推行的独裁统治使女性（还有男性）丧失了政治权利，这些补助被支付给了父亲。英国女性主义者维拉・布里顿在 1953 年评论民主国家的这些改革时称，“妇女问题”在福利国家彻底改观了：“女性本身成为目的，而不仅仅是男性达成目的的手段……福利国家是第二次变革的起因和结果，女性在 30 年间愈加认同自身的独特价值，逐渐摆脱了与男性的竞争。”[4] 在为母职争取尊严、福利、权利的漫长过程中，某些跨越时空的观点的延续，与其变革一样令人震惊。

在福利国家的发展进程，以及女性的诉求与其他压力团体的诉求的较量之中，围绕生育展开的福利改革，相比对母亲权利的维护，通常被认为更大程度地保护了父权。男性政治领袖几乎难以接受全面、系统地认可母亲的经济、社会、政治尊严这一要求。这些要求所得到的回应不过是一些针对“特殊问题群体”的零碎法律，它们被分散到劳动法、医疗保险、济贫、家庭法、所得税法规等各项措施中。又或者，通过改革去应对这些问题。这些改革将母亲和女性的需求掩藏在性别中立的法律背后，它关注孩子或家庭，通常还会包括父亲。下文第一部分涉及女性运动在众多国家所提出的问题，即女性贫困、生育与国家之间的关系——凯瑟琳・安东尼（Katherine Anthony）在 1915 年称其为“女性美元”（dollars for women）以及“女性选票”（votes for women）运动的一部分。[5] 第二部分主要探讨一战结束前有关母亲福利的第一波立法，第三部分涉及两次大战间歇期、二战期间，以及二战刚结束之时的女性发言和立法。

19 世纪 90 年代到 20 世纪 20 年代的女性运动、母性女性主义及母亲权利

女性主义讨论的关键是照料家庭的劳动，许多女性主义者声称这并非天性问题，而是劳动问题。1904 年，进步女性协会联盟（Verband Fortschrittlicher

Frauenvereine）的杰出成员、德国女性主义者凯瑟·席尔马赫（Käthe Schirmacher）尖锐地抨击经济学研究及其实践，因为它并未重视这类劳动。她在一场公开会议中坚称，女性的家务劳动是真实存在、创造价值、卓有成效的劳动，尽管“它看上去可能没什么大不了的”：“没有比母亲干的活更‘卓有成效的’劳动，她们独自一人承担这些家务，创造了人之所以为人的价值。”她详尽地描述了女性在家庭中所承担的繁重劳动，指出同样的工作在市场上是有酬劳的。女性为丈夫所做的工作是“丈夫在外工作的必要条件”；丈夫和他的雇主都依赖于这一点，但他看上去是在为两个人工作，“实际上不过是一个人占着两人份的酬劳”。她抗议“对家庭主妇和母亲的剥削”，认为女性没必要借着解放自身的名义，去接受另一种以低薪工作为幌子的剥削，但也认为社会应当给予她们所作的家务劳动一份社会、政治、经济意义上的认同。[6]

席尔马赫的论点并非没人支持，可是她在分析中得出的结论——家务劳动应当受到重视，甚至得到报酬——受到了进步女性协会联盟部分成员的批评，认为其过于“个人主义”。席尔马赫曾在法国定居，19世纪80年代时她接触过类似的观点，而她的著作也最先以法语出版。在法国，母亲的家务劳动、贫困，对丈夫在公民权利和经济上的依赖，以及在没有丈夫的情况下更为糟糕的生活环境，都是女性主义普遍、永远关注的对象。1878年，国际妇女权利大会（International Congress for Women’s Rights）在巴黎召开，与会代表要求各地市政府向贫困母亲提供为期18个月的生活支持。1892年，第一场打出“女性主义”旗号的女性会议强调，我们需要“向所有母亲提供社会保护”。1885年，持之以恒地争取妇女参政权的战士，也是世界上第一位明确自称“女性主义者”的女性于贝汀·奥克莱（Hubertine Auclert），以（法外）议会候选人的身份，号召建立“母亲国家”（它会取代以戮杀、吞食男人和女人的怪兽命名的“弥诺陶国家”），并向儿童提供保障性的补助。1899年，她提议通过向父亲征税，为生育补贴提供资金。几年以后，她又倡议向母亲们支付“为国家做出无可替代之贡献的报偿”，并在1910年再次以议会候选人身份重新提出该项建议。1896年，在巴黎举行的国际女性主义大会（International Feminist Congress）上，社会主义女性主义者利欧妮·鲁扎德（Léonie Rouzade）宣称“生育是最重要的社会功能，理应得到国家的补助”，并呼吁大家向议会请愿以实现这一目标。[7]

1900年的国际妇女境况与权利大会（International Congress on the Conditions

and the Rights of Women）再次就这个问题进行讨论。玛丽亚·波格隆（Maira Pognon）参与讨论未婚母亲是否有权提起生父确认诉讼，来指明孩子的父亲并使其支付抚养费——寻找生父的行为被 1804 年的《拿破仑法典》明令禁止。她认为，不应该强迫不想要抚养孩子的父亲履行上述行为。相比之下，更应该设立由国家资助的子女抚养基金，面向所有女性，不论已婚或未婚，使她们能够不依赖孩子的父亲。大会决议，所有文明国家都应该创立公共生育基金。布兰奇·爱德华兹－皮利埃（Blanche Edwards-Pilliet）就工厂女工在家庭内外的双倍工作量作出报告；因为她们“在生育上付出的极大努力”，社会应当给予她们充分的补贴。有工作的女性应当有权休带薪产假。这个问题，以及更普遍地承认生育乃社会服务，一直以来都是成立于 1901 年的法国妇女全国委员会和成立于 1909 年的法国妇女参政联盟的重要议程。女性主义日报《投石器》（*La Fronde*）的创办人、编辑玛格丽特·杜兰（Marguerite Durand）提议，除了男女同工同酬，家务劳动和生育保险也要有资金支持。奈莉·罗塞尔（Nelly Roussel）更为激进，她曾公开为避孕辩护，还在 1904 年宣布“子宫罢工”，她痛斥分娩的痛苦，强调“在所有社会功能之中，最重要、最伟大、最辛苦、最必要的一项功能，却从未获得任何薪资”。罗塞尔要求社会承认生产是一项真正的劳动，她支持女性生育权，要求支付给“做母亲这项崇高的事业以合理的工资”。生育工资将允许女性把精力投到孩子身上，只要她们愿意。[8]

类似的观点和提议出现在 19、20 世纪之交的所有西方女性运动中，但是法国似乎最先成为这方面的焦点，其方式最为鲜明、多样。在各个国家，激进派、温和派及社会主义女性都提出了类似建议，尽管并非所有女性都是如此。她们之中的许多人私底下都互相熟识。挪威最著名的激进派倡议者之一凯蒂·安克尔·莫勒（Katti Anker Møller），是女性“生产罢工”和自愿生育的宣扬者；她在 1900 年要求国家向未婚母亲提供援助，并自此开始积极参与政治活动。不久之后，她将要求援助的对象扩大到所有母亲；到了 1918 年，她认为生育应当被视为工作，得到工资奖励，成为报酬最为丰厚的女性工作。瑞典女性主义者艾伦·凯（Ellen Key）的国际影响力高于她的本国影响力；她认为女性最高尚的职业是做母亲，国家需要对此提供经济支持。[9] 意大利女性主义运动的关键议题是再次将生育评价为女性对社会和刚刚统一的意大利所做出的主要贡献；自 19 世纪 90 年代起，众多女性主义团体——大多带有社会主义女性主义倾向——

为设立生育基金努力奋战，这项基金是面向工厂女工的生育保险，或由男女职工缴纳，或由在职父母（为女儿）缴纳，或由雇主、国家缴纳。这个计划最早由保利娜·希夫（Paolina Schiff）在1894年代表以米兰为中心的女性权益保护联盟（Lega per la Tutela degli interessi Femminili）发起，随后，设立国民生育基金的要求又由国家妇女联盟（Unione Femminile Nazionale）发起。1908年，在后者所组织的第一次全国妇女实践活动大会（National Congress of Women's Practical Activities）中，尼娜·塞拉（Nina Sierra）和比安卡·阿比卜（Bianca Arbib）提议设立一种保险，让女性（是对工人阶级的女性）能够在“特别需要照顾孩子”的阶段获得报偿，从而能将精力投入家庭中。[10]

德国也对生育资助的法定保险模式进行了着重讨论。问题的重点不在于产假本身，因为1878年的法律（欧洲第一部此类法律于1877年在瑞典通过）已经推行针对工厂工人在分娩后为期3周的法定休假。1883年的俾斯麦医疗保险法案囊括了针对自我投保工人的适量的生育保险（奥地利在1888年紧接着出台了类似规定）。随后，女性要求延长产假，最重要的是，要求获得与全额工资相当，甚至高于全额工资的法定保险。某些女性主义者赞同用单独的生育保险替代妊娠、生育与疾病并在一起的混合保险。女性主义者、社会主义者莉莉·布劳恩（Lily Braun）分别在1897年和1901年倡议实行单独的生育保险；她视其为将母亲们从贫困中，以及暂时从工作中解放出来的一种途径。这种方案的相应资金取自税金，其覆盖时间为分娩前四周至分娩后八周。与德国的其他女性主义者一样，布劳恩的诉求也基于“生育是一种社会功能”的观念。[11]她的提议是对一年半生育资助的乌托邦理想与工作保障的实际需要这两者做出的折中。之后，众多激进派、温和派及支持社会主义的女性都呼吁设立生育保险，例如犹太女性主义者爱丽丝·所罗门（Alice Salomon）和亨丽埃特·菲尔特（Henriette Fürth）。德国的犹太女性主义运动——犹太妇女联盟（Jüdischer Frauenbund）的理论和活动围绕生育的尊严和价值重估展开。1905年，德国妇女联盟（Allgemeine Deutsche Frauenverein）在一份计划中声明，在家庭中“女性所做的工作”，“不论从经济上，还是法律上，都应被视为完全有效的文化贡献而予以尊重”；但负责人海伦·兰格（Helene Lange）称，用精确的数据衡量其价值“为时过早”，因为这种方式“尚未融入一般的道德观念”。在德国，很少有女性主义者呼吁为所有母亲设立国家资助，安妮塔·奥格斯伯格却是其中之一。1902 年，海伦·斯托克（Helene Stöcker）[成立于 1904 年的生育保护联合会（Bund für Mutterschutz）的共同创办人]就对家庭主妇、母亲“经济独立”的观点很感兴趣。1909 年，席尔马赫对男女收入的差距提出了抗议；薪酬的差异部分相当于“性别红利”或“家庭补贴”，虽然男性的养家角色使这种差异看似十分合理，但实际上补贴则应归功于妻子，应当直接支付给本人。她特别批判了“性别红利”被支付给未婚男性的现实：“他们的薪资包含合法妻子们的收入，他们增加的报酬能让他们买到不合法的妻子[对未婚男性来说意味着嫖娼]：‘家庭补贴’是基于对女性的双重掠夺。”[12]

在英国，艾莉斯·罗素（Alys Russel）早在 1896 年就提出“生育报酬”诉求，当时她还质疑奥古斯特·倍倍尔认为只有社会主义可以解放女性的论断。她批评倍倍尔更重视女性的工人角色，忽视了她们孩子生育者的身份，而将“女性问题”缩小为劳动问题还有附带的麻烦。在罗素的观念中，更高的工资、认可生育的社会重要性、男女平等的法律，“在个人主义社会中”完全可能实现。[13]与此同时，母亲运动发展起来，几年以后，女性问题得到了更广泛的讨论。妇女工党联盟（Women’s Labour League）（工党的女性）属于英国第一批实践团体，它在 1907 年要求为生活贫困的母亲提供财政援助，“让她们能够在不需要工作的情况下照顾孩子”；1909 年，联盟成员讨论了由国家资助“生育保险”——不久之前刚开始使用这一说法——不论这项资助是作为分娩补贴，还是作为母亲的固定收入，也不论它是否可能降低男性的平均工资，因为他们不再需要养活妻子和子女。认为妻子和母亲所做的家务工作毫无金钱价值是一种可悲的思想，其他女性组织对此提出抗议。[14]费边妇女社团（Fabian Women’s Group）的成员，妇女合作协会（Women’s Co-operation Guild）及其大量工人阶级会员，都特别倡议实行国家生育保险或母亲津贴（这一用语时常指支付给寡妇或其他贫苦母亲的款项）。这类补贴被视为促进女性经济独立，承认抚育子女的社会价值的途径之一。梅布尔·阿特金森（Mabel Atkinson）在 1914 年时认为，工人阶级女性不同于中产阶级女性，她们不会觉得被排除在工作领域之外，也不会要求获得“工作的权利，反而更希望免受无休止的劳作负担”。这个问题在她的观念中高度政治化：“国家保险”，“正逐渐被视为女性主义运动的终极理想”。由于分娩和育儿是“最基本的公民行为”，女性应该在这段时期得到酬劳。在一战时期及一战刚结束之时，贝娅特里斯·韦伯（Beatrice Webb），特别还有埃莉诺·拉斯伯恩（Eleanor Rathbone），基于对男性的家用薪水和男女间传统收入差距的激进女性主义批评，提出了关于生育补助的经济学理论。“同工同酬”必须辅以生育保险，而生育保险应当独立于传统的工资体系，充当“女性服务的报酬”和缓解“同工同酬”所造成的负面影响的手段。工会有时会提倡生育保险，以防女性以较低的劳动力成本取代男性，从而将她们局限在“不公平的”工作当中。[15]

1915 年，凯瑟琳·安东尼向美国女性主义者引介了这类源自欧洲的观念。她认为，“对生育的经济评估”和“国家对母亲提供资助的原则”是“女性身份转变史中最重要的篇章之一”；即使这类补助在实行的初期阶段可能十分微薄，但仍旧至关重要，因为它将为“带薪休假”提供保障，成为“除了丈夫之外的其他资金来源”，从而为女性独立和两性关系的根本转变铺平道路。在调查了美国工人阶级女性的贫困状况（她们除去家庭职责之外不得不去工作）之后，安东尼证实了自己的观点，并将调查结果公布在拉斯伯恩（Rathbone）的家庭资助委员会（Family Endowment Committee）1917 年年度报告的美国版引言之中。[16] 虽然鲜有美国女性主义领袖公开响应安东尼对母亲的工作给予认可和报酬的号召，但她不是唯一的提倡者。早期保守派女性的社团运动和组织，例如基督教妇女禁酒联合会（Woman's Christian Temperance Union），已经将女性的家庭职责置于活动中心，强调其公共重要性，有时也主张它“应当属于文明国家中支付报酬的行业”。有些激进女性主义者，例如节育的倡议者克莉斯托·伊士曼（Crystal Eastman），坚信抚育子女应当被“全世界公认为工作，需要明确的经济回报，而不是赋予执行者依靠某个男人的权利”。伴随着保守派和激进派的呼声，其他女性主义团体也捍卫类似的诉求：进步时代（Progressive Era）的改革家们，例如简·亚当斯和索福尼斯巴·布雷肯里奇（Sophonisba Breckinridge）；创立（于 1912 年）并管理美国劳工部（U.S. Department of Labor）儿童事务局（Children's Bureau）的女性主义者们，莉莲·沃尔德（Lillian Wald）、弗洛伦斯·凯利（Florence Kelley）、朱莉娅·拉斯罗普（Julia Lathrop）、格雷丝·艾勃特（Grace Abbott）；还有创立于 19 世纪 90 年代的母亲运动，它在全国母亲代表大会（National Congress of Mothers）上组织成形。一场为贫苦母亲争取“母亲津贴”的运动广泛开展。其反对者抨击这种补贴，认为对母亲所做的工作来说这是不应得的报酬，还会成为普遍性生育资助的切入口。然而，不论是获得津贴的女性，还是没有获得的女性，都开始将这类津贴视为自己的权利。[17]

尽管众多国家的众多女性都在争取作为母亲的尊严、对女性所付出之劳动的认可、从国家获得惠及所有女性的报酬或部分支持，女性主义者无疑在社会分析、对未来社会的愿景、女性解放的策略等基本问题上远未达成一致；就连在这些宽泛问题上取得一致意见的女性主义者，也在很多具体实践层面上各执己见。除此之外，对上述观念的部分或全部持相同意见的女性主义者并非终身都保持立场不变；这些观念，对有些人来说是起点，对另一些人来说却是终点。上文提到的那些国家正在展开类似的讨论。

主要的反对意见在于，索要生育资助太过“个人主义”或自我中心。英国独立工党的凯瑟琳·格拉泽（Katherin Glasier）谴责这种诉求，因为它属于“妇女争取自由之战中纯粹的个人主义‘反抗’阶段”。夏洛特·伯金斯·吉尔曼（Charlotte Perkins Gilman）不赞成艾伦·凯的观点，主张女性应当“为了公共利益而非为了个人”谋求权力。向女性支付报酬表达了对丈夫们以及他们使用家用薪水的不信任，这样不仅不太恰当，而且还会扰乱家庭关系。[18] 英国社会工作者安娜·马丁（Anna Martin），以及德国的玛丽安·韦伯（Marianne Weber）（马克斯·韦伯的妻子）提出的反对意见广为人知，她们认为生育资助和“家务工资”会带来危害，因为这会减轻男人对妻子和孩子的责任，从而逐渐瓦解男性的工作动机，并带来男性——而非女性——的“解放”。马丁和韦伯都倾向于平分丈夫的工资。韦伯呼吁妻子应当拥有获得家用钱和零用钱的法定权利。但两位女士都意识到这种方式对家务劳动如此繁重的女性没有太多好处，因为她们的丈夫本就赚得不多。

除此之外，也有不少其他观点。许多女性主义者担心国家资源不足以支付这类补偿金。而“爱的劳动”从使用价值到交换价值的转变显得更加困难重重。部分女性认为这种转变“不道德”“有违常理”“荒谬”。[19] 德国的玛丽亚·利希纽斯卡（Maria Lischnewska）坚信，外出工作比干家务活能产生更多的效益，而没有工作的家庭主妇“只是一味地消费”，接受丈夫的赡养，对国民经济毫无价值可言。她将兼顾没有报酬的家务劳动和雇佣工作的工厂女工理想化为“新女性的原型”。在从工人阶级女性和工厂法规的角度探讨母亲福利时，反对救济措施的人认为，不应当为女性工人引入特定的法律，因为这会削弱她们在劳动力市场上的竞争力，加深对女性天生弱势的偏见。［这是意大利的安娜·玛丽亚·莫佐尼和安娜·库利西奥夫（Anna Kuliscioff）之间的著名辩论。］另外一些女性主义者则对资助未婚母亲这一方式表达了疑虑，因为这可能会鼓励滥交，从而诞下更多不应降生的孩子。[20]

尽管存在很多反对声音，为了使妇女参政权合法化（例如美国），或者使获得非传统的、报酬优厚的职位的权利合法化，大部分女性主义者还是将生育问题置于女性解放愿景的中心，包括反对生育资助的那部分人。另一方面，支持生育补贴的人往往在诸如节育、婚姻的意义、家务的安排、女性劳动法等问题上无法达成一致。只有极少数女性反对生育补贴，因为它可能使没有意愿生孩子的女性被迫履行母亲的职责；夏洛特·伯金斯·吉尔曼就是反对者之一，她致力于使儿童保育成为社会的有机部分，且变得更为专业。人们往往会发现，不论有着怎样的政治、阶级背景，也不论属于何种女性主义流派，大多数女性和女性主义者都拥有相同的预设，即无论是遭到剥削或是受到表扬，家务劳动和儿童保育毕竟是女性的任务——即便算不上是所有女性的任务。[21]

部分女性主义者坚持认为生育是一种社会功能，而不仅仅是生理的、私人的、个人的功能。他们挑战私人与公共或个人与政治的传统的文化二分法，努力践行着全新的愿景——个人不仅与大社会[22]，也与家庭和生育相互联系。他们也因此与后来所谓的两性“生物学”观点彻底决裂（“生物学”一词在初涉两性问题时尚未在其语境中通用）。人们通常使用“女人的天性”一词描述女性的权利和责任，甚至用来呼应，乃至挑战“男人的自然权利”这一启蒙运动论述，这种论述将女人排除在自然权利之外，而其根据在于女人和男人存在着本质的差异。女性如今要求获得基于自身天性的公民权利，因为她们对社会有着独一无二的贡献。她们在为先前属于私人或个人职责的领域争取权利、报酬、保护的过程中，并未过多地质疑女性和男性的劳动分配，比如无偿劳动或有偿劳动的性别分工（两者都依据各自的价值获得报酬），以及无权力的或有权权力的性别分工［包括妇女合作协会所谓的“篮子权力”（basket power）］。更为激进的女性主义者挑战社会本身的结构，认为社会结构应当以女性的行为和报酬为中心，而不是男性的行为和工资。其中大部分人都认为，生育保护不仅有益于女性，也有益于整个社会，因此，借用意大利的埃尔西莉亚·马伊诺（Ersilia Majno）的话来说就是，“女性主义的诉求是社会福利”。[23]

部分女性主义者将争取国家对母亲的补贴视为一种女性解放策略，她们通常既重视母亲的尊严，也重视对母亲的剥削；在海伦·斯托克看来，“一旦女性意识到生育问题……才是薪水、自由问题最深的根源所在，她们在取得应得的自由、独立、认可之前就不会停止斗争，因为她们为社会做出了贡献”。[24]他们言辞激烈地批评以男性为主导的社会价值观——“男性至高无上、支配一切的准则”。但他们都有着传统启蒙运动和新近女性主义在经济、政治上的“平等”目标：例如，奈莉·罗塞尔将女性主义定义为“性别的自然对等、社会平等的原则”。[25]这类女性主义者致力于男女平等，因为母亲的付出理应被视为工作，然而也有人骄傲地称其为更加高尚的必要劳动。国家生育救济和补助被认为能够促进平等——尽可能地促使女性独立（于雇主或丈夫）和“同工同酬”。而为了促进平等，女性不应该接受以男性为中心的主流社会价值观。而且，她们希望逐渐瓦解、替代这类价值观，至少对其作出补充。女性主义者并没有不切实际地以为在平等待遇会导致不平等结果或同等苦难的情况下，这种平等能够解放女性；他们也没有认为经济、社会、政治平等意味着女性和男性必须完成相同的任务，他们也没有认为女人和男人本质上毫无差别。他们没有淡化性别差异，而是强调女性有权保持这种差异，并认为这种方式不是在表达女性的无力、顺从，而是表达了女性的骄傲、力量、自我肯定。法国女性主义者将此概括为“差异中的平等”。席尔马赫在 1904 年的演讲中指出：“我们生活在一个男性按照自己的想象所创造的‘男性世界’之中。在这个世界中，他们为安逸度日而将自身置于首要地位，将自己作为衡量一切事物和生命的尺度，也作为衡量女性的尺度。无论是谁，想要获得与他们平等的地位，就必须与他们一样，做他们所做的事，以确保获得他们的尊重。对男性来说，平等的价值只在于同一性；只有同化才算是平等。”她否认女性所做的比男性所做的低级；拥有平等的权利与保持差异的权利应当共存。在 19、20 世纪之交的意大利，这种观点被称为“社会女性主义”或“实践女性主义”。这种女性主义如今再次成为分析讨论的主题，特别是其区分“平等”（“公平”）女性主义与“社会”女性主义、“个人主义”女性主义与“关系性”女性主义、“自由主义”女性主义与“福利”女性主义、“政治”女性主义与“家庭”女性主义的方法。[26]这类互斥——实际上往往互有重合——的女性主义门类（上述每组的第二个术语都包括了母性主义女性主义的内容）都表明生育在早期女性运动的理论、诉求和对解放的渴望中至关重要。

第一次世界大战时期的生育状况和国家福利

母性女性主义（maternal feminism）的高峰期恰逢新立法的提出，这类法律试图提高母亲和儿童的福利，或是通过现金资助（本节的主题），或是以服务作为报偿。在第一次世界大战前后几年，大多数完成工业化和正在经历工业化的国家都推行了这项法律。这种改革从补贴的数额和覆盖范围来看，都远未实现女性主义的诉求。这类补贴通常适用于特定工种的受雇女性，最初仅限于工厂女工，或适用于贫苦的母亲，她们大多是单身或寡居。即便在这些特定群体中，因为烦琐的行政程序、对申请者的经济情况调查、道德风险的控制、低数额的补贴，福利的效果也有所减弱。尽管这项法律在这方面仍未超出济贫法或劳动法的范畴，但它还是打破了过去的法规。这种突破表现在改革在所有国家所遭遇的激烈抵制上。与此同时，这项法律还为未来的福利国家进一步实现普遍的社会权利铺平了道路。虽然在这一时期获得投票权和被选举权的女性很少（一战结束之前，妇女参政权已经在澳大利亚、芬兰、新西兰、挪威、丹麦、荷兰、苏联等国获得准允；1918 年，在瑞典、英国、德国、奥地利亦获准允；1920 年，美国和加拿大也加入此列），但她们仍旧努力对这项立法施加影响，并获得了不同程度的成功。

在意大利，各种女性组织的游说在很大程度上促成了 1910 年国民生育基金的设立。这项基金基于一种由女性工人自身、雇主、国家三方摊缴的保险模式。生育福利在强制性产假期间支付给工厂女工，但大多数女性都无法从中获益，因为其补助过低，而缴费过高。在美国，第一部母亲津贴法于 1911 年在伊利诺伊州颁布，到 1919 年，有 39 个州向母亲们提供某种形式的援助。在自身经济困难或得不到丈夫经济支持的情况下，援助能够获得批准，这类援助偏向于提供给寡妇，但在部分州也会提供给单身女性、弃妇或离异妇女。法国在 1912 年准允了生父搜寻，至少在理论上，非婚生子女的父亲有抚养他们的义务。[27]1909 年的《恩热朗法案》（Engerand Act）确保女性在分娩前后至多 8 周的离岗时间内不会失去工作，但产假并非强制，在此期间也不会给予补贴（公立学校的老师是例外，1910 年开始，她们有权获得全薪补偿）。女性主义者和极少数支持这项事业的国会议员又经过 4 年的施压和紧密合作，这项重大变革终获实施。1913 年 6 月，法国通过《斯特劳斯法案》（Strauss Act）和一项金融法，要求某些雇主批准产假，更重要的是，在产假期间给予某些工种的女性工人以补贴。同年 7 月，批准给予有 4 个或 4 个以上孩子的贫困家庭补贴，同年 12 月，这类福利惠及某些职位的公务员；但无论哪种情况，补贴都支付给了父亲，女性主义者坚决反对这种做法，如奈莉·罗塞尔。这三项法律都为法国成为福利国家铺平道路，尤其在普遍的儿童津贴方面。

德国女性主义的讨论先于劳动法、医疗保险法在 1903 年、1908 年、1911 年通过的修正案，并对其施加了影响力；这些修正案将分娩补贴的时长延长至 8 周，提高了补贴金额，并要求为佣人上强制保险。但这些政策惠及的对象不包含已参保的受雇劳动者的妻子，尽管她们可以自愿为自己投保。英国于 1911 年推行《国民保险法案》（National Insurance Act）。妇女合作协会成功使生育补贴方案包含在法案中，其惠及对象不仅涵盖自己参保的女性，还有依靠已参保男性的未就业的受赡养者。1911 年开始实行这些条款时，补助都支付给父亲，妇女合作协会再次开始争取权利，终于在 1913 年成功使这笔（30 先令的）补助能够支付给母亲本人。1918 年的《妇幼福利法案》（Maternity and Child Welfare Act）规定设立针对贫困女性的福利诊所和福利服务，其中结合了一些女性团体前几年所致力于的目标的特征。在荷兰，1913 年的一项有关强制医疗保险的法律涵盖了生育补贴，在丹麦，1915 年的自愿保险计划中也囊括了生育补贴。在挪威，针对工作稳定的女性的分娩补贴于 1909 年和 1915 年开始设立，而 1915 年的《儿童福利法案》（Child Welfare Act）同意将由税金资助的补贴给予自身无力抚养子女的单身（未婚、寡居、离异、分居）母亲。这项议案遭到保守派的激烈抵制，但在前司法部部长、凯蒂·安克尔·莫勒的内兄约翰·卡斯特贝格（Johan Castberg）的推动下还是得以通过。不过，其补贴金额很少，还受制于道德监督；"坏母亲"被排除在外，或要将她们的孩子带离她们身旁；此外，补贴不足以覆盖生活费，所以母亲们在照料孩子之余还是希望找一份工作。在瑞典，1900 年的一项法律强制要求雇主批准为期 4 周（而后改为 6 周）的产后产假，但未规定给予补贴。12 年之后，生育保险议案被提出；由于这类补贴将被纳入尚未设立的强制医疗保险的框架，这项议案遭到搁置。直到 20 世纪 20 年代，瑞典女性跻身国会之时，这个议题才被重新提起。但其结果不尽如人意：1924 年的《儿童福利法案》仅在虐待儿童的情况下进行干预，且只划定几种符合经济援助的情况。直到 1931 年，医疗保险设立之时，女性才有权在产假期间申请国家生育补贴。[28]

1917 年，美国儿童事务局的负责人朱莉娅·拉斯罗普筹备了一项有关国家资助的生育（分娩）补贴计划的国际调查，“希望这些信息对某个大国的民众会有用，这个国家尚未形成国家援助体系或国民援助，也就是美国”。[29] 她的报告涵盖 15 个国家，大部分都在欧洲。在这些国家中，补贴一般只针对有工作的女性，只有意大利和法国将这类补贴纳入国民医疗保险计划；1912 年的澳大利亚法律独树一帜，准允将生育津贴发放给其“公民”（澳大利亚女性在 1901 年获得选举权），不论婚姻或就业状况如何。尽管各国在法律，乃至其实施情况上存在差异，但这些措施表明，针对母亲乃至母亲中特定群体的福利供给已经形成一种国际潮流。因为各国之间不仅存在着政治、社会、经济差异，还存在着亟待国家政策解决的各自特定的问题，这些国家的相似性显得尤为惊人。意大利和法国对母亲的新关注点，在某种程度上是在回应早已普遍存在的抛弃孩子、乳母喂养等习惯；许多有工作的穷苦母亲（无论已婚或未婚）会将孩子留在国家赞助的收容机构，因为她们没有能力照顾他们。在意、法两国，宣扬生育价值的女性希望废除这类收容机构。在美国，母亲津贴最终能获得推行，是为了制止在外工作的母亲，或无力养家糊口的父亲将孩子留在私人慈善组织运营的孤儿院这类普遍行为，因为这种环境往往是冷漠且不人道的；而在英国，抨击的对象则是“育婴”习俗。[30] 在这些国家，能获得公共援助的母亲育儿将会替代组织化、专业化的收容机构式的育儿。

战前的生育法律时常被女性主义者指出诸多缺陷，但确实改善了母亲们的生活。它的长期影响甚至是根本性的：国家承担供养母亲的任务，即使不情愿，或只是部分承担。众多女性主义者认为这是让全社会承认生育的“社会功能”和女性的完整公民权利的第一步。尽管他们必须调动这类煽动性语言去克服传统主义者的强烈抵制，但这项法律并不仅仅是对女性主义诉求或母亲生存境况的回应。在影响立法者的其他诸多动机之中，最重要的就是公众对出生率持续下降的关注度不断增长，外加对人口规模的兴趣也在不断增长，并视其为衡量民族自豪感和国家实力的重要指数。虽然全世界都存在这种现象——这是处在工业化进程中的国家共有的特点，但它却最早在法国成为女性主义辩论的焦点，因为法国的生育率最早出现下降趋势，同时也因为法国在 1871 年的战争中输给了人口稠密的德国，使得人口减少需要为国家尊严和欧洲霸权问题负责。自

19、20 世纪之交以来，许多国家的众多民众都强烈地感受到出生率下降所带来的威胁；专家和潜在专家寻找遏止，甚至是扭转这种趋势的措施。降低婴幼儿死亡率和产妇死亡率是最先采取且持续实施的手段，前者致使儿童福利运动和措施的兴起，后者致使母亲福利运动和措施的兴起。两者自是密切相关。

生育率下降——在 1900 年前后的英国和德国，以及后来的意大利——始于上流社会，而后延伸至工人阶级。公众意识到这一问题时，立即开始关注贫困母亲、未婚母亲、工厂女工，尤其是在法国、英国、德国等拥有大量女性劳动力的国家。“生育罢工”（birth-strike）通常被归咎于女性主义，婴儿大量死亡被认为与母亲的“无知”有关，而婴儿和产妇的大量死亡则被与妇女的工作联系起来；考虑到女性在 20 世纪初期所能获得的可怜工资和糟糕环境，最后一个假设才更接近事实。[31] 然而，从未有一个国家立法解雇在工厂或其他工作岗位工作的女性，而且，工人阶级女性无论如何都没有经济条件把精力全部花在照顾家庭和孩子上，因为她们所赚的薪水要维系家庭的生计。由于寄希望于工厂工人的生育休假和补贴能扭转下降的生育率，所以这些举措的本意并非将母亲们挤出劳动力市场，而是帮助她们兼顾工作和生育，哪怕只是在怀孕、分娩期间。生育福利政策不仅以提高出生婴儿的存活率为目标，也旨在提高未来出生婴儿的数量。因此，上述政策可以视作新的生育主义（pronatalism）的一部分。这类论调及相关政策出现于 20 世纪最初十年，在 20 年代持续发展，在 30 年代仍保持强劲势头。它们将生育福利构想为能够影响某类人群的途径——想要孩子，却觉得在繁重工作和贫穷的压力之下负担不起的群体。

虽然上述生育政策的目的多样，且时有冲突，但在很大程度上与女性主义所争取的母亲权利契合。母性主义女性主义者希望生育能够被视作女性公民权利的一部分；但与此同时，生育主义者恰恰将女性视为国家资产，因为她们是母亲。所以，从经济角度来说，“生育罢工”是传统工人阶级意义上的罢工：为了提高收入、改善工作环境而克制生育，但不完全放弃生育。也许法国才是这方面的典型。法国女性主义者很少有反对生育主义的言辞；反而一直利用它以达成自己的目的，有时他们确实对生育主义深信不疑，有时却更像一种策略。“如果你想要孩子，就学着尊重母亲”，玛丽亚·马丁（Maria Martin）如此写道，她是《女性杂志》（*Journal des Femmes*）的编辑，她在 1896 年的一篇文章中陈述对“人口减少”和“出生率”的普遍担忧。1931 年，塞西尔·布洪希维克（Cécile Brunschvicg）认为“法国及国外的女性主义者都想要挽救婴儿，帮助母亲，鼓励生育”。在一战期间，几百万男人或死去，或仍身处战场，女性劳动力则在战争相关产业的需求巨大，所以，为了鼓励女性去生育和工作，分娩津贴提高了，而支持“人口繁殖”的男性则提议各种生育刺激措施。有些女性主义者对此有所抱怨。在1915年的德国，温和女性主义者格特鲁德・鲍默尔（Gertrud Bäumer）（在德国妇女协会于1910年至1919年间任会长，之后任副会长）批评这种“只从军事角度将生育率问题”看作“各国母亲间的军备竞赛”的提议，也批评试图建立“一整套集合保险、酬劳、补偿金的贿赂系统，以便繁衍生命”的提议。然而，对德国及其他国家的女性主义者来说，妇幼保健远远不足，德国妇女协会坚持要求改革，以“保障母亲们安心生育”。[32]

法国女性主义者之所以赞扬生育是女性权利和义务的基础，还有更深层次的原因。在法国，生育主义的男性团体希望通过保护父亲——而非母亲——达成目标，甚至有人认为生育率下降是由于男子气概的缺失，而不在于女性气质的缺失。法国国家人口增长联盟（Alliance Nationale pour L’Accroissement de la Population Française）（成立于1896年，就在利欧妮・鲁扎德要求国家向所有母亲支付津贴的巴黎女性主义大会举行后的一个月）最为直言不讳，恳求男性创建大家庭，倡议为父亲们提供财政奖励，特别是免除他们的所得税。随后，着眼于重新评估父亲身份的生育主义者将退税作为其主要措施。该联盟认为，母亲只配获得勋章——这种提议在1903年刺激了玛丽亚・马丁、于贝汀・奥克莱等女性主义者，她们开始极力主张生育津贴应当支付给母亲。[33]

第一次世界大战带来重大革新。除了美国以外的所有交战国，都推行了军属津贴：钱直接支付给未归士兵的妻子或阵亡士兵的遗孀，补贴给她们本人或她们的子女，而其数额取决于家庭规模，有时则取决于女性的职业状况，且通常支付给事实婚姻和合法婚姻中的妻子。英国、德国的实际情况研究表明，虽然女性在名义上是作为丈夫的“受赡养者”获得这笔津贴，但她们认为自己有权获取这笔款项，因为它同时也是为家庭和孩子所付出劳动的补偿金；此外，当母亲可以任意支配这笔津贴时，孩子的福利也能得到切实的提高。对朱莉娅・拉斯罗普以及她在儿童事务局的同事们来说，这种基于“最为超前、开放观点”的全新尝试对于设计美国的未来政策似乎极其重要。[34]

20世纪20年代至50年代的母权、父权、公民权

不论是对女性主义运动，还是对现代福利国家的崛起，第一次世界大战期间实行的生育政策在战争结束后仍然很重要。在女性已经成为拥有完整投票权的公民的国家之中，许多女性个人或女性组织运用她们的选票和代表身份改善母亲们的生存环境。与战前相比，方式有所改变：乌托邦愿景已经销声匿迹，更为务实的观点渐渐盛行，联合其他决策者的联盟亟待建立。谴责对母亲的剥削和颂扬生育的早期女性主义趋势在大多数国家逐渐平息，这不仅出现在部分女性主义者之中，甚至在男性决策者和压力团体之中亦是如此。美国最为典型，美国女性主义者在1921年《谢波特－唐纳母婴法》中赢得胜利。法案同意为面向母亲和孩子的预防性医疗服务提供联邦补贴，并因此招致法案反对者的指控，即在美国推行“共产主义”和“集体化”。可是，在20世纪20年代，少数女性主义运动偏离了对生育的关注，提倡严格界定针对女性和男性的法律条文，并在合理可行的情形下着手解决各种问题，其中备受瞩目的是提供平等权利的一项宪法修正案。同时，生育政策方面的政治胜利却遭受反对者的打击：1921年法案所同意的资金补助被中断，该项法律也在1928年被废止。这场失败使旧有原则死灰复燃，即生育是纯粹的个人或家庭职责，而非社会责任。直到1935年《社会保障法案》（Social Security Act）的颁布，以及儿童事务局的坚持要求，联邦援助才再次获得批准，这次是向“未成年儿童援助项目”（Aid to Dependent Children program）提供资金。这些联邦资金由社会保障总署管理，而非儿童事务局的女士们。美国没有再颁布针对生育福利的联邦法律；直到几十年后，即20世纪六七十年代，对未成年儿童的援助才以女性问题的形式再次出现，并在“贫困女性化”的假说中扮演了至关重要的角色。[35]

国际劳工局（International Labor Office）在女性的持续游说下，于1919年发表《华盛顿公约》（Washington Convention），建议所有女性工作者在分娩前后6周休产假，以全额生活补助代替工资，并获得免费医疗服务。在男女平权和母亲福利写进魏玛宪法的德国，所有党派的女性议会成员（除了没有女性代表的纳粹党）在维持乃至提高参保男性的依附者以及参保女性的分娩、哺育补贴（最初是一项战争紧急措施）上合作成功。1919年生效的一项法案，被视为对女性新获得公民地位发挥影响力的第一部法律，而随着魏玛共和国最重要

的福利法之一，即1927年《生育保护法案》（Maternity Protection Act）的颁布，德国成为执行《华盛顿公约》的第一个工业大国。支持工人阶级母亲的议会行动由社会主义者与自由派、温和派的女性主义者领导。后者持续关注女性获得报酬丰厚的职位的权利，尤其是那类被称作“精神性”或“社会性母亲身份”的工作（比如社会工作、教育、医药）。尽管关于母职以及将其重新界定为“职业”的论调持续不断，德国女性主义者不再主张对任何职业状况的女性进行普遍的生育资助；他们转而关注提高家务劳动的效率，希望能够减少女性花费在其中的时间。

英国的情况则不同。埃莉诺·拉斯伯恩坚持不懈地争取普遍的生育补助，她曾以战时军属津贴管理者的身份执行该类政策。拉斯伯恩在1919年被选为全国妇女参政权协会联盟（后来的全国公民平权协会联盟）的会长。自1929年作为议会的独立成员后，她将自己的诉求置于性别关系和女性主义策略的理论背景之中，她称之为“新女性主义”和“对妇女真正的平等”。她的本意是“提出我们所希望的能够惠及女性的要求，并非因为这是男性必须做的，而是因为女性需要实现自身天性的潜力，适应自身生活的环境”，这意味着“社会的整体结构和运动应当以适当的程度体现女性的经验、需求和抱负”。[36] 把这种观点置于战前女性主义的背景之中来看，它并没有拉斯伯恩所声称的那般新颖，但在两次世界大战战间期，她所写的《无以为继的家庭》（*The Disinherited Family*，1924）是一部重要著作，它从经济角度分析了母亲们对独立现金津贴的需求，以此替代围绕男性养家者赚取薪水所建立的社会组织架构。她立场明确地反对优生学家所兴起的思潮（包括后来德国的反犹太主义），以及他们的观点，即向本就生育过多的底层母亲提供补贴会鼓励她们（和她们的丈夫）生下更多的孩子。拉斯伯恩反驳道，改善女性的生活实际上会使她们生育的孩子变少[37]。尽管她的分析没有整体性的变动，但其实践建议的各种细节，此时却更多地脱胎于实用的解决方案和持续20年之久的女性主义评论，而更少依赖于乌托邦式的愿景。她之前建议向母亲和子女提供津贴，后来变为给予“子女津贴”或“家庭津贴”，这显然是在响应强硬的女性主义论断，即母亲不应当接受除了抚育子女需要之外的任何津贴。其他任何援助都会让女性陷入被挤出劳动力市场的风险。[38] 在美国及其他国家，偏向女性及其差异的话语开始转变为性别中立的术语。但争取家庭津贴的女性主义者斗士们并未顾及这类术语的变化，坚持津贴应当支付给母亲，且应涵盖对女性家务劳动的补偿。反对者对上述侧重点的持续性意义理解得十分透彻。

英国的保守派和工会都反对这类观点。工会持续不断地为男性争取家用薪水，认为为母亲争取补助金的女性主义诉求损害了工会所做出的努力，即便女性已经降低了要求。劳工领袖们展现了拉斯伯恩所谓的男性“土耳其人情结”（Turk complex），尽管他们不太可能会宣称女性主义的诉求是“个人主义的疯狂爆发”，或公开声称“在社会主义制度下，母亲和孩子获得抚养费的权利会由家庭兑现，而非国家”。[39] 在 20 世纪 20 年代，英国众多的女性组织（例如，总工会和工党的女性）将获得家庭津贴的诉求整合到它们的计划中，偶尔还会附上获得免费节育措施的诉求。但另有一批女性主义者反对以生育为中心的政策，为获得法律上的均等待遇和与男性完全平等的权利发起运动，由此在英国导致女性主义团体的深层分裂，这与美国的情况如出一辙。自 20 世纪 30 年代起，有关津贴的讨论由“女性问题”转向其他问题（特别是津贴对工资和通货膨胀产生的影响），保守派和工会的抵制使得家庭津贴直至第二次世界大战之后才获准通过。[40] 不受婚姻和就业状况限制的全民家庭津贴最终于 1945 年在议会获批，每周提供 5 先令补助金［替代了 1942 年《贝弗里奇报告》（*Beveridge Report*）所建议的 8 先令，这一政策正是基于这份报告而来］，仅在拥有第二个孩子（女性主义的提议曾包括第一个孩子）之后提供补助，且支付给一家之主，而非孩子的母亲。拉斯伯恩和许多女性个人、女性组织强烈反对该法案，因为在将妻子当作丈夫的“纯粹依附者”的情况下，它“无法提高母亲的地位，反而会使其降低”。[41] 抗议的风潮成功使这些补助支付给了母亲本人。相较于母性主义的女性主义（Materalist Feminism）的最初目标——让“生育是社会功能”成为社会共识，通过将收入从男性手中转移到女性手中的再分配方式来代替男性养家制度——家庭津贴法案（Family Allowance Act）是一场失败。但是，社会认可母亲有权在工资结构之外获得某些资助，这也算是一场胜利；尤其与当时欧洲的独裁政权相比，英国已经相当出色了，因为那些国家的家庭津贴实质上降低了母亲的地位。

“儿童资助”于 1941 年在澳大利亚开始推行，“家庭津贴”于 1944 年在加拿大开始推行。两者具有相似的特点，也都源于妇女运动内部及外部的类似讨论。挪威的例子表明，随着推行性别中立的“儿童津贴”于 30 年代提上讨论议程，并于 1945 年提上立法议程，20 世纪 20 年代风行一时的关于母亲身份的意识和母亲的工资需求逐渐淡出视野；各种问题不再围绕母亲展开，而是以孩子或家庭为中心。讨论的基本问题在于，儿童福利应该通过工资补偿、国家补助等手段实现，还是以服务作为援助。劳工运动（labor movement）不排斥这类儿童津贴，但反对将其作为工资体系的一部分，倡议由国家和税金出资进行补贴。社会主义的女性主义者和非社会主义的女性主义者都不懈地恳请设立专门给予母亲的津贴。普遍的儿童津贴在 1946 年依据法律得以推行时，它们被支付给母亲。然而，这些补助过于微薄，甚至都算不上一份“母亲们的工资”，只能被视作补充收入。在 1957 年和 1964 年之前，贫困母亲只能依靠市政资金的援助，直到这两个年份，寡居母亲和单身母亲才有获得补助的权利。瑞典于 1937 年准允发放国家生育救济金，超过 90% 的母亲都有资格获取。贫苦母亲则获得了额外的特殊补助金。各类措施得以实行，在很大程度上都是因为女性以前所提出的建议和施加的压力，也得益于阿尔瓦・默达尔和贡纳尔・默达尔在著作中所制定的社会民主主义新家庭政策——融合了社会改革与生育主义。普遍的儿童津贴在 1947 年依法推行；与其他民主国家相同，这些补助也支付给孩子的母亲。在瑞典和挪威，生育主义都促进了立法——尽管不像在其他国家那样具有主导地位——人们心悦诚服地认为，生育主义通过给予女性一些自立方式，算得上是一种解放女性的手段。[42]

法国也是如此。在法国的政客、男性生育主义者和传统的流行文化中，生育主义比在欧洲任何一个国家都更为盛行。它在两次世界大战的战间期仍旧强盛，因为 20 世纪 20 年代早期的婴儿潮十分短暂，而生育率却持续下降，在 30 年代后期刷新了和平年代生育率的最低纪录。20 年代，法国设立母亲节，生育了 5 个乃至更多孩子的母亲会收到奖章。反生育主义宣传在 20 年代遭到禁止，而 1923 年的一项法律对堕胎实行更为严厉的起诉，但与此同时，将堕胎从犯罪变为违规，并降低了针对堕胎的处罚。受德国保险制度影响的 1928 年《社会保险法》，将 1913 年的生育条款并入医疗保险计划中（女性主义者则反对将怀孕和分娩等同于生病的做法）。这一制度保障参保的人，即有工作的女性和参保丈夫的妻子；它向处于分娩期的母亲们提供免费医疗援助；延长产假的时间；还提高生育补贴。[43]

法国的女性组织和女性主义者并不排斥传统家庭价值观和生育主义所达成

的共识，想要区分生育主义的目标和女性所争取的妇幼福利的目标十分困难。事实上，对生育主义者来说，“与其拿做父母的必要性去说服父母们生育更多孩子，不如使他们认识到法国亟须通过鼓励生育的法规来得容易”。[44]20 世纪 30 年代，关于生育是“社会功能”还是“家庭功能”的女性主义讨论持续展开，（私人的）“家庭功能”的支持者反对国家生育补贴，（公共的）“社会功能”的支持者则赞成。塞西尔·布洪希维克发表了她的折中观点，将其“社会功能”限于没有丈夫的女性和丈夫无力赡养自己的女性身上。但深受社会化的天主教（不像大部分世俗女性运动的新教领导力量）影响的公民与社会女性联盟（Union Féminine Civique et Sociale）坚持认为生育是一种“社会功能”。它倡议设立全职母亲津贴，即提供给无工作母亲的普遍补贴，赞成母亲拥有尽心照顾子女的权利，这超出了 1931 年教宗的《四十年》（*Quadragesimo Anno*）通谕所建议的男性家用薪水范畴；法国妇女参政联盟在 1933 年支持这项目标。[45]联盟的诉求与先前女性主义提出的主张类似，不同之处在于，它既提倡男性家用薪水，又提倡生育薪水。通过这种方式，它免于对抗教宗和男性劳工组织——两者都担心向母亲提供资助会降低男性的工资。

法国女性主义者同样支持设立由国家出资的普遍的家庭津贴。这类津贴诞生于一系列与他国相似的先例：1913 年向贫困家庭、公务员给予补助的法规，以及商业赞助的家庭津贴——这在 20 年代十分普遍，但始终局限于特定的地区和行业。这种资金调配形式是雇主所施行的劳动力策略的结果，通过平衡基金（equalization funds）进行调节；虽然工会抵制家庭津贴，众多工人却从中受益。由于法国的女性劳动力比例很高，津贴通常直接支付给母亲，尽管并非一贯如此。1932 年《家庭津贴法案》强制所有雇主在一定时间内加入平衡基金并为之做贡献。虽然雇主拖延执行该项法规，所有雇员也遭到了经年的冷遇，这项法规却将产业工资政策转变为全民家庭政策，后者是受到了以家庭为基础的分配公平愿景的启发。该项法规在 1938 年受到扩充并得到系统化，最终成为 1939 年《家庭法典》（*Code de la Famille*）。法典所规定的家庭津贴包括，向婚后两年内出生的第一个孩子发放一次性奖金，向第二个孩子每月提供金额为工资 10% 的补贴，此后每多生一个孩子就每月额外提供一份金额为工资 20% 的补贴，以及一份为工资 10% 的全职母亲津贴。津贴的金额因地区工资水平的不同而变动。值得注意的是，维希政府——与当时所有的威权、独裁政权一样——不同意向没有工作的母亲单独支付补助；这笔补助被包含在养家者（不论男女）的固定薪资之中。1946年，第四共和国提高儿童津贴（此时被重新命名为“家庭补贴”），再次开始为母亲提供由国家资助的生育津贴。20世纪50年代，生育津贴的惠及对象扩大至个体经营者的妻子，尤其是先前不具有补贴资格的农业领域的个体经营者。二战之后，相较于其他欧洲国家的情况，法国所提供给母亲的补助使大量国民收入被重新分配给了女性。[46]

虽然女性主义者的母性主义思潮于两次世界大战的战间期在全世界式微，但在新兴独裁政体之下，它在地下完全蔓延开来。在弗朗哥独裁时期的西班牙和法西斯时期的意大利，生育主义的激烈论调一度盛行；这种论调在上述两个国家得到男性主导的天主教的支持，但对持续下降的出生率影响甚微。意大利的鼓励生育政策始于墨索里尼掌权5年之后，日报上的大量宣传重复着他在1927年发布的宣告：“不做父亲，就算不上男人。”[47]根据妻子的情况和子女的数量，面向一家之主的退税政策在20年代后期开始推行（但是家庭收入的净收益几乎没有增长，因为大部分意大利男性穷得付不起所得税）。1936年，由国家出资的向妻子和每个受抚养子女提供的家庭津贴被支付给有工作的父亲；1939年，甚至连替代原先生育基金的生育津贴，都被支付给了父亲。所有措施都围绕父亲身份和男性气质，以及重塑以父亲为主导的家庭展开，与先前的女性主义的母性主义形成了鲜明对比。全国母婴事务局（Opera Nazionale di Maternita ed Infanzia）是一个例外，它向贫困母亲和大部分单身母亲提供健康教育及援助，甚至在落后乡村亦是如此，它也含蓄地承认了母亲的公民权利。在女性运动曾致力于提高母亲身份的西班牙，新措施也在奖赏父亲，加强父权，提升其一家之主的形象。国家家庭津贴在1938年被作为合法权利推行，家庭奖励则在1945年惠及更广大的人群；但两者都支持父权。[48]

德国的纳粹主义过度追崇父亲地位和男性气质，利用生育主义和国家福利以报偿、重塑父权，采取了诸如婚姻贷款（1933年）、退返所得税（1934年和1939年）、儿童津贴（1935年到1936年）等措施，这些优惠款项被支付给父亲和未婚母亲（只有在当局已知孩子生父的情况下）。父亲导向存在三个例外：第一个例外是承诺向“有价值的”贫困母亲给予援助的“妇幼”（Mother and Child）组织，但与意大利的情况一样，这并不意味着这些服务得到了国家的认可，因为它是依靠筹措资金运行的纳粹党的附属机构；第二个例外是拥有5个或 5 个以上孩子的荣获奖章的母亲，这一举措是依照法国的做法于 1939 年引入实行；最后一个例外是 1942 年的《生育保护法》，它改善了 1927 年的法律，鼓励女性兼顾母职和工作。但是，纳粹主义使用比单纯的父权崇拜更为尖锐的方式，将于贝汀・奥克莱德（Hubertine Auclert）构想的“弥诺陶国家”付诸实践。国家福利受制于国家种族主义，后者是纳粹的核心理念，它出于种族和优生学原因，歧视“劣等”少数族群。纳粹主义的生育主义从未如法国、意大利、西班牙的生育主义那般纯粹；纳粹党崛起前后出现了浩大的反生育主义宣传，它借鉴了早期的非纳粹主义的反生育主义思潮。1933 年出台的第一部生育法并非鼓励生育，而是反对生育，规定对“生物学意义上劣等”、“不适宜”人群实施强制绝育措施。[49] 围绕父亲所设立的家庭补助金并不是普惠政策，也从未打算惠及全体：在民族和优生学上有着“劣等”血统的人被排除在外，因为他们根本就不会有孩子。没有任何一个国家实行同等规模的反生育政策。纳粹主义对生育和人类生命的重新评估，所奉行的反生育主义，对男性气概的狂热崇拜，都在为灭绝所谓“低劣”人群的暴行做铺垫：大约 30 万吉卜赛人，超过 600 万犹太人丧命于此。

基于优生学原理和民族观念的种族主义并非纳粹主义和德国独有。它也存在于其他政治团体和国家之中，但其含义，尤其是其实践，与此有着深刻的区别。此处所提及的所有国家都在其控制人口的言论中用到了“种族”一词。但这个术语的使用并不总是意指种族主义，即基于“低等民族”或优生价值理论的歧视；它通常仅指生育潜能层面的“社会”、“社群”或“民族”。通常情况下，这一术语出现在以生育为中心的女性主义言论中。然而，部分主张节育的女性主义激进活动家加入了优生学风潮——一项获得众多社会主义者支持的所谓“进步”运动——并通过专门向“不适宜”人群和穷人推介反生育主义来倡导歧视，由此彻底改变了早期女性主义为对抗女性贫困对生育援助所投入的关注。在美国，玛格丽特・桑格和她的同僚们在赞美母亲的同时，逐渐意识到反生育主义是解决一切女性问题、社会问题的方法，尤其是穷人和移民的不良生育问题。在德国，海伦・斯托克和亨丽埃特・菲尔特甚至提倡对“不适宜”群体实施强制绝育。在某种程度上，这类女性主义者将优生学话语视为使堕胎、绝育、避孕等获得公众认可的手段，就像生育主义曾充当使母亲的付出获得社会认可的手段。[50]

在法国、意大利、西班牙，“种族”的概念囊括了整个国家的人口，没有群体被禁止生育。挪威、瑞典、英国所掀起的优生运动，以摒除部分不良人口为目标。[51] 英国于1934年依据法律提出优生绝育措施却遭驳回，丹麦于1928年，瑞典和挪威于1934年，制定了类似法律，但仅应用在极少数案例中。到了30年代，美国有三分之二的州设立了与反移民及其他种族歧视政策密切相关的优生绝育法；其中有三分之二的优生绝育法中列有强制干预的条款。但是，德国在1934年至1945年间所执行的合法绝育案例数量，是美国在1907年至1945年间所执行数量的10倍（美国总人口数是德国的两倍）。最重要的是，没有一个国家像德国这样，使绝育政策成为种族灭绝的开端。

德国人从残暴的纳粹政权中解放之时，他们也从反生育主义中挣脱出来。在仿效苏联模式的民主德国，相关的宪法平等权利被阐释为女性外出工作的义务。家务劳动受到轻视，家庭主妇迫于宣传压力不得不外出工作，从而将“我们”和集体放在优先考虑的位置，而非“我”和自我。[52] 该项政策的实施力度通过整体工资保持低水平而得以加强，在1950年又因为针对就业女性的生育法规（享有全额替代薪水的产假）再次得到巩固。贫困母亲和寡妇只有在丧失工作能力时才能得到福利补助金，但是，所有母亲在第三个或更多孩子出生时就可以获得一笔单独的补助，在第四个孩子出生后能得到月津贴。为应对20世纪70年代生育率的急剧下降，“在家庭中生产和养育孩子，得到了认可和重视”[53]，这体现在以下措施中：颁布专门的女性劳动法（规定照料两个或两个以上孩子的母亲每周最多工作40小时），向想要辞职的单身母亲提供临时资助，在第二个及更多孩子出生的“婴儿年”享有补助。在联邦德国早期，生育本身也未受到重视；联邦德国也在宪法中保障了权利的平等。工作女性的分娩补助得到了改善；普遍的儿童津贴在1954年开始推行时，效仿了法国所实行的雇主平衡基金的方式，支付给有3个孩子及更多孩子的父亲，且父亲必须受到雇用。而在1964年，联邦政府才接手该项职责，逐步提高津贴数额，使更多孩子能享受到福利；尽管法律规定津贴可以支付给父亲或母亲中的任何一方，但通常父亲是收到款项的人。直到1975年，主要援助手段仍旧是针对妻子和子女的税收减免。[54] 1979年，社会民主党政府针对女性工人实行（适度的）为期半年的带薪产假；1987年，基督教民主党－自由党联合政府不论职业状况，以每月最高600马克、为期一年半的普遍“抚养子女津贴”替代了先前的政策。它不同于莉莉·布劳恩在 80 年前的理想，其区别在于两个重要特征：其一，它没有完全满足女性的需求；其二，它可以支付给父母中的任意一方，取决于由谁承担育儿责任，而非参与就业的情况。

如果现代福利国家的发展不曾与女性运动的壮大和女性公民权利的获得同时发生，那么这些国家将会变得十分不同。但是，不同国家的女性影响力、国家福利形态、女性福利等存在本质的区别，这在民主政体与独裁政体两者间尤其明显。“第二波”女性主义者几乎没有承袭早期女性主义者的传统。与此同时，就业状况得到了相对的改善——即使对于女性亦是如此，但这并非因为女性所施加的压力。相比之下，传统工资结构之外的国家福利给女性带来的优惠很少；生育变成短暂的经历，（对少部分女性来说）通过在外出工作方面的平权行动（affirmative action）她们似乎更容易获得自由、公正和平等。平权行动，以及向男性施加承担为父之责的私人压力，似乎是女性所选择的途径，她们不再赞成通过母亲的视角看待女性或寻求“生育是社会功能”的公众认可。

第十四章　生育、家庭、国家

娜丁·勒夫谢尔（Nadine Lefaucheur）

家庭不仅是传统意义上人类的生理繁衍之处，也是社会繁衍的中心，还是性别差异与血缘关系、婚姻、共居生活互相影响之所。20 世纪 60 年代以来，发达国家的家庭被淹没在全方位的动荡之中。人口、技术、经济演进所带来的重大变革在这种动荡中初露端倪，在人口繁殖和劳动力层面催生出新的制度，从而打乱了性别关系的物质、社会基础，并使家庭的价值降低（我会在后文稍作阐释）。

陷入困境的家庭

第一个警示是生育率的下降。在所有西方国家，自 19 世纪晚期以来持续下降的出生率，在第二次世界大战前几年突然上升，其增长率在战后也保持上升势头。然而，婴儿潮在 20 世纪 70 年代结束。一部分人听到这个消息非常高兴，希望能够借此与第三世界联手，共同应对人口过剩，而另一部人则哀叹这是西方衰退的先兆。总之，生育率和出生率的各项指标在 20 世纪 60 年代中期开始下降，不久之后，其下降速度骤然加快，在 10 年或 15 年内就致使大多数发达国家的出生率处于所需维持之稳定人口的水平线之下。

指数引起的轰动

因为死亡率在如今的发达国家普遍高企，所以，如果没有移民，要维持稳定人口则大约需要 2.1 的生育率（每个女人生育 2.1 个孩子）。然而，美国的生育率从 1957 年的 3.7 降到了 1975 年的 1.8。澳大利亚从 1960 年的 3.9 降到了 1980 年的 1.9，加拿大从 3.9 降到了 1.7（魁北克省从 1957 年的 4 一路降至 1985 年的 1.4）。日本的出生率从 1947 年的 4.5 降到了 20 世纪 80 年代的 1.7。

北欧、西欧的生育率在 1964 年保持在 2.5 以上（某些国家达到了 3），可到 1975 年，各国都降到了 2 以下。直至 1988 年，各国生育率都一路下降，西德降至 1.4，奥地利降至 1.5，比利时、卢森堡、芬兰、丹麦、瑞士降至 1.6。生育率的下降趋势在南欧开始得较晚，但其势头却更为迅猛。比如，意大利和西班牙在 1975 年还有着足够维持稳定人口的生育率，但 15 年后就和中国香港一起拥有了全世界最低的生育率。

20 世纪 80 年代晚期，英国、比荷卢三国、斯堪的纳维亚地区（尤其是瑞典）的生育率确实稍有复苏，从 1983 年的 1.6，上升至 1989 年的 2。但是这种增长显示的是母亲平均年龄的增长，而非儿童总数的增长。除了日本，各国生育率的降低往往伴随着非婚生孩子数量的明显增长。

20 世纪 60 年代早期“非婚生”出生率很低（大约 2%）的欧洲国家见证了这项指数的增长。在地中海国家和比利时，这种增长开始得较晚，且更为平缓。相比之下，爱尔兰（被禁止离婚）、卢森堡、荷兰的指数级增长不仅迅速且意义重大：在 25 年中增长了 5 ~ 6 倍。

西方主要发达国家——加拿大、法国、英国、联邦德国、美国——在 20 世纪 60 年代早期的非婚生子女出生率比较温和，保持在 6% 至 8% 之间。除了联邦德国维持着不到 10% 的非婚出生率，其余各国都在 20 世纪 80 年代中期见证了 15% ~ 20% 的激增。在 90 年代的法国，四分之一新生儿的父母都未婚。

尽管上述数据已经很高，但与斯堪的纳维亚地区的非婚出生率比起来相形见绌——非婚生子女在 1960 年占十分之一，到 1989 年则高达二分之一。非婚出生率的上升虽然存在地区差异，却十分普遍，这项数值的增长本就表明婚姻与生育一样遭受惨败。

虽然大多数西方国家在庆祝 20 世纪 70 年代到来的“结婚潮”——很大程度上是由于“婴儿潮一代”进入婚姻市场——但很多国家的结婚指数已经开始下降。结婚指数实际上指在社会现状不发生改变的假设下，衡量一个人在 50 岁之前结婚的可能性，在 60 年代，各国的男性结婚指数和女性结婚指数均维持在 90% 以上。斯堪的纳维亚地区的该项指数在 60 年代中期开始下降，大多数民主国家在几年之内都经历了这一过程，先是中欧（联邦德国、奥地利、瑞士），而后是西欧（英国和法国）。到 80 年代中期，这些国家的结婚指数维持在 48% 到 66% 不等的水平，这表明，如果现状不变，二分之一或三分之一的人会保持单身。然而，地中海国家的结婚指数就像生育率一样，直到 70 年代中期才开始下降。与此同时，在西方各国，未婚伴侣的比例、离婚率、单身父亲或母亲的占比开始急剧上升。

1980 年，意大利未婚伴侣的比例是 1%，英国、美国、瑞士是 3% ~ 4%，法国、魁北克、联邦德国是 6% ~ 8%，瑞典是 15%。在未婚伴侣数量增多的国家，老年人和年轻人都受到这种现象的影响，但 30 岁以下群体尤其明显：在 1985 年的瑞典，这个年龄段的未婚伴侣多于已婚伴侣。在 1983 年的美国，不与父母同住的 35 岁以下未婚女性中，与男性共同生活却不结婚的人占 20% 以上，35 至 55 岁未婚女性的这一比例仅有 10%。在 80 年代末的法国，将近有一半的 30 岁以下女性与伴侣未婚同居。

大部分西方国家的离婚率甚至在结婚指数开始下降之前，就已经开始上升了。1960 年，在离婚合法的国家（除了离婚率高达 6 的丹麦），每 1000 对夫妇中大约有 2 对离婚。20 年后，这一比例在荷兰、英国、丹麦超过了 10，只有南欧低于 5。

相比之下，离婚指数是更重要的指标，它（以百分比）衡量了一对已婚夫妇在维持现状的情况下离婚的可能性。20 世纪 60 年代中期，西欧的离婚指数（暂不考虑离婚尚未合法的国家，如意大利、西班牙、爱尔兰等）从苏格兰的 6% 到瑞典、丹麦的 18% 不等。到 1975 年，这一指数在瑞典已经上升至 50%，在英国和丹麦也高达 40%，在其他国家则维持在 25% 左右；在之后几年里又增长了 5 到 10 百分点。而在离婚指数在 1950 年已经达到 25% 的美国，这项指数于 1960 年开始上升，到 1970 年已经高达 40%。

离婚不仅变得更为普遍，而且在婚姻关系中发生的时间越来越早。例如，在 1959 年的英国，14% 的已婚夫妇选择离婚，而他们持续婚姻的时间平均长达 20 年。到 1969 年，这一数字降为 10 年，到 1979 年，则仅有 6 年。[1]

这些变化导致发达国家中单亲家庭比例的上升。多数国家迟早都要经历从“旧体系”到新体系的一定程度上的转变。在旧体系中，大多数单身母亲或单身父亲是寡妇、鳏夫，或是遭到配偶或性伴侣抛弃的个体。在新制度下，离婚或自愿分居已经成为孩子与父母其中一人生活的首要原因。

在 20 世纪 80 年代末期，欧洲经济共同体（European Common Market）内的一些国家仍旧处于旧体系之中：有孩家庭中单亲家庭比例少于 10%，而离婚的单身父亲或母亲比例少于四分之一。比利时和卢森堡就是如此，但在离婚仍被禁止或刚刚合法的国家更甚，即爱尔兰和地中海国家。其他国家则已经完成了向新体系的转变，比如丹麦、联邦德国、法国、英国、美国：超过 10% 的有孩家庭是单亲家庭（丹麦的这一比例接近 20%，美国则高达 25%），这些家庭的单身母亲或父亲丧偶的比例低于 25%，离婚的比例高于 40%（丹麦接近 70%）。与发生在生育率和结婚指数中的改变一样，单亲家庭这一新体系的出现，通常被认为是“核心家庭”模式（其中的婚姻角色和父母角色高度分化）危机的后果及表征。

核心家庭的危机还是茶壶里的风暴[1]？

20 世纪 50 年代有关家庭的讨论，对“核心”家庭（父亲、母亲、孩子）完全替代父权制家族持或赞美或谴责的态度，后者曾将数代人和数个宗族汇聚在一起共同生活。然而在很多地区，自中世纪末期以后，父母、成年子女、子女的后代同住的情况并不常见。此外，婴儿潮外加战后住房短缺，实际上使得每户人家的人口数增加了。在 20 世纪 50 年代的各个发达国家，至少由 3 个人组成的家庭占大多数。

情况在 30 年之后发生改变：在斯堪的纳维亚地区、奥地利、瑞士、比利时、荷兰、法国、联邦德国、英国，超半数家庭只由一个或两个人组成。两人家庭的比例几乎没有变动，“单人”家庭的数量则急剧增长。第二次世界大战刚结束之时，加拿大和法国的单人家庭比重分别只有 6% 和 19%。到 1980 年，西方有五分之一到三分之一的家庭仅由一个独身生活的男人或女人组成。单人家庭的数量增长主要是由于预期寿命（life expectancy）的普遍延长，以及女性比男性寿命更长（独自生活的人之中，老年女性占最大比重）。但这项数据的上升时常被认为是对婚姻不满情绪持续增长的标志。年轻人最先是停止结婚，而后

[1] tempest in a teapot：美式英语惯用语，形容一件不值一提的事被夸大其词或小题大做。英式英语则习惯写为“storm in a teacup”（茶杯里的风暴）。——译者注

又不再同居。这种解释有些过头了。然而，最近的研究指出了“未同居情侣”的增多：例如，在 1985 年的法国，四分之一的独居男性和三分之一的独居女性称，他们处于稳定的亲密关系中[2]。

自 19、20 世纪之交以来，外出工作的已婚女性比例变化在不同的工业化国家遵循着不同的规律。一些国家的职业女性比例保持稳定，比如英国；而另一些国家的这一比例则下降了，如比利时和法国。相比之下，北美和联邦德国的职业女性比例自第二次世界大战以来一直稳步增长。20 世纪 60 年代中期，大多数国家的已婚职业女性比例都急速增长。

在 20 世纪 70 年代末，在经济合作与发展组织（Organization for Economic Cooperation and Development，OECD）的成员国中，已婚职业女性比例最高的是斯堪的纳维亚地区和英语国家，超过 45% 的 15 岁以上女性都在工作（英国、澳大利亚 45%，美国、加拿大 49%，丹麦、瑞典 57%），其中有很多人在做兼职（斯堪的纳维亚地区每 10 个已婚职业女性中有 4 个人做兼职，美国每 10 个中有 2 个）。1985 年，欧洲经济共同体的 10 个国家中有 5 个国家的 50 岁以下已婚职业女性比例超过 55%：联邦德国、比利时、英国、法国、丹麦（87%）。其中 3 个国家，丹麦、比利时、法国，以及其他国家，如意大利，在有至少一个 4 岁以下孩子的女性群体中，超过三分之一的人拥有全职工作。

除了分居伴侣之外，这些现象都不算新鲜事物。在过去几个世纪中，高死亡率致使许多父母独自抚养孩子，而在很多地区，子女在成婚时，甚至早在找工作时就会离开家：因此，高出生率、高死亡率、子女离家等因素综合在一起，使得家庭规模发生很大的变动。非婚生育、未婚同居的现象在工业革命后增多。欧洲的生育率并非第一次出现下降：这种情况曾发生在 19 世纪末欧洲大陆的大多数地区，法国甚至出现得更早。女性也不是等到现代才开始工作。

所以，对于自 20 世纪 60 年代中期以来所出现的人口指数变动的特殊含义，我们应当仅视其为茶壶里的风暴吗？诚然，上文提到的指数变动既是“现实”，也是“推测”。[3] 除此以外，众多社会学家、人口学家都认为“家庭体系的运行依旧良好”，尽管各类指数敲响了警钟。例如，他们指出，联邦德国女性想要孩子时才会结婚，在孩子长大之前她们会一直做家庭主妇；美国女性不太会和他人同居，且比较容易离婚，但再婚的频率更高；在 20 世纪 80 年代的法国，尽管离婚、同居、非婚生育的现象增多，但在 20 岁以下人群中，由已婚父母生育且与父母共同生活的人占 83%，而在 30 岁至 50 岁人群中，已婚且从未离婚的比例也为 83%。

此外，许多女性主义作家试图证明，虽然职业女性的比例很高，育儿仍旧是大多数女性的第一要务，外加照料生活不能自理的人，以及承担家庭职责、家务劳动、家庭产出。这些发现得到了源于对男性和女性的时间表调查数据的支撑，这些调查表明：家庭琐事的分工几乎没有变化。

然而，对家庭制度和“性秩序”的固有特征的关注，导致人们低估了上述变动的重要性，它们在过去一个世纪里，尤其是二战末期以来，影响了西方的人口和劳动力。

母职的新形态

1870 年以来，一系列发现和科技进步已经使人类的死亡率降低，也使女性被怀孕和哺育所占用的时间大大减少，从而动摇了劳动和权力的传统性别分工基础。

得益于卫生、医药、营养等领域的发展，与生育相关的母婴患病率、死亡率等风险大幅降低。1930 年，各国的婴儿死亡率（新生儿不满 1 岁就夭折的比例）都在 3.5% 以上，地中海国家、中欧、日本则保持在 10% 以上。到 1955 年，这一比例在西方各国降至 5% 以下；到 1965 年，除地中海国家以外，其他各国都降至 2.5%。1989 年，加拿大和北欧、西欧大部分国家的婴儿死亡率降到 0.8% 以下；在瑞典、芬兰则已经降至 0.6%，日本则降至 0.5%。

与此同时，预期寿命大幅增加。在 18 世纪中期出生于法国的女性，平均活不到 30 岁。一个世纪以后，她们的平均寿命升至 40 岁。一名出生于 1930 年的女性有望活到 60 岁，要是出生于 1987 年则有机会活 87 岁。

女性预期寿命的增加幅度大于男性。1950 年，在发达国家，30 岁女性的平均预期寿命已经超过同龄男性 3 年。30 岁的瑞典女性还可以再活 46 年以上，同龄瑞典男性则只能再活 43 年。专家曾预计，由于男性与女性的生活方式变得越来越相似，这种差异会随之变小，但实际上却加大了，尤其是在妇产科检测、治疗手段进步以后。到 1970 年，30 岁男性的预期寿命稍有增加或保持不变，但同龄女性的预期寿命则增加了 3 年。30 岁的瑞典女性可以再活 49 年，相较之下，同龄瑞典男性可以再活 44 年；法国的这一比值则是 48 比 41。从出生时开始计算，两性之间的差距更大：20 世纪 80 年代中期，在瑞典和其他大多数发达国家，该差距有 6 到 7 年，在美国大于 7 年，在法国和芬兰则高达 8 年。

死亡率的显著下降是“人口转型”（demographic transition）的推动力。因为发达国家的夫妇再也不必生五六个孩子，盼着其中能有两个长大成人，所以他们不仅想要控制生育的数量，也有了节育手段，由此形成了低死亡率、低生育率的“新人口形态”。

早在 18 世纪末，法国就开始实施节育措施，大多数西方国家则于 19 世纪末实行，但直到 20 世纪 50 年代才出现口服避孕药、宫内节育器等“终极武器”。[4] 虽然反对使用人工避孕手段的声音不绝于耳，但是这些新措施广为流行，因此到 1990 年时，不想怀孕的法国育龄女性有 48% 在服用口服避孕药，有 26% 在使用宫内节育环，不采取任何节育措施的不到 3%。西德和比利时的女性更青睐口服避孕药，而北欧女性则更偏向于使用宫内节育器。在荷兰、英国，尤其是在美国、加拿大，绝育手术十分普遍：在 20 世纪 80 年代，魁北克有将近半数的已婚女性已经结扎输卵管，或与已结扎输精管的男性结婚。

就算“现代”避孕手段算不上是其初次面市时所宣传的“终极武器”，但它们确实在谁掌握主动权、谁决定避孕乃至整个性生活等方面为两性关系带来了重大改变。避孕药和节育环不仅不是两性关系的阻碍，还比先前的避孕手段更为可靠。1935 年至 1958 年的各项研究测算，其他替代手段（体外射精、避孕套、阴道清洗器、子宫帽、“安全期避孕法”）的失败率从最小的 6% 一直到 38% 不等。

更重要的是，口服避孕药和宫内节育环是女性可以在性交前使用的避孕手段，使女性能够决定怀孕的频率和自己的人生阶段。当女性选择使用这些避孕手段时，男性在历史上首次无法迫使女性在违背个人意愿的情况下承担怀孕的风险。想要孩子的男性别无他法，除非自己的伴侣也希望如此。此外，遗传学的发展使男性无法轻易将自身不育（或是无法生育男孩）的责任推卸给伴侣，或否认与不打算承担其抚养义务的子女有亲子关系。

婴儿死亡率的降低，以及“避孕革命”的开展，使西方女性在怀孕上投入的平均时间大幅下降。在旧的人口形态中（仍存在于很多第三世界国家），怀孕通常在一位女性的生命中占据 4 年半时间。当最后一个孩子出生时，一般女性大约已经 40 岁，最多还可以活 23 年。而在新的人口形态中，一位女性一生中花在怀孕上的时间为 18 个月，最后一个孩子出生时不超过 30 岁，几乎还可以再活半个世纪。[5]

此外，哺育婴儿的新科技自 19 世纪晚期兴起，在二战后被广泛市场化了，它们不仅降低了婴儿死亡率，还充当了分娩与育儿之间的纽带：母乳喂养的平均持续期缩短了，能够替代母亲照料新生儿的人选则增多了。过去，只有处于哺乳期的其他母亲（或是对孩子有着极高风险的其他哺乳动物）能够替代没有能力或不打算哺育自己子女的母亲。但是，灭菌动物奶、奶瓶、奶嘴的出现，以及婴儿配方奶制品与婴儿食品的完善，使得不论性别的任何人都可以照料新生儿——父亲从而也能史无前例地胜任这项职责。另外，即便聘请乳母，也要在定期请她哺乳的同时保证不定时的奶瓶喂养。理论上，婴儿的存活不再需要母亲或其他处于哺乳期的女性。因此，父母和其他人（家庭成员、邻居、朋友、雇工、保姆、保育员）分工照顾婴儿成为可能。

母亲陪护幼儿的需要，曾使人们认为女性理所应当承担育儿职责，但新的哺育技术逐渐瓦解了这种看法的正统性，并在思想上和身体上解放了女性，使她们进入了劳动市场。此外，发生在家务劳动，以及更广泛意义上可以称之为“生育劳动”中的变革，进一步促成了这种解放。

福利与生育劳动

第二次世界大战后，资本主义国家在经历了持续 30 年的强势经济增长的同时，也在两个层面上见证了普遍却不平衡的福利发展：福利国家提供这种福利，而这种福利与不断提高的富足程度和繁荣水平有关。因此，福利既是现代国家的标志，也是大规模生产与消费的驱动力，在这两个因素的作用下，女性作为承担家务劳动、照料家庭的传统角色被永远改变了。

家庭主妇的“解放”

第二次世界大战之后的 30 年，住宅的特性与家务劳动的状况都发生了巨变。[6] 在西方国家，即便是遭受战争损害以及随之而来的住房危机的国家，住房存量也迅速扩大，人均居住面积增加了一倍。法国在战间期建造的住房数量不到 200 万，在战争中超过 100 万的既有住宅单元遭到毁坏或变得无法居住，但在 1945 年至 1971 年间建造了超过 700 万的住宅单元，其中有超过 500 万的单元是国家资助的。在欧洲经济共同体中，1950 年到 1963 年间，每年为每 1000 名居民建造 7 个新的住宅单元。1963 年，瑞典的每千名居民的住宅单元建造率高达 10 以上，瑞士、联邦德国、芬兰则达到 9，意大利、美国则保持在 8。不论是美国、比利时、英国、丹麦较为普遍的独栋房屋，还是法国、瑞士更常见的公寓，大部分新建住宅单元至少包括 4 个房间，符合现代的舒适标准，配有全套便利设施（暖气、水、下水道、电）。

由于可用空间的增加，每个房间又具有特定用途，住宅的特性及对住宅的必要养护工作都发生了极大的改变：一套标准的“现代”住宅包括厨房、浴室、卧室、客厅。自来水、下水道，以及用于供暖和做饭（不仅是照明）的燃气和（或）电，都成为标准配备。如今也可以在厨房以外的房间感受到“壁炉的温暖”。

一些麻烦的家务活也因此消失：人们再也不必每天打水、取煤、捡柴，也不必点燃、照看炉火，或倾倒炉灰、废水、人的排泄物。此外，现在许多家务活至少可以部分由家用电器代劳了。

燃气烤箱和电烤箱、冰箱、电动咖啡研磨机、吸尘器、洗衣机、缝纫机、电熨斗改变了烹饪、打扫卫生、洗衣服、缝补衣物的方式。然而，在大多数西方国家，直到 20 世纪 70 年代，半数以上的家庭才配备“第一批”家用电器（包括汽车、电视机）。在法国、意大利等国超过半数的家庭配备了热水、浴室、电话机、洗衣机、吸尘器或电视机之前，抵制“消费社会”的抗议就已经在这些国家爆发了。

人们越来越普遍地使用“现代”消费品（罐头食品、冷冻食品、预制食品，洗涤剂及其他家用清洁产品，纸巾和厕纸，人造纤维，等等），这也同样影响到家务劳动。而且，家庭主妇逐渐依赖于“外部供应商”提供从前在家制作的许多东西，比如衣服、餐食。

由于女性不再需要把所有时间用在家务劳动上，大量劳动力得以释放出来去从事生产性工作。家务劳动的转变也使外出工作变得必要，因为许多家庭需要两份收入才能负担得起新产品、新设备、新服务——这些新事物部分或完全替代了传统的家务劳动方式。

尽管工业生产率在二战到 20 世纪 70 年代中期大幅提高，但仍旧无法满足政府刺激性政策为提高购买力所激起的家庭需求。因此，提供家庭所需的工业、服务业加速招聘女性。比如，1954 年至 1980 年，在食品加工、食品零售、成衣行业的受雇女性数量增加了 80%，而在餐厅、咖啡馆的女性雇员增加了 150%，在家用电器制造行业则增加了 250%。

因为家变得越来越舒适，女性开始走出家门工作。由于服务业的兴起，以及对自动化、计算机越来越强的依赖，以前的“产业”逻辑——男性在“体力”劳动上具有优势，女性在家工作——在“后产业”劳动市场的变革中被逐渐瓦解。

在工业化早期阶段，“体力资本”每天都需要恢复，恢复体力所必需的劳动主要转托给待在家中的人。但现在，“智力资本”比体力更重要，很多情况就发生了改变。究其本质，智力资本必须在个人进入就业市场之前获取，这种资本的积累依赖于利用国家教育、培训、文化储备中的产品和服务。必要技能需要在学校获取，但是学业的成功与家庭的文化资本存在着很强的互相关系，尤其是适应“社会化”的母亲在其中所起到的作用。

劳动力需要接受训练并维持状态这一转变，很大程度上造成了前文所提到的与婚姻相关的各种人口指数的改变。在智力资本的形成和“升级”的过程中，婚姻关系和“目标家庭”（人通过结婚所建立的家庭）从功能上来说，对每个个体都微不足道，尽管这对恢复体力资本非常重要。

相较而言，“社会化家庭”（有一个孩子在成长的家庭）及其文化资本在功能上比以往任何时候都重要，也影响了与社会化和文化相关的劳动力再生产方面的活动和投资。因此，丹妮拉·德尔·博卡（Daniela del Boca）提到，虽然“家务劳动上的技术变革提高了维护活动的效率，但没有提高投资活动的效率”。[7] 随着社会保障制度的完善，以及养老、照护病患及关怀生育等职责转移到私有供应商或政府，这类投资活动增多了，尤其是与学校和各种福利机构保持联系的事务。[8]

生育劳动的“集体化”

20 世纪 80 年代中期，在欧洲经济共同体国家中，孩子开始接受义务教育的最低年龄从 5 岁到 7 岁不等。在法国、比利时、意大利，针对大多数孩子的全日制学校教育始于 3 岁。而在德国、荷兰、卢森堡、爱尔兰、西班牙、希腊，一半以上的 3 到 5 岁儿童上托儿所、学前班、幼儿园，或参加活动小组（每日参加的时长一般都少于 6 个小时）。大部分欧洲国家在 3 岁以下儿童适应社会的过程中都没起什么作用，在让母亲走出家门工作方面也没做什么工作。安置在国家日托机构的幼童超过 5% 的国家仅有法国、比利时、丹麦。在法国和比利时，3 岁以下的儿童有近四分之一会被安置在公共或家庭日托机构，或是托儿所。在丹麦，由国家、社区资助的日托中心服务于 45% 的 3 岁以下儿童，近 90% 的 3 到 7 岁儿童（尚未到必须上学的年龄）参加了某项受政府资助或补贴的活动。[9]

老年人会与他们已成年的子女一同生活，但不需要依靠他们。他们所给予的帮助不比所需要的少，有时甚至更多。然而，这类老人与子女共同生活的情况在第二次世界大战后减少，这意味着，尽管平均预期寿命增加了，现在的青年人与过去相比更少照顾老人。退休金比过去更普遍、更丰厚，许多机构已经开展满足老年人需求的服务。想要待在自己家里的老年人也可以获得服务和津贴。而且，人们的健康水平普遍得到提高，乐意独居的老人也有了更多可供选择的住房。所以在法国，虽然 75 岁以上的女性人数在 1962 年到 1982 年间增长了 71%，但在同一时期，与某个子女共同生活的该年龄段女性只增长了 22%。而在 1961 年到 1977 年的丹麦，80 到 90 岁的无配偶老年男性与某个子女共同生活的比例从 41% 下降到 22%，女性的该比例则从 27% 下降到 11%。

曾经主要承担照顾受供养者（子女与老人）之职的女性，现在发现自己的负担减轻了，且部分转移给了社会。过去，这份责任意味着女性至少在人生的部分阶段主要被限制在家里，但是她们现在可以或多或少无所束缚地一直留在就业市场中，从而创造新的职业机会。比如在法国，从事教育和医疗保健工作的女性从 1962 年到 1982 年增加了 4 倍，而从事早教工作（托儿所、日托）的女性则增加了 8 倍。

此外，综合考虑来看，此时的社会服务工作（诸如教育、医疗保健、福利等）在所有工作中所占的比例，在奥地利、联邦德国、意大利有十分之一，在法国、英国、美国、加拿大有六分之一，在斯堪的纳维亚地区有四分之一。这是女性就业人数增长最显著的行业。

嫁给福利？

公共生活和私人生活与“劳动力再生产业”——或用更熟悉的说法，即“社会服务业”——的扩大与女性就业增长的紧密联系，使评论家形容女性“嫁给了福利国家”。事实上，有人认为“女性‘是’福利国家本身，既作为服务的提供者，也作为社会援助的接受者”。[10] 海尔格·玛丽亚·赫尼斯（Helga Maria Hernes）认为，逐渐发展起来的生育劳动集体化、专业化使“女性过去对父亲和丈夫的经济依赖转变为对国家的经济依赖，不论是作为公共补助与服务的客户、消费者，还是作为公共部门的雇员，这些部门主要是出钱让他们来从事再生产方面的劳动”。[11]

虽然女性嫁给了福利国家的说法不能完全令人信服，但这种表述有效强调了婚姻、“有目标的家庭”的功能的贬值。[12] 婚姻结构的转变（比如非正式同居、离婚情况的增多）也许反映了以生育劳动的“智能化”、集体化为特点的后工业制度的出现。在这种制度下，婚姻丧失了其功能基础，而人们主要依据爱和性吸引力等来感受结婚，婚姻从而变得更加私密，却不如以前长久。

为了让女性外出工作，福利国家尽可能减轻家务劳动、抚育儿童、照料病患、照顾老人等负担，并提供一些社会保障。这能减少女性对婚姻制度的依赖，使她们在获益可能无法超过代价的情况下，避免结婚或结束婚姻。除此之外，福利国家还致力于解决“离异家庭儿童”的问题，向单亲家庭提供援助，从而试图控制并集体管理女性独立性增强所造成的风险，特别是在儿童适应社会方面。但并非福利国家的所有女性都享有同等的婚姻自主权或都会为了享有自主权而付出同等的代价。

社会服务提供者与独立

大部分受雇的社会服务提供者，尤其是在公共部门任职的人，都拥有高中或大学学历。近几年，大量女性进入该部门，她们不仅能运用在适应社会的过程中所获取的“女性资本”——这一过程鼓励女性培养社会再生产工作所需要的品质（奉献精神、人际交往能力、教学技能等等），也能运用在父母的鼓励下所获取的“教育资本”——这被当作抵御婚姻之不确定性的自我保障。

因为同时在就业市场、婚姻市场投入了女性资本、教育资本，许多社会服务从业者的表现十分出色。比如，在法国，有四分之三社会服务职位在公共部门，从薪资和晋升高级职位的机会看，选择在这个部门就业的女性已经获得了最好的学位回报。[13] 这类职位大都受公务员条例保护，所以已经进入福利系统内部的女性通常会觉得协调家庭生活和工作更容易。

因此，当从事零售或私企服务（酒店、餐厅、房屋保洁等等）的许多女性不得不违背意愿去做兼职工作时，许多社会服务工作者则主动选择兼职工作，这样她们就有时间照顾孩子、干家务活。而在日程安排方面，全职工作的女性会觉得自己的工作相较于其他女性消耗性更低，也没那么死板。

在法国，只有 12% 的女性业务主管或销售主管每周工作时间小于 35 小时，而从事社会服务工作的女性毕业生工作时间小于 35 小时的则有 50%。在 12% 的主管之中，有 85% 的人是做兼职工作拿的报酬，社会服务工作者的这一比例则小于 50%。考虑到两者拥有同等的受教育或训练程度，任职于公共部门或社会服务业的法国女性平均每周工作时长少于其他行业的女性（包括上下班时间、花在工作中和在家学习的时间），每周还能多分出几个小时干家务活；而她们的丈夫比同事要花更多的时间在家庭上。受雇于公共部门的女性确实会比其他行业的女性生更多孩子，尤其是学校老师，但她们也更容易在子女年幼时暂停工作。这表明她们认为自己比其他职业女性更容易协调生育、家务、工作之间的关系。与其他拥有学历的女性相比，她们往往与伴侣一起生活，也更少离婚。但她们的教育资本和工作保障允许她们在必要的时候主动结束婚姻，她们也能更轻松地应对丈夫离世或离开所造成的财务冲击。

因此，福利国家为女性提供了一定程度上的独立和保障，使她们免受单身家庭所面临的贫困风险，但是这类福利在不同国家各不相同，主要取决于服务业的规模、女性就业的程度、社会服务（公共或私有）提供者的特性，以及由每个国家特殊的社会历史所决定的福利国家的本质。所以，情况取决于该福利国家的性质——借用戈斯塔·埃斯潘－安德森（Gosta Esping-Anderson）的分类法——是像德国一样的“中央集权社团主义”，瑞典的“社会民主主义”，还是美国的“自由主义”。[14]

联邦德国的服务业比重在西方国家中最低，已婚就业女性也少于半数，由联邦政府主导的社会再生产劳动的集中化推进得缓慢且有限。公共部门职位的女性化在 20 世纪 60 年代早期结束了，但与此同时，公共部门所占国家经济的比重大幅上升，随之增多的还有受雇于公共部门的女性数量（从 1961 年占职业女性的十五分之一，上升到 1983 年的五分之一）。

在职业女性（以及兼职女性）比例相当高的瑞典，社会再生产劳动高度集中化（四分之一的工作在社会服务业，几乎都由国家主导）。瑞典有一半以上的女性受雇于公共部门，这个行业超过三分之二的工作由女性承担，一般都是社会服务工作。

在服务业比重占优的美国，社会再生产劳动的集中化主要在市场中进行；美国人在公共部门工作的比例自 20 世纪 60 年代以来持续下降。但公共部门、服务行业的工作呈现显著的女性化趋势。1940 年，服务行业提供了 300 万份工作，其中有 59% 由女性任职；40 年之后，1700 万份工作中有 70% 由女性任职，每 3 位女性中就有 1 位（10 位男性中只有 1 位）从事社会服务业。[15]

简言之，"嫁给了"福利国家的德国女性发现，与瑞典、美国的姐妹们比起来，她们"婚礼礼篮"中提供的服务工作机会更少，受限的可能性更大。由于美国公共部门的比重比较小，美国女性享有的工作保障更少，因此，与德国女性相比，尤其是与瑞典女性相比，她们一旦离婚就会面临更大的风险。瑞典女性的处境最佳：她们比美国、德国女性享有更大的独立性及保障。

离婚的福利与保障

为了判断各个福利国家在离婚情况下所提供保障的程度，我们可以对比每个国家处于贫困线以下（即收入不到中位数一半）的单亲家庭和有孩夫妇的各自比例。[16]

通过这种对比，可以将西方各国分为几组。第一组国家的特点是单身父母所面临的高贫困风险和抵御这种风险的低保障程度，包括像美国、加拿大这类"自由主义"福利国家，以及家庭间收入再分配相对较少的英国。"贫困"家庭（收入不到中位数一半）的比例很高，减少社会转移支付[1]（transfer payments）（社会福利减去所得税）的方式很少：在运用所有社会福利措施之后，"贫困家庭"的数量与以前相比并没有大幅减少。（在某些情况下甚至增多了！）然而，单亲家庭的比例却很高，从英国有孩家庭的 13% 到美国的 23% 不等。而这些单亲家庭最易遭受贫困：其中的"贫困"家庭比例最初（即转移支付之前）大于 50%，比有孩夫妇的这一比例高出 3 到 4 倍。年轻单身父母更易遭受贫困：30 岁以下的单身父母有 60% 到 80% 的人十分"贫困"，社会福利也无济于事。

[1] 转移支付是经济学上通过政府无偿支出实现社会收入和财富再分配的一种手段。——译者注

近年来，这些国家单身父母的贫困风险甚至变高了：20 世纪 80 年代，美国、加拿大的“贫困”单亲家庭（不论是否受到社会福利援助，也不论单身父母的年龄）比例上升了。

在其他国家，比如联邦德国、法国（单亲家庭比例也相当高，有孩家庭从 11% 到 14% 不等），单亲父母的贫困风险比较低：只有 25% 到 40% 的单亲家庭处于贫困状态,社会转移支付有显著的影响,使大约一半的单亲家庭脱离了“贫困”状况。但德国的社会保障网络只向 30 岁以上的单身母亲提供援助。经过社会转移支付之后，仍旧处于贫困状态的年轻女性是年长女性的 3 倍，在 20 世纪 80 年代也在 2 倍以上。总而言之，虽然“中央集权社团主义”的福利国家将更多的福利给予单亲家庭，但在接受这些补助后，处于“贫困”状态的单亲家庭仍旧是其他家庭的 2 到 4 倍。

实行高度再分配的“社会民主”福利国家（社会转移支付使贫困家庭的比例减少了至少一半）大体上控制住了单身父母的风险：单亲家庭与双亲家庭的贫困比例大致相同。不论是像瑞典这样的低贫困风险国家，还是像荷兰这样的高贫困风险国家，情况都是如此。在转移支付之前，瑞典的单亲家庭的贫困比例是整个人口的贫困比例的两倍之多；在荷兰则高达 4 倍，只有极少数单身母亲，尤其是年轻母亲，有足够高的收入脱离贫困。但是社会转移支付在这两个国家提供的保护，使贫困的单亲家庭的比例降低了三分之一以上。20 世纪 80 年代，瑞典在这方面的保障甚至有所提高：贫困单亲家庭比例下降了近二分之一，甚至低于所有家庭的平均贫困比例。

只要考虑到上述数据，就不会惊讶于瑞典学者一直强调“国家女性主义”，而美国学者却在讨论所谓的“贫困女性化”。

总的来说，女性从福利国家获得的福利不尽相同。福利就像嫁妆一样，不一定与看上去的一样。我一直认为，自 20 世纪 50 年代以来，由于发达国家出现了新的人口再生产、劳动力再生产制度，两性关系的技术和经济基础被彻底改变了。但不同国家的历史——社会群体之间不断转变的关系以及由此产生的福利法——塑造了不同的改变方式，这种基本转变体现在男性、女性的生活，以及不同社会阶级的生活之中。

第十五章　受到监管的解放

罗丝—玛利·拉格哈夫（Rose-Marie Lagrave）

1908年7月23日，佩里格（Périgueux）[1]一所女子学校的校长在校内年度颁奖典礼上提到，“男性和女性的竞争会载入20世纪的史册”。如今，我们站在21世纪的起点，必须意识到，这个预言仍未成真。尽管社会的女性化程度越来越高，但在任何一项竞争中，男女之间的角逐依旧十分不公。20世纪的特点在于，社会性别分工的合法化经历了漫长的过程，这种合法化的实现，有赖于在教育体系、工作场所中用巧妙的方式维系并重塑了性别隔离。社会秩序就像一个配电站，将男性和女性系统化地输送到各自的教育、劳动领域中，但这一流程并不完善。它的首要功能是避免两性竞争，以及替男性统治的暴力找到委婉的说法。[1]但是一个世纪以来，男女平等一再通过镀金般的语言被写入法律，并得到公开声明，乃至众多观察者都有意将其描述为“解放”。事实上，不同时期、不同国家的评论家都一致认为，女性对社会系统产生了越来越大的影响。人们因此陷入一种错觉：看到女性生存环境的改善就得出男女平等的印象，却忽略了男性的生存环境也得到了改善。人们受到蒙骗，还想要向逝去的世纪致以敬意。可是，如果有人采用关系化的思考方式，那么就必须拿女性地位的提升与男性所取得的进步来进行比较，在教育、工作中持续存在的男女隔阂从而凸显出来。

然而，这还不足以表达性别不平等的存续，因为女性之间的不平等也同样重要。虽然20世纪的女性拥有某些共同特征，就像思想家们时常提醒的那样，

[1]　佩里格：法国西南部城市。——译者注

获得与男性同等地位的机会，在女性内部并不均等。比如在法国，一位有天赋的女学生可以在一所精英天主教机构学习，与男校巴黎高等师范学院（Ecole Normale Supérieure）的毕业生们在严格的选拔考试中竞争，这项考试决定着谁有资格获得全国最具名望的教职；而工人阶级的年轻女性在阶级本能——有时优于性别本能考虑——的引导下，可以与年轻男性工作者同等竞争。这两类女性之间，横亘着两个社会阶级之间的全部差距。而不平等制度的存在，并没有透露出权力所具有的不可逆的固有特征，这种权力源于生来就处于不平等的受益方，即身为一个男人的好运。学校和职场不像政界的多数派那样存在周期性的反转：男性占据着主导性职位，女性则担任底层职位。一个女性化的职业从来不会变得男性化，索邦大学在1919年时被人戏称为“女士巷”，但它至今都没变成“绅士巷”。当女性在一种职业或学科中领先时，男性就会舍弃它（就算他们还没有付诸行动）。这种情况算不上竞争，或是诚实的比赛，反而是沉默的背叛。这种回避行为使男性与女性之间的结构性差异得以维持，尽管这种结构自身为了适应变化不断的时代，也在做出改变。但是，人们如果考虑不到男女之间的任何比较——就算有过硬的数据支撑——都建立在偏见之上，就无法完全理解这种差距：一切都是不平等的。比如，家庭赋予男性和女性不同的思想负担、实际负担。男性要为了满足家庭的需求努力工作，而女性如果为了维持生计找一份工作，就要为“抛弃”家庭感到愧疚。男性“开创事业”，女性舍弃孩子、家庭。早在1919年，皮埃尔·汉普（Pierre Hamp）就写道，“因为贸易变得越来越女性化，我们正在践踏自己孩子的摇篮”。这种说法稍作变动，就可以充当20世纪的格言：让女性接受教育、得到工作是没错，但要确保不对家庭产生不利。要让女性时刻谨记不能越界，要确保顶级资格证明和高端工作的稀缺性、优异性，并将它们牢牢掌控在男性手中。男孩、女孩从小就受到教导，彼此拥有不同的爱好、天性，长大以后，这些差异将在不同的工作层级中展现在他们身上。因此，20世纪虽然见证了女性大量涌入学校和职场，但在教育成功的可能性、男女在职场中的明显隔离等方面，仍旧存在着显著的不平等。情况有所改善，但隔离始终存在。

工作还是家庭？

第一次世界大战的痛苦终于熬出了头，时间逐渐证明女性在教育、工作领域所获得的成功，同时代的许多人都认为“1914 年开始的这场战争，就是女性的 1789 年革命”。战争给女性带来了巨大的好处：被送上前线的男性将工作留在身后，女性则保住了大后方。只要杀戮继续，男性和女性就用不着为工作互相竞争。到 1917 年，一些人已经开始考虑停火，以及男性回家时需要解决的问题。一切都太不容易了。随之而来的就是两次世界大战的战间期，资本主义陷入混乱，但一切才刚刚开始：经济萧条、经济危机、股市崩盘、结构性失业，都表明世界的荒唐，而这个世界上还没有一个国际性机构来调节陷入危机之中的经济。虽然世界经济遭受了一系列结构性的危机困扰，但女性在教育、工作上都取得了进步。这使一些评论家觉得惊讶，也使其他的人感到惊慌，但大家都一致认为真正的紧急情况并不在此。无数男性已经献出了生命，如果女性自身还没有意识到她们的职责，那么就需要有人提醒她们。

从灵魂到文字

战后重建要求消耗殆尽的国家进行人口再繁殖。人口出生率下降了，职业女性的数量却增加了。当男性重新回到工厂和其他工作领域之时，发起了规模空前的思想攻势，鼓励女性重回家庭。

在教会强有力的支持下，政府实行的家庭政策主要针对有工作的女性，尤其是已婚的职业女性。她们是“万恶之源”：持续下降的出生率、不断攀升的婴儿死亡率、家庭的瓦解、道德的沦丧、父母抚育子女的失败。政府需要迅速采取措施，主要分为两个方面进行，一是激进、残暴的禁令，二是积极的教育性宣传——用讨人喜欢的方式描述家务劳动。若是无法首先确保后方势力的支持，任何一个政府都不能成功发起一项运动。法国政府寻求天主教妇女联盟、商界“社会天主教”团体的支持。与此同时，还组织了定期的国际调查，来评估说服女性回归厨房的可能性。[2] 考虑到难以调和天主教道德与个人经济利益的矛盾，结果就可想而知，且十分尴尬。男性商人认为，虽然为了整体利益考虑，禁止已婚女性工作无可厚非，但这并不符合一些特定公司的利益。所以，真的有必要这么做吗？奥地利的男性商人指出，届时生活费会升高：如果女性回归家庭，那么就不得不雇用男性去替代女性的职位，而在奥地利，男性的工资是女性的两倍。法国、意大利、西班牙的调查对象表示，母亲们与年轻女性相比，在工作上更加沉着冷静。比利时、意大利、奥地利的大量调查对象提议通过法律禁止已婚女性工作，法国的调查对象则建议最好循序渐进，因为这种措施只会促使更多情侣婚外同居。这一争论在奥地利没有太多实际意义，因为婚外同居通常牵扯到情妇，而不会牵扯到“职业女性”。支持者和反对者都在仔细权衡利弊：公司不再需要支付生育补贴，但需要支付更高的工资给男性。很难判断激进措施是不是最佳选择，所以围绕着最低程度的共识，形成了一个同盟：信仰天主教的雇主此后不应“将工作提供给”有孩子的女性。

这种冒犯性的行动缺乏策略。让女性自行离开职场才是更老到的做法，但必须激起她们回归厨房的热情。实施这种家庭政策并不缺少相应的手段：宣传者们将母亲构想成教育家，并创造出受过专业培训、实行“泰勒制”的家务劳动者，以此作为新家庭经济的基础。新的学校和成人教育课程纷纷设立，教人们如何做好家政工作，一些配有专业装备的学校和课程有意吸引中产阶级，其余的则对准更普通的受众。这类机构教工人阶级妻子避免浪费，用“手头的原料”去创造奇迹，换句话说，就是教她们如何依靠不高的收入生活。当男性在为体面的工资奋斗时，她们的妻子却在设法让预算用到极限，学习怎样勉强维持生活。1923 年，在法国举办的第一届家居展览把中产阶级妻子从教条的沉睡中唤醒：通过购买新的家电，学习新的娱乐方式，主妇们可以共享丈夫所拥有的社会资本中的剩余价值，虽然同样进行了消费，却更加明智。在德国，家政竞赛鼓励年轻女性学习新的家政技能，1934 年被称为“家庭主妇之年”。尽管家庭类文章对女性的未来有着宏大的构想，可没过多久就开始遭遇冷落：简言之，它与产业利益，与使结构性变革成为可能的社会进步意愿有着太多冲突。新的更加大胆的宣传计划不再说服所有女性待在家中。

女性的确承受了低迷经济持续波动的首波冲击。尽管女性在商业下滑时最先遭到解雇，但女性就业在经济冲击中表现尚可，既没有明显提升，也没有急剧减弱。国际联盟收集的有关欧洲的数据显示，职业女性占女性总人口的比例保持稳定，令人惊异。从数据上看，欧洲大陆分为两种情况：在欧洲北部地区，尤其是丹麦、瑞典、挪威、英格兰、芬兰（自 19 世纪中期就开始工业化进程的国家），职业女性的人数在 1900 年到 1910 年间有所增加，到 1930 年或

1931 年都保持稳定或小幅下降，而后直到 1945 年才开始急剧增长。远在南部的国家想要收复失地。女性就业程度极低且增长幅度很小的希腊、意大利、西班牙，在 1915 年到 1920 年间“起飞”。比如在希腊，职业女性比例从 1921 年的 13.6% 增至 1928 年的 24%。法国是其中的领头羊，职业女性比例在 1926 年到达 36%，相较之下意大利只有 23%。但是在欧洲，工作主要还是男人的事：职业男性的人数是职业女性人数的两到三倍之多。更能说明问题的是已婚职业女性人数的变化：25 到 34 岁的女性，正值结婚、生育的年龄，也照样去工作。在法国尤其如此：尽管职业女性的比例从 1921 年到 1936 年总体下降了，但有工作的已婚女性比例反而从 35.2% 上升到 41.4%。结论显而易见：已婚女性抗拒被幽禁在家中。[3] 崇尚家庭价值的宣传带有明显的局限，而这种宣传所导致的结果也与它的意图大不相同：它影响女性就业结构的方式是鼓励女性寻找社会化或官僚化的家务工作变体，即寻找有性别辨识度的职位，却没有顾及，有些女性曾成功闯入男性的堡垒。

男性的计划，女性的命运

在欧洲，在家劳动、家庭作坊等前资本主义劳动形式让位于雇佣劳动。随之而来的是三重式发展：不同行业的女性劳动力分布发生了变化，受雇于服务业的女性数量上升，女性在脑力职业、专业技能职业中也取得了进步。结构性转变不仅源于经济变化，也源于工人阶级的社会流动策略和资产阶级的家庭生育策略。资产阶级家庭试图让女儿接受良好的教育，这样就可以代替嫁妆，或增加嫁妆的价值。教育是施行所有计划的手段，即便学校还无法适应就业市场。不同的阶级以不同的方式利用学校，这样更民主，选择也更多，从而使一部分学生的视野更加开阔，但也使其余学生的视野更为狭窄，尤其是女学生。工人阶级女性发觉，她们所拥有的机会比工人阶级男性更为局限。

第一次世界大战后，欧洲各国的工人阶级有所变化。但是，职业的同质化、工会的传统、对女性工作的敌意仍旧是工人阶级的特点。职业培训、通识教育提升了男性工作者的技能水平，但对女性产生的影响不大。然而，小学教育对每个人都产生了影响。

1901 年，法国的小学教育实现了男女生同等待遇。在岗培训、短期辅导课程弥补了技术教育、过时的学徒制的弱点。女性拥有的技能不多，但能很好地适应科学管理（泰勒制）这种新的产业逻辑，这种管理方式加大了技术工作和非技术工作的差距，由此改变了产业本身。新的产业逻辑旨在从女性“天生的”品质中获利：“在要求运动协调性和高水准敏捷行动力的工作中，女性凭借自身的胆量、技术表现突出。而且，她们节俭、天生精明，甚至热衷于赚钱。报酬的小幅增长有时就足以使她们在工作上尽到全力。”[4]

因为女性“天生”就拥有这些技能，她们不需要接受培训就能获得低级别的工作。女性确实在各个产业的非技术职位上任职。虽然法国各个产业中的职业女性数量在 1918 年到 1945 年间并未增加，但也没有减少。然而，女性就业从纺织、服装等传统的女性行业转换到了化工、金属、食品等新兴行业。纺织业的女性从业者比例，从 1931 年的 62% 降到 1954 年的 55%，而同期金属行业的女性从业者数量则增长了 6 倍。产业重组极大缩小了男女薪资差异。1920 年，薪资差异达 31.1%；这种情况或多或少持续到 1928 年，1930 年降至 19%，1936 年回升到 23%，1945 年又降到 15%。1936 年的《马提尼翁薪资协议》立即产生了影响，为了降低支出的工资，雇主会优先雇用女性。在战后重建时期，工业就业率激增，很多公司不得不将目光投向在家工作的女性，打算离开农田的农妇，最后甚至找上了移民女性；商业也为有家庭的女性提供了很多帮助。

1913 年到 1931 年间，很多女性到工厂工作，在家工作的女性数量减少了一半。在法国，外国劳动力占工作总人口的比例在 1921 年时为 3.95%，1931 年为 6.59%，1936 年为 5.34%。女性和移民构成了储备劳动力的资源库，雇主可以根据需要抽调劳动力；而且，这个资源库的存在对工资施加了下行压力。虽然女性和移民都充任非技术职位，在经济衰退时也最先遭到解雇，但是他们并没有在相同的行业工作。意大利、波兰男性受雇于建筑业、煤矿开采业、公共事业，法国女性则受雇于纺织业、金属业、食品加工业。经济依据细分劳动力市场的规律、性别分工和“天赋”技能理论来决定自身的需求。

劳动力市场的策略是分而治之：女性工人、移民和“没有一技之长的男性”常常遭到粗暴对待，在技能上获得认可的本地男性工人却得以幸免。严酷的工作环境促使工人阶级家庭拼命让自己的孩子逃离这个阶级。虽然大部分男孩仍旧继承了父亲的职业，但父母殷切地希望女孩们能够“让双手保持洁净”，成为服务业“白领工人”的一员。

不仅仅是工人阶级希望自己的女儿可以找到“适合”女性的工作，中下层的中产阶级家庭也希望提升自身的地位，所以他们将自己的女儿送入中学念书，让她们获得一份有可能吸引到更优质伴侣的“职业嫁妆”。所以，整个欧洲的女孩们都被送去上学，尽管各国的数据各不相同。丹麦、挪威、瑞典、芬兰的女学生数量在 1900 年到 1913 年间快速增长，意大利、西班牙、希腊、葡萄牙则到 1928 年才开始增长。英格兰、荷兰、比利时、法国的女性教育增长率相对比较平缓。

法国中学女生与男生的人数相比较，在 1911 年，前者相当于从后者的 1911 年的 23%，攀升到了 1945 年的 28.3%。在中学阶段，私立学校对公立学校之比，几乎与女性对男性之比一致。1911 年，上公立高中的女生是上私立高中的女生的 3 倍之多；到 1950 年，这一比例降至二比一。1924 年 3 月 25 日，法国颁布的法令使男女生的中学课程内容完全一致，女孩所受的教育因此变得更加世俗，其中所带有的性别歧视也变少了，然而与男孩相比，女孩的机会仍旧很有限。整个教育体系鼓励女孩只需完成小学学业，或最多拿到高中文凭。女孩们也被鼓动着寻找适合女性的服务类工作。到 1930 年，参加教师培训课程的女生超过了男生，希望进入硝石库慈善医院（Pitié-Salpêtrière Hospital）护士学院的女生则需进入候批申请名单等候入学。

学校在服务业进入高速发展期之时做出调整，以适应劳动力市场的需求。日益复杂的经济制度需要高效的管理者、官僚、银行家。众多女性在快速扩张的银行业、保险业中任职，在 1906 年到 1936 年间提供的工作职位中，这两个行业占到了 50%。她们也在公共部门任职，这个行业的女性就业率同期翻了一番。女性被怂恿着辞去某些工作，因为社会潜在地倾向于让男性做动态工作，女性做静态工作。有些工作专为女性准备——这种观念开始流行。1914 年出版的一本辩论性著作中，安德烈·博纳富瓦（André Bonnefoy）主张男性辞去办公室工作，把在图书馆工作这类职位留给女性：“男性在这类工作中没有容身之地。［图书馆学］是其他学科的仆从。这种从属角色配不上男性与生俱来的骄傲。但是女性在图书馆扮演与家中相同的角色，不会觉得蒙羞。”[5]

许多女性赞同这类观点。苏珊·弗朗索瓦·科德利尔（Suzanne Françoise Cordelier）赞扬女性独有的某些思维、道德特质，主张女性避开可能需要与男性竞争的领域［《职业女性》（*Femmes au travail*，1935）］。吉娜·龙勃罗梭甚至更激进，她在《当下社会的女性》（*La Femme dans la société actuelle*，1929）中质问现代社会是不是已经疯了，逼迫着女性进入男性的职业领域，尽管“不平等不等同于不公正”。[6] 女性向官僚体系发起的漫漫征程才刚刚开始，它将贯穿整个世纪。但少数拥有最优质教育资本的女性追随前辈的足迹，进入了男性的职业领域。

高等教育虽然以“高等”为目标，却无法摆脱性别分工的逻辑。在大多数国家，大学中各个学系的女生人数分布与以前相比更加均衡，但到目前为止，大量女生仍旧扎堆在文学部。女性毕业生很少成为正教授，大部分都停留在副教授的级别。1930 年，西班牙、葡萄牙的大学里见不到一个女性任教，尽管当时的意大利已经有不少女教授，这是继承了一种源自 18 世纪的传统。一些女性毕业生则进入了医学、法律等专业领域任职。

德国、奥地利、荷兰的女医生迅速增多。多个国家允许——其实并不情愿——女性进入法律界。1919 年 12 月的《消除性别不平等法案》（Sex Disqualification Removal Act）准许英国女性成为初级律师和大律师；葡萄牙女性和德国女性分别于 1918 年和 1922 年获得相同的权利。都灵的上诉法院在 1883 年 9 月裁定莉迪亚·波埃特（Lydia Poët）不准进入这座城市的法律界，意大利女性主义者反应激烈，经过长期的抗争，意大利女性终于在 1919 年赢得当律师的权利。激进女性主义者特蕾莎·拉布里奥拉是获准进入法律界的第一位意大利女性。但在包括法国在内的很多国家，女律师无法成为法官，因为根据民法，女性缺少某些能力。

战争期间的技术发展和产业进步致使对工程师的需求增加了，工程学院于是变得越来越多，人们也开始愿意将女性培养成为工程师。但在 1930 年，唯有在荷兰，女性工程师的人数超过了 150 名。在法国，受训成为工程师的女性所从事的工作，与她们所受到的训练并不相称。她们总是能找到技术图书的管理员、教师、化学分析师等职位，却很少有人真正获准设计机器。一些拥有高等学位的女性从未获得一份工作。这种情况在当时绝不少见，仅仅因为女性受到教育这件事本身就很稀奇。但可以肯定的是：教育确实使女性嫁给了受到同等教育的男性，在很多国家，尤其是英格兰和荷兰，受过教育的女性在结婚时就辞去了工作。

各个领域都可以感受到性别秩序所造成的影响。服务业变得女性化了，但在脑力领域，职业的内部等级由性别决定，而不是职业本身。性别秩序还怂恿女性限制自身的事业心。许多女性为获得教育机会克服了重重障碍，却不曾闯入职业战场。传统的家庭价值观念使她们在成为受过教育的专业人员与成为家庭主妇之间寻求折中之法，为了遵循当时资产阶级的准则，她们压抑了自己的野心。1929 年，国际大学学历妇女大会（International Congress of Women with University Degrees）在日内瓦举行，莫里斯·纳夫（Maurice Naef）在大会上说，"女性现在不仅能通过身体分娩，而且也能通过精神分娩"。然而，即便女性在高等教育上和脑力职业上取得了一些进步，仍旧无处施展所掌握的大量学识。与以前发生的情况相同，20 世纪之初，女性在某一领域获得工作时，评论家就说女性的涌入会吞并职位。巴黎的一位文学系教授古斯塔夫·科恩（Gustave Cohen）在 1930 年 1 月 4 日的《文学消息》（*Les Nouvelles littéraires*）中说："如果有人问我战争以来我们经历的最重要的革命是什么，我会说是女性对大学的入侵。30 年前，在我的青年时期，女生在大学中凤毛麟角，后来，女生占全体学生中的比例第一次上升至三分之一，而后是二分之一，而后是三分之二，有人对此充满焦虑，不禁发问，曾经作为主妇的她们，是否不久之后就会成为我们的主宰？"

"入侵""焦虑""主宰"：这三个词体现了当时的态度，但当时很少有人意识到，越来越多受过教育的女性可以与日益普遍的性别隔离并行不悖，从而消除男女竞争的威胁。但在失业年代，崇尚家庭价值的政策立刻就呈现出粗暴的意味。

真相时刻：失业

与男性相比，失业对女性的意义是不同的。仅仅因为劳动力市场的性别不平衡，在 1931 年、1932 年和 1936 年，整个欧洲的男性失业人数（按绝对数值计算）多于女性。但人们都认为男性失业人数的不断增加是由职业女性的增多导致的，却没有注意到女性才是在危机中随时都可以被牺牲的棋子。

不可否认，相较于女性，有更多的男性遭到了解雇。在 1933 年的意大利，失业男性人数是失业女性人数的 3 倍。但英格兰的男性失业率为 23.7%，女性失业率为 20.4%。女性所从事的工种自然影响着失业的状况。每一次经济衰退都影响到服务业，以及有大量女性职工的工业企业。男性失业情况大都集中在重工业。辞退技术熟练的男性工人，让没有技术、报酬较低的女性工人代替他们的职位，这种情况在制造业也十分普遍。1932 年 9 月 5 日，德国出台的“危机指令”有意激励各行各业重新雇用遭到辞退的职员。公司获准削减工资，并能因为重新雇用员工获得补贴，它们的工资开支从而降低了 50%。工业企业则雇用了大量失业女性：“一家大型金属加工企业通过重新雇用 16 个男性职工、83 个女性职工，就可以获批削减所有员工的工资，并收到 99 个新员工的额外津贴，因此，在将工资削减了 94 德国马克的同时，还得到了每周 4752 个小时的工作时长。”[7]

1936 年，在许多男性失业的同时，部分女性开始在家工作，另一部分女性则做两份工作，并赚取私下的报酬。雇主们精明地利用了这种不公平竞争，却导致多国政府直接通过了禁止雇用女性的法规。在 1935 年的葡萄牙，任何一个有单身男性失业的行业雇用女性，都是非法的。在同时期的西班牙，雇用女性从事除了农业以外的其他任何工作，都遭到了明令禁止。1936 年，爱尔兰的每一个产业都规定了雇用女性的最大限额。比利时、希腊分别在 1934 年、1936 年禁止了女性为政府工作。如果认为职业女性需要为男性的失业负责，那么削减女性的就业人数就是符合逻辑的。但是，经济危机影响了所有工人，这证明女性劳动力并未造成男性的失业。比如，德国在 1931 年、1932 年打破了欧洲的失业率纪录，但在过去的 10 年间，这个国家的男性就业率远高于女性就业率。

如果男性比女性更容易失业，那么他们反而有资格获得更多的援助。1932 年，在奥地利获得失业补助的失业男性占 83.4%，获得补助的失业女性只占 72.5%，法国的这一差异则更大（同年为 81.9% 对 68.5%）。各国的失业法规定，女性所能获得的补助低于男性，而大都由女性从事的职业——家政服务——则不包含在补助范围之内。在失业率高企的关键时刻，家政服务不再被作为一项工作，所以在这个行业失业也不被认为有所损失。不仅如此，危机时代势必重新唤醒古老的恶魔，目标已经在近在眼前，包括一直以来的受害者——已婚女性，以及新的受害者——移民。

移民与女性一样，既促进又阻碍了经济发展。劳动力短缺时，移民会被聘用，就业市场萎缩时，他们则会遭到解雇。法国在遭受了经济萧条的严重打击后，北部省（Nord）的波兰矿工、洛林大区（Lorraine）的意大利矿工被驱除出境；那些获准留下的人比本国矿工更容易失去工作。未婚男性比已婚男性更容易被遣返回家，但即便是有家庭的男性也并非没有后顾之忧。一位北部省的波兰矿工的妻子在回忆 1929 年时写道："萧条始于经济危机。工资降低，没有工作的日子一眼望不到头。世道如此。一批人已经被给予了回波兰的车票。法国人觉得我们抢走了他们的工作。到处都能听到人们大喊'滚回波兰去！'我们该怎么办呢？"[8]

没有人催促已婚女性去上班。在崇尚传统家庭观念的理论家看来，已婚女性本来就不应该工作。在失业年代，她们更是错上加错了。所以，禁止她们工作算不上惩罚，而是对秩序的召唤。德国在 1935 年 1 月 24 日颁布的一项法律，准允向已经订婚且愿意辞去工作的年轻女性提供结婚贷款；1937 年开始，已婚女性不准在行政部门任职。荷兰的已婚女教师则收到要求辞职的警告。法国、德国、英格兰、荷兰等国考虑到已婚女性的丈夫能够养活她们，所以延缓向她们发放失业补助。英国在 1929 年 10 月 3 日颁布的"违规法"剥夺了已婚女性获得失业补助的权利，除非她们能够证明自己的丈夫处于失业状态，或是残障人士。从 1937 年起，德国年轻单身女性必须履行强制性服务，以援助城市和农村地区的母亲们。[9] 在民族主义大行其道，经济遭遇危机的年代，男性有"工作、家庭、祖国"，女性却只有"家庭"——在女性看来，家庭是名副其实的祖国。虽然有些女性反对这种做法，但是"第三帝国的母亲们"全心全意参与了将母亲形象打造得更加鄙视女性的可怕事业。[10] 世间的可怜人即便在痛苦、死亡降临之时，还是按照性别被区分：火车抵达集中营时，囚犯们依照性别被送去处死，"女人们送到左边，男人们送到右边"。

回顾一下这个时期的三类典型女性。第一类是脱离工人阶级或农村环境，成为护士、秘书、服务业工作者的年轻女性。第二类是在抚育孩子的过程中，重新找回家庭乐趣的已婚女性。第三类是只为了用学历交换更优质的婚姻，从而接受教育的资产阶级年轻淑女。上述三类女性的写照共同定义了某种与产业女工人截然不同的理想女性。但此时，新的理想女性形象开始出现：办公室职员。

“光荣三十年”[1]（1945—1975）的幻灭

西方世界一度呈现出乐观的社会氛围。亢奋情绪达到巅峰，所有愿望似乎都可以实现。战争结束了，而经济战早已开始，它被寄予期望能够促进女性事业的发展。在这个年代，人们都掌握了多种令人意想不到的技能，对进步有着极为强烈的信念。1960 年到 1973 年，欧洲的国民生产总值平均每年增长 3.9%。这种增长率全面促进了就业，在遭受了之前的长期失业局面后，欧洲最乐意见到这种发展态势。在英格兰、德国、瑞典，由工会、商界、政府三方的代表所组成的委员会制定了相应的条款，以确保充分就业的经济能够运转起来。国家真正成为全民获取“福利”的源头。众多因素的作用，包括低能耗、逐步提高的产能、对教育和培训的投资，保障了经济的稳固发展。劳动力需求背后的真正驱动力是消费社会，而它的鼎盛期才刚刚拉开序幕。如同人们所说，女性争先恐后地涌入天堂，终于分享到整个国家的财富。实际上，尽管女性确实成为获益的一员，但她们很难获得所期望的福利。虽然教育系统和职场对女性的接纳度越来越高，但是女性受雇的职位都被女性化了，因此受人轻视，或是被编排到行业的最低层级。展现在我们眼前的是这个时代对性别分工的驯化。虽然这种趋势在上一个时代就显现出来，但经济秩序中所发生的转变，剧烈地推动了这一过程。

欧洲的职业女性

这一时期有两个引人瞩目的现象：大量独立（或自雇）女性加入雇佣劳动的行列，以及雇佣劳动对女性的工作方式所产生的影响。全欧洲的职业女性增加了，但北方的雇用工人比例（1970 年是 85%）远高于南方（65%）。但是，从 1960 年到 1970 年，意大利、希腊、西班牙，尤其是葡萄牙，也经历了女性雇用工人的快速增长。工业吸引了新的工人，他们来自原先独立的手工业阶层和农民阶层。1946 年，41% 的法国女性曾是手工业者或农民，但这一比例在 1975 年已经降到 8.6%。与此同时，女性雇用工人占职业女性总数的比例在

[1]　“The Glorious Thirty”（法语：Les Trente Glorieuses），指法国在二战结束后的 1945 年到 1975 年这段历史时期。——译者注

1954 年为 59%，1975 年则上升到 84.1%。女性受雇成为工人的比例在法国第一次超过男性（81.9%）。雇用工人的比例增长是因为各行各业招募了原先的独立工作者，以及全职母亲的减少，这种情况发生在整个欧洲，除了荷兰、比利时。1975 年，欧洲经历了经济学、社会学意义上的重要转折点：传统形态的独立劳动力几乎消失了，女性不再待在家中。女性现在完全融入了市场经济，其中，服务业，或者现在所谓的第三产业占据了主导地位。

实际上，女性在转变为雇佣劳动力的过程中，第三产业发挥了重要作用。第三产业日益壮大，赚取工资的女性数量也越来越庞大。斯堪的纳维亚地区和英国的就业在 1945 年之前就开始从第一、第二产业向第三产业转移，这种发展势头在之后 30 年里更为强劲。在 1968 年到 1973 年的法国，仅第三产业就提供了 83% 的净增新职位，其中有 60% 的职位由女性担任。纵观欧洲大陆，女性群体还出现了“官僚化现象”，意大利是个例外，因为该国女性在各个职业群体的分布更加均衡。在意大利，女性在从事自由职业和附属服务业人群中的比例为 48%，在从事其他服务业人群中的比例为 41%，在办公室职员中的比例为 30%，但在英国，女性在服务业工作者和办公室职员中的比例分别为 74% 和 67%。[11]

欧洲的雇佣劳动地图有着男性领地、女性领地之分。这张地图没有地理分界线，取而代之的是职业等级边界线。男性的领地中既有普通工人，也有管理人员，但女性的领地就是一个布满了各种办公室的巨型迷宫。在这两极之间，呈现了另一个在就业上追求性别平等的欧洲。这种性别平等开始出现在零售、教育、法律、医疗、技术以及与其相关的行业。欧洲经济的发展促使没有受到充分雇佣的储备劳动力进入市场，包括曾一度被遣回家庭的已婚妇女。

除了荷兰和比利时，欧洲各国的已婚职业女性数量都增长了。已婚女性活跃在就业市场的每个时期都会出现这种现象。1950 年到 1960 年间，已婚职业女性的数量在挪威翻了一番，在瑞典、瑞士、法国则分别增加了 20%、10%、5%。在 1962 年的法国，已婚女性占职业女性总数的 53.2%。但是，如果将职业女性的占比按照各年龄段和拥有子女数量进行划分，各国在 1967 年到 1972 年间，情况稍有不同。西班牙、爱尔兰、葡萄牙、荷兰的女性普遍在婚后或一胎出生后暂停工作。德国、法国、英格兰的大部分女性则在哺育孩子之后重新开始工作；意大利女性的情况类似，但普遍程度稍低。瑞典、芬兰的“驴背”曲线表明，已婚女性、已婚母亲普遍留在劳动力市场中。到 1975 年，婚姻对职业发展的阻碍影响相对减小，但母职仍旧是一个负面因素。母亲拥有越多的孩子，就越少外出工作。母亲拥有孩子以后就会待在家中，这种情况在南欧很常见，在爱尔兰、荷兰也是如此。这种对比表明，将已婚女性在劳动力市场持续增长归结于单一原因太过随意，不论原因是女性强烈的工作意愿，还是各行各业对工人的需求增加。多种因素共同作用，才导致了“支持家庭运动的社会基础瓦解”[12]，儿童的集体社会化、日托机构和幼儿园的有无、简化家务劳动的家用电器的普及，也对已婚女性的教育水平和丈夫们的职业产生了影响——但这些也不过是解释各国存在差异的部分相关因素。

此外，统计数据明显受到就业分布的影响。人们如果想要对比父亲和母亲的行为——这种做法理所应当——将没有任何数据能够为其提供依据。统计学家“出于本能”，就会把孩子分配给母亲照料，所以我们得不到任何有关子女数量对男性的职业生涯所造成影响的数据。而众多研究显示，子女的存在对男性的职业发展会产生积极作用，却对女性的职业发展产生了负面作用。而且，在分析女性的职业发展时，必须考虑到她们在常规工作之外还需承担家务劳动。1975 年，职业女性在家务劳动中花费的时间是男性的 3 倍。所以女性其实做着两类工作，一类有酬劳，一类没有酬劳，但是大多数男性只专注于自己的职业劳动。而意欲阐释女性的工作模式发生了转变的人，其中甚至包括最讲究定量分析的社会学家，想要表明这是由于某些经济需求在起作用。但没有关于男性的同类调查数据：工作对男性来说是与生俱来的权利，对女性而言却是必须借社会学家、人类学家之口加以解释的反常现象。也就是说，社会科学论述与统计数据一样，可以用来加强现在的性别分工，而非质疑它们。再者，以上班领工资的方式取代待在家中或从事独立职业的路径，被研究者和女性主义者视为这一时期（1945—1975）迈向女性“解放”的重要一步。诡异的是，在当时颇具影响力的马克思主义者看来，雇佣劳动是异化劳动（alienated labor），而女性主义者和社会学家却认为雇佣劳动解放了女性。不论如何，女性融入劳动力市场掩盖了社会秩序强加于女性受教育机会和工作机会之上的限制。这种思想在学校里完成灌输，加剧了一种幻想，即女孩们日益拥有与男孩们同等的成功机会。

教育爆炸（educational explosion）与社会幻灭

如今，女性接受教育是为了谋生。她们备受鼓舞，认为自己能够获得成功，精心的规划亦是为了确保毕业后能够满足劳动力市场的需求。尽管女性受教育程度的提高与职业女性比例的增长有显著的相关性，但这种联系并不成正比。例如，荷兰女性虽然接受了全面的学校教育，工作的女性却寥寥无几，所以无法断定女性受教育程度与工作之间存在何种关系。女性所获得学历与所从事职业的比较，反而有助于我们衡量教育投入在工作中所得到的回报，以及女性在职场中成功的可能性。

教育体系本身标榜女性解放，实质上却固步自封。学校提供的新课程体系借由“拓展”教育经历之名，实则在巩固并维持男生与女生之间的差异。从女生入学数量激增来看，尤其集中在 1970 年到 1975 年这段时期，欧洲确实见证了一场教育爆炸。1970 年，挪威（男、女生的中学入学率分别为 58.7% 和 58.2%）和法国（男、女生的中学入学率分别为 42.1% 和 49%）在中等教育领域实现了教育平等。1970 年到 1975 年，丹麦、西班牙、瑞典、葡萄牙的女学生增长速度高于男学生的增长速度，法国和德国的情况则正好相反。相较而言，女生比男生更难获得高等教育机会：多数女生完成高中学业后就彻底离开了学校。各国（除卢森堡外）在 1964—1965 年度的男、女大学生比例至少存在 30% 的差距，其中荷兰的男、女大学生比例为二比一。南欧（除葡萄牙外）的女学生增速较快，德国、奥地利、比利时的增速都相对平缓。

教育体系将女性输送到合适的职位，或者说“女性化的”职位，以响应“性别民主化”。学校在课程结构中也设置了社会分工，怂恿女性专攻某些最终会使其陷入不利处境的课程。法国业士文凭（baccalauréat）授予不同专业的学生：F 类、G 类学位（医学、社会学、行政管理学）深受女生欢迎，C 类、M 类学位（数学、物理学、科技类）则更受男生欢迎。1975 年，C 类学位和 M 类学位中女生仅占 33.8% 和 4.2%。全欧洲各所大学的情况都差不多，语言学、文学、教育学、心理学专业里大都是女性，而自然科学和数学等专业中大都是男性。专业的分布差异中还包含了教育程度的差异。在技术类课程和通识课程中，女生比男生更难跨过高等教育的门槛（比如“第三阶段”教育，相当于美国的博士学位）。联合国教科文组织在 1967 年发布的一份研究报告显示，在德国、芬兰、法国、意大利、挪威、荷兰、瑞典，婚姻是女性放弃学业的首要因素，但其他原因综合作用，从一开始就限制了她们对事业的追求。

大多数女生一旦完成高中学业，就结束了接受教育的过程，但高中文凭对男生们来说通常不过是进入大学的跳板。高中文凭的价值不如从前了。1964 年，在法国获得业士学位的女生首次超过男生，业士学位不再是工作的敲门砖。越来越多的女生获得了学位，但其含金量却不高，大家发现自己所受的教育并不能帮助自己在就业市场中立足。例如，1956 年，法国有 46% 进入“职业培训中心”的女生还在学习缝纫，尽管当时的纺织业和服装业已经开始急剧衰退。与以往相比，当时确实有更多的“幸运儿”进入大学学习，但大多数女生只希望拿到高中文凭。[13] 所以，教育体系在男性与女性之间制造了社会差异。为了说服女性相信她们的最优路径是“选择”那些“适合女性”的领域，教育不平等和家庭教育背景差异联合发挥作用。男性对教育体系的掌控最狡猾和残忍的一面，就在于强迫处于劣势的女性对自身的贬值负责。女生们走出校门，想要在就业市场兑现她们的文凭时，却遇到了更大的阻碍。

女性在毕业后所能从事的工作可想而知。她们极有可能进入需要用到她们在学校所习得技能的行业。教育对就业的影响主要体现在三个方面：鼓励学生（或重回职场的人）寻找就业机会；允许高学历的女性从事男性主导的工作；在各类工作职位中提供资历认证。在众多国家，接受更多教育的女性更有可能进入职场。但这一规律不适用于男性。1971 年，奥地利有 48.3% 小学教育程度和 74.9% 大学教育程度的女性拥有工作；瑞典的数据则分别是 58.6% 和 86.7%；法国则分别是 28.6% 和 69.3%。相比之下，奥地利有 97.3% 小学教育程度和 94.5% 大学教育程度的男性拥有工作。女性每上一个教育层级，就意味着离厨房更远，离职场更近。

如果教育鼓励女性工作，那么它也引领女性进入已经女性化的经济领域，使其更为女性化。在欧洲各国，女性过度涌入第三产业，尤其是零售业、银行业、公共和私人服务业，但在制造业、采矿业、建筑业、公共事业、交通业却人数不多。1968 年，法国的医疗服务业和社会服务业中女性职员占 80%，并持续吸引着大量的女性。瑞典和法国的女性办公室职员比例也在持续上升。德国则在商贸业雇用女性职员的比例最高。避开女性化行业，在男性主导的领域谋求工作机会的女性发现，性别分工自有其等级制度：男性负责指挥，女性负责执行。

虽然从斯堪的纳维亚到西班牙等国，女性主管、经理人、工程师都在增多，但是这些职位上的女性数量远不及男性。少数女性中层管理人员表示，她们之所以无法成为高层主管，是因为她们没有身处有机会获得晋升的职位上。得不到晋升的女性无法像她们的男同事一样行使职责。两项调查（一项在 1964 年调查了八分之一的英国公司，另一项在 1970 年调查了法国四个地区的公司）显示，雇主不愿意提拔女性雇员到高层管理职位。他们认为女性领导一个团队是不可想象的。在雇用了大量技术型女性职员的公共事业领域，能进入中层以上的女性极少。1974 年，在法国的行政部门中，65% 的 C 级女性职员和 58% 的 B 级女性职员不可能在自己的层级内得到提拔，更谈不上晋升到 A 级。欧洲的小学教育和中学教育领域自 1965 年以来变得越来越女性化，但是到目前为止，大多数女性还是集中在初级教育程度。虽然 55% 的法国公立高中老师是拥有 agrégation[1] 教衔的女性，但是女性的优异表现掩盖了同等重要的事实，即在拥有 agrégation 教衔的教师中，从高中教职晋升为大学教职的男性远多于女性。由于劳动力的平均教育程度提高，没有文凭的女性相较从前劣势更加明显。1963 年到 1973 年间，就业率增长的行业都是需要高学历的领域。因此，拥有专业技能与未经专业训练的女性之间的差距逐步扩大。在 1954 年到 1974 年间，从事非专业技能型工作的法国女性的比例相较男性有所增长；1968 年，各行各业中有 78% 的女性从事非专业技能型工作，男性的比例仅为 52%。

职场加剧了由教育系统造成的差距，所以在教育系统、大众观念中定形的性别差异变得理所当然，制造这种差异的社会构建从未停歇，且难以察觉，它使这种现象愈加严重。性别隔离的脚步没有那么迅速，所以为了确保平等竞争永远无法实现，偶尔的公然歧视行为必不可少。

失败的竞争

如何在女性融入职场的同时，在职业上使之与男性有所区分？方法之一就是为男性和女性制定截然不同的职业道路。但是，认为劳动的性别分工不过是对性别化的劳动力进行区分具有误导性。性别分工根本上体现着象征性的暴力，越是触及男女的平等竞争，这种暴力就会变得愈加剧烈。其背后的逻辑很简单：

[1] 法国公立教育系统选拔高中、大学教师的资格认证考试。——译者注

在本没有差异之处，不惜一切代价制造差异。

从 1945 年到 1975 年，一系列法律、法规、国内和国际法令都声明了“同工同酬”的权利。[14] 然而，男性和女性的薪酬差异直到 1968 年开始才有所改观，到 1975 年薪酬差异缩小到 25% ~ 35% 这一区间内。这种薪酬差异被认为是由女性所从事工作种类导致的。大多数女性都聚集在女性化，从而也是低薪的行业；女性很难获得晋升到更高层级职位的机会；而且，女性在整体上所具备的专业能力不如男性。这些因素似乎足以解释男女之间的薪酬差异。不平等的薪酬不过是就业差异的产物和映射。

可就算事实如此，那么在工作资质和工作负担等同的情况下，薪酬为何不平等呢？现实就是，随着年龄的增长和专业能力的提高，薪酬差异反而加大。以 1970 年法国的情况为例，观察一男一女两名经受过“长期”技术训练的毕业生的情况。两人在 45 岁时的薪酬差异为 46%，但 60 岁时的薪酬差异增至 56%。一名普通的女性大学毕业生在 45 岁时获得的薪酬也比男性大学毕业少了 43%，在 60 岁时却少了 53%。所以，男性获得的报酬与工作经验相关，女性获得的报酬与工作经验的关系不大。有人反驳说，薪酬差异是由工作性质的差异决定的。但是同级别职位、同等专业能力的男性和女性在银行业、保险业、零售业的薪酬差异更大。此外，专业能力和职位层级越低，男女的收入差异越小。与此相反，专业能力和职位层级越高，收入差异越大。低级别银行男性雇员的薪酬指数为 103.9（低级别女性雇员的平均薪酬指数为 100），而零售业男性雇员的指数则为 112.7。高级银行经理人的薪酬指数为 137.5，而零售业高级经理人的指数为 142.0。女性在职位越接近男性，她们在薪酬上就更容易处于劣势。

这个例子可能会被解读为低职位层级已经实现了薪酬平等。而一份关于女性职员的薪酬报告再次表明，“这是想象力在作祟”。在都是女性职员的商店工作的女性，是所有产业工人中获得最低报酬的群体，而在都是男性职员的商店工作的男性，却获得了产业工人中最高的报酬。在男、女皆雇用的商店里，女性职员比在仅雇用女性的商店所获报酬高，男性职员比在仅雇用男性的商店所获报酬低。一个工作种类的女性化趋势对其薪酬来说是致命的打击，但其男性化趋势却会为其创造一种剩余价值。在男、女皆雇用的商店，其酬劳模式亦会产生薪酬差异。雇主们认为，相较于男性，按件计酬更能激励女性，所以他们向男性支付计时工资，而对女性却实行按件计酬。一位雇主表示，“女性虽然与男性做着同样的工作，但我们不能按照相同的频率支付工资，否则她们最终会赚得比男性多”。[15] 在某个公司中，其业务不论交由男性还是女性，完成度没有任何差别，但男上司却分派男性职员去干重活，指派女性职员去做需要高速运转的工作，以确保工资差异的合理性：“设法支付给男性高于女性的工资至关重要。”[16] 在这个案例中，体力被归为一项技能，而高速工作的能力却算不上技能。所有类似的行为都在没有差异之处制造了区别。

不论在何种男女皆雇用的工作场所，性别歧视的社会逻辑都会介入其中，挫败一切建立男女平等关系的意图。兼职工作就是一个很好的例子，它拥有不少优点：证明工资差异的合理性，使女性能够兼顾母职与工作，降低企业的整体工资开支，灵活调整劳动力供给以满足市场需求。在这个引人瞩目的时期（到1975 年为止），兼职工作尚未发展至成熟阶段，但欧洲在 1975 年时已有 10%的工人做兼职工作（这一群体自 1973 年来大幅增长）。除意大利外，从事兼职工作的大多是女性。英国、德国、丹麦的兼职工人（以及女性兼职工人）比例最高。1973 年，德国有 10.1% 的兼职职位，英国有 16% 的兼职职位；在德国兼职工人中的女性比例为 89%，而英国兼职工人中女性的比例为 90.9%。第三产业的增长，尤其是清洁、餐饮、维修等服务行业的壮大，与兼职的发展有着明显的相关性。1971 年到 1975 年，在法国从事兼职工作的男性和女性都显著增长，但两者之间的差距巨大：1971 年，从事兼职工作的男性占比 1.7%，女性占比 13.1%；1975 年，从事兼职工作的男性占比 2.9%，女性占比 16.3%。因此，1968 年到 1975 年法国女性就业率增长主要依靠女性兼职的增长，而女性的兼职工作是合法地视女性为劣等存在的最后堡垒。大部分兼职工作几乎没有晋升的前景，所以，虽然兼职可以让女性兼顾家庭和工作，却也打消了她们发展事业的念头。家庭和工作互相冲突，但劳动时间的性别分工取代了传统的性别分工：男性全职，女性兼职。这种花招意在避免男女之间的正面竞争。

通过工作类型、兼职、阻止晋升等手段在职场中隔离女性，导致了二元劳动力市场（dual labor market）的形成：高技术含量、高效率的男性劳动力市场和低技术含量、低薪酬、低价值的女性劳动力市场。二元劳动力市场（一级劳动力市场和次级劳动力市场）的经济理论通过将其塑造为经济体的自然组成部分，使性别分工具有合法性。经济学家抛出一个理论解释一个经验性的事实，却忘记二元性是一个社会政治概念，是不断创造、再创造各种独特新惯例的历史过程的产物。我们面对的其实是同一个早已有之的劳动力市场，但是为了制造新的不平等模式，需要对市场进行重新洗牌。二元劳动力市场理论阻碍了人们看清、理解女性进入“一级”市场或男性市场会立即招致猛烈歧视的遭遇。这一理论还借着现代社会的新幌子，掩盖其使性别分工合法化的社会功能。兼职既是一种经济手段，也是一种性别隔离方式，更对当今经济的稳固起着颇有成效的基础性作用。

获益于性别分工（1975—1990）

适逢动荡年代，社会错乱百出。经济增长放缓（1975—1980）首先宣告了光荣年代经济有序增长的终结，随之而来的是经济萎缩（1986 年）。经济由于自身扩张原因而持续疲弱。人工成本的增速高于生产力的增速。服务业大肆增长，已经拥有庞大的市场份额。国民收入降低。投资者出于谨慎态度，放缓投资。通货膨胀压力和失业率快速上升。众多国家为抑制通货膨胀实行紧缩政策，试图遏制物价持续上涨，也想要教训不愿意用“正确的”方法看经济指标的人。一系列抗通胀措施最先拿劳动力开刀，所提议的补救措施包括缩减就业岗位，调节供需平衡，分摊现有就业机会。职业流动性、职业灵活度、职业进修、职业重修——一整套新术语及其新阐释被创造出来。如果劳动力市场表现出工资刚性（wage rigidity）并有着积重难返的迹象，工人们就必须学会灵活转变；劳动力的概念也必须得到改变。既然劳动力的性质发生改变，人们就开始使用新词“就业”来形容劳动力。劳动力本身早已遭到瓦解，如今这一概念也已坍塌：经济学家谈论的是劳动力市场的“分割”（segmentation）或“分化”（fragmentation）。对于市场分割和市场分化，性别分工才是最高效的手段。充分利用时间，从“理性的人力管理”中攫取最大限度的利润。性别分工是弹性劳动的操纵手段之一，是经济效益的基本组成部分，是就业细化的驱动力。而从性别分工中获益的第一要务就是继续在教育系统中利用男女不平等。

差异性教育结构

1975 年被定为国际妇女年（International Year of Women）以来，人们随后起草了不计其数的宣言、报告、法律、意见书来支持男女教育平等，附带要求两性能平等获得同等价值的教学机会。而这些意见一致的声明和规章却为隐秘的不平等留有很大的余地。问题不再是女孩很难获得受教育的机会，而是学校不厌其烦地再造既有的差异，同时也无法帮助毕业生为工作做好准备。

接受中学、大学教育的女性数量的增长，以及主修所谓“男性”专业的女生日益增多，制造了教育平等的错觉。但是，经过仔细研究，数据表明了相反的态势。尽管越来越多的女性获得接受教育的机会，但某些学科的“女性化”程度随之加剧。年轻女性跟随前人的足迹，选择女性化的学科。全欧洲的女大学生都选择主修文学、语言学、药剂学、医学。1966 年，挪威的语言学部容纳了 66% 想要在宽敞办公楼中工作的女性，1980 年，这一比例上升至 84.5%。1975 年，瑞士则有 53.9% 的女生主修文学研究，1982 年，该比例上升为 60%。在法国，主修文学、药剂学、经济学、经济社会管理学的女性趋于饱和，选择医学的女性则大幅增长（1982 年的比例为 43.8%）。女性化学科对年轻女性的吸引力，是各大学喜闻乐见之事，却导致专业间存在“高贵”“低贱”之分的不平等状况。除此之外，女性在科学技术研究领域的增多无法改变专业间的根本差异。工程领域的女性仍是少数派：1982 年在比利时占 7.3%，1981 年在德国占 10%，1983 年在瑞士占 10.3%，而 1983 年在英国只占 5.5%。法国女生在学术机构中的分布具有典型性：1985 年，77.2% 的女性进入信息服务和社会服务专业，相较之下，只有 3.5% 的女性进入机械和土木工程专业。图书馆学中有 72.3% 是女性，而工业技术专业中只有 1.2% 是女性。由此可见，高中和大学的一体化教育，以及攻读高中、大学文凭的女性增多，无法确保女性所接受的教育具有平等的价值观；某些专业仍旧保持着极其女性化的特征。整个教育系统非但没有反对性别隔离，反而通过维持各个专业的特征鼓吹这种隔离，而这些专业上表现出来的特征，正是社会成见在学术上的映射。

然而，我们应该保持谨慎，不要急于将某个专业的贬值归咎于它的女性化，因为“高贵”专业的标准的确在随着时间的推移发生改变。例如，人文学科一度声名显赫，可如今数学和精密科学（exact sciences）才是优秀的标准。专业的性别化特征加剧了某些学位的贬值。这种贬值无疑对男性和女性都有影响，可在拥有同等学位的情况下，女性获得一份好工作比男性更难。法国男性大学毕业生在 1977 年时有 62% 获得管理职位，1985 年时则有 77% 获得管理职位，但是女性大学毕业生在这两个年份获得管理职位的比例都只有 46%。1985 年，

40% 的女性大学毕业生的职业生涯以“中层职位”落幕，男性的这一比例仅20%。也就是说，男性和女性在离开学校时，不曾获得同等价值的学位，即便两者拥有相同的学位，女性的学位在就业市场上也不如男性的有价值。因此，问题不在于如从前那般获得学位，而在于辨别学位的类别和价值。有关女性毕业生增多的自满论调掩盖了重要的事实：如今女性所获得的文凭含金量降低，她们的工作机会亦十分有限。对出生在普通家庭，又没有特定工作技能、专业性学历的女性来说，这种情况尤为现实。而对她们以及想要重回职场的已婚女性而言，参加成人培训项目是唯一的选择，这些项目旨在帮助人们掌握各种能满足经济需求的技术和知识。

人们已然开始质疑教育系统是否有能力教授当下工人所需要的技能。各国发现了技术型劳动力短缺的状况。政府与雇主签约，向雇员提供成人教育、在职培训、职业进修课程，旨在教授新技术，提高职业流动性。基础补习课程是新近的潮流，提供职业培训的全新职位也随之出现。如今市面上充斥着门类繁多的培训项目和自助课程，每个工人都有可能从五花八门的选项中选到所需要的项目或课程。女性可以从各种回归职场计划、管理培训课程、技能提升研讨会中挑选适合自己的项目。1982 年，新成立的“开放技术学院”（Open Tech）开始向寻求掌握最新技术的英国工人们提供全日制课程和非全日制课程。1985 年，比利时专门为女性设立了一个管理中小型公司的培训项目。尽管各国工人培训计划的目的是弥补男女不平等的鸿沟，但是获益最多的人无疑是已经接受过培训的人。因为参加培训课程的人缺少带薪休假的机会，所以很少有女性能够完成培训，习得足以让自己晋升的技能。但是，培训确实有助于拓宽社交能力和专业技能，为应对劳动过程的分化在精神上和身体上做好充足准备。这类课程非但没有教授传统的先培训后就业的观念，反而都在灌输一种新的理念：工作是在就业、培训、失业各阶段中循环往复的一系列状态。职业培训细分为越来越小的门类，就业市场也随之分化。

就业新模式

在经济衰退和失业增长时期，大部分欧洲国家为了使各行各业更具竞争力，都给工人工资制定上限。各国都声称，劳动力无法适应市场需求，要价过高且缺乏灵活度，这最终造成工资刚性，而工会的强硬态度也加剧了这种状况。一部分专家主张，为了开拓未经充分利用的细分劳动力市场，劳动过程（labor process）的高度灵活性是当下所需。女性大量参与到了这类计划中。

性别分工是公司管理劳动过程转变方式的基础。统计数据显示，女性的工作意愿毋庸置疑；问题在于如何让这份意愿助力于灵活性这项诉求。这项计划野心勃勃，尤其是因为欧洲的职业女性从 1975 年的 45.7% 上升至 1983 年的 48.7%，但男性的数据却下降了 5 百分点。尽管经济不景气，失业率上升，女性却一直留在劳动力市场中。女性没有失业是众多因素促成的：教育程度的提高，公共事业的扩展，结婚和离婚的新观念，子女接受学校教育时间提前，以及职业女性更加自信的形象。但是，归根结底，职业女性的增多似乎可以归结为非全职职位的增加，其中包括兼职工作、不记录在册的职业、在家办公、临时工作、在职培训等。

1973 年以来，尤其是 1981 年以来，企业试图通过有意增加兼职雇员来削减人工成本。从 1973 年到 1986 年，除了希腊、意大利、芬兰、爱尔兰以外，欧洲各国职业女性中的兼职雇员比例持续上升。1986 年，斯堪的纳维亚地区和英国的职业女性中的兼职比例在 40% 到 45% 之间，比利时和法国的比例为 25%，德国的比例为 30%。同年，比利时、英国、德国的兼职雇员中的女性占比为 90%，丹麦、挪威、瑞典、法国、卢森堡的占比为 80% 到 90% 不等。1982 年到 1986 年间，法国的女性就业率增长仅仅是因为兼职女性雇员的增多。兼职工作使欧洲在职女性数量增长，但是兼职工作的稳定性不强，也没有资格认证。兼职职员无法参加相应工作的培训项目，也几乎得不到升职机会，而享有的包括退休金在内的社会福利也相对较低（在某些欧洲国家甚至不是强制发放的），更难获得丰厚的报酬，遇到裁员时更是首当其冲。对比男女兼职职员的年龄，可以发现男性的年纪更大，女性都正值盛年。兼职工作对男性而言是一种变相的退休，对女性而言却是半就业的工作形式。女性的兼职就业进一步加剧了性别分工，而且，第三产业吸引了大量女性从事范围日益受限的工作，从而依靠兼职方式得到了扩张。兼职工作是为女性创造的工作，看上去是不错的选项，实质上却是勉为其难。众多调查显示，只有三分之一的女性希望从事兼职工作；其余女性则是身不由己。[17] 所以兼职是不充分就业的一种。兼职工作把为女性提供更多工作职位作借口，加剧了职场隔离，对提供没有职业前景的就业机会进行合理化。

兼职并非破坏女性追求事业权利的唯一元凶。其他临时就业形式也与兼职如出一辙。例如，在家工作已经呈现新的势头。传统的在家工作形式从未销声匿迹，但近来却伪装成一副现代的、朝气蓬勃的面貌。正如 19 世纪晚期的缝纫机鼓励了在家工作，20 世纪晚期的计算机和电信设备使在家工作更为便利，这一时期已经诞生了远程办公。决意削减工资的公司挑选出某些可以在家完成的工作类别，比如打字、发送邮件、校对。越来越多的银行、保险公司、百货商店为了通过计算机网络来利用雇员的空闲时间并削减办公成本，在雇员的家中安装了可视终端。在家办公的工种在每个国家各不相同：意大利的在家工作者大多集中在制造业，他们或编织毛衣，或制作鞋履，抑或组装汽车的变速器；但斯堪的纳维亚地区和英格兰的在家工作者大都做文字处理工作或用数据库程序办公。女性在家工作者的专业水平往往较低，而男性在家工作者的专业能力却往往很强。根据法国国家经济统计局（French national economic statistics agency，INSEE）于 1986 年进行的一项调查，法国的男性在家工作者每月平均工资为 5285 法郎，女性则只有 2952 法郎。

然而，兼职工作和在家工作还不足以确保就业市场的灵活性。许多人在 1980 年后都接受了临时工作，或成为有时间期限的合同工，以便远离失业状态或留在劳动力市场。法国有 47% 的合同工为女性（主要是办公室职员和初级管理人员），而男性合同工一般都是蓝领工人。已婚女性从事着所有缩短工时的工作，而在意大利，非法行业中有大量已婚女性职员，她们都未记录在册。平行就业市场的存在并未摆脱性别分工。不论是全职工作、兼职工作，还是地上产业、地下产业——女性无疑有各种就业途径，但是整个经济体制都在贬低她们的贡献。各国采取不同的措施提高就业市场的灵活性。德国的重心放在在职培训，以使职员在公司内部调职时适应各种职位。英格兰更重视外部灵活性：在某一地区被裁员的职员必须在其他地区找工作，或接受兼职工作。意大利的尝试则各有涉猎：家庭被视为安全阀门，需要确保一到两名家庭成员有稳定的工作，其余人则可以从事比较灵活的工作，甚至进入非法行业。减少劳动力市场僵化程度的非良性手段（裁员和解雇）一向存在。结构性失业和“摩擦性”失业在这一时期并存。

在男女分摊工作机会的时期，怂恿女性待在家里的宣传不如以往。兼职和失业调整了女性在劳动市场的活跃程度。1988 年，欧洲共同体国家有 1600 万失业人口，占工作总人口的 11%。除英格兰以外，各国的女性失业率都高于男性失业率，其中，法国和意大利的情况尤为严重。1987 年，德国的男性失业率为 5.3%，女性失业率为 8%；意大利的男性失业率为 7.4%，女性失业率为 17.3%。西班牙当时的女性失业率为 21.4%，刷新历史最高纪录，比利时、意大利、葡萄牙紧随其后，但是瑞士、瑞典、挪威的女性平均失业率仅为 3%。女性尽管有临时工作、兼职工作、非法工作等就业渠道，但还是比男性更容易失业，虽然男性的失业时间往往比女性更长。女性长时间失业往往是因为她们曾受雇于第三产业，缺少专业技术，或从事兼职工作——特别容易遭到裁员。在法国，女性遭受失业的风险高于男性，从 1968 年到 1987 年，失业风险持续上升。女性也更难找到新工作。1981 年，遭到解雇的男性工人中有 55% 在 15 个月内找到了稳定的新工作。在临时工作中遭到解雇是女性失业的主要原因。

不论对男性还是女性，免遭失业的最优保障就是拥有大学学位。尽管女性的情况相对糟糕（1987 年，女性大学毕业生的失业率为 2.1%，男性则为 0.2%），但大学文凭能使丢掉工作的可能性降低。失业是灵活性和临时就业不断扩张的产物。雇主通过改变临时工作的范围和失业的时长，调节劳动力供给，以满足自己的需求。女性一旦进入临时工作的恶性循环，结局唯有失业。

从 1975 年起，失业、劳动力、性别分工等方面的新社会结构开始出现。旧模式始于教育或培训，随后获得稳定工作，再者是在公司内部升职，最后是退休。典型的新模式始于专业培训课程，部分人获得稳定工作，其余人则进入失业、合同工作、再培训、临时工作的兼职工作循环中。线性的职业生涯成为历史；如今的工作往往是不稳定的，就业和失业不过是劳动力灵活性和劳动力分化的表现。性别分工已经不仅仅是产业细分的结果，它还是就业不平等的组织原则：男性从事“真正的”工作，女性从事“补充性的”工作。因此，男女不平等无处不在，且有增无减，也就不足为奇了。

复杂的隔离

我们在本章中不难看到，接受教育和寻求工作机会的女性一旦增加，人们就会创造出维持性别差异的新方法。是时候对此进行综合评估了。专家们所提出的衡量职场性别歧视和性别隔离的方式越来越复杂。[18] 他们通常将性别歧视区分为直接歧视（经过相同培训，且从事相同工作的男性和女性所获报酬不同）

和间接歧视（其他待遇同等的情况下，给予男性优势地位）。这些歧视不仅在持续塑造“两性不同的生存环境，也在制造两性生存环境的差异性”。[19]

我们所探讨的各个国家显然都存在这种差异。无论何种指标（差异指数、女性比例系数、纵向隔离和横向隔离[20]），都表明职场不公与产业结构、雇佣习惯、薪酬模式等密切相关。乐观地认为女性进步势不可挡的看法都很天真，显然与事实相悖。经济上新近产生的结构性变动不仅无益于减缓隔离，反而会加剧隔离。例如，“进入职场的女性比例最高的国家，职场隔离的程度也最高”。[21] 斯堪的纳维亚地区就是典型的例子。此外，职场隔离情况在各国的衰退行业中已经趋缓，但在处于扩张阶段的行业中却在加剧。以瑞典为例，女性经理和女性高层主管的大量增加加剧了职场隔离。而且，新一代年轻职员涌入劳动力市场也并未使差异指数降低。在英国和德国，年轻职员中的职场隔离情况比年长职员更糟糕。尽管致使这种隔离一直存在的因素众多——女性集中于服务业和小部分职业，或是女性习得技能或获得晋升的机会有限——兼职工作的泛滥才是职场不公加剧的根源所在。这件对付职场平等的新武器有效得令人害怕。

除了传统的性别分工之外，还有一种与就业相关的社会建构，旨在吸引女性从事特定的工作，以维持两性间的差异。所以，薪酬差异的持续存在也不足为奇。薪酬差异不过是从货币角度对社会强加在女性就业中的职位不对称、价值不对称（或者说是同工、同资质却不同酬）的阐释，是纯粹的歧视。1982 年，欧洲女性获得的薪酬平均比男性低 20% 到 40%，尽管各处的薪酬差异都在缩小，奥地利的缩小幅度最大，法国的幅度最小。1989 年，女性的平均工资比男性低 31%。意大利的工资差异最小，爱尔兰的差异最大。与前一时期一样，职位越高，工资差异越大。法国最低工资法的通过（即《行业间最低薪酬保障》，SMIG）缩小了社会底层的工资差异：没有专业技术的女性蓝领工人获得的工资比男性蓝领工人少 15%；技术型工人的工资差异则为 18%。这项法律的效能自然有限，所以仅凭此法，无法实现薪酬平等。[22] 该法存在固有的局限性，只能要求给予从事同类工作的男性和女性以同等酬劳，但是我们对性别分工的分析恰好表明，所谓的同类工作何其稀少。所以，政府即便颁布政令，通过相关法规，要求同工同酬，这种体系也是基于职场不公和碎片化就业之上的。该项法规拘泥于法律条文：对准性别分工的最终结果，即薪酬差异，却忽视或假装忽视导致这一结果的原因：学校和大学中存在的“女性方向”，影响职业选择和“兴趣”形成的社会因素，行业雇用惯例等。这一法规讲求社会良知，却对制止不平等的形成毫无助益。

我们该如何解释不平等为何延续至今，且变得日益隐蔽？我已经提及部分原因。如果仅关注职业女性的增多，就无法认识到她们之中的大多数人都从事着低层次的兼职工作。统计数据中得以窥见真相，但现实远非如此。性别歧视加剧与有关性别隔离的学术探讨增多之间的相关性着实古怪。学者们越是揭露、谴责性别不平等，阐释其原因，预估其程度，性别不平等就越是源源不断地从社会内部涌现，在暗中持续发酵。虽然科学没有消除不平等，但至少也未曾支持媒体精心策划的反启蒙主义运动：媒体选择性地宣传几位“女超人”的形象和事例，使公众相信，性别平等已经实现，且女性掌权的情况在近几年确实史无前例。掌权女企业家的媒体形象有其社会功能：使整片森林一直掩藏在树叶之下。在绝大多数普通女性的衬托下，少数成功掌权的女性尤为耀眼。如今，男权不再像一个世纪之前那般，极力怂恿女性回归家庭。男权隐藏在主张平等的法律身后，少数“成功”女性的身后，以及理性的阐释身后——麻痹我们的方法如此之多，意在掩饰男女在学校和职场中成功的机会并不均等。人们很少抵制这类暴力。女性和女性主义运动将权柄交由权力机构——负责女性事务的部长、国际委员会、主张男女平等的法律发起人；为了达成脆弱的共识，抗争偃旗息鼓。意图围绕身体政治展开抗争的女性主义者时常忘记，女性必须使用身体去工作，其中毫无防备的女性在职场中不得不独自承受日常的歧视。女性代表在专业机构和工会中占比不足，以及女性主义集体意识的瓦解，都为旧有不平等现象的复现和新兴不平等现象的诞生扫清了障碍。有关性别隔离机制的论著无法替代社会抗争。但是，这些论文仍旧有所助益，它们不仅指出了性别隔离过程中的关键因素，亦点明了争取平等权益的重点应当放在何处：家庭中两性差异的社会化，女学生进入价值缩水的女性化专业的教育路径，以及行业雇佣惯例——简言之，无论方式新旧，女性自始至终都是例外。但是，世事愈加难料，新的性别歧视何时落地生根也越来越难以察觉。如今，所有的法律都支持女性；所有的学校都向女性开放；女性融入社会各处。由于受到自身胜利的蒙蔽，女性很少对男女不平等的隐蔽方式和所遇到的猖獗的性别歧视进行抗议。现状呈现出合法的表象，尤其是现实被掩盖在男女平等的论调之下。

上述分析中呈现出一种双重控制：经济控制和性别控制。其实，两者的运作互为因果关系，经济在其中掩盖了对性别秩序的控制。男性与女性间的专业能力竞争开始之时，性别秩序就会介入：性别差异是一种难以改变的力量，而经济机制自身不足以克服这种强力。知识和劳动的性别分工是一场比赛，女性在其中无疑承受着越来越大的风险，成为男女平等幻想中的受害者。这场比赛的规则本就暗中使诈：在其规则之下，女性劣势重重，唯有男性能够完成比赛任务。女性离胜利越近，就越容易处于劣势。如果男性考虑在家务劳动中与女性进行比试，他们也会成为失败的一方。但是，社会秩序彻底决定了在哪个领域进行真正的比赛。只有少数教育背景优异、家境优渥的女性能够打破这种规则。比赛的隐喻可以阐明优劣势，但是大多数人只愿看到两性所拥有的机会日益平等。本文的分析阐释是为了去除幻象，它表明性别分工基本上是一种双重视野（di-vision），即看待双重形态的方式。所以我的研究方法从根本上与下述观点就是不相容的：唯有立足社会进步视角，才能书写 20 世纪女性史。倘若女性的历程可以成为历史，就是因为这是一段关于不平等关系的历史，一段关于男女不平等的社会结构的历史，亦即被视为历史推动力的男性统治的历史。如果我们在叙述中不考虑男性统治这一因素，就很可能写出论调积极的女性史，而事实上女性的历史其实是一种被废黜的性别的历史，它是主流历史，即男性历史的镜像。所以我们不得不用修辞手法表达：每当进步形成趋势，就会立即掉头回缩。据此，我们明白了寻求让女性的历史成为女性自身、女性内部的历史这种“思想的败北”。历史自成一体，不可割裂，由男性和女性共同塑造。立足于历史内部，我们就可以使女性站在她们所处的位置，站在通常被男性占领的位置，站在不曾为世界所铭记的位置发声。这部文集正在试图将女性从阴影之中解救出来。

第四部分 现下的问题

多元的女性主义

我们常常被问及，真的能这么快就撰写当代女性主义史吗？发问的通常是两类人，或是想要一览20世纪女性主义史基本面貌的人，或担心其所呈现的面貌仅会沦为简化的夸张描述的人。问题在于，女性主义是多元的：其内部冲突不断，争论亦不休，在某些国家甚至与政治发展相互联结，尽管它也期望达成某种共通性。本卷并未囊括有关女性个人经验或激进女性主义之日常的详细记述，虽然它们对新一代女性意义非凡。但是，我们试图展现这场围绕女性展开探讨的运动的理论的、政治的概观——女性如何逐渐成为政治角色，以及女性如何获得扮演政治角色的权力？她们如何获得思想自主权和行为自主权？她们如何学会分辨事关女性的关键议题，且使全社会关注这些议题？她们如何学会动员人群，实现特定的政治目标，比如堕胎法、节育法的自由化，或是更具考验的关于性暴力的法律？女性主义如何在改变政治格局的同时，改变女性（和男性）的生活方式？

魁北克是绝佳的案例。这里发生了几乎是世界上最具活力的女性主义运动，它使魁北克民族主义运动现代化，也使魁北克从传统的天主教社会加速过渡到现代、世俗的消费主义社会。

然而，在大多数西方民主国家，女性公民在国民政治中的参与度仍旧是我们这个时代的问题之一，尽管女性在这座曾经由男性掌权的堡垒中有重大突破。无论是自由选择出来的投票人、领导者、活动家，还是外界强制授予的配额，参政的女性都要求在权力的象征及实行权力的方式上有所改变。政治世界的未来在女性手中吗？政治中允许存在乌托邦理想。而除了冰岛之外，没有任何一个国家打算创立会扰乱现有政治制度的女性主义政党，因为政治差异不仅存在于男女之间，也存在于男性内部或女性内部。

女性主义作为呼吁社会转型的历史运动，已经风光不再。在进步思想的危机之中，在以所谓后现代社会为特征的各种个人主义的崛起之中，女性主义沦为牺牲品。可女性主义仍旧留存于公共视野中，或以女性主义团体的形式，或凭借在持续不断的争论中所起到的作用。这些争议涉及男女平等与身份认同之间的差异，或是关于个人与政治过度联系起来的危害。[1] 女性还围绕包括职场性侵在内的新议题进行动员。反女性主义的持续存在是女性主义留存于世的另一明证。反女性主义的形式多样，包括大肆贬低女性形象，或是过高评价女性或母亲的美德，抑或是对“子宫道德”的赞美，而这些手段在处理男性和女性的政治关系上都一无是处。[2]

科学孕育出了新的生殖技术，比如体外人工授精（in-vitro fertilization）。这类新技术是否意味着将女性的身体等同于无生命体，或者是否代表了一种新的生育权？再或者，它们是否构成了一种关于伴侣的新定义，即以孩子为决定性纽带？新技术切断了生殖与性的联系，怀孕与亲子关系的联系，以及情感纽带与抚育子女的联系，它需要人们用全新的观念去看待优生学和基本人权。此部分的总结性论文比较了多个国家中的与生殖技术相关的实践、观念、政策，揭示了亟待解决的问题及其隐含的价值观。其中的部分价值观带有新保守主义色彩，反映了一种对血缘关系、家庭观念和未出生胎儿权利的信念，这威胁到了女性主义的部分胜利果实。

最后有待探讨的是女性的身体，而有关男女两性之间关系的历史必定永远不会停止讨论。

F. T.

第十六章　法律与民主

玛丽埃特·西诺（Mariette Sineau）

男女之间的合法平等地位在 20 世纪末的西方已经算不上什么新鲜事。法国大革命最先提出了平等权利诉求，也最先为达成该目标进入立法程序。人们以天赋人权的名义，要求获得公法、私法上的完全平等。伊丽莎白·斯莱齐耶夫斯基（Elisabeth Sledziewski）准确分析了革命法中“女性公民”的出现所代表的新尝试（通过将婚姻定义为民事合约，并制定离婚制度。其在“双方合意，女方具备足够判断力并完全出于自愿的基础上，承认女性为其配偶的合法伴侣”）。[1] 法国大革命在未来多年里完全将女性排除在政治领域之外：随着民主国家的出现，剥夺女性的政治选举权成为绝对准则，即便旧制度时期也未曾到如此地步。但是，大革命还将政治权利与个人联系在一起，而非与土地所有权联系在一起，这种关联最终成为妇女参政论的理论原则。

不同性别的个人应当拥有平等的权利，这一观念虽然早已有之，但近来才被应用于制定相关法律：到了 21 世纪之初，平等原则终于开花结果。法律中所体现的女性平权观念曾遭到强力的抵制，其中数法国《民法典》（亦称为《拿破仑法典》）最为典型——其在欧洲和北美（比如魁北克）广受推崇，是各国争相效仿的范本。女性一经法国大革命的解放，就又遭受《拿破仑法典》的镇压。此法典经由“将合法的个体性限制在家长制之中”，使已婚女性没有资格成为民法管理对象这一原则具备合法性。[2] 这部法典还间接否认了女性的政治权利，并使其合法化：已婚女性被当作次等人对待，屈从于丈夫的权威，被剥夺了政治权利。事实证明，拿破仑的模式经久耐用。到 1945 年，即二战结束之时，它对欧洲众多国家的法律都产生了深远影响。唯有近来，自由主义的改革努力才从私法中消除了女性与公民丈夫之间的旧有从属关系。

女性获得新的公民身份，随之拥有相应的权利，可即便得到了合法的平等地位，也必须取得行使这种权利的途径：不仅仅是投票权，还有竞选的权利。稍加注意如今欧洲、北美担任公职的女性人数，就足以明白女性在公共生活中所起到的作用是有限的。从法律上将女性排除在民主程序之外已经成为过去式，但如今，女性就必须遭受现实中的排斥吗？女性主义者已经争取了名义上的平等，如今正在为实际意义上的两性共享权力而努力，而他们确实获得了些许胜利。女性正朝着领导层进发——但是所取得的进步是否会停滞不前，抑或，这是否预示着以男权收场？女性参与政治将会成为往后几十年的主要议题。

获取公民权利

女性公民权利和政治权利的当代史分为两大主题。第一，女性所拥有的权利很大程度上取决于她们的居住地，取决于她们是否恰巧是美国人，加拿大人，法国人，葡萄牙人，等等。生活在不同的国家的女性，处于各不相同的境况——从完全平等到毫无权利。处于中间地位的女性也是各有差异：某些地区能享有公民权利，却无法拥有政治权利，而另一些地区则恰好相反。

第二，改革之风在 20 世纪 60 年代开始吹遍欧洲各地。法律上的主要变革源于这场改革运动——根据一些学者的说法，这无异于一场法律革命。其基本观点为：丈夫和妻子在私法上应当处于平等地位。这场声势浩大的民主运动在与女性地位相关的西方各国法律中创造了一种家庭的共性，消除了某些“原始的”民族特性，对婚姻和政治社会产生了影响。

极权主义在二战中被西方民主制度挫败之后，战后思潮鼓励将重心置于个人权利。在反抗法西斯主义的战争中（包括法国抵抗运动），与男性一起做出巨大牺牲的女性，会成为众多受益者中的一员。《世界人权宣言》（Universal Declaration of the Rights of Man，1948）不负所望，公开陈述男女平等的观念，以及婚姻中丈夫和妻子的平等地位。随着西方多国推行新的宪法（法国于 1946 年，意大利于 1947 年，西德于 1949 年），这些平等原则被纳入基本法律之中。然而，美国——倘若在世界上算不上最为先锋，也应该是在这方面数最前列的女性主义民主国家——不论在当时还是现如今，都拒绝通过可以使两性在各个法律层面上都获得平等的《平等权利修正案》。

法西斯主义覆灭之后，某些欧洲国家当局不得不向女性授予完全政治权利。但是，私法领域在民主的压力之下固若金汤。在 1945 年，“不平等待遇是法则，平等地位是例外”[3]。婚姻的作用在于剥夺女性的人身权和继承权（民事能力，外出工作的权利，获得、管理、出售财产的权利，行使母亲职权的权利等等），并长期维持这种状态。下面的表 1 揭示了欧洲、北美各国的女性迥然不同的法律处境。其中所显出的差异并非无规律可循：受《拿破仑法典》影响的国家与受普通法系（common law）或日耳曼法系（Germanic law）影响的国家之间存在明显的差距，前者在二战后仍旧盛行不平等观念，后者则很快得到自由化的发展。比如，对照一下法国和英语国家加拿大，法国女性在 1944 年、1938 年分别获得政治权利、公民权利，而加拿大女性获得这两项权利的时间远早于法国女性。

表 1　西方各国的下议院女性比例（降序排列）及女性获取完全政治权利和公民权利的年份

国家	选举年份	议会女性百分比	政治权利	公民权限（已婚女性）
芬兰	1991	38.5	1906	1919
挪威	1989	35.7	1913	1888
瑞典	1991	33.8	1921	1920
丹麦	1990	33	1915	1925
荷兰	1989	25.3	1919	1956
冰岛	1991	23.8	1915	1923
奥地利	1990	21.8	1918	1811
德国 *	1990	20.5	1919	1896
西班牙	1989	14.6	1931	1975
瑞士	1987	14	1971	1912
卢森堡	1989	13.3	1919	1972
加拿大	1988	13.2	1920	19 世纪晚期 /20 世纪早期
美国	1992	10.8	1920	19 世纪晚期 /20 世纪早期
英国	1992	10.1	1928	1882

续表

国家	选举年份	议会女性百分比	政治权利	公民权限（已婚女性）
比利时	1991	9.4	1948	1958
意大利	1992	8.1	1945	1919
爱尔兰	1989	7.8	1918	1957
葡萄牙	1987	7.6	1976	1976
法国	1993	6.0	1944	1938
希腊	1990	5.3	1952	无权限

资料来源：各国议会联盟（Union Interparlementaire），1991 年

北欧及英语国家的模式

在二战结束时，英语国家和北欧国家的女性早已获得公民权利和政治权利上的解放。到 1945 年，距离女性完成“革命”，获得公民地位，已经过去了几十年。这些国家的宗教传统可能与其所获得的法律自由存在联系。珍视个人权利的新教伦理（Protestant ethic）毫无阻碍地适应了女性主义精神。而反过来，这种女性主义精神又在双线作战的女性解放大规模运动中，迅速找到了代表其精神的组织模式。据说，在 1860 年到 1880 年间，英格兰的妇女参政论者招募了 300 万要求获得选举权的“请愿者”。虽然规模比不上英格兰的浩大，争取女性选举权的德国同僚在战斗力上却毫不逊色，很快得到社会民主党的支持，使不与性别挂钩的普遍选举（universal suffrage）在其 1892 年的《爱尔福特纲领》（Erfurt platform）[1] 中成为首要政治纲领。

法律与女性主义的崛起存在密切的关系：在有着普通法传统的国家，“法律规定被视作解决冲突的指令，而非日常生活的指导”。[4] 法律与其说是调节秩序的方法，不如说是解决争端的手段，通常不会介入私人生活和个人道德的问题之中。（比如，在英格兰，只有影响恶劣的公开通奸行为才算得上刑事案件。）所以，有普通法传统的国家从未像拉丁天主教国家一样，使民众隶属于公众领域，使个人隶属于政治领域，这很可能是这些国家的女性从属于男性的程度相对较

[1] 指 Erfurt Programme，原文的“1892 年”有误，德国社会民主党于 1891 年推行《爱尔福特纲领》。——译者注

轻的原因。

英格兰的另一个历史先决条件无疑加速了女性在法律上的解放：不列颠群岛很早就开始了工业化进程。工业及其对劳动力的巨大需求，要求给予女性一定程度的公民自由。反观法国，仍旧长时间停留在乡村社会，仅靠一项保守的《民法典》修正案就能满足社会状况：这部1907年的法律允许已婚女性掌管自己的工资。

普遍选举一经推行，北欧及英语国家的女性就获得了选举权。从某种程度上说，普遍选举其实是迟来的胜利：以英格兰为例，“选举权”早在一战前夕就被纳入有关参政财产门槛的讨论之中。而美国的女性主义者在南北战争后就“被废奴主义盟友抛弃”了，在其后的75年里又被迫陷入争取选举权的苦战。[5]苏珊·B.安东尼（Susan B. Anthony）为之奋斗一生的宪法修正案[1]，终于在1920年获批生效。

因此，除却美国，在势不可挡的民主浪潮中，妇女参政运动随之掀起，且在很大程度上，民主浪潮促使这场运动取得初期成功。斯堪的纳维亚女性最先获得政治权利，时间大致集中在一战前及一战期间。世界一恢复和平，欧洲绝大多数非拉丁语族国家就争相效仿斯堪的纳维亚地区的做法。到20世纪20年代后期，欧洲北部地区（northern europe）[2]（不包括比利时）和北美（不包括魁北克）都实现了政治平等。到二战结束之时，上述地区的女性已经成为经验丰富的投票者或公务员：芬兰女性已经享有39年的政治权利，英格兰女性也已享有17年。在某些地区，女性获得地方选举权的时间甚至更早（财产门槛的限制则时有时无）：怀俄明州女性早在1869年就有权投票，科罗拉多州女性也早在1893年就有权投票。而挪威女性在1901年就在市政选举中参与投票，丹麦、冰岛则分别是在1908年和1909年。

普通法系国家是公民平等方面的急先锋。美国的大多数州和英格兰先准予女性公民权利，后授予政治权利，这种做法对旧世界（Old World）[3]各国产生

---

[1]　即美国宪法第十九修正案（Nineteenth Amendment），禁止各州和联邦政府基于性别因素剥夺美国公民的选举权。——译者注

[2]　此处指广义上“北欧”，通常包括北欧五国（Nordic countries）、波罗的海三国（Baltic states）、不列颠群岛、德国北部地区、白俄罗斯北部地区、俄罗斯西北部地区等。——译者注

[3]　西方术语，通常指非洲、亚洲、欧洲，与指美洲大陆的“新世界”（New World）相对应。——译者注

了巨大影响。到 20 世纪中叶，英格兰女性享有独立权利已有 60 多年——人身与财产都独立于丈夫。《已婚女性财产法案》（Married Women's Property Act，1882）不仅区分了丈夫的财产和妻子的财产，还允许已婚女性在合适之时处理自己的财富，且不需要丈夫的同意即可签署合同。英格兰法律对浸淫在《民法典》传统中的国家产生了爆炸性的影响：即便是自由派倾向最明显的法理学家，对婚床上的无政府状态都高呼害怕，而女性主义者则盛赞新法是自由的灯塔。

父母双方对子女的权利的平等，并非普通法中固有的普遍规则，但不久以后就为此专门立法（英格兰 1886 年、1925 年的立法）。二战结束后的几年内，这一发展几近完善：加拿大大多数省和美国大部分州都直接承认，父母双方在涉及子女的事务上享有平等地位。

1945 年，斯堪的纳维亚地区的女性无须在公民权利的完善性方面羡慕英语国家的女性。已婚女性已经于 20 世纪 20 年代获得法律能力（挪威甚至更早），并与父亲完全或部分共同享有家长职权。德国女性的权利受限于 1896 年颁布的《德国民法典》（Bürgerliches Gesetzbuch，BGB），由于新的基本法律于 1949 年颁布，她们终于获得了平等。新宪法明确规定，“男性和女性享有平等的权利”，第 117 条规定，任何与此项原则相矛盾的法规自 1953 年 3 月 31 日起都不再具有法律效力。德国女性自此享有曾经遭到《德国民法典》否决的权利，尤其是与母亲职权有关的权利，例如 1957 年有关两性平等的法律则进一步对基本权利作出详细说明。

德、法之间存在着惊人的差异。在法国，1946 年宪法序言将男女平等作为正式原则进行宣告，1958 年宪法又重申此原则，与此同时，已婚女性的不平等地位仍旧是《民法典》中的一项规制。意大利的情况与法国相差不远。由此可见，各国的法律习惯各有不同。

拉丁语族国家的模式及其“衍生物”

1945 年，在拉丁语族国家以及受《法国民法典》影响的国家，女性在法律地位上明显处于上述女性法律地位的对立面：就算没有被剥夺参与政治生活的权利，女性也仅在一小段时期内享有政治权利，在私人生活中仍旧屈从于丈夫的权威。这些国家相对落后的状态是否反映了女性主义不够强势，这些国家的女性主义在 20 世纪初大抵未能开展大规模运动或练就政治游说手段？从某种程度上说，事实确实如此，尤其是在保有强大宗教基础的天主教国家：在意大利、西班牙、葡萄牙，女性解放的思想似乎与天主教信仰和传统相悖，后者正是为男性“量身定制”的法律。法国的情况稍有不同。法国的女性主义运动虽然在19、20世纪之交时蓬勃发展，但在战争年代却处境惨淡：妇女参政论团体陷入内部争吵，并失去了支持者，而各个政党却表明了极端的厌女态度。1936年，女性选举权甚至没有包含在社会主义者莱昂·布鲁姆率领的左翼联盟的政治纲领之中。

然而，两个重要事件长期影响了法国及其邻国的女性平等问题。第一个事件是法国大革命受几代共和派的影响，将女性被排除在政治之外这一原则合法化。另一个事件是体现法律现代性的法国《民法典》（1804年）将女性的从属地位纳入私法长达一个半世纪之久。尽管《民法典》在女性权利方面产生了负面影响（不仅与革命法有关，也与旧制度有关），但是人们假装《民法典》是法律制度完善的丰碑，从而也是无可指摘的。事实上，对这部法典的抨击主要来自女性主义者（1904年，他们在《民法典》盛大的一百周年庆的场合，抗议它是女性的一件束身衣）。

拉丁语族国家的情况与英语国家正好相反，普选的成功却使女性遭到了疏离。1848年，法国成为第一个实行男性普遍选举（universal male suffrage）的欧洲国家。1944年，它却成为最后一批准予女性选举权并担任公职的国家之一。这两个事件相距将近一个世纪，在此期间，普遍选举即便算不上寻常，也已广泛推行。距离1789年法国大革命将政治平等提上日程，已经过去了一个半世纪。1939年，大革命150周年庆正在凡尔赛举行，女性主义者对此表达愤怒：“对女性的排斥持续了150年。”[6]

直至20世纪中叶，法国仍然将男性身份作为行使政治权利的先决条件，它在当时并不是唯一一个这么做的西方国家。意大利和比利时也“少打了一场仗”。瑞士和葡萄牙直到20世纪70年代才授予女性政治权利，列支敦士登则延后到80年代才实现这一目标。

地中海国家（除西班牙外）延续着古代共和国（雅典和罗马）的传统，笃信参政的权利理应留给手执武器之人。在延缓女性进入政界方面，策略性的政治因素也起到了部分作用。例如，在法国，人们就普遍认为女性极其容易受到神职人员的政治影响，所以女性选举权成为区分反对教权的共和派和保守（或保皇）右派的天主教徒的主要议题。但是，教权影响的问题可能一直是转移视线的议题，是隐藏有关授予女性选举权这一更深层保守意见的掩饰。激进派社会主义参议员能否长期剥夺女性的政治权利？他们难道觉察不到大革命本身的准则为保存政治的男性特征提供了思想上的正当理由？

“我们一直奉为圭臬和典范的《民法典》，如今在有关女性权利方面却非常落后。”[7] 这一批评于 1899 年由一名法国法理学家提出，在半个世纪后仍显得十分中肯，适用于欧洲所有持续受到《拿破仑法典》影响的国家。不赋予（已婚）女性民事能力所产生的影响，在仅实行法国法律体系的国家尤为严峻（比利时、卢森堡、荷兰）。在对《拿破仑法典》的阐释更为自由的国家，丈夫和妻子的不平等程度稍轻（比如，意大利已婚女性自 1918 年起就享有部分公民权利）。然而，在宗教对法律施加了巨大影响力的国家（诸如意大利、西班牙、葡萄牙），女性自由在某些处境中仍然受到限制，尤其是在涉及离婚、堕胎时。此外，西班牙和葡萄牙长期的法西斯独裁统治，导致在 20 世纪 70 年代中期，女性受到言论钳制仍旧是合法行为。

追根溯源，在曾经受过法国《民法典》影响的国家，正是由于丈夫的法律权威凌驾于妻子之上，以及妻子不被授予民事能力，才造成了女性的从属地位。1945 年之前，这两样痼疾都不曾在国家法律中根除彻底，而在之后的几年中，竟还保持着强大的影响力。

1945 年，在欧洲乃至北美（魁北克）的许多地区，女性都在结婚时丧失了法律资格。7 个西方国家仍旧拒绝承认已婚女性在民事法律事务上所具有的能力。法律上并不存在女性；她们是次等人，自己的权利从属于丈夫的意志。未经丈夫的批准，一名女性无法出庭作证，也无法签署合同。不让女性拥有公民自主权虽是 19 世纪的遗留物，却在荷兰持续到 1956 年，在爱尔兰持续到 1957 年，在比利时持续到 1958 年，在魁北克持续到 1964 年，在卢森堡持续到 1972 年，在西班牙持续到 1975 年，在葡萄牙持续到 1976 年。法国女性在战争年代获得了公民身份（1938 年和 1942 年的法律）。由于男性远在军中或是战俘营中，急需授予“第二性”以行动能力（尽管夫妻财产相关法律中所暗含的各种限制，极大地约束了女性的行动能力）。

1945 年之后的 20 年中，在承袭法国《民法典》传统的各国，婚姻在男女双方之间与不平等的权利和职责互相捆绑。法国的法律就能说明，《民法典》

法系中普遍存在家庭父权观念。丈夫作为“一家之主”，享有控制妻子、子女的人身和财产的权利。他有权决定在何处安家，不让妻子工作，独自支配夫妻共有财产，甚至支配妻子的个人财产（除了所谓的保留财产，尤其是妻子通过工作获取的财产）。虽然女性在实质上负责抚养子女，但是法律规定，一切与抚育相关的权利都归丈夫所有（包括是否让孩子上学或参加夏令营）。在涉及通奸时，男女双方所需负的责任严重不公。尽管人们都期望夫妻双方对彼此保持忠贞，但是如果做不到这一点，对女性的惩处往往更为严厉。而且，人们仍旧很难离婚，即便在法律已经世俗化的国家也是如此，而在法律仍受宗教影响的国家则基本不可能实现。

拉丁语族国家的女性用家庭权力的扩张补偿政治权力的缺失，这一说法被反复提及。无需赘述，对私人领域的掌控充其量不过是没有法律含义的事实情况。在拉丁语族国家，法律和传统之间维持着极度和谐的关系，正如欧迪勒·达维纳斯（Odile Dhavernas）所说，传统“将女性置于自然的一侧，将男性置于文化的中心”，法律从而也是如此。[8]

1945 年，甚至直到 20 世纪 60 年代中期，各国的法律系统还是在对待女性方面提出了迥异的观念。部分国家早已同意女性追求独立和自由，另一部分国家则排斥由法国大革命引发的对个人权利的热衷，使女性陷于受家长直接权威管辖的天然社群，即家庭之中。

法律系统和传统之间的对比如此鲜明，也使某些相似之处得以凸显。其中最重要的一点无疑在于，几乎所有地方的法律（或法律原则）都还反映出，夫妻双方所负有的责任依照传统的方式进行分工：丈夫的职责是工作，赚钱，妻子则负责家务劳动，抚育子女。法国和其他沿袭《拿破仑法典》的国家的情况确实如此，就连德国也是：依照有关性别平等的 1957 年法律条款，管理家庭是妻子的天职，而女性追求事业的权利仍旧受到某些限制。即便在二战后的英国，王室结婚与离婚委员会（Royal Commission on Marriage and Divorce）也用以下理由批评维多利亚时代的个人财产制度：“婚姻应当被视为一种合伙关系，丈夫和妻子在平等的基础上携手同行，致力于共同的事业，女性管理家庭，抚育子女，男性维系家庭，提供所需，两者同等重要。”[9] 斯堪的纳维亚地区是这一规则的例外，这些国家摒弃了所有传统的性别角色观念。

改革之风：1960—1980 年

经过将近一个世纪的沉寂之后，家庭法和女性权利在过去 30 年经历了重要的变革。不论有着何种传统，几乎所有的国家都不得不采取某种方式，使本国的法律适应不断变化的社会习惯：更加平等、享乐主义的新婚姻观念，未婚同居现象的增加，非婚生子女的增多，进入职场并由此渴望更强独立性的女性的激增。乔治·希贝尔（Georges Ripert）早在 1948 年就从现实中观察到，“有着一位追求事业的妻子，男人就知道他必须得让位”。[10] 在包括法国在内的一些国家里，法律原则在根本上是保守主义的，而激进女性主义者对法律改革分外不齿，那么在这些国家里，具有父性色彩的法律独裁的终结，很可能最先是由数百万职业女性引发的。

从更广泛意义上的性别平等角度对法律作出普遍性修订，已经使不同法律体系之间的联系更为紧密。法律的实质和形式达成了一致性。在实质上，婚姻不再是一种等级结构，而是二人结合的结构。《民法典》中部分与规范相关的设想已经被抹除。如今，这部法典预设了夫妻共同生活或不共同生活的多种方式，从而更接近于传统意义上更为灵活的普通法。在形式上，夫妻共有财产制和个人财产制并行。斯堪的纳维亚国家再次成为“开路先锋”。早在 20 世纪 20 年代，这些国家就发展出了所谓的递延共有财产制，其好处就在于不偏袒任何女性：对职业女性和家庭主妇一视同仁。

基于《拿破仑法典》建立法律体系的国家迎来了最重大的变革，它们有必要“采用合理的方式改变古老而不合时宜的法律”，并取得了惊人的成就。[11] 其结果简直称得上对女性的“去殖民化”（decolonization）。这种去殖民化不仅终结了女性无法拥有法律能力的状态，而且废除了父权制的古老观念——授予丈夫控制妻子、父亲控制子女的权力。一系列改革表现出法律中既包含了性别平等的观念，也囊括了丈夫和妻子具有独立性的观念。在法国，使女性免受丈夫的监督这项主要改革于 1965 年完成，但是个人财产法中平等原则的完全实现，必须要等到各项附加法的通过（1970 年，“一家之长”的概念及其内涵都被替换成父母职权的概念；1975 年，对征得双方同意的离婚进行合法化，对通奸进行除罪化；1985 年，夫妻双方在支配家庭财富方面获得完全平等的地位）。

由于宗教和政治原因，南欧的女性主义生发得比较晚，在家庭中从威权主义传统过渡到平等相处方式的过程也更为漫长。对女性权利的基本问题产生影响的改革于 1975 年才开始推行，正值最后一批独裁政权崩溃之时。意大利于 1970 年开始引入（于 1974 年通过全民公投）世俗婚姻（civil marriage）（宗教婚姻则失去法律效力），而葡萄牙、西班牙、希腊分别于 1975 年、1981 年、1982 年引入。丈夫和妻子被授予支配家庭财产，共同承担抚育子女之责的平等权利（意大利于 1975 年，葡萄牙于 1978 年，西班牙于 1981 年，希腊于 1983 年）。

改革的热潮也席卷了早已对法律进行过自由化调整的国家。男性特权在某些方面（诸如离婚、家长职权、夫妻财产、姓名择取等）所留有的最后痕迹也被逐一扫除。德国的婚姻法改革（1976 年）是其中的典型：意欲整顿将女性的普遍形象设定为家庭主妇的法律，并放弃夫妻之间理应以何种方式共担责任的预设观念。随着 1976 年有关姓名择取（允许女性在结婚时从夫姓，或保持娘家姓），以及 1979 年有关家长职责（除去家长控制孩子之“权力”的所有残余）的两部法律的实行，终于使得纳入 1949 年西德宪法的性别平等观念在法律中得到了充分体现。

至 20 世纪 80 年代初期，“父亲的法律”成为历史遗物。但是变革永无止境，法律仍在努力跟上改革的步伐。非婚生婴儿数量的剧增（斯堪的纳维亚地区高达二分之一，法国也有四分之一）使平等诉求显得尤为必要——孩子的父亲和“天然”家庭中的父亲应该负起同等的责任（即便他们的责任并不重大），这一点日益“常态化”。在推进改革的方式上，并非所有的欧洲国家都意见一致。荷兰在主张平等方面做得最为突出，但是法国 1987 年的《麦吕赫法》（Malhuret Law）在涉及非婚生子女时，通常会给予母亲各项优先权。在新法缺失的情况下，一些父亲并不总会承担责任，而会诉诸承认其权利的法院裁决。

在某些国家，法律的改变先于习俗的改变，法理学家帮助女性适应新法律。在另一些国家，观念和实际情况的改变远远早于法律的改变。在受到《拿破仑法典》影响的国家，法学教授很少有致力于改革的，因为法律的改变不可避免地要应对法理的惯性。即便在改革完成之后，许多法学教授也对现代法律反应消极，因为现代法律将《民法典》称作“一个消亡社会的过时法律”。[12] 在法国，就算是最为开明的法律学者，有时也很难摆脱性别歧视的思想，他们将女性归为社会所必需的他者（“对法律的敏感度不同于男性，对法律的需求也更少，这无疑是一种巨大的优势”[13]），可以让她们负责某些工作（比如母职，而非家庭之外的自主创造性工作）。

当法理学家袖手旁观时，主张妇女解放论的女性主义者是否在为女性赢得新权利的过程中，扮演了重要的角色？这是一个简单却重要的问题，而各国的情况各有差别。在法国，20 世纪 50 年代的所谓改革派女性主义者——与妇女参政论者的先辈一样——笃信法律面前人人平等的巨大变革潜力。《民法典》新条款最重要的编著者让·加尔布尼（Jean Carbonnier）认为，女性主义者“（在 1965 年）就介入推动停滞不前的婚姻法改革计划”。[14] 大多数观点模糊的“女性解放运动”（除了少数组织，比如“选择”和“堕胎和节育解放运动”）所持有的立场超出了法律和议会的范围。激进主义决意拒绝整个既有体制，新女性主义者借由其名义，“在革命内部发起革命”，谴责当时所提议的法律改革“一文不值”。他们呼吁“用一种新的方式存在于世间，去爱他人，去生活”，这一诉求在法律之外能够很好地得到满足。[15] 最终，使已婚女性获得与丈夫同等公民权利的一系列法律由法国国民议会[1]（National Assembly）于 20 世纪 70 年代起草并通过，却“没有吸引女性主义者的关注，乃至注意”。[16] 不久之后，反对法律的阵线瓦解，在前所未有的领域引发了对于立法的新需求：强奸、针对女性的暴力、性骚扰，甚至要求仿照既有反对种族歧视的法律，设立反对性别歧视的法律。安妮·泽伦斯基（Anne Zelensky）宣称，“我们这样的少数派，不习惯于现行法律，显然是不法之徒。法律应该将我们从先祖所受的奴役中解放出来，而非变本加厉地压制我们”[17]，她因此声名鹊起。

偶有论调认为，美国女性主义的发展恰好与法国女性主义相反。1970 年之后的 20 年，美国女性普遍达成共识，支持通过法律改革追求女性权利；唯有少数激进派持反对意见。改革派团体全国妇女组织（National Organization for Women）是这场运动的先锋。该组织认为，只有通过保障女性在各个方面的完整权利，完全平等才能实现。为争取《平等权利修正案》所做出的漫长抗争始于 1920 年，这既是法律斗争的典型案例，也是美国新女性主义思想中将法律置于重要位置的明证。但是，近来，质疑声不断，对法律的信任逐渐丧失。此外，英语国家中法律平等的观念也遭到理论方面的挑战。部分女性主义法律学者对名义上的平等，以及胜利所带来的意想不到的后果感到失望，因此转向保护性

[1] 法国的下议院与参议院（上议院）共同组成法国议会。——译者注

诉求或女性专有的诉求（如授予母亲优先家长职权，或要求为家务劳动支付工资），甚至冒险主张维持古代的男女分工制。其余女性主义法律学者则不再认为法律平等是消除性别歧视的必要（而非充分）步骤。也许，《平等权利修正案》在 1982 年所遭受的失利，以及当前堕胎合法化的挑战，对这场运动产生了助益。有人认为，反对派通过展示法律系统尽管存有缺陷，却仍旧运行有效，重振了美国女性主义，也恢复了对法治政府的信心。

南欧女性渴望法律改革的到来。与其他地区的女性相比，她们遭受了更为漫长、更为严重的法律压迫，所以她们不仅将改革视为解放，更是当作“为未来开路”。在意大利和西班牙，以及相对较温和的葡萄牙，家庭法改革在女性主义者的愤怒与压力之下得以推进。在罗马和马德里，数千名女性涌入街头巷尾争取权益，支持离婚的权利，反对对通奸女性进行刑事判处，高喊“我们都是不忠的妻子”这类口号。

争取女性平等权利的斗争已经持续了两个世纪之久。如此长久的斗争之后，才在法律中确立普遍性原则，赢得了个人主义逻辑对抗父权制最后残余的胜利，“父权制残余在 19 世纪法律所特有的作用之下，转变为成年男性的个人特征”。[18]

如今，平等权利的诉求已经得到彻底的满足，但仍旧存在两个不可忽视的局限性。这场法律胜利只局限于西方。例如，在宗教法（religious law）占据上风的伊斯兰世界，争取公民权利的斗争仍在进行（阿尔及利亚女性举行反对落后家庭法的游行示威就是证明）。另外，即便在西方，这场战斗仅在获得公民权利和政治权利的领域落下帷幕。社会权利方面的许多问题尚待解决。而且，女性就算拥有了平等的权利，也还是必须与现实中的不平等进行斗争。与美国的姐妹们相比，法国、意大利女性，尤其是斯堪的纳维亚地区的女性，在这方面享有巨大的优越性。欧洲女性长期受益于旨在保护女性并帮助职业女性的法律，但是美国女性几乎无法享受带薪产假，或是得到免费的日托服务和幼儿园服务。

参与政治事务

取得法律上的平等权利之后，仍然需要应对这场斗争的最艰难之处：如何改变行为，才能在现实中享受从艰险战斗中赢得的自由和权利。民法的进步是否导致已婚夫妇实行共同承担责任的决策方式？无人可以断言，现在的情况就是如此。揭示其真实情况的终究是“现实世界”中的法律从业者（就法国来说，是处理婚姻协定和财产协议的公证人）。他们会告诉我们，要是已婚女性充分利用新的权利，她们就会赢得共同支配家庭财产的权利。可以肯定的是，包括法国在内的一些国家，相较于男性，女性更常发起离婚诉讼。

久而久之，西方国家的大部分女性都具备了公民意识，即便对政治不感兴趣，她们的政治敏锐度也与男性相当。在美国、瑞典这些国家，投票的女性多于男性。投票方向的演变也同样重要：对所遭受不公的越发清醒的认识，使得众多女性抛弃保守的政党，支持更有希望重塑性别角色的政治势力。这个时代出现了一个标志性事件：在女性形象向来温顺的日本，（保守的）自由民主党人（Liberal Democrats）[1] 逐渐担忧，女性选民对其政党的敌对情绪会使权力的天平转向在 1989 年到 1991 年期间由土井多贺子（Takako Doi）[2] 女士领导的社会党人（Socialists）[3]。

由于女性在政治上的觉醒，大部分机构的应对失误更令人吃惊。统治精英阶层中男性的绝对支配权开始显出遭到社会淘汰的迹象。政治是男子气概的最后避难所吗？显而易见，男性普遍不乐意分享政治权利必定会引发新的问题。

绝对多数的女性选民

由于各地的女性选民在全体选民中都占据半数以上，她们打乱政治筹划的潜在可能一直备受担忧。女性对政治更感兴趣使男性感到惊慌，不仅因为这种趋势威胁到男性在政治上的垄断，还因为众多女性形成了一股不容小觑的政治势力。

1945 年，关于女性选民的猜测大量涌现（1918 年也曾引发过），认为她

[1] 日本自由民主党（Liberal Democratic Party of Japan，LDP），简称自民党，日本重要的保守主义政党。——译者注

[2] 土井多贺子（1928 年 11 月 30 日— 2014 年 9 月 20 日），日本著名政治家，为日本首位女性在野党党首及女性众议院议长，是日本现代史中职位最高的女性政治家。——译者注

[3] 日本社会党（Japan Socialist Party，JSP），简称社会党，存于 1945 年至 1996 年的日本左翼政党。在 80 年代后期与 90 年代早期，社会党曾在土井多贺子的领导下在国会选举中拿下创纪录的席位。1996 年，社会党改组为社会民主党（Social Democratic Party，SDP）。——译者注

们虽然算不上保守，但也具有缓和的作用。但是，因为政治环境的改变，对于女性选举权的希望与恐惧也随之发生改变：曾被视为共和制的潜在威胁，此时却被作为抵御共产主义潜在热潮的堡垒。研究法国政治的历史学家一般认为，其隐秘的动机在战后使戴高乐主义者和其他右派人士深感忧虑。据说，在 1945 年，人民共和运动（Mouvement Républicain Populaire，MRP）[1] 的领袖乔治·皮杜尔（Georges Bidault）对夏尔·达哈贡（Charles d'Aragon）说："有了女性、主教和圣灵，我们就会有 100 个代表。" 19

女性在战后第一场自由选举中的投票情况如何？所有的分析都要基于投票数据（以及少数地区所进行的男女选民分开投票所得出的确切计数）。1955 年，联合国教科文组织发起了一次由莫里斯·杜瓦杰（Maurice Duverger）主导，关于欧洲女性政治参与度的大型调研。这项调查得出两个主要结论：女性弃权投票的可能性稍微高于男性，表现出的对政治的兴趣弱于男性；投票的女性往往倾向于立场温和的保守政党（而非极右政党）。在英国和斯堪的纳维亚地区，多数女性投票支持保守党；在德国、奥地利、意大利，多数女性将票投给在战后实力强劲的基督教民主主义政党；同样，在法国，多数女性一直投票支持人民共和运动，在人民共和运动衰落之后，则转而支持戴高乐主义者。女性为这些政党贡献了 53%~ 60% 的票数。此外，各大政治势力在赢得女性选票上花费了更多的精力：特别是在天主教国家，教会通过当时在意、法两国颇为活跃的相关女性组织，意欲对女性施加影响力。它们支持竞选人，对政客施加影响，在国会进行游说，出版数不胜数的政治宣传册，希望说服女性选民。

然而，女性回避了社会主义政党（英国的工党，以及斯堪的纳维亚和德国的社会民主党），尤其是共产主义政党（在但凡其存在的国家）。意大利和法国女性投给共产主义政党的票从未高于 40%。共产主义政党的领袖并非没有意识到在吸引女性选民上的失败。"我们无法取得胜利的原因之一，"原意大利共产党总书记帕尔米罗·陶里亚蒂（Palmiro Togliatti）在 1945 年大选后注意到，"在于我们没有充分动员女性群体……看看为基督教民主党人投票的 800 万选民……其中的许多竞选人无疑是依靠女性选民的票进入议会的……问题不仅在于说服把票投给对方政党的工人和农民（将票投给我们），更重要的是说服

---

[1] 法国第四共和国时期的基督教民主主义政党。——译者注

女性。”[20]

意大利和法国的共产主义政党都吸取了教训，从此以后尽量精准地锁定女性选民（其他政党在这方面不如它们活跃）。共产主义政党在工会中争取女性的支持，进行针对家庭主妇的宣传，创立诸如意大利女性联盟（Union of Italian Women）和法国女性联盟（Union of French Women）这类女性组织。天主教的宣传与共产主义的宣传相互呼应。在随后的冷战时期，女性没有在马克思主义左派和天主教右派之间的战斗中独善其身。

1969年，莫里斯·杜瓦杰仍然坚信自己在20世纪50年代中期得出的结论：虽然女性的选票不曾从根本上改变战后的政治权力平衡，但是确实足以左右多数党的走向：“如果女性在几次德国大选中投票支持的阵营与男性一致，那么社会民主党人将会取代基督教民主党人掌权。在英国，就是女性的选票在几次选举中将保守党推上执政党之位。而在1965年的法国总统选举中，投票支持戴高乐将军的女性远远多于男性。”[21]换句话说，政治学倾向于证实每个人的直觉：欧洲女性倾向于投票支持保守主义政党，甚至在天主教国家，女性也偏向于支持极端的教权保守势力。北美也不例外：加拿大和美国的投票数据显示，女性倾向于投票支持“保守主义”势力。

尽管女性偏爱保守势力的原因令人琢磨不透，部分观察员还是认为这种倾向会长期保持，但是这一推断很快就被推翻了。改变分为两个阶段。20世纪70年代初期，民调机构就发现女性的政治参与度变高了，更愿意回复复杂的调查问卷，也更倾向于投票给左派。久而久之，女性在经过类似于学徒期的历练之后，她们的投票倾向越来越接近于男性的投票倾向。众多评论员认为，这一演变过程会在男性和女性的政治行为难以区分之时终止：女性只需跟随男性的脚步。

然而，所谓的“性别差异”在20世纪80年代开始显现。评论员发现女性越来越倾向于投票给左派男性：昔日的天然盟友——保守主义政党和基督教民主主义政党——如今成为非共产主义左派的主要拥护者。在美国，这一现象始于1980年，女性表现出“反对里根”的明显倾向。政治学家的分析和女性主义者的评论铺天盖地。1984年总统竞选期间，格洛丽亚·斯泰纳姆（Gloria Steinem）所创办的《女士》（*Ms.*）杂志，在当年的3月刊中专门探讨这一现象。不久之后，加拿大和欧洲北部大部分地区都呈现这种态势：丹麦、挪威、瑞典、荷兰。更令人惊讶的是，这种倾向在1988年蔓延至天主教国家法国：在第一轮总统选举中，37% 的女性支持社会党候选人弗朗索瓦·密特朗（François Mitterrand），相比之下，仅有 31% 的男性支持密特朗（根据 Bull-BVA 的联合民调结果）。

在部分欧洲国家，强调生态环保的绿党（Green Parties）和极右翼政党都在近年选举中取得了进步，女性乐意将票投给绿党，却往往回避新法西斯主义右派。1988 年的法国总统选举和 1989 年的欧洲议会代表选举就是如此。女性不愿意投票支持极右势力并非新事："1933 年之前，（德国）无论何地，投票支持纳粹党的（女性）远少于男性。"[22]

在这些政治行为差异背后，可以看出诸如国防、外交、对外关系等决定性领域的政治观念分歧。无论是在美国、斯堪的纳维亚地区，还是法国，相较于男性，女性都更愿意支持和平主义立场，表达对核威慑的敌意，赞成削减国防预算并加大对社会福利体系的投入，且对环境保护有着更高的敏感度。而且，她们更主张男女平等。1986 年法国的民调结果前所未有：历史上第一次，"女性倾向于支持女性"，至少倾向于支持具有影响力的女性政治家，例如西蒙娜·韦伊和米歇尔·巴扎克（Michèle Barzach），而不是男性政治家。埃迪特·克勒松（Édith Cresson）[1] 于 1991 年被任命为总理，使法国女性主义得以巩固：当时，将近 86% 的法国女性（和 77% 的男性）表示，很开心看到一位女性执政。[23] 在斯堪的纳维亚地区，女性在投票时已经公开阐明自己的女性主义立场。盖洛普（Gallup）[2] 在 1975 年前所做的民调显示，有 40% 的女性和 7% 的男性会给女性候选人投票。[24]

男性与女性之间所显出的政治分歧使人们认为，政客们将女性选民视为特定目标人群或可供占领的市场份额，已经失策。美国各州的州长承诺其政府内的关键职位将提名女性任职，以获得女性选民的支持。1982 年，有 6 位州长的当选应归功于女性选民的支持。杰罗丁·费拉罗（Geraldine Ferraro）于 1984 年获提民主党副总统参选人，此举被一些评论家解读为旨在抢夺"女性选票"。

我们该如何解读这些发生在女性政治行为中的变化？过去，女性主义者对（男性）政治学家的著作极为不满，谴责他们持有性别歧视，乃至男权至上的观念，

[1] 埃迪特·克勒松（Édith Cresson，1934— ），法国政治家，法国第一位女性总理。——译者注
[2] 美国著名数据咨询公司，以在全球各地做公开民意调查而闻名。——译者注

尤其对女性“无法融入政治”的论断嗤之以鼻。为了回应莫里斯·杜瓦杰认为女性在政治方面表现得就像孩子的观点，安德莉·米歇尔（Andrée Michel）回复道，“在左派及右派政党眼里，众多成年女性都是次等人……女性因此抵制这些政党的专制作风”，拒绝为其投票。25

如今，许多评论员正确地拒绝了“女性选票”这一说法。以前的新闻标题常常惊呼“女性选择戴高乐［或吉斯卡尔·德斯坦（Giscard d’Estaing）[1]］”。现在不过少了些许误导性，“女性选票助力弗朗索瓦·密特朗再次当选总统”。美国的性别差异有时似乎呈现出整个国家分裂为男、女两个敌对阵营的态势。部分女性担心“女性选票”不过是对恒久不变的女性特质的最新演绎。

全方位的研究显示，女性选票的同质化程度并没有比男性选票的程度更为严重。而且，女性从右派转投左派的现象将会持续存在，因为全体女性选民的结构发生了剧烈改变。

女性历经了 40 年悄无声息的革命，她们的选举经历昭示着这一改变。全世界的女性已经集中参与到重大的社会变革之中，尽管各国女性的参与度不尽相同。这些社会变革包括中等教育和高等教育的民主化改革、服务业的增长、雇佣劳动市场的扩大。以法国为例，全体选民中职业女性人数的大幅增长对投票模式产生了影响。女性的经济活动参与度与其投票支持左派的意愿紧密相关，这种情形在 1978 年法国立法选举初现，并在 1988 年总统选举中得到了印证。在 1988 年第一轮选举中，投票支持密特朗的女性既有蓝领、白领，也有中层管理人员。

二战以来所发生的宗教变革和社会变革引发了巨大的政治变革。在天主教国家，政治保守主义往往与对宗教领域的深度介入密切相关。定期去教堂做礼拜的人大都是女性，特别是老年女性：这解释了女性偏爱右翼政党的原因。由于宗教式微（以及加入共产党的人减少），天主教右派与马克思主义左派之间的斗争的重要性日益下降，这场斗争曾长期限制了女性的视野。

如果说如今的老年女性不如从前般专注于天主教及其相关的政治文化保守主义，那么年轻女性则比以往任何历史时期都要反叛。各国的年轻女性似乎比

[1] 瓦莱里·吉斯卡尔·德斯坦（Valéry Giscard d’Estaing，1926 年 2 月 2 日—2020 年 12 月 2 日），法国前总统，被视为推进法国现代化和巩固欧洲联盟的先锋。——译者注

年轻男性更倾向于投票支持左翼政党。在法国，属于第二代移民的年轻阿拉伯裔女性与女学生一样，都展现了进步的政治倾向。在 1986 年冬季的学生游行中，年轻女性成为开路先锋。她们支持左派的倾向表明，女性主义所产生的影响具有延时性，其作用范围也随之扩大。女性主义也许教会了年轻一代抵制父权制度，反对工作和角色分配中的不平等。

在法国，左翼的选举活动与女性主义信仰之间一直存在一定的相关性，即便是在受女性解放组织支持的候选人缺席的情况下也是如此。法国女性主义运动确实脱胎于新左派，其中最为激进的派别一直反对选举政治，亦反对一贯以来在左派与右派之间进行二选一：正如波伏娃于 1978 年所述，“我不太明白选举的意义何在”。[26] 在很长一段时间里，选举权是女性主义的基本诉求，但是法国的第二波女性主义者对此不屑一顾。著名的“精神分析与政治”组织直到 1981 年才认为有必要支持总统候选人密特朗，而其他女性组织则在不同程度上都默默认同社会党政府。

斯堪的纳维亚地区和北美的女性主义者采取更为现实、更为政治化的态度。她们不再忽视投票所带来的影响，而是依靠游说的手段达成某些她们所期望的目的。我们会在下文看到，这一策略最终导致了女性政治人物的涌现。

女性当选人——少数派

在众多西方国家，性别平等是政治权利的具体实施中一个尚未达成的目标，也确实是一场尚未打响的战斗。不论是受到任命或是通过选举，决策机构中的男性仍旧多于女性。少数例外不过突显了这一规则：例如，在 1985 年以及 1991 年，挪威工党领袖格罗·哈莱姆·布伦特兰（Gro Harlem Brundtland）两度组建内阁，其内阁成员男女各占一半。在 20 世纪的最后 25 年里，世界上的任何一个议会都没有实现女性与男性的人数均等，这是不争的事实。

如果女性在任何领域都是少数派，是否意味着她们只能在政治中扮演次要角色？这个问题不容易回答。参与决策的程度不仅受到时间、地区的影响，也受到政府领导层性质的影响。

欧洲北部的女性处于最有利的地位：在斯堪的纳维亚五国与荷兰，女性在地方政府和国民议会中占有 20%~40% 的席位（见表 1）。欧洲南部大部分地区则相对落后：在葡萄牙、希腊、土耳其、法国（不包括意大利和西班牙），男性在议会中所占席位比例超过 92%。英格兰的情况更加复杂，下议院到 1992 年时仅有 6% 的女性成员——在女性议会代表方面，妇女参政论者的发源地落入了欧洲的最差梯队。1992 年大选，下议院的女性成员比例在历史上首次提高到 10% 以上。在美国，一边是影响力强大的女性主义运动，另一边是仅有少数女性参议员和众议员的国会，两种现象长期共存。但是，女性近年来开始拿下国家立法机构（在 1971 年到 1983 年间，女性任职比例增加了两倍）和市政厅的选举，体现了新的上升势头。国会也显现了这一趋势，在 1992 年的选举中，众议院的女性成员比例达到 10%，具有象征意义。

1945 年，在大多数西方国家，女性的地位相差无几：唯有少数女性有希望进入统治精英阶层。这些国家最多只能夸耀政府里有一位女性装点门面，或是在国会任职的男性少于 90%；地方政府层面也同样前景暗淡。斯堪的纳维亚国家在领导女性进步上远远落后于大多数西方国家，一位当代评论员指出："在新教国家，即英语国家和北欧国家，女性代表的比例小于拉丁语族的天主教国家法国，而法国最近才开始推行女性权利。"[27]

现在，新的差异已经呈现，这是各种发展产生的结果。在包括英国、美国、土耳其在内的一些国家，当选为立法机关成员的女性数量在 40 年里都在不同程度上保持不变，或是下降（比如在法国）。而在包括斯堪的纳维亚和荷兰在内的其他地区，女性代表数量开始在 20 世纪 70 年代急剧增加。在 1975 年到 1985 年间，女性代表的比例在荷兰和挪威增加了 1 倍多，在芬兰增加了四分之一，在瑞典增加了三分之一。在其他地区，许多女性近来才开始通过选举担任公职：意大利、英国、美国、加拿大女性在上一次大选中才在下议院拿下 10% 以上的席位。

过去，拥有最多女性代表的通常是左翼政党（共产党或社会党），而后是基督教民主主义政党。例如，1946 年，40 个法国女性代表中有 29 个共产党人，9 个基督教民主党人。1953 年的德国联邦议院有 46% 的女性是社会民主党人，有 42% 的女性是基督教民主联盟成员。在挪威，所有当选的女性议员在 20 世纪 50 年代时几乎都是社会党人。

但是，拥有众多女性代表不再是各国左派的独有特征。斯堪的纳维亚各国的保守主义政党在女性解放运动的压力之下，不得不吸纳更多的女性，否则就必须承担选票的损失。政党之间的拉票活动是女性取得政治进步的最强劲的推动力。而在法国，历史呈现另一种走向：性别平等的巨大压力是自下而上的。共产党所获选票的大量萎缩迫使其放弃了性别平等的领导权。社会党在 1981 年到 1993 年执政期间，也无法高举女性主义的火把。在 1988 年举行的国民议会选举中，当选的社会党代表中女性仅占 6.2%，相比之下，保卫共和联盟（Rassemblement pour la République，RPR）的女性代表则有 7.5%，尽管遵循戴高乐主义的 RPR 被认为对女性主义并无过多好感。

在欧洲的各大左翼政党之中，意大利共产党一直是异类，在议会中为女性留有大量的席位：当选的女性议员中有 60% 是共产党人。前意大利共产党总书记恩里科·贝林格（Enrico Berlinguer）尤其擅长打女性主义牌，使意大利共产党成为女性事业的主要拥护者。与此同时，在过去无法使自己以拥有强大的女性主义代表而凸显出来的英国工党，近来已经弥补了错失的良机。1992 年 4 月，37 名女性当选为下议院工党议员，占工党 271 位议员中的 13.6%。

近年来组建的政党一般都吸纳女性进入领导层，并从中获取选举之利。德国绿党着手应对女性主义议题，已经从社会民主党手中接替“最为女性主义的政党”之名。而且，女性在 1987 年德国联邦议院所取得的进展应归功于绿党：绿党的 42 名议员之中有 25 位女性。然而，1990 年 12 月，绿党在两德统一后进行的首次选举中大败，仅有 8 名代表当选，其中 3 名为女性。法国绿党在 1989 年的欧洲议会选举中对候选人名单进行仔细斟酌，从而赢得了空前的胜利，获得 11% 的选票，9 位绿党议员中有 4 名女性。然而，这场胜利并未持续很长时间，因为在 1993 年 3 月的立法选举中，绿党和生态世代（Génération Écologie）[1] 组成的政治联盟仅吸纳了 17.6% 的选票，甚至不够获得议会中的一个席位。意大利激进党（Radical Party）也打女性主义牌：其中最为著名的是震惊世界的琪秋黎娜（Cicciolina）[2]——“意大利国会的首位限制级代表”[28]，而在 1987 年的立法选举中，激进党的 3 位女性候选人成功当选。

建立女性主义政党的尝试从未能克服现有政党体系的惯性。世界上唯一取得成功的女性主义政党是冰岛女性联盟（Women’s Alliance），它在 1987 年赢得 10% 的选票及 6 个席位，在国会中发挥了关键作用。

---

[1] 法国四大绿党之一，成立于 1990 年。——译者注

[2] 伊萝娜·史特拉（Ilona Staller，1951— ），匈牙利裔意大利色情明星、歌手、政客，艺名琪秋黎娜。——译者注

虽然众多女性身处外围组织之中，但是在通往权力中心的过程中，她们的政治参与度呈现下降趋势。男女之间权力的垂直分工无处不在（男性处于权力顶层，女性处于权力底层）。在法国，女性代表在市议会的比例为 17%，在大区[1]议会的比例为 12.6%，在国会（包括参议院和国民议会）的比例仅有 5.4%。市政级别的女性权力引人关注。尽管有众多女性担任市政议员，但是仅有 6% 的市长为女性。大多数女市长都领导规模不大的乡村市镇；而管理大城市的女市长凤毛麟角。社会党人凯瑟琳·托特曼（Catherine Trautmann）在 1989 年担任斯特拉斯堡市市长，成为首位管理超过 10 万人口城市的女性，开创了先例。一些评论员认为，欧洲议会的女性化也很重要。1979 年（普遍选举确立）以来，除了比利时，欧洲每个国家向欧洲议会派出的代表团中，女性占比都在 10% 以上（其中有 4 个国家派出的代表团女性成员占比超过 20%）。但是，这在一定程度上是因为欧洲议会是个次要机构，在当时并没有实权。

在高级政府官员中，几乎没有女性担任最重要的职位，这一事实也许是女性在当代政界中遭到边缘化的严峻信号。在国会的影响力相较于技术官僚的影响力逐渐减弱时，当选的女性难以进入政治高层引发了人们的关注。但是这一问题仅发生在斯堪的纳维亚各国。法国在某种程度上是一个反例：女性稳固执掌部长级别的职位［在米歇尔·罗卡尔（Michel Rocard）[2] 内阁中，女性把控着将近 23% 的职位］；比她们在国会的当选成绩更为出色。法国女性发现选举路径变窄，不得不通过获得学位和技术谋求进一步发展［特别是进入国家行政学院（École nationale d’administration，ENA）进行学习，其中有超过 20% 的学生是女性］。而这种选择自然使她们更容易听命于“掌权者”。

女性不仅沦为次要角色，还被迫从事“善举”。在政治层面上，福利国家的成长自然而然地使得旧有劳动分工再现：男性与女性之间的分工，政治与社会之间的分工。以前在家庭内部处理的问题自然分派给了在政界谋求一席之地的少数女性。男性把控着外交关系、国防、内政、司法、经济、财政等所有象征国家最高统治权力的职位。女性则获得管理社会民生、家庭、文化等权力。

---

[1] 大区（région）是法国第一级行政区划，法国共有 18 个大区，其中有 13 个大区位于法国本土（或欧洲大陆），其余 5 个大区则位于海外。——译者注

[2] 米歇尔·罗卡尔（Michel Rocard，1930 年 8 月 23 日— 2016 年 7 月 2 日），法国政治家，曾任法国总理及社会党第一书记。——译者注

这种男女角色的水平分工在政府层面十分明显，如今出现在各个国家的所有权力层级之中（除了斯堪的纳维亚各国）。这是将女性排除在政治领域之外的方式——迅速掩盖或消除让女性参与政治这一错误的一种方式。

从政的女性：民主之契机？

如今，女性担任公职的数量，以及其所任职位的性质，让人对女性在民主国家中发挥影响力的期望持悲观态度。女性唯有在政治领域彰显其存在，才能获得发言权，才能影响决策，才能不再被挟为人质。在我们的政治机构协调运作之前，我们仍需克服巨大的障碍。女性在政治中扮演相对次要的角色，体现了她们在社会中仍旧处于从属地位。因为精英阶层的女性化仅出现在正在实现男女平等理想的地方，即女性拥有正当竞选资格就可以竞选公共职位的城市（这些资格包括良好的教育、工作经验、高阶技能）。

即便在文化同源的西欧地区，我们也必须认识到男女的不平等有着多种形式。在葡萄牙，长达几个世纪对女性的压迫导致了她们今天的不幸：1970 年，20 岁以上的葡萄牙女性中有 38% 的文盲，仅有 7% 达到高中阅读水平。在法国，教育不平等的持续存在也无法改变二分之一的大学生是女性的事实。葡萄牙男性掌控了精英阶层，是因为女性遭受了几个世纪的社会压迫和文化压迫。但是，民主尚未使法国女性掌握权柄，这也需给出另一番解释。

男性在“权力走廊”中的统治地位是由政界的内部因素造成的。首先，政党的运作类似于寡头统治集团（oligarchies）。人们能够轻易利用女性的低参政程度，证明将女性排除在核心委员会之外的合理性，其次，将女性候选人的落选归咎于选民的厌女症也并非难事。虽然政党在理论上是塑造政治纲领及选拔候选人的公开论坛，但是事实上却是对女性（及年轻人）抱有特定偏见的狭隘小团体。法国女性认清了政党的真面目：“其组织结构由男性构想，并为男性服务，他们虽聚在一处，却从不觉得自己将所有人拒之门外，也未曾打算为全人类——包括女性——谋福祉。”[29]

有些国家的选举法鼓励同一批人下届再次当选。对局外人来说，在仅有一轮投票且胜者必须获得多数票的国家（如英国）及有两轮投票的国家（如法国），比在比例代表制中更难赢得选举。此外，在相对较小的选区，往往会强调竞选人的个性。现任者当然具有优势，而一些国家（如法国）的法律允许一人担任多项公职，这一优势就进一步扩大了。在通过间接选举产生上议院议员的制度中，权力的天平掌握在乡村政客手中，比起女性，他们往往选择投票支持自己的同类。

莱昂·甘必大（Léon Gambetta）[1] 曾说过：“真正的民主不是认同平等，而是创造平等。”如果同意这一观点，那么真正的民主就尚未诞生。另一方面，有人认为从现在到 20 世纪末这段时期内，女性有望行使极大的政治权力，但是这种预期根本不切实际。

女性主义不再有动力发起大规模运动，它这才姗姗来迟地将重心转移到攻克各大机构上。政党、政府、国际组织都在不同程度上宣称女性主义宗旨。部分国家设立相关部门，致力于实现男女平等。另一些国家已经将女性提拔到关键性的职位。1989 年，英国庆祝玛格丽特·撒切尔（Margaret Thatcher）任职首相 10 年，德国则选择丽塔·苏斯慕特（Rita Süssmuth）担任联邦议院主席。1990 年，玛丽·罗宾逊（Mary Robinson）成为爱尔兰总统。同年，密特朗任命社会党人埃迪特·克勒松领导政府，给自己的政策增添了“新的活力”。这一任命具有高度的象征价值。法国媒体将其誉为历史性事件，法国民众也大都表示赞许。联合国与欧洲经济共同体将女性参政提上国际议程。欧洲委员会（Council of Europe）选择凯瑟琳·拉卢米埃（Catherine Lalumière）[2] 担任秘书长。她曾表示：“在我的任期内，我会致力于女性事业的发展。”主导民主政治的各大政党甚至承诺增加领导层的女性成员，如有必要，则会实行强制性命令。数个欧洲主要政党已经采取配额的方式，规定在任命核心委员会成员或选拔候选人时，必须保证女性成员的最低数额。斯堪的纳维亚各国在这方面处于领先地位，德国社会民主党也紧随其后，在各个级别的负责人中设定了 40% 的女性配额。

因此，政党中的女性官员、女性候选人将会日益增多。这是政党内部的小革命，也是竞选活动中的一大亮点。我们已经看到，这种策略不仅吸引了女性，还吸引了大多数选民。欧洲经济共同体的各国公民在 1987 年被问及“如果议会中有更多的女性，世界会变得更好还是更糟”时，有 28% 的人回答“更好”（49% 认为“没有改变”，11% 认为“更糟”，12% 则“不予置评”）。

---

[1] 莱昂·甘必大（Léon Gambetta，1838—1882），法国政治家，普法战争期间功勋卓著。——译者注

[2] 凯瑟琳·拉卢米埃（Catherine Lalumière，1935— ），法国左翼激进党（Parti radical de gauche，PRG）政客，曾于 1989 年 6 月 1 日至 1994 年 5 月 31 日期间担任欧洲委员会秘书长。——译者注

在危机蔓延的时代——家庭、经济、政治体制都遭受影响时——女性播撒了变革的希望。女性因其历史和生活经验，更贴近人类的日常生活，她们可能代表了另一种有别于男性政客所执掌之政治权力的力量。

女性政客自身倾向于强调差异性：她们不但抨击某些过时的施政方式，而且主张进行具有长远意义的重要变革和计划。政治的未来寄托在女性身上吗？部分女性深以为然。国会女议员贝拉·艾布札格（Bella Abzug）的女性主义思想根植于女性执掌的世界更加美好的信仰："国会如果有足够多的女性议员，会容许这个国家到 20 世纪 70 年代还没有国民医保吗？这样的国会会让本国的婴儿致死率在工业化国家中排名第 40 位吗？会允许非正规流产泛滥成灾吗？一个坐满了女性成员的国会会让越南战争持续如此之久，让我们的男人和中南半岛的人民遭受屠戮吗？"[30]

艾布札格认为女性会改变政府的观点是否有道理？还是说，这是女性将成为救世主这一古老神话的再次复苏？我进行的一项有关法国政府官员的调查结果倾向于后者。在法国政界，通往权力之路充满阻碍，这些阻碍会导致一种与众不同的女性政治身份，一种具有自身价值或相应价值的女性政治文化的出现。少数从政的女性在男性同事眼里，即便算不上违法，也很另类，她们深知自己遭到边缘化，甚至被视为异类。她们看不惯男性化的习惯（夸夸其谈、演讲、装束、勃勃野心等）。但是她们意识到，在根本上，自己的与众不同是负面意义的：它无法推动女性互助网络或是政治计划的形成。而且，她们的表现主要是对失败（自卑感，因为没有履行妻子或母亲职责的负罪感，以及对男性分派给她的角色的遵从）的回应或过度补偿，并非其他女性可以遵循的典范。但是，不同于法国，美国和斯堪的纳维亚各国的女性政客拥有更强的女性主义意识，对未来也更加充满希望。

第十七章　20世纪70年代的女性主义

亚斯敏·厄尔加斯（Yasmine Ergas）

当被问及如何评价20世纪最后几十年时，西方社会细心的观察家们会提及震动了整个女性世界的混乱。劳动参与率的提高与离婚率、单亲家庭率的升高，使女性的生活发生了极大的改变。但是，甚至在这些改变吸引广泛的注意力之前，“女性主义”已经俘获了公众的关注，逐渐成为女性重获自信的象征，而这种自信在很大程度上是意外之喜。1

复苏的迹象

女性主义的复兴在一系列现象中开始显现。当时，最具挑衅性的抗议行为被媒体夸大为新骚动的标志：1968年，美国女性在阿灵顿国家公墓（Arlington National Cemetery）[1]举行“埋葬传统女性职责”的火把游行，将美利坚小姐的桂冠戴在一只绵羊的头上，将胸罩、束身衣、假睫毛扔进“自由垃圾桶”；两年之后，法国女性在巴黎凯旋门专门向“无名战士的无名妻子”献上花圈，随之献上的另一个花圈则题有基于人口学观察的讽刺句：“每两个人当中就有一个是女性。”

如果过去几十年里的评论家着重关注政治事件，他们就会注意到，大规模示威游行，促使立法革新被提上通常情况下顽固保守的政治体制的议程，例如意大利的堕胎自由化活动。他们也会提及有关“女性议题”的立法改革潮——

[1] 美国军人公墓，位于华盛顿特区对岸的弗吉尼亚州阿灵顿县，由美国国防部下属的陆军部管辖。——译者注

在 20 世纪 70 年和 80 年代在众多国家获得批准。例如，在英国，继 1970 年《公平薪酬法案》（Equal Pay Act）之后，1975 年《性别歧视法案》（Sex Discrimination Act）颁布了，随后又设立了平等机会委员会（Equal Opportunities Commission）。《1975 年就业保护法案》（Employment Protection Act 1975）正式批准法定带薪产假，规定不得不正当解雇孕期内的雇员，1976 年《家庭暴力和婚姻诉讼法案》（Domestic Violence and Matrimonial Proceedings Act）巩固了女性在制止具有暴力倾向的配偶上的权利，而 1976 年《性犯罪法修正案》［Sexual Offences（Amendment）Act］加强了在受审期间对强奸受害者的隐私保护。[2] 美国国会在 20 世纪 70 年代批准了 71 项与女性权利相关的法律，占该国 20 世纪获批的有关法律的 40%。[3] 其他各国也通过了类似旨在扩大女性权利的法律革新。

女性主义的政治影响力超越了国界。各大国际组织将"女性权利"提上议程：比如，联合国曾在墨西哥城、哥本哈根、内罗毕庆祝"女性十年"（Decade for Women，1975—1985）活动，并举行会谈。此类会议强调女性主义运动的广泛性，及其在发展中国家和发达国家所具有的影响力。一系列会谈揭示了各个层面的分歧，诸如西方和非西方的激进者对女性主义的定义，与会政府的官方代表和组织运动的女性主义者各自否认对方的合法性。然而，这十年本身，就像会谈一样，突出了女性问题的公众能见度、女性活动家的强大网络和联合国为持续提高女性议题的关注度所采取的决议。

此外，女性主义逐渐形成了一股政治势力，这一趋势预示政治联盟和制度安排可能面临重大洗牌。分析家创造了"性别鸿沟"（gender gap）这一术语来表示女性选民更偏向自由主义或左倾的政治势力。在美国，反对里根成为美国总统的女性远远多于男性；在英国，到 1983 年时，愿意投票支持保守党的女性少于男性；在联邦德国，在 1980 年和 1983 年的选举中，投票支持社会民主党的女性多于男性。加拿大、瑞典、澳大利亚也遵循类似的模式。[4] 在大多数国家，随着女性的选举行为和党派认同不断产生变化，女性的参政程度在逐步提高，促进女性利益的正式机构也逐渐设立。以联邦德国为例，政党中的女性代表在 1971 年至 1981 年期间几乎增加了一倍（虽然还是显著少于男性代表的数量）；联邦女性事务部（Bundesministerium für Frauen）成立于 1986 年，是联邦青年、家庭、女性与卫生事务部（Bundesministerium für Jugend，Familie，Frauen und

Gesundheit）的组成部分（女性事务办公室则于 1979 年成立）；德国所有的联邦州（Länder）到 20 世纪 80 年代末都设立了女性事务方面的办公室。[5]（重要的是，由于两德统一，民主德国在设立新的联邦州政府的同时，也设立了处理女性问题的专门办公室。）其他国家也成立了相关的女性代表机构。

细心的观察家还会注意到，反对女性主义的案例，以及由于特定权利而产生的冲突，使得女性主义更加凸显醒目。以德国为例，堕胎权在国家统一谈判中成为争论的重点。[6]在其他欧洲国家，放宽堕胎法律也招致激烈的反对，即便这样做很少成功，但是反过来也引起了女性主义的防备性动员。以英国为例，1975 年的全国堕胎运动（National Abortion Campaign，NAC）挫败了 1967 年所设立的限制堕胎权的议案。在美国女性主义动员的催化作用下，道德多数派在全国备受瞩目，甚至女性主义的失利（如平等权利修正案没有获得所必需的多数票）也突出了女性主义在突显"女性问题"政治中所发挥的重要性。[7]

重大公共事件与分散而细微的个人经历相互呼应。到 20 世纪 70 年代末，女性主义在西方工业化国家似乎注定成为家喻户晓的名词，即便算不上是家家都有的现象。德国女性主义杂志《艾玛》（*Emma*）拥有 30 多万读者。《女士》杂志则至少拥有 40 万美国读者。大约有四分之一的荷兰城镇成立了女性团体。英国的女性主义者则管理着 200 多个女性收容所。[8]

各种女性主义外联措施——成立宣传运动的出版社，设立女性研究课程，建立收容所，开展生育权运动——获得了广泛的支持。在荷兰小镇豪达（Gouda），有一半以上的女性在 1981—1982 年接受一个调查团队采访时，都对女性主义运动持正面态度，并认为只有女性团结一致，女性的生存境况才能得以真正改善。[9]加拿大于 1986 年进行的一项民意调查显示，47% 的受访女性乐意表明女性主义者身份。[10]同年，在美国的民调中，女性受访者中有 56% 自称为女性主义者；有 71% 认为女性运动有助于改善自身生活。[11]欧洲于 1983 年进行的调查大致显示出：比利时、丹麦、德国、法国、爱尔兰、意大利、卢森堡、希腊的大多数女性对女性解放运动持赞同态度，而英国和荷兰只有少数女性持赞同态度。[12]但是，并非所有的女性主义运动都进展顺利。比起"女性主义运动"，许多女性宁愿支持较为中立的"女性运动"。也有人会说："我不是女性主义者，但是……"而正是这种女性内部的疏离态度，坐实了女性主义在女性政治领域内的中心地位。

然而，到 20 世纪 80 年代中期，数项重要的女性主义运动显出颓势。正如记者迫不及待地告知美国及其他国家的读者那样，年轻一代对女性主义先行者们所进行的斗争和所拥有的志向毫不关心。“后女性主义”（Postfeminism）逐渐形成新的浪潮，吊诡的是，这一术语确认了女性主义的政治首要地位。

女性主义运动并未像末日预言那样，迎来命定的衰落和失势。以美国为例，由于 1989 年最高法院的决议和国家立法辩论扬言要限制堕胎权，声势浩大的游行示威活动席卷全美。一般来说，就算没有发生如此普遍的游行活动，联合起来的组织也解散了，吸引大量媒体关注的大动作和大型集会时代也逐渐落下了帷幕，那么在一片狼藉中，新形式的女性政治组织将得以形成，女性及女性问题在公共领域中将获得高度的关注度，女性主义者内部及女性主义者与外部谈话者之间也能展开积极的讨论。也就是说，女性主义作为有序社会运动的外在式微，并不意味着女性主义者退出政治舞台，也无法表明女性主义这种不断发展的（且备受争议的）话语实践已经不复存在。利益集团政治，为达成新目标而发起的运动（通常被定义为和平、环保主义这类普遍性术语，不再是堕胎、性暴力这类“以女性为中心”的术语），以及全新的争论，取代了原有的组织和游行示威，扩大了女性主义的主要拥护者，同时也考虑到了代际变革因素（尽管进展缓慢）。女性主义的复苏获得高度的关注，这一过程历经 25 年后，由于与刚开始复苏时相比大环境有所改变，也因为女性主义者的关注点和资源更为丰富，女性主义活动的中心和女性主义实践的特点已经发生了变化。

20 世纪 60 年代和 70 年代的女性主义运动反映了其所经受试炼的政治环境。在众多实例中，高强度的政治动员和要求进行彻底社会革新的各种运动，是这种政治环境的标志。尤其是学生运动的意识形态，有时会与工人阶级工会和政党组织的利益一致，这促进了“新左派”的形成。而这批“新左派”女性主义者成了女性主义至关重要的组成部分。可是，较为传统的政治编队和政治机构在联合“新左派”和激进社会运动的同时，也在新的女性主义运动的形成之初发挥了作用。

就其诞生的综合背景而言，新的女性主义运动总体上比较自立，它阐明了主题，创造了术语，确定了关键议题，展示了独立招募激进人士的号召力和独立达成特定目标的动员力。事实上，在欧洲新左派内部发展壮大的女性主义不仅成功维护了自身的合法性，而且促使其自身的议题提上新左派组织的议程，最终比新左派还长盛不衰。

然而，尽管女性主义运动具有自主性，却不可避免地受到使其成长的政治环境的影响。从 20 世纪 60 年代女性主义复兴之始，到 20 年之后的所谓沉寂期（尽管并未完全沦落至此），各种环境的转变有利于女性主义运动形式和目的的改变。但在部分国家，如美国，女性主义运动导致独立利益集团联合网络和游说组织的形成，其他国家——如瑞典和挪威——的女性主义者则在政党和国家机构中担任要职。在另一些国家，女性主义者与官方政治机构的联系并不充分，或是侧重于草根组织（比如英国），或是侧重于文化项目的发展。[13] 在诸如制度性宗教或武装势力这些看似不太可能引发女性主义运动的地方，“不惹眼的运动”有时打着女性主义的名号，促进女性利益的发展。[14] 在明显的颓势之中，当代女性主义既产生了巨大变化，也见证了多次落幕。

何为女性主义？

如何定义不久前曾在西方蓬勃发展，如今在众多地区仍旧活跃的女性主义？如何阐释女性主义与特定女性主义运动的关系？这些问题的答案五花八门，因为在当代世界，女性主义在不同的背景中具有不同的含义。在词典的解释中，女性主义在话语建构上是“有关政治、经济、社会方面男女平等的理论”[15]，在组织构架上是“消除歧视女性的各种限制”的相关运动，但是没有哪个单独的定义足以帮助人们参透当代女性主义政治的复杂形势。女性主义并非一个可以通过权威确定其属性的实质性术语，如果这个名词所指之现象存在一个共同的核心，那么“女性主义”就表示历史上一系列不断变化的有关女性主体之构成与赋权的理论。[16]

从这个角度看，何为女性主义是一个历史问题，而非定义上的问题。追溯其发展过程需要穿越过去几十年混乱的冲突——女性主义的解释者在此期间互相争论，因为有关女性主义界限的问题已经由女性主义运动本身进行了持续的争论。在这么做的时候，我们不可避免会将身份认同与归因等复杂问题简单化。

痛苦的个人经历证实了把女性主义当作标签的所有权冲突确实存在。比如，一位加拿大作家叙述了女性主义者在一场运动中被要求亮明身份的某个瞬间。其他年龄稍大的参加者，更青睐“传统的”女性组织，而非时下的运动。她在这些参加者之中举起手表明身份，却只招来其他人带有轻蔑的敌意。[17] 在这场资历竞争中，胜利的一方将赢得定义女性主义的权力。

女性主义定义之争存在派别之分，但这种区分并没有因为女性主义者所主张的政治观念的不同而固化为不同的身份认同。女性主义定义的性质不断改变，实际上揭示了女性主义身份认同的转变。以意大利为例，20 世纪 60 年代和 70 年代的早期女性主义联合组织，专门对既有女性组织的网络进行抨击。其批评指出"解放文化"的缺乏，因为意大利女性主义的自身定义与西方女性主义的核心观念（即女性完全实现现有权利，就可以保障自身的平等地位）相对立。[18] 与传统的女性组织相比，意大利女性主义并不是关注社会福利或鼓励保障女性身为母亲、妻子、工人之权利的改良派。打个比方，在 20 世纪 70 年代，意大利女性主义信徒应该会抵制美国女性主义复兴中的主角——全国妇女组织（NOW）。

与 NOW 相当的意大利女性联盟（Unione Donne Italiane，UDI）也不会希望受到女性主义组织的审评。[19] 与左派主要政党有着密切联系的 UDI，谨慎地游走在共产党、社会党的女性派别（它们往往试图指定联盟中的职务）与 UDI 自身的独立正式选民之间。在 20 世纪 70 年代早期，传统左派政党，尤其是共产党，发现女性主义中存在着象征新左派的极端主义，而意大利女性主义运动深植于新左派。[20]UDI 自身的许多选民对女性主义标签十分警惕。

而到了 20 世纪 70 年代末，UDI 解散其官僚体系，选择推行"无结构"或最低程度的松散结构体系，通过这种方式宣告了对自己曾经反对过的女性主义的认同。彼时，女性主义运动的边界已经开始模糊。在 80 年代中期，一位 70 年代女性主义领袖担任了 UDI 所属杂志的编辑，象征性地陈述过去 10 年的转变。旧有组织与之前的女权运动的界限已经不复存在。左派政党开始在官方论调中更频繁地提及女性主义。到 80 年代后期，意大利女性主义阵线已经发展到一定程度，囊括了 UDI 和主要左翼政党的许多女性积极分子。

如果传统女性组织偶尔发挥了划分女性主义摇摆边界的作用，那么激进观念也是如此。在 20 世纪 70 年代早期，"精神分析与政治"组织主张精神分析视角与社会批判的强力结合，其结果是产生了强调女性本质他者性的分析，这种分析引起了全世界的广泛共鸣。这一组织被很多人视为法国女性主义的核心，可它却拒绝了女性主义者的名号。"精神分析与政治"组织表示，女性主义本质上是改革派，是主张同化者，最终势必会接受男权所施加的条件。它自称是女性解放运动的唯一代表，为了维护其自封的头衔，不惜在法庭上反对其他（女性主义）团体。21

无独有偶，在 70 年代早期，“女性解放”这个术语也是一个标签，英格兰的活动家会与女性主义对话者保持距离。当时，两位领导者朱丽叶·米切尔（Juliet Mitchell）[1] 和安·奥克利（Ann Oakley）[2]——她们对女性状况的分析对多国的女性主义运动的发展至关重要，她们回忆道：“女性主义的起始阶段，即 60 年代的某个时段，的确存在激进的女性主义者和女性解放论者。”22 早期的激进女性主义者都赞同舒拉米斯·费尔斯通（Shulamith Firestone）这批人物的观点，她所著的《性的辩证法》（*The Dialectic of Sex*）认为，女性气质本质上是一种让女性天生就能团结一致的生理状况。所以女性主义必然会在女性自身的组织下，形成服务女性为目的的同盟，这都是因为她们属于同一性别。另一方面，正如米切尔在两部影响深远的著作中所述，女性解放论者并不接受激进女性主义者有关生理方面的主张。与此相反，她们基于社会角度解释女性状况，认为女性间的团结基于历史构筑，而非生理原因。但是最终，女性解放论者开始自称女性主义者，也成为他人眼中不折不扣的女性主义者。

即使女性主义者的定义已经发生转变，局外的观察者，以及众多女性主义者，仍欲区分激进女性主义、自由主义的女性主义、社会主义的女性主义，他们的判断依据是观察女性主义和女性主义运动是否与某一政治意识形态保持一致立场，以及在多大程度上依附于这一政治意识形态。从这一角度看，女性主义者之间的冲突不过是外部争论的翻版，所以根据传统政治用语，就可以区分各种思潮。因此，激进女性主义者谈及女性自主时，会让人联想到民族解放的反殖民主义运动；社会主义的女性主义者的阐述以阶级冲突和阶级矛盾为中心；激进派和社会主义者都呼吁重整社会秩序，自由主义的女性主义者却强调在多元化的政治社会框架内获得平等权利对女性的重要性。

这种区分激进派、自由派、社会主义者的方式将女性主义推向危险的境地，可能会使其成为主要政治冲突的附属品。但是，这一方式在作为分类策略时行

---

[1] 朱丽叶·米切尔（Juliet Mitchell，1940—），英国精神分析学家、社会主义女性主义者、作家。——译者注
[2] 安·奥克利（Ann Oakley，1944—），英国社会学家、女性主义者、作家。——译者注

之有效，因为它强调了女性主义运动与其试图寻求对话之政治形式的紧密联系程度。女性主义者陷入了两难，既想要脱离外部参照，将重心转移到内部关注点，又希望能在更广阔的世界中保持行动能力。她们在这种局面中确实找准了自身定位，既身处主流政治传统之内，又在主流政治传统之外。女性主义的实践与论述都反映了外部对话者的相对重要性，也促进了现有各种政治话语的发展。[23]

各大政治组织所主张的诉求之中对女性权利的容纳，如今对女性政治代表的正式关注，以及专门促进女性利益的倡议的制定，都确实标志着女性主义的政治影响力。可是，我们很难衡量当代女性主义最突出且具有争议的论点——女性主体之构成与赋权——所产生的影响。

重构女性与解构女性

波伏娃在《第二性》的开篇就抛出堪称经典的质询："但首先，我们必须发问：女人是什么？"[24] 当代女性主义者对此问题的回答，以及探讨此问题的方法，产生了本质的分歧。[25] 这是一个女性主义者持续回顾的问题。女性主义者在肯定女人首先是一种政治身份的同时，也从本质上质疑这一身份，他们试图建构女人，也想要解构女人。由于当代西方女性主义的核心存在一贯的焦虑情绪，具体体现在"女权思想和女权行动之中不断形成的分歧，一方面需要建立'女人'的身份认同，并赋予其稳固的政治意义，另一方面却又要打碎'女人'的范畴，并推倒其过于稳固的历史"。[26] 所以，当代女权运动围绕两个对应点展开：一是肯定性别差异是基本存在原则，因此也是基本政治原则；二是否定性别差异是社会（及存在）差异的合法根据。

常有人认为，西方当代女权运动是在应对性别权力的过程中，作为一种社会实践的组织类别而产生的。20 世纪 60 年代和 70 年代的年轻女性在女性主义复兴中团结起来，因为她们虽然浸淫在自由主义和平等主义的思想之中，却在性别极大地决定了生活机会的社会中面临着固有的不平等现状。[27] 她们挑战将女性降位于"合适位置"的观念，试图把女性从性别禁锢中解放出来。如今，女性主义主张女性的平等权利，其具体目标是建立一个性别中立的世界。

然而，这种诠释仅为当代女性主义思想的一个流派留有发挥的空间，从而排斥了"差异女性主义"，这种女性主义探讨女性的"他者性"，并持续将女性有别于男性的特质作为中心关注点。这一立场明确反对贬低女性特质，也反对将女性纳入由当代社会秩序所编织的男性存在方式之中。意大利某一女性主义联合组织的成员们在1967年时写道，女人在有两条路可选：变得“男性化”（因为她刚获得的社会权利似乎预示了这一点），或是倒退回已然“毫无价值又不合时宜”的角色。“女性特质”似乎越发丧失其社会价值与社会意义，但是“男性化”却只会让女性与周遭的环境更为疏离。[28] 从这一角度看，女性在复兴女性特质的过程中饱受丧失女性主义所认同的身份之苦。而女性主义的批判针对的并非性别的差异性，而是这种差异性的陈旧过时。

通常认为，上述两种观点在有关女性主义运动的起因与特点的“平等与差异”之争中完全对立。在这场争论中，两大阵营并未局限于女性主义的成因，各自都对女性主义的本质有着细致的理解。“平等主义者”认为，尽管女性主义处处都与性别相互关联，但女性主义超越了性别；“差异性的捍卫者”认为，女性主义倾向于重新认可性别的存在，这是由女性身份遭到否认引起的。可是，平等与差异的对立并不成立。正如琼·斯科特所述，平等真正的反义词是不公，而非差异；差异的反义词是同一，而非平等。[29] 无论从历史角度，还是从近来的视角来看，女性主义者都借与男性的同一性或差异性之名，要求获得平等权利和特殊权利。

不管是差异性与不平等，还是同一性与平等，都不存在简单的对称关系。19 世纪及 20 世纪早期的英格兰和美国妇女参政论者经常借助女性特质的优点，支持自己的政治诉求，即借性别差异之名寻求政治平等。在 20 世纪 70 年代和 80 年代，美国女性主义者在为《平等权利修正案》助力的运动（这场运动以失败告终）中承认，女性和男性之间存在基本的相似之处。[30]19 世纪至今，为女性争取诸如产假和保护性立法等特殊权利之人，一直都利用女性所特有的生育能力，要求免除“正常的”就业之艰。[31] 最后，要求采取“平权行动”（affirmative action，指在教育领域或劳动力市场的补偿性待遇）之人在赞成特殊补偿的同时，将女性和男性的同一性作为前提。

对女性权利的普遍支持并不一定源于相同的预设。性征是否为任一性别身份立足的身体基础，或正好相反，性别是否必然根植于性征（带有性征的身体是不是天生注定的，或者，身体特性是否由性别化过程引起），这些都是当代女性主义所凸显的问题。[32] 女性主义者将性征剥离于性别，并使其政治化，一方面将女人从根本上假定为一种政治身份，另一方面又将女性主义定义为一个受保护的政治空间，人们可以在其中详细阐释对女性的解构与重构。特别是在当代女性主义运动的第一阶段，这种在承认客观事实（将性征作为政治身份的首要评判标准）与反复质疑（对性别差异的不断诘难）之间的摇摆态度，引起了对整合“女性状况”的协调因素的探寻。而后，有关女性间差异与分歧的问题越来越突出。但是，正如一位理论家和当代运动领导者所说，在运动的早期阶段，对于各个组织中的女性来说，主要问题在于，女性在“无穷的多样性和单一的相似性”中所受的压迫。33

分离与差异的实践

可是，如何才能使多样性和单一性得到调解？在何种意义上，女性才能被认为形成了统一的团体，更遑论一致的主体？有人采用当时在左派中占据主导地位的词汇，选择了带有阶级色彩的语言。美国的“红袜子”（Redstockings）[1] 组织在其宣言中写道：“女人是受压迫阶级。我们所受的压迫是全方位的，生活中的方方面面都受其影响。”34 也有人借鉴反殖民主义与反种族主义斗争，认为女性形成了一个阶级，其地位继承而来，不可改变，从而受困于这一制度之中。他们还创造专门的术语——使人想起女性的“他者性”，或性征的差异性，或性别的相关性——以阐释女性身份的共通性。爱莲·西苏曾写道：“如今，女性从边远地带，从历史常态中归来：从‘乌有之处’，从女巫尚存之荒野；从尘世之下，从超越‘文化’之所。”35“女性起义”（Rivolta Femminile）[2] 组织在其首次重大公开声明中宣称：“差异是一种存在的准则，它与诸多问题有关，包括人类存在的方式、个人经历的独特性、个人的目标，以及一个人在既定环境与其所向往的环境中的存在感。女性与男性之间的差异是人类的基本差异。”36

女性主义者通过各种途径努力阐释女性共通性的本质，系统性地且坚持不

[1] 即红袜子女性解放运动（Redstockings of the Women's Liberation Movement），于 1969 年 1 月创立于纽约的激进女性主义团体。“红袜子”一名源于“蓝袜子”（bluestocking），后者被用来贬低前几个世纪的女性主义知识分子，而“红袜子”之“红”则代表其与革命左派的联系。——译者注

[2] “女性起义”，1970 年成立于罗马，首个仅限女性参加的女性主义团体。——译者注

懈地打破界定了“个人”或“私人”领域与“政治”或“公共”领域之间的传统区分。“个人即政治”这一著名标语宣告，女性主义者不乐见于丈夫在婚姻中的特权或性暴力这类问题被局限在个人道德的细枝末节之中，因而处于政治讨论乃至公共讨论的范畴之外。但是，对于重构女性自身的女性主义者来说，“个人即政治”显得十分重要。换句话说，个人代表了一种政治策略，也意味着一种政治空间。

对女性主体的独特性和重构的关注由女性主义运动发起，令人惊讶的是，类似的情况出现在众多国家。分离和差异的实践——包含其要素的改良形式在一场接一场的运动中一再出现——在致力于重构女性的主体性并推动女性赋权进程的同时，致使众多女性与所处的环境格格不入。

分离与自主 [37]

并非所有的女性主义者都赞同分离主义（separatism）。相反，激烈的冲突恰好集中于女性主义被界定为唯女性运动的程度。尽管对此存有异议，但将男性排除在大多数活动之外常常成为基本的组织原则，这在某种程度上是出于确立并捍卫女性自主权的需要。[38]

由于女性主义者坚持将获得自主权作为目标，并将分离主义作为达成目标的手段，外界时常称女性主义者在效仿第三世界的民族主义者和美国黑人民族主义者。[39] 这种类比表明了其中的重要性，即如今的女性主义者与他们的先辈一样，采用了两极化的方式来划清集体自我（collective self）与外界的界限：这是试图将女性建构为特定主体的关键步骤。

“意识提升”（Consciousness-Raising）[1]

与分离主义一样，“意识提升”也激发了女性主义者之间的分歧；但是，它是作为一种建构当代女性主义的基本手段出现的。[40]“意识提升”在 1966—1967 年发起于美国，用一位活跃人士的话说，其就像“‘牢骚会’小组”。它涉及“持续的意识拓展”，包括“个人认知与个人证词”，乃至“交叉盘问”（cross-examination），以及“共情并归纳个人证词”，分析“抗拒意识的典型

---

[1] 行动主义（activism）的形式之一，流行于 20 世纪 60 年代晚期的美国女性主义者之中。——译者注

体现”（“或如何避免面对糟糕的现实”）。“‘牢骚会’小组”还通过诸如分析某人的恐惧，“发展激进女性主义理论”等方式，来开展“阻断行动——战胜压迫和幻觉”。具体某个“意识提高者（组织者）的训练”遵循上述手段，如此，“被分到各个‘牢骚会’中的每位女性反过来也可以成为其他小组的组织者”。[41]

不是每场女性主义运动或个人组织都会使用“牢骚会”的用语开展“意识提升”活动。而且，偶有证实，“意识提升”仅是一系列手段之中的第一步，其深受精神分析理念及实践的影响，旨在提高自我认知并监测日常行为，并且建立在女性已经被剥夺“真实自我”的预设之上。女性被剥夺了积极的自我形象、认识自我价值的才能、追求自我利益的水平，但至少可以开始纠正这种根本上的“殖民”状况或“负面”状况，即便无法实现真正的主体性，也可以通过自我认识与自我重构方面的集体努力接近这一目标。

政治象征与政治语言

女性主义者发展出一系列积累了一定国际认可度的专门代号。例如，纵观西欧和北美，女性的传统象征脱离了生物科学家的专属领域，转变为显示女性团结与力量的符号。在欧洲，游行示威的女性主义者用象征女阴的手势，代替左翼激进派攥紧的拳头，后者至今仍是表示女性独立于男性政治、强调女性权力的另一种方式。[42]

为了与女性主义对女性状况的分析相一致，几年后就出现了充满政治寓意的措辞。“姐妹情谊”用于表示女性主义团结一致的力量（和类似基因遗传的根源）。其他关键性术语，如“父权制”，则代表男性统治和女性压抑无所不在，并证明了女性反抗的合理性。这种语言巩固了运动的纽带。但是，女性主义的代号不仅加强了内在凝聚力与外在差异性；还传达了特殊的含义，系统地强调了女性的共通性和脱离于男性的独立性。

团结与自助

一位荷兰女性主义者曾写道：“女性主义在社会化表现上令人印象深刻。”[43]在设立保健门诊、强奸应急中心、女性支持中心，或是为女性创造更具普遍性的独立会面空间（餐厅、书店、讨论会、研究团体），并在具体方面促进女性的社会交往（聚会、晚宴、假期、共同的日常安排）的过程中，女性主义者似乎正在实现女性团结的宏愿。

在多个国家女性主义运动的重要部门中，女性之间关系的首要地位逐渐意味着以女性为中心的性关系和女性优先的社会纽带。一位美国女性主义者在1969 年写道："女同性恋者摆脱了对男性在爱、性、金钱上的依赖。"[44]10 年后，莫妮克·维蒂格更为清晰地重申了已经重申多次的立场："女同性恋社会没有建立在对女性的压迫之上。""而且，我们的目的不是让女同性恋消失——它为我们提供了生存的仅有社会形式；而是消灭异性恋——这一建立在压迫女性之上的政治体制。"[45]

可是，女性主义者不受女同性恋政治策略的影响，强调女性独立于男性社会。例如，自助团体不仅学会为女性进行例行妇科检查，还会施行堕胎手术，还有些团体成立了保护受虐待妻子的场所。支持女性网络的系统性升级预示着（或至少暗示着）女性社群的重生，以及随之而来的女性社会主体的重构。

女性主义学术与女性研究

女性主义几乎给每个西方国家都带来了学术的爆炸性繁荣，而有关女性主义的学术研究几乎触及每个学科，并得到了快速发展，还获得了正式学术机构的支持。一位评论家曾指出："女性主义思想普遍介入、散布、融合在当代文化生活的各个方面。"[46] 女性主义学术研究逐渐积累了大量主题，无法被系统性概括。但是，早年的新女性主义运动凸显在以下三个方面：关注女性历史的重构；注重能够整合不同环境中的女性状况的参照坐标；有关性别角色和性别认同之差异性的起源与影响的激烈争论。[47]

女性主义者先是努力让"在男性历史中遭到删除"——正如各种著名文本的标题所示——的女性故事展现在公众面前，而后试图对"女性历史"（herstory）进行局部叙述，最终转向对历史进行整体重写。[48] 女性主义历史学家通过这种方式，恢复了女性运动的经验和女性日常生活的经验：从所谓的历史所有权战争的角度看，对女性主义先驱的探寻促进了对女性主义传统的塑造。[49]

对女性历史的"发现"，融合了对女性境况和性别差异之重要性的阐释，从而得以定义女性主体并使其合法化：确立为女性提供彼此认同之依据的共性，建构性别记忆，提供——如亚马孙人（Amazones）或母系社会的故事——

或许能指引当下和未来的“创始神话”元素。[50]

女性自主运动

如果我们所称的“分离与差异之实践”是为了凸显女性主义建构（或重构）女性社会主体并为其赋权之再次尝试（尤其在早年间）的中心地位，那么差不多同时期在数个国家兴起的争取生育权和反对性暴力的运动，最能体现该实践。与个人权益相关的女性主义运动围绕众多紧迫问题展开：从女性所承受的家务劳动和职场劳动的“双重负担”到抚育子女的问题，从不公平的婚姻法到女性缺少技术、培训和工作机会。[51]但是，最常出现在女性主义议程中的是“身体政治”，而由于身体政治，各种问题逐渐被定义。其中最重要的问题就是堕胎和性暴力。[52]“波士顿女性健康丛书社”（the Boston Women’s Health Book Collective）有一本其广为流传的手册，名为《我们的身体，我们自己》（*Our Bodies*，*Ourselves*），宣称身体与主体性存在着密不可分的联系。[53]简言之，被剥夺身体就是被剥夺自我。而要夺回自我，就必须夺回身体。

因此，性是夺回自我的关键之处。凯特·米利特（Kate Millet）在写信给让·热内（Jean Genet）时讲道：“在我们的问题之中，性居于核心地位……除非我们消除压迫制度中最恶劣的部分，除非我们进入性别政治及其对权力和暴力之狂热的中心，我们为解放付出的一切努力才能在原始的混沌中再次获得回报。”[54]女性主义的文本层出不穷，形式多样，都阐明了基本立场：父权制通过将女性的性行为与生育功能绑定在一起，并确保男性对女性的后代的控制权，剥夺了女性了解自身欢愉的可能性。正如一份著名的传单所述，父权制强行推广了“阴道高潮的谬见”。[55]1967年，意大利女性主义者呼吁女性“摆脱男性强加于她们的性奴隶状态”。1970年，杰梅茵·格里尔（Germaine Greer）公开批判“女太监”。[56]《我们的身体，我们自己》则包含了有关性自主问题的教育性章节；一个组织则声明：“我们不再认为性冷淡是值得尊敬的选择。”[57]20世纪70年代早期的一位荷兰女性主义者痛斥道：“我们都疯了。我们都是傻子。”她还细述道，在某场女性会议中所做的民调显示，“在场的四分之三女性在某些时候会假装高潮”。[58]

许多女性主义者认为，女性性行为要挣脱男性的控制，争取节育和堕胎自由尤为必要。荷兰女性主义团体“疯狂的米娜”（Dolle Mina）在 1970 年宣称“做自己肚子的主人”，与此同时，其成员使这一思想渗透到妇科医生之中，还掀起衣服展示写在腹部上的口号。[59] 一位意大利女性主义者称：“讨论堕胎就是在质疑我们的性行为，因为我们至今仍受家庭之苦，仍在扮演母亲和妻子这种遭受剥削的角色。”[60] 对此类观点的反对声不仅来自保守派，还有担心堕胎（及其自由化）会加强男性特权的女性主义者：“女人们扪心自问一下：我怀孕是为了让谁高兴？我堕胎又是为了让谁高兴？解放的种子包含在这些问题之中：设想一下，女性不再认同男性，也鼓起勇气不再保持沉默，这种沉默曾将对女性的殖民变得冠冕堂皇。”[61] 然而，纵观西欧和北美，女性主义者都在努力推动堕胎自由化立法，并为其进行辩护。法国、意大利、德国、荷兰、美国、英国、西班牙都经历了声势浩大的运动。[62] 这些运动带着挑衅态度承认了有名望女性和医生的罪责，并且进行自我认罪和惩戒性审判，以及在提供并推广堕胎手段的自助团体中所产生的“草根违法行为”。这类运动还在提供堕胎服务的实际操作层面，增强了女性主义者之间的国际合作程度，而这类堕胎服务正是在各类全国性运动中发展形成的。

1971 年，375 名相对有名的联邦德国女性在《亮点》（*Stern*）[1] 杂志所刊登的一篇文章中声明，她们故意进行了人工流产。这份声明催动了一场遍及全国的运动，最终呈现在公众面前的是一场要求废除现行限制性立法的请愿，一份含有 86500 个签名的支持声明，以及 3000 份呈递给联邦司法部的自我起诉书。[63] 这场运动最终致使法律得以修订，并在 1974 年获准通过，以保障女性在怀孕前 3 个月内能够自行决定是否堕胎。然而，一年之后，宪法法院宣布该法律有悖于保护生命的宗旨，迫使联邦议院通过更为严苛的限制性法律以划定合法堕胎的范围。[64]

在德国女性承认自我“罪行”的同年，343 名法国女性签署了一份承认进行过堕胎的宣言。[65]（两年之后，345 名医生效仿她们的声明，承认为他人施行过堕胎手术。）1972 年，对 16 岁少女米歇尔·舍瓦利耶（Michèle Chevalier）的审讯成为轰动一时的诉讼案（她声称遭到同学的强奸，这位同学而后又检举

---

[1] 德国著名新闻周刊，创刊于 1948 年。——译者注

她进行了非法堕胎）。舍瓦利耶在辩护律师吉赛尔·艾里米（Gisele Halimi）[1] 的努力下，最终被宣判无罪，后者曾创立“选择”（Choisir）社团，意在为 343 名堕胎声明签署人进行辩护。与此同时，这场围绕堕胎展开的运动持续发酵。堕胎与避孕自由运动（Mouvement pour la Liberalization de l'Avortement et de la Contraception，MLAC）开设了数个非法堕胎诊所。1975 年，堕胎在法国合法化，如果获得医疗批准，允许 10 周孕期内的女性进行堕胎。[66]

堕胎运动时常伴随着反对性暴力（或是与受虐待的妻子有关，或是与强奸受害者有关，抑或是两者皆相关）的运动。[67]1972 年，埃琳·派齐（Erin Pizzey）建立了英国第一个受虐待妻子庇护所。[68] 到 1980 年，99 个英国团体建立了 200 个庇护所，并加入了全国性组织女性援助联盟（Women's Aid Federation）。英国女性主义者在帮助受虐待妻子的同时，还创建了强奸应急中心：第一家于 1976 年在伦敦开设；5 年之后已有 16 家，并开通数个强奸危机电话热线。[69]

由英国率先提出的问题在整个西欧和北美引起了反响。1976 年 3 月 8 日，正值庆祝国际妇女节之时，国际危害妇女刑事法庭（International Tribunal of Crimes against Women）在布鲁塞尔召开会议。[70] 来自 40 多个国家的 2000 多位女性公开提出大量有关性虐待的问题——从阴蒂切除术到乱伦。但是，强奸问题尤为突出。会议组织者关注其政治含义，曾总结道：“强奸显然是部分男性所使用的恐怖主义手段，但却使所有男性控制女性的权力得以延续。”[71] 换句话说，从政治视角上解读，强奸象征着对女性的征服。女性联合起来反对强奸——以及反对与强奸受害者相关的法律和法学中所包含的对女性的侮辱——动员大家夺回自己的身体，也即夺回自我。

女性主义者通过女性自主运动所重构和夺回的女性主体，很快就显出其脆弱的一面。作为单一主体的“女人”正在遭到系统性的破坏，因为女性主义者不断质疑这一主体的本质，认为“躯体”并非“天生”，不仅强调女性与男性的差异性，还强调两者的相似性，乃至同一性。[72] 当女性主义的关注点从使女性互相团结的共通性，转向使女性产生分离的差异性之时，女性身份不可分割的观念遭到强烈的质疑。到 20 世纪 70 年代，意大利女性主义者出版杂志《差异》

---

[1]　吉赛尔·艾里米（Gisèle Halimi，1927—2020），突尼斯裔法国律师、女性主义者、评论家。——译者注

（*Differences*），专门致力于探讨各种组织之间的区别与分歧。[73] 当第三世界的女性指控西方白人女性拥有帝国主义思想和殖民主义倾向时，女性主体的多样性（以及女性主义的多元化）问题变得尤为尖锐。

西方女性主义者自诩为第三世界女性发声（尽管第三世界女性自成一体），其中（所暗含）的殖民主义思想，在联合国"女性十年"的 5 周年纪念会议中引发了争论。但是，这一问题在美国的女性主义者之中已经引起严重分裂，因为黑人女性发现她们遭到白人女性与其所支持的女性主义的极度疏远。某位黑人女性主义者如此形容黑人女性对女性主义的普遍反应："许多黑人女性会说……女性主义属于白人女性，她们创造女性主义时，将其作为一种仅考虑她们自身的分析方式。所以，我们不应该卷入其中。"[74]

詹卓·莫汉蒂（Chandra Mohanty）认为，西方女性主义论述中所固有的殖民主义基于女性通常会组成同质性团体的预设。"用父权制或男权的跨文化单一整体观念分析'性别差异'，构建了一种简化的、同质化的观念，我将其称为'第三世界差异'——这种稳固、非历史的观念显然对这些国家中的大部分女性造成了压迫……正是在有关第三世界女性所受的压迫进行同质化、系统化的过程中，权力才得以施加在西方女性主义的论述之中，而这种权力需要进行定义和命名。"[75] 但是，即便当代女性主义努力克服女性主体的分歧与分裂，它也还是彰显出了女性的共通性（或者说女性共享了一种牢固的集体认同）的空想特质。这种矛盾心理的影响延续至今，女性主义者虽然觉得不安，但还是坚持转向女性自我多元化的问题。

第十八章　魁北克：从女性特质到女性主义

约兰德·科恩（Yolande Cohen）

20 世纪 70 年代和 80 年代的女性主义者所面临的关键问题，在于如何代表在政治领域遭到边缘化或排斥的团体。有关这一问题的政治讨论跨越了各个学科，旨在复兴我们的民主思想，并阐释曾经遭人忽视的各种社团形式。20 世纪 70 年代的关注重点落于倒转个人福利－公共服务范式；自此以后，女性主义者开始探索各种新方法，这些方法都在公共与私人、社会与政治、市民社会与国家的互相作用下展开。

在探索新方法的背景之下，观察维系民族主义女性团体与教会和国家的纽带，就可得知自 19、20 世纪之交以来西方世界常见的众多行为方式。女性在政治和宗教机构的援助下所创办的自发性社团，证明了扩大女性私人领域至社会、政治领域的决心。这一决心的部分结果显现在某些女性所特有的使命感及其专业性联合组织上。在广阔的就业市场中，形成了适合女性的职位：护理工作就是最典型的例子。[1] 但是，争议围绕着“女性的使命感”展开：部分批评家将女性的职业鄙视为职场贫民区，准确说就是低薪且遭到轻视的职业，因为这些是女性专属的工作。女性再次被降级，被赶回自己的领域。那么，在何种程度上才应将女性职业这一“飞地”视为女性曾经的个人角色的扩充？

这些问题反映了意识形态上的假定，即父权社会通过强加女性特质的框架，并将她们降级至女性领域，以完成对女性的压迫。如果说，对女性角色产生深刻影响的女性特质理论成见在 19 世纪建构完成，[2] 那么它直到 20 世纪才广泛起效。[3] 人们无法预知致使某些女性团体接受这一框架的过程，因为政客不会按常理出牌，而女性主义者的抵制亦尽人皆知。所以，我们在不对她们所认为的异化或解放作预判的情况下，必须寻找能够解释 20 世纪女性团体欣然接受这种特有的自我呈现的历史因素。女性职业具有极为重要的社会意义：它是女性构建社会、政治的个人认同的核心。魁北克与其他地方一样，女性团体与民族运动的相互作用对女性历史产生了重要影响。有关此类相互作用的研究，的确使人们对民族主义历史有了全新理解。

法裔加拿大人的民族主义出现在 19、20 世纪之交，它计划使女性融入新民族实体，这也正是民族主义运动所设立的目标。民族主义的拥护者亨利・巴比塞、莱昂内尔・格霍（Lionel Groulx）[1]、圣若翰洗者全国联合会（Fédération nationale Saint-Jean-Baptiste）[2] 等不断鼓动女性加入这场运动。4 女性作为信仰和法语的守护者，被寄予希望保护、推广受到现代化威胁的民族遗产。与此同时，女性组织在民族主义发展的过程中看到了能使自我角色获得广泛认可的机会。民族主义和女性主义相互滋养，共同建立了新的公共空间：法裔加拿大人不再是一个仅与天主教相关的身份。由此，两场运动促进了魁北克的“去宗教化”（deconfessionalization）进程，而直到 20 世纪 60 年代早期，寂静革命（Quiet Revolution）[3] “去宗教化”才得以完成。女性在民族的形成中发挥了决定性作用，她们不仅保护了民族价值，还传播了世俗观念以促进现代社会制度的诞生。这种阐释基于大量的证据，特别是基于对魁北克最大的女性联合组织之一“农妇圈”（Cercles de Fermieres）的详细研究。这个组织的历史反映了魁北克社会的重大转变，而它正好都参与其中。

我们可以就此引用一些统计数据，论证女性雇佣劳动者的暴增和生育率的骤降。19、20 世纪之交时，魁北克的生育率与 18 世纪趋平，与邻省安大略和美国各州形成了鲜明对比。1897 年之前出生的信奉天主教的乡村家庭主妇，人均生育 8.3 个孩子。因为极其重视家庭，法裔加拿大女性名声在外。虽然生育率持续下降（1915 年前后出生的女性人均生育 4.3 个孩子），但与邻近地区相比，仍旧维持在相对高的水平。直到 20 世纪 70 年代，魁北克的生育率才开始锐减，直至成为全世界生育率最低的地区之一：仅有 1.45，而法国为 1.81，美国为 1.75，

---

[1] 莱昂内尔・格霍（Lionel Groulx，1878 年 1 月 13 日—1967 年 5 月 23 日），加拿大天主教神父、历史学家、魁北克民族主义者。——译者注

[2] 成立于 1907 年的女性组织联合会，独立于圣若翰洗者会。——译者注

[3] 加拿大魁北克省在 20 世纪 60 年代的一段社会政治、社会文化改革时期。——译者注

安大略则为 1.58。

出生率骤降不能只被解读为女性解放的结果。其他相关因素包括：职业已婚女性的增多，可供女性选择的高薪、高价值工作的增加，以及社会价值观的重要转变。统计数据给出了当下情况的粗略概观。19、20 世纪之交时，大部分职业女性未婚。但是，二战后，众多接受过教育的城市女性在婚后继续工作。在工业化的早期阶段，大多数女性工人集中在纺织业、服装制造业、橡胶工业和家政服务业（1881 年，大约有 6000 名女性在蒙特利尔做佣人，占整个城市女性人口的 7.9%）。然而，在 20 世纪 60 年代，女性开始在其他行业中寻找工作机会。职业女性的人数在 20 年内翻了将近一番，从 1960 年的 26.5% 增长到 1983 年的 48%，所从事的职业种类也比以前更多样。

上述数据很难反映出一个社会的混乱状态，天主教徒与讲法语者是多数，他们即便没有感到遭受讲英语的少数加拿大人的迫害，也会觉得遭受了威胁。魁北克的城市化和工业化被视为“寂静革命”的一部分，是本省为摆脱历史“落后状态”所做出的努力。但是这种概述掩盖了大量历史。比如，很难弄清楚具有右派特征的民族主义思想为何会被左派接纳。民族主义确实成为所谓进步势力的信条，以至于信奉民族主义的魁北克党人也带有社会民主主义思想。这些数据还不能解释西方最活跃的女性主义运动之一是如何在魁北克形成的。

在所有问题之中，最基本的是：这个社会为何能如此迅速地从传统天主教生活方式转变到现代的世俗消费型社会？很多研究都试图回答这一问题。最好不要一开始就假定存在一种发展的“正常”模式。[5] 有关魁北克所持续经历的巨大变革的研究之一，就是女性特质如何转变为女性主义。

传统女性与民族存续

对“农妇圈”所出版的两本杂志的研究表明，近年来的平等诉求与女性自 1915 年以来就一直提倡的改善自身生活之间存在着明显联系。[6] 两类情况都暗含了一种假定，即女性能在魁北克转变为一个民族的过程中发挥作用。这一信仰与认为男性角色和女性角色互补的进一步推论，都为一种现代主义平等思想奠定了基础。[7]

《农妇》（*La Bonne Fermière*）杂志于 1919 年创刊后，涌现出一批专门写给家庭主妇看的出版物。[8]《农妇》中所描述的女性“保证只关注自己的自然领地，这是乡村女性阶层的福祉”，是善举之源。[9] 此外，“女性的首要目标是履行特定的、与生俱来的传统职责，即有义务做孩子的母亲、守护者，做丈夫的妻子、合作者”。[10]

女性活动在社会经济组织中占据特殊的地位。虽然单身女性，尤其是未婚年长女性并不属于这一范畴，但是她们并未被免除每个女人必须履行的职责。她们在社区或教区这种大“家庭”中也能发挥作用。

这种论调完全根植于基督教信仰，带有布道的一切特征，而这种布道内化了，并转化为一系列行为准则。《农妇》的目标读者虽然是乡村女性，却与其他女性杂志持有很多类似的女性观念。[11] 两性的和谐共处被奉为典范，但它所占据的篇幅不多。这本杂志的终极目标是赋予女性使命感，其核心是家庭，其方法是自律，而参与“农妇圈”则是其回报。它在描述高尚的农妇生活的过程中，颂扬其读者在家中和“农妇圈”中所做的工作。一个女人与其家庭和乡村生活的纽带，与民族未来存在着经济、道德联系。诚然，这本杂志未能成功利用女人本性和女性领域的传统观念，但它增添了新的维度，即部分女性（可能是精英）通过习得某些技能，为她们的工作赋予了高贵的使命感。

真正的神秘主义体现在有关务农这一生活方式的文章之中。乡村生活是法裔加拿大人史诗的原始神话；它被认为拥有某种再生能力。在田间劳作让人远离城市的堕落和由城市所引发的宗教混杂、种族混居。务农是让男人亲近造物主，让女人亲近大自然的神圣职业。对法裔加拿大人来说，未来就是殖民创业历程的不断循环，乡村女性因此被视为爱国计划的最典型匠人。在乡村迁徙和农业转型时期，她们被要求在农业现代化过程中发挥积极作用，以保护这个民族。

多数城市女性比乡村女性活得更从容。城市生活的惬意其实相当糜烂：“女性解放的支持者太无耻了，他们只想要破坏幸福的家庭，让人们的灵魂离开家人，让妻子远离丈夫，让母亲远离孩子。他们口口声声说要改善社会，实际上却在毁坏社会大厦的根基。”[12] 宣称男女平等毫无道理，男性都是“守护天使——因为我们认为绅士才符合人道”。[13] 女性主义激进分子对家庭，对乡村社会的平衡都构成了威胁。《农妇》杂志借助传统的权威，以及延续了 20 个世纪之久的基督教的权力，对“梦想通过修改宪法实现俗世幸福”的女性主义者极尽讽刺。[14]

《农妇》的编辑在回击蒙特利尔各个女性组织支持女性投票权的过程中，采用了本质主义（essentialist）辩辞："真正解放女性的肯定不是给予她们完整的政治权利。与之相反，女性选民和当选为代表或省督的女性，将不得不牺牲她们今天所享有的作为家中女王的部分自由。"政治自由因此被刻画为对女性行为的一种限制，这本杂志的编辑认为，女性的使命就是母职。社会运动赞扬安分守己的女性，但是政治活动将她们带离了自己的领域，让她们堕落其中："她们有权成为政治激情的奴隶、政治意外的玩物、政治耻辱的受害者，获得这种虚幻的补偿。自诩智慧的女性们对这种解放有何感触？"15 简言之，编辑们怀疑赢得选举权是否能为女性带来人们所期望的解放。

女性主义历史学家确信争取女性参政权的斗争已经迎来新时代的曙光。由于《农妇》的编辑们持有这种观点，所以他们一般将这本杂志归为传统主义、保守主义立场。但他们一直不愿意将杂志的立场视作对民主的批判（这种批评行为在天主教盛行的地区和马克思主义左派内部都十分普遍）。这批历史学家简化了这本杂志的立场，认为其主张严格限制女性在公共空间的角色。杂志编辑让女性扮演家庭角色，否认她们拥有公开评论政治问题的权利，据说编辑还错误地认为女性"固有的"位置就在家中。这些历史学家认为，争取政治权利的少数开明女性属于改革派，而阅读这本杂志的乡村女性属于保守派。这段历史中真正的女杰是民族主义组织圣若翰洗者全国联合会中的坚定激进派，如玛丽·吉辛·拉茹瓦（Marie Gérin Lajoie）[1]、加洛林·贝克（Caroline Beique）[2]、特蕾丝·加斯格汉（Thérèse Casgrain）[3]，她们为扩大选举权而斗争。正是她们的努力，使传统社会取得进步。

而早期女性主义领袖从未质疑性别互补原则，并与"农妇圈"和其他众多女性组织都持有这种原则。16 部分历史学家谴责这一立场的矛盾之处，指责其将他们所认为的女性主义先锋孤立了起来。17 可是，真正的问题在于，这批历史学家正在将当下的观念投射到过去。当时的政治只与极少数精英，也就是一

---

[1] 玛丽·吉辛·拉茹瓦（Marie Gérin Lajoie，1867—1945），加拿大女性主义者，圣若翰洗者全国联合会的联合创始人。——译者注

[2] 加洛林·贝克（Caroline Beique，1852—1946），加拿大社会活动家、女性主义者，与玛丽·吉辛·拉茹瓦共同创立圣若翰洗者全国联合会。——译者注

[3] 特蕾丝·加斯格汉（Thérèse Casgrain，1896—1981），法裔加拿大女性主义者、改革者、政客。——译者注

小部分男性和女性息息相关。在法裔加拿大人的政治圈中，男性多于女性，但是比起参政，他们之中的绝大部分人都更愿意投入社会生活和教区生活中。这种魁北克特有的生活方式，是其相比于加拿大英语区和北美其他地区更落后的原因。用玛格丽特·米德（Margaret Mead）的话，也可以称其为“共演性政治”（co-figurative politics）。

严格来说，《农妇》的思想与在魁北克普遍流行的田园生活思想稍有不同。这本杂志拥有明确的反资本主义、反现代主义立场，这一立场与 20 世纪 30 年代许多民族主义运动的社团主义论述相近。与此同时，为了促进“农民阶层的社会经济发展”，这本杂志不仅提倡社会各阶级之间进行密切合作，还提议发展农业合作社。[18] 杂志编辑部的首要目标是使女性在家中工作的价值获得认可，并推动其成为真正的职业。这本杂志的编辑从未摒弃乡村社会的脆弱平衡所基于的原则。他们绝不想挑战互补性原则的思想基础。杂志捍卫法裔加拿大农民的成就，也极力主张给予乡村社会中的女性完整收益。

这种立场很快就被证明是不堪一击的，它还要分出精力来掩盖矛盾。最终，《农妇》杂志为新的月刊《乡村与家》（*Terre et Foyer*）取代。这份新杂志虽然还在表达对政治（和政治激情）的警惕，但却在公共领域的女性化方面更进了一步。[19]

《乡村与家》：合作与民族共同体

“农妇圈”在一个处于世俗化过程中的社会展开工作。虽然研究魁北克女性历史的学生通常都熟知女性主义者为赢得选举权、获取高等教育机会、削弱天主教权威等所做出的诸般努力，但是“农妇圈”与神职人员也产生过冲突之事却鲜为人知。主教们在 1944 年建立了与之对立的团体——女性天主教联盟（Union Catholique des Femmes）；“农妇圈”则发起了世俗化运动，但难以掌控其发展。尽管“农妇圈”仍在推广天主教高尚的女性理念，但对女性独立的肯定使其与天主教背道而驰。这个组织还时常介入劳务冲突，以爱国为由为其行动正名。

合作与团结起初被众多女性视为无私的女性美德。这些美德是家庭所需要的“社会凝聚力的源泉”，也是“商业所需要的道德凝聚力和基督教慈善的源泉”，还是“经济生活所需要的进步的源泉（如合作企业、信用合作社等等）”。[20]虽然合作始于家庭，却不局限于家庭。然而，合作有悖于支配了资本主义的趋利动机：“相反，合作企业会寻求开展创办这家企业的人所期望的业务。”[21]女性被鼓励生活在乡村之中，但是乡村世界的经济专制和道德专制已经被作为一种社会运作模式。

视社会为放大版家庭的观念，导致个人规范与群体规范趋于一致。伦理与政治，经济与社会，注定密不可分。这一综合体必定受到基督教思想的启发，身处其中的个人被吸纳到社群之中。基督教思想在乡村人文主义传统的充实下，转变为倡导合作的社群主义（communitarianism）思想。这类合作并非平等主义；相反，它基于个人利益对集体利益的服从：“让我们的孩子忘记自己，忠于家庭社群。”[22]

上述立场之所以逻辑说得通，是因为普遍存在的父权制、社群导向的家庭结构。这种家庭结构有助于实现两个紧密相关的目标：维系严密的等级制度，确保民族的存续。这一结构在有关性别角色和代际角色的互补性方面达成了共识——这种观念也是由此结构所建构。其整体思想体现在它所设定的女性角色上。《乡村与家》这本杂志忽视了公共与私人在现代的分裂，让女性，尤其是乡村女性成为公民文化（civic culture）的一分子。加布里埃尔·阿尔蒙德（Gabriel Almond）[1]和西德尼·维巴（Sidney Verba）[2]将这种文化描述为民主的源泉，亦是传统与现代性相结合的意想不到的暧昧产物。[23]这种文化既呼吁女性扮演永恒不变的角色，又以职业或使命的名义提示女性工作的重要性。这一立场中的固有歧义触及了各种矛盾：女性真的能抵御现代性，并毫不动摇地坚持自身的价值观念吗？

重新定义私人领域

曾几何时，人们认为女性“固有的”位置就在家中。“然而，现如今，概览一下周遭的情形都足以明白，‘家’在各个层面上都面临着现代生活的威胁：

[1] 加布里埃尔·阿尔蒙德（Gabriel Almond，1911—2002），美国政治学家，其著作在比较政治学、政治发展、政治文化领域具有开创性意义。——译者注

[2] 西德尼·维巴（Sidney Verba，1932—2019），美国政治学家、图书管理员、图书馆学家，与加布里埃尔·阿尔蒙德合著政治文化领域的第一部系统性研究著作《公民文化》（*The Civic Culture*）。——译者注

家庭正在消失。”女性是家庭瓦解的受害者，但是她们也对此负有责任。女性是“家庭的柱石”，她们必须明白“正是出门工作，上夜店，开车，外出看电影、吃饭，一点点破坏了家庭生活”。[24]她们必须避开种种诱惑，因为这些行为会对家庭和民族的稳定产生不利影响。“家由女性负责，就像工厂由男性负责一样。虽然战争及其余波造成了性别角色和性别属性的混乱，现实却终归如此：女性唯有在家中，以妻子和母亲的身份，才有一方天地。”[25]透过看似简单、不言自明、普遍的事实，这种观点做出的断言反映了一定程度的无序状态。事实上，这本杂志的编辑一直在质询：致力于公共利益是否足以保护女性身上的特有价值?

我们必须保持警惕，不能受到要求女性拥有良好行为的呼吁的误导。有关传统价值消亡的一切讨论不过是冗长的陈述，其主要目的在于保护某种女性理想，而非对其制定规范。随着这种讨论出现的，还有专家对诸如生育、教育、经济、政治等等问题提出了科学建议和道德训诫。例如，一群心理学家也赞成对“不断下降的出生率”进行声讨：“如果你不生孩子，那么你的民族就会衰落下去，最终一定会消亡。”[26]《乡村与家》的读者一直带着杂志的祝福履行自己的职责，尽管她们和自己的孩子都处于危险的境地：“我履行了神圣的职责。我生了 11 个孩子，有 8 个存活下来，另外 3 个夭折了，可能因为我在那时已经筋疲力尽了。”[27]在当时，牺牲自己即便算不上迂腐，也总归没什么吸引力，这本杂志重新用心理学为母职正名：“遵从全身心履行母职之呼吁的加拿大女性既不愚钝，也不低级。母职对女性的身体和精神必不可少。女性需要‘为世界做出贡献’。她们的心理平衡大都取决于此。在一定程度上，世界的和平也由此决定。”[28]

从讨论鼓励生育到讨论社会性母职的微妙转变表明，变革已然发生。编辑们希望，女性不会停止生育，她们的孩子是魁北克的希望，但是再也没有道德权威强迫女性进行连续的生育。女性已经成为独立的个体，是否想要在“身体和精神上”为世界做出贡献，取决于她们自己。归根结底，真正重要的是女性做母亲的能力，即抚育她们的孩子，并将健康的价值观念教给他们。这一最先到来的改变表明，这个角色的持久性才是关键。

承继之中的变革

传统女性的典范通过难以察觉的方式得到了改变。一般来说，这一改变分为两步。从 1920 到 1944 年，这一过程进入了有关农妇理想形象的最后润色阶段。比起描述理想形象，这一理念更接近于规定理想形象。它设想了农妇与其家庭的崭新联系，以及她们在“农妇圈”中新的公共角色。“农妇圈”虽然回避了政治，但是鼓励女性加入政治势力，实现共同目标。这个组织因此创立了不同于效忠家庭模式的新网络。在“农妇圈”的推动下所形成的新的团结形式，允许女性成为领导角色。部分女性不仅在其组织内部十分出名，还享誉全国。比如，尚普小姐（Mlle Champoux）作为一名教师在整个魁北克声名卓著，因为她在各个方面都能力出众，这让她获得了许多重要的奖励和荣誉。也有女性因为在当地的组织中表现积极而为人所知，尽管她们不一定是组织的领导者。最具曝光度的女性是在省层级当选的某些组织的工作人员，但是她们的知名度也不一定是最高的。值得一提的是，“农妇圈”的很多领导者是该组织前任领导者的女儿。比如，在“农妇圈”任职多年的省财务主管约兰德·加尔维（Yolande Calvé），就是“农妇圈”各地方分部创建者的女儿及外孙女。路易丝·黑蒙·加隆（Louisette Raymond Caron）、安托瓦内特·佩勒蒂埃（Antoinette Pelletier），以及前任省主席诺拉·于奥（Noella Huot）都拥有类似的背景。

现代化第二阶段的标志是发生在“农妇圈”之中和《乡村与家》背景之下的变革，即转向文化主题。变革之时正值二战，众多女性都为战争做出贡献，或成为志愿者，或成为专业技术人员。由于二战，公众对待公共生活中的女性的态度，发生了彻底的转变。《乡村与家》因为能够适应读者兴趣的多样性，证明了其对这些转变的敏锐度。考虑到人们从农村迁离，大量女性在工商业就业，虽然旧有的论调仍在，但已有所降低。这份杂志在适应各种变化的同时，考虑到了女性如今行使着更广泛的职责，还提倡在更广泛的领域为女性活动创造空间。尽管人们要求专家给出提议，但通常希望这些提议能符合既定原则。这份杂志在其中充当了重要的调解人。

女性对于她们所期望的民族，形成了自己的观念。法裔加拿大民族主义者支持变革，但也尊重传统，他们欢迎女性加入自己的行列。并非所有女性都乐于加入其中，但几乎没有女性对民族主义运动的号召漠不关心。城市精英阶层女性最早发现了这场视女性为孕育现代民族之母的运动所带来的好处。与此同时，乡村女性掌管了新扩张的社会服务业，由此使女性在家庭中的传统角色渗透到公共生活之中。所有团体不得不信服并接受男女角色互补的原则。各路杂志否决平等诉求，因为这些诉求很可能导致混乱局面，甚至是革命；所以，它们倡导所谓的“平衡”态势，尽管这一概念的定义为虑及在外工作的女性而稍有改动。杂志主笔们强调，互补性并不意味着女性对男性的服从；相反，它意味着对职责和势力的公平分配。两方自是泾渭分明。虽然这种分离使母亲兼家庭主妇的角色专业化成为必要（以至于部分评论家提出应为这些工作支付酬劳），但是这种分工也意味着，至少在 20 世纪上半叶，男性不愿意介入女性事务，反之亦然。正因如此，《农妇》杂志反对女性的选举权，并坚守非政治化立场，同时又坚持要求其读者具备专业素质。然而，这些杂志受迫于当下的必然趋势，特别是外出工作的女性增加，不得不同时服务于职业女性和母亲。

这种方向性转变的结果之一，就是女性杂志强调女性作为家居日用品及文化的消费者角色，以取代对母职使命的吹捧。对于乡村女性，这种转变来之不易。女性杂志的目标群体是坚信女性作为生产者和再生产者形象之人；这些杂志建议读者到高效益的行业工作，还要求国家提供培训和就业。而它们仍留出大量的版面刊登针对女性的广告——日用品、服饰及其他消费品。起初，广告建议栏会建议读者，在购买商品时要首先考虑是否省钱。可是 20 世纪 50 年代出现了新的广告形式，鼓励女性为了自身愉悦购买即将要用到的产品，换句话说，就是为了省去时间和烦恼，而不是金钱。新女性是消费者：这些聪明的顾客实际上完全融入了市场经济。

我选择的两份杂志都提升了女性的形象，使她们既具有传统的基本轮廓，又融入了现代的特质。比起杂志的内容本身，其对女性在社会中所处位置的重视更为重要。女性认识到她们自身的关注点，并为此付诸行动。各方对女性身份的共同认可，预示了 20 世纪 70 年代的女性主义诉求。然而，代际隔阂形成了，从观念分歧演变为完全对立。已经与过去决裂的女性主义者采取了魁北克民族主义在“寂静革命”后所坚守的“进步”姿态。然而，与其对立的派系则在平等和独立的观念中达成了共识。

共识的终结

20 世纪 60 年代初，魁北克打算摒弃保守的过往。“寂静革命”意欲彻底埋葬这个省份“因历史造成的落后”。70 年代的女性主义运动亦抛弃了稍带宗教倾向的保守派前辈（不包括妇女参政论者）。这种摒弃该作何解释？这段不得不掩盖的历史有何尴尬之处？

身份之危

前文提及的女性杂志所持有的保守主义立场，无疑与魁北克乡村社会的传统宗教观念有关。因为现代化意味着城市化，以及摒弃传统家庭价值观念，所以反对此类发展的女性杂志身处传统主义阵营。但是，经过深入了解才能发现，对于天主教关心乡村生活，或农学家有意将魁北克打造成欣欣向荣之地，抑或女性杂志努力界定女性角色的独特性，“保守主义”一词也许无法恰当地表达它们的真实特质。此类简化观点遭到了驳斥，因为新近的研究表明，各类乡村联盟反对政府[29]，而魁北克的合作运动由农业合作社率先发起。[30]但是，人们普遍认为，乡村论调沾染了浓烈的道德主义色彩。近年来，部分学者为教会辩护，因为它为维系遭受围困的农业社会的身份认同发挥了作用。[31]

在这种乡村社群中，女性的社会角色与家庭角色相互融合。大多数观察家承认，家庭和语言对法裔加拿大人的身份至关重要；特殊领地观念在近几年才成为这一身份的要素之一。乡村女性杂志刻画的女性，是母亲，是传统价值观的支持者，因此也是民族后代、民族认同的保障者。它们认为，乡村女性应该被视作加拿大法裔社会的发源地。民族主义者强调男女角色的互补性，并培植了女性主义的早期形式。如果我们抛开民族主义的陈词滥调不谈，那么民族主义的保守之处何在？事实上，这些杂志尽力地快速适应重大的变化，自发重视女性所关注的问题，这些都反映了它们对社会政治变革极其敏锐。

总而言之，在当时，这类女性杂志对其内容的重要方面作出修改，认为女性应该由于内在的天赋获得认可，即便是在工作之中也是如此。与此同时，女性主义与民族主义的联系也包含了诸多政治含义。这种情形有点类似于意大利和 1933 年之前的德国。[32]民族主义与女性主义的联结在构想民族雄心的过程中，定义了社会内部新的公共空间。这一新的政治联盟通常反对平等主义势力和社会主义势力。法国形成了一种稍显不同的政治格局：在第三共和国早期，女性主义有意与社会主义结盟，但是，这种企图毁于其主要领导者所主张的狭隘的平等主义目标，只吸引了少数女性（所谓的差异女性主义亦是如此）。相比之下，民族主义和女性主义的联盟对两方的选民都有利。也许，民族主义思想中女性主义部分的发展，或者是女性主义者参与了民族国家的建构，都是一场有影响力的女性运动兴起的必要条件。魁北克在这方面具有启发意义，同时也表明女性对某些重要的民族主义领袖施加了强大的影响力。

魁北克的民族雄心

“传统”女性主义直到 1970 年才随着魁北克民族主义运动的兴起成长起来。“农妇圈”、女性教育与社会活动协会（Association des Femmes pour l’Education et l’Action Sociale，AFEAS）[诞生于 1966 年，当年“家政圈”（Cercles d’Économie Domestique）与女性天主教联盟合并]、魁北克女性联合会（Fédération des Femmes du Québec）（成立于 20 世纪 70 年代早期）等组织在获得民族主义思想滋养的同时，也促进了其发展。它们赋予民族主义以普遍特点——男女的互补性——和市民社会的基础。但是，女性主义在 20 世纪 70 年代的爆炸式发展终结了女性主义和民族主义的联盟，导致参与其中的组织陷入了混乱。意识形态分歧和社会分裂的显露，迫使政客重新审视自己的立场：民族主义不再仅倾向于单一的保守主义，女性主义也不只是现代性的结果。

女性解放运动的影响遍及社会百态。一个女性世界自阴影中诞生：涌现出“意识提升”团体、女性保健组织，以及各种女性主义杂志，诸如《镐头》（*Têtes de pioche*）和发行量在 20 世纪 80 年代高达 10 万册的《玫瑰人生》（*La Vie en rose*）。女性组织联合起来，向遭受虐待的女性提供无偿法律援助；尽管其中的许多组织存在时间很短，但其有着长远影响。还有众多女性团体围绕免费堕胎展开活动。部分女性认为，她们被过度用药，并希望终止这种情况，另一部分女性则想要摆脱父权观念严重的医疗行业。与其他西方国家的女性一样，魁北克女性也想要掌控自己的命运。女性运动导致了大范围的社会变革。平等政策得到推行，女性有更多机会获得资历证明和工作职位。工会和政党争先设立“与女性处境相关的委员会”。

这一时期动荡的显著特点是进展速度之快，临时措施因此成就了永久性制度改革。女性事务部（Ministère de la Condition Féminine）及其下属机构就是很好的例子：该部门脱胎于咨询机构“女性地位委员会”（Conseil du Statut de la Femme）。女性团体很快凭借该委员会成为各类研究和行动的支持者，也成为资金来源和信息来源。该委员会最终转变为一个部门，国家机器中的一个齿轮，负责执行反对歧视的新法。这一切都发生在 10 年之内。在此期间，魁北克经历了重大的政治洗牌——这种政治重组在一定程度上是为了让政府能迅速顺应女性的诉求。在省级层面上，女性主义运动的影响力旨在促进民族主义事业，因为国家主权问题和平等问题是其重点。

追求独立之平等

在女性解放运动的助力之下，民族主义势力形成新的格局。联盟关系始于20世纪60年代早期。“现代性”是其最重要的口号，如今被解读为全民平等。得到某些女性主义团体支持的进步民族主义者在民调中获胜：1976年，女性主义者和民族主义者共同加入魁北克党人瑞内·勒维克（René Lévesque）[1]所组建的政府。在努力实现从加拿大联邦独立的过程中，勒维克遭遇了很多阻碍，他没有料想到某些群体会表示反对。1980年，魁北克就独立举行了公投。魁北克政府表示，女性群体的赞成票会让她们获得想要的平等地位。很多女性觉得受到女性事务部部长丽丝·帕耶特（Lise Payette）[2]的操控和愚弄，帕耶特轻慢地称家庭主妇为“伊薇特”[3]，据说，她还否认女性为建设民族所做出的贡献。以作为家庭主妇为傲的众多女性利用“伊薇特”反对部长。1万多人参加集会，表达对“伊薇特”的喜爱，也表达对魁北克党人将女性解放与魁北克独立捆绑起来观念的鄙视。

该事件激起了两方的潜在冲突：一方是将传统女性观念与传统民族观念结合起来的女性，另一方是认为唯有通过平等和独立才能实现民族解放和性别解放的女性（及男性）。对此，当然存在袒护性的解释。部分观察家很快就指出，保守主义势力——在此次事件中为自由党（Parti Libéral）——利用了“伊薇特”一事，并很可能在背后操纵。无论如何，女性在政界中突然拥有了迄今为止难以置信的重要地位。“伊薇特”们明智地利用媒体施加公共压力，为自己发声。但是，她们最重要的手段是提醒公众，她们在魁北克民族存继之中所发挥的作用，她们找准了新民族主义（neo-nationalism）政治结构中的弱点。“伊薇特”们是

[1]　瑞内·勒维克（René Lévesque，1922—1987），加拿大政客、记者，魁北克党创始人，1976年至1985年任职魁北克省长。——译者注

[2]　丽丝·帕耶特（Lise Payette，1931—201），加拿大女性主义者、记者、作家、政客。——译者注

[3]　伊薇特（Yvette）是常常出现在魁北克小学读物中的人物，她是一个温顺的小女孩，在家里帮助母亲操持家务，而她的兄弟在外闯荡。——译者注

炸毁魁北克党人实现政治主权计划的导火索。

这是一个对于民族主义事业代价极高的错误，自此之后，政治观察家们不太倾向于用党派观念看待女性问题。他们起初倾向于用女性群体对发生改变的恐惧感来解释公投失败，她们与不讲法语的民众结成松散的联盟，反对魁北克独立。可是，这种解释经不起推敲。要求人们参与投票的问题是否提得太过蹩脚？彻头彻尾的民族主义支持者是否低估了被他们归为传统主义者之人所完成的变革的重要性？他们是否过快地把平等和独立相等同，因此不愿意承认家庭主妇（及代表她们的团体）在确立魁北克民族认同中所发挥的作用？无论如何，所有政党自公投之后，对女性问题更为谨慎了。

在几年之内，女性团体得以改变政治进程。不仅各个政党必须关注这些团体，而且政界也被迫顺应有关市民社会本质的新观念。与其他运动一样，女性运动也成功将其观点施加给政客，并因此获得了影响力。

在拓宽女性公共角色的过程中，“农妇圈”这类团体有助于乡村社会某些方面的现代化，特别是乡村家庭。“农妇圈”试图认可女性作为农民和家庭主妇所做出的社会贡献，从而参与到争取自主权的过程之中，企图将社团主义规则施加给乡村女性。我们很难对这种做法进行归类，即便我们很容易认为“农妇圈”先是忠于教会，后又转向国家导向的民族主义。

这种低调的女性运动自觉地参与了世俗活动和社团主义活动，这类似于国家介入社会的现代形式。此类运动的起源与福利国家的发展密不可分，后者在魁北克、法国及其他工业化社会中迅速而有效地取代了教会的地位。虽然参加群体行动使女性具有了解放意识和合法性，但她们的努力所带来的意识形态和政治结果与原本的意图大相径庭。女性通过牺牲自己，才有望拯救人类：这种论调借鉴了基督教教义，很快就被定义为一种特有的女性理想。与此同时，这类女性团体与最具传统主义思想的法裔加拿大人民族主义者达成协议。家庭的捍卫者也是民族和语言的守护者，这些传统主义者公开承认女性作为家庭支柱，因此也作为“真正的”民族主义者的作用。

这批早期的女性团体仍然为当代女性主义创造了条件。虽然新团体可能会与旧团体争夺女性主义的冠名权，而且即便女性团体内部在某种程度上无法容忍政治分歧，这些组织还是引起了重大变革：正是它们，使女性事业在整个魁北克广为流传。这些组织达成了很多目标，女性在魁北克社会各个层面所发挥的作用，已经被视为魁北克文化的组成部分。

除此之外，从政治层面看，保守派并未从“农妇圈”活动或“伊薇特”事件之中获益。20 世纪的魁北克女性史呈现了另一幅现实画卷，这种现实深刻地根植于联合性的与集体性的传统。传统不仅有助于家庭的存继，还显著促进了女性间社会关系的强化。不论是在乡村组织或城市组织中，还是在志愿者团体、专业社团、政治团体中，女性形成了一种基于家庭愿景的社会愿景，其兼具了集体特征和保护性质。在这个意义上，与其说她们是保守主义者，不如说她们是民族主义者。女性是探讨基本问题的先驱，她们推动魁北克社会步入现代性，而我们如今才刚刚感受到现代性的影响。

女性主义在魁北克民族主义的现代化进程中发挥了积极作用，从而也产生了巨大的政治影响。尽管民族主义联盟如今陷于混乱，但它已经从女性主义的支持之中汲取了新的力量。魁北克是一个拥有远大理想的小社会，如今它的成功创举不仅是女性的丰碑，更是整个社会的丰碑。魁北克的成就是其进入所谓先进民族队列的入场券。

第十九章　繁衍与生物伦理学（Bioethics）

杰奎琳·科斯塔—拉斯库（Jacqueline Costa Lascoux）

当科学应用于人类、人类的身体，并触及人类祖先和后代的秘密之时，我们所有的伦理界标都遭到了质疑。人们的选择遵从于欲望和意志。个人、夫妇、哲学家、神学家接纳了不同的观念。要求法院对此类问题作出判断的呼声越来越高。一部分人谴责医生是“定制人类的生产者”，被授权“进行出于生殖目的的个体匹配工作”，并参与“人体商业化活动”。另一部分人则认为科学进步有望战胜不育和遗传性疾病。尽人皆知，近来生物技术的发展，使得人们需要对优生学和个人基本权利展开新的思考。

近年来的科学进步使一系列医疗辅助性生殖技术成为可能。[1] 不育的夫妇对这类技术抱有很大的希望，有时甚至是幻想。进一步的研究暗示，存在多种对生命繁衍进行医疗和生物介入的新方式，且留有充足的空间进行基因操作（genetic manipulation），它们大都令人吃惊。希望开始被焦虑所替代。

医疗辅助性生殖颠覆了价值观、信仰，以及曾经无可辩驳的观点。这种生殖方式切断了性与生殖的联系，怀孕与亲子关系的联系，生物亲子关系与情感纽带和养育纽带的联系。孩子在生物意义上的母亲，不一定与诞育孩子的母亲或养育孩子的母亲是同一个人。我们对于接受医疗辅助手段的母亲作何感想？对于身为科技产物的孩子呢？对于在生物意义上无法自称为父亲的社会意义上的父亲呢？亲属关系、代际联系，以及孩子拥有一父一母两位家长这种观念发生了什么变化？生物医学伦理问题开始对我们的个人观念和自由观念产生影响。[2] 我们看待男性和女性的思维方式取决于我们对上述重要问题的回答。[3]

人工授精，卵母细胞捐赠，体外受精（IVF），胚胎移植，代孕母亲，出于未来（或死后）植入考虑而冷冻胚胎，胚胎筛选和胚胎操作[4]——这些技术产生的影响过于广泛，超出了个人良知或医学伦理所能控制的范畴。引起人们注意的滥用现象，涉及大规模金钱往来和大量不平等现象的“人类生殖交易”，伦理准则缺席所造成的心理压力，这些现象使人们警惕人工生殖的后果。有人已经呼吁法院采取新的法律或措施。对于伴侣或个人想要孩子的愿望——即便谈不上权利——法律和生物伦理学已经进行了干预。构成这种愿望的深层次原因是什么？多元社会拥有大量来自传统社会的移民，文化冲突在其中时有产生：因为不育前去咨询专家的患者有时会明确表达对男性后代的渴望。

对众多国家的当前发展水平和思想争论、公认程序的情况进行对比分析，已经超过了本文的范畴。文献资料庞杂，观点相互对立，法律和判决先例千差万别。但是，还是可以在适当考虑国家、宗教、政治差异的情况下，对主要趋势做一番概述。[5]

生殖问题在各类学术研讨会、公共辩论、立法委员会、媒体中已经进行了广泛的讨论。民意测验和专家调研使本就纷呈的意见更为复杂。当前情势中最为显著的特征如下：第一，家庭制度受到选择性养育子女观念的动摇；第二，生育的各个层面已经与对孩子利益的保护联系起来。有些人对医疗辅助性孕产、父亲角色的消失、传统家庭的瓦解表达了过分的担忧。但是，伴侣的意义也许正在围绕孩子进行重塑，孩子如今被视作拥有完整权利的个体。若是如此，就需要重新审视其中每个角色的意义和家庭内部的劳动分工。

一种老生常谈

不育是一个由来已久的困扰。古时产生了各种旨在确保每个男人能够参与到生命繁衍之中的法律拟制（legal fiction），也鼓励科学家寻找各种治愈和缓解的疗法。与此同时，庸医和其他一些人抓准无孩夫妇的苦恼和欲望，大肆敛财。

1791 年，一位名叫亨特的英格兰医生为一对绸布商夫妇进行人工授精，成为实践该项技术的第一人。法国首次试验该项技术是在 1804 年，同年正值《拿破仑法典》推行。人工授精利用了夫妇以外的捐精者的精子，即他精人工授精（donor artificial insemination，DAI），这一概念最初遭到抵制，并受到罗马教廷的谴责。美国在 1884 年首次进行 DAI，所用的精子选自一位学业成绩优秀的学生：潘考斯特医生选择的捐精者是班里的尖子生。但是，直到 1940 年，帕克医生才改进了精子冷冻技术，从而普及了人工授精。1984 年，人类卵子与精子研究保护中心（Centres d'Etude et de Conservation de l'Oeuf et du Sperme，CECOS）举行 10 周年纪念暨第 1 万次受孕庆典。自此以后，此类妊娠案例已经增加了一倍多。如今，DAI 不再是技术层面的问题，而是观念层面的问题：在亲子关系中，身为局外人的第三方处于何种处境？

由于体外受精技术得到改进，活体胚胎能够移植到母亲的子宫，人类跨过了另一个里程碑，开创了所谓的试管婴儿时代。1978 年，世界上第一名试管婴儿路易丝・布朗（Louise Brown）在英格兰曼彻斯特诞生，这使负责人爱德华兹医生（Robert Geoffrey Edwards）[1]一夜成名。在 3 年后的法国，在勒内・弗希德曼（René Frydman）和雅克・德斯塔特（Jacques Testart）的主导下，另一名试管婴儿阿芒丁诞生。自此以后，数千名婴儿通过体外受精技术诞生。而尝试该过程的夫妇仅有 15% 获得成功。医生们因此闻名，通过这种方式诞生的孩子会出现在装点着医生办公室的家庭合影中：妇产科医生通常位于中心，身边簇拥着好些母亲。父亲一般不会出现在合影之中，或是处于"家庭圈"的外围。表现医疗辅助性妊娠的图像尚待收录。这类图像的汇编可能会特别尖锐地阐明社会约束之处，以及我们对女性和生育的看法。

1984 年在墨尔本，在卡尔・伍德医生（Dr Carl Wood）的主导下，婴儿佐伊诞生，这是第一个成功诞生的冷冻胚胎。荷兰和英格兰的其他医生紧随其后，也获得成功。医学和生物学的发展加快了步伐。伦理论战无可避免。现在，问题不仅仅在于生殖难度降低了，而且生殖的时刻成为一个选择题。"生命像资金一样可以存入银行。"

除了选择生殖时间之外，也可以选择胚胎植入（implantation）的数量。1986 年，多个胚胎同时植入最终使双胞胎奥德丽和洛伊克诞生。而后，四胞胎又在澳大利亚诞生，墨尔本甚至出现一对"延后分娩"的双胞胎：丽贝卡和艾玛在同一天受精，出生时间却相差了十六个月。通过辅助性生殖降生于世的孩

[1] 罗伯特・杰弗里・爱德华兹（Robert Geoffrey Edwards，1925—2013），英国生理学家，生殖医学先驱，"因研发体外受精技术"于 2010 年被授予诺贝尔生理医学奖。——译者注

子的“耶西之树”（Tree of Jesse）[1] 长出了新的枝丫，这令部分人感到恐惧。随后的科技发展引起了有关多胎妊娠以及由此带来的家庭生活的戏剧性结果的新争论。似乎一切皆有可能：胚胎可以进行操作，未使用的胚胎可能成为体外实验的对象。将一种“人格”（personhood）赋予胚胎或现在所谓的“潜在人”，使血缘关系的纽带扩展了。问题很快从血缘关系转变为“个体之人”出现的时刻。换句话说，胚胎处于何种状态？对于某些人，这个问题成为反对自愿堕胎的新运动的口号。

与此同时，围绕辅助性生殖的相关人群日益壮大。当一个孩子出生时，有一群人围着婴儿床：妇产科医生、生物学家、心理学家，甚至还有捐精者（如果捐精者是孩子的法定父母亲自筛选且认识的人）。媒体将这种“分娩奇观”公之于众。如今，专家和医生共享床笫间的秘密。医疗化（medicalization）因而鼓励了生殖去适应社会现状。

代孕母亲凸显了所有关于医疗辅助性生殖的问题。我们会细致阐述围绕代孕母亲所产生的幻想。这些问题在媒体上翻来覆去地进行讨论。代孕母亲展现了人们对孩子难以抑制的渴望，他们会为达生育目的而改变想法，同时，也体现了生殖过程的商业化。但是，其中也不乏令人惊叹的慷慨与真诚，比如一个苏格兰女人为另一个女人诞下孩子却分文不取。“圣撒拉”（Sainte Sarah）、“鹳鸟”（Cigognes）、“哺育之母”（Alma Mater）等团体在法国扮演了重要角色；这些团体尽管受到了法律的制裁，却进行了重组，并在国际层面发起动员。媒体精心策划相关新闻，使租借子宫成为名副其实的潮流，而这种做法不应该掩盖险象丛生且错综复杂的问题或利益。与此同时，报纸的头版头条一边创造家庭，一边毁灭家庭。激情与恐惧淹没了理智的讨论，让人们陷入困惑之中。

在生殖领域，从最崇高的神学推断到最卑鄙的金钱利益形式，各种论点都发出了声音。法律、道德、医学科学伦理之间的冲突围绕着未出生者展开。[6] 为他人分娩一个孩子被视为辅助性生殖的典型案例，尽管代孕母亲不需要复杂的医疗技术。这让人想起传统社会中存在的一些习俗。将代孕合同比作旧时家庭与乳母达成的协议不足为奇。19 世纪，与乳母喂养相关的议会辩论处理了众多

[1] 艺术上描绘耶稣祖先的一种方式，其形式一般为从大卫王之父耶西身旁长出的一棵树，树枝上为耶西的后世子孙，也即耶稣的祖先。此为用家族树表示谱系的起源。——译者注

有关“雇佣母亲”这类争议性问题。问题不在于科学，而在于先天遗传（亲子关系）和后天养育的关系。现在，数项争议被归并为一处，从而影响了对从相关实践中所冒出来的各种情况的细致分析。

生物学或医学每每取得新进展，新的问题就随之产生。例如，产前诊断技术的发展导致狭义的个人优生学问题与广义的“改善种族”问题之间的区分。用科学道德观岌岌可危的观点来对待本质上的个人权利之事，终是徒然。由于有关科学进步的各种规范性声明的发布，以及角色不再明确的专家介入其中，情况变得更为复杂。

我们要咨询哪些权威？可以参考一些最常被引用的文件：1947 年的《纽伦堡守则》（*Nuremberg Code*）；有关人权的 1964 年《赫尔辛基宣言》（*Declaration of Helsinki*）和 1981 年《马尼拉宣言》（*Manila Declaration*）；与公民权利和政治权利相关的各项国际协议；从教宗通谕、主教致信到未经官方批准的文本；欧洲委员会第 1046 号公告；欧洲议会第 874 号公告；欧洲法院（European Court of Justice）宣布的决议；专家委员会提交的各类报告，包括沃诺克委员会在 1984 年发表的《沃诺克报告》（*Warnock Report*），比利时生物伦理学专家特别委员会（CAHBI）发布的报告，以及法国最高行政法院为总理准备的报告，包括 1986 年《人工生殖》（*Artificial Reproduction*）报告和 1988 年《生命科学》（*The Life Science*）报告；诺埃尔·勒努瓦（Noëlle Lenoir）[1] 的生物伦理学报告；各国现行的法律法规和行政条例；医学伦理学委员会的各类报告。理论文献颇为丰富，法院判决案例也日益增多。与此同时，立法机构却行动迟缓。这场辩论已经上升到国际层面：对比各国的经验可以展现打破国家制度文化传统的方式，以便人们进行伦理抉择。

争议的风潮在个人和夫妇执意强调个人权利时爆发了：想要孩子的权利和孩子自身的权利同时成为问题。生殖科技加剧了血缘亲族与志愿亲族（如领养）之间的差异。第三方——通常是匿名的——也可能牵扯其中。血缘关系与养育的意愿究竟何者是亲子纽带的基础，这不仅出现在血缘关系的辩论中，还出现在有关国籍和政治忠诚的论战中。一部分国家修改了国籍法，对此类变化的热情类似于对生物伦理学辩论的热情。不论依照家庭归属，还是按照血统来定义

[1] 诺埃尔·勒努瓦（Noëlle Lenoir，1948—），法国律师、法官、政客。——译者注

个人身份，都会对关于法律人格的所有思想产生冲击。

人类现在必须面对自己的创造物——由体外妊娠的基因操作所开拓的新可能性。人类的身体正在变成一个实验容器吗？勒内·弗希德曼的《分娩的欲望》（*Le Désir de naissance*）、雅克·德斯塔特的《透明的卵子》（*l'Oeuf transparent*）、让－路易斯·鲍杜安（Jean-Louis Baudouin）和凯瑟琳·拉布斯－希奥（Catherine Labrousse-Riou）的《制造人类》（*Produire l'Homme*）在法国引发了有关生物伦理学的新辩论。后续揣测也层出不穷。部分评论家设想了男性妊娠（male pregnancy）、动物子宫移植，以及出于方便考虑利用代孕母亲或“租用子宫”。诚然，这些可能性不可一概而论。由此所产生的困惑不亚于因医疗辅助性生殖而产生的困惑。

改变生育年龄的可能性反映了人体被变为工具的程度。一位母亲为自己女儿代孕是个不同寻常的案例，引起了广泛讨论，因为该案例引发了有关人类生殖的本质和意义等种种疑问。生命从父母延续到孩子的观念是我们所有的标准叙事和法律思维的核心。“如果人类对自己的本性感到迷惑”，法律就会失去方向。[7]

亲子关系和科学

人们在研究不育问题时遇到的术语，清晰地展现了血缘关系和亲子之间生物学纽带的重要意义：人们时常表现出态度上的明显差异，一方面，人们会说“拥有一个完全属于我自己的孩子”“真正的孩子”“我想要的是我自己的骨肉”，另一方面，人们在一场采访中使用了领养一个“二手的”孩子这种可怕的措辞。[8]矛盾的是，很多评论家起初只看到通过人工干预，或是医疗科技来“制造”孩子，但是无孩夫妇们却首要关注生物学观念，以及孩子与至少一位家长之间细微的生物学联系和遗传联系。家长在申请进行捐精者人工授精时，时常要求捐精者拥有与自己相似的表现型特征（phenotypic characteristics）。事实上，一些即将为人父母者甚至抛弃借用他人的精子进行人工授精而出生的孩子，因为孩子与他们自身的种族特征不够相似，部分精子库（如法国的 CECOS）不得不拒绝一切有关捐精者身体特征的过度要求。

不论身处哪个社会，夫妇们都会试图掩盖不育，尤其是男性不育，按照精神分析学家的说法，男性不育更加难以启齿。此处涉及两个问题。第一，即便许多人现在认为科学有能力让“未受遗传性疾病污染”的生命得以繁衍，但人们仍旧认为亲子关系从根本上是由生物联系构成的。第二，不育的秘密如今得以保守，因为医疗科技会不断创造奇迹，让夫妇们在装作自然生殖的同时，不暴露自己的难言之隐。

患者的秘密和医疗保密息息相关。医生和患者共享不育原因及治疗方式等秘密。如果真要揭开这个令人痛苦的秘密，也只有在科技战胜自然之后。受益于医疗生殖技术的夫妇们开始宣扬医学。医生们只顾着接受赞誉，却没有意识到成功的案例仍是少数。相反，不成功介入案例所付出的心理代价和经济成本被沉默所掩盖了，并以试图减轻痛苦这种说辞为其进行辩护。医生们想要给予夫妇们所求之物，尽可能积极地实行介入，但是心理学家和精神病学家试图鼓励在条件具备时进行领养。

在没有外来捐精者的情况下，不论是进行精子植入，还是胚胎植入，都最易保守不育的秘密。然而，即便如此，关于人体的新图景还是开始发展。随着医疗技术和生物技术的发展，人体成为容器。比起生殖行为或性行为，夫妻双方的许可更为重要。试管仅是一个工具，却是必不可少的工具。如果没有外来捐精者，为了帮助夫妇实现愿望，医生会对他们使用辅助性手段。医生尽其所能，发挥治疗师的作用；夫妇想要孩子的意愿为医生的介入性手段赋予意义，就像一名精神分析学家可能会说，“涤除肉体的罪恶”。因此，无外来捐精者的人工授精受到了普遍认可，而避免此类实践的宗教劝告时常遭到不育夫妇的拒绝。但是，从法律角度看，还留有一个根本问题：即便在捐精者死亡的情况下，还是要优先考虑想要孩子的愿望吗？

死后授精

所谓的帕哈普雷案（Paraplaix case），由克雷泰伊[1]高等法院于 1984 年 8 月作出裁定，在法国引发了有关死后授精问题的重要法律讨论。[9]迪安·科努（Dean Cornu）附和了凯瑟琳·拉布斯－希奥，他对克雷泰伊的裁决作出评论道：“丈夫过世 300 天后生子的非法性，以及涉及继承法的巨大问题，与下述原则相比

[1] Créteil，法国巴黎东南郊区的一座城市。——译者注

显得微不足道：由血缘关系组成的体系并非一个商业产物……在我看来，自愿在丈夫死后建立一个单系家庭是非法的。”另一方面，巴黎第二大学（University of Paris II Panthéon-Assas）的两位法律教授米歇尔·戈贝尔（Michelle Gobert）和弗朗索瓦·提黑（François Terré）打算考虑在伴有特定保障的情况下，死后授精的可能性：与冥婚相类似，在这种情形下应该要展示“死者的动机”和约定，即有关丈夫死亡前表明想要孩子之意愿的准确时间，以及该意愿表达的方式。鉴于科学有能力在该原始意愿得到表达后使其生效，这一主张强调个人意志的重要性。换句话说，意图具有某种时间密度。让·加尔布尼院长总结了该案例：“我们有可能形成一套有关这类亲子关系的法律，甚至将这类孩子纳为继承人。但是，如果这么做，是否会有一种危险存在，即相信人类某一天会战胜死亡，免于终有一死的境况这种幻想？……这种法律的象征性影响本就是致命的。”[10]

事实上，死后授精是一种相对少见的极端判例，最好留给法官作出谨慎的判断，他们能够设置严格的条件，衡量“失去父亲却因其父的意愿而怀上的”未出生孩子的利益。但是，近来因为一位死于艾滋病的家长进行死后授精，争议再次爆发。自此以后，又多了一类诉诸法律的案件，即家长双方其中一方被诊断为HIV阳性，另一方未受感染，且双方都明确表达了希望通过人工授精受孕。

出于审慎的考虑，英国沃诺克委员会和比利时生物伦理学专家特别委员会都强烈反对死后授精。英国关于“人类受精与胚胎学”的拟议法律文本含糊其词：“在父母双方有一方死亡的情况下，若要使用以前所保存的胚胎与精子或卵子，父母双方必须都表明使用该胚胎与精子或卵子的意愿。”因此，今后真正重要的是父母的意愿。相比之下，意大利所提出的一项法案明确禁止死后授精，法国最高行政法院下属的工作小组所递呈的“布莱邦提案”（Braibant proposal）声明“孩子必须拥有双亲，而不是父或母一方”。这项旨在响应《儿童权利国际条约》（International Treaty on the Rights of the Child）的原则把有关亲生父母和养父母的矛盾观点结合起来。死后授精提升了生物学联系的优势和父母意志的作用，这种观点实际上基于双亲家庭的传统印象和孩子在正常养育中的利益。这难道不是谴责单亲家庭的另一种方式吗？部分政府虽有意禁止死后授精，可在涉及捐精者授精时往往含糊其词。一个孩子如果是受捐精子的产物，其家族谱系就会十分复杂，确定其权利也多需谨慎。然而，这种情况已经越来越普遍。对亲子关系的声明，与其说是一种生物学事实，不如说更像是一种象征性行为。

受捐精子受孕的孩子

受捐精子的使用引发了两类法律问题：第一类问题涉及这类生育的合法性，另一类问题涉及孩子的亲族归属。沃诺克委员会提议立法，如果夫妻双方都同意用受捐精子受孕的程序，就应该声明孩子的合法性，在这种情况下，孩子的合法父亲即为该丈夫。1987 年《英国家庭法改革法案》（British Family Law Reform Act）采纳并体现了这项建议。在比利时、瑞士、荷兰、葡萄牙、魁北克地区，民法典中明确增加了一项条款，即在夫妻双方同意这种生殖行为的情况下，禁止对孩子的合法性进行后验挑战。与此同时，大多数欧洲国家选择在缺少法律否认性证据的情况下，假定该位丈夫的父亲身份。

法国实行父亲身份假定，该条款被列入《民法典》第 312 条第 1 款。在卵细胞受赠的情况下，分娩的人即为母亲。如果丈夫证明自己可能无法成为孩子的父亲，法律也有可能否认其父亲身份。该领域存在一整套既有的判例法（case law）。1985 年，两项上诉法院的裁决证实，任一利益相关方——丈夫、妻子、孩子、继承人——都有权在 30 年期限内对丈夫的父亲身份提出疑问（如果该诉讼由孩子提起，由于未成年子女的诉讼时效中止，诉讼期延长为 48 年）。以缺少生物学证据为由否认丈夫或配偶的父亲身份，是为法院所接受的，即便是女性事先经过丈夫或配偶同意而进行捐精者授精的案例。大量该类案件都按照 1976 年 6 月 30 日尼斯法院的判决进行裁定。基于生物学考虑，领养是唯一不可撤销的亲子关系类型。然而，法院的这一立场因为可能破坏亲子规划和家庭团结而遭到批评。法国参议院的 M. 弗朗克・塞胡斯克拉（M. Franck Serusclat）和社会党成员因此提出一项法案，要求夫妇与法院共同记录人工授精的同意过程，以增强父亲身份的假定性。“布莱邦提案”也为丈夫的父亲身份假定进行辩护，因为人们“希望让孩子受益于传统家庭，从而正常发展”。该提案还规定“捐精者不能与该孩子建立法定关系或索要补助”。

不论是人工授精，还是体外受精，这类涉及第三方捐精者的生殖技术不仅引发了否认父亲身份的问题，还引出了捐精者匿名的问题。各国对此采取了不同的措施，而众多法律争议的要点也尚待解决。

绝大多数精子库（包括法国 CECOS 运营的几家）不公开捐精者的个人信息。

但是，瑞典通过了一项禁止对捐精者进行匿名处理的法律，因为每个孩子都有权知道自己源自何处。实际上，即便是在规定匿名要求的国家，一般也只有获得批准的精子库会尽其所能地保护捐精者的个人身份。而且，为了避免出现肤色和外貌的重大偏差，即使无法确认捐精者的姓名，与其相关的某些信息还是允许被提供的。奇怪的是，这种依据遗传的表现型（phenotype）所进行的分类并未招致太多批评。生殖领域的“生物学杜撰”的回潮在某种程度上强化了种族倾向——虽然谈不上种族歧视倾向。这种倾向与抵制种族歧视的进步思潮相悖。

有关医疗辅助生殖的道德辩论体现着虚伪。因为孩子的利益可以被用来为维持捐精者匿名性或与之相反观点进行辩护，所以深入的讨论必须对该问题有所决断：换句话说，撤销匿名保护所引起的担忧，会使捐精者变少，因为潜在的捐精者可能担心他们的后代会提起诉讼，要求他们抚养。随着DAI技术的发展，国家运营的精子库在决策过程中，对未出生孩子福利的道德关怀应该不亚于对盈利和名声的考量。

可靠的检测有利于生物学亲子关系的决断，法院也越来越依赖于遗传学专家作证。可是捐精者授精本就包含了第三方的遗传贡献；生物学证据不得不让位于拟制（fiction），亲子纽带由父母双方的认同和父亲身份的假定创建而成。然而，这种模式的效力有限。那么，单身群体和同性伴侣呢？他们可以使用捐精者服务吗？

对于单身群体，特别是单身女性，涉及领养的众多法律问题已经得到充分的讨论。孩子拥有双亲的权利（领养的预期目的是重建“正常的”家庭）应该被援引为反对领养子女的单身家长的权利吗？辅助性生殖中出现的问题更为严重，因为它并非源于既有现状（pre-existing condition），而是通过人工授精实现建立单系亲子关系的意愿。“想要孩子的权利”在该项争论中也时常被援引。

同性伴侣的辅助性生殖问题也引发了争议。同性恋权利组织为同性伴侣进行辅助性生殖提供了充分的理由，但是据我所知，法国国民议会尚未对此进行立法讨论。由于同性伴侣完全不同于传统家庭模式，允许同性恋者使用医疗辅助性生殖技术激起了普遍的敌意。许多同性恋者回应说，同性恋伴侣的关系稳定程度不亚于异性恋伴侣。这项理由似乎有据可循，因为异性恋夫妇中也有很多人离婚、分居，且这种情况很容易在进行捐精者人工授精之后的几个月中发生。

在关于医疗辅助性生殖的辩论中，孩子的身份和家庭结构的愿景无疑是关键因素。

想要孩子的权利，还是孩子自身的权利？

欲望并非法律。不育的夫妇相信科技的进步，“为了要一个孩子”接连拜访不同的医生。[11] 对孩子的渴望变为一份执着，即生孩子成为一项权利。不断膨胀的期望使郁郁寡欢的夫妇生出幻想，乃至剑走偏锋，当他们的努力以失败收场后，所拥有的失望也愈显辛酸。对生物医学科技的痴迷开始引发一些观察家的担忧，他们发现，这种痴迷源于一种不在专家可控范围之内的“将生殖进行物化的概念”。雅克·德斯塔特在《透明的卵子》中谴责了人们对科学的日益索求，他认为这导致了对人工技术的过度依赖。人们看待受孕有困难的夫妇的态度，就仿佛他们无法生育一般；在并非完全必要的情况下，体外受精技术也被拿来使用。本来需要依靠时间解决问题，或是在竭尽所能治疗和确诊实际不育状况后选择领养才能拥有更和谐生活的情况下，医学界以科学的效力对此进行干预。这种对“自己的孩子”的需求有何意义？

拥有孩子的欲望是一种复杂的需求，与男性或女性的自身身份认同、父母的本能、家庭的结构等观念有关。在 20 世纪，孩子成为一种情感关注点，一种社会价值观，一份人们具有培养、传播各种品性之能力的证明。这些都充分表现在文学和图像中，以及保护儿童的一系列制度性措施中。有关这类表现的语义分析展现出两类态度，两者息息相关，在某些规范性选择上既可能互补，也可能对立：一类坚持生殖自由，另一类强调为人父母乃是为了造福子女。关于节育和堕胎的讨论直接将生殖自由问题提上议程。医疗辅助性生殖关注家长选择的影响。家长的选择足以证明每一种医疗介入手段的合理性吗？

凭借何种权利拥有孩子？

生殖自由的意义远不止将孩子带到这个世界上。这是个人时间、社会空间的一种体现，其中，想要孩子的欲望是父母承诺的全部证据。人们对科学能力的过高估计也确实提升了父母与孩子之间的关系的质量。寻求医疗援助的夫妇常以不同的角度看待领养，认为这是“有明确目标的”抚育任务，并非像分娩那样是一项完全的生存性承诺，因为“与生俱来和后天习得之争未有定论”。[12] 其实，人们领养遭遇抛弃、虐待、不幸的儿童会受到称赞，但是领养更像补偿，而不是战胜了不育。生物科技的发展重新点燃许多不育夫妇的希望，他们期待“拥有自己的孩子”，建立自己的家庭。捐精者因为赠予生命之礼受到赞扬，但同时，父母们将通过授精、移植、植入技术诞生的孩子视如己出。语言具有象征性的力量，批评医疗辅助性生殖的商业性之人往往忽视了这一点。

有些夫妇将通过科技生育孩子的权利，转化为一种试图施加给政府的职责。他们想要孩子的欲望，虽谈不上是幻想，却使他们不仅执着于生殖的权利，还执着于让生殖得到医学保障和国家资助的权利。侧重点的转变产生了切实的影响。人们要求获得免费的精子、卵子捐赠，要求降低生殖辅助成本，要求国家承担一切费用。期望政府对精子库及其他机构发放运营许可，进行监管，并支付费用，仿佛承认了整个过程的合法性：“金钱与国家使这项行为合法化了。”[13] 相较对医疗辅助性生殖所产生的法律后果进行直接立法，各国政府更常见的做法是签署行政条例，或设立咨询、管理机构，用模棱两可的官僚主义方式应对基本伦理问题。

1988 年 4 月 8 日颁布的两项法令（第 88-327 号，第 88-328 号）涉及管理医疗辅助性生殖、人类精子保存、产前诊断的规范。国家生殖医学和生物学委员会（National Commission for the Medicine and Biology of Reproduction，CNMBR）有任务每年向卫生部部长报告现有科技的变革。产前诊断旨在建立一个由受到中央管控的机构所组成的全国性网络。1988 年，74 家生殖诊所得到授权，其中包括 36 家私人诊所。但是，有关生物技术使用的决议推迟到了 1990 年 2 月，当时大约有 12 所实验室获得授权（虽然从未公布这些机构的名称）。生殖干预获得了官方的正式确认，这为全民健康保险报销打下了基础。

法国政府的这些决议引起轰动。“1988 年年末，74 家诊所获准开始运营，媒体得到了医生们的纵容，报道说这些都是‘获批进行体外受精的诊所’。这种过度简化的做法，也许看似无足轻重，实则反映了医学界因为新技术的诞生，不希望其特权受到任何侵蚀。”[14] 卫生部的决议公开之时，很多没有获准运营的诊所提出异议，或在行政法院提起诉讼，或向卫生部递呈请愿书。“大约有一半的反对者在行政法院胜诉，法院允许它们继续运营。其他人可能需要立即停业，尤其是全民健康保险计划拒绝支付医疗服务费用的诊所。”[15]

育儿计划、科学规划、国家制度，共同建立了一套自我调节社会机制。贝尔纳·伊德尔曼（Bernard Edelmann）对比分析了德国管理“胚胎保护”、“人工授精所造成的问题”的法律，与法国应最高行政法院的要求提出的有关“生命科学和人类权利”的提案。伊德尔曼强调法律规定背后的哲学假设。[16]“考虑到养育中断的风险，德国议案的核心在于‘胚胎的身份’，而非‘父母的育儿计划’。”德国禁止买卖和赠予精子或卵子，理由是人工授精只应发生在“关系长久的夫妇”身上。而法国却强调“父母的育儿计划”，不太关注未出生孩子的身份，并允许第三方授精：

> 在德国，父母的自主性受限于未出生孩子的自由。在法国，孩子的自由不值一提。孩子不过是父母自由的投射，如果愿意，也可称之为父母自由的目标……在对比两项法案的过程中，令人惊讶的是，两者在设想与自然的关系上所存在的差异。德国的法案无疑在仿效自然，在某种意义上，该法案试图清除人工生殖技术。法国的法案更加含糊不清。虽然该法案禁止代孕，禁止合成胚胎进行科学研究，但是没有明确禁止性别筛选，甚至还允许将胚胎赠予第三方和科研机构。唯一贯穿始终的就是金钱利益的缺席（尽管关于人体的产物是个例外）。[17]

在生殖行动由人体完成而非科学辅助的情况下，哲学意义上的差异似乎减少了。“子宫出租”的新闻标题触目惊心，却捕捉到了人们对该问题的盲目激情。

代孕母亲

意识形态、道德、宗教对代孕母亲的谴责，在欧洲大陆尤甚，使人想起曾经对优生学的谩骂。而对于前者，非常规的授精在科学的少许帮助下瞒过了自然，对于后者，科学则是制造“恶魔般后代”的主导。人类的力量在前者中违反了人体特性和人体秘密的法则，在后者中违反了掌控生命特性的神圣法则。“为他者怀孕”为某些传统社会所接受，这是最为无私、高尚的行为，让人想起《圣经》故事中的撒拉和玛利亚，却终究变成批评风潮的目标。有人公开斥责，女性正在遭受金钱的剥削。也有人强调子宫中所形成的情感纽带和生物学联系具有重要意义。还有人谴责煽动人们抛弃孩子、歪曲领养规则的行为。其中一项指控引发了最为激烈的讨论，即虽然代孕母亲被作为一种治疗不育的手段，其实不过是让另一个人代为生育，将进行分娩的母亲当作孵化器。

除了美国少数几个州，大部分西方国家和地区都通过了反对代孕的法律。[18] 而数以千计的孩子已经通过代孕出生，支持代孕的团体也已出现了。大多数民众态度鲜明地反对代孕，但是反对的理由各不相同。比起参与普遍存在于国际领养圈中的儿童买卖行为，人们真的认为一个天生没有子宫的女人利用代孕生育更加不堪吗？如果说金钱败坏了道德，那么金钱也腐蚀了其他市场，不论是输血、器官移植，还是需要长期照护的不治之症。代孕并非特有的恶行。将幼儿送往日托中心或托儿所如今已十分普遍。与在代孕母亲的子宫中培育胎儿相比，其混乱程度又有何差别？母亲与孩子的关系如此复杂，促进孩子健康成长的潜在因素又如此众多，所以提出任何简单法律，或给出某些答案都显得草率。我们因此能够理解，相较否决代孕原则，大部分法官更倾向于找到专业理由来废除合约。

但是，几乎所有人都会认同，专职出售潜在代孕服务的代理商要受到谴责。许多国家对该类活动处以刑事处罚，并宣告代孕合同无效。而舆论压力引起了部分改变。[19] 两类代孕方式有所区别：一类是怀着自己的孩子，但决定在分娩后放弃抚养，另一类是有意替他人生孩子。法国一家上诉法院在 1991 年 5 月 31 日所作出的裁决认为，关于应受指责的行为在于为金钱生孩子，还是在于违反“人体不可出售”的原则，存在着根本性的分歧。[20]

除了亲子关系问题之外，代孕母亲还需要阐明该项“交易”的本质。想要孩子的欲望被表达为个人自由，这种欲望被化解到一种生物学的亲和共生（conviviality）之中，后者利用了肉身的无差异性。然而，一种极度个人主义的哲学被用来为医疗辅助性生殖进行辩护（该领域的医生只能根据父母们的意愿做具体的判断），而且随着代孕的发展，我们目睹了代孕支持者的形成，包括医学专家、生物学家、夫妇组成的各类组织，民众组成的压力集团，知识分子，等等。那么，孩子的利益究竟何在？谁会为孩子发声，并保护他们的权益？

对生殖私人化的限制越来越明显，因为人们在各种利益冲突中感受到了它所具有的能量。父母的角色随着家庭环境的变化而改变。对孩子构成最大威胁的并非人工技术的使用（数百年来，家庭法本就基于一系列拟制），而是选择性的增多，其复杂性使亲子关系的传统印象变得模糊了。有多少利用医疗辅助技术进行生殖的人后悔做出这种决定，因为拥有一个理想中的孩子这种幻想被日常现实打破？有多少孩子难以承受父母对（因医疗辅助而出生的）他们所投入的大量情感？我想起一个由冷冻胚胎孕育出生的小男孩，他的父母叫他弗洛斯蒂[1]。

生殖不仅仅在父母与孩子之间建立了生物学联系和情感纽带。其他家庭成员也牵涉其中。如果生殖过程中涉及捐精者，那么他的家庭也牵涉其中。医学专家和医学科研人员同样参与其中。生殖还具有暗含了家族意义、伦理意义的社会象征性功能。任何一种文化都无法使亲子关系沦为繁衍后代，使母亲的照顾沦为怀孕，使孩子的利益沦为父母的愿望。我们每个人必须有勇气认同我们想要肯定的价值观。新保守主义（neo-conservatism）希望坚守一种家庭结构类型，一种母亲和女性的愿景，但它有着危险性，而对人体的自由市场抱有天真的信心和自由放任的态度同样也有危险。这场始于医疗辅助性生殖的辩论，扩大到了对优生学，对科学掌控人类后代的权力的思考。“人类现在不得不承认自己对受孕过程的全部梦想都可以被剥夺。”[21]

继英国在1990年推行新的家庭法之后，法国立法机构着手进行必要的改革，在生物医学伦理学领域制定一般性指令。但是，普通民众和法律学者、政客对合法与不合法的范畴存在分歧，还对该领域的立法是否明智产生怀疑。官方报告在几个重点问题上自相矛盾。对实际情况的深入研究，揭露了其中极大的复杂性。每天都在出现新的问题，随着人类改变自己命运的能力在提升，选择也在增多。我们摆脱了饱受幻想和恐惧困扰的时期，临近了道德选择的时刻。希望我们能明白该如何作出惠及民众，却不带极权主义色彩的选择；明白该如何为所有人建立相关法律法规，使每个人不需要受相同普通法的约束。生殖可能性的多样性，女性在生命繁衍中所扮演的各种角色，既证明了父权秩序的终结，也证明了现在是时候重新思考什么是我们的真正价值了。[22]

[1] 弗洛斯蒂为 frosty 的英译，原意为“寒冷的”，与冷冻胚胎（frozen embyro）相呼应。

第五部分 女性的声音

我们时代的话语

21 世纪在某种程度上难以预测，在某种程度上又是这个时代的继任者。未来是现在及将来几代男人和女人共同创造的，尽管制造了历史的炼金术使两性关系无法脱离其他人际关系。

也许，我们在本卷和本系列中，已经接近了弗吉尼亚·伍尔夫在《一间自己的屋子》结尾讲述的莎士比亚的妹妹（就是那位从未写下一个词就“死去的女诗人”）重生时所表达的愿望。我们最终在 20 世纪众多女性中选取了两位女性，通过她们的作品对本卷内容做一番总结。

F. T.

克里斯塔·沃尔夫（Christa Wolf）：“最终解决方案”（The Final Solution）

弗朗索瓦丝·提波

克里斯塔·沃尔夫在 1929 年出生于德国东部，当苏联军队在 1945 年挺进之时，她和家人从兰茨贝格（Landsberg）出逃，成为德意志民主共和国的公民，在 20 世纪 60 年代，又成为民主德国年轻作家的代表，这批作家不仅利用写作发表观点，还向共产主义政权和铁幕发问。她创作了 15 部极具原创性的作品，涉及多种文学类型，成为东德最著名的作家。

《模式化的童年》（*A Model Childhood*）于 1976 年在民主德国出版。这不是一本回忆录，而是一种“唤醒”（evocation），用沃尔夫的话来说，就是对她的过去的“调用”（invocation），试图通过揭示纳粹主义的日常现实来超越反法西斯写作，使我们永志不忘。这本书囊括了作者提出的问题，还有她鼓起勇气扪心自问的问题。该书的结构复杂，牵涉两个人物（叙述者，即“你”，和小孩子奈利，即“她”）和三个叙述时间范围：1929—1945 年；1971 年，叙述者和弟弟、伙伴、女儿兰卡共同前往被划归为波兰的故乡 L 城旅行；以及写作当下的时间段。

在关于“最终解决方案”的相关节录之中，沃尔夫最先质询德国人，质询她自己，质询她的家庭在该项罪行中所负有的责任，这项罪行始于差别对待普通民众，或是认同纳粹主义论调。[1]1945 年，奈利的母亲对发生在一个集中营幸存者身上的事表示惊讶之时，这个信仰共产主义的幸存者反问她：“那么，你又生活在何处？”沃尔夫也关注过去的经历（尤其是这种特殊经历，“一道不可逾越的高墙永远分开了受难者和自由之人"）是如何从母亲传给女儿，如何一代代流传，如何在国与国之间流传的。

沃尔夫公然挑战官方所持有的乐观观点——我们已经战胜了过去。她请求她的同胞和读者重新检视过去。她正是如此作为的，即使她写道："在听到'奥斯威辛'这个词时，一定会想起'我'这个不起眼的词，这令人难以忍受。'我'在过去是受限的。我可能，我本会，我不得不，俯首听命。"两德统一后的今天，排外和仇恨情绪仍会展露在德国各地的新面孔上，也许现在正是重读这部作品并进行深思的好时机。

最终解决方案

你已经忘了初次听到这些词的年代。必定是在战争结束后的那些年，你赋予这些词以恰当的含义。但是，打那以后——时至今日——每一座排放浓烟的高耸大烟囱都逼迫你想起"奥斯威辛"。这个名称投下的阴影不停地蔓延。时至今日，你仍无法置身于这一阴影之中，因为你有限的想象力在暗示自己可能成为受害者之前就止步了。

一道不可逾越的高墙永远分开了受难者和自由之人。

1941 年 7 月 31 日——是一个休假日，天也许有些热——奈利可能躺在花园里樱桃树下的土豆犁沟上看书，那是她最爱的地方，有一只蜥蜴趴在她的肚子上晒太阳。在夏季，收音机被放在门廊上；奈利也许会在听到新闻快报的前奏时就一跃而起；也许会跑向门廊，收听德军继续挺进俄罗斯的新闻报道。她的父亲已经离开战场。波兰战役之后，他这个年龄段的队伍被遣散了，由于被认为"适合在本国履行守备职务"，他接到一份坐办公室的工作，成为 L 城地区指挥所勤务兵室的一名士官。

在奈利如此打发时间的这一天，帝国元帅赫尔曼·戈林（Hermann Göring）奉元首之命，将"欧洲之德国影响区犹太人问题最终解决方案"委托给莱因哈德·海德里希（Reinhard Heydrich）——就是于 1939 年 1 月 24 日接受命令在德国领土上执行屠杀方案的那个海德里希，那时奈利还不到 10 岁。

比起受难人数，这两个日子更值得铭记……

兰卡有一本教科书，第 207 页是一幅 6 英寸乘 4 英寸的地图，内容是

“第二次世界大战期间欧洲的法西斯集中营”。地图上没有标出城镇。北海、波罗的海及主要河流都有所标示：16 个巨大的黑点表示主要的集中营。其中 5 个画了线的，表示灭绝营。这幅地图上还布满了小点（“次级集中营”）和小叉（“犹太人聚集区”）。你能切身感觉到，兰卡第一次了解到她母亲度过的童年光景时，所拥有的那种感受。从海乌姆诺、特雷布林卡、马伊达内克灭绝营的地理位置可以推断，把一批批人运往这些集中营的班列行驶在东线铁路上，横穿了 L 城。驶往奥斯威辛和贝乌热茨的火车可能使用了南线铁路。奈利从未听任何人提及过此类运输，不论是在战时，还是在战后。在那个年代，她家没人在德国铁路工作。

兰卡说，就她所知，她班上的大部分学生，包括她自己，都没有认真地看过这幅地图。她说，大家不觉得（如你所想，没有人促使他们觉得）与书里其他资料比起来，这幅地图与自己有更深的关系。当你扪心自问，如果这些孩子不再深陷迫使他们仔细审视这幅地图的负罪感是不理想的，而非令人厌恶的，那么你掺杂了些许恼怒的讶异就会不复存在。“直到三四代”（出 20 ：1）：这是意图报复的神说出的可怕誓言。但这不是重点。

你穿过埃特斯堡的军事训练场，看到一大群人开心地吃着苹果、三明治，就会对这种景象充满惊讶、恐惧，而不是愤懑。而且，还有个人过来向你解释，将布痕瓦尔德集中营的前党卫队驻扎地改造成旅行酒店是节约原料和费用的有效方式。他没有用“热情好客”一词，但这就是他话里的大意，他无法理解你问的问题：他真的觉得有人，比如外国游客，会住到那种房子里吗？他说，坦白讲，我不明白你的意思。你提议道，现在到前集中营的游客，在短暂参观期间，应该戒绝饮食，不能唱歌，不能外放音乐。这在他看来很不合理。他说，坦白讲，这不现实。你必须接受人们本来的样子。

（节选自克里斯塔·沃尔夫《模式化的童年》第 11 章）

奈利·卡普兰（Nelly Kaplan）：“向丈夫们致敬”

弗朗索瓦丝·提波

电影制作人奈利·卡普兰于1934年出生在阿根廷，她的另一个身份是诗人，笔名贝伦，这一身份不及前者有名。但是，在一众超现实主义追随者中，她专注于电影、文学领域。身为电影制作人，她与阿贝尔·冈斯（Abel Gance）进行合作，后来又编写、制作了多部短片和长片，包括在电影界引起轰动的威尼斯电影节获奖影片（她共获得两个奖项）《海盗的未婚妻》（*La fiancée du pirate*）。之前，她还写过三个关于爱和生活之艺术的小册子，笔力精悍，立意独特，颇具启发意义：“几何学在抽搐”（La Géométrie dans les spasmes）、“安息日的女王”（La Reine des sabbats）、“将我们从男性手中解救出来”（*Et délivrez nous du Mâle*），1966年整理收录为《领悟集》（*Le Réservoir des sens*）并出版。

“向丈夫们致敬”是性别角色、性别特征完全反转的女性主义幻想，神秘感与情欲相互交融；是在粗鲁地嘲讽在20世纪50年代后期仍旧主导世界的男性；也是在不失诙谐地攻讦有关原始母权和巴甫洛夫心理学的当代争论。[顺带一提，“向丈夫们致敬”的法语原文标题“Je vous salue，maris”有意仿照《圣母经》的开场白“Je vous salue，Marie…”（“万福玛利亚”）]。节选片段有待品读，编辑不接受任何恶意揣测。

世界再次回到母系制度之中，已过去数千年。

女人赢得了战争。大获全胜。因为先前对女性的奴役，我们——就是我们男人，正在遭受惨痛的惩罚。我们已经受苦受难几千年了。

虽然，有时我也希望世界发生改变。世界历史，日复一日，却各不相同。我在历史著作中求索心怀希望的理由。其实，我是为数不多的仍旧喜爱阅读的男人。在被分派到一个单人间的漫长日子里，我阅读先祖们的作品。我甚至理解了他们。抛开我的地位不说，我的理解力似乎比一般的人高。这肯定是他们对我进行特别监视的原因。可是，这不能阻止我如饥似渴地阅读这些作品。它们零星揭示了早在母权统治之前的远古世界。它让我心驰神往。可终是徒然。因为我们永远不能逃离我们的境地。其实，希望不过是假象。我们无法逃脱。她们把一切都安排得明明白白，我们获得了必需品：床、食物，还有舒适的条件。这是一种麻醉，换句话说，就是一种监禁我们的精神麻痹，比任何监狱都来得可靠。我们甚至从未想过逃跑。每当我试图煽动暴乱，我的伙伴们就会惊恐地看着我，怀疑地回避我：他们并不理解。他们甚至可能谴责我。男性永远都是这样，有着各种弱点和狡猾的处事方式。人们很难信任这一软弱的性别。

我们每一次的异想天开，都在这座房子里的奢侈和淫乱中得到满足。日子一天天过去，白天嘻嘻哈哈，无所事事，夜晚欢乐不止。我们还受到良好的待遇，从未——或几乎没有——受到惩罚。

但我不觉得开心。

她们都知道。我想我听到过："你永远都不会开心。"她们这么对我说。"你想得太多了。干吗这样呢？顺从会让一切变得更简单。无论如何，你都不可能改变男人的处境。"

"你无法改变既定的事实。你要如何解释伟大的创造者都是女性呢？"其中一个人补充道，她甜美的声音染上了愠怒。

我知道，她们说的都对。男人从未创造过什么。他们从未创造过什么令人印象深刻的事物。女人总是对的，即便有时她们因为我们不可救药的愚笨而被弄得苦不堪言。可是怎么办？几千年的倒退已经把我们毁了。

日复一日，月复一月，在这间屋子里，我就是个囚犯。从童年记事起，我就熟知一切精微的仪式，为了忘记繁重的工作职责所带来的疲惫，女人们来到此处举行庆典。

我一从骄奢淫逸学高级研究所（IAVS）毕业，就进到这个地方。当然啦，我天赋异禀，直觉惊人，有时也很温和，效率总是很高。我怎么可能不优秀呢？她们什么都想好了。就算她们面目可憎，我们也习惯了服侍她们。我们对做其他事不抱期望。唉，肉体虽然脆弱，可她们已经学到了所有的知识。就是这么回事，她们从20世纪教授所做的科学实验中找到了想要的答案。她们顺利付诸实践。在IAVS的漫长年月里，无论何时她们想让我们亢奋起来（她们知道该怎么做！），每个实验室的铃就会响起。我们的身体感受过多次亢奋之后，产生了条件反射，所以，每当我们听到轻微的铃声之时……总之，每当有女人来拜访我们，不论她是否有魅力，一套装在我们房间里的智能钟琴就会自动把我们变成不知疲倦的受害者，即便自觉惊讶。

也许某天，事情会再次发生改变。我的直觉提醒我，新的支配者会是第一次大毁灭后出现的奇怪的变种人，双眼闪烁着金色光点的令人不安的双性人。他们暂时还在服侍我们。可是他们诡异的笑容骗不了我，就像他们的能力之强骗不了我一样。我们男人，以及现在统治我们的女人，都会在未来几个世纪消失。我觉得，仅此而已。

但这一切都存于未来。眼下，我只是顺从的囚犯，我听到通向我房间的台阶上响起了脚步声。门开了。我太累了，难以翻身，所以我一动不动地躺着，闭着眼睛。

又来了一个女人……

她朝我走来，跟我打了招呼，声音含糊，还沉溺在火星利口酒中。然后她开始脱我的衣服。她是美是丑？我觉得是时候睁开眼睛看看。可是，悦耳的铃声唤起了我所应有的正确反应。我宁可闭着眼，放任自己，顺从，喜悦。

不可能有暴乱的。母权再临。

（From Belen[Nelly Kaplan], *Le Réservoir des sens*, Paris: La Jeune Parque, 1966）

注释

探索性别

弗朗索瓦丝·提波（Françoise Thébaud）

1. As suggested by the title of Elizabeth Badinter's *L'Un est Vautre: des relations entre hommes et femmes*（Paris: Odile Jacob, 1986）.

2. 在这些讨论的主要参与者中，许多人就是本系列丛书的作者，特别是Michelle Perrot, Joan Scott, Gisela Bock等几位。推荐的进一步阅读材料请参见"参考文献"部分。An excellent source is Karen Offen, Ruth Pierson, and Jane Rendall, eds., *Writing Women's History: International Perspectives*（London: International Federation for Research in Women's History, 1991）, especially Gisela Bock's chapter, "Challenging Dichotomies: Perspectives on Women's History."

3. Françoise Picq, "Le Féminisme bourgeois: une théorie élaborée par les femmes socialistes avant la guerre de 14," in *Stratégies des femmes*（Paris: Tierce, 1984）; the American edition of this collective work is Judith Fried-lander, ed., *Women in Culture and Politics: A Century of Change*（Bloomington: Indiana University Press, 1986）; Nancy F. Cott, *The Grounding of Modern Feminism*（New Haven: Yale University Press, 1987）; Bock, "Challenging Dichotomies"; Joan Scott, "Deconstructing Equality-Versus-Difference: or, The Uses of Poststructuralist Theory for Feminism," *Feminist Studies* 14, 1（1988）; Karen Offen, "Defining Feminism: A Comparative Historical Approach," *Signs* 14, 1（1988）.

4. *Savoir et différence des sexes:* spec. no. of *Cahiers du Grif* 45（Fall 1990）.

5. 请参见琼・斯考特（Joan Scott）在本系列丛书第四卷中的文章。

6. Margarete Buber-Neumann, *Milena*（Paris: Seuil, 1988）; trans, of *Milena Kafka's Freundin*（Albert Langen-Georg Muller Verlag, 1977）; idem, *Als Gefangene bei Stalin und Hitler*（Stuttgart: Seewald Verlag, 1985）.

7. See Mathilde Dubesset and Michelle Zancarini-Fournel, "Parcours de femmes: réalités et représentations, Saint-Etienne 1850-1950," thesis. University of Lyon 2, 1988（under the direction of Yves Lequin）.

8. Roger-Henri Guerrand and Francis Ronsin, L*e Sexe apprivoisé: Jeanne Humbert et la lutte pour le contrôle des naissances*（Paris: La Decouverte, 1990）; Felicia Gordon, *The Integral Feminist: Madeleine Pelletier, 1874-1939*（London: Polity Press, 1990）.

9. See, among many works, Gérard Cholvy and Yves-Marie Hilaire, *Histoire religieuse de la France contemporaine*, vol. 2（1880-1930） and vol. 3（1930—1988）（Toulouse: Privat, 1986 and 1988）; and Sylvie Fayet-Scribe, *Associations féminines et catholicisme, XlXe—XVe siécle*（Paris: Les Editions Ouvrières, 1990）. See also Rene Remond, ed., *Société sécularisée et renouveau religieux, XXe siècle*（forthcoming）, vol. 4 of René Rémond and Jacques Le Goff, eds., *L'Histoire de la France religieuse.*

10. Etienne-Emile Baulieu, *Génération pilule*（Paris: Odile Jacob, 1990）.

11. See Yvonne Knibiehler and Régine Goutalier, *La Femme au temps des colonies*（Paris: Stock, 1985）.

12. See the articles by Victoria de Grazia cited in n2 of Chapter 2 herein; see also Shari Benstock, *Femmes de la rive gauche, Paris 1900—1940*（Paris: Editions des Femmes, 1987）.

13. Françoise Collin, "Ces études qui sont 'pas tout.' Fécondité et limites des études féministes," *Cahiers du Grif* 45（Fall 1990）.

14. See, for example, "Histoire et sciences sociales: un tournant critique," *Annales ESC 6*（November-December 1989）.

为祖国服务

弗朗索瓦丝·提波（Françoise Thébaud）

1. Pierre Vidal-Naquet, *Les Assassins de la mémoire*（Paris: La Decouverte, 1987）, translated into English by Jeffrey Mehlmann as *Assassins of Memory: Essays on the Denial of the Holocaust*（Boulder: Colorado University Press, 1993）. 关于历史学家对法西斯修正主义解读的争议，请参见 *Devant l'histoire: la controverse sur la singularité de l'extermination des Juifs par le régime nazi*（Paris: Cerf, 1988）. [In English, see especially Charles Maier, *The Unmasterable Past*(Cambridge, Mass.: Harvard University Press, 1989）—Trans.]

2. Rita Thalmann, *La Tentation nationaliste, 1914—1945*（Paris: Deux-temps Tierce, 1990）.

3. Liliane Kandel, "Féminisme et nazisme," *Les Temps Modernes*, March 1990, pp. 17-53, quotation on p. 41.

4. Rita Thalmann, *Protestantisme et nationalisme en Allemagne de 1900 à 1945*（Paris: Klincksieck, 1976）; idem, *Etre femme sous le IIIe Reich*（Paris: Robert Laffont, 1982）; idem, ed., *Femmes et fascismes*（Paris: Tierce, 1986）; Claudia Koonz, *Mothers in the Fatherland: Women, the Family, and Nazi Politics*（New York: St. Martin's Press, 1986）.

5. Djamila Amrane, *Les Femmes algériennes dans la guerre*（Paris: Plon, 1991）.

6. Anne Steiner and Loic Debray, *La Fraction Armée rouge: Guérilla urbaine en Europe occidental*（Paris Meridiens Klincksieck, 1988）.

7. Emmanuel Reynaud, *Les Femmes, la violence et l'armée*（Paris: Fondation pour les Etudes de Defense Nationale, 1988）.

第一章　第一次世界大战和性别划分的胜利

弗朗索瓦丝·提波（Françoise Thébaud）

我想在此感谢各位提供给我参考文献、图书和文章的朋友和同事：德国部分的尤特·丹尼尔，克里斯蒂安·埃弗特和卡琳·豪森；英国部分的西恩·雷诺兹和德博拉·托姆；意大利部分的米歇拉·德·乔治；美国部分的玛格丽特·希贡内，南希·R.杰克斯和琼·斯科特。

1. Quoted in J. Stanley Lemons, *The Woman Citizen: Social Feminism in the 1920s*（New Haven: Yale University Press, 1973）, p. 20.

2. Quoted in Françoise Thébaud, *La Femme au temps de la guerre de* 14（Paris: Stock, 1986）, p. 16.

3. Antoine Prost, *Les Anciens Combattants et la société française*（Paris: Presses de la Fondation Nationale des Sciences Politiques, 1977）, and "Les Monuments aux morts. Culte républicain? Culte civique? Culte patriotique?" in Pierre Nora, ed., *Les Lieux de mémoire*（Paris: Gallimard, 1990）, pp. 195-225; Renato Monteleone, Pino Sarasini, "I monumenti italiani ai caduti della Grande Guerra," in Diego Leoni and Camillo Zadra, eds., *La Grande Guerra: esperienza, memoria, immagini*（Bologna: II Mulino, 1986）, pp. 631-662.

4. Anne-Marie Sohn, "La Garçonne face à I'opinion publique," *Le Mouvement Social 80*（1972）, as well as her essay in this volume.

5. 卡耐基国际和平基金会和耶鲁大学出版社从20世纪20年代开始，出版了大量关于第一次世界大战的经济和社会史专著。

6. Georges-Henri Soutou, *L'Or et le sang: les buts de guerre* économiques de la Première Guerre mondiale（Paris: Fayard, 1989）.

7. For France, see especially Jean-Jacques Becker, 1914, *comment les Français sont entrés dans la guerre*（Paris: Presses de la Fondation Nationale des Sciences Politiques, 1977）, and *Les Français dans la Grande Guerre*（Paris: Robert Laffont, 1980）; Prost, *Les Anciens Combattants*; Jean-Louis Robert, "Ouvriers et mouvements ouvriers parisiens pendant la Grande Guerre et I'immédiat après-guerre: histoire et anthropologie," thesis. University of Paris II, 1989. On Germany and Great Britain, see Gerald D. Feldman, *Armee, Industrie und Arbeiterschaft in Deutschland 1914 bis 1918*（Berlin-Bonn, 1985）; Jurgen Kocka, *Klassengesellschaft im Krieg: Deutsche Sozialgeschichte 1914-1918*（Gottingen, 1978）; Arthur Marwick, *The Deluge: British Society and the First World War*（London: The Bodley Head, 1965）; Jay Winter, *The Great War and the British People*（London, 1985）; Richard Wall and Jay Winter, eds.. T*he Upheaval of War: Family, Work, and Welfare in Europe,*

1914-1918（Cambridge: Cambridge University Press, 1988）.

8. David Mitchell, *Women on the Warpath: The Story of the Women of the First World War*（London: Jonathan Cape, 1966）; Arthur Marwick, *Women at War, 1914-1918*（Fontana Paperbacks, 1977）, and *War and Social Change in the Twentieth Century: A Comparative Study of Britain, France, Germany, Russia, and the United States*（London, 1979）.

9. Gail Braybon and Penny Summerfield, *Out of the Cage: Women's Experiences in Two World Wars*（London: Pandora, 1987）.

10. Interviews conducted by the author and broadcast on the program "Dossiers de l'écran," Antenne 2, May 1, 1984.

11. James F. MacMillan, *Housewife or Harlot: The Place of Women in French Society, 1870-1940*（Brighton: The Harvester Press, 1981）.

12. 在英国，代际效应在这种情况下的作用尤其明显，请参见 Gail Braybon, *Women Workers in the First World War*（London: Groom Helm, 1981）, and Braybon and Summerfield, eds.. *Out of the Cage*; and Deborah Thom, "Women and Work in Wartime Britain," in Wall and Winter, eds., *The Upheaval of War,* pp. 297-325.

13. Michelle Perrot, "The New Eve and the Old Adam: French Women's Condition at the Turn of the Century," in Margaret Higonnet et al.. *Behind the Lines: Gender and the Two World Wars*（New Haven: Yale University Press, 1987）, as well as her essay in Genevieve Fraisse and Michelle Perrot, eds., *A History of Women, vol. 4*（Cambridge, Mass.: Harvard University Press, 1993）; Laurence Klejman and Florence Rochefort, *L'Egalité en marche: le féminisme sous la Troisième République*（Paris: Presses de la Fondation Nationale des Sciences Politiques/Editions des Femmes, 1989）; Anne-Marie Kapelli, "Feminist Scenes," in Fraisse and Perrot, eds., *A History of Women*, vol. 4.

14. Ute Daniel, *Arbeiterfrauen in der Kriegsgesellschaft*（Gottingen: Vandenhoeck & Ruprecht, 1989）.

15. Colloquium organized by the Center for European Studies at Harvard University. Most of the papers are collected in Higonnet et al., eds.. *Behind the Lines.*

See also Michelle Perrot's review, "Sur le front des sexes: un combat douteux," *Vingtième Siècle 3*（July 1984）.

16. Joan W. Scott, "Rewriting History," in Higonnet et al., eds., *Behind the Lines*, pp. 21-30.

17. Françoise Thébaud, "Le Féminisme à I'épreuve de la guerre," in Rita Thalmann, ed.. *La Tentation nationaliste, 1914-1945*（Paris: Deuxtemps Tierce, 1990）; Marie-Hélène Zylberberg-Hocquard, *Féminisme et syndicalisme en France*（Paris: Anthropos, 1978）.

18. Becker, 1914; Jurgen Reulecke, "Mannerbund versus the Family: Middle-class Youth Movements and the Family in the Period of the First World War," in Wall and Winter, eds., *The Upheaval of War*, pp. 439-451.

19. Eric J. Leed, *No Man's Land: Combat and Identity in World War I*（Cambridge: Cambridge University Press, 1979）, chap. 2.

20. Annette Tapfert, ed., *Despatches from the Heart: An Anthology of Letters from the Front during the First and Second World Wars*（London: Hamish Hamilton, 1984）, quoted in Bonnie Smith, *Changing Lives: Women in European History since 1700*（Lexington: D. C. Heath and Company, 1989）; André Kahn, *Journal de guerre d'un Juif patriote, 1914-1918*（Paris: Jean-Claude Simoen, 1978）.

21. Annelise Maugue, *L'ldentité masculine en crise au tournant du siècle*（Marseille: Rivages, 1987）;Françoise Thébaud, *La Femme au temps de la guerre de 14*, pp. 36-39.

22. Quoted in Marwick, Women at War, p. 27, and Thébaud, "Le Feminisme," in Thalmann, ed., *La Tentation nationaliste*, p. 21.

23. Poster reproduced in Higonnet et al., eds., *Behind the Lines*, p. 210.

24. Marianne Walle, "Contribution à I'histoire des femmes allemandes entre 1848 et 1920 à travers les itinéraires de Louise Otto, Hélène Lang, Clara Zetkin et Lily Braun," doctoral thesis. University of Paris VII, 1989; idem, "Féminisme et nationalisme dans *Die Frau*," in Thalmann, ed., *La Tentation nationaliste.*

25. Quoted in Marwick, *Women at War,* p. 107.

26. Quoted in Thébaud, *La Femme au temps*, p. 25.

27. Patrick Fridenson, ed., *1914-1918: L'autre front, Cahier du Mouvement Social 2* (Paris: Les Editions Ouvrières, 1977) .

28. Daniel, *Arbeiterfrauen*; Ute Daniel, "Fiktionen, Friktionen, und Fakten—Frauenlohnarbeit im ersten Weltkrieg," in Gunter Mai, ed., *Arbeiterschaft 1914-1918 in Deutschland* (Dusseldorf, 1985) , and "Women's Work in Industry and Family: German, 1914-1918," in Wall and Winter, eds., *The Upheaval of War*, pp. 267-296.

29. Richard Bessel, "Keine allzu grosse Beunruhigung des Arbeitsmarktes. Frauenarbeit und Demobilmachung in Deutschland nach dem ersten Weltkrieg," *Geschichte und Gesellschaft* 9 (1983) : 211-229.

30. Alastair Reid, "The Impact of the First World War on British Workers," in Wall and Winter, eds., *The Upheaval of War*, pp. 221-233.

31. Thom, "Women and Work"; Richard Wall, "English and German Families and the First World War, 1914-1918," in Wall and Winter, eds., *The Upheaval of War*, pp. 43-105.

32. Marwick, *Women at War*, pp. 83-114; Jenny Gould, "Women's Military Service in First World War Britain," in Higonnet et al., eds., *Behind the Lines*, pp. 114-125.

33. Esther Newton and Carroll Smith-Rosenberg, "Le Mythe de la lesbienne et la femme nouvelle: pouvoir, sexualité et légitimité, 1870-1930," in *Stratégies des femmes* (Paris: Tierce, 1984) , pp. 274-311; Gudrun Schwarz, "L'Invention de la lesbienne par les psychiatres allemands," idem, pp. 312-328. See also Judith Walkowitz, "Dangerous Sexualities," in Fraisse and Perrot, eds., *A History of Women*, vol. 4.

34. Quoted in Cornelie Usborne, "Pregnancy Is the Woman's Active Service. Pronatalism in Germany during the First World War," in Wall and Winter, eds., *The Upheaval of War*, pp. 389-415.

35. Quoted in Daniel, "Fiktionen," p. 308.

36. Quoted in Thébaud, *La Femme au temps*, pp. 38 and 182.

37. Thom, "Women and Work"; Diana Condell and Jean Liddiard, *Working for Victory? Images of Women in the First World War, 1914-1918* (New York: Routledge

& Chapman Hall, 1988）.

38. Quoted in Simonetta Ortaggi Cammarosano, “Testimonianze proletarie e socialiste sulla guerra,” in Leoni and Zadra, eds., *La Grande Guerra*, pp. 577-604.

39. Photographs reproduced in Braybon and Summerfield, *Out of the Cage*.

40. Harriot Stanton Blatch, *Mobilizing Woman-Power*（New York: The Woman Press, 1918）, pp. 54-55. “美好的时光”这一说法来自英国女性主义者 C. Gasquoine Hartley, *Women's Wild Oats*（New York, 1920）, p. 38, quoted in William I. O'Neill, *Feminism in America: A History*（New Brunswick and Oxford: Transaction Publishers, 1989）, p. 189; “不错的日子”这一说法来自 Lorine Pruette, quoted in Lemons, *The Woman Citizen*, p. 15.

41. Sandra M. Gilbert, “Soldier's Heart: Literary Men, Literary Women, and the Great War,” in Higonnet, et al., eds., *Behind the Lines*, pp. 197-226; “全世界都颠倒过来了”来自 Nina Macdonald 的诗句，quoted in Catherine Reilly, ed., *Scars upon My Heart: Women's Poetry and Verse of the First World War*（London: Virago, 1981）。吉尔伯特的乐观分析，在 Helen M. Cooper 等人的编著中受到了一定的挑战，*Arms and the Woman: War, Gender, and Literary Representation*（Chapel Hill: University of North Carolina Press, 1989）, especially concerning May Sinclair.

42. Paul Fussell, *The Great War and Modern Memory*（Oxford: Oxford University Press, 1975）; Leed, *No Man's Land*.

43. Elaine Showalter, *The Female Malady: Women, Madness and English Culture*（New York: Pantheon, 1985）, and “Rivers and Sassoon: The Inscription of Male Gender Anxieties,” in Higonnet et al., eds., *Behind the Lines*, pp. 61-69.

44. Stéphane Audoin-Rouzeau, 14-18: *les combattants des tranchees*（Paris: Armand Colin, 1986）.

45. Clara Malraux, *Le Bruit de nos pas: apprendre à vivre*（Paris: Grasset, 1986）.

46. Quoted in Marwick, *Women at War*, p. 107; on Marie and Irène Curie, see Robert Reid, *Marie Curie, derrière la légende*（Paris: Editions du Seuil, 1979）; Françoise Giroud, *Une femme honorable*（Paris: Fayard, 1981）; Noelle Loriot, *Irène Joliot-Curie*（Paris: Presses de la Renaissance, 1991）.

47. Michelle Perrot, “Sur le front des sexes: un combat douteux,” *Vingtième siècle* 3, 71（July 1984）; see also Philippe Ariès and Georges Duby, eds., *A History of Private Life*, vols. 4 and 5（Cambridge, Mass.: Harvard University Press, 1989-90）.

48. See, for example, in the case of France, Louise Deletang, J*ournal d'une ouvrière parisienne pendant la guerre*（Paris, 1935）, and Marguerite Lesage, J*ournal de guerre d'une Française*（Paris, 1938）.

49. Paola di Cori, “II doppio sguardo. Visibilità dei generi sessuali nella rappresentazione fotografica（1908-1918）,” in Leoni and Zadra, eds., *La Grande Guerra*, pp. 765-800; in the same work see also Michela De Giorgio, “Dalla ‘Donna Nuova’ alla donna della ‘nuova’ Italia,” pp. 307-329.

50. Maurine Weiner Greenwald, *Women, War and Work: The Impact of World War I on Women Workers in the United States*（Westport: Greenwood Press, 1980）.

51. William J. Breen, “Black Women and the Great War: Mobilization and Reform in the South,” *The Journal of Southern History* 44（August 1978）; David M. Kennedy, *Over Here: The First World War and American Society*（New York: Oxford University Press, 1980）.

52. Ida Clyde Clarke, *Uncle Sam Needs a Wife*（Chicago, 1925）, p. 5, quoted in O'Neill, F*eminism in America*, p. 193.

53. Evelyne Diebolt and Jean-Pierre Laurent, *Anne Morgan: une Américaine en Soissonnais*（1917-1952）, privately published by the Association Médico-sociale Anne Morgan, 1990.

54. Valerie J. Conner, “The Mothers of the Race' in World War I. The National War Labor Board and Women in Industry,” *Labor History* 21（Winter 1980）.

55. A. Mignon, chief physician of the Third Army, quoted in Thébaud, *La Femme au temps de la guerre de* 14, p. 93; on nurses see also Yvonne Knibiehler, ed., *Cornettes et blouses blanches: les infirmières dans la société française 1880-1980*（Paris: Hachette, 1984）; Evelyne Diebolt, *La Maison de santé protestante de Bordeaux, 1863-1934*（Toulouse: Eres, 1990）; Marie-Françoise Collière, Promouvoir la vie（Paris: Inter-Editions, 1982）.

56. Thébaud, *La Femme au temps de la guerre de* 14, pp. 147-158; Anna Bravo, "Per una storia delle donne: donne contadine e prima guerra mondiale," *Societa e historia* 10（1980）.

57. Jeanne Bouvier, *Mes mémoires*（Paris: Découverte/Maspéro, 1983）; Sylvia Pankhurst, *The Home Front*（London: Hutchinson, 1932）.

58. In 1914—1918: *I'autre front*, see Gerd Hardach, "La Mobilisation industrielle en 1914-1918: production, planification et idéologie"; Alain Hennebicque, "Albert Thomaset le régime des usines de guerre, 1915-1917"; Mathilde Dubesset, Françoise Thébaud, Catherine Vincent, "Les Munition-nettes de la Seine."

59. Robert, "Ouvriers et mouvement," chaps. 11 and 12.

60. See, for example, Monica Cosens, *Lloyd George's Munition Girls*（London: Hutchinson, 1916）, quoted in Braybon, *Out of the Cage*, or Marcelle Capy, "La Femme a I'usine," *La Voix des Femmes*（November 17, December 17, January 18）.

61. 英国的女性就业委员会和弹药女工健康委员会，法国的女性劳工委员会，以及德国的战时国家女性劳工委员会。

62. Besides the works of Gail Braybon and Ute Daniel cited earlier, see Laura Lee Downs, "Women in Industry, 1914-1939: The Employer's Perspective: A Comparative Study of the French and British Metals Industry," thesis, Columbia University, 1987; and Annie Fourcaut, *Femmes à I'usine en France dans I'entre-deux-guerres*（Paris: Maspero, 1982）.

63. Alain Corbin, *Filles de noce: misère sexuelle et prostitution au XIXe siècle*（Paris: Aubier-Montaigne, 1978）; Emilio Franzina, "II tempo libero dalla guerra: Case del soldato e postriboli militari," in Leoni and Zadra, eds., *La Grande Guerra*, pp. 161-230.

64. Colette, "La Chambre éclairée," *Les Heures longues*（Paris, 1917）.

65. Wall and Winter, eds. *The Upheaval of War*, introduction and part 4 on "Social Policy and Family Ideology."

66. Cicely Hamilton, "Non-Combatant," in Reilly, ed. *Scars upon My Heart*.

67. Karin Hausen, "The German Nation's Obligations to the Heroes' Widows of World War I," in Higonnet et al., ed., *Behind the Lines*, pp. 126-140.

68. Richard Soloway, "Eugenics and Pronatalism in Wartime Britain," in Wall and Winter, eds.*The Upheaval of War*, pp. 369-388.

69. Jay Winter, "Some Paradoxes of the First World War," and Peter Dewey, "Nutrition and Living Standards in Wartime Britain," in Wall and Winter, eds.*The Upheaval of War*, pp. 9-42 and 197-220.

70. Ute Daniel, "The Politics of Rationing versus the Politics of Subsistence: Working-Class Women in Germany, 1914-1918," in Roger Fletcher, ed., B*ernstein to Brandt: A Short History of German Social Democracy*（London, 1987）; Michelle Perrot, "La Femme populaire rebelle," in the collective volume *L'Histoire sans qualités*（Paris: Galilee, 1979）, and her essay in vol. 4 of this series.

71. Lynne Layton, "Vera Brittain's Testament（s）," in Higonnet et al., eds. *Behind the Lines*, pp. 70-83.

72. Remain Rolland's appeal was published in the journal of the International Woman Suffrage Alliance and in Henri Guilbeaux's magazine *Demain*.

73. Odette Thibault, ed., *Féminisme et pacifisme : même combat*（Paris: Les Lettres Libres, 1985）.

74. On feminism, see notes 13 and 24 above, and of course the three books by Richard J. Evans: T*he Feminist Movement in Germany, 1894-1933*（London: Sage Publications, 1976）; T*he Feminists: Women's Emancipation Movements in Europe, America and Australasia, 1840-1920*（London: Groom Helm, 1977）; and *Comrades and Sisters: Feminism, Socialism and Pacifism in Europe, 1870-1945*（Sussex: Wheatsheaf Books, 1987）.

75. Anne Wiltsher, *Most Dangerous Women*（London, 1985）; Evans, *The Feminist Movement in Germany*; O'Neill, *Feminism in America*, pp. 169-185.

76. Barbara J. Steinson, "The Mother Half of Humanity: American Women in the Peace and Preparedness Movements in World War I," in G. Berkin and G. Lovett, eds., *Women, War and Revolution*（New York: Holmes and Meier, 1980）, pp. 259-285; Linda Schott, "The Woman's Peace Party and the Moral Basis for Women's Pacifism," *Frontiers* 8, 2（1985）.

77. Hélène Brion, *La Voie féministe*（Paris: Syros, 1978）; Charles Sowerwine,

Les Femmes et le socialisme (Paris: Presses de la FNSP, 1978) ; Robert, *Ouvriers et movement ouvrier*.

78. For example, "La Désunion des prolétaires 1889-1919," *Mouvement Social* 147 (April-June 1989) .

79. Gilbert, "Soldiers' Heart," p. 223.

80. In addition to the previously cited works on feminism, see Steven G. Hause, *Hubertine Auclert: The French Suffragette* (New Haven: Yale University Press, 1987) , and idem, "More Minerva than Mars: The French Women's Rights Campaign and the First World War," in Higonnet et al., eds., *Behind the Lines*, pp. 99-113.

81. Eleanor Lerner, "Structures familiales, typologie des emplois et soutien aux causes féministes à New York (1915-1917) ," in *Stratégies des fentmes*, pp. 424-442.

82. Roger-Henri Guerrand and Francis Ronsin, *Le Sexe apprivoisé: Jeanne Humbert et la lutte pour le controle des naissances* (Paris: La Decouverte, 1990) ; Angus Maclaren, *Sexuality and Social Order* (New York: Holmes and Meier, 1983) .

83. On the "rush to return to private life," see Albert Hirschman, *Shifting Involvements* (Princeton: Princeton University Press, 1982) ; and M. Capy, quoted in Thébaud, *La Femme*, p. 283.

84. Braybon, *Out of the Cage*, pp. 115-132; Bessel, "Keine allzu grosse Unberuhigung"; Susanne Rouette, "Die Erwerbslosenfiirsorge für Frauen in Berlin nach 1918," *IWK* 21 (1985) : 295-308, and idem, "'Gleichberechtigung' ohne 'Recht auf Arbeit': Demobilmachung der Frauenarbeit nach dem Ersten Weltkrieg," in Christiane Eifert and Susanne Rouette, eds., *Unter allen Umstanden: Frauengeschichte (n) in Berlin* (Berlin: Rotation, 1986) .

85. Margaret Ward, *Unmanageable Revolutionaries: Women and Irish Nationalism* (London: Pluto Press, 1983) .

86. Paul Géraldy, "Femmes," in his *La Guerre, Madame* (Paris, 1936) .

87. My thanks to Evelyne Diebolt, who conducted this interview.

88. Klaus Theweleit, *Mannerphantasien,* 2 vols. (Frankfurt: Roter Stern, 1977-1978) ; Reulecke, "Mannerbund."

89. Jacques Le Rider, *Modernité viennoise et crises de I'identité*（Paris: Presses Universitaires de France, 1990）, and idem, "Karl Kraus, satiriste de la femme en guerre," in Thalmann, ed., *La Tentation nationaliste*, pp. 63-75.

90. Françoise Thébaud, *Quand nos grands-mères donnaient la vie: la maternité en France dans I'entre-deux-guerres*（Lyon: Presses Universitaires de Lyon, 1986）；"现代世界的冒险家"这一说法来自支持家庭的作家 Henry Bordeaux, quoting Charles Péguy.

91. Higonnet and Higonnet, "The Double Helix," in Higonnet et al., eds., *Behind the Lines*, pp. 31-47.

92. Thébaud, *La Femme*, p. 291; J.-L. Robert, "Women and Work in France during the First World War," in Wall and Winter, eds., *The Upheaval of War*, pp. 251-266.

93. Sylvie Zerner, "Travail domestique et forme de travail. Ouvrières et employées entre la Première Guerre mondiale et la grande crise," doctoral thesis. University of Paris X-Nanterre, 1985; Downs, "Women in Industry."

94. Yvonne Knibiehler, *Nous les assistantes sociales*（Paris: Aubier-Mon-taigne, 1981）; idem, *Cornettes et blouses blanches;* idem, "Le Docteur Simone Sédan et la protection de I'enfance à Marseille," in Jean Antoine Gili and Ralph Schor, eds., *Hommes. Idées. Journaux. Mélanges en I'honneur de Pierre Guiral*（Paris: Editions Ouvrieres, 1990）; Sylvie Fayet-Scribe, *Associations féminines et catholicisme: de la charité à I'action sociale*（Paris: Editions Ouvrieres, 1990）; idem. *La Résidence sociale de Levallois-Perret（1896-1936）: la naissance des centres sociaux en France*（Toulouse: Eres, 1990）.

95. Susan Pedersen, "Gender, Welfare and Citizenship in Britain during the Great War," *The American Historical Review 95*, 4（October 1990）.

96. Dominique Desanti, *La Femme au temps des années folles*（Paris: Stock-Laurence Pernoud, 1984）.

97. Lilian Fadermann, *Surpassing the Love of Men: Romantic Friendship and Love Between Women from the Renaissance to the Present*（London: Junction Books, 1980）; Newton and Smith-Rosenberg, "Le Mythe de la lesbienne."

98. Fussell, *The Great War*, p. 79.

99. Reinhard Sieder, "Behind the Lines: Working-Class Family Life in Wartime Vienna," in Wall and Winter, eds., *The Upheaval of War*, pp. 109-138; Paul Pasteur, "Femmes dans le mouvement ouvrier autrichien（1918-1934）," doctoral thesis. University of Rouen, 1986.

100. Michel Launay, La CFTC, *origines et développement, 1919-1940*（Paris: Publications de la Sorbonne, 1987）; Christine Bard, "L'Apotre sociale et I'ange du foyer: les femmes et la CFTC dans I'entre-deux-guerres," to appear in *Le Mouvement Social*.

101. Prost, *Les Anciens Combattants*.

102. Christiane Eifert, "Frauenarbeit im Krieg: Die Berliner 'Heimat-front' 1914 bis 1918," *IWK* 21（1985）.

103. Nancy F. Cott, *The Grounding of Modern Feminism*（New Haven: Yale University Press, 1987）. Christine Bard is currently at work on a thesis entitled "Le Mouvement féministe en France, 1914-1939."

104. Guerrand and Ronsin, Le Sexe apprivoisé; Nicole Gabriel, "'Des femmes appelèrent mais on les entendit pas': Anita Augspurg et Lida Gustava Heymann," in Thalmann, ed., *La Tentation nationaliste*; Cott, *The Grounding*.

105. Susan Kingsley Kent, "The Politics of Sexual Difference: World War I and the Demise of British Feminism," *Journal of British Studies* 27（July 1988）: 232-253.

106. Anne Cova, "Cécile Brunschvicg（1877-1946） et la protection de la maternité," in Association pour I'Etude de I'Histoire de la Sécurité Sociale, *Actes du 113e congrès national des sociétés savantes*（Paris, 1989）, pp. 75-104; Cova is currently at work on a thesis entitled "Droits des femmes et protection de la maternité en France. 1892-1939." See also Gisela Bock's second essay in this volume.

第二章　美式风格：20 世纪 20 年代的现代女性

南希 · 科特（Nancy Cott）

1. Fuller documentation for this essay may be found in Nancy F. Cott, The

Grounding of Modern Feminism（New Haven: Yale University Press, 1987）, chap. 5.

2. Heidi I. Hartmann, "Capitalism and Women's Work in the Home, 1900-1940," Ph.D. diss., Yale University, 1974. For the Durham counter-example, see Dolores Janiewski, *Sisterhood Denied: Race, Gender and Class in a New South Community*（Philadelphia: Temple University Press, 1985）, esp. p. 32.

3. See Carl N. Degler, *At Odds: Women and the Family in America from the Revolution to the Present*（New York: Oxford University Press, 1980）, pp. 178-248; Richard A. Easterlin, *The American Baby Boom in Historical Perspective*（New York: National Bureau of Economic Research, Occasional Paper #79, 1962）, pp. 6-12, 15-21.

4. Alfred Kinsey et al., *Sexual Behavior in the Human Female*（Philadelphia: W. B. Saunders, 1953）, pp. 242-245, 298-301, 339, 422-424, 461-462, 529, 553.

5. Robert S. Lynd and Helen Merrell Lynd, *Middletown: A Study in Modern American Culture*（New York: Harcourt, 1929）, p. 266; see Linda Gordon, *Woman's Body, Woman's Right*（New York: Grossman, 1976）, pp. 186-206; Estelle Freedman and John D'Emilio, *Intimate Matter*（New York: Harper and Row, 1988）, pp.222-274.

6. Christina Simmons, "Companionate Marriage and the Lesbian Threat," *Frontiers* 4（Fall 1979）: 54-59.

7. Vern Bullough and Bonnie Bullough, "Lesbianism in the 1920s and 1930s: A Newfound Study," *Signs* 2（1977）: 895-904; Leila Rupp, "'imagine My Surprise': Women's Relationships in Historical Perspective," *Frontiers* 5（Fall 1980）: 61-71; Blanche Wiesen Cook, "'Women Alone Stir My Imagination': Lesbianism and the Cultural Tradition," *Signs* 4, 4（Summer 1978）: 718-739.

8. John Modell et al., "The Timing of Marriage in the Transition to Adulthood," in John Demos and Saranne Boocock, eds., *Turning Points: Historical and Sociological Essays on the Family*（Chicago: University of Chicago Press, 1978）, p. 12.

9. Barbara Miller Solomon, *In the Company of Educated Women*（New Haven: Yale, 1985）, pp. 119-122; Paula Fass, *The Damned and the Beautiful*（New York:

Oxford University Press, 1977）, pp. 124 and 407-408, n4.

10. Lois Scharf, *To Work and to Wed: Female Employment, Feminism, and the Great Depression*（Westport, Conn.: Greenwood, 1980）, pp. 15-16, 41-42.

11. *Smith College Weekly* 10（December 3, 1919）: 2, quoted in Peter Filene, *Him/Her/Self*（New York: New American Library, 1974）, p. 128.

12. Cott, Grounding, p. 183.

13. Edward A. Purcell, Jr., *The Crisis of Democratic Theory: Scientific Naturalism and the Problem of Value*（Lexington, Ky.: University Press of Kentucky, 1973）, pp. 16-23.

14. Bessie Bunzel, "The Woman Goes to College: After Which, Must She Choose Between Marriage and a Career?" T*he Century Monthly Magazine* 117（Nov. 1928）: 26-32, quotations from pp. 26 and 31; John C. Burnham, "The New Psychology: From Narcissism to Social Control," in *Change and Continuity in Twentieth-Century America: The 1920s*, John Braeman et al., eds.（Columbus: Ohio State University Press, 1968）, pp. 351-398.

15. Jill Morawski, "The Measurement of Masculinity and Femininity: Engendering Categorical Realities," *Journal of Personality* 53, 2（June 1985）: 196-223. Compare with Rosalind Rosenberg, *Beyond Separate Spheres*（New Haven: Yale University Press, 1982）, on earlier generation of women social scientists.

16. Ernest Groves, "The Personality Results of the Wage Employment of Women Outside the Home and Their Social Consequences," *Annals* 143（May 1929）: 339-348.

17. Vera Brittain, "Home-Making Husbands," *Equal Rights* 13（Jan. 29, 1927）: 403.

18. See Hartmann, "Capitalism and Women's Work."

19. Gwendolyn Hughes Berry, "Mothers in Industry," *Annals* 143（May 1929）: 315.

20. See Burnham, "The New Psychology: From Narcissism to Social Control," PP. 360-366, 378-379, 381-384; Fass, *Damned,* pp. 96-101.

21. A. M. McMahon, "An American Courtship: Psychologists and Advertising

Theory in the Progressive Era," *American Studies* 13（Fall 1972）: esp. 3-8, 15; Roland Marchand, *Advertising the American Dream*（Berkeley: University of California Press, 1985）, pp. 5-7.

22. Chase Going Woodhouse, "The New Profession of Homemaking," *Survey* 57（Dec. 1926）: 339; see also Marchand, *Advertising*, pp. 34, 66-69, 162-163, 342-345; Neil H. Borden, T*he Economic Effects of Advertising*（Chicago: Richard D. Irwin, 1942）, chap. 26, esp. pp. 744-745, 763-765, 768-797.

23. On advertising volume see Robert Lynd, "The People as Consumers," in *Recent Social Trends*（New York: McGraw-Hill, 1933）, vol. 2.

24. Quotation from *Chicago Tribune*, 1930, reported in Marchand, *Advertising*, p. 186; Gwendolyn Wright, *Building the Dream: A Social History of Housing in America*（New York: Pantheon Books, 1981）, pp. 208-210.

25. See Lary May, *Screening Out the Past*（New York: Oxford University Press, 1980）.

26. Compare with two treatments by Atina Grossman, "The New Woman and the Rationalization of Sexuality in Weimar Germany," in *Powers of Desire: The Politics of Sexuality,* Christine Stansell, ed.（New York: Monthly Review, 1983）, pp. 153-171, and ''Girlkultur or Thoroughly Rationalized Female: A New Woman in Weimar Germany?" in *Women in Culture and Politics: A Century of Change*, Judith Friedlander et al., eds.（Bloomington: Indiana University Press, 1986）, pp. 62-80. 关于美国电影的影响和欧洲各国响应的深入讨论，请参见 Victoria de Grazia, "Mass Culture and Sovereignty: The American Challenge to European Cinemas, 1920-1960," *Journal of Modern History* 61（March 1989）: 53-87, and "'Women's Last-Best Hope'? Americanization and New Models of Modern Womanhood in Interwar Europe," paper revised for the Rockefeller Conference "Women in Dark Times," Bellagio, Italy, August 11-14, 1987. See also her *How Fascism Ruled Women: Italy, 1922-1945*（Berkeley: University of California Press, 1992）, chaps. 5 and 7.

第三章　法国和英国的战间期

安—玛丽·索恩（Anne-Marie Sohn）

1. See Léon Blum, *Du mariage*（1908）.

2. 主要有两部畅销小说，马塞尔·普列沃斯的《女唐璜》售出了 300000 册，还有玛格里特的《单身女郎》，两部小说的主题和出版时间都差不多。

3. 维克多·玛格里特 “在路上的女性”（*La Femme en chemin,*）三部曲中，第三册的标题就是《伴侣》（*Le Compagnon*），《单身女郎》（*La Garçonne*）是该系列中的第一册。

4. Bulletin of the Syndicat, Bibliothéque M. Durand, Paris, dossier 396 FEM.

5. Well-described by Michelle Perrot in “L'Éloge de la ménagère dans le discours ouvrier français au XIXe siècle,” *Romantisme* 13-14（1976）.

6. *Les Populations du Puy-de-Dôme. Monographies rédigées* à *l'occasion de l'enquête agricole de 1929*（Clermont-Ferrand, Imprimerie Gale, 1932）, p. 110.

7. See F. Zonabend, *La Mémoire longue. Temps et histoire au village*（Paris: Presses Universitaires de France, 1980）.

8. C. Amiel, G. Charuty, and C. Fabre-Vassas, *Jours de vigne.* Les femmes des pays *viticoles racontent le travail*（Atelier du Gué, Terre de I'Aude, 1981）, p. 134.

9. 根据公民与社会女性联盟的调查，丈夫失业或生病让她们的处境更为艰难。

10. A. Fourcaut, *Femmes à I'usine dans I'entre-deux-guerres*（Paris: Maspero, 1982）, pp. 103 and 119.

11. *Le Travail industriel de la mère et le foyer ouvrier*（Paris: UFCS, 1934）, p. 252.

12. See J.-P. Burdy, M. Dubesset, M. Zancarini-Fournel, “Rôles, travaux et métiers féminins dans une ville industrielle: Saint-Etienne, 1900-1950,” *Mouvement Social*（July-September 1987）.

13. M. Spring Rice, *Working Class Wives: Their Health and Conditions*（London: Virago, 1981）, pp. 135 and 141.

14. *La Vie quotidienne à Saint-Etienne entre les deux guerres*（Saint-Etienne: Centre d'Études Foréziennes, 1985）, p. 7.

15. André Alix, *Un pays de haute montagne: I'Oisans. Etude géographique*（1929; repr. Marseille: J. Laffitte, 1975）.

16. Rice, *Working Class Wives,* pp. 135 and 141.

17. Ibid., p. 142.

18. Fourcaut, Femmes à I'usine, p. 191.

19. Rosemary Crook, "'Tiddy Women': Women in the Rhondda Between the Wars," *Oral History 10*（1982）.

20. C. Germain and C. de Panafieu, *La Mémoire des femmes. Témoignages de femmes nées avec le siècle*（Paris: Sylvie Messinger, 1982）, p. 191.

21. Fourcaut, *Femmes à I'usine,* p. 103.

22. Richard Hoggart, *The Uses of Literacy: Aspects of Working-Class Life with Special References to Publications and Entertainment*（New York: Oxford University Press, 1957）.

23. E. Roberts, A *Woman's Place: An Oral History of Working Class Women, 1890-1940*（Oxford: Basil Blackwell, 1984）, p.113.

24. Pierre Bourdieu, "Célibat et condition paysanne," *Etudes Rurales*（1962）.

25. Hoggart, *The Uses of Literacy*, pp. 92-93.

26. See A.-M. Sohn, "Qualità e difetti. Steretipi et realtà conjugali nelle Francia dell'Ottocento," *Memoria. II bel matrimonio 2*（1988）.

27. Letter to the minister of justice, October 23, 1917: Archives nationales, BB182527（1）, dossier 2328.

28. Quoted in Jeffrey Weeks, *Sex, Politics and Society: The Regulation of Sexuality since 1800*（London: Mangman, 1981）, p. 189.

29. 19 世纪 20 年代初期例外，当时许多从前线回来的男子起诉离婚，因为妻子在他们离开的期间不忠。

30. Louise Weiss, *Ce que femme veut*（Paris: Gallimard, 1946）, p. 14.

31. Anne-Marie Sohn, "Feminisme et syndicalisme. Les institutrices de la Fédération unitaire de I'enseignement de 1919 à 1935," thesis. University of Paris X-Nanterre, 1973, available through Microéditions Hachette, 1974.

第四章　墨索里尼如何统治意大利女性

维多利亚・德・葛拉齐亚（Victoria de Grazia）

1. On the concept of "liberal patriarchy" see Linda J. Nicholson, *Gender and History: The Limits of Social Theory in the Age of the Family*（New York: Columbia University Press, 1986）; see also Carole Pateman, *The Sexual Contract*（Stanford: Stanford University Press, 1988）. For the concept of "social patriarchy" see Harriet Holter, ed., Patriarchy in a Welfare Society（Oslo: Universitetforlaget, 1984）, also Carole Pateman, *The Patriarchal Welfare State*（Cambridge, Mass.: Harvard Center for European Studies Working Paper Series, 1987）.

2. Victoria de Grazia, *How Fascism Ruled Women: Italy, 1922-1945*（Berkeley: University of California Press, 1992）. Compare to national approaches as exemplified best by Franca Pieroni Bortolotti, *Femminismo e partiti politici in Italia, 1919-1926*（Rome: Editori Riuniti, 1978）; Maria Antonietta Macciocchi, La donna nera（Milan: Feltrinelli, 1976）; Piero Meldini, *Sposa e madre esemplare*（Rome-Florence: Guaraldi, 1975）; Elisabetta Mondello, *La donna nuova*（Rome: Editori Riuniti, 1987）.

3. John Maynard Keynes, *The Economic Consequences of the Peace*（1920; rpt. New York: Harper and Row, 1971）, pp. 9-26.

4. Gunnar Myrdal, *Population: A Problem for Democracy*（Cambridge, Mass.: Harvard University Press, 1940）; as well as Alva Myrdal and Gunnar Myrdal, *Crisis in the Population Question*（Stockholm, Albert Bonniers Forlag, 1935）. D. V. Glass's work. *Population Policies and Movements in Europe*（Oxford: Clarendon Press, 1940）, draws similarly broad comparisons. For a brief overview see C. F. McCleary, "Pre-War European Population Policies," *The Milbank Memorial Fund Quarterly* 19, 2（April 1941）: 105-120.

5. Alva Myrdal, Nation and Family, *The Swedish Experiment in Democratic Family and Population Policy*（New York: Harper and Brothers, 1941）, P-398ff.

6. Charles Maier, *Recasting Bourgeois Europe*（Princeton: Princeton University Press, 1975）.

7. Eli F. Heckscher, *Mercantilism*, 2 vols., trans. Mendel Shapiro（London:

Allen and Unwin, 1935）, vol. II, pp. 145ff. and 273ff.

8. Myrdal, *Population: A Problem for Democracy*, p. 20. The best overall account is Ann Sofie Kalvemark's *More Children of Better Quality? Aspects on Swedish Population Policy in the 1930s*（Uppsala: Acta Universitatis Upsaliensia, 1980）.

9. Ibid., pp. 80, 190-191.

10. Paolo Ungari, *Storia del diritto di famiglia in Italia, 1796-1941*（Bologna: II Mulino, 1974）, p. 123ff; Maria Vittoria Ballestrero, *Dalla tutela alla parita: La legislazione italiana sul lavoro delle donne*（Bologna: II Mulino, 1979）, PP.11-56.

11. Annarita Buttafuoco, "La filantropia come politica. Esperienze dell'emancipazionismo italiano nel Novecento," *Ragnatele di rapporti,* Lucia Ferrante, Maura Palazzi, Gianna Pomata, eds.（Turin: Rosenberg & Sellier, 1988）, p. 167ff; see also her "Condizione delle donne e movimento di emancipazione femminile," *Storia della società italiana*, pt. 5, vol. XX: *L'Italia di Giolitti*（Milan: Teti, 1981）, pp. 154-185. See too Franca Pieroni Bortolotti, *Alle origini del movimento femminile in Italia, 1848-1892*（Turin: Einaudi, 1963）; *Socialismo e questione femminile in Italia, 1892-1922*（Milan: Mazzotta, 1974）. See also Paola Gaiotti de Biase, *Le origini del movimento cattolico femminile*（Brescia: Morcelliana, 1963） and Cecilia Dau Novelli, *Società, Chiesa e associazionismo femminile*（Rome: Società A.V.E, 1988）.

12. Bruno P. S. Wanrooij, *Pudore e licenza: Una storia della questione sessuale in Italia*（Venice: Marsilio Editore, 1990）; George Mosse, *Nationalism and Sexuality*（New York: Howard Fertig, 1985）.

13. Vilfredo Pareto, "II mito virtuista"（1914）, in *Scritti sociologici,* G. Busino, ed.（Turin: UTET, 1966）, esp. pp. 425ff, 484, 602.

14. Cited in Luciano De Maria, ed., *Teoria e invenzione futurista*（Milan: Mondadori, 1983）, p. 11.

15. Benito Mussolini, "La donna e il voto," *Opera Omnia*, 44 vols., E. and D. Susmel, eds.（Florence: La Fenice, 1951-1980）, vol. XXI, p. 303: "Non divaghiamo a discutere se la donna sia superiore o inferiore; costatiamo che e diversa."

16. Cited in Antonio Spinosa, *I figli di Mussolini* (Milan: Rizzoli, 1983) , p. 18.

17. Giovanni Gentile, "La donna e il fanciullo," (1934) , cited in Simonetta Uliveri, "La donna nella scuola dall'unità d'ltalia a oggi: leggi, pregiudizi, lotte e prospettive," *Nuova DWF 2* (January-March, 1977) : 116ff.

18. For example, Argo (Giuseppe Bottai) , "Compiti ella donna," *Critica fascista 14* (1933) : 267ff; also *Carta della Scuola illustrata nelle singole dichiarazioni da presidi e professori dell' Associazione fascista della Scuola* (Rome: Editore Pinciana, 1939) , p. 17.

19. Umberto Notari, *La donna tipo tre* (Milan: Società anonima Notari, 1928) .

20. Renzo De Felice, *Mussolini il Duce: Gli anni del consenso, 1929-1935*(Turin: Einaudi, 1974) ; Victoria de Grazia, *The Culture of Consent: Mass Organization of Leisure in Fascist Italy* (Cambridge and New York: Cambridge University Press, 1981) ; Luisa Passerini, *Torino operaia e socialista* (Rome and Bari: Laterza, 1984) .

21. Claudio Pogliani, "Scienza e stirpe: eugenica in Italia, 1912-1939," *Passato e presente* 5 (1984) : 79.

22. Ibid., pp. 80-81.

23. Nicola Pende, "Nuovi orientamenti per la protezione e I'assistenza della madre e del fanciullo," *Medicina Infantile 7, 8* (August, 1936) : 233.

24. Luigi Maccone, *Ricordi di un medico pediatra* (Turin: G. B. Paravia, 1936) , p. 62.

25. Passerini, *Torino operaia e fascismo*, pp. 213-219; Denise Detragiache, "Un aspect de la politique demographique de l'ltalie fasciste: la repression de I'avortement," *Melanges de I'Ecole Française de Rome 92, 2* (1980) : 691-735.

26. Giorgio Gattei, "Per una storia del comportamento amoroso dei bolognesi: Le nascite dall'unita al fascismo," *Società e storia*, 9 (1980) : 627ff. Stefano Somogyi, *La mortalità nei primi cinque anni di età in Italia, 1863-1963* (Palermo: Ed. Ingrana, 1967) , p. 42, table 7.

27. In general, Pietro Melograni, ed., *La famiglia italiana dall' Ottocento a oggi* (Rome and Bari: Laterza, 1988) . Marzio Barbagli, Sotto lo stesso tetto; *Mutamenti*

della famiglia in Italia dal XV al XX secolo（Bologna: II Mulino, 1984）. Vera Zamagni, "Dinamica e problemi della distribuzione commerciale e al minuto tra il 1880 e la II Guerra mondiale," in *Mercati e consumi: Organizzazione e qualificazione del commercio in Italia dal XVII al XX secolo*（Bologna: Edizioni Analisi, 1986）, p. 598.

28. INEA, *Monografie di famiglie agricole.* Studi e monografie, no. 14（Rome: 1929-）, in particular, *Mezzadri di Val di Pesa e del Chianti*（1931）, esp. pp. 46, 74, 94. On ruralization in general, see Domenico Preti: *La modernizzazione corporativa: 1922-1940*（Milan: Franco Angeli, 1987）, pp. 53-100.

29. Cited in Igino Giordani, ed., *Le encicliche sociali dei papi*, 4th ed.（Rome: Editrice Studium, 1956）, p. 200.

30. Francesca Bettio, *The Sexual Division of Labor: The Italian Case*（Oxford: Clarendon Press, 1989）, p. 117. Chiara Saraceno, "La famiglia operaia sotto il fascismo," *La classe operaia durante il fascismo*, in *Annali Fondazione Giangiacomo Feltrinelli,* 20（1979-1980）; see also her "Percorsi di vita femminile nella classe operaia: tra famiglia e lavoro durante il fascismo," *Memoria 2*（October 1981）: 64-75.

31. Maccone, *Ricordi*, p. 67.

32. Mussolini, "Macchina e donna"（August 31,1934）, in *Opera Omnia*, vol. XXVI, p. 311.

33. Maria Castellani, *Donne italiane di ieri e di oggi*（Florence: Bemporad, 1937）, p. 102ff.

34. Denise Detragiache, "II fascismo femminile da San Sepolcro all'affare Matteotti, 1919-1924," *Storia Contemporanea 2*（April, 1983）: 211-251; Stefania Bartoloni, "II fascismo femminile e la sua stampa: *La Rassegna femminile italiana*（*1925-1930*）," *Nuova DWF 21*（1982）: 143-169.

35. Mussolini, "Elogio alle donne d'ltalia," in *Opera Omnia*, vol. XXVII, p. 266.

36. Giulia Boni, I*l lavoro sociale delle donne: le grandi organizzazioni in Italia e all'estero*（*Corso per visitatrici fasciste*）（Pisa: Tipografia Pellegrini, 1936）, pp. 4, 9. See also Olga Modigliani, *Lavoro sociale delle donne*（Rome: 1935）, p. 22.

37. Archivio Nazionale dello Stato, Segreteria particolare del Duce, Carteggio ordinario, 509.504/3 fascicolo Angiola Moretti, "Speech of May 14, 1940, to newly graduated *visitatrici fasciste* before the Queen-Empress of Italy."

38. Ferdinando Loffredo, *Politica della famiglia*（Milan: Bompiani, 1938）, pp. 230-231, 376, 412, 464.

39. Archivio Centrale dello Stato, Presidenza Consiglio dei Ministri, 1937-1939, fascicolo 1/3-1, f.954.4 petition: Rome, October 6, 1938—Duce.

40. *La donna e la famiglia nella legislazione fascista*（Naples: La Toga, 1933）.

41. Maria Maggi, "Rassegna letteraria: scrittrici d'ltalia," Almanacco della donna italiana, 1930, p. 182. For examples, see: Ester Lombardo, *La donna senza cuore*（Milan: Corbaccio, 1929）and Lina Pietravalle, *Le Catene*（Milan: Mondadori, 1930）.

42. Annamaria Bruzzone and Rachele Farina, *La resistenza taciuta*（Florence: La Pietra, 1976）; Mirella Alloisio and Giuliana Beltrami, *Volontarie della liberta*（Milan: Mazzotta, 1981）; Bianca Guidetti Serra, *Campagne: testimonianze di partecipazione politica femminile,* 2 vols.（Turin: Einaudi, 1977）.

43. "Female Consciousness and Collective Action: The Case of Barcelona, 1910-1918," *Signs 7*（Spring 1982）: 545-566; Nancy F. Cott, "What's in a Name? The Limits of 'Social Feminism,' or Expanding the Vocabulary of Women's History," *Journal of American History 76, 3*（December, 1989）: 827.

第五章　纳粹性别政策和妇女史

吉塞拉·博克（Gisela Bock）

1. Comité des Délégations Juives, ed., *Die Lage der juden in Deutschland 1933*（Paris, 1934; repr. Frankfurt, 1983）, p. 468; Marion Kaplan, T*he Jewish Feminist Movement in Germany: The Campaigns of the J*ü*discher Frauenbund, 1904-1938*（Westport, Conn.: Greenwood Press, 1979）, esp. ch. 3 and pp. 114-115.

2. Richard Walther Darre, *Neuadel aus Blut und Boden*（Munich, 1930）, pp. 169-171; Alfred Grotjahn, G*eburten Rückgang und Geburten-Regelung im Lichte der individuellen und sozialen Hygiene*（Berlin, 1914）, pp. 144-145; Ann Taylor Allen,

"German Radical Feminism and Eugenics, 1900-1918," German *Studies Review II*（1989）: 31-56, esp. pp. 45-46.

3. Rita R. Thalmann, "Jüdische Frauen nach dem Pogrom von 1938," in Arnold Paucker, ed., *Die Juden im nationalsozialistischen Deutschland/The Jews in Nazi Germany 1933-1943*（Tübingen: Mohr, 1986）, pp. 295-302; Claudia Huerkamp, "Jüdische Akademikerinnen in der Weimarer Republik und im Nationalsozialismus," in *Geschichte und Gesellschaft* 19, 3（1993）; Raul Hilberg, *The Destruction of the European Jews,* 3 vols.（New York: Holmes and Meier, 1985）.

4. Wilhelm Frick, *Bevölkerungs- und Rassenpolitik*（Berlin, 1933）, pp. 3-8.

5. Robert Jay Lifton, *The Nazi Doctors: Medical Killing and the Psychology of Genocide*（New York: Basic Books, 1986）, p. 22; the previous quotes are from Arthur Gütt, Ernst Rüdin, Falk Ruttke, *Gesetz zur Verhütung erbkranken Nachwuchses vom 14. Juli 1933*（Munich, 1934）, p. 60.

6. Gisela Bock, *Zwangssterilisation im Nationalsozialismus. Studien zur Rassenpolitik und Frauenpolitik*（Opladen: Westdeutscher Verlag, 1986）, pp. 351-362, 453-456; Theresia Seible, "Aber ich wollte vorher noch ein Kind," in *Courage 6*（May 1981）: 21-24; Hilberg, *Destruction*, vol. 3.

7. Gütt, Rüdin, and Ruttke, *Gesetz*, pp. 5, 176.

8. Quoted in Bock, *Zwangssterilisation*, pp. 357, 412.

9. Lothar Gruchmann, "'Blutschutzgesetz' und Justiz," in *Vierteljahrshefte für Zeitgeschichte* 31（1983）: 418-442; the quotes are from various contemporary women's journals, brochures, and textbooks, in Bock, *Zwangssterilisation*, pp. 129-133; cf. Barbara Greven-Aschoff, *Die bürgerliche Frauenbewegung in Deutschland 1894-1933*（Göttingen: Vandenhoeck & Ruprecht, 1981）, esp. chs. 2 and 3.

10. Hans-Walter Schmuhl, *Rassenhygiene, Nationalsozialismus, Euthanasie*（Göttingen: Vandenhoeck & Ruprecht, 1987）, p. 40.

11. Lifton, *Nazi Doctors*, p. 159, see also pp. 15, 147; Martin Broszat（Hg.）, *Kommandant in Auschwitz. Autobiographische Aufzeichnungen des Rudolf Höss*（Munich: DTV, 1963）, p. 127; Hilberg, *Destruction*, vol. I, pp. 332-334.

12. Joan Ringelheim, "Verschleppung, Tod und Überleben: Nationalsozialistische

Ghetto-Politik gegen jüdische Frauen und Männer im besetzten Polen," in Theresa Wobbe, ed., *Nach Osten: Verdeckte Spuren nationalsozialistischer Verbrechen*（Frankfurt: Neue Kritik, 1992）, pp. 135-160; see also her "Women and the Holocaust," in *Signs* 10（1985）: 741-761; Eugen Kogon et al., eds., *Nationalsozialistische Massentötungen durch Giftgas*（Frankfurt: Fischer Verlag, 1986）, pp. 88, 91, 93-97, 105-108, 122, 131, 134, 158, 210-215.

13. Lucie Adelsberger, *Auschwitz. Ein Tatsachenbericht*（Berlin, 1953）, pp. 126-128（quote）; Jercy Ficowski, "Die Vernichtung," in Tilman Zülch, ed., *In Auschwitz vergast, bis heute verfolgt: Zur Situation der Roma（Zigeuner） in Deutschland und Europa*（Reinbek: Rowohlt, 1979）, pp. 135-136.

14. Lifton, *Nazi Doctors*, p. 462; cf. pp. 193-196, 199, 231, 312-321,443.

15. Bradley F. Smith and Agnes F. Peterson, eds., *Heinrich Himmler: Geheimreden 1933-194S und andere Ansprachen*（Frankfurt, 1974）, pp. 201, 169.

16. Eberhard Jäckel, "Die elende Praxis der Untersteller," in "Historikerstreit". *Die Dokumentation der Kontroverse um die Einzigartigkeit der nationalsozialistischen Judenvernichtung*（Munich: Piper, 1987）, p. 118. E. 诺尔特认为此处应该专门提及女性，因为她们显然成为种族斗争的受害者。

17. Claudia Koonz, *Mothers in the Fatherland: Women, the Family, and Nazi Politics*（New York: St. Martin's Press, 1987）, p. 405. For various types of women's participation in race policy see Reimar Gilsenbach, "Wie Lolitschai zur Doktorwürde kam," in Wolfgang Ayass et al., *Feinderklärung und Prävention*（Berlin: Rotbuch Verlag, 1988）, pp. 101-134; Henry Friedlander, in Esther Katz and Joan M. Ringelheim, eds., *Women Surviving the Holocaust*（New York: Institute for Research in History, 1983）, pp. 115-116; Bock, *Zwangssterilisation*, p. 208; Gudrun Schwarz, "Verdrängte Täterinnen; Frauen im Apparat der SS（1939-1945）," in Wobbe, ed., *Nach Osten*, pp. 197-227.

18. Reinhard Kühnl, "Der deutsche Faschismus in der neueren Forschung," in *Neue Politische Literatur* 28（1983）: 71. See Koonz, *Mothers,* esp. chs. I and II.

19. Koonz, *Mothers*, pp. 149-150. For the figures that follow see Rüdiger Hachtmann, "Industriearbeiterinnen in der deutschen Kriegswirtschaft, 1936-1945,"

in *Geschichte und Gesellschaft* 19, 3（1993）; Ulrich Herbert, *Fremdarbeiter*（Bonn: Dietz, 1985）; Clifford Kirkpatrick, *Woman in Nazi Germany*（London: Jarrolds, 1939）, ch. 7; Ingrid Schupetta, *Frauen-und Ausländererwerbstätigkeit in Deutschland von 1939 bis 1945*（Köln: Pahl-Rugenstein, 1983）, pp. 63ff; Dörte Winkler, *Frauenarbeit im "Dritten Reich"*（Hamburg: Hoffmann and Campe, 1977）, esp. chs. 2 and 3, p. 198; Stefan Bajohr, *Die Hälfte der Fabrik*（Marburg: Verlag Arbeiterpolitik, 1979）, ch. 2.

20. Huerkamp, "Jüdische Akademikerinnen"; Jacques Pauwels, *Women, Nazis, and Universities: Female University Students in the Third Reich, 1933-1945*（Westport, Conn.: Greenwood Press, 1984）; Jill Mclntyre, "Women and the Professions in Germany, 1930-1940," in Anthony Nicholls and Erich Matthias, eds., *German Democracy and the Triumph of Hitler*（London, 1971）.

21. Leila J. Rupp, " I Don't Call That Volksgemeinschaft': Women, Class and War in Nazi Germany," in Carol R. Berkin and Clara M. Lovett, eds., *Women, War, and Revolution*（New York, 1980）, pp. 37-53; Winkler, Frauenarbeit, pp. 110-114.

22. Helen L. Boak, "'Our Last Hope': Women's Votes for Hitler-A Reappraisal," in *German Studies Review 12*（1989）: 289-310; Jill Stephenson, *The Nazi Organisation of Women*（London: Croom Helm, 1981）, p. 72; Jürgen Falter et al., *Wahlen und Abstimmungen in der Weimarer Republik*（Munich: Beck, 1986）, pp. 81-85; Thomas Childers, *The Nazi Voter: The Social Foundations of Fascist Germany, 1919-1933*（Chapel Hill, 1983）, pp. 239-243.

23. Alice Kessler-Harris, "Gender Ideology in Historical Reconstruction: A Case Study from the 1930s," in *Gender and History I*（1989）: 31-49; Leila J. Rupp, *Mobilizing Women for War: German and American Propaganda, 1939-1945*（Princeton: Princeton University Press, 1978）, pp. 39-40.

24. Rupp, *Mobilizing Women*, esp. pp. 14, 42-48, 51, 71, 126-127, 132-136.

25. Quoted in Bock, *Zwangssterilisation*, pp. 174-175.

26. Herbert, *Fremdarbeiter*, chs. VI-IX; see also his "Arbeiterschaft im 'Dritten Reich,'" in *Geschichte und Gesellschaft 15*（1989）: 320-360; Bock, *Zwangssterilisation*, pp. 440-451.

27. The Ministry of Propaganda and Frick quoted in Bock, ibid., pp. 120, 153; cf. Rupp, *Mobilizing Women,* pp. 32-33. The figures for abortion convictions are from *Statistisches Jahrbuch für das Deutsche Reich 45-59*（1926-1942）, see Bock, *Zwangssterilisation,* pp. 160-163, 388. 根据当代奥地利学者的说法，德属奥地利执行了一些死刑判决。

28. Gisela Bock, "'Keine Arbeitskräfte in diesem Sinne': Prostituierte im Nazi-Staat," in Pieke Biermann, ed., *Wir sind Frauen wie andere auch*（Rein-bek: Rowohlt, 1980）, pp. 70-106.

29. Cf. David Victor Glass, *Population Policies and Movements in Europe*（London, 1940; repr. London, 1967）; Gisela Bock and Pat Thane, eds., *Maternity and Gender Policies: Women and the Rise of the European Welfare States, 1880s-1950s*（London: Routledge, 1991）.

30. Cf. Bock, *Zwangssterilisation*, pp. 169-77（quote on p. 170）.

31. Gabriele Czarnowsky, *Das kontrollierte Paar*（Berhn, 1991）.

32. Stephenson, *Nazi Organisation*, pp. 156-172; Hilgenfeldt quoted in Bock, *Zwangssterilisation*, p. 174.

33. Georg Lilienthal, *Der "Lebensborn e. V."*（Stuttgart: Gustav Fischer Verlag, 1985）.

34. Walter Gross, "Unsere Arbeit gilt der deutschen Familie," in *Nationalsozialistische Monatshefte 9*（1939）: 103-104.

35. These and the following demographic figures are in Bock, *Zwangssterilisation*, pp. 143-144, 151-152, 156-157, 168.

36. Wolfgang Knorr, "Praktische Rassenpolitik," in *Volk und Rasse 13*（1938）: 69-73; Friedrich Burgdörfer, *Geburtenschwund*（Heidelberg, 1942）, pp. 157, 184.

37. Dirk Blasius, *Ehescheidung in Deutschland 1794-1945*（Göttingen: Vandenhoeck & Ruprecht, 1987）, ch. 7; Hans-Jochen Gamm, *Der Flüsterwitz im Dritten Reich*（Munich: DTV, 1979）, p. 23; *Rupp, Mobilizing Women*, pp. 38-39.

38. Stephenson, *Nazi Organisation*, pp. 139-157; Michael H. Kater, "Frauen in der NS-Bewegung," in *Vierteljahrshefte für Zeitgeschichte* 31（1983）: 202-239.

39. Stephenson, *Nazi Organisation*, pp. 18, 154-155, 178-181, 206-207; Gertrud

Scholtz-Klink, *Rede an die deutsche Frau*（1934）, repr. in her *Die Frau im Dritten Reich. Eine Dokumentation*（Tübingen: Grabert, 1978）, p. 498.

40. Irmgard Reichenau, ed., *Deutsche Frauen an Adolf Hitler*（Leipzig, 1933）, pp-7, 15, 37; Charlotte Heinrichs, "Besoldung der Mutterschaftsleistung," in *Die Frau* 41（1934）: 343-348.

41. Scholtz-Klink, *Die Frau im Dritten Reich,* pp. 131, 364, 379, 402, 486-497, 500-505, 526.

42. Stephenson, *Nazi Organisation*, pp. 17-18, 168, 170-171; Michael Phayer, *Protestant and Catholic Women in Nazi Germany*（Detroit: Wayne State University Press, 1990）.

43. Stephenson, *Nazi Organisation*, esp. pp. 154, 164-165, 170-171; Scholtz-Klink, *Die Frau im Dritten Reich,* pp. 157, 173, 177, 180.

44. Ibid., pp. 69, 93, 95, 107, 156, 159, 211; Stephenson, *Nazi Organisation*, p. 152.

45. Ibid., pp. 154-161; Rupp, *Mobilizing Women*, pp. 36-37; Scholtz-Klink, *Die Frau im Dritten Reich*, pp. 500-501.

46. Stephenson, *Nazi Organisation*, pp. 83-84, 117, 132,140-147,157-162; Scholtz-Klink, *Die Frau*, p. 76.

47. Rupp, *Mobilizing Women*, pp. 124-125; Herbert, *Fremdarbeiter*, pp. 79-81, 122-124; Bock, *Zwangssterilisation*, pp. 438-440.

48. Gitte Schefer, "Wo Unterdrückung ist, da ist auch Widerstand," in Frauengruppe Faschismusforschung, ed., *Mutterkreuz und Arbeitsbuch. Zur Geschichte der Frauen in der Weimarer Republik und im Nationalsozialismus*（Frankfurt: Fischer, 1981）, pp. 273-291.

第六章　从共和国到佛朗哥时期的西班牙女性

丹尼尔·伯西·吉内瓦（Danièle Busy Genevois）

1. Margarita Nelken, *La condición social de la mujer en España*（Madrid: Minerva, 1919; repr. Madrid: CVS. Col. Ateneo, 1975）.

2. *Gaceta de Madrid*, April 15, 1931.

3. On the ideas of Hildegart (Carmen Rodriguez Carballeira) , see Mary Nash, *Mujer y movimiento obrero en España, 1931-1939* (Barcelona: Fontamara, 1981) , pp. 165ff.

4. El Socialista, December 29, 1931, p. 1:"Interesantes declaraciones de nuestro camarada Largo Caballero."

5. Inés Alberdi, *Historia y sociología del divorcio en España* (Madrid: Center of Sociological Research, Col. Monografía, 9, 1979) .

6. Felipe Ximénez de Sandoval, *José Antonio* (Biografía apasionada) (Madrid, 1941; repr. 1972) , p. 112.

7. Manuel Tuñón de Lara, *Tres claves de la Segunda Republica* (Madrid: Alianza Universidad, 1985) , pp. 234ff.

8. José María Pemán, "Votos e ideas," *Ellas 1* (29 May 1932) .

9. For example, Javier Tusell Gómez, *La segunda Republica en Madrid: elecciones y partidos politicos* (Madrid: Tecnos, Col. Ciencias políticas, 1970) , pp. 107ff.

10. See *Cultura integral y femenina* (1933-1936) .

11. Their newspaper was *Mundo femenino* (1921-1936): manifesto of January 1, 1934.

12. Ibid., no. 102, 1935, p. 2. Halma Angélico, "¡Mujeres en pie!"

13. José Antonio Primo de Rivera, *Textos de Doctrina política*. National Delegation of the Feminine Section of the Movement, 1971, p. 926.

14. Mary Nash, "El estudio del control de natalidad en España: ejemplos de metodologías diferentes," in *La Mujer en la Historia de España* (siglos XVI-XX) (Madrid: Autonomous University of Madrid, 1984) , pp. 241-262.

15. For example, Mari-Carmen García Nieto, "Unión de Muchachas, un modelo metodológico," ibid., pp. 313-331.

16. *Las mujeres y la guerra civil española*, vol. Ill, Jornadas de Estudios monográficos, Salamanca, October 1989, Institute of Women, Ministry of Culture, Directorate of Governmental Archives (Madrid, 1991) .

17. The expression "national-Catholic" is used by Max Gallo in *Histoire de*

l'Espagne franquiste（Verviers: Marabout Universite, 1969）.

18. Speech by Pilar Primo de Rivera at Medina del Campo, May 30, 1939, quoted in María Teresa Gallego Méndez, *Mujer, Falange, y franquismo*（Madrid: Taurus, 1983）, p. 89.

19. Law on the Spanish university, July 29, 1943.

20. *Habla la mujer*, poll conducted under the direction of M. Campo Alange（Madrid, Edicusa, 1966）.

21. Amparo Moreno, *El movimiento feminista en España*（Barcelona: Anagrama, 1977）.

第七章　维希政权之下的法国女性

海伦·埃克（Hélène Eck）

1. Jean-Pierre Azéma, "Eléments pour une historiographie de la France de Vichy," in Institut d'Histoire du Temps Présent（hereafter, IHTP）, *Le Régime de Vichy et les Français*, colloquium, Paris, June 11-13, 1990（Paris: Fayard, 1992）.

2. Henry Rousso, "L'impact du régime sur la société: ses dimensions et ses limites," in IHTP, Le Régime de Vichy et les Français. The IHTP is currently conducting two investigations, one on the "Time of Restrictions（1939-1949）," and the other on "Workers in France during World War II."

3. 我引用了自己认为最具有帮助的研究。我希望感谢 IHTP 的多米尼克·魏隆（Dominique Veillon）所提供的慷慨协助。

4. Miranda Pollard, "Women and the National Revolution," in Harry Roderick Kedward and Roger Austin, eds., *Vichy France and the Resistance: Culture and Ideology*（London: Croom Helm, 1985）, pp. 36-47; idem, "Vichy et les Françaises: la politique du travail," in IHTP, *Le Régime de Vichy et les Français*; and idem, "Vichy and the Politics of Gender（1940-1944）," thesis. Department of Modern History, Trinity College, Dublin, 1990, which I was unable to consult but which is to be published shortly.

5. Aline Coutrot, "La Politique familiale," in René Rémond and Janine Bourdin, eds., *Le Gouvernement de Vichy（1940-1942）*（Paris: Presses de la Fondation

Nationale des Sciences Politiques, 1972）, pp. 245-265; and the works of Miranda Pollard cited in note 4 above.

6. Quoted by Guy Thuillier, *Les Femmes dans l'administration depuis 1900*（Paris: Presses Universitaires de France, 1988）, pp. 77-78.

7. Michèle Bordeaux, "Femmes hors d'Etat français（1940-1944）," in Rita Thalmann, ed., *Femmes et fascismes*（Paris: Edition Tierce, 1987）, p. 150.

8. 请参见"参考文献"中个人生活史与家庭史的相关作品。

9. Marie-Geneviève Chevignard and Nicole Faure, "Système de valeurs et de références dans la presse féminine," in René Remond and Janine Bourdin, eds., *La France et les Français en 1938-1939*（Paris: Presses de la Fondation Nationale des Sciences Politiques, 1978）, pp. 43-57.

10. Françoise Thébaud, *Quand nos grand-mères donnaient la vie.* La *maternité en France dans I'entre-deux-guerres*（Lyon: Presses Universitaires de Lyon, 1986）. Albrecht quote in Annie Fourcaut, *Femmes à I'usine dans I'entre-deux-guerres*（Paris: Maspero, 1982）, p. 239; on the Jeunesse Agricole Catholique, see Martyne Perrot, "La Jaciste: une figure emblématique," in Rose-Marie Lagrave, ed., *Celles de la terre: Agricultrice, I'invention politique d'un métier*（Paris: Editions de I'Ecole des Hautes Etudes en Sciences Sociales, 1987）, pp. 33-50.

11. Sylvie Fayet-Scribe, *Associations féminines et catholicisme; de la charité à I'action sociale*, XIX-XXe siècles（Paris: Editions Ouvrières, 1990）, p. 111; Yvonne Knibiehler et al., *De la pucelle à la minette: Les jeunes filles de I'âge classique à nos jours*（Paris: Temps Actuels, 1983）, pp. 224-234.

12. Dominique Veillon, *La Mode sous I'Occupation, débrouillardise et coquetterie dans la France en guerre*（*1939-1945*）（Paris: Payot, 1990）, esp. chap. 8.

13. *Nouvelle jeunesse, bulletin de formation et d'information des cadres féminins de la jeunesse française*, no. 1, March 1941. Figures cited in Vincent Troger, *Les Centres de formation professionnelle*（*1940-1945*）*, naissance des lycées professionnels*（Syndicat National des Personnels de Direction des Lycées Professionels: Imprimerie Colombes, 1987）, pp. 41, 49.

14. Association des parents d'élèves de I'enseignement livre（APEL）,

L'Education des filles. Quelques principes directeurs. Esquisse d'un plan général d'études（Limoges, 1941）.

15. "Les Mouvements familiaux populaires et ruraux; naissance, développement, mutations（1939-1955）," *Cahiers du GRMF*（Groupement pour la Recherche sur les Mouvements Familiaux） 1（1983）, mimeographed; "L'Action familiale ouvrière et la politique de Vichy," *Cahiers du GRMF 3*（1985）; Sarah Fishman, "The Wives of French Prisoners of War（1940-1945）," thesis, Harvard University, Cambridge, Mass., 1987.

16. Testimony of Magdeleine Lescheira in "Les mouvements familiaux populaires et ruraux," p. 98; Yvonne Knibiehler, *Nous, les assistantes sociales. Naissance d'une profession*(Paris: Aubier-Montaigne, 1980), esp. chap. 5; Robert Vandenbussche, "Un mouvement familial: La Ligue ouvrière chrétienne sous I'Occupation," and "Eglises et chrétiens dans le Nord-Pas-de-Calais pendant la Seconde Guerre mondiale," *Revue du Nord,* 60, 238（July-September 1978）: 663-673.

17. Michèle Cointet, "Le Conseil national de Vichy. Vie politique et réforme de I'Etat en régime autoritaire（1940-1944）," doctoral thesis. University of Paris X-Nanterre, 1984, pp. 374-379.

18. Fishman, "The Wives of French Prisoners of War," part 2; testimony quoted by Yves Durand, *La Captivité. Histoire des prisonniers de guerre français 1939-1945*（Paris: Fédération Nationale des Combattants Prisonniers de Guerre, 1981）, p.228.

19. "Le Journal de Laure," in Jacqueline Deroy, ed., *Celles qui attendaient témoignent aujourd'hui*（Paris: Association Nationale pour les Rassemblements et Pèlerinages des Anciens Prisonniers de Guerre, 1985）, pp. 49-61.

20. Christophe Lewin, "Le Retour des prisonniers de guerre français 1945," *Guerres mondiales et conflits contemporains* 147（July 1987）: 49-79.

21. Brigitte Friang, *Regarde-toi qui meurs*（*1943-1945*）（Paris: Plon, 1989）, p. 24.

22. Wilfred D. Halls, *Les Jeunes et la politique de Vichy*（Paris: Syros, 1988）, p. 377. 据称，1943 年 8 月的法律通过后，伯格纳才启程。但是按照伯格纳在贝当审判中的证词，这趟旅途始于 1943 年春天； see *Le Procès du Maréchal Pétain,*

compte rendu sténographique (Paris: Albin Michel, 1945) , vol. 1, p. 369.

23. Sauckel's report to Hitler, January 25, 1944: *Procès des grands criminels de guerre devant le Tribunal militaire international de Nuremberg* (Nuremberg, 1947) , vol. 26, p. 160.

24. Figure cited in *Commission consultative des dommages et des réparations. Dommages subis par la France et l'Union française du fait de la guerre et de l'Occupation ennemie* (*1939-1945*) , vol. 9, monograph DP 1: "Exploitation de la main d'oeuvre française par l'Allemagne," appendix II (Paris: Imprimerie Nationale, 1948) .

25. Jean Fourastié, "La Population active française pendant la Seconde Guerre mondiale," *Aspects de l'économie française: spec. no. of Revue d'Histoire de la Deuxième Guerre Mondiale 57* (January 1965) : 5-18; corrections by Jean-Jacques Carré, Paul Dubois, Edmond Malinvaud, in *La Croissance française. Un essai d'analyse économique causale de l'après-guerre* (Paris: Editions du Seuil, 1972) , pp. 69-76.

26. Sylvie Zerner, "De la couture aux presses: l'emploi féminin entre les deux guerres," *Métiers de femmes*, special issue edited by Michelle Perrot of *Le Mouvement Social* 140 (July-September 1987) : 9-27; Jean-Paul Scot, "La Crise sociale des années 1930 en France. Tendances et contre-tendances dans les rapports sociaux," *Le Mouvement Social* 142 (January-March 1988) : 75-101.

27. For example, the employment figures cited in *Commission consultative* (note 25) , corrected by Jean-Marie d'Hoop, "La Main-d'Oeuvre française au service de l'Allemagne," *Revue d'Histoire de la Deuxième Guerre Mondiale 1* (January 1971) : 73-88, fail to note whether or not female workers were included. More detailed studies, collected in the proceedings of the colloquium on "Les Entreprises françaises pendant la Deuxième Guerre mondiale," Centre International d'Etudes Pédagogiques, Sèvres, November 25-26, 1986 (unpublished manuscript in IFITP library) , reveal the diversity of regional situations but do not deal explicitly with the question of female employment.

28. Alfred Sauvy, *La Vie économique des Français de 1939 à 1945* (Paris:

Flammarion, 1978）, p. 156.

29. Hoop, "La Main-d'Oeuvre française au service de I'Allemagne," p. 76.

30. Examples from Monique Luirard, *La Région stéphanoise dans la guerre et dans la paix*（*1936-1951*）（Centre d'Etudes Foréziennes, 1980）; Catherine Omnès, "Les Trajectoires professionnelles des ouvrières parisiennes au XXe siècle," unpublished research document. Délégation à la Condition Féminine（1988）, kindly communicated by the author; J. P. Beauquier, "*L'Activité économique dans la région marseillaise,*" *Revue d'Histoire de la Deuxième Guerre Mondiale 95*（July 1974）: 25-52; Veillon, *La Mode sous I'Occupation*; Michelle Zancarini-Fournel, "La Famille Casino. Saint-Etienne 1920-1960," in Yves Lequin and Sylvie Vandecasteele, eds., *L'Usine et le bureau*. Itinéraires sociaux et professionnels dans I'entreprise, *XIXe et XXe siècles*（Lyon: Presses Universitaires de Lyon, 1990）, pp. 53-73.

31. Figures quoted in Pierre Delvincourt, "Problèmes relatifs à I'emploi dans les PTT pendant la Deuxième Guerre mondiale," *Aspects de I'économie française: spec. no. of Revue d'Histoire de la Deuxième Guerre Mondiale 57*（January 1965）: 41-52; Paul Durand, "La Politique de I'emploi à la SNCF pendant la Deuxième Guerre mondiale," ibid., pp. 19-40.

32. Estimates in Jean Daric, *L'Activité professionnelle des femmes en France. Etude statistique, évolution, comparaisons internationales*, Institut National d' Etudes Démographiques（INED）, *Travaux et Documents*, no. 5（Paris: Presses Universitaires de France, 1947）, P.85.

33. For example, on the work of factory committees in the Loire, see Monique Luirard, "Les Ouvriers de la Loire et la Charte du Travail," *Revue d'Histoire de la Deuxième Guerre Mondiale 102*（April 1976）: 57-82.

34. Pierre Laborie, *L'Opinion française sous Vichy*（Paris: Editions du Seuil, 1990）, p. 237.

35. Texts of Radio Free France broadcasts are collected in Jean Louis Crémieux-Brilhac, ed., *Les Voix de la liberié*（*1940-1944*）, 5 vols.（Paris: La Documentation Française, 1975）.

36. Laborie, *L'Opinion*, p. 333.

37. See the contributions by Rolande Trempé and Pierre Laborie to the proceedings of the colloquium held by the Comité d'Histoire de la Poste et des Télécommunications and IHTP, *L'Oeil et l'Oreille de la Résistance. Action et rôle des agents des PTT dans la clandestinité au cours de la Deuxième Guerre mondiale,* Paris, Nov. 21, 22, and 23, 1984 (Toulouse: Edition ERES, 1986) , pp. 460-461.

38. François Bédarida, *Le Nazisme et le Génocide, histoire et enjeux* (Paris: Nathan, 1989) , p. 33.

39. Madeleine Barot, "La Cimade et les camps d'internement de la zone sud 1940-1944," in Xavier de Montclos et al., eds., *Eglises et chrétiens dans la Deuxième Guerre mondiale* (La France) , proceedings of colloquium held in Lyon, 1978 (Lyon: Presses Universitaires de Lyon, 1982) , pp. 293-303; Monique Lewi, "Le destin des Juifs et la solidarité chrétienne à Roanne entre 1940 et 1944," in *Eglises et chrétiens dans la Deuxième Guerre mondiale* (*La Région Rhône-Alpes*) , proceedings of colloquium held in Grenoble, 1976 (Lyon: Presses Universitaires de Lyon, 1978) , p. 191.

40. Testimony quoted by Marie-Louise Coudert, with the help of Paul Hélène, *Elles, la Résistance* (Paris: Messidor-Temps Actuels, 1985) , pp. 59-60.

41. Harry Roderick Kedward, *Naissance de la Résistance dans la France de Vichy. Idées et motivations 1940-1941* (Seyssel: Champ Vallon, 1989) .

42. Annette Kahn, *Robert et Jeanne. A Lyon sous l'Occupation* (Paris: Payot, 1990) .

43. Olivier Wiewiorka, "La Génération de la Résistance," *Vingtiéme siècle. Revue d'Histoire 22* (April-June 1989) : 111-116, quote p. 115.

44. Dominique Veillon, "Elles étaient dans la Résistance," *Repères, Bulletin de l'AFI* (Agence Femmes Information) 59 (May 30-June 5, 1983) : 9-12.

45. Testimony quoted by Guylaine Guidez, *Femmes dans la guerre* (*1939-1945*) (Paris: Perrin, 1989) , p. 200; on intelligence collected by "Amniatrix," see Marie-Madeleine Fourcade, *L'Arche de Noé, réseau Alliance* (*1940-1945*) (Paris: Plon, 1989) , pp. 406-407.

46. Friang, *Regarde-toi qui meurs,* pp. 47-48.

47. Paula Schwartz, "Partisanes and Gender Politics in Vichy France," *French Historical Studies 16*, 1（Spring 1989）: 126-151; testimony of Jeanne Bohec in *Les Femmes dans la Résistance*, proceedings of colloquium organized by the Union des Femmes Françaises at the Sorbonne, Paris, Nov. 22-23, 1975（Paris: Editions du Rocher, 1977）, p. 38.

48. Maurice Schumann, broadcast "Honneur et Patrie," December 16, 1943, *Les Voix de la libert*é, vol. 4, pp. 131-132; broadcast of March 24, 1944, ibid., p. 219.

49. Quoted by Thuillier, *Les Femmes dans l'administration depuis 1900*, pp. 80-81; on the ambiguities of egalitarian discourse, see Marie-France Brive, "L'Image des femmes à la Libération," *La Libération dans le Midi de la France*, Travaux de l'Université de Toulouse-Le Mirail, ser. A, vol. 35（Toulouse, 1986）, pp. 387-402

50. Mattei Dogan and Jacques Narbonne, *Les Françaises face à la politique. Comportement politique et condition sociale. Cahiers de la FNSP*, no. 72（Paris: Armand Colin, 1955）.

51. Jean Goueffon, "La Cour de justice d'Orléans 1944-1945," *Revue d'Histoire de la Deuxième Guerre Mondiale et des Conflits Contemporains 130*（April 1983）: 51-64.

52. Marcel Baudot, "L'Épuration, bilan chiffré," *Bulletin de l'IHTP 25*（September 1986）: 37-52（results covering 28 départements）.

53. Testimony of Marinette Dambuyant in Amicale de Ravensbrück et Association des Déportées et internées de la Résistance, *Les Françaises à Ravensbrück*（Paris: Gallimard, 1987）, p. 288.

54. See Anise Postel-Vinay, "Les Exterminations par gaz à Ravensbrück," in Germaine Tillion, *Ravensbrück*（Paris: Editions du Seuil, 1988）, pp. 305-330.

55. *Les Françaises à Ravensbrück*, p. 293.

56. Micheline Maurel, *Un camp très ordinaire*（Paris: Editions de Minuit, 1985）, p. 185.

57. *Les Françaises à Ravensbrück*, p. 305.

58. *Tillion, Ravensbrück*, p. 104.

第八章　苏联模式

弗朗索瓦丝·纳维尔（Françoise Navailh）

1. André Pierre, *Les Femmes en Union soviétique*（Paris: SPES, 1960）, p. 15.

2. Gail Warshofsky Lapidus, *Women in Soviet Society: Equality, Development, and Social Change*（Berkeley: University of California Press, 1978）, p. 37.

3. Nicolas Werth, *La Vie quotidienne des paysans russes de la Révolution à la collectivisation*（1917-1939）（Paris: Hachette, 1984）.

4. Lapidus, *Women*, p. 164.

5. Ivan Kurganov, *Semia v SSSR 1917-1967*（New York: Possev-Verlag, 1967）.

6. Friedrich Engels, *The Origin of the Family, Private Property, and the State*（New York: International Publishers, 1942）.

7. Richard Stites, *The Women's Liberation Movement in Russia: Feminism, Nihilism and Bolshevism. 1860-1930*（Princeton: Princeton University Press, 1978）, pp. 260-261.

8. "Les Bases sociales de la question féminine," in Judith Stora-Sandor, ed., *Marxisme et révolution sexuelle*（Paris: Maspero, 1973）, pp. 52-96.

9. "La Nouvelle Morale et la classe ouvriére," in ibid., pp. 156-182.

10. Ibid., pp. 100-134.

11. "Place à Eros ailé," in Stora-Sandor, ed., *Marxisme et révolution sexuelle*, pp. 183-205.

12. "Révolution dans la vie quotidienne"（1921）, in ibid., p. 216.

13. Ibid., p. 223.

14. "La Famille et I'Etat communiste," in ibid., p. 212.

15. "La Nouvelle Morale et la classe ouvrière," in ibid., pp. 171-172.

16. Nicolas Valentinov, *Mes rencontres avec Lénine*（Paris: Plon, 1964）, p. 110.

17. Jean Freville, La Femme et le Communisme. Anthologie de textes（Paris: Editions Sociales, 1951）, pp. 220-222.

18. Pierre, *Les Femmes*, p. 87.

19. Quoted by Wladimir Berelowitch, "Modèles familiaux dans la Russie des

années 20," in *L'Evolution des modèles familiaux. Cultures et sociétés de I'Est, no. 9* (Paris: IMSECO, 1988) , p. 35.

20. Lapidus, *Women,* p. 165.

21. Ibid., p. 204.

22. Pierre, *Les Femmes*, pp. 16-17.

23. Nicolas Werth, "L'URSS: de I'amour libre à I'ordre moral," in *L'Histoire 72* (November 1974) : 76.

24. Trotignon, *Naissance et croissance de I'URSS*, p. 82.

25. Vincent Monteil, *Les Musulmans soviétiques* (Paris: Editions du Seuil, 1982) , pp. 125-135.

26. Lapidus, *Women*, p. 142.

27. 1987 data from *Zhenshchiny v SSSR-1989* (Moscow: Financy i statistika, 1989) , pp. 10 and 16.

28. Lynne Viola, "Babi Bunty and Peasant Women's Protest during Collectivization," *The Russian Review* 45, 1 (1986) : 23-42.

29. Ivan Kourganov, "La Catastrophe démographique," *Est-Ouest 598* (July 16, 1977) : 18.

30. Basile Kerblay, *La Société soviétique contemporaine* (Paris: Armand Colin, 1977) , p. 174.

31. André Gide, *Retour de I'URSS* (Paris: Gallimard, 1978) , p.51.

32. Osip Mandelstam, *Tristia et autres poèmes* (Paris: Gallimard, 1975) , p. 228.

33. Werth, "L'URSS: de I'amour libre à l'ordre moral," p. 77.

34. Moshe Lewin, *La Formation du système soviétique* (Paris: Gallimard, 1987) , p. 359.

35. Ivan Kurganov, *Zhenshchina i kommunizm* (Frankfurt: Possev-Verlag, 1968) , p. 188.

36. Pierre, *Les Femmes*, p. 26.

37. Ibid., pp. 30-31.

38. Robert Conquest, *The Great Terror: Stalin's Purge of the Thirties* (New

York: Macmillan, 1968）.

39. Kurganov, *Zhenshchina*, pp. 86-87.

40. Michel Heller, La Machine et les rouages（Paris: CalmannLevy, 1985）, p. 218.

41. Trotignon, *Naissance et croissance*, p. 225.

42. Fedor Panferov, "Bruski," quoted in Xenia Gasiorowska, *Women in Soviet Fiction*（Madison: University of Wisconsin Press, 1968）, p. 53.

43. Louise E. Luke, "Marxian Woman: Soviet Variants," in Ernest J. Simmons, ed., *Through the Glass of Soviet Literature*（New York: Columbia University Press, 1967）, pp. 27-109.

44. Basile Kerblay, "La Civilisations paysanne russe 1861-1964," course notes, University of Paris IV, 1972-1973.

45. Lapidus, *Women*, p. 179.

46. Ibid., p. 169.

47. *Malaya Sovetskaya Entsiklopediya*（Moscow, 1960）, vol. 8, p. 915.

48. *Les Femmes en URSS — Chiffres et faits*（Moscow: Novosti, 1985）, p. 11, and *Zhenshchiny v SSSR-1989*, p. 24.

49. *Zhenshchiny v SSSR-1989,* p. 15.

50. Ibid., p. 30.

51. Lapidus, *Women*, p. 182.

52. Kurganov, *Zhenshchina*, pp. 44-45.

53. Basile Kerblay and Marie Lavigne, *Les Soviétiques des années 80*（Paris: Armand Colin, 1985）, p. 132.

54. *Zhenshchiny v SSSR-1989*, p. 7.

55. *Les Femmes en URSS — Chiffres et faits,* p. 19; Lapidus, *Women*, p. 210.

56. Lapidus, *Women*, p. 204; *Zhenshchiny v SSSR-1989*, p. 13.

57. Lapidus, *Women*, p. 219.

58. *Zhenshchiny v SSSR-1989*, p. 13; "Actualités soviétiques," *Bulletin de l'APN 9*（7 February 1990）.

59. L'Humanité, May 7, 1956.

60. J. Vermeersch to Dominique Desanti, quoted in Renée Rousseau, *Les Femmes rouges*（Paris: Albin Michel, 1983）, p. 242.

61. 在中亚，有些女性因绝望而走向自我毁灭 : see *Pravda,* April 21, 1988.

第九章 哲学差异

弗朗索瓦丝·柯林（Françoise Collin）

1. Georg Simmel, "La Femme," in *La Philosophie de la modernité*（Paris: Payot, 1989）, p. 70. For an analysis of Simmel on sexual difference, see *Georg Simmel*, spec. no. of *Cahiers du Grif 40*（Paris: Tierce, 1989）.

2. José Ortega y Gasset, *El Hombre y la gente*, in *Obras Completas*, 14 vols.（Madrid: Revista de Occidente, 1962-）, vol. 7, chap. 6: "Más sobre los otros y yo. Breve excursión hacia ella."

3. See Alain Guy, "La Femme selon Ortega y Gasset," in *La Femme dans la pensée espagnole*（Paris: Editions du Centre National de Recherche Scientifique, 1984）.

4. Max Scheler, *Nature et formes de la sympathie*（Paris: Petite Bibliothèque Payot, 1971）, pp. 152-161 and 264-267, and *De la pudeur*（Paris: Aubier, 1952）, pp. 140-143.（See Bibliography for the original German titles.）

5. Vladimir Jankélévitch, *Traité des vertus*（Paris: Bordas, 1970）, vol. 2, pp. 425-449.

6. Paul-Laurent Hassoun, *Freud et la femme*（Paris: Calmann-Lévy, 1983）, pp. 14-19.

7. Sigmund Freud, *New Introductory Lectures on Psychoanalysis*（London: Allen and Unwin, 1971）. 后来，拉康也补充了他的观点："在定义男性和女性特质方面，精神分析恰好展现了这是不可能完成的任务。" See "Le Savoir de I'analyste," Interviews at Sainte-Anne, 1971-72, session of November 4, 1971（unpublished）.

8. On this debate see Elisabeth Roudinesco, *Histoire de la psychanalyse en France*（Paris: Editions du Seuil, 1986）. 不过，鲁迪内斯科将波伏娃和英国学派的二元论思想联系了起来，这一点并不准确。对波伏娃而言，"第二性"更多

的是一种社会构建。

9. Jacques Lacan, "Encore," *Séminaire XX*（Paris: Editions du Seuil, 1972-73）.

10. Friedrich Engels, *L'Origine de la famille, de la propriété privée et de I'Etat*（Paris: Editions Sociales, 1972）, p. 65.

11. August Bebel, *La Femme et le Socialisme*（Paris: Editions Sociales, 1950）.

12. Alexandra Kollontai, in Judith Stora-Sandor, ed., *Marxisme et révolution sexuelle*（Paris: Maspero, 1973）. This is an anthology of excerpts from Kollontai's works bearing on the question.

13. Both books were published in Paris by Editions de Minuit, 1972 and 1974.

14. Jean-François Lyotard, *L'Economie libidinale*（Paris: Editions de Minuit, 1974）.

15. Gilles Deleuze, *Anti-Oedipe*（Paris: Editions de Minuit, 1972）, pp. 71-72.

16. Jean Baudrillard, *De la séduction*（Paris: Galilée, 1980）.

17. Jean Baudrillard, interview with Diane Hunter, *Works and Days 11/ 12*, vol. 6, nos. 1 and 2（Spring-Summer 1988）.

18. Michel Foucault, *Histoire de la sexualité*（Paris: Gallimard）.

19. See, among other works, Rosi Braidotti, "Bio-éthique ou nouvelle normativité?" in spec. no. of *Cahiers du Grif 33, Hannah Arendt*（1986）: 149-155, and "Les Organes sans corps," in spec. no. of *Cahiers du Grif 36*, *De la parenté à I'eugénisme*（1987）: 7-22.

20. This is the theme of all of Jacques Derrida's work since *L'Ecriture et la Différence*（Paris: Editions du Seuil, 1967）.

21. Jacques Derrida, "Geschlecht, différence sexuelle, différence ontologique," in *Psyché*（Paris: Galilée, 1967）. This text appeared first in Heidegger, *Cahiers de I'Heme*（1983）.

22. "Women in the Beehive: A Seminar with Jacques Derrida," in Alice Jardine and Paul Smith, eds., *Men in Feminism*（New York: Methuen, 1987）.

23. Jean-Paul Sartre, *L'Etre et le Néant*（Paris: Gallimard, 1943）, chap. 3, part 2.

24. "Simone de Beauvoir interroge Jean-Paul Sartre," in *L'Arc 61*（1975）:4.

25. Emmanuel Levinas, *Totalité et Infini*（The Hague: Nijhoff, 1961）, pp. 127-

128.

26. Ibid., pp. 244ff.

27. Francis Jacques, *Différence et subjectivité*（Paris: Aubier, 1982）, pp. 164ff.

28. Ibid., pp. 295ft.

29. Jean-François Lyotard, *Le Différend*（Paris: Editions de Minuit, 1983）, p. 29.

30. "Simone de Beauvoir et la lutte des femmes," *L'Arc 61*（1975）: 11-12.

31. "Nature-elle-ment" was the title of the third issue of the journal *Questions Féministes*, 1978. Among other articles in this issue, see Colette Guillaumin, "Pratique du pouvoir et idée de nature."

32. See Françoise Collin, "L'Irreprésentable de la différence des sexes," in *Catégorisation de sexe et constructions scientifiques*（Aix: Université de Aix-en-Provence, 1989）, pp. 39-40.

33. On feminist studies the literature is voluminous; see especially Savoir et différence des sexes, spec. no. of *Cahiers du Grif 45*（Fall 1990）; "Femmes, féminisme et recherches," *Actes du colloque du Toulouse,* 1982.

第十章　法国文化的创造者

马塞勒·马里尼（Marcelle Marini）

1. Régis Debray, *Le Pouvoir intellectuelen France*（Paris: Ramsay, 1979）, p. 247.

2. 女性主义图书馆保存的该时期报纸、影像和电影就是证明。

3. Maria Isabel Barreno, Maria Teresa Horta, and Maria Velho da Costa, *Les Nouvelles Lettres portugaises*（1972）, French trans.（Paris: Editions du Seuil, 1974）.

4. 比如萨特就说过："言论自由的权利不会保护反犹太主义。"这种观点适用于种族主义，却不适用于"性别歧视"，甚至这个说法本身都遭遇了强烈的反对。

5. Simone de Beauvoir, *Le Deuxième Sexe*（Paris: Gallimard, 1949）, vol. 1, p. 14.

6. *Libération des femmes année zéro*, special issue of *Partisans*（July-October, 1970）.

7. Claudine Hermann, *Les Voleuses de langue*（Paris: Editions des Femmes, 1976）.

8. On the notion of "symbolic function," see Jean-Joseph Goux, *Freud, Marx. Economic et symbolique*（Paris: Editions du Seuil, 1973）. Luce Irigaray was the first woman to offer a systematic critique, in *Speculum de I'autre femme*（Paris: Editions de Minuit, 1974）.

9. Alice A. Jardine and Anne M. Menke, *Shifting Scenes. Interviews on Women, Writing and Politics in Post-68 France*（New York: Columbia University Press, 1991）.

10. 这个电影节由杰基·布埃特和伊丽莎白·特雷哈德于 1979 年创立，它向世界观众介绍了许多女性导演。

11. 这项装置是一个集体项目，它曾在北美、英国和德国展出。

12. Florence Montreynaud, *Le XXe Siècle des femmes*（Paris: Nathan, 1989）.

13. *Le Figaro littéraire*, special issue for the Salon du Livre, May 19, 1989.

14. Michèle Vessilier-Ressi, *Le Métier d'auteur*（Paris: Dunod, 1982）.

15. Pierrette Dionne and Chantal Théry, "Le Monde du livre: des femmes entre parenthèses," Recherches féministes 2, 2（1989）.

16. Marcelle Marini and Nicole Mozet, "La Production littéraire en France depuis 1945. Analyse différentielle," 1984. Colette Julien-Bertolus designed and implemented the procedure for electronically processing the data.

17. Claude Habib, "La Femme plumée," *Cahiers de recherches de S.T.D.*(*Textuel*), University of Paris VII 13: *Femmes et institutions littéraires*(1984).

18. René Rémond, ed., *Notre siècle*（Paris: Fayard, 1988）. The chapters on culture are the work of Jean-Frangois Sirinelli.

19. Gérard Delfau and Anne Roche, *Histoire/Littérature*（Paris: Editions du Seuil, 1977）.

20. Anne Sauvy, "La Littérature et les femmes," in Roger Chartier, ed., *Histoire de I'édition française, vol. 4: 1900-1950*（Paris: Promodis, 1986）.

21. Interview, 1972, in Claude Francis and Fernande Gontier, *Les Ecrits de Simone de Beauvoir*（Paris: Gallimard, 1979）.

22. Françoise Collin, "Le Sujet et I'auteur ou lire 'I'autre femme,'" in *Cahiers du Cedref 2: Femmes sujets des discours*（1990）.

23. Françoise Mayeur-Castellani, *L'Enseignement secondaire des jeunes filles sous la IIIe République*（Paris: Presses de la Fondation des Sciences Politiques, 1977）.

24. Beauvoir, *Le Deuxième Sexe*, vol. 2.

25. Marcelle Marini, "Enfance en archipels: I'Opoponax de Monique Wittig," *Revue des Sciences Humaines 222*（1991-1992）.

26. Marcelle Marini, "L'Élaboration de la différence sexuelle dans la pratique littéraire de la langue（Sarraute, Hyvrard）," *Cahiers du Grad 1: Femmes, écriture, philosophie*（University of Laval, Quebec, 1987）.

27. Léonor Fini, "Lettre à Roger Borderie," *Obliques*, 14-15: *La Femme surréaliste*（Paris, 1977）: 115.

28. Geneviève Fraisse, *La Muse de la raison*（Paris: Alinéa, 1989）.

29. Elissa D. Gelfand and Virginia Thorndike Hules, *French Feminist Criticism: Women, Language, Literature*（New York: Garland, 1985）.

30. Interviews, Françoise Van Rossum-Guyon with Hélène Cixous and Julia Kristeva, *Revue des Sciences Humaines* 168: *Ecriture, féminité, féminisme*（Lille, 1977）.

31. *Cahiers du Grif 7*（1975）; also 12 and 13（1976）.

32. Hélène Cixous, "Le Rire de la méduse," *L'Arc*, 61: *Simone de Beauvoir*（Paris, 1975）.

33. Monique Plaza, "'Pouvoir phallomorphique' et psychologie de 'la femme,'" Questions Féministes 1（November 1977）.

34. Alice Jardine, *Gynesis*（1985）.

35. Béatrice Slama, "De la 'littérature féminine' à 'I'écrire femme,'" in *Littérature* 44（December 1981）; Béatrice Didier, *L'Ecriture-femme*（Paris: Presses Universitaires de France, 1981）.

36. Christine Planté, *La Petite Soeur de Balzac* (Paris: Editions du Seuil, 1989) .

第十一章　女性在大众文化中的矛盾形象

路易莎·帕瑟里尼 (Luisa Passerini)

1. See Tania Modelski, ed.. *Studies in Entertainment: Critical Approaches to Mass Culture* (Bloomington: Indiana University Press, 1986). 这本书包括了在 1984 年 4 月在威斯康星大学举办的大众文化研讨会上提交的大部分论文。

2. Ann Treneman, "Cashing in on the Curse: Advertising and the Menstrual Taboo," in Lorraine Gamman and Margaret Marshment, eds.. *The Female Gaze: Women as Viewers of Popular Culture* (London: The Women's Press, 1988).

3. Molly Haskell, *From Reverence to Rape: The Treatment ofWomen in the Movies* (Chicago: University of Chicago Press,1987).

4. Andreas Huyssen, "Mass Culture as Woman: Modernism's Other," in Modelski, ed., *Studies in Entertainment.*

5. Barbara Ehrenreich and Deirdre English, *For Her Own Good: 150 Years of the Experts' Advice to Women* (Garden City, N.Y.:Anchor Books,1979).

6. Kath Davies, Julienne Dickey, and Teresa Stratford, eds.. *Outof Focus: Writings on Women and the Media* (London: TheWomen's Press, 1987).

7. Judith Williamson, "Woman Is an Island: Femininity and Colonization," in Modelski, ed.. *Studies in Entertainment.*

8. Gianna Pomata, "La storia delle donne: Una questione diconfine," in G. De Luna, P. Ortoleva, M. Revelli, and N.Tranfaglia, eds., *Introduzione alia storia contemporanea*(Florence: La Nuova Italia, 1984).

9. Gamman and Marshment, eds.. *The Female Gaze.*

10. Jackie Stacey, "Desperately Seeking Difference," in Gammanand Marshment, eds.. *The Female Gaze.*

11. Avis Lewallern, "Lace: Pornography for Women?" in Gamman and Marshment, eds., *The Female Gaze, an analysis of Lace*, by Shirley Conran.

12. Treneman, "Cashing in on the Curse."

13. Gabriella Turnaturi, “La donna fra il pubblico e il privato: Lanascita della casalinga e della consumatrice,” *Nuova Donna woman femme* 12/13 (July-December 1979): 8-29.

14. Frangoise Werner, “Du menage a I’art menager: L’evolutiondu travail menager et son echo dans la presse feminine franqaise de 1919 a 1939,” *Le Mouvement Social* 129 (1984): 61-87.

15. Susan Porter Benson, *Counter Cultures: Saleswomen, Managers, and Customers in American Department Stores,1890-1940* (Chicago: University of Illinois Press, 1986), and William R. Leach, “Transformations in a Culture of Consumption: Women and Department Stores, 1890-1925,”*Journal of American History* 71, 2 (September 1984).

16. Kathy Peiss, “Mass Culture and Social Divisions: The Case of the Cosmetics Industry,” lecture given at the Mass Culture and the Working Class Conference, Paris, October 14-15, 1988.

17. Haskell, *From Reverence to Rape.*

18. Victoria de Grazia, “Mass Culture and Sovereignty: The American Challenge to European Cinemas, 1920-1960,” *Journal of Modern History* 61 (March 1989): 53-87.

19. Victoria de Grazia, “Puritan, Pagan Bodies: Americanism and the Formation of the ‘New Woman’ in Europe, 1920-1945,”working paper, 1984-87.

20. Edgar Morin, *Les stars* (Paris: Seuil, 1957).

21. Werner, “Du menage a Part menager.”

22. Evelyne Sullerot, *La Presse feminine* (Paris: Armand Colin,1963).

23. Ibid.

24. Piero Meldini, *Sposa e madre esemplare: Ideologia epolitica della donna e della famiglia durante il fascismo*(Florence: Guaraldi, 1975).

25. Elisabetta Mondello, *La nuova italiana: La donna nellastampa e nella cultura del ventennio* (Rome: Editori Riuniti,1987).

26. Luisa Passerini, *Torino operaia e fascismo* (Rome: Laterza,1984).

27. Paola Masino, *Nascita e morte della massaia* (Milan: LaTartaruga, 1982; ist

ed. Milan: Bompiani, 1945), p. 183.

28. Laura Lilli, "La stampa femminile," in Valerio Castronovoand Nicola Tranfaglia, eds., *Storia della stampa italiana*, vol. 5,*La stampa italiana del neocapitalismo* (Bari: Laterza, 1976).

29. Mondello, *La nuova italiana*.

30. Francesco Alberoni, *Consumi e societa* (Bologna: II Mulino,1964), pp. 38-43.

31. Umberto Eco, *Apocalittici e integrati: Comunicazioni dimassa e teorie della cultura di massa* (Milan: Bompiani, 1964).

32. Edgar Morin, *L'esprit du temps* (Paris: Grasset, 1962).

33. Sullerot, *La presse feminine*.

34. Milly Buonanno, *Naturale come sei: Indagine sulla stampafemminilein Italia* (Florence: Guaraldi, 1975), with an introductory note by Giovanni Bechelloni.

35. Max Horkheimer and Theodor W. Adorno, "Das Schema derMas-senkultur," in T. W. Adorno, *Gesammelte Shriften*(Frankfurt am Main: Suhrkamp, 1981).

36. Gabriella Parca, *Le italiane si confessano* (Milan: Feltrinelli,1966; ist ed. Florence: Parenti, 1959).

37. Sullerot, *La Presse feminine*, p. 129.

38. Anne-Marie Dardigna, *Femmes-femmes sur papier glacé*(Paris: Mas-pero, 1974).

39. Lilli, "La stampa femminile."

40. Buonanno, *Naturale come sei*.

41. Milly Buonanno, *La donna nella stampa: Giornaliste,lettrici e mo-delli di femminilita* (Rome: Editori Riuniti, 1978).

42. Maria Teresa Anelli, Paola Gabbrielli, Marta Morgavi, and Roberto Piperno, *Fotoromanzo: Fascino e pregiudizio. Storia,documenti e immagini di un grande fenomeno popolare* (Milan: Savelli, 1979).

43. Buonanno, *Naturale come sei*.

44. Anelli et al., *Fotoromanzo*.

45. Buonanno, *Naturale come sei*.

46. Tania Modelski, *Loving with a Vengeance: Mass-ProducedFantasies for Women* (New York: Routledge, 1982).

47. Janice Radway, *Reading the Romance: Women, Patriarchy,and Popular Literature* (Chapel Hill: University of North Caro lina Press, 1984).

48. Milly Buonanno, *Cultura di massa e identita femminile:L'immagine della donna in televisione* (Turin: ERI, 1983).

第十二章　女性、图像与表现

安妮·希贡内（Anne Higonnet）

1. Madeleine Edmondson and David Rounds, *Mary Noble to Mary Hart-man: The Complete Soap Opera Book* (New York:Stein and Day, 1976), p. 187.

2. Ibid., p. 197.

3. Cynthia White, *Women's Magazines 1693-1968* (London:Joseph Michael, 1970), p. 216.

4. Cover of October 1989 *Good Housekeeping.*

5. Lois Banner, *American Beauty* (New York: Knopf, 1983), p.273.

6. Elaine Brumberg, *Save Your Money, Save Your Face* (NewYork: Facts on File Publishers, 1986), p. 95.

7. Richard Randall, *Freedom and Taboo: Pornography and the Politics of a Self Divided* (Berkeley: University of California Press, 1989), p. 200.

8. Gordon Hawkins and Franklin E. Zimring, *Pornography in a Free Society* (Cambridge: Cambridge University Press, 1988), p.42.

9. Ibid., p. 36.

10. Randall, *Freedom and Taboo*, p. 200.

11. Hawkins and Zimring, *Pornography*, p. 54.

12. Ellen Perry Berkeley, *Architecture: A Place for Women*(Washington, D.C.: Smithsonian Institution Press, 1989), p. xv.

第三部分　世纪大变革

1. Simone de Beauvoir, *Lettres à Sartre*, 1940-1963 (Paris: Gallimard, 1990), p.

211.

2. Edgar Morin's phrase is from "Amour et érotisme dans la 'culture de masse,'" *Arguments* (ist quarter, 1961): 52, quoted in Janine Mossuz-Lavau, "Politique des libérations sexuelles," in Pascal Ory, ed., *Nouvelle Histoire des idees politiques* (Paris: Hachette, 1987), pp. 682-694.

3. See bibliography.

4. Jeannette Laot, *Stratégie pour les femmes* (Paris: Stock,1977); Madeleine Colin, "*Ce n'est pas aujourd'hui*" *(Femmes,syndicats, lutte de classe)* (Paris: Editions Sociales, 1975), and *Traces d'une vie: dans la mouvance du siècle* (Paris: privately published by Madeleine Vignes, 1989 and 1991).

第十三章　新兴福利国家的贫困状况与母亲权利

吉塞拉・博克（Gisela Bock）

1. Peter Flora and Arnold J. Heidenheimer, eds.,*The Development of Welfare States in Europe and America* (NewBrunswick: Transaction Books, 1981), p. 27.

2. Bonnie G. Smith, "On Writing Women's Work," WorkingPaper HEC 91/7, European University Institute, Florence, 1991.See Margaret Llewelyn Davies, ed., *Maternity: Letters fromWorking Women* (1915) (London: Virago, 1978); also ed.,*Life as We Have Known It, by Cooperative Working Women* (1931)(New York: Norton, 1975); Arbeiterinnensekretariat des Deutschen Textilarbeiterverbands, ed., *Mein Arbeitstag — MeinWochenende: 150 Berichte von Textilarbeiterinnen* (1930)(repr. ed. Frankfurt: Alf Lüdtke, 1990); Molly Ladd-Taylor, ed.,*Raising a Baby the Government Way: Mothers' Letters to theChildren's Bureau, 1915-1932* (New Brunswick: Rutgers University Press, 1986); Ida Blom, *Barnebegrensning — synd eller sund fornuft?* (Bergen, 1980), pp. 64-154; Annarita Buttafuoco, *Le Mariuccine* (Milan: Angeli, 1985).

3. Wolfram Fischer, *Armut in der Geschichte* (Gottingen:Vandenhoeck & Ruprecht, 1982); Hartmut Kaelble, *1880-1980,A Social History of Western Europe* (London: Gill and Macmillan, 1990).

4. Vera Brittain, *Lady into Woman* (London: Dakers, 1953), p.224.

5. Katherine Anthony, *Feminism in Germany and Scandinavia* (New York: Holt, 1915), p. 53.

6. Käthe Schirmacher, *Die Frauenarbeit im Hause, ihre ökonomische, rechtliche und soziale Wertung* (1905) (Leipzig,1912), pp. 3-8 (repr. in part in Gisela Brinker-Gabler, ed.,*Frauenarbeit und Beruf*, Frankfurt, 1979); report in *Die Frauenbewegung* 11, 20 (15 Oct. 1905): 153-155.

7. Auclert quoted in Anne Cova, "French Feminism and Maternity: Theories and Politics, 1890-1918," in *Maternity 1991*; Rouzade quoted in Wynona H. Wilkins, "The Paris International Feminist Congress of 1896 and Its French Antecedents," *North Dakota Quarterly* (1975): 23; cf. Karen Offen, "Sur l'origine des mots 'féminisme' et 'féministe'," *Revue d'Histoire Moderne et Contemporaine* 36 (1987): 492-496; see also her "Depopulation, Nationalism, and Feminism in Fin-de-Siècle France," *American Historical Review* 89 (1984): 648-676;Claire G. Moses, *French Feminism in the 19th Century* (Albany:SUNY Press, 1984), pp. 207-208; Laurence Klejman and Florence Rochefort, *L'Egalité en marche. Le Feminisme sous la Troisieme Republique* (Paris: Editions des Femmes, 1989), p.260.

8. *Nelly Roussel, L'Eternelle sacrifiée* (1906), ed. Daniel Armogathe (Paris: Maite Albistur, 1979), p. 55; the other quotes are from Cova, "French Feminism" and "Feminisme et natalité:Nelly Roussel (1878-1922)," in *History of European Ideas* 5(1992): 663-672; Offen, "Depopulation," p. 673.

9. Ida Blom, "Voluntary Motherhood 1900-1930: Theories and Politics of a Norwegian Feminist in an International Perspective," in *Maternity 1991*; Cheri Register, "Motherhood at Center: Ellen Key's Social Vision," in *Women's Studies International Forum* 5 (1982): 599-610.

10. Annarita Buttafuoco, "Motherhood as a Political Strategy:The Role of the Italian Women's Movement in the Creation of the Cassa Nazionale di Maternita," in *Maternity 1991*.

11. Lily Braun, *Die Frauenfrage* (Leipzig, 1901), p. 547; her *Die Mutterschaftsversicherung* (Berlin, 1906); Irene Stoehr, "Housework and Motherhood: Debates and Policies in the Women's Movement in Imperial Germany and the Weimar

Republic," in *Maternity 1991*; Alfred G. Meyer, *The Feminism and Socialism of Lily Braun* (Bloomington: Indiana University Press, 1985), esp. pp. 125, 137.

12. Käthe Schirmacher, *Wie und in welchem Masse lässt sich die Wertung der Frauenarbeit steigern* (Leipzig, 1909), p. 12 (repr. in Brinker-Gabler, Frauenarbeit); the other quotes are from Stoehr,"Housework." See Marion Kaplan, *The Jewish Feminist Movement in Germany: The Campaigns of the JüdischerFrauenbund, 1904-1938* (Westport, Conn.: Greenwood Press,1979), esp. ch. 3.

13. Quoted in Carol Dyhouse, *Feminism and the Family in England 1880-1939* (Oxford: Basil Blackwell, 1989), pp. 191-192.

14. Women's Industrial Council (1911), quoted in Jane Lewis, "Models of Equality for Women: The Case of State Support for Children in 20th-century Britain," in *Maternity 1991*. The previous quotes are from Pat Thane, "Visions of Gender in the Making of the British Welfare State: The Case of Women in theBritish Labour Party and Social Policy, 1906-1945," in *Maternity1991*. See Frank Prochaska, "A Mother's Country: Mothers' Meetings and Family Welfare in Britain, 1850-1950," *History 74*(1989): 379-399.

15. Atkinson quoted in Dyhouse, *Feminism*, pp. 65-66, 93; see also pp. 96-104; Eleanor Rathbone, *The Disinherited Family*(1924), repr. with introd. by Suzy Fleming (Bristol: Falling Wall Press, 1986); Mary Stocks, *The Case for Family Endowment*(London, 1927), ch. 3; Lewis, "Models of Equality."

16. Anthony, Feminism, pp. 117, 127 (quotes); her *Mothers Who Must Earn* (New York: Russel Sage Foundation, 1914); her preface to *The Endowment of Motherhood* (New York, 1920).

17. Karen J. Blair, *The Clubwoman as Feminist: True Womanhood Redefined, 1868-1914* (New York: Holmes and Meier, 1980), pp. 30 (quote), 42; Crystal Eastman, *Now We Can Begin*, repr. in Blanche Wiesen Cook, ed.,*Crystal Eastman: On Women and Revolution* (New York: Oxford University Press,1978), pp. 54-57; Mary Madeleine Ladd-Taylor, "Mother-Work: Ideology, Public Policy, and the Mothers' Movement,1890-1930," Ph.D. diss., Yale University, 1986, esp. chs. 2-4;Lela B. Costin, *Two Sisters for Social Justice. A Biography of Grace and Edith Abbott* (Urbana:

University of Illinois Press,1983).

18. Quotes from Dyhouse, *Feminism*, p. 91, and from Ladd-Taylor, *Mother-Work*, p. 148; see also the comments on Schirmacher and those by Russel (quoted above) and note 39 below.

19. Quotes from Dyhouse, *Feminism*, pp. 90, 92, and from Cova, "French Feminism"; for Anna Martin see Lewis, "Models of Equality"; Marianne Weber, "Zur Frage der Bewertung der Hausfrauenarbeit" (1912), in her *Frauenfragen und Frauengedanken* (Tübingen, 1919), pp. 80-94; Anthony, *Feminism*, pp. 118-119.

20. Lischnewska quoted in Stoehr, "Housework and Motherhood"; Franca Pieroni Bortolotti, "La Kuliscioff e la questione femminile," in *Anna Kuliscioff e l'età del riformismo*.Atti del Convegno di Milano 1976 (Rome: Avanti! 1978), pp.104-138; Rathbone, *Disinherited Family*, pp. 369-370.

21. Aileen S. Kraditor, *The Ideas of the Woman Suffrage Movement, 1890-1920* (New York: Anchor Books, 1971), esp. p.91; Irene Stoehr, "Organisierte Mütterlichkeit': Zur Politik der deutschen Frauenbewegung um 1900," in Karin Hausen, ed., *Frauen suchen ihre Geschichte*(Munich: Beck, 1983), pp. 225-253; Ladd-Taylor, *Mother-Work*, p. 256; Ellen Ross, "'Fierce Questions and Taunts':Married Life in Working Class London 1870-1914," in *Feminist Studies* 8 (1982): 575-602.

22. Paula Baker, "The Domestication of Politics: Women and American Political Society, 1780-1920," in *American Historical Review* 89 (1984): 620—647.

23. Ersilia Majno Bronzini, "Vie pratiche del femminismo"(1902), quoted in Buttafuoco, "Motherhood as a Political Strategy"; Jean Gaffin and David Thoms, *Caring & Sharing: The Centenary History of the Co-operative Women's Guild*(Manchester: Co-operative Union, 1983), p. 43. For the Enlightenment concept of male nature and male citizen rights see Carole Pateman, *The Sexual Contract* (Cambridgc: PolityPress, 1988).

24. Helene Stöcker, "Der Kampf gegen den Geburtenrückgang,"*Die neue Generation* 8, 11 (1912): 602.

25. Nelly Roussel, "Qu'est-ce que le 'Féminisme'?" *La Femme Affranchie* 2 (Sept. 1904), quoted in Cova, "Féminisme etnatalité."

26. Buttafuoco, "Motherhood as a Political Strategy"; Naomi Black, *Social Feminism* (Ithaca: Cornell University Press,1989); J. Stanley Lemons, *The Woman Citizen: Social Feminism in the 1920s* (Urbana: University of Illinois Press,1973); Karen Offen, "Defining Feminism: A Comparative Historical Approach," *Signs* 14 (1988): 119-157; Jennifer Dale and Peggy Foster, eds., *Feminists and State Welfare* (London:Routledge and Kegan Paul, 1986), pp. 5-8; Daniel Scott Smith, "Family Limitation, Sexual Control, and Domestic Feminism inVictorian America," in Lois Banner, ed., *Clio's Consciousness Raised* (New York: Harper and Row, 1974), pp. 119-136.

27. For Italy see Buttafuoco, "Motherhood as a PoliticalStrategy." For the United States: Anthony R. Travis, "The Origins of Mothers' Pensions in Illinois," *Journal of the Illinois State Historical Society* 67 (1975): 421-428; Ada J. Davis, "The Evolution of the Institution of Mothers' Pensions in the United States," *American Journal of Sociology* 35 (1930): 573-587;Ladd-Taylor, *Mother-Work*, ch. 4. For France: Anne Cova,"French Feminism"; Mary Lynn Stewart, *Women, Work andthe French State: Labour Protection and Social Patriarchy,1879-1919* (Kingston, McGill-Queen's University Press, 1989),esp. ch. 8; Robert Talmy, *Hisotire du mouvement familial en France (1896-1939)* (Paris: Union Nationale des Caisses d'Allocations Familiales, 1962), vol. I, pp. 159-163.

28. See *Maternity 1991*, and note 29 below.

29. Julia Lathrop, introd. to Henry J. Harris, *Maternity Benefit Systems in Certain Foreign Countries* (Washington, D.C.: U.S.Department of Labor, Children's Bureau, Publication no. 57,Government Printing Office, 1917).

30. Volker Hunecke, *I trovatelli di Milano* (Bologna: Il Mulino,1988); Rachel G. Fuchs, "Legislation, Poverty, and Child-Abandonment in 19th-century Paris," *Journal of Interdisciplinary History* 18 (1987): 55-80; Angela Taeger, "L'Etat, les enfants trouvés et les allocations familiales en France, XIXe et XXe siècles," *Francia* 16 (1989): 15-33; Pat Thane, "Infant Welfare in Britain, 1870s-1930s," unpubl. paper, 1990; Linda Gordon,"Single Mothers and Child Neglect, 1880-1920," *American Quarterly* 37 (1985): 173-192; Ann Vandepol, "Dependent Children, Child Custody,

and the Mothers' Pensions: The Transformation of State-Family Relations in the Early 20th Century," *Social Problems* 29 (1982): 221-235.

31. Carol Dyhouse, "Working-Class Mothers and InfantMortality in England, 1895-1914," *Journal of Social History* 12(1978): 248-267; Rachel G. Fuchs, *Abandoned Children: Foundlings and Child Welfare in 19th-century France* (Albany: SUNY Press, 1984).

32. Maria Martin, "Dépopulation," *Le Journal des Femmes*(June 1896); Cécile Brunschvicg, "Féminisme et natalité," *LaFrançaise*, 10 January 1931, quoted in Cova, "French Feminism"; Gertrud Bäumer, "Der seelische Hintergrund der Bevölkerungsfrage," *Die Frau* 23, 3 (1915): 129-134.

33. Offen, "Depopulation," pp. 659-660, 668-670; Françoise Thébaud, "Le Mouvement nataliste dans la France de l'entre deux-guerres: l'Alliance Nationale pour l'Accroissement de laPopulation Française," *Revue d'Histoire Moderne et Contemporaine* 32 (1985): 276-301; Yvonne Knibiehler and Catherine Fouquet, *Histoire des mères du moyen-âge à nos jours* (Paris: Montalba, 1980).

34. Herbert Wolfe, *Governmental Provisions in the United States and Foreign Countries for Members of the Military Forces and Their Dependents* (Washington, D.C.: U.S.Department of Labor, Children's Bureau, Publication no. 28,Government Printing Office, 1917), p. 13; Ute Daniel, *Arbeiterfrauen im der Kriegsgesellschaft: Beruf. Familie und Politik im Ersten Weltkrieg* (Göttingen: Vandenhoeck &Ruprecht, 1989), pp. 169-183; Susan Pedersen, "Social Policy and the Reconstruction of the Family in Britain and France,1900-1945," Ph.D. diss.. Harvard University, 1989, pp. 115-130.

35. Ladd-Taylor, *Mother-Work*, esp. ch. 5; Lemons, *The Woman Citizen*, ch. 6; Joseph Benedict Chepaitis, "The First Federal Social Welfare Measure: The Sheppard-Towner Maternity and Infancy Act, 1918-1932," Ph.D. diss., Georgetown University,1968; Hilda Scott, *Working Your Way to the Bottom: The Feminization of Poverty* (London: Pandora, 1984); Barbara Ehrenreich and Frances Fox Piven, "The Feminization of Poverty: When the 'Family-Wage System' Breaks Down,"*Dissent* 31 (1984): 162-170.

36. Quoted in Jane Lewis, *The Politics of Motherhood: Childand Maternal Welfare in England, 1900-1939* (London: CroomHelm, 1980), p. 169, and in her "Models of Equality."

37. Rathbone, *Disinherited Family*, esp. pp. 316-324.

38. Dyhouse, *Feminism*, pp. 95, 102.

39. Ramsay MacDonald (leader of the Labour Party) quoted by Lewis, "Models of Equality."

40. Thane, "Visions of Gender"; John Macnicol, *The Movement for Family Allowances 1918-1945: A Study in Social Policy Development* (London: Heinemann, 1980).

41. Quoted in Suzy Fleming, intr. to Rathbone, *Disinherited Family*, p. 90.

42. Anne-Lise Seip and Hilde Ibsen, "Norway's Road to Child Allowances," in *Maternity 1991*; Ann-Sofie Ohlander, "The Struggle for a Social Democratic Family Policy in Sweden since1900," in *Maternity 1991*; Helga Maria Hernes, "Die zweigeteilte Sozialpolitik," in Karin Hausen and Helga Nowotny, eds., *Wie männlich ist die Wissenschaft?* (Frankfurt: Suhrkamp, 1986),pp. 163-178; Bettina Cass, "Rewards for Women's Work," in Jacqueline Goodnow and Carole Pateman, eds., *Women, Social Science and Public Policy* (Sydney: Allen and Unwin, 1985), pp.67-94; Rob Watts, "Family Allowances in Canada and Australia1940-194 5: A Comparative Critical Case Study," *Journal of Social Policy* 16 (1987): 19-48; Ann Curthoys, "Equal Pay, a Family Wage or Both: Women Workers, Feminists and Unionists in Australia since 1945," in Barbara Caine et al., eds.,*Crossing Boundaries. Feminisms and the Critique of Knowledges* (Sydney: Allen and Unwin, 1988), pp. 129-140.

43. Henri Hatzfeld, *Du paupérisme à la sécurité sociale. Essai sur les origines de la sécurité sociale en France, 1850-1940* (Paris: Armand Colin, 1971); Karen Offen, "Body Politics:Women, Work, and the Politics of Motherhood in France, 1920-1950," in *Maternity 1991*.

44. Marie-Monique Huss, "Pronatalism in the Inter-War Periodin France," *Journal of Contemporary History* 25 (1990): 64.

45. Cécile Brunschwicg, "La Maternité, fonction familiale ousociale?" La

Française, 3 May 1930; Naomi Black, "Social Feminism in France: A Case Study," in Naomi Black and Ann Baker Cottrell, eds., *Women and World Change: Equity Issues in Development* (Beverly Hills: Sage Publications, 1981), pp.217-238; Pedersen, *Social Policy*, ch. 3.

46. Offen, "Body Politics"; Alain Barjot, *L'Allocation de salaire unique et l'allocation de la mère au foyer en France* (Bruges:Imprimerie Verbeke-Loys, 1967); Flora and Heidenheimer, *Development of Welfare States*, p. 341.

47. Benito Mussolini, preface to Richard Korherr, *Regressodelle nascite, morte dei popoli* (Rome, 1928), p. 23; see ChiaraSaraceno, "Redefining Maternity and Paternity: Gender, Pronatalism and Social Policies in Fascist Italy," in *Maternity1991*; Victoria de Grazia's article in this volume, and her *How Fascism Ruled Women: Italy, 1922-1945* (Berkeley: University of California Press, 1992).

48. Mary Nash, "Pronatalism and Motherhood in Franco's Spain," in *Maternity 1991*.

49. For the implementation of these policies, see my contributions to this volume, to *Maternity 1991*, and *Zwangssterilisation im Nationalsozialismus: Studien zur Rassenpolitik und Frauenpolitik* (Opladen: Westdeutscher Verlag, 1986).

50. Ann Taylor Allen, "German Radical Feminism andEugenics, 1900-1918," *German Studies Review* 11 (1989): 31-56; Linda Gordon, *Woman's Body, Woman's Rights: A Social History of Birth Control in America* (Harmondsworth:Penguin, 1977), pp. 281-290, 330-331.

51. Nash, "Pronatalism"; Michele A. Cortelazzo, "Il lessico del razzismo fascista (1938)," *Movimento operaio e socialista* 7(1984): 57-66; Claudio Pogliano, "Scienza e stirpe: eugenica in Italia (1912-1939)," *Passato e presente* 5 (1984): 61-97.

52."Das 'Wir' steht vor dem 'Ich,'" *Frau von heute* 39 (1959): 2,quoted in Gesine Obertreis, *Familienpolitik in der DDR 1945-1980* (Opladen: Westdeutscher Verlag, 1985), p. 146; see also pp. 51-73, 119, 136-138, 155, 292-293. For the Soviet Union see Janet Evans, "The Communist Party of the Soviet Union and the Women's Question: The Case of the 1936 Decree 'In Defence of Mother and Child,'" *Journal of Contemporary History* 16 (1981): 757-775; Bernice Q. Madison, *Social Welfare in the*

Soviet Union (Stanford: Stanford University Press, 1968), ch. 3.

53. Erich Honecker, “Neue Massnahmen zur Verwirklichungdes sozial-politischen Programms des VIII. Parteitages” (1972),quoted in Obertreis, *Familienpolitik*, p. 292; see also pp. 315-318.

54. Vera Slupik, “’Kinder kosten aber auch Geld.’ Die Diskriminierung von Frauen im Kindergeldrecht,” in Ute Gerhard et al., eds., *Auf Kosten der Frauen. Frauenrechte im Sozialstaat* (Weinheim: Beltz Verlag, 1988), p. 195; Peter Flora,ed., *Growth to Limits: The Western European Welfare States since World War I* (Berlin: De Gruyter, 1986-87), vol. IV, pp.278-281.

第十四章　生育、家庭、国家

娜丁·勒夫谢尔（Nadine Lefaucheur）

1. Kathleen E. Kiernan, “The British Family: Contemporary Trends and Issues,” *Journal of Family Issues* 9, 3 (September 1988): 306.

2. Henri Léridon and Catherine Villeneuve-Gokalp, “Les Nouveaux Couples: nombre, caractéristiques et attitudes,” *Population* 2 (1988): 331-374.

3. 即使受到离婚影响最深的几代人中仅有 18% 的夫妇已经分居，且这几代夫妇的离婚比例也很可能不会超过 30%，一个国家的离婚率也会达到 40%（比如 20 世纪 80 年代的英格兰）。Patrick Festy, “Quelques difficultés pour apprécier les conséquences des changements familiaux,” AIDELF, 1986, pp. 551-557.

4. Roger Géraud, *La Limitation des naissances* (Paris: Union Générale d’Editions, 1963), p. 104.

5. Massimo Levi-Bacci, “Le Changement démographique et le cycle de vie des femmes,” in Evelyne Sullerot, ed., *Le Fait feminin* (Paris: Fayard, 1978), pp. 467-478.

6. This paragraph owes a great deal to the work of ClaudetteSèze, *Evolution des activités des femmes induite par la consommation des substituts sociaux au travail domestique,1950-1980: effets économiques et socio-culturels* (Viry-Châtillon: Centre de Recherche sur l’Innovation Industrielle et Sociale, 1988).

7. Daniela del Boca, “Women in a Changing Workplace: TheCase of Italy,” in Jane Jenson, Elisabeth Hagen, and Ceallaigh Reddy, *Feminization of the Labour*

Force: Paradoxes and Promises (Cambridge: Polity Press, 1988), p. 129.

8. "Reproduction Goes Public," in Helga Maria Hernes, *Welfare State and Woman Power: Essays in State Feminism* (Oslo and Oxford: Norwegian University Press and Oxford University Press, 1987), chap. 3, pp. 51-71.

9. Angela Phillips and Peter Moss, *Qui prend soin des enfantsde l'Europe? Compte rendu du réseau des modes de garde d'enfants*. Commission des Communautés Européennes,V/1219/1/1988.

10. Harold Brackman, Steven P. Erie, and Martin Rein, "Wedded to the Welfare State," in Jenson, Hagen, and Reddy,eds., *Feminization of the Labour Force*, p. 215.

11. Hemes, *Welfare State*, p. 54.

12. Anne Gauthier, "Etat-mari, Etat-papa, les politiques sociales et le travail domestique," in Louise Vandelac et al., *Du travail etde Vamour: les dessous de la production domestique* (Montreal: Saint-Martin, 1985),pp. 257-311.

13. François de Singly and Claude Thélot, *Gens du privé, gens du public: la grande différence* (Paris: Dunod, 1988).

14. Most of the data that follow are taken from Gosta Esping Andersen, *The Three Worlds of Welfare Capitalism* (Cambridge: Polity Press, 1990), and Marie-Agnès Barrère-Maurisson and Olivier Marchand, "Structures familiales etmarchés du travail dans les pays développés," *Economie etstatistique* 235 (September 1990): 19-30. The data for Germany pertain to West Germany prior to reunification.

15. Brackman, Erie, and Rein, "Wedded to the Welfare State," pp. 217-218.

16. Most of the data here are taken from T. Smeeding, L.Rainwater, and S. Danziger, "Cross-National Trends in Income,Poverty, and Dependency: The Evidence for Young Adults inthe Eighties," paper presented to the conference on *Poverty and Social Marginality*, Joint Center for Political Studies,Washington, Sept. 20-21, 1991.

第十五章　受到监管的解放

罗丝一玛利・拉格哈夫（Rose-Marie Lagrave）

1. 我使用了马克斯・韦伯有关合法性和社会秩序的观念。See Weber, *Economy and Society* (Berkeley: Universityof California Press, 1979). 男性统治对社

会秩序至关重要。其运行主要凭借“象征暴力”手段，“象征暴力”是所有统治的组成部分，也是男性统治的关键所在。根据 Pierre Bourdieu, “La Domination masculine,” *Actes de la recherche en sciences sociales* 84 (Sept. 1990): 8.

2. Surveys of 22 countries presented at the Congrès desCatholiques Sociaux in *Le Travail industriel de la mère et lefoyer ouvrier. Extraits du Congrès international de juin 1933* (Paris: Union Feminine Civique et Sociale, 1933). See also the results of a questionnaire sent to various national groups affiliated with the *Union Internationale des Ligues Féminines Catholiques*, in Françoise Van Goethem, “Enquête internationale sur le travail salarié de la femme mariée,” in *Chronique sociale de France* (Lyons: Union Internationale d'Etudes Sociales, 1932).

3. See Annie Fourcaut, *Femmes à l'usine en France dans l'entre-deux-guerres* (Paris: Maspero, 1982).

4. Maurice Frois, *La Santé et le travail des femmes pendant la guerre* (Paris: Presses Universitaires de France, 1926), p. 63.

5. André Bonnefoy, *Place aux femmes. Les carrières féminines administratives et libérales* (Paris: Fayard, 1914), p. 69.

6. Gina Lombroso, *La Femme dans la société actuelle* (Paris:Payor, 1929), p. 12.

7. Marguerite Thibert, “Crise économique et travail féminin,” *Revue Internationale du Travail* 27, 4 (April 1933): 31.

8. Janine Ponty, “Des Polonaises parlent,” *Revue du Nord* 63,250 (July-Sept. 1981): 730.

9. See the chapter on working conditions in Bureau International du Travail, *L'Année sociale* (Geneva).

10. Claudia Koonz, *Mothers in the Fatherland: Women, Family Life, and Nazi Ideology, 1919-1945* (NewYork: St. Martin's Press, 1987).

11. Françoise Lantier, *Le Travail et la formation des femmes en Europe* (Paris: La Documentation Française, 1972), vol. 4, p.47.

12. Rémy Lenoir, “L'Effondrement des bases du familialisme,” *Actes de la recherche en sciences sociales* 57-58 (June 1985):69-88.

13. Pierre Bourdieu, *Les Héritiers: les étudiants et leurs études*(Paris: Editions de

Minuit, 1964).

14. See, for example, the Equal Pay Act of 1970 in the United Kingdom, which required equal pay for jobs classified as equivalent. See also Greek Law no. 1414/84 on the principle of sexual equality in employment, and the French law on professional equality, passed in 1983.

15. Madeleine Guilbert, *Les Fonctions des femmes dans l'industrie* (The Hague: Mouton, 1966), p. 148.

16. Ibid., p. 144.

17. See, for example, Brigitte Belloc, "Le Travail à tempspartiel," in *Données sociales* (Paris: INSEE, 1987), pp. 112-123.

18. See "Ségrégation professionnelle selon le sexe," in *L'Intégration des femmes dans l'économie* (Paris: Organization for Economic Cooperation and Development, 1985), pp. 40-74.

19. Pierre Bourdieu, "Classement, declassement, reclassement," *Actes de la recherche en sciences sociales* 24 (Nov. 1978): 22.

20. 对隔离程度的测算，即某行业的女性比例对工作总人口的女性比例之比。该比率得出女性代表系数，即 CFR。歧异值（DI）的计算公式如下：

$$\frac{1}{2}\sum_{i=1}^{k}\left[\frac{N_{w_i}}{N_w}-\frac{N_{m_i}}{N_m}\right]\times 100\%$$

N_w 是女性劳动力总数；N_m 是男性劳动力总数；N_{wi} 是职业 i 中受雇女性的数量；N_{mi} 是职业 i 中受雇男性的数量。参见 *L'Integration des femmes dans l'économie*, pp. 44 and 73. 这种精细复杂的数学测算造就了“科学神话”，却通过将其表述为社会可接受的量化形式而掩饰了社会不平等，因为这是无法证实的。See PierreBourdieu, "Le Nord et le Midi. Contribution à une analyse del'effet Montesquieu," *Actes de la recherche en sciences sociales* 35 (Nov. 1980): 22-25.

21. *L'Integration des femmes dans l'économie*, p. 46.

22. 有关平等待遇与薪酬的法律法规，在法律和政治上都取得了重大胜利，却对薪酬差异影响甚微。法律上的不平等和事实上的不平等不是一回事。参见 Anne Sabourin, *Le Travail des femmes dans la CEE. Conditions juridiques* (Paris:

Economica,1984). 感谢朱丽叶・加尼奥和塔蒂亚纳・米歇尔在本章中在文献上给予的帮助。

第四部分　现下的问题

1. See, for example, in France, Groupe d'Etudes Féministes de l'Université de Paris VII (GEF), *Crises de la société, féminisme et changement* (Paris: Tierce, 1991), and "Particularisme et universalisme," *Nouvelles Questions Féministes* 16-18 (1991).

2. Colloquium organized by Elisabeth de Fontenay and Roger Rotmann at the Centre Georges Pompidou on November 28 and 29, 1991, concerning the new forms of contemporary antifeminism.

第十六章　法律与民主

玛丽埃特・西诺（Mariette Sineau）

1. Elisabeth Guibert-Sledziewski, "Naissance de la femme civile. La Révolution, la femme, le droit," *La Pensée* 238 (March-April 1984): 45.

2. Jean Carbonnier, *Droit civil* (Paris: Presses Universitaires de France, 1983), vol. I, p. 74.

3. United Nations, *Condition juridique de la femme mariée*, Department of Economic and Social Affairs (Geneva, 1958), p.3.

4. Rachel Trost, "La Condition juridique de la femme mariée en France et en Angleterre," doctoral thesis. University of Nancy, 1971, p. 7.

5. Ginette Castro, *Radioscopie du féminisme américain* (Paris:Presses de la Fondation Nationale des Sciences Politiques,1984), p. 10.

6. "Le 150e anniversaire de la Révolution," in *Le Droit des femmes* (June 1938): 12.

7. Charles Krug, *Le Féminisme et le droit civil français* (Paris:Pedone, 1899), p. 17.

8. Odile Dhavernas, "L'Inscription des femmes dans le droit:enjeux et perspectives," *Le Féminisme et ses enjeux* (Paris:Centre Fédéral FEN-Edilig, 1988), p. 321.

9. Neville I. Brown, "Angleterre," in Jean Patarin and Imre Zajtay, *Le Régime matrimonial légal dans les législations contemporaines* (Paris: Pedone, 1974), pp. 125-126.

10. Georges Ripert, *Le Régime démocratique et le droit civil moderne* (Paris: Librairie Générale de Droit et de Jurisprudence, 1948), p. 109.

11. Jacqueline Rubellin-Devichi, *L'Evolution du statut civil de la famille depuis 1945* (Paris: Editions du CNRS, 1983), p. 20.

12. Ripert, *Le Régime démocratique*, p. 23.

13. Carbonnier, Droit civil, vol. 2, p. 536.

14. Jean Carbonnier, *Flexible Droit* (Paris: Librairie Générale de Droit et de Jurisprudence, 1979), p. 172.

15. Odile Dhavernas, *Droits des femmes, pouvoir des hommes*(Paris: Editions du Seuil, 1978), p. 381.

16. Brigitte Jolivet, "Editorial," *Actes* 57-58 (Winter 1986-87): 5.

17. "La Ligue du droit des femmes," interview with two founders, Annie Sugier and Anne Zelensky, *Actes* 57-58(Winter 1986-87): 59.

18. F. Rigaux, "Evolution des structures juridiques de la familleen Belgique," in Roger Nerson and Hans-Albrecht Schwarz-Liebermann von Wahlendorf, eds., *Mariage et famille enquestion: Allemagne* (Paris: Editions du CNRS, 1980), p. 88.

19. Quoted in Yves Lequin, *Histoire des Français* (Paris:Armand Colin, 1984), p. 311.

20. Palmiro Togliatti, "Discorsi alle Donne," pamphlet published by the women's section of the Communist Party,1946, pp. 48-49, quoted in Dogan, 1955, p. 170.

21. Maurice Duverger, "Des conservatrices," *NEF* 26 (Oct.-Dec.1969): 22-24.

22. Maurice Duverger, *La Participation des femmes à la vie politique* (Paris: UNESCO, 1955), p. 72.

23. Poll by the Institut Français d'Opinion Publique, *Journal du Dimanche*,May 19, 1991.

24. Torild Skard and Elina Haavio-Mannila, "Women in Parliament," in Haavio-Mannila et al.,*Women in Nordic Politics* (New York: Pergamon Press, 1985), p. 58.

25. Andrée Michel, "Les Françaises et la politique," *Les Temps Modernes* 20 (July 1965): 63.

26. Interview with Pierre Viansson-Ponté, *Le Monde*, January 11, 1978.

27. Duverger, *La Participation*, p. 151.

28. *Paris-Match*, July 3, 1987.

29. Mariette Sineau, *Des femmes en politique* (Paris:Economica, 1988), p. 68.

30. Bella Abzug, *Bella! Ms. Abzug Goes to Washington* (NewYork: Saturday Review Press, 1972), pp. 30-31.

第十七章　20 世纪 70 年代的女性主义

亚斯敏·厄尔加斯（Yasmine Ergas）

1. 在整个 20 世纪 70 年代和 80 年代，西欧和北美之外也兴起了诸多意义重大的女性主义运动。但是，本文只关注西欧和北美的女性主义。即便在该界定范围内，本文也不会系统概述对西方社会产生深刻影响的各种运动。

2. See Joyce Gelb, *Feminism and Politics: A Comparative Perspective* (Berkeley: University of California Press, 1989), pp.12-13. For overviews of the interaction between women's movements and political systems, see inter alia Mary Fainsod Katzenstein and Carol McClurg Mueller, eds.,*The Women's Movements of the United States and Western Europe:Consciousness, Political Opportunity, and Public Policy*(Philadelphia: Temple University Press, 1987), and Joni Lovenduski, *Women and European Politics: Contemporary Feminism and Public Policy* (Brighton: Wheatsheaf Books,1986).

3. See Ethel Klein, *Gender Politics: From Consciousness to Mass Politics* (Cambridge, Mass.: Harvard University Press,1984), p. 22.

4. There is an extensive literature on the "gender gap." For anoverview, see David De Vaus and Ian McAllistair, "The Changing Politics of Women: Gender and Political Alignment in 11 Nations," *European Journal of Political Research* 17(1989): 241-262. The data on Germany cited here are taken from Teresa Kulawik, "Identity versus Strategy: The Politics of the Women's Movement in West Germany," mimeo, n.d., pp.28-29.

5. Christiane Lemke, "Women and Politics: The New Federal Republic of German," ms. prepared for publication in Barbara Nelson and Najma Chowdhury, eds.,*Women and Politics World Wide*, 1991.

6. Ibid.

7. 英国 1967 年堕胎法案允许在孕妇在怀孕 28 周内堕胎，前提是需要两位医生一致认同，孕妇或该孕妇的其他孩子有性命之忧，或所怀孩子很可能先天残疾。更值得注意的是，在很多情况下，堕胎权成为各大政治联盟的关键事项。如今，在数个新近改革的东欧政治体制中（如匈牙利和波兰），堕胎权成为重要议题。On the American campaign for the Equal Rights Amendment and its vicissitudes, see Jane Mansbridge,*Why We Lost the ERA* (Chicago: University of Chicago Press,1986).

8. Data cited by Mary Fainsod Katzenstein, "Comparing the Feminist Movements of the United States and Western Europe:An Overview," in Fainsod Katzenstein and McClurg Mueller,eds.,*The Women's Movements of the United States and Western Europe*, p. 4.

9. Martien Briet, Bert Klandermans, Frederike Kroon, "How Women Became Involved in the Women's Movement of the Netherlands," in ibid., p. 55.

10. See Naomi Black, *Social Feminism* (Ithaca: Cornell University Press, 1989), p. 10.

11. Mary Fainsod Katzenstein, "Comparing the Feminist Movements of the United States and Western Europe," in Fainsod Katzenstein and McClurg Mueller, eds., *The Women's Movements of the United States and Western Europe*, p. 9.

12. Ethel Klein, "The Diffusion of Consciousness in the United States and Western Europe," in ibid., p. 39.

13. For a comparison of the destinies of feminist mobilizations,see especially Joyce Gelb's discussion of the United Kingdom,the United States, and Sweden in her *Feminism and Politics*.Other comparative analyses and case studies of the parabolas offeminist mobilizations may be found in Joni Lovenduski,*Women and European Politics*; Fainsod Katzenstein and McClurg Mueller, eds., *The Women's Movements of the United States and Western Europe*; Drude Dahlerup, ed.,*The New Women's*

Movement: Feminism and Political Power in Europeand the USA (London: Sage, 1986); and Mary Fainsod Katzenstein and Hege Skjeie, eds., *Going Public: National Histories of Women's Enfranchisement and Women's Participation within State Institutions* (Oslo: Institute forSocial Research, 1990).

14. On feminists' "unobtrusive mobilization" in the United States, see Mary Fainsod Katzenstein, "Unobtrusive Mobilization and the Feminist Movement in the U.S.," mimeo,1988, and "Organizing on the Terrain of Mainstream Institutions: Feminism in the United States Military," inFainsod Katzenstein and Skjeie, eds., *Going Public*, pp. 173-203.

15. Webster's *New Twentieth Century Dictionary of the English Language*, unabridged, 2nd ed. (New York: The Publisher's Guild, 1965).

16. 特蕾莎·德劳雷提斯表示："女性主义理论是……一种不断发展的理论，它有关女性性别或女性象征这一社会主体……基于其特定的、新兴的、矛盾的历史。" Teresa de Lauretis, "Upping the Anti (sic)in Feminist Theory," in Marianne Hirsch and Evelyn FoxKeller, eds., *Conflicts in Feminism* (New York: Routledge,1990), p. 267. For a different approach, see Karen Offen, "Defining Feminism: A Comparative Historical Approach," *Signs* 14 (1988): 118-157.

17. Black, Social Feminism.

18. Readers interested in contemporary Italian feminism see Biancamaria Frabotta, ed., *La politica del femminismo (1973-76)* (Rome: Savelli, 1976); Rosalba Spagnoletti, ed., *Imovimenti femministi in Italia (Rome: Savelli, 1978); Paola Bono and Sandra Kemp, eds., Italian Feminist Thought: A Reader* (Oxford: Basil Blackwell, 1991); and Libreria delledonne di milano, *Non credece di avere dei diritti: la generazione della libertà femminile nell'idea e nelle vicende di un gruppo didonne* (Milan: Rosenberg and Sellier, 1987).

19. For a detailed discussion of the complex relationship linking UDI to the new Italian feminist movement in a variety of contexts, see Judith Adler Hellman, *Journeys among Women:Feminism in Five Italian Cities* (NewYork: Oxford University Press, 1987). More generally on UDI,see Giulietta Ascoli, "L'UDI tra emancipazione e liberazione(1943-64)," in Giulietta Ascoli et al.,*La questione femminile in Italia dal'*

900 ad oggi (Milan: Franco Angeli, 1979); GigliaTedesco, "Tra emancipazione e liberazione: L'UDI negli anni sessanta," in Anna Maria Crispino, ed., *Esperienza storica femminile nell'etá moderna e contemporanea (Rome: Unione Donne Italiane, 1989); and Storica femminile nell'età moderna e contemporanea* (Rome: UnioneDonne Italiane, 1989); and Maria Michetti, Margherita Repetto,Luciana Viviani, eds., *UDI: labo-ratorio di politica delle donne*(Rome: Cooperativa libera stampa, 1984).

20. See Adriana Seroni, "Ragioni e torti del femminismo," in Frabotta, ed., *La politica del femminismo* (1937-76), pp. 218-228. Also see Carla Ravaioli, *La questione femminile: Intervistacol PCI* (Milan: Bompiani,1977).

21. For a synthetic description of the relevant events, see Jane Jenson, "Le Féminisme en France depuis mai 68," *Vingtième Siècle: Revue d'Histoire* (Oct.-Dec. 1989): 56-57.

22. Juliet Mitchell and Ann Oakley, eds.,*What Is Feminism? A Reexamination* (New York: Pantheon, 1986), p. 1.

23. The significance of opening the political discourse to the articulation of women's claims has been extensively discussed by Jane Jenson, in particular, see "Liberation and New Rights for French Women," mimeo, 1984.

24. Simone de Beauvoir, *The Second Sex*, trans, and ed. H. M.Parshley (New York: Knopf, 1952), p. xv.

25. 从某些角度看，女性主义内部的冲突实际上定义了女性主义本身。丹妮丝·赖利写道："'妇女'是一个不固定的范畴，这种不稳定性有其历史基础，女性主义是这种不稳定性展开系统性斗争之所……我们无需为此担忧。" Denise Riley, *Am I That Name? Feminism and the Category of "Women" in History* (Minneapolis: University of Minnesota Press, 1988), p. 5.

26. Ann Snitow, "A Gender Diary," in Hirsch and Fox Keller,eds.,*Conflicts in Feminism*, p. 9. 斯尼托还提及，强调性别是一种稳固身份形式的人与企图削弱性别控制力的人两者之间的分歧，不仅仅分化了互相抗争的政治视角，还象征着深远的存在性的断裂。她表示："女性主义者——事实上大多数女人——都生活在与这种核心女性主义隔阂相关的复杂关系之中。对选择成为何种性别，我们时时刻刻都在心理和社会意义上进行着谨慎的谈判。”（p.9）For similar perspectives on the question of womanhood and its place in contemporary Western feminisms, see inter alia, Riley, *Am I That Name? and Yasmine Ergas, Nelle maglie della politica. Femminismo, istitu-zioni e politiche sociali nell 'Italia degli anni settanta* (Milan: Franco Angeli, 1986). On this issue see also Giovanna Zincone, *Fuga dall'essenzialismo:Un bilancio degli studie su donne e politica* (Torino: Il Segnalibro Editore, 1990).

27. See, for example, Maren Garden, *The New Feminist Movement* (New York: Russell Sage, 1974).

28. Gruppo Demistificazione Autoritarismo, "Il maschile come valore dominante," in Spagnoletti, ed., *I movimenti femministi in Italia*, p. 56. 这种思维方式对当代意大利女性主义的发展至关重要。For a more recent explication of female difference and the bankruptcies of female emancipation, see Libreria delle donne di milano, *Non credere di avere dei diritti*.

29. Joan W. Scott, "Deconstructing Equality-Versus-Difference:Or the Uses of Poststructuralist Theory for Feminism," in *Feminist Studies* 14 (Spring 1988): 33-50, reprinted in Hirsch and Fox Keller, eds.. *Conflicts in Feminism*, pp. 134-148.

30. Mansbridge, *Why We Lost the ERA*.

31. 人们有时也会认为，女性主义者因为支持平等思想，才放弃了对女性特殊权利的诉求。事实并非如此，因为许多国家的女性主义者对产假等问题的讨论热情高涨。意大利的一位女性主义者更支持加强育儿假而不是产假，她写道，从平等主义的角度看，生产和育儿似乎是同种体验，两者都需要“类似的努力和可互换的存在维度”。See Franca Bimbi, "differenza/paritá" in Laura Balbo, ed.,*Tempi di vita. Studi eproposte per cambiarli* (Milan: FeltrineHi, 1991), p. 54. For discussions of the relevant issues in the United States, see, for example, Martha Albertson Fineman, *The Illusion of Equality:The Rhetoric and Reality of Divorce Reform* (Chicago:University of Chicago Press, 1991), and Martha Minow, "Adjudicating Differences: Conflicts Among Feminist Lawyers," in Hirsch and Fox Keller, eds., *Conflicts in Feminism*, pp. 149-163.

32. 女性主义的辩论时常集中于“性别差异”、“性别”、性三者之间的关系。但是，近来开始强调身体感知的社会本性与文化建构。See Susan Rubin Suleiman, *Subversive Intent: Gender Politics and the Avant-Garde* (Cambridge, Mass.: Harvard University Press,1990) and Judith Butler, *Gender Trouble: Feminism and the Subversion of Identity* (New York: Routledge, 1990). On this issue, see also Catharine Gallagher and Thomas Laqueur, *The Making of the Western Body: Sexuality and Society in the Nineteenth Century* (Berkeley: University of California Press, 1987).

33. Gayle Rubin, "The Traffic in Women," in R. Reiter, ed.,*Toward an Anthropology of Women* (New York: MonthlyReview Press, 1975), p. 160.

34. Robin Morgan, ed., *Sisterhood Is Powerful: An Anthology of Writings from the Women's Liberation Movement* (New York:Vintage Books, 1970), p. 533.

35. Hélène Cixous, "The Laugh of the Medusa," *Signs* (1976):877.

36. “女性起义”于 1970 年发表宣言。It is reproduced in Spagnoletti, ed., *I movimenti femministi in Italia*, pp. 102-106. On Rivolta Femminile, see Maria Luisa Boccia, "Per una teoria dell'autenticitá. Lettura di Carla Lonzi," *Memoria. Rivista di storia delle donne* 19-20 (1987): 85-108.

37. Some of the issues discussed here and in the following paragraphs concerning the praxis of separation and distinction are also examined in Ergas, *Nelle maglie della politica*.

38. 自主是无数女性主义运动的重要主题，尤其是在 20 世纪 70 年代早期，这些运动努力定义他们与左派对话者的关系。See the discussion of the centrality of autonomy in the German feminist movement in Kulawik, "Identity versus Strategy,"mimeo, n.d.

39. 这种类比是女性主义者时常做的，也不局限于美国。“女人很美”，一本早期意大利女性主义出版物如此强有力地诠释美国黑人的口号（“黑色很美”）；基于特伦特大学的另一个组织于同期所发布的文件取名为“女人和黑人。性与肤色”。On the close intertwining and tense conversation between American feminists and the civil rights movement, see especially Sara Evans, *Personal Politics: The Roots of Women's Liberation in the Civil Rights Movement and the New Left* (New York: Vintage Books, 1980).

40. On the centrality of consciousness-raising for contemporary feminism, see Catharine A. MacKinnon, “Feminism, Marxism, Method, and the State,” *Signs* (1982): 515-544 and Dahlerup,*The New Women’s Movement*.

41. This pedagogical guide to consciousness-raising was prepared by Kathie Sarachild, and then reprinted in Morgan,ed.,*Sisterhood Is Powerful*, pp. xxiii-xxiv.

42. 这种女阴手势是“将双手手指并排举起，垂下双手拇指相碰，并将手掌朝外”。Bonnie S. Anderson and Judith P. Zinsser, *A History of Their Own* (New York: Harper and Row, 1988), vol. 11, p. 413.

43. Petra de Vries cited in ibid., p. 412.

44. Martha Shelly, “Notes of a Radical Lesbian,” in Morgan, ed., *Sisterhood Is Powerful*, p. 307.

45. “The Second Sex—Thirty Years Later.” Conference paper delivered at the New York Institute for the Humanities, 1979,pp. 74-75, cited in Anderson and Zinsser, *A History of Their Own*, p. 425. Lesbianism as a sexual preference, in other words, carried immediate political significance. On this issue, see also Adrienne Rich, “Compulsory Heterosexuality and Lesbian Experience,” *Signs* 5, 4 (1980): 631-660, and Manuela Fraire, “Ordine e disordine. Ovvero dele sorti dell’amore tra donne,” *Memoria. Rivista di storia delle donne* 19-20 (1987): 109-117.

46. Clifford Geertz, “A Lab of One’s Own,” *New York Review of Books*, November 8, 1990, p. 19.

47. 值得注意的是，有关女性历史的辩论促进了英国女性主义的首次重大会议。出席（牛津）罗斯金学院历史研讨会的女性反对在日常议题中剔除女性史话题，她们决定召开女性解放会议，这场会议于 1970 年在罗斯金学院举办，吸引了 600 人参加。See Joni Lovenduski, *Women and European Politics*, p. 75.

48. See, for example. Sheila Rowbotham, Women, *Resistance and Revolution: A History of Women in the Modern World*(New York: Pantheon, 1972), and *Hidden from History:Rediscovering Women in History from the Seventeenth Century to the Present* (New York: Pantheon Books, 1974);Renate Bridenthal and Claudia Koonz, eds., *Becoming Visible:Women in European History* (Boston: Houghton Mifflin, 1977);Michelle Perrot, *Une histoire des femmes est-elle possible?*(Paris: Rivage,

1984); Joan W. Scott, *Gender and the Politics of History* (New York: Columbia University Press, 1988).

49. 早期的政治宣言中已经表达了创造“女性主义传统”的重要意义。例如，意大利团体“女性起义”劝勉妇女统一“女性主义的历史地位与历程”。Cited in Spagnoletti, ed., *I movimenti femministi in Italia*, p.104.

50. On the relation of memory and history with respect towomen, see “Memoires des femmes,” *Penelope* 12 (Spring1985); Margaret A. Lourie and Domna C. Stanton, eds.,”Women and Memory,” *Michigan Quarterly Review* 16, 1(Winter 1987).

51. 关于这些问题，斯堪的纳维亚地区的女性主义者提供了政治介入的第三个维度。See Helga Maria Hernes, *Welfare State and Woman Power: Essays in State Feminism* (London: Norway University Press,1987).

52. 在其他地区，身体政治连同另一串问题一起出现，如诸多非洲国家的阴蒂切除术和印度烧死寡妇的行为。

53. The Boston Women’s Health Book Collective, *Our Bodies,Ourselves* (New York: Simon and Schuster, 1976).

54. Kate Millett, *Sexual Politics* (New York: Doubleday, 1970),p. 58.

55. Anne Koedt, “The Myth of the Vaginal Orgasm,” in A. Koedt, E. Levine, and A. Rapone, eds.,*Radical Feminism* (Chicago:Quadrangle,1973).

56. Germaine Greer, *The Female Eunuch* (New York: McGraw Hill, 1971).

57. The Boston Women’s Health Book Collective, *Our Bodies,Ourselves*; “Manifesto di Rivolta Femminile,” in Spagnoletti,ed., *I movimenti femministi in Italia*, p. 102.

58. Cited in Anderson and Zinsser, *A History of Their Own*, p.420.

59. Ibid., p. 413.

60. Anna, of the Movimento Femminista Romano at the ninth congress of the Unione Donne Italiane (November 1-3, 1973),cited in Silvia Tozzi, “Molecolare, creativa, materiale: la vicenda dei gruppi per la salute,” *Memoria. Rivista di storia delle donne* 19-20 (1987): 161.

61. From a document by Rivolta Femminile dated July 1971,cited in Libreria delle donne di milano, *Non credere di avere dei diritti*, pp. 62, 63.

62. Cf. Lovenduski, *Women and European Politics*.

63. Kulawik, "Identity versus Strategy," p. 16.

64. Ibid.

65. For a synthesis of the relevant events, to which this reconstruction is particularly indebted, see Anderson and Zinsser, *A History of Their Own*, p. 418.

66. 意大利也组织了这类运动，再次与公众要求废止现行立法的大规模反抗运动紧密协作，最终获得了成功。

67. 英国、意大利、美国、荷兰、北欧国家也掀起了类似的运动。See Lovenduski, *Women and European Politics*.

68. The following reconstruction is taken from ibid., pp. 78-79. For an analysis of this aspect of the British feminist movement,see also Hilary Rose, "In Practice Supported, in Theory Denied: An Account of an Invisible Urban Movement," *Journal of Urban and Regional Research* 3 (1978): 521-537.

69. Lovenduski, *Women and European Politics*, p. 79.

70. Anderson and Zinsser, *A History of Their Own*, p. 422.

71. Cited in ibid.

72. On this issue see Zincone, *Fuga dall'essenzialismo*, and Riley, *Am I That Name?* For an emblematic analysis tending to negate the validity of sexual differences, see Cynthia Fuchs Epstein, *Deceptive Distinctions: Theory and Research on Sex,Gender, and the Social Order* (New Haven: Yale University Press, 1988).

73. 一本同名的女性主义杂志现已在美国出版。

74. Bell Hooks speaking in Mary Childers and Bell Hooks, "A Conversation about Race and Class," in Hirsch and Fox Keller, eds., *Conflicts in Feminism*, p. 66.

75. Chandra Talpade Mohanty, "Under Western Eyes: Feminist Scholarship and Colonial Discourses," in Chandra Talpade Mohanty, Ann Russo, Lourdes Torres, eds.,*Third WorldWomen and the Politics of Feminism* (Bloomington: Indiana University Press, 1991), pp. 53-54.

第十八章　魁北克：从女性特质到女性主义

约兰德·科恩（Yolande Cohen）

1. Barbara Melosh, *The Physician Hand Work: Culture and Conflict in American Nursing* (Philadelphia: Temple UniversityPress, 1982); Susan Reverby. *Ordered to Care: The Dilemma of American Nursing, 1850-1945* (Cambridge: Cambridge University Press, 1987); Yolande Cohen and Michèle Degenais, "Le Métier d'infirmière: savoirs féminins et reconnaissanceprofes-sionnelle," *Revue d'Histoire de l'Améique Française* 41,2 (Autumn 1987):155-177.

2. Martha Vicinus, *Independent Women* (Chicago: University of Chicago Press, 1984).

3. Margaret Allen, "The Domestic Ideal and the Mobilization of Woman Power," *Women's Studies International Forum* 6(1983): 401-412. See also the article by Michelle Perrot in Margaret Higonnet et al.,*Behind the Lines: Gender and the Two World Wars* (New Haven: Yale University Press, 1987).

4. 首先，魁北克与新英格兰相比，似乎落后了一个世纪，新英格兰早在1820年就提出妇女问题，后来通过所谓的“母职帝国”得到解决。在美国的民主政体下，各种社会角色进行了严格的分离。相比之下，魁北克直到世俗民族主义思想的兴起才出现类似的现象。

5. Marcel Fournier, *L'Entree dans la modernite. Science,culture et societe au Quebec* (Montreal: Editions Saint-Martin,1986).

6. 此处，我特意选择分析被分别视为传统主义和保守主义立场的两本杂志。它们不仅反映了对女性的普遍看法，还塑造了这些看法。See Yolande Cohen, *Femmes de parole. L'histoire des Cercles de fermièes du Québec, 1915-1990* (Montreal: LeJour, 1990). 欧洲也存在与“农妇圈”类似的组织，如法国的天主教农人青年会。See Martyne Perrot, "La Jaciste, une figure emblematique," in Rose-Maric Lagrave, *Celles de la terre* (Paris: EHESS, 1987). 比利时和意大利也有类似的团体。世界农村妇女协会每两年组织一次农村妇女团体国际会议。

7. For a fuller explanation of "sexual complementarity" than I can give here, the reader may wish to see Karen Offen, "E.Legouvé and the Doctrine of 'Equality in Difference' for Women: A Case Study of Male Feminism in Nineteenth-Century

French Thought," *Journal of Modern History* (June1986): 453-484. 奥芬分析了"差异中的平等"这一概念，此概念最早由卢古夫在 *Cours d'histoire morale des femmes* (Paris: G. Sandré, 1848) 一书中构想而成，19 世纪时又被大量法国女性主义激进分子所采用，其中包括波尔·明克。明克提倡严格的性别互补，男人和女人各自负责不同的领域，且互不干涉。为了达成这一目标，她提议改变劳动分工，女人负责一切服务和商贸，她们在细节上的天赋和其他技能使她们比男人更适于从事这类活动。

8. The first such magazine in Canada was *The Homemakers*, an English-language magazine for women. Belgium may also have provided examples. The French imitated only the style of the magazine, along with articles offering advice on cooking and fashions. *La Jeunesse Agricole Féminine*, which initiated the genre in France, did not appear until 1935, however. See Perrot,"La Jaciste."

9. *La Bonne Fermiere*, 1, 1 (January 1920): 3 (cited hereafter as *B.F.*).

10. *B.F.* 1, 4 (October 1920): 99.

11. See M. Dumont, "La parole des femmes: les revues féminines 1938— 1968," in F. Dumont et al., eds., *Ideologies au Canada-français, 1940—1976* (Montreal: Presses de l'Université de Laval), pp. 5-45, as well as the analysis of rural women's ideologies in the United States in Joan Jensen, *Loosening the Bonds: Mid-Atlantic Farm Women* (New Haven: Yale University Press, 1986), and, in France, Lagrave, Celles de laterre.

12. *B.F.* 2, 2 (April 1921): 38.

13. *B.F.* 5,1 (January 1924): 10.

14. *B.F.* 9, 1 (January 1928): 30.

15. *B.F.* 11, 2 (April 1930): 56.

16. 圣若翰洗者会由一群热衷社会改革的妇女于 1907 年在魁北克创立，通常被认为是第一个妇女民族主义组织。该组织也被视为女性主义团体，尽管它支持基督教女性主义和社会女性主义，且从未对母职提出疑问。See M. Lavigne, Y. Pinard, and J. Stoddart, "La Federation nationale Saint-Jean-Baptiste et les revendications feministes au debut du 20e siècle," in M. Lavigne and Y. Pinard,eds., *Travailleuses et Feministes* (Montreal: Boreal Express,1983), pp. 199-216.

17. 他们认为圣若翰洗者会的女性倾向和其成员的资产阶级背景是该组织衰落的原因，也是吸纳成员的理由。(ibid., p. 215).

18. *B.F.* 3, 2 (April 1922): 46.

19. 女性天主教联盟于 1944 年成立之时，《乡村与家》杂志以全新的女性出版物面貌，呈现在读者面前。该杂志承诺以妇女、家庭、国家的三合一视角，重获运动的力量。妇女被视为家庭的支柱，她们对家庭和民族的付出确保了民族的延续。

20. *Terre et Foyer* 10, 1 (January 1953): 18 (cited hereafter as *T.F.*).

21. *T.F.* 10, 7 (September 1953): 24.

22. *T.F.* 14, 5 (May-June 1957): 19.

23. Almond and Verba, *The Civic Culture* (Boston: Little,Brown, 1963).

24. *T.F.* 2, 5-6 (May-June 1946): 4.

25. *T.F.* 15, 1 (January 1958): 1.

26. *T.F.* 2, 5-6 (May-June 1946): 2.

27. *T.F.* 10, 7 (September 1953): 24.

28. *T.F.* 14, 7 (September 1957): 2.

29. Jean Bruno, *Agriculture et développement dans l'est du Québec* (Quebec: Presses de l'Université du Québéc, 1985), and M.-A. Ledoux, "L'UCC comme groupe de pression sous l'administration Duplessis," master's thesis. University of Montreal, 1971. 该作者分析了谈判过程，这一过程致使政府在 1956 年通过农业市场法。他指出，UCC 还意识到小农户的经济需求，在不挑战保守主义思想的情况下，UCC 还为小农户进行辩护。

30. 博尚认为，农民在主流意识形态（包括农业社团主义和农业工联主义）中只看到对他们在物质实惠方面有价值的内容。See "Les Debuts de la cooperation et dusyndicalisme agricoles, 1900-1930: quelques elements de lapratique," *Recherches Sociographiques* 20, 3 (Sept.-Dec. 1979):380ff.

31. "Le Monde rural," *Recherches Sociographiques*, specialissue edited by Yolande Cohen and Gary Caldwell (Montreal:Presses de l'Universite Laval, 1989).

32. Claudia Koonz, *Mothers in Fatherland: Family Life and Nazi Ideology, 1919-1945* (New York: St. Martin's Press, 1987),and Michela De Giorgio, "Les Demoiselles

catholiques italiennes," in Yolande Cohen, ed., *Femmes et contre-pouvoirs* (Montreal: Boreal,1987), pp. 101-126.

第十九章　繁衍与生物伦理学（Bioethics）

杰奎琳·科斯塔—拉斯库（Jacqueline Costa Lascoux）

1. 主要的辅助生殖技术包括腹腔内受精（IPF），体外受精（IVF），胚胎移植体外受精（IVFTE），配子输卵管内移植（IFGT）——让卵子和精子在进行自然受精的输卵管中直接接触；除此之外，还能用丈夫的精子或第三方捐精者的精子进行人工授精。

2. 相较于更常用的"医学生物伦理学"，我更喜欢"生物医学伦理学"这一术语，因为该词的核心概念是伦理学，生物医学技术仅为工具。For an in depth study of biomedical science in relation to ethics, see Anne Fagot-Largeault, *L'Homme bio-éthique, pour une deontologie de la recherche sur le vivant* (Paris: Maloine, 1985).

3. Two special journal issues have looked closely at the question of male-female images and roles in medically assisted reproduction: "Corps écrit," in *Naître* 21 (April 1987), and "Bioéthique et désir d'enfant," in *Dialogue, Recherches Cliniques et Sociologiques sur le Couple et la Famille 87* (1st quarter 1985).

4. 胚胎指胎儿期之前的受精产物，但是胎儿期始于何时存在争议：法国国家伦理委员会定为第八周，除此之外的机构则定为第十二周。死后授精指用亡故丈夫的精子对妻子进行人工授精。

5. For further references, see the bibliography.

6. See Jean-Louis Baudouin and Catherine Labrousse-Riou, *Produire l'homme, de quel droit? Etude juridique et éthique des procréations artificielles* (Paris: Presses Universitaires de France, 1987), as well as special issues of journals cited in the bibliography. Note, also, two recent articles by Pierre-André Taguieff, which have stirred renewed controversy: "L'Eugénisme, objet de phobic idéologique," in *Esprit, la Bioéthique en panne?* 11 (November 1989), and "SurI'eugénisme: du fantasme au débat," Pouvoirs 56 (1991). For a more alarmist view concerning the "biocratic temptation," see *Ethique, la Vie en question* 1 (1991).

7. 雅克·德斯塔特是第一批关注生物技术快速发展所导致的混乱情况的生物学家。See his *L'Oeuf transparent* (Paris: Fayard, 1986).

8. 该项调查由巴黎第二大学法律社会学实验室和里昂第三大学家庭法中心联合展开。See the report for the Commissariat Général au Plan, François Terréand Jacqueline Rubellin-Devichi, eds., *Les Nouvelles Techniques de procréation artificielle dans les pays occidentaux*,vols, 1 and 2 (1988).

9. Françoise Cahen, "La Double Illusion ou qu'est-ce qui fait courir les couples infertiles?" and Geneviève Delaisi de Parseval, "Couples stériles, médecine féconde? A propos del'IAD," *Dialogue* 87 (1985).

10. In *Génétique, procréation et droit* (Paris: Actes Sud, 1985);see also contributions by jurists Jean Carbonnier, Michelle Gobert, Catherine Labrousse-Riou, Jean Rivero, Jacques Robert, Jacqueline Rubellin-Devichi.

11. See "Bioéthique et désir d'enfant," *Dialogue* 87, and Geneviève Delaisi de Parseval, "Le Désir d'enfant saisi par la médecine et la loi," ibid.

12. See note 8.

13. Ibid.

14. Jacques Testart, "Procréations assistées: quelleréglementation?" *Ethique. La Vie en question* 1 (1991): 88-89.

15. Ibid.

16. Bernard Edelmann, "D'un projet l'autre: France et République fédérale d'Allemagne," *Ethique*1 (1991): 36-37;Michelle Gobert, "La maternité de substitution: réflexions à propos d'une décision rassurante," in *Les Petites Affiches* 127(1991); Jacqueline Rubellin-Devichi, "Mères porteuses, premieret deuxième types," *Bioéthique* (1992).

17. See note 16.

18. François Giraud, *Les Mères portueses* (Paris: Publisud,1987).

19. Rubellin-Devichi, "Mères porteuses."

20. See Dalloz, 1991, p. 417, report by Y. Chattier and D.Thouvenin.

21. Gobert, article cited in *Naître* 21 (April 1987).

22. For an overview of these issues, see especially Jean Carbonnier, *Droit*

civil, la famille, vol. 2 (Paris: Presses Universitaires de France, 1991); Gérard Cornu, *La Famille* (1991); Jacqueline Rubellin-Devichi, *J.C.P*. 21 (22 May 1991), Doctrine, 3505, pp. 181-187; Catherine Labrousse-Riou, "L'homme à vif: droit et biotechnologies," *Esprit. La Bioéthique en panne?* (November 1989).

克里斯塔·沃尔夫（Christa Wolf）："最终解决方案"（The Final Solution）

弗朗索瓦丝·提波

1. 种族灭绝始于何时？何人知晓何种信息？在一本书的标题中得到呼应：Stéphane Courtois and Adam Rayski, *Qui savait quoi L'extermination des Juifs 1941-1945* (Paris: La Découverte, 1987)。克里斯塔·沃尔夫提及，希特勒在 1939 年 1 月的讲话"预告"了"对犹太人展开灭绝行动"，她也提到，1941 年 7 月戈林所下达的命令是 1941 年下半年在德国所占领的苏联领土上对犹太人进行大规模屠杀的序曲。正是在 1942 年 1 月 20 日所举行的万湖会议上，最高机密"犹太人问题最终解决方案"正式下达。而同年，相关消息也开始流传。

参考文献

Abel, Elizabeth. *Writing and Sexual Difference*. Chicago: University of Chicago Press, 1982.

Adams, Carolyn Teich, and Katherine Teich Winston. *Mothers at Work: Public Policies in the United States, Sweden, and China*. New York: Longman, 1980.

Addis Saba, Marina, ed. *La corporazione della donna*. Florence: Vallecchi, 1988.

Addis Saba, Marina, et al. *Storia delle donne: Una scienza possibile*. Rome: Edizione Felina Libri, 1986.

Alberoni, Francesco. *Consumi e società*. Bologna: Il Mulino, 1964.

Aleramo, Sibilla. *A Woman*, trans. R. Delmar. Berkeley: University of California Press, 1980.

Allart, Marie-Christine. "Les femmes dans trois villages de l'Artois: Travail et vécu quotidien (1919–1939)." *Revue du Nord* (July-September 1981).

Alloisio, Mirella, and Giuliana Beltrami. *Volontarie della libertà*. Milan: Mazzotta, 1981.

American Fertility Society. "Ethical Consideration of the New Reproductive Technology." *Fertile and Sterile*, 46, 3 (1986).

Amiel, Christiane, Giordana Charuty, and Claudine Fabre-Vassas. *Jours de vigne: Les femmes des pays viticoles racontent le travail*. Atelier du Gué, 1981.

Anelli, Maria Teresa, Paola Gabbrielli, Marta Morgavi, and Roberto Piperno. *Fotoromanzo: Fascino e pregiudizio—storia, documenti, e immagini di un grande fenomeno popolare*. Milan: Savelli, 1979.

Ariès, Philippe, and Georges Duby, eds. *A History of Private Life*, vol. 5: *Riddles of Identity in Modern Times*, eds. Antoine Prost and Vincent Gérard. Cambridge, Mass.: Harvard University Press, 1993.

Artom, Sandra, and Anna Rita Calabrò. *Sorelle d'Italia*. Milan: Rizzoli, 1989.

Aspesi, Natalia. *Il lusso e l'autarchia: Storia dell'eleganza italiana, 1930–1944*. Milan: Rizzoli, 1982.

Association internationale des démographes de langue française (AIDELF), 1986. *Les familles d'aujourd'hui: Démographie et évolution récente des comportements familiaux*. Colloque de Genève (September 17–20, 1984). Paris: AIDELF/Institut national d'études démographiques.

Atti del primer coloqui di historia de la dona, 1986. Barcelona, 1990.

Aubert, Nicole. *Le pouvoir usurpé: Femmes et hommes dans l'entreprise*. Paris: Laffont, 1982.

Australia, The Committee to Consider the Social, Ethical, and Legal Issues Arising from in Vitro Fertilization. "Report on the Disposition of Embryos Produced by 'in Vitro' Fertilization" (August 1984).

Ayers, Pat, and Jan Lambertz. "Marriage Relations, Money, and Domestic Violence in Working-Class Liverpool, 1919–1939," in Jane Lewis, ed., *Labour and Love: Women's Experience of House and Family, 1850–1940*. London: Basil Blackwell, 1986.

Azéma, Jean-Pierre. *De Munich à la libération (1938–1944). Nouvelle histoire de la France contemporaine*. Paris: Seuil, 1979.

Badinter, Elizabeth. *L'amour en plus: Histoire de l'amour maternel XVIIè–XXè siècle*. Paris: Flammarion, 1980.

——— *L'un est l'autre: Des relations entre hommes et femmes*. Paris: Odile Jacob, 1986.

Bailes, Kendall E. "Alexandra Kollontaï et la nouvelle morale." *Cahiers du Monde Russe et Soviétique*, 6, 4 (October-December 1965), 471–496.

Bajohr, Stefan. *Die Hälfte der Fabrik: Geschichte der Frauenarbeit in Deutschland, 1914–1945*. Marburg: Verlag Arbeiterbewegung und Gesellschaftswissenschaft, 1979.

Barrachina, Marie-Aline. "La section féminine de FET et des JONS puis du mouvement national." Thesis, University of Paris III, 1979.

Barrère-Maurisson, Marie-Agnès, and Olivier Marchand. "Structures familiales et marchés du travail dans les pays développés." *Economie et Statistique*, 235 (September 1990), 19–30.

Barrère-Maurisson, Marie-Agnès, et al. *Le sexe du travail: Structures familiales et système productif*. Grenoble: PUG, 1984.

Bashevkin, Sylvia, ed. *Women and Politics in Western Europe*. London: Cass, 1985.

Battagliola, Françoise. *La fin du mariage? Jeunes couples des années 80*. Paris: Syros, 1988.

Baudouin, J. L., and Catherine Labrousse-Riou. *Produire l'homme de quel droit? Etude juridique et éthique des procréations artificielles*. Paris: PUF, 1987.

Bawin-Legros, Bernadette. *Familles, mariage, divorce*. Liège: Pierre Mardaga, 1988.

Bebel, August. *La femme et le socialisme*. Gand: Imprimerie Coopérative, 1911.

Becker, Gary. "Human Capital, Effort, and the Sexual Division of Labor." *Journal of Labor Economics* (1985, January supplement).

Beckwith, Karen. "Women and Parliamentary Politics in Italy, 1946–1979," in Howard R. Penniman, ed., *Italy at the Polls, 1979*. Washington, D.C.: American Enterprise Institute, 1981.

Beechey, Veronica. *Unequal Work*. London: Verso, 1987.
Bell, Susan, and Karen M. Offen, eds. *Women, the Family, and Freedom*, 2 vols. Stanford: Stanford University Press, 1983.
Benetti Brunelli, Valeria. *La donna nella civiltà contemporanea*. Turin: Bocca, 1933.
Berelowitch, Vladimir. "Les débuts du droit de la famille en RSFSR." *Cahiers du Monde Russe et Soviétique*, 22, 4 (October-December 1981), 351–374.
Berges, Consuelo. *Explicación de Octubre: Historia comprimida de 4 años de república en España*. Madrid: Garcigoy, n.d.
Berkeley, Ellen Perry, ed. *Architecture: A Place for Women*. Washington, D.C.: Smithsonian Institution Press, 1989.
Berkin, Carol R., and Clara M. Lovett, eds. *Women, War, and Revolution*. New York: Holmes and Meier, 1980.
Berton-Hodge, Roberte. "La condition féminine en URSS." *Problèmes Politiques et Sociaux*, 31–32. Paris: La Documentation Française, 1970.
——— "La crise de la famille soviétique." *Problèmes Politiques et Sociaux*, 392. Paris: La Documentation Française, 1980.
Besnard-Rousseau, Pascal. "Parti communiste français, morale et sexualité." Thesis, University of Paris, 1979.
Bettio, Francesca. *The Sexual Division of Labor*. Oxford: Clarendon Press, 1989.
"La bioéthique." *Pouvoirs*, 56 (1991).
"Bioéthique et désir d'enfant: Dialogue." *Recherches Cliniques et Sociologiques sur le Couple et la Famille*, 87 (1985).
"Biologie et éthique: La maîtrise de la reproduction et l'image de l'homme." *Lumière et Vie*, 172. Lyon, 1985.
Black, Naomi. *Social Feminism*. Ithaca: Cornell University Press, 1989.
Blanc, M. *L'ère de la génétique*. Paris: Ed. La Découverte, 1986.
Blasco, Sofía. *Peuple d'Espagne: Journal de guerre de La Madrecita*. Paris: Nouvelle Revue Critique, 1938.
Blunden, Katherine. *Le travail et la vertu: Femmes au foyer—une mystification de la révolution industrielle*. Paris: Payot, 1983.
Boak, Helen L. "'Our Last Hope': Women's Votes for Hitler—A Reappraisal." *German Studies Review*, 12 (1989), 289–310.
Bock, Gisela. "'Keine Arbeitskräfte in diesem Sinne': Prostituierte im Nazi-Staat," in Pieke Biermann, ed., *Wir sind Frauen wie andere auch: Prostituierte und ihre Kämpfe*. Reinbek, 1980.
——— "Racism and Sexism in Nazi Germany: Motherhood, Compulsory Sterilization, and the State." *Signs: Journal of Women in Culture and Society*, 8, 3 (1983), 400–421.
——— "Rassenpolitik, Medizin, und Massenmord im Nationalsozialismus." *Archiv für Sozialgeschichte*, 30 (1990), 423–453.
——— *Zwangssterilisation im Nationalisozialismus: Untersuchungen zur Rassenpolitik und Frauenpolitik*. Opladen: Westdeutscher Verlag, 1986.

Bock, Gisela, and Pat Thane, eds. *Maternity and Gender Policies: Women and the Rise of the European Welfare States*. London: Routledge, 1991.

Bortolotti, Franca Pieroni. *Femminismo e partiti politici in Italia, 1919–1926*. Rome: Riuniti, 1978.

——— *Le origini del movimento femminile in Italia*. Turin: Einaudi, 1963.

——— *Socialismo e questione femminile in Italia, 1892–1922*. Milan: Mazzotta, 1974.

Bourdieu, Pierre. *La distinction, critique sociale du jugement*. Paris: Minuit, 1979.

Bourgeault, G. *La bioéthique: Son objet, sa méthode, ses questions, ses enjeux*. Montreal: Ethica, 1989.

——— *L'Ethique et le droit face aux nouvelles technologies biomédicales*. Brussels: De Boeck-Wesmael, 1990.

Braeman, J., et al. *Change and Continuity in Twentieth-Century America: The Nineteen Twenties*. Columbus: Ohio State University Press, 1968.

Braidotti, Rosi. "The Ethics of Sexual Difference: The Case of Foucault and Irigaray." *Australian Feminist Studies*, 3 (1986).

——— *Patterns of Dissonance*. Cambridge: Polity Press, 1991.

Braybon, Gail. *Women Workers in the First World War*. London: Croom Helm, 1981.

Braybon, Gail, and Penny Summerfield. *Out of the Cage: Women's Experiences in Two World Wars*. London: Pandora, 1987.

Bridenthal, Renate, and Claudia Koonz, eds. *Becoming Visible: Women in European History*. Boston: Houghton Mifflin Company, 1977; rev. ed., 1987.

Brin, Irene. *Usi e costumi*. Palermo: Sellerio, 1981.

Bruegel, Irène. "Women as a Reserve of Labour," in Mary Ewans, ed., *The Women Question*. Oxford, 1982.

Bulmer, Martin, Jane Lewis, and David Piachaud, eds. *The Goals of Social Policy*. London: Unwin Hyman, 1989.

Buonanno, Milly. *Cultura di massa e identità femminile: L'immagine della donna in televisione*. Turin: ERI, 1983.

——— *La donna nella stampa: Giornaliste, lettrice, e modelli di femminilità*. Rome: Editori Riuniti, 1978.

——— *Naturale come sei: Indagine sulla stampa femminile in Italia*, with an introduction by Giovanni Bechelloni. Rimini-Florence: Guaraldi, 1975.

Burguière, André, Christiane Klapisch-Zuber, Martine Segalen, and Françoise Zonabend, eds. *Histoire de la famille*, vol. 2: *Le choc des modernités*. Paris: Armand Colin, 1986.

Bussy-Genevois, Danièle. "Le courrier des lecteurs dans *Ellas*, 1932–1935." *Presse et public*, ed. Carmen Salaün Sanchez. University of Rennes II, 1982.

——— "Presse féminine et républicanisme en Espagne, 1931–1936." Thesis, University of Bordeaux III, 1988.

Buttafuoco, Annarita. *Cronache femminili: Temi e momenti della stampa emancipazionista in Italia dall'Unità al Fascismo*. Siena: Università degli Studi di Siena, 1988.

——— "Condizione delle donne e movimento di emancipazione femminile," in *Storia della società italiana: L'Italia di Giolitti*, part 5, vol. 20. Milan: Teti, 1981.

——— *Le Mariuccine: Storia di un'istituzione laica—la società Mariuccia*. Milan: F. Angeli, 1985.

Byck, G., and S. Galpin-Jacquot. *Etat comparatif des règles éthiques et juridiques relatives à la procréation artificielle*. Paris: Ministère de la Justice; Ministère de la Santé et de la Famille, 1986.

Cahiers du Grif, 7, *Dé/pro/re/créer*, Brussels, 1975; 12, *Parlez-vous française?* Brussels, 1976; 13, *Elles consonnent*, Brussels, 1976; 33, *Hannah Arendt*, Paris, 1985; 40, *Georg Simmel*, Paris, 1989; 43, *Savoir et différence des sexes*, Paris, 1990; *Femmes et philosophie*, Paris, 1991.

Campoamor, Clara. *Mi pecado mortal: El voto femenino y yo*. Barcelona: La Sal, 1981.

Canada, Ontario Law Reform Commission, 1985. "Report on Human Artificial Reproduction and Related Matters," 2 vols.

Canino, Elena. *Clotilde tra le due guerre*. Milan: Longanesi, 1957.

Capel, Rosa. *El sufragio femenino en la IIa república española*. University of Granada, 1975.

——— ed. *Mujer y sociedad en España, 1700–1975*. Madrid: Ministerio de Cultura, 1982.

Catégorisation de sexe et construction sociale. Université d'Aix-en-Provence: Collectif CEFUP, 1989.

CERM (Centre d'études et de recherches marxistes). *La condition féminine*. Paris: Editions Sociales, 1978.

Chalier, Catherine. *Figures du féminin: Lectures d'Emmanuel Lévinas*. Paris: La Nuit Surveillée, 1982.

Chalvon-Demersay, Sabine. *Concubin-concubine*. Paris: Seuil, 1983.

Chartier, Roger, ed. *Histoire de l'édition française*, vol. 4: *1900–1950*. Paris: Promodis, 1986.

Charuty, G., C. Fabre-Vassas, and Agnès Fine. *Gestes d'amont: Les femmes du pays de Sault racontent le travail*. Atelier du Gué, 1980.

Cherlin, Andrew, and Frank F. Furstenberg, Jr., eds. "The European Family." *Journal of Family Issues*, 9, 3 (September 1988), 291–424.

Childers, Thomas. *The Nazi Voter: The Social Foundation of Fascism in Germany, 1919–1933*. Chapel Hill, 1983.

Chloros, Aleck, ed. "Interspousal Relations," vol. 4 of *International Encyclopedia of Comparative Law:* "Persons and Family," 1980.

Clarke, John, Allan Cochrane, and Carol Smart. *Ideologies of Welfare: From Dreams to Disillusion*. London: Hutchinson, 1987.

Clarke, R. *Les enfants de la science*. Paris: Stock, 1984.

CLEF (Centre lyonnais d'études féministes). *Les femmes et la question du travail*. Lyon: PUL, 1984.

Cockburn, Cynthia. *Brothers, Male Dominance, and Technological Change*. London: Pluto Press, 1983.

Cohen, Yolande. *Femmes de parole: L'histoire des cercles de fermières du Québec, 1915–1990*. Montreal: Le Jour, 1990.

———, ed. *Femmes et contre-pouvoirs*. Montreal: Boréal, 1987.
Cohen, Yolande, and Gary Caldwell, eds. *Le monde rural*. Special number of *Recherches Sociographiques*, 39, 2–3 (1988).
Cointet-Labrousse, Michèle. *Vichy et le fascisme*. Brussels: Editions Complexes, 1987.
Collectif de rédaction de l'Almanach. *Femmes et Russie, 1980*. Paris: Des Femmes, 1980.
——— *Femmes et Russie, 1981*. Paris: Des Femmes, 1981.
Collin, Françoise. *Maurice Blanchot et la question de l'écriture*. Paris: Gallimard, 1971.
——— "N'etre," in *Ontologie et politique: Hannah Arendt*. Paris: Tierce, 1989.
——— "La peur," in *Emmanuel Lévinas: Cahiers de l'Herne*. Paris, 1991.
Comités d'éthique à travers le monde. Paris: Tierce, 1989.
Commaille, Jacques. *Familles sans justice? Le droit et la justice face aux transformations de la famille*. Paris: Le Centurion, 1982.
Les conceptions induites. Palermo, 1986.
Condell, Diana, and Jean Liddiard. *Working for Victory? Images of Women in the First World War, 1914–1918*. New York: Routledge & Chapman Hall, 1988.
Cooper, Helen M., Adrienne Auslander Munich, and Susan Merrill Squier, eds. *Arms and the Woman: War, Gender, and Literary Representation*. Chapel Hill: University of North Carolina Press, 1989.
Cott, Nancy E. *The Grounding of Modern Feminism*. New Haven: Yale University Press, 1987.
"Le corps aux mains du droit, dossier bioéthique." *Actes*, 49–50 (June 1985).
Coudert, Marie-Louise. *Elles, la résistance*. Paris: Messidor, 1985.
Cowan, R. "The Industrial Revolution in the Home: Household Technology and Social Change in the Twentieth Century." *Technology and Culture*, 17 (1976), 1–23.
Czarnowski, Gabriele. *Das kontrollierte Paar: Ehe—und Sexualpolitik im Nationalsozialismus*. Weinheim: Deutscher Studien-Verlag, 1991.
D'Adler, M. A., and M. Tuelade. *Les sorciers de la vie*. Paris: Gallimard, 1986.
Dale, Jennifer, and Peggy Foster, eds. *Feminists and State Welfare*. London: Routledge and Kegan Paul, 1986.
Daniel, Ute. *Arbeiterfrauen in der Kriegsgesellschaft: Beruf, Familie und Politik im Ersten Weltkrieg*. Göttingen: Vandenhoeck & Ruprecht, 1989.
Danylewicz, Marta. *Profession: Religieuse, un choix pour les québécoises, 1840–1920*. Montreal: Boréal, 1988.
Dardigna, Anne-Marie. *Femmes-femmes sur papier glacé*. Paris: Maspero, 1974.
Dau Novelli, Cecilia. *Società, Chiesa, e associazionismo femminile*. Rome: Società A. V. E., 1988.
Dauphin, Cécile, et al. "Culture et pouvoir des femmes: Essai d'historiographie." *Annales ESC*, 41 (1986).

David, D. *L'insémination artificielle humaine, un nouveau mode de filiation.* Paris: Les Editions ESF, 1984.

David, Hélène. *Femmes et emploi: Le défi de l'égalité.* Sillery: Presses de l'Université du Québec, 1986.

Davidson, Caroline. *A Woman's Work Is Never Done: A History of Housework in the British Isles, 1650–1950.* London: Chatto and Windus, 1986.

Davies, Kath, Julienne Dickey, and Teresa Stratford, eds. *Out of Focus: Writings on Women and the Media.* London: The Women's Press, 1987.

Davies, Margaret Llewelyn, ed. *Maternity Letters from Working Women.* London: Virago, 1978.

Davin, Anna. "Imperialism and Motherhood." *History Workshop,* 5 (1978).

Debray, Régis. *Le pouvoir intellectuel en France.* Paris: Ramsay, 1979.

De Céspedes, Alba. *Non si torna in dietro.* Milan: Mondadori, 1938.

Degler, Carl. *At Odds: Women and the Family in America from the Revolution to the Present.* New York: Oxford University Press, 1980.

De Grazia, Victoria. *How Fascism Ruled Women: Italy, 1920–1945.* Berkeley: University of California Press, 1991.

——— "Mass Culture and Sovereignty: The American Challenge to European Cinemas, 1920–1960." *Journal of Modern History,* 61 (March 1989), 53–87.

——— "Puritan, Pagan Bodies: Americanism and the Formation of the 'New Woman' in Europe, 1920–1945." Working paper, 1984–1987.

Delaisi de Parseval, G. *L'enfant à tout prix.* Paris: Seuil, 1983.

Delumeau, Jean, and Daniel Roche, eds. *Histoire des pères et de la paternité.* Paris: Larousse, 1990.

Didier, Béatrice. *L'écriture-femme.* Paris: PUF, 1981.

Di Febo, Giuliana. *Resistencia y movimento de mujeres en España, 1936–1976.* Madrid: Icaria, 1979.

——— *La Santa de la Raza, un culto barroco en la España franquista.* Barcelona: Icaria, 1988.

Di Giorgio, Michela, and Paola Di Cori. "Politica e sentiment: Le organizzazioni femminili fasciste cattoliche dall'eta giolittiana al fascismo." *Rivista di storia contemporanea,* 3 (1980).

Diotima. *Il pensiero delle differenza sessuale.* Milan: La Tartaruga, 1987.

Doane, Mary Ann. *The Desire to Desire.* Bloomington: Indiana University Press, 1987.

Dogan, Mattei. "Le comportement politique des femmes dans les pays de l'Europe occidentale," in *La condition sociale de la femme.* Brussels: Institut de Sociologie Solvay, 1956.

"Le droit, la médecine et la vie." *Le Débat,* 36. Paris: Gallimard, 1985.

Dufresne, J. *La reproduction humaine industrialisée.* Montreal and Quebec, 1986.

Duncan, Carol. "Virility and Domination in Early-Twentieth-Century Vanguard Painting." *Artform,* 12 (December 1973); reprinted in Norma Broude and Mary D. Garrard, eds., *Feminism and Art History: Questioning the Litany.* New York: Harper and Row, 1982.

Dunham, Vera. *In Stalin's Time: Middle-Class Values in Soviet Fiction*. New York: Cambridge University Press, 1976.

Dupaquier, Jacques, ed. *Histoire de la population française*, vol. 4: *De 1914 à nos jours*. Paris: PUF, 1988.

Duran, M. A., and Pilar Folguera, eds. *La mujer en la historia de España (siglos XVI–XX)*. Actas de las II Jornadas de Investigación Interdisciplinaria, Seminario de Estudios de la Mujer, Universidad Autónoma de Madrid, 1984.

Durand, Guy. *La bioéthique*. Paris: Le Cerf, 1989.

Dyhouse, Carol. *Feminism and the Family in England, 1880–1939*. Oxford: Basil Blackwell, 1989.

Eckart, Christel, Ursula Jaerisch, and Helgard Kramer. *Frauenarbeit in Familie und Fabrik*. Frankfurt: Campus, 1979.

Eco, Umberto. *Apocalittici e integrati: Comunicazioni di massa e teorie della cultura di massa*. Milan: Bompiani, 1964.

Ehrenreich, Barbara, and Deirdre English. *For Her Own Good: One Hundred and Fifty Years of the Experts' Advice to Women*. New York: Anchor Books, 1979.

Elling, Hanna. *Frauen im deutschen Widerstand, 1933–1945*. Frankfurt: Röderberg, 1978.

Elshtain, Jean Bethke. *Public Man, Private Woman: Women in Social and Political Thought*. Princeton: Princeton University Press, 1981.

——— *Women and War*. New York: Basic Books, 1987.

"Enfants adoptés, enfants de la science, enfants de personne?" *L'Ange*, 20 (1985).

Engelhardt, H. T., Jr. *The Foundations of Bioethics*. New York: Oxford University Press, 1989.

Engels, Friedrich. *L'origine de la famille, de la propriété privée, et de l'état*. Paris: Editions Sociales, 1966.

Les enjeux éthiques et juridiques des nouvelles technologies de reproduction. Comité du Barreau du Québec, 1988.

Erenberg, L. *Steppin' Out*. Westport, Conn.: Greenwood Press, 1981.

Ergas, Yasmine. "Femminismo e crisi di sistema." *Rassegna italiana di Sociologia*, 21, 4 (October-December 1980), 543–568.

Esping-Andersen, Gosta. *The Three Worlds of Welfare Capitalism*. Cambridge and Oxford: Polity Press and Basil Blackwell, 1990.

Etchebehere, Mika. *Mi guerra de España*. Barcelona: Plaza y Janés, 1987.

"Ethique et biologie." *Cahiers STS*. CNRS, no. 11 (1986).

"Ethique et génétique." *Revue des questions scientifiques*, 1983.

"Ethique et progrès biomédicaux." *Autrement*, 1987.

Evans, Richard J. *Feminism, Socialism, and Pacifism in Europe, 1870–1945*. Sussex: Wheatsheaf Books, 1987; New York: St. Martin's Press, 1987.

Evans, Sara. *Personal Politics: The Roots of Women's Liberation in the Civil Rights Movement and the New Left*. New York: Vintage Books, 1980.

Ewen, E. "City Lights: Immigrant Women and the Rise of the Movies." *Signs*, 5 (Spring 1980 supplement), 45–66.

Ewen, S. *Captains of Consciousness*. New York: McGraw-Hill, 1976.

Fagoaga, Concha, and Paloma Saavedra. *Clara Campoamor, la sufragista española*. Madrid: Ministerio de Cultura, Instituto de la Mujer, 1986.

Fahmy-Eid, Nadia, and Micheline Dumont, eds. *Maitresses de maison, maitresses d'école: Femmes, famille, et éducation dans l'histoire du Québec*. Montreal: Boréal Express, 1983.

Falconnet, Georges, and Nadine Lefaucheur. *La fabrication des mâles*. Paris: Seuil, 1975.

Falter, Jürgen, et al. *Wahlen und Abstimmungen in der Weimarer Republik*. Munich: Beck, 1986.

Farge, Arlette, and Christiane Klapisch-Zuber, eds. *Madame ou Mademoiselle? Itinéraires de la solitude féminine, 18è–20è siècle*. Paris: Montalba, 1984.

Fass, P. *The Damned and the Beautiful: American Youth in the Nineteen Twenties*. New York: Oxford University Press, 1977.

La femme. Recueil de la Société Jean Bodin pour l'histoire comparative des institutions, 12. Brussels: Librairie Encyclopédique, 1962.

"La femme et le droit." *Revue juridique canadienne*, vol. 1, no. 2, *La femme et la reproduction*. Ottawa, 1986.

"Femmes, écriture, philosophie." *Cahiers du Grad*, 1. Quebec: Université Laval, 1987.

"Femmes et institutions littéraires." *Cahiers 34/44*, 13. Paris: University of Paris VII, 1984.

"Femmes, modes d'emploi." *Nouvelles Questions Féministes*, 14–15 (Winter 1986).

"Femmes sujets des discours." *Cahiers du Cedref*, 2. University of Paris VII, 1990.

Ferrand, Michèle, and Maryse Jaspard. *L'interruption volontaire de grossesse*. Paris: PUF, 1987.

Festy, Patrick. *La fécondité des pays occidentaux de 1870 à 1970*. Paris: PUF and Institut National d'Études Démographiques, 1979.

Filene, P. *Him/Her/Self*. New York: New American Library, 1974.

Flanz, Gisbert H., ed. *Women's Rights and Political Participation in Europe*. New York: Transnational Publishers, 1983.

Flora, Peter, ed. *Growth to Limits: The Western European Welfare States since World War II*, 4 vols. Berlin: De Gruyter, 1986–1987.

Flora, Peter, and Arnold J. Heidenheimer, eds. *The Development of Welfare States in Europe and America*. New Brunswick-London: Transaction, 1981.

"Foetus humain, à propos de son statut." *Le Supplément*, 153. Paris: Le Cerf, 1985.

Folguera, Pilar, ed. *El feminismo en España: Dos siglos de historia*. Madrid: Pablo Iglesias, 1988.

Foucault, Michel. *Histoire de la sexualité*, vol. 1: *La volonté de savoir*. Paris: Gallimard, 1976.

Fourcault, Annie. *Femmes à l'usine dans l'entre-deux-guerres*. Paris: Maspero, 1982.

Fraddosio, Maria. "La donna e la guerra. Aspetti della militanza femminile

nel fascismo: Dalla mobilitazione civile alle origini del Saf nella Repubblica Sociale Italiana." *Storia contemporanea*, 20, 6 (December 1989).
Fraisse, Geneviève. *Muse de la raison: La démocratie exclusive et la différence des sexes*. Aix-en-Provence: Alinéa, 1989.
Les françaises à Ravensbrück. Paris: Gallimard, 1987, 2nd ed.
Francis, Claude, and Fernande Gontier. *Les écrits de Simone de Beauvoir*. Paris: Gallimard, 1979.
"Frauen und Politik." *Aus Politik und Zeitgeschichte*, 9, 10 (February 28, 1987), 3–37.
Frevert, Ute. *Women in German History: From Bourgeois Emancipation to Sexual Liberation*, trans. Stuart McKinnon-Evans et al. Oxford: Berg, 1989.
Frey, L., M. Frey, and J. Schneider. *Women in Western European History: A Select Chronological, Geographical, and Topical Bibliography*. Brighton: Harvester Press, 1982.
Friedlander, Judith, ed. *Women in Culture and Politics: A Century of Change*. Bloomington: Indiana University Press, 1986.
Frydman, R. *L'irrésistible désir de naissance*. Paris: PUF, 1986.
Fuente Noriega, Margarita. "Los derechos de la mujer como madre en España." *Razón y Fe*, 219 (January 1989), 56–66.
Fussell, Paul. *The Great War and Modern Memory*. New York: Oxford University Press, 1975.
Gallego Mendez, María Teresa. *Mujer, Falange y franquismo*. Madrid: Taurus, 1983.
Gamman, Lorraine, and Margaret Marshment, eds. *The Female Gaze: Women as Viewers of Popular Culture*. London: The Women's Press, 1988.
Garcia-Nieto Paris, María Carmen, ed. *Ordenamiento jurídico y realidad social de las mujeres (siglos XVI a XX)*. Madrid: Seminario de Estudios de la Mujer, Universidad Autónoma de Madrid, 1986.
Gasiorowska, Zhenia. *Women in Soviet Fiction, 1917–1964*. Madison: University of Wisconsin Press, 1968.
Gelfand, Elissa D., and Virginia Thorndike Hules. *French Feminist Criticism: Women, Language, and Literature*. New York: Garland, 1985.
Génétique, procréation et droit. H. Nyssen, Actes Sud, 1985.
Gersdorff, Ursula von. *Frauen im Kriegsdienst, 1914–1945*. Stuttgart: Deutsche Verlags-Anstalt, 1969.
Gertzog, Irwin N. *Congressional Women: Their Recruitment, Treatment, and Behavior*. New York: Praeger, 1984.
"Das Geschlecht in der Philosophie." *Die Philosophin*, 2. Tübingen, 1990.
Gibson, Mary. *Prostitution and the State in Italy*. New Brunswick: Rutgers University Press, 1986.
Giddens, Anthony. *The Construction of Society*. Cambridge: Polity Press, 1984.
Giddings, Paula. *When and Where I Enter: The Impact of Black Women on Race and Sex in America*. New York: Morrow, 1984.

Gingras, Anne-Marie, Chantal Maillé, and Evelyne Tardy. *Sexe et militantisme*. Montreal: Editions du CIDIHCA, 1989.

Giraud, F. *Les mères porteuses*. Paris: Publi Sud, 1987.

Gittins, Diana. *Fair Sex: Family Size and Structure, 1900–1939*. London: Hutchinson, 1982.

Glass, David Victor. *Population Policies and Movements in Europe*. London, 1940; repr., London: Frank Cass, 1967.

Goldschmidt-Clermont, Luisella. *Unpaid Work in the Household: A Review of Economic Evaluation Methods*. Geneva: International Labor Office, 1982.

Goodnow, Jacqueline, and Carole Pateman, eds. *Women, Social Science, and Public Policy*. Sydney: Allen and Unwin, 1985.

Gordon, Linda. *Woman's Body, Woman's Right: A Social History of Birth Control in America*. New York: Crossman Publishers, 1976; Penguin Books, 1977.

Gouma-Peterson, Thalia, and Patricia Mathews. "The Feminist Critique of Art History." *Art Bulletin*, 69 (September 1987), 326–357.

Goy, Joseph, Jean-Pierre Wallot, and Rolande Bonnain, eds. *Evolution et éclatement du monde rural: Structures, fonctionnement, et évolution différentielle des sociétés rurales françaises et québécoises, 18è–20è siècles*. Montreal: Presses de l'Université de Montreal, 1986.

La Grande Guerra: Esperienza, memoria, immagini. Diego Leoni and Camillo Zadra, eds. Bologna: Il Mulino, 1986.

Greenwald, Maurine Weiner. *Women, War, and Work: The Impact of World War I on Women Workers in the United States*. Westport, Conn.: Greenwood Press, 1980.

Greven-Aschoff, Barbara. *Die bürgerliche Frauenbewegung in Deutschland, 1894–1933*. Göttingen: Vandenhoeck & Ruprecht, 1981.

Grimal, Pierre, ed. *Histoire mondiale de la femme*, vol. 4. Paris: Nouvelle Librairie de France, 1966.

Guidez, Guylaine. *Femmes dans la guerre (1939–1945)*. Paris: Perrin, 1989.

Guilbert, Madeleine. *Les fonctions des femmes dans l'industrie*. Paris: Mouton, 1966.

Haavio-Mannila, Elina, et al., eds. *Unfinished Democracy: Women in Nordic Politics*. New York: Pergamon Press, 1985.

Hachtmann, Rüdiger. *Industriearbeit im "Dritten Reich."* Göttingen: Vandenhoeck & Ruprecht, 1989.

Hamelin, France. *Femmes dans la nuit, l'internement à la Petite Roquette et au camp des Tourelles (1939–1944)*. Paris: Renaudot et Cie, 1988.

Hamilton, Roberta, and Michelle Barrett, eds. *The Politics of Diversity: Feminism, Marxism, and Nationalism*. Montreal: Book Center, 1986.

Hansson, Carola, and Karin Liden. *Moscow Women: Thirteen Interviews*. London: Allison and Busby, 1984.

Hartman, Mary, and Lois W. Banner, eds. *Clio's Consciousness Raised: New Perspectives on the History of Women*. New York: Harper and Row, 1974.

Hartmann, H. I. "Capitalism and Women's Work in the Home, 1900–1940." Ph.D. diss., Yale University, 1974.

Haskell, Molly. *From Reverence to Rape: The Treatment of Women in the Movies*. Chicago: University of Chicago Press, 1987.

Hassoun, Paul-Laurent. *Freud et la femme*. Paris: Calmann-Lévy, 1983.

Herbert, Ulrich. *Fremdarbeiter: Politik und Praxis des "Ausländer-Einsatzes" in der Kriegswirtschaft des Dritten Reiches*. Bonn-Berlin: Dietz Verlag, 1985.

Hermann, Claudine. *Les voleuses de langue*. Paris: Des Femmes, 1976.

Hernes, Helga Maria. *Welfare State and Woman Power: Essays in State Feminism*. Oxford: Oxford University Press, 1987.

Hilberg, Raul. *The Destruction of the European Jews*, 3 vols. New York: Holmes and Meier, 1986.

Hoggart, Richard. *La culture du pauvre*. Paris: Minuit, 1970.

Honneger, Claudia. *Die Ordnung der Geschlechter: Die Wissenschaft vom Menschen und das Weib*. Frankfurt, 1991.

Horkheimer, Max, and Theodor W. Adorno. *Das Schema der Massenkultur*, in Adorno, *Gesammelte Schriften*. Frankfurt: Suhrkamp, 1981.

Human Procreation: Ethical Aspects of the New Techniques. Report of a Working Party, Council for Science and Society (London). Oxford: Oxford University Press, 1984.

Huppert-Laufer, Jacqueline. *La féminité neutralisée? Les femmes cadres dans l'enterprise*. Paris: Flammarion, 1982.

Huyssen, Andreas. "Mass Culture as Woman: Modernism's Other," in T. Modleski, *Studies in Entertainment*, 1986.

Ibarruri, Dolores. *El único camino*. Paris: Editions Sociales, 1965.

Irigaray, Luce. *Speculum de l'autre femme*. Paris: Minuit, 1974.

Isidori Frasca, Rosella. *. . . e il duce le volle sportive*. Bologna: Patron, 1983.

Jardine, Alice. *Gynesis: Configurations of Woman and Modernity*. Ithaca: Cornell University Press, 1985.

Jardine, Alice, and Anne M. Menke. *Shifting Scenes: Interviews on Women, Writing, and Politics in Post-68 France*. New York: Columbia University Press, 1991.

Jenson, Jane, Elizabeth Hagen, and Ceallaigh Reddy, eds. *Feminization of the Labour Force: Paradoxes and Promises*. Cambridge and Oxford: Polity Press and Basil Blackwell, 1988.

Johnson, Barbara. *A World of Difference*. Baltimore: Johns Hopkins University Press, 1987.

Jones, Jacqueline. *Labor of Love, Labor of Sorrow: Black Women, Work, and the Family from Slavery to the Present*. New York: Basic Books, 1985.

Kälvemark, Ann-Sofie. *More Children of Better Quality? Aspects of Swedish Population Policy in the Nineteen Thirties*. Uppsala: Almquist and Wiksell, 1980.

Kamerman, Sheila B., Alfred J. Kahn, and P. Kingston. *Child Care, Family*

Benefits, and Working Parents: A Study in Comparative Policy. New York: Columbia University Press, 1981.

Kaplan, Marion. *The Jewish Feminist Movement in Germany: The Campaigns of the Jüdischer Frauenbund, 1904–1938*. Westport, Conn.: Greenwood Press, 1979.

Kater, Michael H. "Frauen in der NS-Bewegung." *Vierteljahrshefte für Zeitgeschichte*, 31 (1983), 202–239.

Kaufmann, Jean-Claude. *La chaleur du foyer: Analyse du repli domestique*. Paris: Méridiens-Klincksieck, 1988.

Kellerhals, Jean, et al. *Mariages au quotidien: Inégalités sociales, tensions culturelles et organisation familiale*. Lausanne: Favre, 1982.

Kelly, Joan. *Women, History, and Theory: The Essays of Joan Kelly*. Chicago: University of Chicago Press, 1984.

Kennedy, David M. *Over Here: The First World War and American Society*. New York: Oxford University Press, 1980.

Kent, Susan Kingsley. "The Politics of Sexual Difference: World War I and the Demise of British Feminism." *Journal of British Studies*, 27 (July 1988), 232–253.

Kergoat, Danièle. *Les ouvrières*. Paris: Le Sycamore, 1982.

Kirkpatrick, Clifford. *Women in Nazi Germany*. London: Jarrolds, 1939.

Klein, Ethel. *Gender Politics: From Consciousness to Mass Politics*. Cambridge, Mass.: Harvard University Press, 1984.

Klejman, Laurence, and Florence Rochefort. *L'égalité en marche: Le féminisme sous la Troisième République*. Paris: Des Femmes, 1989.

Klinksieck, Dorothee. *Die Frau im NS-Staat*. Stuttgart: Deutsche Verlags-Anstalt, 1982.

Knibiehler, Yvonne. *Les pères aussi ont une histoire*. Paris: Hachette, 1987.

——— *Nous les assistentes sociales: Naissance d'une profession*. Paris: Aubier, 1980.

Knibiehler, Yvonne, and Catherine Fouquet. *La femme et les médecins*. Paris: Hachette, 1983.

——— *Histoire des mères: Du moyen age à nos jours*. Paris: Montalba, 1980; Hachette, 1987.

Kocka, Jürgen. *Klassengesellschaft im Krieg: Deutsche Sozialgeschichte, 1914–1918*. Göttingen, 1978.

Kofman, Sarah. *L'énigme de la femme: La femme dans les textes de Freud*. Paris: Galilée, 1980.

——— *Lectures de Derrida*. Paris: Galilée, 1984.

Kolinsky, Eva. "The West German Greens: A Women's Party?" *Parliamentary Affairs*, 41 (January 1988), 129–148.

Koonz, Claudia. *Mothers in the Fatherland: Women, the Family, and Nazi Politics*. New York: St. Martin's Press, 1987.

Kopp, Anatole. *Ville et révolution*. Paris: Anthropos, 1967.

Koven, Seth, and Sonya Michel. "Womanly Duties: Maternalist Policies and the Origins of Welfare States in France, Germany, Great Britain, and the United States." *American Historical Review*, 95 (1990), 1076–1108.

Kristeva, Julia. *Recherches pour une sémanalyse*. Paris: Seuil, 1969.
Labelle, Micheline, G. Turcotte, M. Kempeneers, and D. Meintel. *Histoire d'immigrées: Itinéraires d'ouvrières colombiennes, grecques, haitiennes, et portugaises de Montréal*. Montreal: Boréal, 1987.
Laborie, Pierre. *L'opinion française sous Vichy*. Paris: Seuil, 1990.
Labourie-Racape, Annie, M. T. Letablier, and A. M. Vasseur. *L'activité féminine: Enquête sur la discontinuité de la vie professionnelle*. Paris: PUF, 1977.
Ladd-Taylor, Mary Madeleine. "Mother-Work: Ideology, Public Policy, and the Mothers' Movement, 1890–1930." Ph.D. diss., Yale University, 1986.
Lagrave, Rose-Marie, ed. *Celles de la terre: Agricultrice—l'invention politique d'un métier*. Paris: Ed. de l'EHESS, 1987.
Lamoureux, Diane. *Citoyennes? Femmes, droit de vote et démocratie*. Montreal: Ed. du Remue-Ménage, 1989.
Laqueur, Thomas. *Making Sex: Body and Gender from the Greeks to Freud*. Cambridge, Mass.: Harvard University Press, 1990.
Laurin, Nicole, Danièle Juteau, and Lorraine Duchesne. *A la recherche d'un monde oublié*. Montreal: Le Jour, 1991.
Leach, William R. "Transformations in a Culture of Consumption: Women and Department Stores, 1890–1925." *The Journal of American History*, 71, 2 (September 1984).
Le Doeuf, Michèle. *L'étude et le rouet*. Paris: Seuil, 1989.
Leed, Eric J. *No Man's Land: Combat and Identity in World War I*. Cambridge: Cambridge University Press, 1979.
Legendre, P. *L'inestimable objet de la transmission: Etude sur le principe généalogique en Occident*. Paris: Fayard, 1985.
Lemieux, Denise, with Lucie Mercier. *Les femmes au tournant du siècle, 1880–1940: Ages de la vie, maternité et quotidien*. Quebec: Institut Québécois de Recherches sur la Culture, 1989.
Lemons, J. Stanley. *The Woman Citizen: Social Feminism in the Nineteen Twenties*. Urbana: University of Illinois Press, 1973.
Lenczyk, Henryk. "Alexandra Kollontaï: Essai bibliographique." *Cahiers du Monde Russe et Soviétique*, 14, 1–2 (January-June 1973), 205–241.
Lenin, V. I. *De l'émancipation de la femme*. Paris: Bureau d'Éditions, de Diffusion, et de Publicité, 1937.
Leon, María Teresa. *Memoria de la melancolía*. Buenos Aires: Losada, 1970.
Leridon, Henri, et al. *La seconde révolution contraceptive: La régulation des naissances en France de 1950 à 1985*. Paris: PUF and Institut National d'Études Démographiques, 1987.
Levesque, Andrée. *La norme et les déviantes: Des femmes au Québec pendant l'entre-deux-guerres*. Montreal: Editions du Remue-Ménage, 1989.
Lewallern, Avis. "'Lace': Pornography for Women?" in Gammon and Marshment, *The Female Gaze*, 1988.
Lewis, Jane. *The Politics of Motherhood: Child and Maternal Welfare in England, 1900–1939*. London: Croom Helm, 1980.
——— *Women in England, 1870–1950: Sexual Divisions and Social Change*. Sussex: Wheatsheaf Books, 1984.

———, ed. *Labour and Love: Women's Experience of Home and Family, 1850–1940*. Oxford: Basil Blackwell, 1986.

Lifton, Robert Jay. *The Nazi Doctors: Medical Killing and the Psychology of Genocide*. New York: Basic Books, 1986.

Lilienthal, Georg. *Der "Lebensborn e. V.": Ein Instrument nationalsozialistischer Rassenpolitik*. Stuttgart: G. Fischer, 1985.

Lilli, Laura. *La stampa femminile,* in Valerio Castronovo and Nicola Tranfaglia, eds., *Storia della stampa italiana,* vol. V: *La stampa italiana del neocapitalismo*. Rome and Bari: Laterza, 1976.

Listhaug, Ola. "The Gender Gap in Norwegian Voting Behaviour." *Scandinavian Political Studies,* 8 (September 1985), 177–206.

Livi-Bacci, Manlio. *A History of Italian Fertility during the Last Two Centuries*. Princeton: Princeton University Press, 1972.

Lovenduski, Joni, and Jill Hills, eds. *The Politics of the Second Electorate: Women and Public Participation*. London: Routledge and Kegan Paul, 1981.

Lubove, Roy. *The Struggle for Social Security, 1900–1935*. Cambridge, Mass.: Harvard University Press, 1968.

Luker, Kristin. *Abortion and the Politics of Motherhood*. Berkeley: University of California Press, 1984.

Lynd, R. S., and H. M. Lynd. *Middletown: A Study in Modern American Culture*. New York: Harcourt Brace, 1929.

Macciocchi, Maria Antonietta. *La donna neva*. Milan: Feltrinelli, 1976.

Macnichol, John. *The Movement for Family Allowances, 1918–1945: A Study in Social Policy Development*. London: Heinemann, 1980.

Mafai, Miriam. *Pane nero*. Milan: Rizzoli, 1988.

Malherbe, J. F., and E. Bone. *Engendrés par la science*. Paris: Le Cerf, 1985.

Mansbridge, Jane. *Why We Lost the ERA*. Chicago: University of Chicago Press, 1986.

Maquieira, Virginia, and Cristina Sánchez, eds. *Violencia y sociedad patriarcal*. Madrid: Editions de la Fondation Pablo Iglesias, 1990.

Marchand, R. *Advertising the American Dream*. Berkeley: University of California Press, 1985.

Marini, Marcelle. *Lacan*. Paris: Belfond, 1986.

Maroney, Heather Jon, and Meg Luxton, eds. *Feminism and Political Economy*. Toronto: Methuen, 1987.

Martin, Martine. "Femme et société: Le travail ménager (1919–1939)." Thesis, University of Paris VII, 1984.

Martinez Sierra, María. *Una mujer por caminos de España: Recuerdos de propagandista*. Instituto de la Mujer. Madrid: Castalia, 1989.

Maruani, Margaret. *Mais qui a peur du travail des femmes?* Paris: Syros, 1985.

Maruani, Margaret, Emmanuelle Reynaud, and Claudine Romani. *La flexibilité en Italie*. Paris: Syros-Alternative, 1989.

Marwick, Arthur. *The Deluge: British Society and the First World War*. London: The Bodley Head, 1965.

——— *War and Social Change in the Twentieth Century: A Comparative*

Study of Britain, France, Germany, Russia, and the United States. London, 1979.

——— *Women at War, 1914–1918.* Fontana Paperbacks, 1977.

Masino, Paola. *Nascita e morte della massaia.* Milan: La Tartaruga, 1982.

May, L. *Screening Out the Past.* New York: Oxford University Press, 1980.

Mayeur, Françoise. *L'enseignement secondaire des jeunes filles sous la IIIe République.* Paris: Presses de la Fondation Nationale des Sciences Politiques, 1977.

McGovern, J. P. "The American Woman's Pre-World War I Freedom in Manners and Morals." *Journal of American History,* 55 (September 1968), 315–333.

McMahon, A. M. "An American Courtship: Psychologists and Advertising Theory in the Progressive Era." *American Studies,* 13 (Fall 1972).

McMillan, James F. *Housewife or Harlot: The Place of Women in French Society, 1870–1940.* Brighton: Harvester Press, 1981.

Meldini, Piero. *Sposa e madre esemplare: Ideologia e politica della donna e della famiglia durante il fascismo.* Rimini-Firenze, Guaraldi, 1975.

Melograni, Pietro, ed. *La famiglia nella storia d'Italia.* Bari-Rome: Laterza, 1988.

Meyer, Alfred G. *The Feminism and Socialism of Lily Braun.* Bloomington: Indiana University Press, 1985.

Michel, Andrée. *Activité professionnelle de la femme et vie conjugale.* Paris: Editions du CNRS, 1974.

——— *Sociologie de la famille et du mariage.* Paris: PUF, 2nd ed., 1978.

———, ed. *Les femmes dans la société marchande.* Paris: PUF, 1978.

Michel Foucault philosophe. Paris: Seuil, 1989.

"La militarisation et les violences à l'égard des femmes." *Nouvelles Questions Féministes,* 11–12 (Winter 1985).

Mitchell, Juliet, and Ann Oakley, eds. *The Rights and Wrongs of Women.* New York: Penguin Books, 1976.

Modleski, Tania. *Loving and Living with a Vengeance: Mass-Produced Fantasies for Women.* New York: Routledge, 1982.

———, ed. *Studies in Entertainment: Critical Approaches to Mass Culture.* Bloomington: Indiana University Press, 1986.

Mondello, Elisabetta. *La nuova italiana: La donna nella stampa e nella cultura del ventennio.* Rome: Riuniti, 1987.

Monseny, Federica. *Mis primeros cuarenta años.* Barcelona: Plaza y Janés, 1987.

Montreynaud, Florence. *Le XXè siècle des femmes.* Paris: Nathan, 1989.

Mora, Constancia de la. *Doble esplendor.* Barcelona: Crítica, 1977.

Moreno Sarda, Amparo. "La réplica de las mujeres al franquismo," in *El feminismo en España: Dos siglos de historia,* 85–110.

Moretti, J. M., and O. De Dinechin. *Le défi génétique.* Paris: Ed. Centurion, 1982.

Morin, Edgar. *L'esprit du temps.* Paris: Grasset, 1962.

——— *Les stars.* Paris: Seuil, 1957.

Mosse, George L. *Toward the Final Solution: A History of European Racism.* New York, 1978.

Mossuz-Lavau, Janine. *Les lois de l'amour: Les politiques de la sexualité en France (1950–1990).* Paris: Payot, 1991.

Mossuz-Lavau, Janine, and Mariette Sineau. *Enquête sur les femmes et la politique en France.* Paris: PUF, 1983.

——— "Le vote des femmes: L'autre événement." *Le Monde* (June 5, 1988).

Des motifs d'espérer, la procréation artificielle. Paris: Le Cerf, 1986.

Muci, Maria Rita. *La partecipazione politica femminile nei paesi del Sud d'Europa.* Milan: Università L. Bocconi, 1988.

Mueller, Carol M., ed. *The Politics of the Gender Gap.* Sage Yearbooks in Women's Policy, 1988.

Mulvey, Laura, and Peter Wollen. "Women, Art, Politics," and "The Interior and the Exterior," in *Frida Kahlo and Tina Modotti.* London: Whitechapel Gallery, 1982, pp. 9–10, 13–17.

Mutterkreuz und Arbeitsbuch: Zur Geschichte der Frauen in der Weimarer Republik und im Nationalsozialismus, ed. Frauengruppe Faschismusforschung. Frankfurt: Fischer Verlag, 1981.

Naître. Corps Écrit, 21. Paris: PUF, 1987.

Nash, Mary. *Mujer y movimento obrero en España, 1931–1939.* Barcelona: Fontamara, 1981.

——— *"Mujeres libres" España, 1936–1939.* Barcelona: Tusquets, 1976.

Navailh, Françoise. "L'image de la femme dans le cinéma soviétique," in Basile Kerblay, "L'évolution des modèles familiaux dans les pays de l'Est européen et l'URSS." *Cultures et Sociétés de l'Est,* 9. Paris: IMSECO, 1988.

Nelken, Margarita. *Por qué hicimos la revolución.* New York: International Publishers, 1936.

Nerson, Roger, ed. *Mariage et famille en question: L'évolution contemporaine du droit français.* Paris: Ed. du CNRS, 1978 and 1979, 2 vols.

——— *Mariage et famille en question: L'évolution contemporaine en Suisse, en Autriche, en Belgique, aux Pays-Bas et dans la région Scandinave.* Paris: Ed. du CNRS, 1980.

——— *Mariage et famille en question: Italie.* Paris: Ed. du CNRS, 1982.

Newland, Kathleen. *The Sisterhood of Man.* New York: W. W. Norton, 1979.

Newton, Judith L., Mary P. Ryan, and Judith R. Walkowitz, eds. *Sex and Class in Women's History: Essays from Feminist Studies.* London: Routledge and Kegan Paul, 1983; 1985.

1914–1918: L'autre front. Special number of *Mouvement Social,* Patrick Fridenson, ed. Paris: Les Editions Ouvrières, 1977.

Nolin, M. *Réflexions juridiques sur le phénomène des femmes porteuses d'enfants.* Montreal: Y. Balis, 1986.

Norris, Pippa. *Politics and Sexual Equality: The Comparative Position of Women in Western Democracies.* Brighton: Wheatsheaf, 1987.

Norton, Mary Beth. *Major Problems in American Women's History: Documents and Essays*. Lexington, Mass.: D. C. Heath, 1989.
Norvez, Alain. *De la naissance à l'école: Santé, modes de garde et préscolarité dans la France contemporaine*. Paris: PUF and Institut National d'Études Démographiques, 1990.
Nottingham, E. "Toward an Analysis of the Effects of Two World Wars on the Role and Status of Middle-Class Women." *American Sociological Review*, 12 (December 1947).
Oakley, Ann. *The Captured Womb: A History of the Medical Care of Pregnant Women*. Oxford: Basil Blackwell, 1984.
——— *Housewife*. New York: Penguin Books, 1974.
OCDE. *Les femmes et l'égalité des chances*. Paris, 1985.
——— *Les femmes et l'emploi: Politiques pour l'égalité des chances*. Paris, 1980.
——— *L'intégration des femmes dans l'économie*. Paris, 1985.
Offen, Karen M. "Defining Feminism: A Comparative Historical Analysis." *Signs*, 14 (1988), 119–157.
——— "Depopulation, Nationalism, and Feminism in Fin-de-Siècle France." *American Historical Review*, 89 (1984), 648–676.
———, ed. *Women in European Culture and Society*. Special number of *History of European Ideas*, 8, 4–5.
Offen, Karen M., Ruth R. Pierson, and Jane Rendall, eds. *Writing Women's History: International Perspectives*. The International Federation for Research in Women's History. Bloomington: Indiana University Press, 1991.
O'Leary, Véronique, and Louise Toupin, eds. *Québecoises deboutтes!* Montreal: Editions du Remue-Ménage, 1982–1983, 2 vols.
O'Neill, Carlota. *Una mujer en la guerra de España*. Madrid: Turner, 1979.
"Ordre juridique et ordre technologique." *Cahiers STS*, 12. CNRS, 1986.
Ortega y Gasset, José. *El hombrey la gente*, in *Obras completas (Complete Works)*, 14 vols.; vol. 7, chap. 6, "Más sobre los otros y yo: Breve excursión hacia ella." Madrid: Revista de Occidente, 1962—.
Ortner, S., and H. Whitehead, eds. *Sexual Meanings: The Cultural Construction of Gender and Sexuality*. Cambridge: Cambridge University Press, 1981.
Paillard, Rémy. *Affiches 14–18*. Copyright by Rémy Paillard, 1986.
Parca, Gabriella. *Le italiane si confessano*. Milan: Feltrinelli, 1966.
Parker, Rozsika, and Griselda Pollock. *Old Mistresses: Women, Art, and Ideology*. London: Routledge and Kegan Paul, 1981.
Passerini, Luisa. *Torino operaia e fascismo*. Rome and Bari: Laterza, 1984; English ed., New York: Cambridge University Press, 1988.
Patarin, Jean, and Imre Zajtay. *Le régime matrimonial légal dans les législations contemporaines*. Paris: Pedone, 1974.
Pateman, Carole. "The Patriarchal Welfare State," in Amy Gutman, ed., *Democracy and the Welfare State*. Princeton: Princeton University Press, 1987.
——— *The Sexual Contract*. Cambridge: Polity Press, 1988.

Pauwels, Jacques. *Women, Nazis, and Universities: Female University Students in the Third Reich, 1933–1945*. Westport, Conn.: Greenwood Press, 1984.

Paxton, Robert. *La France de Vichy (1940–1944)*. Paris: Seuil, 1974.

Peiss, Kathy. *Cheap Amusements: Working Women and Leisure in Turn-of-the-Century New York*. Philadelphia: Temple University Press, 1985.

——— "Mass Culture and Social Divisions: The Case of the Cosmetics Industry." Presented at the conference "Mass Culture and the Working Class." Paris (October 14–15, 1988).

"Pères et paternités." *Revue Française des Affaires Sociales*, 42 (November 1988).

Perreux, Gabriel. *La vie quotidienne des civils en France pendant la Grande Guerre*. Paris: Hachette, 1966.

Perrot, Michelle, ed. *Une histoire des femmes est-elle possible?* Marseilles-Paris: Rivages, 1984.

Perrot, Michelle, et al. "Métiers de femmes." *Le Mouvement Social*, 140 (July-September 1987).

Phayer, Michael. *Protestant and Catholic Women in Nazi Germany*. Detroit: Wayne State University Press, 1990.

Pierre, André. *Les femmes en Union Soviétique*. Paris: SPES, 1960.

Planté, Christine. *Le petite soeur de Balzac*. Paris: Seuil, 1989.

Plessix Gray, Francine du. *Soviet Women Walking the Tightrope*. London: Doubleday, 1990.

Pogliani, Claudio. "L'utopia igienista, 1870–1920." *Storia d'Italia, Annali*, 7, pp. 587–631.

"The Politics of Tradition: Placing Women in French Literature." *Yale French Studies*, 75 (1988).

Pomata, Gianna. *La storia della donne: Una questione di confine*, in *Introduzione alla storia contemporanea*, ed. Giovanni De Luna, Peppino Ortoleva, Marco Revelli, and Nicola Tranfaglia. Florence: La Nuova Italia, 1984.

Porter Benson, Susan. *Counter Cultures: Saleswomen, Managers, and Customers in American Department Stores, 1890–1940*. Chicago: University of Illinois Press, 1986.

Pozner, Vladimir. *Descente aux enfers, récits de déportés et de SS d'Auschwitz*. Paris: Juilliard, 1980.

Prentice, Alison, et al. *Canadian Women: A History*. Toronto: Harcourt Brace Jovanovich, 1988.

President's Commission on Social Trends. *Recent Social Trends*. New York: McGraw-Hill, 1933.

Prioux, France, ed. *La famille dans les pays développés: Permanences et changements*. *Actes* of conference at Vaucresson, October 1987. Paris: INED-UIESP-CNAF-CNRS, 1990.

Procréation artificielle génétique et droit. Colloque de Lausanne des 29 et 30 novembre 1985, Institut Suisse de Droit Comparé. Zurich: Schulthers Polygraphischer Verlag, 1986.

La propagande sous Vichy (1940–1944). Paris: BDIC, 1990.

Quand la technologie transforme la maternité. Conseil du statut de la femme du Québec, 1987.

Questions Féministes, 1. Paris: Tierce, 1977.

Radway, Janice. *Reading the Romance: Women, Patriarchy, and Popular Literature*. Chapel Hill: University of North Carolina Press, 1984.

Randall, Vicky. *Women and Politics*. London: Macmillan, 1987.

Randolph-Higonnet, Margaret, Jane Jenson, Sonya Michel, and Margaret Collins Weitz, eds. *Behind the Lines: Gender and the Two World Wars*. New Haven: Yale University Press, 1987.

Rapp, R., and E. Ross. "The Twenties' Backlash: Compulsory Heterosexuality, the Consumer Family, and the Waning of Feminism," in A. Swerdlow and H. Lessinger, eds., *Class, Race, and Sex: The Dynamics of Control*. Boston: G. K. Hall, 1983.

Rapport 1984, 1985, 1986. Paris: Documentation Française (1985, 1986, 1987).

Rathbone, Eleanor. *The Disinherited Family*. Repr. with an introduction by Suzy Fleming. Bristol: Falling Wall Press, 1986.

Recherches Féministes, 2, 2, "Convergences." Quebec: Université Laval, 1989.

Reese, Dagmar. *"Straff, aber nicht stramm—herb, aber nicht derb": Zur Vergesellschaftung von Mädchen durch den Bund Deutscher Mädel im sozialkulturellen Vergleich zweier Milieus*. Weinheim: Beltz Verlag, 1989.

Le régime de Vichy et les français. IHTP (Paris, June 11–13, 1990). Paris: Fayard, 1992.

Reilly, Catherine, ed. *Scars upon My Heart: Women's Poetry and Verse of the First World War*. London: Virago, 1981.

Rémond, René, and Janine Bourdin, eds. *Le gouvernement de Vichy (1940–1942)*. Paris: FNSP, 1972.

Revelli, Nuto. *L'anello forte*. Turin: Einaudi, 1985.

Revue des Sciences Humaines, 168, "Ecriture, féminité, féminisme" (Lille, 1977); 222, "Le récit d'enfance" (Lille, 1991).

Rhein, Catherine. "Jeunes femmes au travail dans le Paris de l'entre-deux-guerres." Thesis, University of Paris VII, 1977.

Riley, Denise. *Am I That Name? Feminism and the Category of "Women" in History*. London: Macmillan, 1988.

——— *War in the Nursery: Theories of the Child and Mother*. London: Virago, 1983.

Ringelheim, Joan, and Esther Katz, eds. Proceedings of the conference "Women Surviving the Holocaust." New York: Institute for Research in History, 1983.

Rioux, J. *L'insémination artificielle thérapeutique*. Quebec: Laval, 1983.

Roberts, Elizabeth. *A Woman's Place: An Oral History of Working-Class Women, 1890–1940*. London: Basil Blackwell, 1984.

Rodrigo, Antonina. *Mujeres de España (las silenciadas)*. Barcelona: Plaza y Janés, 1980.

Rosenberg, Rosalind. *Beyond Separate Spheres: Intellectual Roots of Modern Feminism*. New Haven: Yale University Press, 1982.
Rossi, Alice S., ed. *Gender and the Life Course*. New York: Aldine, 1985.
Rossiter, Margaret L. *Women in the Resistance*. New York: Praeger, 1986.
Rousseau, Renée. *Les femmes rouges*. Paris: Albin Michel, 1983.
Roussel, Louis. *La famille incertaine*. Paris: Odile Jacob, 1989.
Rowbotham, Sheila. *Hidden from History*. London: Pluto Press, 1973.
——— *A New World for Women: Stella Brown—Socialist, Feminist*. London: Pluto Press, 1977.
——— *Women, Resistance, and Revolution*. London: Allen Lane, 1972; New York, 1972.
Roy, D., and M. De Wachter. *The Life Technology and Public Policy*. Montreal: Institut de Recherches Politiques, 1987.
Rupp, Leila J. "'I Don't Call That *Volksgemeinschaft*': Women, Class, and War in Nazi Germany," in Berkin and Lovett, eds., *Women, War, and Revolution*. New York: Holmes and Meier, 1980, pp. 37–53.
——— "'Imagine My Surprise': Women's Relationships in Historical Perspective." *Frontiers*, 5 (Fall 1980), 61–71.
——— *Mobilizing Women for War: German and American Propaganda, 1939–1945*. Princeton: Princeton University Press, 1978.
Ryan, M. P. "The Projection of a New Womanhood: The Movie Moderns in the Nineteen Twenties," in L. Scharf and J. M. Jensen, eds., *Decades of Discontent: The Women's Movement, 1920–1940*. Westport, Conn.: Greenwood Press, 1983.
Sabourin, Annie. *Le travail des femmes dans la CEE*. Paris: Economica, 1984.
Sachse, Carola. *Betriebliche Sozialpolitik als Familienpolitik in der Weimarer Republik und im Nationalsozialismus*. Hamburg: Hamburger Institut für Sozialforschung, 1987.
——— *Siemens: Der Nationalsozialismus und die moderne Familie*. Hamburg: Rasch and Röhring, 1990.
Saraceno, Chiara. "La famiglia operaia sotto il fascismo." *Annali della Fondazione Giangiacomo Feltrinelli*, 20 (1979–80), 189–230.
Scanlon, Geraldine. *La polémica feminista en la España contemporánea, 1868–1974*. Madrid, Siglo XXI, 1976.
Scharf, L. *To Work and to Wed: Female Employment, Feminism, and the Great Depression*. Westport, Conn.: Greenwood Press, 1980.
Scheler, Max. *Uber Scham und Schamgefühl in Schriften aus dem Nachlass*, vol. 10, *Gesammelte Werke*.
——— *Wesen und Formen der Sympathie*, vol. 7, *Gesammelte Werke*. Bern: Francke.
Schupetta, Ingrid. *Frauen und Ausländererwerbstätigkeit in Deutschland von 1939 bis 1945*. Cologne: Pahl-Rugenstein, 1983.
Schwartz, Gudrun. *Nationalsozialistische Lager*. Frankfurt: Campus, 1990.
Schwartz-Liebermann von Wahlendorf, Hans-Albrecht, ed. *Mariage et famille en question: Allemagne*. Paris: Ed. du CNRS, 1979.
——— *Mariage et famille en question: Angleterre*. Paris: Ed. du CNRS, 1979.

"Sciences de la vie de l'éthique au droit: Etude du Conseil d'Etat." Paris, Documentation Française (1988).

Scott, Joan W. *Gender and the Politics of History.* New York: Columbia University Press, 1988.

Shannon, Thomas E. *Revisited Bioethics: Basic Writings on Key Ethical Questions That Surround the Major Modern Biological Possibilities and Problems.* Mahwah, N.J.: Paulist Press, 1981.

Shideler, J. "Flappers and Philosophers and Farmers: Rural-Urban Tensions of the Twenties." *Agricultural History,* 47, 4 (October 1973), 283–299.

Showstack Sassoon, Anne, ed. *Women and the State: The Shifting Boundaries of Public and Private.* London: Hutchinson, 1987.

Simard, Carolle. *L'administration contre les femmes: La reproduction des différences sexuelles dans la fonction publique canadienne.* Montreal: Boréal Express, 1983.

Simmel, Georg. *On Women, Sexuality, and Love,* trans. with an introduction by Guy Oakes. New Haven: Yale University Press, 1984.

Simmons, C. "Companionate Marriage and the Lesbian Threat." *Frontiers,* 4 (Fall 1979), 54–59.

Simone de Beauvoir et la lutte des femmes. L'Arc, 61. Aix-en-Provence, 1975.

"Simone de Beauvoir, Witness to a Century." *Yale French Studies,* 72 (1986).

Sineau, Mariette. *Des femmes en politique.* Paris: Economica, 1988.

Singly, François de. *Fortune et infortune de la femme mariée: Sociologie de la vie conjugale.* Paris: PUF, 1987.

———, ed. *La famille: L'état des savoirs.* Paris: La Découverte, 1991.

Sklar, R. *The Plastic Age, 1917–1930.* New York: Braziller, 1970.

Smith, Bonnie G. *Changing Lives: Women in European History since 1700.* Lexington, Mass.: D. C. Heath, 1989.

Smith, Harold L., ed. *British Feminism in the Twentieth Century.* London: Edward Elgar, 1990.

Smith-Rosenberg, C. *Disorderly Conduct.* New York: Knopf, 1985.

Snowden, R., and G. D. Mitchell. *La famille artificielle, réflexions sur l'insémination artificielle par donneur.* Paris: Anthropos, 1984.

Sociologies et Sociétés, 19, 1 (1987).

Sofer, Catherine. *La division du travail entre hommes et femmes.* Paris: Economica, 1985.

Sohn, Anne-Marie. "Exemplarité et limites de la participation féminine à la vie syndicale: Les institutrices de la C. G. T. U." *Revue d'Histoire Moderne et Contemporaine* (July-September 1977).

——— "La Garçonne face à l'opinion publique: Type littéraire ou type social des années 20." *Le Mouvement Social* (July-September 1972).

——— "Qualità e difetti: Stereotipi e realtà conjugali nelle Francia dell'ottocento." *Memoria: Il bel matrimonio.* 1988.

——— "Les rôles féminins dans la vie privée: Approche méthodologiques et bilan de recherches." *Revue d'Histoire Moderne et Contemporaine* (October-December 1981).

Solaris, Claudia. Le futuriste. Milan: Edizione delle donne, 1982.
Soldon, Norbert S. *Women in British Trade Unions: 1874–1976*. Dublin: Rowen and Littlefield, 1978.
Solomon, B. M. *In the Company of Educated Women*. New Haven: Yale University Press, 1985.
Sortir la maternité du laboratoire. Actes du forum international sur les nouvelles technologies de la reproduction. Conseil du Statut de la Femme du Québec, 1988.
Spring Rice, Margery. *Working-Class Wives: Their Health and Conditions*. London: Virago, 1981.
Stacey, Jackie. "Desperately Seeking Differences," in Gamman and Marshment, *The Female Gaze*, 1988.
Stein, Sally. "The Graphic Ordering of Desire." *Heresies*, 18, pp. 7–16.
Steinert, Marlies G. *Hitlers Krieg und die Deutschen*. Düsseldorf, 1970.
Stephenson, Jill. "Middle-Class Women and National Socialist 'Service.'" *History*, 67 (1982), 32–44.
——— *The Nazi Organization of Women*. London: Croom Helm, 1981.
——— "Reichsbund der Kinderreichen: The League of Large Families in the Population Policy of Nazi Germany." *European Studies*, 9, 3 (1979), 351–375.
——— *Women in Nazi Society*. London: Croom Helm, 1975.
Stern, Mikhaïl. *La vie sexuelle en URSS*. Paris: Albin Michel, 1979.
Stetson, Dorothy. *Women's Rights in the U.S.A.: Policy Debates and Gender Roles*. Pacific Grove: Brooks/Cole Publishing, 1990.
Stites, Richard. *The Women's Liberation Movement in Russia: Feminism, Nihilism, and Bolshevism, 1860–1930*. Princeton: Princeton University Press, 1978.
Stora-Sandor, Judith. *Alexandra Kollontaï: Marxisme et révolution sexuelle*. Paris: Maspero, 1975.
Stuart, Mary Lynn. *Women, Work, and the French State: Labour Protection and Social Patriarchy, 1879–1919*. Kingston: McGill-Queen's University Press, 1989.
Suleiman, Susan Rubin, ed. *The Female Body in Western Culture: Contemporary Perspectives*. Cambridge, Mass.: Harvard University Press, 1986.
Sullerot, Evelyne. *Les françaises au travail*. Paris: Hachette, 1973.
——— *Histoire et sociologie du travail féminin*. Paris: Gauthier, 1968.
——— *La presse féminine*. Paris: Armand Colin, 1963.
Tabet, Paola. "Fécondité naturelle, reproduction forcée," in Nicole-Claude Mathieu, ed., *L'arraisonnement des femmes: Essais en anthropologie des sexes*. Paris: *Cahiers de l'Homme*, éditions de l'Ecole des Hautes Études en Sciences Sociales, 1985.
"La tentation biocratique." *Ethique*, 1: *La vie en question* (1991).
Testart, J. *L'oeuf transparent*. Paris: Fayard, 1986.
———, ed. *Le magasin des enfants*. Paris: F. Bourin, 1990.
Thalmann, Rita. *Etre femme sous le IIIe Reich*. Paris: Editions Laffont, 1982.

———, ed. *Femmes et fascismes*. Paris: Tierce, 1986.

———, ed. *La tentation nationaliste, 1914–1945*. Paris: Tierce, 1990.

Thane, Pat. *The Foundations of the Welfare State*. London: Longman, 1982.

Thébaud, Françoise. *La femme au temps de la guerre de 14*. Paris: Stock, 1986.

——— *Quand nos grand-mères donnaient la vie: La maternité en France dans l'entre-deux-guerres*. Lyon: Presses Universitaires de Lyon, 1986.

Théry, Irène, and Christian Biet, eds. *La famille, la loi, l'état, de la Revolution au code civil*. Paris: Imprimerie Nationale et Centre Georges-Pompidou, 1989.

Thibaud, O. *Les enfants comment? Les techniques artificielles de procréation*. Ed. Chronique Sociale, 1984.

Tickner, Lisa. "The Body Politic: Female Sexuality and Women Artists since 1970." *Art History*, 1, 2 (June 1978); reprinted in Parker and Pollock, *Framing Feminism*, 1987.

Tillion, Germaine. *Ravensbrück*. Paris: Seuil, 1988.

Tilly, Louise A., and Joan W. Scott. *Les femmes, le travail, et la famille*. Marseille: Rivages/Histoire, 1987; American ed., 1978.

Treneman, Ann. "Cashing in on the Curse: Advertising and the Menstrual Taboo," in Gammon and Marshment, *The Female Gaze*, 1988.

Trofimenkoff, Susan Mann. *Visions nationales: Une histoire du Québec*. Quebec: Editions du Trécarré, 1986.

Turnaturi, Gabriella. "La donna fra il pubblico e il privato: La nascita della casalinga e della sonsumatrice." *Nuova donnawomanfemme*, 12–13 (July-December 1979), 8–29.

Ungerson, Clare, ed. *Gender and Caring: Work and Welfare in Britain and Scandinavia*. Hemel Hempstead: Harvester Wheatsheaf, 1990.

United States Department of Health Education and Welfare, May 4, 1979, "Support of Research Involving Human in Vitro Fertilization and Embryo Transfer."

Vacquin, M. *Frankenstein ou les délires de la raison*. Paris: Ed. F. Bourin, 1989.

Vandelac, Louis, et al. *Du travail et de l'amour: Les dessous de la production domestique*. Montreal: St. Martin, 1985.

Vanek, J. "Household Technology and Social Status: Rising Living Standards and the Status and Residence Difference in Housework." *Technology and Culture*, 19 (June 1978), 361–375.

Veillon, Dominique. *La mode sous l'Occupation, débrouillardise et coquetterie dans la France en guerre (1939–1945)*. Paris: Payot, 1990.

Verdier, Yvonne. *Façons de dire, façons de faire*. Paris: Gallimard, 1979.

"Vers la procréatique, une société où les enfants viennent par la science." *Projet*, 195. Paris, 1985.

Vessilier-Ressi, Michèle. *Le métier d'auteur*. Paris: Dunod, 1982.

Vianello, Mino, Renata Siemienska et al. *Gender Inequality: An International Study of Discrimination and Participation*. London: Sage, 1989.

Von Gersdorff, Ursula. *Frauen im Kriegsdienst, 1914–1945*. Stuttgart: Verlags-Anstalt, 1969.

Walker, Alice. *In Search of Our Mothers' Gardens: Womanist Prose.* Sa Diego: Harcourt Brace Jovanovich, 1984.
Wall, Richard, and Jay Winter, eds. *The Upheaval of War: Family, Work, and Welfare in Europe, 1914–1918.* Cambridge: Cambridge University Press, 1988.
Wandersee, W. *Women's Work and Family Values, 1920–1940.* Cambridge, Mass.: Harvard University Press, 1981.
Wanrooij, Bruno. *Castità e licenza.* Padua: Marsilio, 1991.
Warshofsky Lapidus, Gail. *Women in Soviet Society: Equality, Development, and Social Change.* Berkeley: University of California Press, 1978.
Weeks, Jeffrey. *Sex, Politics, and Society: The Regulation of Sexuality since 1800.* London: Longman, 1981.
Weindling, Paul. *Health, Race, and German Politics between National Unification and Nazism, 1870–1945.* Cambridge: Cambridge University Press, 1989.
Weiner, L. *From Working Girl to Working Mother.* Chapel Hill: University of North Carolina Press, 1985.
Werner, Françoise. "Du ménage à l'art ménager: L'évolution du travail ménager et son écho dans la presse féminine française de 1919 à 1939." *Mouvement Social,* 129 (1984), 61–87.
Werth, Nicolas. *La vie quotidienne des paysans russes de la Révolution à la collectivisation, 1917–1930.* Paris: Hachette, 1984.
White, Cynthia. *Women's Magazines, 1693–1968.* London: Michael Joseph, 1970.
Whitelegg, Elizabeth, ed. *The Changing Experience of Women.* Oxford: Basil Blackwell, 1982.
Williamson, Judith. *Consuming Passions: The Dynamics of Popular Culture.* New York: Marion Boyars, 1986.
——— "Woman Is an Island: Femininity and Colonization," in Modleski, *Studies in Entertainment,* 1986.
Wiltsher, Anne. *Most Dangerous Women: Feminist Peace Campaigners of the Great War.* London: Pandora, 1985.
Winkler, Dörte. *Frauenarbeit im "Dritten Reich."* Hamburg: Hoffmann und Campe, 1977.
Wobbe, Theresa, ed. *Nach Osten: Verdeckte Spuren nationalsozialistischer Verbrechen.* Frankfurt: Neue Kritik, 1992.
Wright, G. *Building the Dream: A Social History of Housing in America.* New York: Pantheon Books, 1981.
Young, Richard, and Peter Wilmott. *Family and Kinship in East London.* New York: Penguin Books, 1957; 1962.
Yver, Colette. *Femmes d'aujourd'hui, enquête sur les nouvelles carrières féminines.* Paris: Calmann-Lévy, 1929.
Zavalloni, Marysa, ed. *L'émergence d'une culture au féminin.* Montreal: St. Martin, 1987.
Zetkin, Clara. *Souvenirs sur Lénine.* Paris: Bureau d'Éditions, de Diffusion, et de Publicité, 1926.

图书在版编目（CIP）数据

女性史. 20世纪卷 / (法) 乔治 · 杜比等主编；袁祎，王璐莎译. -- 杭州：浙江大学出版社，2023.1
（2024.4重印）
书名原文: Storia delle donne in Occidente, Vo. III
ISBN 978-7-308-23187-9

Ⅰ. ①女… Ⅱ. ①乔… ②袁… ③王… Ⅲ. ①妇女史学—世界 Ⅳ. ①D441.9

中国版本图书馆CIP数据核字（2022）第210262号

浙江省版权局著作权合同登记图字：11-2021-222号

女性史：20世纪卷
（法）乔治 · 杜比等　主编

责任编辑　谢　焕
责任校对　陈　欣
封面设计　云水文化
出版发行　浙江大学出版社
（杭州天目山路148号　邮政编码：310007）
（网址：http://www.zjupress.com）
排　　版　浙江时代出版服务有限公司
印　　刷　杭州钱江彩色印务有限公司
开　　本　710mm × 1000mm　1/16
印　　张　34.5　　插　　页　20
字　　数　612千
版 印 次　2023年1月第1版　2024年4月第2次印刷
书　　号　ISBN 978-7-308-23187-9
定　　价　118.00元

浙江大学出版社市场运营中心联系方式：（0571）88925591；http://zjdxcbs.tmall.com